사르트르
평전

자유와 참여의 모험

사르트르 평전
자유와 참여의 모험

초판 1쇄 발행 2025년 11월 17일

—

지은이 변광배

펴낸이 이방원

책임편집 조성규   **책임디자인** 양혜진

기획 김명희·박준성   **마케팅** 최성수   **경영지원** 이병은

—

펴낸곳 세창출판사

　　　신고번호 제1990-000013호   주소 03736 서울특별시 서대문구 경기대로 58 경기빌딩 602호

　　　전화 02-723-8660   팩스 02-720-4579   이메일 edit@sechangpub.co.kr   홈페이지 http://www.sechangpub.co.kr

　　　블로그 blog.naver.com/scpc1992   페이스북 fb.me/Sechangofficial   인스타그램 @sechang_official

—

ISBN 979-11-6684-460-7 03160

자유와 참여의 모험

사르트르 평전

JEAN-PAUL
SARTRE
BIOGRAPHIE
CRITIQUE

변광배 지음

세창출판사

이 책은 처음에 2023년 출간을 목표로 기획되고 집필되었다. 본격적으로 집필을 시작한 것은 2018년부터였다. 하지만 예정보다 2년 늦은 2025년에 출간하게 되었다. 이 책을 꼭 2023년에 출간해야 했을 이유가 있었는가? 또 이렇게 예정보다 늦은 2025년에 출간하게 된 특별한 이유가 있었는가? 여기에 답을 하면서 이 책이 빛을 보기까지의 과정을 비롯해 내용, 구성, 의의 등으로 머리말을 대신하고자 한다.

2023년이라는 해가 지니는 의미는 사람에 따라 천차만별이었을 것이다. 하지만 대부분의 사람에게는 이해가 여느 해와 다름없었을 공산이 크다. 물론 기억에 오래 각인될 만한 일을 겪은 사람도 많을 것이다. 하지만 국내외적으로 2023년을 반드시 주목해야 하는 긴요한 이유는 없었던 것으로 보인다. 전 세계적으로 1400만 이상의 소중한 생명을 앗아 간 코로나19가 다행히 진정 국면으로 접어들었다는 사실, 2022년에 발발한 러시아-우크라이나 전쟁 상황이 안타깝게도 악화일로에 있었다는 사실, 지구를 위협하고 있는 기후 문제가 점점 더 심각해지고 있다는 사실 등을 제외한다면 말이다.

하지만 나의 경우에는 2023년이 지닌 의미가 조금 남달랐다. 두 가지 이유에서인데, 내가 연구해 오고 있는 사르트르와 관련이 있다. 따라서 이 두 가지 이유는 다른 사람들에게는 그다지 큰 중요성을 갖지 못할 것이다. 아니, 아무런 중요성도 갖지 못한다고 하는 편이 정확할 것이다. 하지만 나에게는 그렇지 않은 것이 모두 나와 여러 겹으로 얽혀 있고, 그런 만큼 나에게 많은 생각거리를 주고 있기 때문이다.

첫 번째 이유는 2023년이 사르트르의 전기 사상이 집대성된 『존재와 무 L'Etre et le néant』의 원서가 출간된 지 80주년이 되는 해라는 것이다. 두 번째 이유는 우연히도 2023년이 내가 그에 대해 관심을 가지고 석사논문을 준비하면서부터 연구를 시작한 지 40년이 되는 해라는 것이다.

동서양을 막론하고 보통 10의 배수가 되는 해에 특별한 의미를 부여하는 정서가 있다. 어떤 사건의 발생, 이를테면 어떤 인물의 출생 10주년, 60주년, 100주년 등을 기념하는 것은 이런 정서 발현의 결과일 것이다. 나 역시 이런 정서에 입각해 『존재와 무』 출간 80주년이 되는 2023년에 이 저서와 관련되고, 나아가 사르트르와 관련된 뭔가 기념이 되고 오래 기억될 일을 하고 싶은 마음이 없지 않았다.

첫 번째 이유와 관련해 나는 모* 출판사에서 『존재와 무』를 새로이 번역·출간하고자 하는 계획을 세우고 이를 실천에 옮기고자 했다. 이 저서는 이미 우리말로 출간되었고, 그것도 세 종이나 있다. 하지만 그중 두 종은 오래전에 절판이 되었고, 나머지 한 종도 철학 개념의 번역에 다소 문제가 있다는 지적이 없지 않았다. 이런 점을 고려해 『존재와 무』를 현대적 언어 감각에 맞게, 또 철학 개념을 좀 더 충실하게 재번역하는 것도 출간 80주년을 기념하는 뜻깊은 일이 될 수 있을 거라고 생각했다. 코로나19가 유행하기 전인 2019년에 시작해 2023년 출간을 예정으로 번역이 진행되었다. 하지만 나태와 코로나19가 횡행하는 우울한 분위기 등으로 인해 한 해가 늦어져 2024년에 와서야 빛을 보게 되었다.

『존재와 무』의 번역이 지연되면서 이 책의 집필도 당연히 더디 진행될 수밖에 없었다. 중간에 집필 리듬이 깨지기 일쑤였고, 종종 집필을 중단해야 하는 상황도 여러 차례 있었다. 여기에 더해 이 책의 출간이 늦어진 데에는 또 다른 이유가 있다. 방금 언급한 모 출판사에서 2023년『존재와 무』와 함께 사르트르의 후기 사상이 집대성된『변증법적 이성 비판Critique de la raison dialectique』(이하『변증법』)도 같이 출간하는 계획을 세웠던 것이다.

실제로『변증법』은 2005년부터 2년간 현 한국연구재단KRF: Korea Research Foundation의 전신 한국학술진흥재단의 지원을 받아 한국사르트르연구모임GCES: Groupe coréen d'études sartriennes[1]에 소속된 몇몇 선생님에 의해 공동으로 ―나도 포함되어 있다― 번역되어 2009년에 출간되었다. 그 이후 한국연구재단에 귀속되었던 번역 저작권의 시효가 만료되었고, 또 이 저서가 절판되어 시중에서 구입하는 것이 어려운 상황이었다.

이런 상황을 고려해 2023년에『변증법』을『존재와 무』와 같이 재출간하자는 계획을 세운 것이다. 하지만『존재와 무』의 번역과 동시에 진행하면서 처음의 예상과는 달리『변증법』역시 2024년에 와서야 빛을 보게 되었다. 공동 번역자들과 함께 수정 작업을 했지만, 방대한 분량으로 인해 예정보다 1년이 늦어진 것이다. 당연한 일이지만 이 일로 인해 이 책의 집필은 그만큼 더 뒤로 미루어질 수밖에 없었다.

이 책을 기획하고 집필하게 된 두 번째 이유와 관련해 나는 애당초 다음과 같은 생각을 가지고 있었다. 사르트르를 40여 년 동안 연구해 오면서 그의 삶, 철학, 참여 문학론, 문학비평, 연극론, 지식인론 등을 한데 묶

---

[1] 정명환의 주도하에 국내 사르트르 전공자들에 의해 1994년 조직된 연구 모임인 GCES는 지금도 활발하게 활동하고 있다. 프랑스 파리에 본부를 둔 사르트르연구모임(GES: Groupe d'études sartriennes)은 미국, 독일, 영국, 벨기에, 이탈리아, 러시아, 일본, 브라질 등 여러 나라에서 자국의 이름을 내걸고 활동하고 있다. GES는 1년에 1회 파리에서 6월 마지막 주 금, 토요일에 정기적인 학술 모임을 갖고 있다. 모임 날짜를 이렇게 정한 것은 사르트르가 6월 21일(1905년)에 태어난 것을 기리기 위함이다.

어 어렵지 않은 입문서를 한 권 집필했으면 좋겠다는 생각이 그것이다. 그가 관여한 여러 분야에 대해 비교적 정확한 지식과 균형 잡힌 내용으로 꾸며진 볼품 있는 입문서를 한 권 쓰고 싶다는 생각을 품은 것은 아주 오래전의 일이다.

물론 사르트르를 소개하는 입문서가 우리나라에 없는 것은 아니다. 몇 권의 훌륭한 입문서가 있다. 다만 그 내용이 그가 관심을 표명한 여러 영역 중에서 한두 영역, 특히 철학이나 문학에만 편중되어 있어 —이 두 영역이 주된 영역이기는 하다— 그가 관여한 영역 전반에 대한 종합적이고 균형 잡힌 내용을 충분히 제공해 주지 못하고 있다는 인상을 나는 지울 수가 없었다.

이런 점을 염두에 두고 나는 세창출판사에서 출간되고 있는 사상가산책 시리즈로 "사르트르 읽기"라는 제목의 책을 쓰고자 했다. 2018년에 준비를 시작해서 실제로 2021년에 집필을 마친 상황이었다. 앞에서 언급한 『존재와 무』와 『변증법』의 작업으로 해당 책을 집필하는 일이 더디 진행되었던 것은 사실이다. 하지만 출판사에서 요구하는 원고의 분량이 그다지 많지 않았기 때문에 집필을 끝마칠 수 있었다.

그런데 책을 집필하면서 출판사가 요구한 분량만으로는 그가 관여한 여러 분야를 총체적으로 소개하기에는 미흡하다는 생각이 들었다. 또 실제로 출판사에서 요구한 것보다 더 많은 분량의 글을 쓰게 되었다. 고심 끝에 출판사와 상의를 하게 되었다. 그 결과 "사르트르 읽기"를 "사르트르 평전"으로 바꾸고, 또 내용을 좀 더 보완해 출간하는 것이 좋겠다는 데로 의견이 모아졌다. 이것이 이 책이 "사르트르 평전"이라는 제목을 가지게 된 대략의 경위이다.

그런데 이렇게 이 책의 성격을 '평전'으로 바꾸는 과정은 예상외로 녹록지 않았음을 고백해야겠다. 두 가지 이유에서였다. 첫 번째 이유는 평전의 특징에 관련된 것이다. 제목을 평전으로 바꾸면서 평전이 어떤 특징을 가지고 있는가부터 고민하지 않을 수 없었다. 두 번째 이유는 차별화의 문제였다. 우리나라에도 사르트르의 평전이나 전기가 번역·출간되어 있고, 또 평전의 역할을 하는 몇 권의 입문서가 이미 존재한다. 바로 여기에서 이 책을 기존의 다른 평전 및 입문서들과 어떻게 차별화시킬 것인가의 문제가 제기되었다.

먼저 평전의 특징부터 보자. 평전은 어떤 특징을 가질까? 사전에 따르면 '평전評傳, biographie critique'은 어떤 인물에 대해 회고하는 성격의 글이자 비평을 곁들인 전기傳記로 정의된다. 이 정의에서 출발하면 평전에서는 무엇보다도 회고의 대상이 되는 인물이 누구인가의 문제가 당연히 제기된다.

보통 평전에서 회고의 대상은 어떤 분야에서 혁혁한 업적을 남긴 유명한 인물인 경우가 대부분이다. 예컨대 우리나라에서도 『윤동주 평전』, 『만해 한용운 평전』, 『전태일 평전』, 『체 게바라 평전』 등과 같은 유명한 평전이 집필되고 번역되어 널리 읽히고 있다. 윤동주, 한용운, 체 게바라 등은 나라 안팎에서 저항 시인, 독립운동가, 승려, 혁명가 등으로 널리 알려진 인물이라는 점은 주지의 사실이다. 나도 몇 권의 평전을 혼자 또는 공동으로 번역·출간한 바 있는데, 그 대상이 데리다, 레비나스, 모스, 뒤샹 등과 같은 유명한 철학자, 인류학자, 예술가 등이었다.

평전의 집필에서 제기되는 또 하나의 문제는 회고의 주체가 누구인가이다. 이는 누가 실제로 평전을 집필하는가의 문제에 다름 아니다. 이에 대해서는 회고의 주체와 회고의 대상이 같은 사람일 경우와 다른 사람일 경우를 상정할 수 있다. 전자의 경우에 해당하는 글은 평전이라기보다는 오히려 자전적 성격이 강한 글이 될 가능성이 농후하다. 예컨대 회상록(또는 회고록)mémoires, 문학적 자화상autoportrait littéraire, 자서전autobiographie, 자전적 소설roman autobiographique, 오토 픽션auto-fiction 등이 여기에 속한다.

하지만 평전은 이런 장르의 글들과는 근본적으로 성격을 달리한다. 그도 그럴 것이 평전에서는 회고하는 주체, 곧 평전을 쓰는 사람과 회고의 대상이 다르다는 것이 전제되기 때문이다. 이렇듯 평전은 어떤 인물에 대한 회고가 그와는 다른 사람에 의해 이루어진다는 특징을 갖는다. 이런 특징으로 인해 평전을 쓰는 사람으로부터 평전의 인물에 대한 주관적인 판단이 강하게 반영될 수도 있다. 이 때문에 평전의 대상이 되는 인물에 대해 균형 잃은 태도로 일관할 가능성을 배제할 수 없다. 그러니까 평전을 쓰는 사람이 자칫 해당 인물을 무조건적으로 또는 지나치게 치켜세워 미화하거나 심지어는 우상화하는 쪽으로 기우는 것도 충분히 가능하다.

평전의 또 하나의 특징은 대부분의 경우 해당 인물의 삶에 대한 소개가 포함된다는 것이다. 평전이란 어떤 인물이나 그의 업적에 대한 비평을 곁들인 전기라는 사실을 떠올리자. 이런 전기에서 해당 인물의 삶이 기술의 주요 대상이 되는 것은 당연해 보인다. 어떤 인물의 삶을 기술하는 목적은 다양할 수 있다. 하지만 그가 어떤 사람인가를 알기 위해서는 그의 삶의 여러 파편이 일차적인 질료가 된다는 점은 자명하다. 다만, 문제는 이 삶의 파편들을 단순히 나열하는 대신 그것들을 체계적으로 기술할 수 있는 기준이나 방법을 마련할 수 있느냐의 여부라고 할 수 있을 것이다.

여기에 더해 평전의 또 다른 특징은 그 대상이 되는 인물의 저작 등에 의해 구축된 정신세계에 대한 총체적인 모습을 제시하고 거기에 비판을 가하는 것이다. 특히 평전에서 요구되는 비판을 위해서는 해당 인물의 정신세계를 구축하고 있는 자료의 충분한 수집, 이 자료에 대한 정확하고도 균형 잡힌 읽기와 이해가 선행되어야 할 것이다.

이와 같은 평전의 특징에 이어 "사르트르 읽기"에서 "사르트르 평전"으로 제목을 변경하면서 두 번째로 맞닥뜨린 차별화의 문제를 보자. 사르트르가 태어난 프랑스를 위시해 미국, 독일, 일본 등에서 그에 대한 훌륭한 평전이 나와 있다. 그중에서 우리말로 번역되어 출간된 것도 여러 권 있다.

우리나라에서 최초로 출간된 평전의 성격이 짙은 저서는 『싸르트르의 思想(사상)과 文學(문학)』일 것이다. 이 저서는 1964년 알베레스^{R.-M. Albérès}

가 쓴 *Jean-Paul Sartre*를 1965년 우리말로 번역·출간한 것이다.[2] 이 저서는 절판된 것은 물론이고 중고 서적으로도 구하는 것이 거의 불가능하며, 희귀본을 거래하는 중고 서적 경매 사이트에서 비싼 값에 거래될 정도이다. 사르트르가 노벨문학상 작가로 정해졌으나 수상을 거부한 1964년 이듬해에 출간된 이 저서의 저자는 특히 사르트르의 문학을 제대로 이해하기 위해서는 그의 철학을 이해할 필요가 있다는 점을 강조하고 있다. 다만 이 저서는 사르트르가 살아 있는 동안에 출간되었기 때문에 1964년 이후의 저작들에 대한 분석이 누락되어 있다는 어쩔 수 없는 한계를 지니고 있다.

1974년 번역·출간된 『사르트르 평전』도 있다. 사르트르 연구자 프랑시스 장송Francis Jeanson이 쓴 이 저서의 원래 제목은 *Sartre dans sa vie*("사르트르의 삶")이다.[3] 이 저서는 부분 번역이라는 것과 지나치게 사르트르의 삶 위주로 구성되어 있다는 것이 단점으로 여겨진다.

사르트르의 전기인 『사르트르 1905-1980』도 있다. 이 저서는 사르트르 연구자 안니 코엔솔랄Annie Cohen-Solal이 1985년 출간한 *Sartre, 1905-1980*을 우리말로 번역·출간한 것이다.[4] 이 저서는 사르트르 사후에 프랑스에서 출간된 첫 번째 본격적인 전기로 여겨진다. 사르트르의 삶, 지적 여정, 인간관계, 저작에 대한 풍부한 정보를 담고 있는 이 저서는 그의 사유와 문학을 처음 대하는 이들에게 충실한 길라잡이 역할을 해 주고 있다.

하지만 이 저서는 1985년, 즉 사르트르가 타계한 지 5년이 지난 시점에 출간되었으며, 그로 인해 그 이후에 발굴된 그의 많은 원고, 거기에 대한

---

2   R.-M. Albérès, *Jean-Paul Sartre*, Editions universitaires, coll. Classiques du XXe siècle, 1964.(『싸르트르의 思想과 文學』, 정명환 옮김, 신양사, 1965.)

3   Francis Jeanson, *Sartre dans sa vie*, Seuil, 1974.(『사르트르 평전』, 서정철 옮김, 서문당, 1977.)

4   Annie Cohen-Solal, *Sartre, 1905-1980*, Gallimard, 1985.(『사르트르 1905-1980』, 전 3권, 우종길 옮김, 도서출판 창, 1993.)(이하 S19로 약기한다.)

설명, 해석, 비판 등이 반영되지 않았다는 한계가 있다. 실제로 사르트르 사후에 발굴된 원고들로 인해 '제2의 사르트르'가 운위될 정도로 그에 대한 연구 지평에 큰 변화가 일어나고 있는 실정이다. 또한 이 저서 역시 꽤 오래전에 번역·출간되어 품절 상태여서 구하기가 여간 어려운 것이 아니다.

여기에 더해 내가 번역·출간한 『사르트르 평전』도 있다. 이 저서는 2009년 출간되었다. 저자는 현재 프랑스를 대표하는 참여지식인 중 한 명인 베르나르앙리 레비Bernard-Henri Lévy이다. 이 책의 원제목은 *Le Siècle de Sartre*("사르트르의 세기")이고, 거기에 "철학적 탐구enquête philosophique"라는 부제가 붙어 있다.[5] 이 저서는 엄밀한 의미에서 평전이라기보다는 오히려 사르트르 철학에 대한 종합적인 개설서에 가깝다. 원래 제목대로 "사르트르의 세기: 철학적 탐구"라고 제목을 붙이게 되면 그를 지나치게 추켜세우고 과대평가한다는 인상을 줄 수 있고, 또 부제도 조금 딱딱한 느낌이 있어서 "사르트르 평전"이라는 제목으로 출간했던 것으로 기억한다.

방금 언급한 세 권의 저서 이외에도 우리나라에서 출간된 다른 몇 권의 저서[6]에서도 사르트르의 삶에 대한 간략한 소개와 아울러 특히 철학 분야

---

5   Bernard-Henri Lévy, *Le Siècle de Sartre: Enquête philosophique*, Grasset, 2000.(『사르트르 평전』, 변광배 옮김, 을유문화사, 2009.)

6   아더 단토, 『사르트르의 철학』, 신오현 옮김, 민음사, 1985; 무라카미 요시타카(村上嘉隆), 『사르트르의 실존주의 철학』, 정돈영 옮김, 문조사, 1988; 박정자, 『사르트르의 실존주의』, 상명여자대학교출판부, 1991; 김화영 엮음, 『사르트르』, 고려대학교출판부, 1990; 발터 비멜, 『사르트르』, 구연상 옮김, 한길사, 1999; 로버트 베르나스코니, 『HOW TO READ 사르트르』, 변광배 옮김, 웅진지식하우스, 2008; 박홍규, 『카페의 아나키스트, 사르트르: 자유를 위해 반항하라』, 열린시선, 2008 등이 있다. 여기에 더해 평전의 성격을 강하게 띠고 있는 것은 아니지만 사르트르의 생애와 사상을 일찍부터 소개한 몇몇 연구자를 소개하는 것도 좋을 듯하다. 김붕구, 박이문, 김태창, 양병식 등이 그들이다. 이들은 각자 사르트르가 우리나라에 소개된 1946년부터 참여 문학론이 한창 논의되던 1980년대 말까지 그의 사상과 문학의 수용에서 의미 있는 역할을 수행했다. 특히 양병식은 대학 제도권 밖에서 사르트르의 사상과 문학뿐만 아니라 초현실주의와 누보로망(Nouveau Roman)에 이르기까지 현대 프랑스 문학 전반에 걸

가, 특히 "실존주의는 휴머니즘이다"라는 강연과 『존재와 무』의 기초 개념들을 중심으로 소개되고 있어 부족한 대로 평전의 역할을 하는 것으로 보인다. 하지만 이 몇 권의 책에서는 그가 관여했던 다양한 분야에 대해 총체적이고 균형 잡힌 소개가 제대로 되고 있지 않으며, 따라서 본격적인 평전 역할을 하기에는 뚜렷한 한계가 있다고 할 수 있다.

이렇듯 "사르트르 읽기"에서 "사르트르 평전"으로 제목을 바꾸면서 평전이 갖는 일반적인 특징과 기존의 전기, 평전, 입문서들과의 차별화를 염두에 둔 채 나는 다음과 같은 두 가지 점에 중점을 두고서 이 책을 집필하고자 했다.

첫 번째로는 사르트르의 삶에 대한 비교적 충실한 소개 및 추적이다. 그 과정에서 문제가 되는 것은 평전의 대상이 되는 인물의 삶을 체계적으로 기술할 수 있는 방법이나 기준 마련의 여부라고 앞에서 지적한 바 있다. 이 책에서는 사르트르가 자신의 철학 목표로 내세웠던 인간의 이해를 위해 손수 정립했던 하나의 방법을 참고하고자 한다. 『존재와 무』에서 '실존적 정신분석psychanalyse existentielle'의 정립 과정에서 그 윤곽이 제시되었고, 『변증법』에 포함된 「방법의 문제Questions de méthode」에서 더 정교하게 다듬어진 '전진-후진적 방법méthode régressive et progressive'이 그것이다.

두 번째로는 사르트르의 철학, 문학론, 지식인론 등을 포함해 그가 구축한 지적 세계를 총체적으로, 하지만 어느 한편에 치우치지 않은 균형 잡힌 시각에서 비판적으로 그려 내고자 했다. 사르트르 자신은 일찍부터 작가와 동시에 철학자가 되고자 하는 꿈을 가졌다. 이 꿈은 나중에 스탕달과 동시에 스피노자가 되고자 하는 꿈으로 구체화된다. 물론 사르트르는

처 소개하고 있다. 이들 각자의 저작 목록은 다음을 참고하라. 강충권 외 6인, 『실존과 참여: 한국의 사르트르 수용 1948-2007』, 문학과지성사, 2012, 315-354쪽. 더군다나 1948년부터 2000년까지 60년에 걸쳐 우리나라에서 이루어진 사르트르의 수용과 연구 성과를 이 저서에서 일목요연하게 볼 수 있다.

일찍부터 철학보다 문학에 더 큰 관심을 가졌다. 하지만 청장년 시절에는 문학보다는 오히려 철학에 더 많은 시간과 노력을 쏟아부었다고 할 수 있다. 특히 그는 자신의 철학적 사유를 장·단편소설, 극작품, 시나리오 등에서 문학적으로 형상화하고 있다. 그런 만큼 그의 문학작품을 잘 이해하기 위해서는 그의 철학에 대한 정확하고도 충분한 이해가 요구된다.

그런데 사르트르의 철학은 보통 2차 세계대전을 기점으로 크게 전기와 후기로 구분된다. 전기 철학은『존재와 무』에 의해, 후기 철학은『변증법』에 의해 대표되는 것으로 여겨진다. 나 역시 이런 구분을 이의 없이 받아들인다. 하지만 이 책에서는 그의 철학을 네 시기로 더 세분해 살펴보고자 했다. 이는 우리나라에서는 처음 시도되는 것이다.

네 시기는 다음과 같다. 1943년 출간된『존재와 무』이전에 해당하는 '전前 현상학 시기période préphénoménologique',『존재와 무』의 '현상학적 존재론 시기période ontologico-phénoménologique',『존재와 무』가 출간된 1943년부터『도덕을 위한 노트Cahiers pour une morale』라는 유고집으로 1983년 출간되었으나 그 내용이 집필된 1948년까지의 '도덕적 전회 시기période de conversion morale', 1953년부터 1960년『변증법』출간까지의 '인간학 시기période anthropologique' 가 그것이다. 2부에서는 이 네 시기[7]를 중심으로 사르트르의 전체적인 사상이 어떤 과정을 거쳐 전개되고 있고 또 어떤 양상으로 변하고 있는지를 살펴보고자 했다.

평전의 성격을 띠는 이 책을 쓰면서 내가 주목하고자 했던 두 가지는 그대로 이 책의 구성과 방향을 결정하는 요소이기도 하다. 이 책은 3부로 구성되어 있다.

1부에서는 사르트르의 생애를 살펴보았다. 방금 지적한 것처럼 그의

---

[7]   세 번째 시기에 해당하는 도덕적 전회 시기는 3부에서 다룰 것이다. 그 이유는 뒤에서 자세히 밝힐 것이다.

삶을 추적하면서 나는 그의 인간 이해를 위한 방법, 곧 전진-후진적 방법을 적용하고자 했다. 이 과정에서 먼저 이 전진-후진적 방법이 어떤 것인지를 소개했다. 그리고 이 방법에 따라 그가 영위한 삶의 커다란 변곡점에 해당하는 6개의 사건에 주목했다. 아버지의 때 이른 죽음, 신에 대한 부정, 폭력의 체험, 보부아르와의 만남, 2차 세계대전, 친구 관계가 그것이다. 이 사건들이 사르트르의 사상 형성에 어떤 연관성이 있고 또 나아가 어떤 영향을 주었는지가 주된 관심사였다.

2부에서는 사르트르의 철학을 집중적으로 살펴보고자 했다. 방금 지적한 것처럼 그의 철학을 네 시기로 구분해서 그 변천 과정과 각 시기를 특징짓는 내용을 살펴보았다. 전 현상학 시기에서는 그가 자신의 현상학을 정립해 나가는 초기 단계에서 의식의 지향성 개념, 상상력 개념, 감동 개념 등에 대해 개진한 이론을 간략하게 살펴보았다. 그리고 현상학적 존재론 시기에서는 그가 후설 이외에도 하이데거의 영향하에서 집필한 『존재와 무』의 몇몇 핵심 개념을 살펴보았다. 이어서 1960년 출간된 『변증법』으로 대표되는 인간학 시기에서는 그가 정립하고자 했던 구조적, 역사적 인간학의 윤곽을 제시하고자 했다.

3부에서는 사르트르의 문학론, 연극론, 지식인론 등을 살펴보았다. 먼저 그의 장·단편소설을 직접 분석하는 대신에 작가 개인의 '구원salut' 문제를 다루고 있는 『구토La Nausée』와 이웃의 구원 문제를 다루고 있는 『문학이란 무엇인가Qu'est-ce que la littérature?』를 중점적으로 살펴보았다. 그다음으로 1939년부터 1948년 사이에 그가 구상한 도덕을 정립하기 위한 과정과 그 내용을 살펴보았다. 뒤에서 자세히 밝히겠지만, 『문학이란 무엇인가』가 출간된 시기와 『도덕을 위한 노트』에 포함된 노트들이 작성된 시기가 비슷하며, 두 저서에서 그의 도덕 구상에서 핵심적인 역할을 하는 호소, 증여, 너그러움 등과 같은 개념들이 논의되고 있기 때문이다.

이어서 사르트르의 문학에서 큰 비중을 차지하고 있는 극세계에 대해서도 살펴보았다. 그가 연극에 관심을 갖게 된 계기, '상황극théâtre de situations'으로 불리는 그의 극세계를 지배하는 주요 원리 등에 대해 주목했다. 그의 극작품 중 특히 전쟁을 배경으로 삼으면서 고문, 폭력 등의 문제를 극적으로 형상화하고 있는 『무덤 없는 주검Morts sans sépulture』과 『알토나의 유폐자들Les Séquestrés d'Altona』을 분석하면서 그 내용과 극작법의 특징에도 주목해 보았다.

사르트르의 문학론에서 또 하나의 큰 영역은 문학비평의 영역이다. 그는 『상황, ISituations, I』, 『상황, IIISituations, III』 등에서 미국, 프랑스 작가들을 비롯해 그들의 작품을 분석하고 있다. 또한 『존재와 무』에서의 '실존적 정신분석'과 「방법의 문제」에서 이 실존적 정신분석을 보완한 '전진-후진적 방법'을 정립하고, 실제로 이 두 방법을 보들레르, 주네, 말라르메, 플로베르 등에게 적용해 풍요로운 성과를 거두고 있다. 여기에서는 보들레르와 주네에 대한 비평을 살펴보고, 말라르메와 플로베르에 대한 비평에 대해서는 사르트르의 주요 관심사가 어디에 있는지를 간략하게 제시하는 선에서 그쳤다.

여기에 더해 사르트르 문학론의 틀에서 그의 지식인론도 살펴보았다. 사르트르는 작가를 지식인으로 여긴다. 그런 만큼 사르트르의 지식인론을 그의 문학론에 포함해 논의하는 것은 전혀 이상할 것이 없다. 그의 지식인론은 『지식인을 위한 변명Plaidoyer pour les intellectuels』에서 상세하게 전개되고 있다. 하지만 이 저서에서 규정된 지식인 개념은 1968년 5월 혁명 이후에 큰 변화를 겪는다. 이 변화의 이유와 그 내용을 다루면서 그의 지식인론에 대한 전체적인 윤곽을 그려 보았다.

이와 같은 내용으로 구성된 "사르트르 평전"의 집필을 통해 나는 크게 다음의 두 가지 목표를 겨냥했다. 사르트르에 대한 종합적이고 균형 잡힌 내용의 입문서 집필과 사르트르의 현대성에 대한 조망이 그것이다.

앞에서 40년 동안 사르트르를 연구하면서 그의 사상과 문학에 쉽게 접근할 수 있는, 난해하지 않고 실속 있는 입문서를 집필해 보겠다고 마음 먹은 지 꽤 오래되었다는 점을 언급했다. 이 책에서는 우리나라에서 출간된 그에 대한 입문서들을 참고하면서 아쉽게 여겨졌던 부분, 특히 그가 관심을 두었던 여러 분야에 대한 종합적이고도 균형 잡힌 이해를 시도했다. 특히 철학 분야에서도 『존재와 무』와 "실존주의는 휴머니즘이다"에 대한 논의에 편중된 이해를, 전 현상학 시기의 상상력론 및 감동론, 도덕적 전회 시기의 도덕, 『변증법』에서 제시된 인간학 등의 사유에 대한 탐사를 통해 보완하고자 했다.

그다음으로 나는 이 책을 통해 사르트르의 사상과 문학의 '현대성'에 주목해 보고자 했다. 그가 세상을 떠난 것이 1980년이니까, 벌써 그로부터 44년이 지났다. 나의 머릿속에서는 계속 다음과 같은 질문이 맴돌고 있다. 그의 사상과 문학이 과연 남은 21세기에 어떤 의미를 가질 수 있는가? 곧 그의 사유와 문학이 갖는 현대성, 시의성에 대한 문제이다.

이 질문은 사르트르 연구자의 한 사람으로서 다음 세대들에게 '사르트르를 왜 읽어야 하는가?'라는 질문에 적절한 답을 제시하기 위한 고민과도 궤를 같이한다. 젊은 세대에게 이 책이, 특히 지난 세기 두 번에 걸친 세계대전을 거치면서 끝을 모를 정도로 존엄성이 추락한 인간의 위상을 다시 이 세계의 중심에 위치시키고자 하는 사르트르의 사유와 문학에 관심을 갖는 계기가 되길 고대해 본다.

2부 사르트르의 철학

3부 사르트르의 문학

일러두기

1. 기본적으로는 국립국어원의 외래어 표기법에 따랐으나, 일부 고유명사는 더 명확한 표기를 위해 원어 발음에 가깝게 표기하였으며, 프랑스어 인명/지명 등의 띄어쓰기는 가급적 프랑스어 기준에 따랐다.
2. 인용부에서 의미를 분명하게 하기 위해 필요한 경우 [ ]를 사용해 보완했다.
3. 본문과 주석에서 반복되는 몇몇 저작은 다음과 같이 약어로 표기한다.

B	Jean-Paul Sartre, *Baudelaire*, Gallimard, coll. Idées, 1947.
BS	Benjamin Suhl, *Sartre. Un philosophe, critique littéraire*, Editions universitaires, coll. Encyclopédie universitaire, 1971.
CDG	Jean-Paul Sartre, *Carnets de la drôle de guerre, Septembre 1939-Mars 1940*, in Les Mots *et autres écrits autobiographiques*, Gallimard, coll. Bibliothèque de la Pléiade, 2010.(이 저서는 CDG로 약기하고, 작품집 (LMAEA)은 표기하지 않는다.)
CPM	Jean-Paul Sartre, *Cahiers pour une morale*, Gallimard, coll. Bibliothèque des idées, 1983.
CRDI	Jean-Paul Sartre, *Critique de la raison dialectique*, (précédé de *Questions de méthode*), t. I: *Théorie des ensembles pratiques*, Gallimard, coll. Bibliothèque de philosophie, 1960.
CRDII	Jean-Paul Sartre, *Critique de la raison dialectique*, t. II: *L'Intelligibilité de l'Histoire*, Gallimard, coll. Bibliothèque de philosophie, 1985.
DS	*Dictionnaire Sartre,* (sous la direction de François Noudelmann & Gilles Philippe), Honoré Champion, 2004.
EH	Jean-Paul Sartre, *L'Existentialisme est un humanisme*, Nagel. coll. Pensées, 1946.
EJ	Jean-Paul Sartre, *Ecrits de jeunesse*, Gallimard, 1990.
EN	Jean-Paul Sartre, *L'Etre et le néant: Essai d'ontologie phénoménologique*, Gallimard, coll. Bibliothèque des idées, 1943.
ES	Michel Contat & Michel Rybalka, *Les Ecrits de Sartre*, Gallimard, 1970.
ETE	Jean-Paul Sartre, *Esquisse d'une théorie des émotions*, Hermann, 1965.
FA	Simone de Beauvoir, *La Force de l'âge*, Gallimard, 1960.
FC	Simone de Beauvoir, *La Force des choses*, Gallimard, 1963.

IFI	Jean-Paul Sartre, *L'Idiot de la famille, Gustave Flaubert de 1821 à 1857*, t. I, Gallimard, coll. Bibliothèque de philosophie, 1971.
IFII	Jean-Paul Sartre, *L'Idiot de la famille, Gustave Flaubert de 1821 à 1857*, t. II, Gallimard, coll. Bibliothèque de philosophie, 1971.
IT	Jean-Paul Sartre, "Une idée fondamentale de la phénoménologie de Husserl: L'intentionnalité", in *Situations, I*, Gallimard, 1947.(이 글은 본문에서는 「지향성」으로, 주에서는 IT로 약기한다.)
LCA	Simone de Beauvoir, *La Cérémonie des adieux* suivi de *Entretiens avec Jean-Paul Sartre*, Gallimard, 1981.
LCAQI	Jean-Paul Sartre, *Lettres au Castor et à quelques autres*, t. I, Gallimard, 1983.
LCAQII	Jean-Paul Sartre, *Lettres au Castor et à quelques autres*, t. II, Gallimard, 1983.
LIR	Jean-Paul Sartre, *L'Imaginaire: Psychologie phénoménologique de l'imagination*, Gallimard, coll. Idées, 1940.
LIT	Jean-Paul Sartre, *L'Imagination*, PUF, coll. Quadrige, 1983(1936).
LM	*Les Mots, in* Les Mots *et autres écrits autobiographiques*, Gallimard, coll. Bibliothèque de la Pléiade, 2010.(이하 이 작품집은 LMAEA로 약기하고, 이 작품은 LM으로 약기하되 작품집은 표기하지 않는다.)
LMAEA	Jean-Paul Sartre, Les Mots *et autres écrits autobiographiques*, Gallimard, coll. Bibliothèque de la Pléiade, 2010.
LN	Jean-Paul Sartre, *La Nausée*, in *Œuvres romanesques*, Gallimard, coll. Bibliothèque de la Pléiade, 1981.(이 작품집은 OR로 약기하고, 이 작품은 LN으로 약기하되, 작품집은 표기하지 않는다.)
LSA	Jean-Paul Sartre, *Les Séquestrés d'Altona*, in *Théâtre complet*, Gallimard, coll. Bibliothèque de la Pléiade, 2005.(이 작품은 LSA로 약기하고, 전집은 표기하지 않는다.)
M50	Raymond Aron, *Mémoires: 50 ans de la pensée politique*, Julliard, 1983.
MF	Simone de Beauvoir, *Mémoires d'une jeune fille rangée*, Gallimard, coll. Folio, 1958.
MSS	Jean-Paul Sartre, *Morts sans sépulture*, in *Théâtre complet*, Gallimard, coll. Bibliothèque de la Pléiade, 2005.(이 작품은 MSS로 약기하고, 전집은 표기하지 않는다.)

OR	Jean-Paul Sartre, *Œuvres romanesques*, Gallimard, coll. Bibliothèque de la Pléiade, 1981.
PO	Jaoula Mohamed, *Phénoménologie et ontologie dans la première philosophie de Sartre*, L'Harmattan, coll. Commentaires philosophiques, 2011.
RA	Nicolas Baverez, *Raymond Aron: Un moraliste du temps des idéologies*, Flammarion, 1993.
S19	Annie Cohen-Solal, *Sartre, 1905-1980*, Gallimard, 1985.
SE	Raymond Aron, *Le Spectateur engagé*, Presses Pocket, 1983.
SF	*Sartre*, un film, réalisé par Alexandre Astruc et Michel Contat, texte intégral, Gallimard, 1977.
SG	Jean-Paul Sartre, *Saint Genet: Comédien et martyr*, (*Œuvres complètes de Jean Genet, t. I*), Gallimard, 1952.
SII	Jean-Paul Sartre, *Situations, II*, Gallimard, 1948.
SIV	Jean-Paul Sartre, *Situations, IV*, Gallimard, 1964.
SIX	Jean-Paul Sartre, *Situations, IX*, Gallimard, 1972.
SNS	Maurice Mearleau-Ponty, *Sens et non-sens*, Nagel, coll. Pensées, 1966.
SVIII	Jean-Paul Sartre, *Situations, VIII*, Gallimard, 1972.
SX	Jean-Paul Sartre, *Situations, X*, Gallmard, 1976.
TC	Jean-Paul Sartre, *Théâtre complet*, Gallimard, coll. Bibliothèque de la Pléiade, 2005.
TE	Jean-Paul Sartre, *La Transcendance de l'ego: Esquisse d'une description phénoménologique*, (Introduction, notes et appendices par Sylvie Le Bon), Vrin, coll. Bibliothèque des textes philosophiques, 1985.(이 저서는 본문에서는 『초월성』으로, 주에서는 TE로 약기한다.)
TS	Jean-Paul Sartre, *Un Théâtre de situations*, Gallimard, coll. Essais, 1992.
VE	Jean-Paul Sartre, *Vérité et existence*, Gallimard, coll. NRF essais, 1989.
존시	하이데거, 『존재와 시간』, 이기상 옮김, 까치, 1998.
휴머	하이데거, 「휴머니즘에 관하여」, in 『철학이란 무엇인가, 형이상학이란 무엇인가』, 최동희 외 옮김(하이데거), 황문수 외 옮김(야스퍼스), 삼성출판사, 1983.

1부

사르트르의
생애

1.

원초적 사건들

사르트르에 대한 평전을 쓰는 일을 본격적으로 시작하면서 제일 먼저 그의 생애를 살펴보고자 한다.[8] 이 작업은 평전에 그 대상이 되는 인물의 삶에 대한 회고가 포함된다는 특징에 비춰 볼 때 자연스러운 과정으로 여겨진다. 이 작업은 또한 사르트르 연구자로서 그에 대한 평전을 쓰면서 그에게 마땅히 표하는 최소한의 경의라고 생각한다.

하나의 간단한 질문을 던져 보자. 우리는 사르트르에 대해 무엇을 얼마나 알고 있는가? 답을 하기에 앞서 간단한 테스트를 한번 해 보자. '사르트르'라는 이름을 들으면 무엇이 연상되는가? 이 테스트는 그를 소개하

---

8   내가 최근에 출간한 『내 삶의 주인이 된다는 것: 자유의 철학자 사르트르가 말하다』(동녘, 2023)의 앞부분과 겹치는 부분이 없지 않다. 『내 삶의 주인이 된다는 것』에서는 사르트르가 영위한 삶의 주요 변곡점을 이루는 네 개의 사건을 다뤘다. 하지만 이 책에서는 그의 삶을 결정짓는 요소로 신의 부재에 대한 확신과 특히 사르트르가 니장, 아롱, 메를로퐁티, 카뮈 등과 나눴던 우정과 그 결렬의 과정 및 영향 등을 새로이 다뤘다. 실제로 나는 사르트르와 그들의 관계에 대해 "사르트르와 그의 친구들"이라는 제목의 책을 쓰고자 기획한 적이 있었다. 그때 준비했던 자료들이 많은 도움이 되었다. 사르트르의 우정과 관련해 그가 자신의 문학 작품 속에서 남녀의 사랑보다 남자들끼리의 우정에 더 큰 비중을 두고 있다는 평가를 받고 있다는 사실은 흥미롭다. 여기에서 제시될 사르트르와 그의 친구들과의 우정은 이런 평가를 이해하는 데 도움이 될 수 있을 것이다.

면서 어떤 항목에 '해시태그(#)'를 붙일 수 있는가라는 질문과도 같은 것
이다.

사르트르의 이름을 들으면 연상되는 단어나 개념을 무작위로 나열해
보자. 실존, 본질, 실존주의, 휴머니즘, 보부아르, 계약 결혼, 앙가주망(참
여), 참여 작가, 참여 지식인, 1968년 5월 혁명, 노벨문학상 거절, 자유의
철학자, 카페의 철학자 등…. 어떤 사람이 사르트르의 이름을 듣고 이런
단어나 개념을 떠올린다면, 이 사람은 그에 대해 꽤 많은 것을 알고 있다
고 할 수 있다.

여기에 더해 어떤 사람이 무신론적 실존주의, 우연성, 무상성, 『존재
와 무』, "실존은 본질에 선행한다", "실존주의는 휴머니즘이다", 『변증법』,
『구토』, 『말Les Mots』, 『자유의 길Les Chemins de la liberté』, "타인은 나의 지옥이
다", "인간은 자유롭지 않을 자유가 없다", "인간은 자유롭도록 선고받았
다", "인간의 자유는 바다의 파도처럼 영원히 다시 시작된다", 『지식인을
위한 변명』 등을 떠올린다면, 이 사람은 사르트르에 대해 아주 많은 것을
알고 있다고 할 수 있다.

21세기를 살아가는 우리에게 사르트르는 대략 위에서 나열한 단어, 개
념, 표현, 이미지 등을 통해 알려져 있다. 그런데 이렇게 알려진 그의 생
애에서 여섯 개의 사건이 큰 변곡점을 이루고 있는 것으로 보인다. 여기
에서는 그가 인간에 대한 이해를 위해 정립하고 또 직접 적용하고자 했던
하나의 방법에 따라 이 여섯 개 사건의 의미를 살펴보고, 또 이를 토대로
그의 삶과 문학, 사유의 관계를 이해할 수 있는 연결 고리에 주목해 보고
자 한다.

사르트르가 인간에 대한 이해를 위해 ―"나는 인간을 이해하려는 정열
을 가졌다."[9]― 정립하고 또 적용하고자 했던 방법은 전진-후진적 방법

---

9   Jean-Paul Sartre, *Saint Genet: Comédien et martyr*, (Œuvres complètes de Jean Genet, t. I),

이다. 이 방법의 윤곽은 『존재와 무』에서 실존적 정신분석으로 먼저 제시되고,[10] 다시 「방법의 문제」에서 보완되고 완성된 형태로 제시되고 있다.[11]

사르트르는 살아 있는 사람의 현재 있는 그대로의 모습 ―죽은 사람의 경우에는 죽었을 때 갖게 되는 총체적인 모습― 을 알기 위해서는 두 가지 과정이 필요하다고 본다. 하나는 이 사람의 과거로 거슬러 올라가는 과정이다. 이 과정이 '후진적 방법'에 해당한다. 이 방법의 목표는 이 사람의 전全 생애를 결정하게 될 핵심적 사건을 발견해 내는 것이다. 이 사건이 '원초적 사건événement originel'이며, 거기에서 출발해 그의 '존재 기투projet d'être' 또는 '원초적 선택choix originel'이 이루어진다. 다른 하나의 과정은 이 사건에서 출발해서 그가 미래를 향해 자신을 어떻게 기투하면서 실존하는가를 살피는 과정이다. 이 과정이 '전진적 방법'에 해당한다.

사르트르는 『존재와 무』에서 프로이트의 정신분석을 비판적으로 수용하면서 이 방법의 윤곽을 제시하고, 「방법의 문제」에서는 거기에 마르크스의 이론을 가미해 전진-후진적 방법을 정립하고 있다.[12] 그런데 이 전진-후진적 방법에서 흥미로운 것은 다음과 같은 두 가지 사실이다. 하나

Gallimard, 1952, p.158.(이하 SG로 약기한다.); Jean-Paul Sartre, "Autoportrait à soixante-dix ans", *Situations*, *X*, Gallmard, 1976, p.163.(이하 SX으로 약기한다.)

10 Jean-Paul Sartre, *L'Etre et le néant: Essai d'ontologie phénoménologique*, Gallimard, coll. Bibliothèque des idées, 1943, p.643.(이하 EN으로 약기한다.)

11 이 방법에 대해서는 뒤에서 자세히 다룰 것이다.

12 사르트르는 『존재와 무』에서 플로베르와 도스토옙스키에 대한 실존적 정신분석의 적용 가능성을 언급하고 있다.(*Ibid.*, p.663.) 사르트르는 또한 실존적 정신분석을 보들레르, 주네, 말라르메 등에게 적용하고 있다. 그는 특히 「방법의 문제」에서 이 실존적 정신분석을 마르크스주의로 보완해 정립한 전진-후진적 방법을 플로베르에게 적용해 문학비평과 문학 연구에서 그만의 고유한 영역을 구축하고 있다. 게다가 『말』은 실존적 정신분석을 그 자신의 어린 시절에 적용해 얻은 결과로 여겨진다. 이 점에 대해서는 사르트르의 문학비평을 다룰 때 다시 살펴볼 것이다.

는 후진적 방법에 의해 포착되는 원초적 사건이 반드시 유아기에 발생하지 않는다는 사실이다. 개인에 따라 이 사건은 청소년 시절, 심지어는 장년 시절에 발생할 수도 있는 것으로 보인다.

> 나는 한 사람의 역사가 그의 어린 시절 속에 모두 새겨져 있다고는 생각하지 않습니다. 인생에는 여러 사건이 끼어드는 아주 중요한 시기들이 있다고 생각합니다. 그건 소년 시절과 청년 시절 그리고 장년 시절입니다.[13]

예컨대 사르트르가 이 방법을 적용하고 있는 주네의 경우, 그의 삶을 결정하는 절도 사건은 10세 때 발생했다.[14] 뒤에서 다시 보겠지만 사르트르에게 커다란 영향을 미친 2차 세계대전은 그의 나이 34세 때 발발했다. 프로이트 정신분석의 경우에는 한 인간에게 중요한 사건은 일반적으로 유아기에 발생하는 것으로 여겨진다. 하지만 사르트르는 시간적 한계를 두지 않고 있다.

사르트르의 전진-후진적 방법에서 또 하나의 흥미로운 사실은 바로 원초적 사건이 하나가 아니라 여럿일 수도 있다는 점이다. 이해의 대상이 되는 사람의 삶에 결정적 영향을 미치는 사건은 여럿일 수 있으며, 이 사건들의 중층 결정surdétermination에 의해 그의 역사화 과정이 백일하에 드러날 수 있는 것으로 여겨진다.

사르트르가 직접 정립한 이런 전진-후진적 방법의 관점에서 보면 그의 삶에서 다음과 같은 여섯 개의 주요 사건 —정도의 차이는 있지만 모두 원초적 사건이라고 할 수 있다— 이 주목의 대상이 된다. 아버지의 죽음, 폭력의 체험, 신의 부재에 대한 확신, 보부아르와의 만남, 2차 세계대전에

---

13   Jean-Paul Sartre, "Autoportrait à soixante-dix ans", *op. cit.*, p.175.

14   SG, p.26.

의 참전, 친구 관계가 그것이다.[15] 그는 이 각각의 사건을 다른 시기에 겪었다. 아버지의 죽음은 1세 때, 폭력의 체험은 12세 때의 일이고, 신의 부재에 대한 확신은 13세 때 가지게 되었고, 보부아르와의 만남은 24세 때 이루어졌으며, 2차 세계대전은 34세 때 발발했다. 이렇듯 몇몇 사건은 그가 성인이었을 때 발생했다.

여기에서는 이 여섯 사건을 중심으로 사르트르가 어떤 삶을 영위했는 가를 살펴보기 위해 다음의 저작들을 주로 참고하게 될 것이다. 『말』, 『작별의 양식La Cérémonie des adieux』(보부아르 지음), 그의 생애를 다루고 있는 기록 영화의 시나리오, 그가 했던 인터뷰, 대담 등이 그것이다. 특히 『말』은 그가 전진-후진적 방법을 자신에게 적용한 일종의 실존적 자기 정신분석의 결과라고 할 수 있다는 점에서 그의 삶을 들여다보는 데 큰 도움이 될 것이다. 비록 이 작품에서 그의 청소년기 이전의 삶만이 문학적으로 형상화되고 있음에도 그렇다.

1.1. 아버지의 죽음

a) 상징적인 두 장면

며칠 전, 식당에서 주인의 일곱 살짜리 작은아들이 회계를 보는 여자에게 이렇게 외쳤다. "아버지가 안 계시면 내가 주인이야!" 바로 이게 남자라는 것이다! 하지만 내가 그 아이의 나이였을 때, 나는 그 누구의 주인도 아니었고, 내겐 아무것도 없었다. 내가 드물게 잠시 소란을 피우면, 어머니는

---

15   여기에 더해 사르트르에게 큰 영향을 준 사건으로는 다음과 같은 것을 꼽을 수 있다. 책의 발견, 죽음에 대한 자각, 자신의 추(醜)함의 발견 등이 그것이다. 이들 사건에 대해서는 설명이 필요할 때마다 간략하게 언급할 것이다.

나에게 이렇게 속삭이곤 했다. "조심해라! 여긴 우리 집이 아니야!" 우리는 우리 집에서 살아 본 적이 없었다. 르고프가街에서도 그랬고, 후일 어머니가 재혼했을 때도 그랬다.[16]

잔칫날이었다. 현대어학원에서는 백열등의 흔들리는 불빛 아래에서 사람들이 박수를 쳤고, 어머니는 쇼팽의 곡을 연주했으며, 할아버지의 명령으로 모든 사람이 프랑스어로 말했다. (…) 나는 바닥을 밟지 않고 이 손에서 저 손으로 날아다녔다. 할아버지가 자신의 드높은 자리에서 한마디 선언을 했을 때 나는 독일 여성 소설가의 가슴팍에 눌려 숨이 답답했다. 그 선언이 내 가슴을 후려쳤다. "여기에 누군가가 빠졌소, 시모노 씨요." (…) 나는 내가 마치 물처럼, 빵처럼, 공기처럼 다른 모든 사람에게 다른 모든 장소에서 아쉬운 존재가 되기를 바랐다.[17]

위의 두 장면 ―각각 〈장면1〉〈장면2〉이라고 하자― 은 『말』에서 가져온 것이다. 이 작품의 장르적 속성으로 인해 사르트르가 이 두 장면을 실제로 겪었는지는 불확실하다. 자전적 측면을 강조하면 이 장면은 그의 직접적 체험에서 비롯된 것이라고 할 수 있다. 반면 허구적 측면을 강조하면 이 장면은 그의 상상력을 통해 고안되었다고 할 수 있다. 어쨌든 이 두 장면이 그의 아버지의 죽음과 무관하지 않다는 점은 분명하다.

프로이트의 정신분석학을 참조하지 않더라도 아버지와 자식(들)의 관계는 양가적으로 이해된다. 특히 아들(들)의 경우에는 성장하면서 아버지를 모방하고자 한다. 아버지는 아들에게 동화의 대상이다. 검열, 억압, 거

---

16 *Les Mots, in* Les Mots *et autres écrits autobiographiques*, Gallimard, coll. Bibliothèque de la Pléiade, 2010, p.47.(이하 이 작품집은 LMAEA로 약기하고, 이 작품은 LM으로 약기하되, 작품집은 표기하지 않는다.)

17 *Ibid.*, pp.49-50.

세의 주체이기도 하다. 이는 오이디푸스 콤플렉스에서 어머니를 사이에
두고 다투는 아버지와 아들의 관계에서 두드러진다. 어머니를 차지하고
자 하는 아들에게 있어 아버지는 극구 물리쳐야 하는 적이기도 하다.

b) 주어진 무상의 자유

사르트르는 어느 경우에 해당할까? 이 질문에 미리 답을 하자면 그는
아버지가 있는 다른 아이들과는 반대되는 상황에 처하게 된다. 아버지의
존재로 인해 그에게는 다른 아이들의 장점이 단점으로 나타나고, 또 단점
이 장점으로 나타나게 된다.

사르트르는 아버지를 일찍 여의었다. 1906년의 일이다. 그때 사르트르
는 태어난 지 15개월째였다. 아버지 장바티스트 사르트르Jean-Baptiste Sartre
의 나이는 32세였다. 그는 1904년 안마리 슈바이체르Anne-Marie Schweitzer
를 만나 결혼했고, 결혼 후 채 2년이 지나지 않아 세상을 떠난 것이다. 그
랑제콜Grandes Ecoles 중 하나인 에콜 폴리테크니크Ecole polytechnique를 졸업
했는데, 바다가 보고 싶어 해군 장교가 된 그가 안마리와 결혼할 때 이미
코친차이나[18] 열병에 걸려 있었다.

사르트르는 자기 삶에서 아버지의 죽음이 "큰 사건"[19]이었다고 회고한
다. 이 사건은 사르트르의 삶에서 가장 큰 사건이라고 할 수 있다.[20] 이 사

---

18   코친차이나(Cochin China)는 프랑스 식민지였던 베트남 남부 지방의 옛 이름이다.

19   *Ibid*., p.8.

20   사르트르의 저작에는 아버지가 빈번하게 등장한다. 아버지의 문제를 부분적으로나마 다루
      고 있는 사르트르의 저작으로는 『파리 떼(*Les Mouches*)』, 『더러운 손(*Les Mains sales*)』, 『공손한
      창부(*La Putain respectueuse*)』, 『알토나의 유폐자들』 등과 같은 극작품, 『자유의 길』의 첫째 권
      과 둘째 권인 『철들 무렵(*L'Age de raison*)』과 『유예(*Le Sursis*)』, 단편집 『벽(*Le Mur*)』에 실린 「방
      (*La Chambre*)」과 「어느 지도자의 어린 시절(*L'Enfance d'un chef*)」, 그리고 『말』과 『시나리오
      프로이트(*Scénario Freud*)』 등을 꼽을 수 있다. 또한 비평서인 『보들레르(*Baudelaire*)』와 『집안
      의 천치(*L'Idiot de la famille*)』 등에서도 아버지에 대한 사르트르 사유의 중요한 일면을 엿볼 수
      있다. 사르트르가 다루고 있는 아버지의 문제에 대해서는 다음 저서들을 참고하라. Alexis

건이 그에게 가장 큰 영향을 끼쳤다는 의미에서이다. 아버지 장바티스트의 죽음은 그에게 어떤 영향을 끼쳤는가? 사르트르는 특히 『말』에서 이 영향을 긍, 부정의 두 측면에서 돌아보고 있다.

먼저 긍정적 측면을 보자. 사르트르는 아버지의 죽음으로 '인해' —오히려 '덕택에'라고 해야 할 것이다— 자기에게 발생한 긍정적 영향으로 '자유'의 획득을 제시한다. 아버지의 죽음은 "어머니를 사슬에 묶고 내게는 자유를 주었다."[21] 후일 사르트르가 자유의 철학자로 불린다는 점을 고려하면, 또 그가 무신론적 실존주의를 주창하면서 아버지로 상징되는 신의 부재를 학문적 가정으로 내세운다는 점을 고려하면, 그에게 자유를 준 아버지의 죽음이 갖는 중요성을 어렵지 않게 가늠해 볼 수 있다.

사르트르는 아버지의 죽음 덕택에 얻은 자유의 구체적 내용으로 다음 세 가지 점을 부각한다. 죄의식의 부재, 부채 의식의 부재, 권력이라는 중병重病에 걸리지 않음이 그것이다.

먼저 죄의식의 부재를 보자. 아버지의 때 이른 죽음에 대해 사르트르는 이렇게 회고한다. 만일 사르트르 자신이 좀 더 나이를 먹어 아버지가 죽었다면, 아들로서 자신이 죄의식을 가졌을 수도 있었으리라고 말이다. 하지만 장바티스트는 "고맙게도" 모든 것을 스스로 짊어지고 시의적절하게 세상을 떠났다는 것이 사르트르의 생각이다.

죽는 것이 다가 아니다. 알맞게 죽어야 한다. 아버지가 더 늦게 죽었더라

Chabot, *Sartre et le père*, Honoré Champion, 2012; Robert Harvey, *Search for a Father: Sartre, Paternity and Questions of Ethics*, The University of Michigan Press, 1991; 최애영, 「아버지의 이름 혹은 육체 구현으로서의 문학: 사르트르의 《말(Les Mots)》에 대한 정신분석적 독서」, 『불어불문학연구』, 71, 한국불어불문학회, 2007, 271-308쪽; 변광배, 『사르트르와 폭력: 사르트르의 철학과 문학에 나타난 폭력의 얼굴들』, 그린비, 2020, 317-438쪽.

21 LM, p.8.

면 나는 죄의식을 가졌을 것이다. 철이 든 고아는 자신을 탓한다. 자기가 보기 싫어 부모가 천국의 아파트로 물러갔다고 생각한다. 나로 말하자면 나는 기뻤다. 불쌍한 처지로 인해 나는 다른 사람들의 존중을 받고 그들로 부터 중요하게 여겨졌기 때문이다. 나는 아버지의 상실을 나의 한 가지 장 점으로 여겼다. 아버지는 고맙게도 자신의 잘못으로 죽었다.[22]

사르트르는 또한 장바티스트에게 아무런 부채 의식을 느끼지 않고 있 다는 점을 강조한다. 일단 그는 아버지와의 관계를 부정하고 일소하고자 한다. 그는 장바티스트와 그저 몇 개월 동안만 같은 땅 위에 발을 디뎠을 뿐이라고 생각한다.[23] 그에 의하면 장바티스트는 "아이를 얻기 위해 보통 필요한 몇 방울의 정액"을 흘리고 저세상으로 일찍 떠나 버린 것이다.[24]

사르트르의 회고는 계속된다. 다른 사람들은 사르트르를 죽은 사람의 자식이라기보다는 오히려 "기적의 아이"로 여겼다.[25] 이것은 그와 아버지 의 친자 관계에 대한 근본적인 부정이다. 그는 특히 아버지로부터 아무것 도 물려받지 못했다[26]는 사실을 강조한다. 이는 정확히 그가 아버지와 아 무 관련이 없다는 것, 나아가 아무런 부채 의식도 가지고 있지 않다는 것 을 보여 준다. 이런 이유로 그는 아버지의 사진이나 책 등과 같은 몇 가지 유품을 아무런 감정 없이 처분할 수 있었다.

마지막으로 권력이라는 중병에 걸리지 않았다는 주장을 보자. "세상에

---

22   *Ibid.*, pp.8-9.

23   *Ibid.*, p.9.

24   *Ibid.*, p.11.

25   *Ibid.*, p.9.

26   뒤에서 다시 보겠지만 사르트르에게서 인간의 실존의 세 범주에 속하는 '가짐(Avoir)'과 '있
      음(Etre)'은 밀접하게 연결되어 있다. 사르트르가 그의 아버지로부터 아무것도 물려받지 못
      했다는 것, 곧 아무것도 가지지 못했다는 것은 결국 그의 존재의 곤궁함(pauvreté), 곧 그가
      '아무것(rien)'도 아님을 의미한다.

좋은 아버지란 없다."[27] 이것은 사르트르가 아버지와 자식들 사이에 존재한다고 여기는 법칙이다. 하지만 이 법칙은 사르트르에게는 해당하지 않는다. 그가 태어난 지 15개월이었을 때 아버지가 죽었기 때문이다. 만일 장바티스트가 살아 있었더라면 그도 역시 부권父權의 희생자가 되었을 공산이 크다고 생각한다. 하지만 장바티스트의 때 이른 죽음 덕택에 그는 부권에서 기인하는 불편함, 가령 권위, 명령, 복종 등을 배우는 과정을 면제받을 수 있었다는 것이다.

사르트르는 장바티스트의 죽음과 자신의 "아주 불완전한 오이디푸스 콤플렉스"를 연결하면서 아버지의 권위에서 비롯되는 "초자아Sur-moi"도 경험하지 않았고, 또 어머니를 사이에 두고 아버지와 다투는 과정에서 나타나는 "공격적인 성격"도 갖지 않게 되었다고 말한다.[28] 사르트르는 이모든 것을 "권력의 암癌", 즉 권위, 명령, 복종, 폭력, 증오, 질투 등이 수반되는 중병에 걸리지 않았다는 말로 요약한다. 사르트르 자신은 나중에 결혼도 하지 않았고, 아버지가 되지도 않았다. 그 이유 중 하나는 분명 사르트르가 세상에 태어날 그 누군가의 아버지가 되어 그를 짓밟고 뭉개는 역할을 하지 않기 위해서였으리라.

나는 지도자가 아니고 또 그렇게 되고자 바라지도 않는다. 명령하는 것과 복종하는 것은 같은 것이다. 가장 권위 있는 사람도 다른 사람의 이름으로, 아버지라는 거룩한 기생자의 이름으로 명령하고, 자기가 겪은 추상적인 폭력을 남에게 가한다. 나는 평생 웃음 없이 또 남을 웃기지 않고서 명령을 내린 적이 없다. 그것은 내가 권력이라는 암에 걸려 있지 않았기 때

---

27   *Ibid.*, p.8.

28   *Ibid.*, pp.8, 12.

문이다. 사람들이 내게 복종을 가르쳐 주지 않았다.[29]

c) 환심 사기: 강요된 유희

이런 사실들로 미뤄 보면 사르트르는 장바티스트의 죽음을 슬퍼하기보
다는 반기고 있는 것처럼 보인다. 하지만 세상사에는 빛이 있으면 그늘도
있는 법이다. 장바티스트의 죽음에서 "어머니를 사슬에 묶고 내게는 자
유를 주었다"는 사르트르의 회상을 앞에서 언급한 바 있다. 하지만 장바
티스트의 죽음으로 인해 안마리보다 사슬에 더 강하게 묶인 것은 오히려
사르트르 자신이 아닌가 한다. 이는 장바티스트의 죽음이 그에게 끼친 부
정적 영향이 더 크고 또 오래 지속되었다는 것을 의미한다.

장바티스트의 죽음으로 인해 발생한 부정적 영향은 크게 두 가지로 요
약될 수 있다. 첫째, 사르트르는 존재론적으로 아주 약한 힘을 가진 아이,
즉 아무것도 아닌 아이가 되어 버렸다는 점이다.[30] 둘째, 주위 어른들과
의 관계에서 그는 자신의 존재를 정당화하고, 나아가 필요한 존재가 되
기 위해 가족 코미디나 유희를 해야만 했다는 것이다. 이를 차례로 살펴
보자.

먼저 풀루Poulou —사르트르의 어린 시절의 애칭이다— 는 아버지의 죽
음으로 아무것도 아닌 아이가 되어 버렸다. 이와 관련해 앞에서 제시한
〈장면1〉은 흥미롭다. 이 장면에서 볼 수 있듯이 그는 그 누구의 주인도
아니었고, 자기 것이라곤 아무것도 없었다. 그는 장바티스트로부터 아무
것도 물려받지 못했다. 그래서 그는 아버지에게 아무런 부채 의식을 가지
지 않고 자유로울 수는 있었다. 하지만 그 대가는 혹독했다.

〈장면1〉에서 특히 "내겐 아무것도 없었다"는 표현에 주목하자. 뒤에서

---

29   *Ibid.*, p.9.

30   사르트르는 "추상적인 존재", "혼이 없는 존재"라는 표현을 사용하기도 한다.(*Ibid.*, pp.47, 49.)

자세히 보겠지만 사르트르에게서 가짐의 범주는 있음의 범주와 밀접하다. 가짐의 범주는 있음의 범주로 환원된다는 것이 그의 주장이다. 소유물에는 그 소유주의 존재가 반영되어 있다. 따라서 사람이 많이 가지면 가질수록 그의 존재론적 힘이 더 강해진다는 주장이 성립한다.[31] 사르트르에게서 가짐과 있음은 '함Faire'과 더불어 실존의 "주요 세 범주"[32]에 속한다. 어쨌든 풀루에게 그의 것이라곤 아무것도 없었다는 것은 정확히 그가 아무것도 아닌 아이였다는 것을 의미한다. 『말』의 원제목이 "무영토장Jean sans terre"[33]이었다는 사실을 지적하자. 채택되지 않은 이 제목에서 영토는 아버지로부터 물려받을 수도 있었을 모든 것으로 해석될 수 있다.

사르트르는 이런 이유로 〈장면1〉에서 아버지의 부재를 아쉬워한다. 아버지가 있었더라면, 또 그로부터 유산을 물려받을 수 있었더라면, 풀루의 존재론적 힘은 강화되었을 것이다. 다시 말해 그는 아무것도 아닌 아이가 되지 않았을 것이다. 하지만 그는 이런 아이의 자격으로 살아가야만 한다. 그가 자신의 삶을 포기하지 않는 이상 말이다.

이처럼 아무것도 아닌 아이가 되어 버린 풀루는 어떤 방법으로 세상을 헤쳐 나가는가? 그 답은 자기비하적이고 비극적임과 동시에 비장 어린 다음 한 문장에 잘 나타나 있다. "나는 전도유망한 강아지였다."[34] 강아지

---

31 Cf. 이성환, 「소유의 존재론: 사르트르를 중심으로」, 『철학논총』, 92, 새한철학회, 2018, 173-196쪽.

32 EN, p.664.

33 영국의 왕 리처드 1세의 남동생이자 헨리 2세의 막내아들인 존(John)왕을 가리킨다. 존왕의 별명은 '랙랜드(Lackland)'였다. 어렸을 때 그가 봉토를 받지 못해 붙은 별명이며, '결지왕(缺地王)'이라고 할 수 있다. 사르트르는 『말』을 구상하면서 아무것도 물려받지 못했다는 의미에서 'Jean sans terre', 곧 '무영토 장'이라는 제목을 붙이고자 했다. 여기에서 '장'은 당연히 그 자신이다. 또한 'Jean sans terre'는 'Jean (-Paul) Sartre'의 아나그램(annagramme), 곧 철자 바꾸기로 해석되기도 한다. 그러니까 'Sartre'를 'Sans terre'로 보는 것이다. Cf. *Pourquoi et comment Sartre a écrit Les Mots: Genèse d'une autobiographie*, (sous la direction de Michel Contat), PUF, 1996. pp.198-201.

는 주인의 관심과 보호 속에서 산다. 강아지는 주인에게 귀여움을 받기 위해 꼬리를 친다. 강아지가 독립된 생활을 영위할 수 있다면 주인에게 꼬리를 치지 않아도 될 것이다. 하지만 그렇지 못하다. 강아지가 살아가기 위해서는 주인의 보살핌이 절대적으로 필요하다. 아버지의 죽음 이후에 풀루는 이런 강아지와 유사한 입장에 처해 있었다고 할 수 있다.

사르트르는 『말』에서 자신의 가장 중요한 "임무"가 다른 사람들의 "환심을 사는 것plaire"이었다고 말한다.[35] 아무것도 아닌 아이, 풀루가 다른 사람들의 관심을 끌고, 나아가 그런 상태에서 자신의 존재를 부각하기 위한 길은 오직 하나뿐이었다. 강아지가 주인의 관심을 끌기 위해 꼬리를 치는 것과 마찬가지로 다른 사람들의 환심을 사기 위해 노력하는 것이다. 사르트르는 이런 행동을 자신을 타자에게 주고 베푸는 행위로 규정한다.

> 나는 나 자신을 창조해 나가는 것을 멈추지 않는다. 나는 증여자인 동시에 증여물이다. 아버지가 살아 있더라면, 나는 나의 권리와 의무를 알았을 것이다. 하지만 그는 죽었고, 나는 그런 것을 모른다. 남들의 사랑에 흠뻑 젖어 있어 나에게는 권리가 없다. 사랑하는 마음으로 주니까 나에게는 의무도 없다. 단 하나의 임무가 있다. 그것은 환심을 사는 것이다. 모든 것을 남에게 보이고자 하는 것이다.[36]

뒤에서 '증여don'란 갈등으로 이어지는 '나-타자'의 존재 관계에서 각자가 상대방을 굴복시키고 물리치기 위해 이용하는 하나의 행위, 그것도 강한 독성이 배어 있는 행위라는 것을 보게 될 것이다. 여기에서는 풀루가,

---

34　　LM, p.15.

35　　*Ibid.*, p.16.

36　　*Idem.*

아무것도 아닌 아이의 상태에서 벗어나는 유일한 길로 자기를 몽땅 주면서 어른들의 환심을 사는 행동을 해야 했다는 점이 중요하다.

그렇다면 풀루는 누구의 환심을 사고자 했는가? 아니, 누구의 환심을 사는 것이 그에게 가장 절실했는가? 이 질문에 대한 답은 다음 문장 속에 있다. "열 살이 될 때까지 나는 한 늙은이와 두 여인 사이에 끼어 홀로 지냈다."[37] 카를레마미Karlémamie,[38] 안마리가 그들이다. 세 사람이 풀루의 삶을 좌지우지할 수 있는 재량권을 가진 "재판관들"이었던 셈이다.

> 내게 필요한 것은 최고 재판소, 내 권리를 회복시켜 줄 선고였다. 하지만 그 법관들은 어디에 있는가? 내가 태어나서 만난 법관들은 서투른 광대 노릇으로 인해 이미 내 신뢰를 잃고 말았다. 나는 그들을 기피했다. 하지만 나는 다른 법관들을 보지 못했다.[39]

방금 사르트르가 자기를 강아지로 여겼다고 했다. 그는 이 세 사람, 이 세 명의 재판관의 환심을 사기 위해 그들 앞에서 강아지처럼 꼬리를 흔들어야 했다. 물론 주위에 다른 사람들도 있었다. 하지만 그들의 심급, 권위는 이 세 사람보다 높지도 강하지도 않았다. 이 세 사람의 심급과 권위 역시 일찍 죽은 장바티스트의 그것에 비하면 낮고 또 약했다. 하지만 풀루는 이 세 명의 재판관을 매일 상대해야 했다.

강아지는 관심을 받기 위해 누구에게 꼬리를 쳐야 하는지를 본능적으로 안다. 풀루 역시 이 세 명 중 누구의 환심을 사는 것이 자기에게 가장

---

37   *Ibid.*, p.44.

38   프랑스어 샤를(Charles)의 독일어식 발음인 '카를(Karl)'과 할머니를 의미하는 '마미(mamie)'의 합성어로, 풀루가 외할아버지 샤를 슈바이체르(Charles Schweitzer)와 외할머니 루이즈 귀유맹(Louise Guillemin)을 부르기 위해 사용한 애칭이다.

39   *Ibid.*, p.50.

유리한가를 잘 알고 있었다. 이들의 권위에도 차이가 있었던 것이다.

먼저 안마리의 권위가 가장 낮았다. 그녀는 남편의 사후에 풀루와 함께 친정으로 돌아왔다. 결혼한 지 얼마 되지 않아 아이를 품에 안고 친정으로 돌아오는 것을 반길 부모는 많지 않을 것이다. 그것도 유산도 없이 또 경제 활동을 할 수도 없는 상태로 말이다. 사르트르는 어머니와 자신을 외가에 얹혀살게 된 두 명의 "아이," 곧 두 명의 "미성년자"로 여겼다.[40]

이것은 안마리와 풀루의 존재론적 힘이 거의 비슷하다는 것을 의미한다. 두 사람의 관계는 수평적이었다. 심지어 풀루는 어른이 되면 안마리와 결혼해서 그녀를 보호해야겠다고 마음먹기까지 한다.[41] 사르트르의 문학작품에서 가끔 등장하는 근친상간이 연상되는 사례 중 하나이다.[42] 어쨌든 안마리가 경제적으로 독립적인 생활을 할 능력이 없다는 것과 그녀의 존재론적 힘이 약했다는 것에는 의심의 여지가 없다.

안마리는 친정으로 돌아와 부모의 참견과 간섭 속에서 사슬에 묶인 삶을 영위한다. 그녀는 평소에도 헤진 옷을 입고, 어머니 루이즈의 눈치를 보면서 집안 살림을 꾸려야 했다. 게으름을 피우면 게으름을 피운다고 핀잔을 받고, 또 집안일을 열심히 하면 집안의 주도권을 쥐고자 한다고 의심을 받았다. 친구들을 만나기 위해 드물게 외출하는 날에도, 귀가 시간을 정해 놓고 시계를 든 채 문밖을 서성거리는 샤를의 눈을 피할 수 없었다. 이런 상황에 처해 있었기 때문에 안마리는 풀루가 아무것도 아닌 아이에서 벗어나는 데 이렇다 할 도움을 줄 수가 없었다.

이런 안마리 옆에 루이즈가 있다. 루이즈는 까다로운 재판관이다. 그녀

---

40   *Ibid.*, p.10.

41   *Idem*.

42   사르트르는 『파리 떼』에 나오는 오레스테스와 엘렉트라, 『자유의 길』에 나오는 보리스와 이비치, 『알토나의 유폐자들』에 나오는 프란츠와 누이 레니의 경우를 그 예로 들고 있다. 이들 중에서 실제로 근친상간을 한 인물은 프란츠와 레니이다.(*Ibid.*, p.28.)

는 가족 코미디의 비밀을 꿰뚫어 보고 비난하곤 했다.[43] 볼테르의 작품을 읽은 적도 없이 '볼테르주의자'로 여겨졌던 그녀는 모든 것을 "항상 부정하는 정신Esprit qui toujours nie"[44]의 소유자였다. 이런 정신을 소유한 그녀에게서 풀루는 불안함을 느끼곤 했다. 아무것도 아닌 아이에서 벗어나기 위한 외손자의 코미디나 유희를 그녀가 정확히 꿰뚫어 보고 있었기 때문이다. 하지만 그녀의 존재론적 힘은 샤를의 그것에는 미치지 못했다.[45] 이것은 풀루가 환심을 사기 위해 강아지처럼 꼬리를 쳐야 할 사람은 바로 샤를이었다는 것을 의미한다.

샤를과 풀루의 관계는 미묘했다. 안마리가 친정으로 돌아와 사슬에 묶인 상황으로 미루어 보면, 아이에 불과한 풀루가 직면한 상황이 좀 더 나빴을 것으로 생각하기 쉽다. 하지만 실제로는 그렇지 않았다. 풀루는 이 집안의 가장이자 존재론적 힘이 가장 센 샤를의 말년에 태어났기 때문이다. 이것이 풀루에게는 행운이었다. 그는 샤를에게 "선물", "기적"이었고, "마지막 불꽃"이었으며, 그의 인생의 "마지막 보상"이었다.[46] 죽음을 앞둔

---

43   *Ibid.*, p.17.

44   *Idem.*

45   사르트르가 샤를로부터 가장 큰 영향을 받은 것은 사실이다. 하지만 루이즈도 그에게 적 잖은 영향을 미쳤다고 할 수 있다. 사르트르의 부정하는 정신, 책을 좋아하는 태도, 탐정소 설을 선호하는 태도 등이 그것이다. 특히 볼테르주의자로 여겨진 그녀와 마찬가지로 나중에 사르트르 역시 드골 대통령으로부터 '볼테르'로 불린 적이 있다. 알제리전쟁이 한창이던 1960년, 사르트르는 이 전쟁에 반대하면서 '121인 선언'으로 알려진 '알제리전쟁에서의 불복 종 권리에 관한 선언'에 서명한 적이 있다. 이때 경찰이 사르트르를 체포하자 드골 대통령 은 "볼테르를 체포하는 것이 아니다(On n'emprisonne pas Voltaire!)"라고 말했다는 유명한 일 화가 있다. 여기에 더해 다음과 같은 사실은 흥미롭다. 사르트르의 이미지를 한두 마디로 표 현한다면 "예, 하지만!(Oui, mais!)"이라고 할 수 있는데, 이때 이 이미지에 루이즈의 부정하는 정신이 강하게 투사되었다는 사실이 그것이다. 이 문구는 사르트르가 상대방과 대화나 토 론에 임하면서, 또 어떤 학설이나 이론 등을 접하면서 항상 인정하고 받아들이는 태도를 취 하지만, 항상 그것을 다르게 생각하고, 비판하고 또 그것에 이의를 제기한다는 것을 잘 보여 준다.

46   S19, p.56.

노인과 아이는 늘 공모하는 법이다.[47] 샤를과 풀루도 예외가 아니었다.

샤를은 자기 자식들에게는 무서운 아버지였다. 만일 사르트르가 그의 아들로 태어났더라면, 그는 영락없이 자기도 짓밟아 뭉갰을 것이라고 생각한다. 하지만 풀루는 다행히도 그의 말년에 태어났다. 풀루는 그에게 하늘이 내려 준 기적의 선물, 그렇지만 "언제 데려가 버릴지 모르는 선물"과도 같은 "소중한 존재"였던 것이다.[48] 이런 이유로 풀루는 샤를의 억압적인 힘에 짓눌리는 것을 모면할 수 있었다.

게다가 샤를은 두 가지 놀이에 푹 빠져 있었다. '사진 찍기 놀이', 곧 '포즈를 취하는 놀이'와 '할아버지 되기 놀이'가 그것이다. 풀루는 이 두 놀이의 희생자가 되어 버린다. 루이즈, 안마리, 풀루는 가장인 샤를이 주도하는 가족 코미디 또는 유희에 가담하기도 했다.

> 우리는 여러 장면이 포함된 풍요로운 연극을 하곤 했다. 가벼운 희롱, 곧 풀리는 오해, 악의 없는 농담과 부드러운 꾸짖음, 애정 어린 원망, 다정한 비밀 만들기, 정열….[49]

문제는 이런 가족 코미디나 유희에서 각자의 역할과 비중이 달랐다는 점이다. 샤를이 주연 배우였던 반면, 풀루는 단역에 불과했다. 더 심각한 문제는 샤를에게는 이런 놀이가 노년의 무료함을 달래기 위한 것이었지만, 풀루에게는 아무것도 아닌 아이의 상태를 벗어나게 하는 절박하고도 유일한 길이었다는 점이다. 이렇듯 풀루는 보잘것없는 단역에도 불구하고 가족 코미디나 유희에 어쩔 수 없이 가담해야만 했다.

---

47   LM, p.14.

48   *Idem.*

49   *Ibid.*, p.12.

다른 사람들의 눈에는 샤를이 고작 하느님을 닮은 정도였겠으나, 풀루의 눈에는 진짜 하느님으로 보였다. 풀루는 일찍 자신의 모든 것이 그에게 달려 있다는 것을 직감했다. "나, 나는 모든 면에서 그에게 의존했다."[50] 풀루의 운명을 결정할 수 있는 최고 심급의 재판관인 아버지 장바티스트가 없는 상황에서 샤를이 그 역할을 대신했다. 따라서 풀루는 가장 강력한 힘을 가진 샤를의 관심을 끌고, 나아가 그로부터 유리한 판결을 끌어내기 위해 최선을 다해야 하는 상황이었다.

다른 사람들의 환심을 사기 위해 행동하는 사람은 대부분의 경우 자신을 배신하기 마련이다. 전적으로 그들이 원하는 모습이 되어야 하기 때문이다. 즉 그들이 원하는 모습을 연기하고 유희하면서 자신이길 그치고, 또 자신을 속이기 마련이다.

사르트르에 의하면 코미디나 유희를 하는 사람은 타자들에 의해 이미 대상화된 모습을 인정하는 마조히스트 —마조히스트와 마조히즘에 대해서는 다시 거론할 것이다— 의 태도를 취해야 한다. 그런데 사르트르에게서 인간은 항상 주체성의 상태에 있어야 한다. 타자(들)에 의해 대상화된 모습을 받아들이고, 나아가 이런 모습을 가진 자가 되고자 연기하고 유희하는 것은 자기 자신을 배신하고 속이는 행동이다. 뒤에서 다시 보겠지만 이런 행동은 '자기기만mauvaise foi'에 해당한다.

어쨌든 아무것도 아닌 아이의 상태에서 벗어나기 위해 다른 사람들의 환심을 사고자 하면서, 즉 "사기꾼" 행세를 하면서 풀루는 다음과 같은 중요한 사실을 배우게 된다. 자신의 존재는 전적으로 타자들에 의해 결정된다는 사실이 그것이다.

나의 진실, 나의 성격 그리고 나의 이름도 어른들의 손에 쥐어져 있었다.

---

50   *Ibid.*, p.11.

나는 그들의 눈을 통해 나 자신을 보는 것을 배웠다. 나는 어린애였다. 하지만 나는 또한 어른들이 그들의 회한으로 빚어 놓은 괴물이었다. (⋯) 그렇지만 말도 없고 형체도 없고 밀도도 없이, 그 천진한 투명성 속에서 희석된 투명한 확신 하나가 모든 것을 망쳐 버렸다. 내가 사기꾼이라는 확신이 그것이었다. 자기가 연극을 하고 있다는 것을 모른 채 어떻게 연극을 할 수 있겠는가?[51]

사르트르는 『존재와 무』를 통해 나-타자의 존재 관계에서 타자가 이중의 상반된 지위를 가지고 있다고 주장한다. 타자는 먼저 자신의 '시선 regard'을 통해 나를 바라보면서 나에게서 주체성을 앗아감과 동시에 나를 대상화한다. 이런 면에서 타자는 나의 "지옥enfer"으로 규정된다.[52] 또한 타자는 나를 바라보면서 나의 존재 근거를 마련해 주는 존재이기도 하다. 이런 면에서 타자는 "나와 나 자신 사이의 필수 불가결한 중개자médiateur indispensable entre moi et moi-même"[53]로 규정되기도 한다.

그런데 풀루는 가족 코미디나 유희를 통해 자신이 아직까지 타자를 지옥으로 여기지 않고, 오직 자기에게 존재 근거를 부여해 주는 필수 불가결한 중개자로만 여겼던 것이다. 물론 타자가 지옥이라는 사실도 머지않아 배우게 된다. 아버지가 살아 있었더라면 풀루는 그로부터 타자가 갖는 이런 이중의 상반된 지위를 동시에 배웠을 수도 있다. 하지만 아버지의 죽음에서 비롯된 자기의 약한 존재론적 힘으로 인해 타자들과의 관계에서 균형 잡히지 못한 대타관對他觀을 갖게 된 것이다.

---

51 *Ibid.*, pp.44-45.

52 Jean-Paul Sartre, *Huis clos*, in *Théâtre complet*, Gallimard, coll. Bibliothèque de la Pléiade, 2005, p.128.(이하 이 전집은 TC로 약기하고, 이 작품은 작품명을 표기하되, 전집은 표기하지 않는다.)

53 EN, p.276.

그리고 이런 대타관으로 인해 아무것도 아닌 아이, 곧 존재의 결핍을 뼈저리게 느꼈던 풀루는 존재론적 힘이 강한 사람을 만나게 되면 그 사람에게 의지하는 쪽으로 기울게 된다. 이런 상황에서 풀루가 바라는 최상의 상태는 어떤 것인가? 이 질문에 대한 답이 〈장면2〉에서 제시되고 있다.

〈장면2〉로 되돌아가 보자. 샤를이 운영하는 독일어 어학원에서 축제가 벌어지고 있는 장면이다. 어학원 창립 기념일일 수도 있다. 이 장면에서 관심을 끄는 것은 정확히 시모노 씨가 없어서는 안 될 사람, 즉 반드시 필요한 사람으로 여겨지고 있다는 사실이다. 그것도 어학원을 대표하는 샤를에 의해 시모노 씨의 이름이 불려짐으로써이다. 시모노 씨는 샤를과 함께 독일어 학습 교재를 공동으로 집필했다.

샤를은 이 어학원에서도 존재론적 힘이 가장 강한 사람이다. 한편 공교롭게도 그와 교재를 공저한 시모노 씨가 그 자리에 참석하지 못했다. 이런 시모노 씨를 샤를이 찾으면서 "이 자리에 꼭 있어야 할 사람이 없소. 시모노 씨가 없단 말이오"라고 말한 것이다. 사르트르는 이 말이 그의 "가슴을 후려쳤다"고 했다. 이것은 그가 샤를의 말에 큰 충격을 받았다는 것을 의미한다. 무슨 충격이었는가? 그 답은 바로 최고 심급의 재판관에 의해 내려진 존재 정당화라는 결정적 선고에 있다고 할 수 있다.

장바티스트의 죽음으로 인해 풀루는 아무것도 아닌 아이가 되어 버렸다는 사실을 여러 차례 지적했다. 그는 이런 존재의 결핍 상태에서 벗어나기 위해 주위의 어른들에게 의지해야 했다. 특히 집에서는 가족 코미디나 유희를 통해 카를레마미와 안마리의 환심을 사야 했다. 그들 중 샤를이 풀루에게는 가장 중요한 재판관이다. 만일 샤를이 어학원 축제에서 시모노 씨를 찾으면서 했던 것처럼 풀루를 없어서는 안 될 존재라고 선언해 준다면, 풀루는 단번에 아무것도 아닌 아이의 상태에서 벗어날 수 있을 것이다. 타자, 그것도 가장 강한 존재론적 힘을 가진 샤를로부터 이런 인정을 받는다면, 곧 그에 의해 필요한 존재로 요청된 아이가 될 수도 있는 것이다.

풀루가 샤를에게 기대했던 것이 바로 이것이다. 하느님과 같은 샤를에 의해 자신의 존재가 정당화되는 것. 그리고 이런 기대는 풀루의 내면에서 급기야 물처럼, 빵처럼, 공기처럼 다른 모든 사람, 모든 곳에서 아쉬운 존재가 되기를 바라는 마음으로 커지고 있다. 이것이 〈장면2〉에서 볼 수 있는 내용이다.

그런데 이런 기대는 나중에 사르트르의 사유와 문학을 관통하는 핵심 주제 중 하나가 된다. 신과의 탯줄이 끊어져 버린 인간, 따라서 아무런 이유 없이 그냥 지금, 여기에 내던져져 있는 우연적인 존재로서의 인간, 자신의 존재 이유를 찾고자 하는 인간, 이를 통해 자신의 존재를 정당화시키고자 노력하는 인간, 이것이 바로 사르트르에 의해 제시된 인간의 모습이 아니던가. 지금으로서는 이런 노력의 성공 여부는 일단 제쳐 두자. 중요한 것은 바로 이 모든 것이 사르트르의 아버지의 때 이른 죽음에서 비롯되었다는 사실이다.

한 국가의 역사이든 또는 한 개인의 역사이든 간에 역사에는 가정이 들어설 자리가 없다. 하지만 다음과 같은 가정을 해 보자. 만일 장 바티스트가 일찍 죽지 않았다면, 그가 사르트르에게 유산이라도 물려주었다면, 그에게 권위, 명령, 복종 등을 가르쳐 주었더라면, 과연 사르트르는 여전히 우리가 알고 있는 모습과 다름이 없었을까? 물론 그렇지 않았을 가능성도 배제할 수 없을 것이다.

> 아버지가 나에게 재산이라도 남겨 주었다면 나의 어린 시절은 달라졌을 것이다. 나는 다른 사람이 되었을 테니까 글을 쓰지 않았을 것이다. 물려받은 논밭과 집은 어린 상속자에게 그 자신의 안정된 이미지를 준다.[54]

---

54   LM, p.47.

어쨌든 아버지의 죽음으로 인해 사르트르에게 나타난 부정적 영향 중 가장 비중이 큰 것은, 바로 그의 삶이 가족 코미디와 유희로 점철될 수밖에 없었다는 점, 특히 그의 삶 전체가 샤를의 강한 존재론적 힘의 자장磁場 안에 완전히 갇혀 버린 것이라고 할 수 있다. 그의 모든 노력은 결국 샤를로부터 필요한 존재라는 것을 인정받기 위한 노력으로 수렴되고 말았다. 요컨대 아버지의 죽음 덕택에 자유를 얻었던 풀루는 오히려 그 죽음으로 가장 강한 사슬에 묶여 버린 셈이다. 그러니까 풀루는 '자유롭도록 선고받은 것condamné à être libre'이 아니라 다른 사람들, 그중에서도 특히 샤를의 '환심을 사도록 선고받은 것condamné à plaire'이다.

그 결정적 증거 중 하나가 바로 사르트르의 진로 선택이라고 할 수 있다. 그는 후일 전업 작가이자 철학 교수가 된다. 나중에는 교수직을 포기하고 전업 작가로서만 활동하지만 말이다. 그런데 이런 그의 진로 선택이 이미 샤를에 의해 기획되고 결정되었다면 지나친 해석일까?

사르트르가 전업 작가가 되고 철학 교수가 된 결정적인 계기는 가족 코미디나 유희에 있었던 것으로 보인다. 풀루는 점차 까다로워지는 어른들의 환심을 사기 위해 글을 읽을 줄도 모르면서 책을 '읽는' 척하는 연기를 하곤 했다. 또한 그는 다른 사람들이 쓴 글을 베끼면서 뭔가를 '쓰는' 척하는 연기도 했다. 『말』을 구성하고 있는 두 부분의 제목이 각각 '읽기Lire'와 '쓰기Ecrire'라는 사실을 지적하자.

풀루는 진로 문제와 관련해 샤를 —'칼'[55]이라고 해야 한다— 과 솔직하게 이야기를 주고받을 기회가 있었다. 칼의 의도는 쓰기 유희에 빠져 있던 외손자의 머릿속에서 전업 작가가 되겠다는 생각을 뿌리째 뽑아 버리

---

[55] 사르트르는 『말』에서 샤를 슈바이체르의 완전히 다른 두 모습으로 묘사하고 있다. 하나는 사진 찍기 놀이와 할아버지 놀이에 빠진 광대로서의 모습이다. 다른 하나는 신을 닮은 무서운 모습이다. 사르트르는 이 두 모습을 구분하기 위해 '샤를'과 '칼'이라는 이름을 번갈아 가면서 사용하고 있다.

는 것이었다. 이를 위해 칼은 전업 작가의 곤궁함을 보여 주고자 했다. 아울러 칼은 그에게 전업 작가가 되고 싶다면 교수의 일을 병행하라고 충고했다.

어느 날 저녁, 할아버지는 나와 남자 대 남자로 이야기하고 싶다고 했다. 두 여인이 물러났다. 그는 나를 무릎에 앉히고 엄숙하게 말했다. "네가 글을 쓰겠다니 그건 알겠다. 나는 네가 하고 싶은 것을 못 하게 할 사람이 아니라는 것은 너도 잘 알 테니 걱정 마라. 그렇지만 상황을 명석하게 정면으로 바라보아야 한다. 문학으로는 먹고살 순 없단다. 유명한 작가들이 굶어 죽었다는 것을 너는 아느냐? 또 그중에는 밥을 얻어먹기 위해 지조를 팔아 버린 자들도 있어. 독립을 원한다면 제2의 직업을 갖는 것이 좋을 게다. 교수 생활을 하면 여유가 있단다. 교수의 일과 문인의 일은 서로 겹쳐. 그러니 너는 한 성직에서 다른 성직으로 옮겨갈 수가 있을 게다.[56]

실제로 사르트르는 칼의 충고대로 직업을 선택하게 된다. 사르트르는 나중에 작가가 되고 또 철학 교수자격시험agrégation에도 합격한다. 그런데 한 가지 흥미로운 점은 사르트르 자신이 전업 작가가 되고 교수가 된 것이 칼과의 면담을 잘못 해석한 결과였다는 사실이다.

『말』에서 사르트르는 칼과의 면담을 전업 작가가 되는 위임장을 전달받는 의식儀式으로 여겼다고 말한다. 하지만 칼은 풀루에게서 전업 작가가 되고자 하는 생각을 싹둑 잘라 버리고자 한 것이었다. 그러니까 풀루가 칼의 의도를 오해해 그 자신이 전업 작가가 되어도 좋다는 위임장을 '칼-신'으로부터 승낙받은 것으로 착각한 것이었다.[57]

---

56 *Ibid.*, pp.84-85.

57 *Ibid.*, pp.85-86.

다만, 하나의 의문이 제기된다. 두 사람이 면담했을 때 풀루는 왜 칼의 말을 오해했을까? 사르트르는 그 답을 다음 두 가지 사실에서 찾는다. 하나는 면담 중에 칼의 "목소리"가 달라졌다는 사실이다. 앞에서 칼이 두 얼굴을 가졌다고 했다. 그런데 사르트르에 의하면 면담을 하면서 칼이 유희를 하고 포즈를 취하던 가벼운 '샤를'이 아니라 근엄하고 무서운 '칼'의 목소리로 말했다는 것이다. 다른 하나는 칼의 달라진 목소리에서 풀루가 "자기를 낳아 놓고 사라진" 장바티스트의 목소리를 발견한 것이다.

> 그날, 아주 계획적으로 거짓말을 하던 그 순간에 나는 왜 그 양반의 목소리에 귀를 기울였을까? 어떤 오해로 그가 내게 하려던 말과 정반대로 들었을까? 그것은 그의 목소리가 변했기 때문이었다. 내게는 메마르고 딱딱해진 그 목소리가 나를 낳아 놓고 사라진 사람의 목소리로 여겨졌다. (…) 그날 샤를이 두 팔을 벌리면서 멀리서 "새로운 위고가 여기에 있군. 애송이 셰익스피어가 여기에 있어"라고 외쳤다면, 나는 오늘날 산업 디자이너나 문학 교수가 되었을 것이다. 하지만 그는 그렇게 하지 않았다. 나는 처음으로 가장家長을 마주했던 것이다. 그는 침울해했으며, 나를 칭찬해 주는 것을 잊은 만큼 더 존엄해 보였다. 그는 새로운 율법을, 나의 율법을 알리는 모세였다.[58]

이렇듯 풀루의 미래는 칼에 의해 결정되었다. 아니, 기획되었다고 할 수도 있을 것이다. 이런 풀루의 미래는 결코 바뀔 수가 없는 성질의 것이었다. 위의 인용문에서 "모세"가 내린 "율법"이라는 표현에 주목하자. 이것은 '칼-모세'의 기획이 가진 정언명령적 성격을 보여 준다. 두 가지 면에서 그렇다.

---

58   *Ibid.*, p.85.

먼저 칼의 존재론적 힘은 풀루의 주위 어른들 중 가장 강하다. 그런 만큼 풀루는 그에게 절대적으로 복종해야 하는 처지이다. 그다음으로 풀루는 면담이 있었던 날, 칼의 목소리에서 죽은 아버지의 목소리를 발견한 것이다. 풀루의 입장에서 보면 비록 일찍 죽었지만 아버지 장바티스트의 권위가 가장 강하다. 그런데 전업 작가로서의 자신의 운명이 정해진 날, 풀루는 칼의 달라진 목소리를 통해 장바티스트의 목소리를 들었던 것이다. 이것은 그대로 플루가 이중으로 '칼-장바티스트-모세'가 발하는 율법에 복종할 수밖에 없다는 것을 보여 준다.

성인이 되어 사르트르는 이 면담 장면을 회고하면서 그가 썼던 모든 저작이 칼의 "환심을 사려는 주책없는 욕망"의 결과가 아니었을까 자문하고 있다. 그리고 만일 그렇다면 그것은 "터무니없는 희극"일 것이라고 생각하고 있다.

> 방향을 잃은 나는 칼에게 복종하기 위해 근면한 삼류 문사의 길을 받아들였다. 요컨대 나를 문학에서 멀리 떼어 놓으려던 그의 노력이 나를 문학의 길로 밀어 넣은 것이다. 그래서 오늘날까지도 기분이 울적한 날이면 이렇게 자문해 보곤 한다. 내가 그토록 많은 종이에 잉크 칠을 하고, 아무도 원치 않는 많은 책을 시장에 내놓으면서 그렇게 숱한 밤낮을 보낸 것은 오직 할아버지의 환심을 사려는 유일하고도 광적인 소망 때문은 아니었을까 하고 말이다. 그렇다면 그건 희극일 것이다.[59]

『말』의 앞부분에서 볼 수 있는 가족 코미디나 유희로 점철된 사르트르의 어린 시절의 행동으로 미루어 보면, 그의 저작 활동이 칼의 환심을 사기 위한 것이었다고 볼 수도 있지 않을까? 이 질문에 부정적으로 답을 할

---

59   *Ibid.*, p.88.

수만은 없을 것 같다. 물론 사르트르의 저작 활동이 칼에게 필요한 존재로, 없어서는 안 될 존재로 인정받기 위한 노력만은 아닐 것이다. 그의 저작 활동은 자신을 미래를 향해 주체적으로, 능동적으로 기투한 결과임에 틀림없다.

그럼에도 불구하고 위의 인용문은 사르트르가 칼-신, 칼-모세의 환심을 사기 위해, 그에게 필요한 존재로 인정받기 위해 거의 무의식적으로 행동했다는 것을 짐작게 해 준다. 이런 의미에서 풀루를 "일으켜 책상으로 달려가게 하는"[60] 칼의 목소리는, 알튀세르의 표현대로 일종의 '호명 appel'처럼 기능했다고 할 수 있을 것이다. 또한 이런 칼의 목소리는 라캉의 정신분석에서 볼 수 있는 '신-아버지'로 상징되는 '대타자Grand Autrui'의 목소리라는 것도 분명해 보인다.

풀루가 작가가 되는 위임장을 받았다고 오해했을 때, 칼의 목소리가 평소와 달랐다는 점을 떠올리자. 요컨대 주인에게 꼬리를 흔드는 강아지처럼 풀루는 아무것도 아닌 아이에서 정당화된 아이, 호명된 아이, 필요한 아이로의 변신을 위해 칼에게 절대적으로 복종해야 했던 것이다.

풀루가 장바티스트의 죽음으로 인해 처한 상황을 두고, 이 상황이 안마리의 상황과 다르게 흘러갔다고 앞에서 지적한 바 있다. 풀루가 샤를의 말년에 태어났기 때문이었다. 하지만 결코 그렇지 않다. 오히려 가장 강한 존재론적 힘을 가진 칼이 지배하는 집에서 풀루는 최악의 상황에 직면했다고 할 수 있을 것 같다. 바로 절대적 힘을 가진 그의 시선하에서 스스로 한 마리의 강아지가 되는 것을 어쩔 수 없이 선택해야 했기 때문이다.

이런 상황에 대해 한 연구자는 실제로 칼이 아버지 장바티스트보다 아버지 역할을 더 잘 수행했다고 보고 있다.[61] 이것은 『말』에서 사르트르 자

---

60   *Ibid.*, p.89.

61   Claude Burgelin, Les Mots *de Jean-Paul Sartre*, Gallimard, coll. Foliothèque, 1994, p.72.

신이 아버지의 죽음 덕택에 자유를 얻었다고 한 말을 정면으로 부인하는 것이다. 그중에서도 장바티스트의 죽음 때문에 미처 배우지 못한 모든 것, 즉 권력의 암이라는 중병에 수반되는 권위, 명령, 복종, 증오, 폭력, 초자아 등을 풀루가 오히려 칼로부터 가장 철저하게, 가장 억압적인 방식으로 배웠다는 것을 의미한다.

이는 장바티스트의 때 이른 죽음이 사르트르에게 준 가장 부정적 영향이라고 할 수 있을 것 같다. 이런 의미에서 장바티스트의 죽음은 사르트르의 미래의 삶을 결정한 가장 중요한 원초적 사건으로 여겨질 수 있을 것이다.

1.2. 폭력의 체험

a) 가장 불행한 시기

사르트르의 생애에서 라로셸La Rochelle에서의 '폭력' 체험도 중요한 사건 중 하나이다. 라로셸은 대서양 연안에 위치한 항구도시이다. 안마리는 1917년 조세프 망시Joseph Mancy와 재혼한다. 사르트르는 그들을 따라 이곳에서 살게 된다. 그때 그의 나이는 12세였다. 그는 이곳에서 3-4년을 보내고 다시 파리로 돌아온다. 그는 이 기간을 자신의 삶에서 "가장 불행했던 시기"[62]로 규정한다. 그는 이 시기를 "재 속에"[63] 묻어 두길 바랐을 정도이다.

---

[62] Simone de Beauvoir, *La Cérémonie des adieux* suivi de *Entretiens avec Jean-Paul Sartre*, Gallimard, 1981, p.193.(이하 LCA로 약기한다.)

[63] Cf. Francis Jeanson, *op. cit.*, p.289.(사르트르가 이 시기를 재(灰) 속에 묻어 두길 바란 이유는 그의 어머니 안마리 때문이었을 것이다. 만일 그가 이 시기에 대해 뭔가를 말하거나 쓴다면, 그것은 안마리가 재혼한 데 대한 원망의 감정을 염두에 두었을 것으로 짐작된다. 그는 안마리의 재혼으로 인해 그의 내부에 심각한 균열이 발생했다고 말하고 있다.)

사르트르가 외가에서 카를레마미와 안마리 사이에서 가족 코미디나 유희를 하면서 타자가 가진 이중의 반대되는 존재론적 지위 중 나와 나 자신 사이의 필수 불가결한 중개자의 지위만을 배웠다고 앞에서 지적한 바 있다. 물론 타자에게는 또 하나의 지위, 곧 나의 지옥으로서의 지위가 있다. 사르트르는 라로셸에서 타자가 갖는 이 두 번째 존재론적 지위를 현실에서 제대로 배웠다고 할 수 있다.

사르트르는 라로셸에서 보낸 시간을 회고하면서 "인간관계는 폭력에 의해/위에 정립된다"[64]는 사실을 배웠다고 술회한다. 또한 이 사실이, 그의 삶에서 지워지지 않을 깊은 흔적을 남겼다고 술회한다. 그의 전, 후기 사유를 대표하는 『존재와 무』와 『변증법』은 이 시기의 폭력 체험을 개인 대 개인, 집단 대 집단, 집단 대 개인 관계를 통해 이론화한 것이라 해도 과언이 아닐 성싶다.[65] 이는 그대로 라로셸에서의 폭력 체험 역시 삶에 결정적 영향을 미친 원초적 사건 중 하나라는 것을 보여 준다. 물론 이 체험을 유아기와 동떨어진 12세에 했지만 말이다.

사르트르는 라로셸에서 어떻게 폭력을 체험하게 되었는가? 라로셸의

---

64   Jean-Paul Sartre, *Ecrits de jeunesse*, Gallimard, 1990, pp.56-57, note 3.(이하 EJ로 약기한다.)

65   1996년에 마친 나의 박사학위 논문의 주제는 "장폴 사르트르의 극작품과 소설에 나타난 폭력(La Violence dans le théâtre et les romans de Jean-Paul Sartre)"이다. 이 논문은 양을 줄여 『사르트르와 폭력: 사르트르의 철학과 문학에 나타난 폭력의 얼굴들』이라는 책으로 2020년 그린비 출판사에서 출간되었다. 사르트르의 폭력 문제에 할애된 연구로는 다음을 꼽을 수 있다. Ronald D. Laing & David G. Cooper, *Raison et violence: Dix ans de la philosophie de Sartre 1950-1960*, Payot, coll. PBP, n° 202, 1971(1964); Eric Werner, *De la violence au totalitarisme: Essai sur la pensée de Camus et de Sartre*, Calmann-Lévy, coll. Liberté de l'esprit, 1972; Pierre Verstraeten, *Violence et éthique: Esquisse d'une critique de la morale dialectique à partir du théâtre politique de Sartre*, Gallimard, coll. Les Essais, CLXV, 1972; Raymond Aron, *Histoire et dialectique de la violence*, Gallimard, coll. Les Essais, CLXXXI, 1973; Hervé Vautrelle, *Sartre et la question de la violence: Figures et systèmes de la violence dans l'œuvre de Sartre*, Presses Académiques Francophones, 2014; 김희봉, 「사르트르의 철학과 폭력의 문제」, 『철학논총』, 35, 새한철학회, 2004, 151-170쪽.

새로운 학교로 전학한 그는 새로운 친구들을 만난다. 그런데 곧 그들의 "놀림감souffre-douleur"[66]이 된다.[67] 그들에게 폭력의 대상이 된 것이다. 그는 파리에서 비교적 "평온한" 어린 시절을 보냈다.[68] 아버지 장바티스트의 죽음으로 권위, 명령, 복종, 폭력, 증오, 공격성 등을 배우지 못했다는 사실을 떠올리자. 물론 파리에서 학교를 다니면서 친구들과 주먹다짐 정도의 가벼운 싸움을 한 것은 사실이다. 하지만 라로셸에서는 사정이 완전히 달랐다.

사르트르의 회고에 따르면 라로셸에는 두 부류의 학생들이 있었다. 기독교 계열의 학교에 다니고 비교적 집안이 좋은 학생들과 비기독교 계열의 학교에 다니면서 불량배들이 된 학생들이었다.[69] 후자에 속하는 학생들은 아주 거칠었다. 사르트르가 라로셸로 갔던 1917년에 1차 세계대전이 한창 진행 중이었고, 후자의 학생들은 전쟁을 내면화시켰다. 자신의 식구들, 가령 형, 삼촌, 아버지 등이 전쟁에 참전했기 때문이다. 사르트르가 다니는 학교 학생들과 불량배가 되어 버린 다른 학교 학생들 사이에 싸움이 잦았다. 그 역시 그들과 싸워야 했고, 또 자신이 다녔던 학교 학생들과도 싸움을 해야 했다.

사르트르가 불량배 학생들과의 싸움에서 이기는 경우는 없었다. 그는 평균 이하의 체구였고, 파리에서 싸움다운 싸움을 해 본 적도 없었다. 그

---

66   LCA, p.191.

67   풀루가 아버지의 죽음 이후에 샤를 슈바이체르 곁에서 자기를 강아지로 여긴 것도 엄연한 폭력의 결과라고 할 수 있다. 그렇다면 사르트르에게서 폭력의 시작은 시기상 라로셸에서의 체험보다 훨씬 더 위로 거슬러 올라갈 수도 있다. 그런데 풀루가 샤를 곁에서 겪은 폭력이 정신적 폭력에 해당한다고 할 수 있는 반면, 라로셸에서의 폭력은 주로 신체적, 물리적 폭력에 해당한다고 할 수 있다.

68   *Sartre*, un film, réalisé par Alexandre Astruc et Michel Contat, texte intégral, Gallimard, 1977, p.18.(이하 SF로 약기한다.)

69   *Idem*.

렇다고 그가 속한 학교 학생들과 싸워서 서열의 높은 곳에 오르는 것도 거의 불가능했다. 이런 이유로 그는 그들의 놀림감, 곧 폭력의 대상이 될 수밖에 없었다. 그는 이런 일들을 겪으면서 앞에서 언급했던 단언, 곧 인간관계가 폭력에 의해 정립된다는 것을 배우게 된 것이다.

b) 평생 지워지지 않을 체험

사르트르가 라로셸에서 했던 이런 폭력 체험은 다음의 사실로 인해 더 비극적인 것이 된다. 즉 이 체험이 그에게 평생 지워지지 않을 흔적을 남기게 된다는 사실이다. 이미 언급했듯이 이 흔적은 다음 두 형태로 나타난다. 하나는 『존재와 무』 차원에서 나-타자 사이에 발생하는 갈등이다. 뒤에서 자세히 보겠지만 사르트르는 나-타자의 관계를 주체성의 위치를 차지하기 위한 투쟁으로 이해한다. 또한 『변증법』에서도 인간은 집단적 차원에서 다른 인간들의 죽음을 추구하는 무서운 존재로 이해된다.

라로셸에서의 폭력 체험이 사르트르의 삶에 남긴 흔적은 거기에 그치지 않는다. 그때의 체험을 통해 그는 폭력을 극복하기 위한 세 가지 방법을 체득하게 된다. 폭력을 일방적으로 감내하는 수동적 방법, 폭력을 통해 폭력을 극복하려는 적극적 방법, 상상력과 언어에 호소하는 소극적 방법 등이 그것이다. 사르트르는 살아가면서 직면하게 되는 모든 폭력에 대해 이런 세 가지 방법으로 대처하게 된다.

사르트르가 라로셸에서 새로운 친구들에게 놀림감이 되었다는 점을 지적했다. 그때 그는 그들의 폭력에 어쩔 수 없이 수동적 태도를 취했다. 그가 학교생활을 원만히 하고, 또 같은 학교 친구들로 구성된 집단의 일원이 되기 위해서는 그들의 폭력을 감내하는 것 이외의 다른 방법이 없었다. 물론 이 방법은 참다운 의미에서 폭력을 극복하는 방법이 아니다.

사르트르는 또한 다른 학교, 같은 학교 학생들로부터 오는 폭력에 적극적으로 대항하고자 했다. 기회가 닿는 대로 그들과 일대일로 맞서 싸우면서 말이다. 하지만 이 방법으로는 큰 효과를 보지 못했다. 거듭 말하지만 그는 체구도 작았고 싸움다운 싸움을 해 본 적이 없었기 때문이다. 이것은 기존의 폭력violence déjà existante을 다른 폭력, 곧 대항폭력contre-violence을 통해 제압하고 극복하기 위해서는 일정한 조건을 갖춰야 한다는 것을 내다보게 한다.

마지막으로 사르트르는 같은 학교 친구들의 폭력에 상상력과 언어로 맞서고자 했다. 청소년기에 접어들어 성性에 눈을 뜬 그와 그의 친구들에게 가장 흥미로운 주제는 연애담이었다. 사르트르가 파리에서 자랐다는 사실을 지적하자. 이런 이유로 그는 말솜씨가 좋았고 이야기를 지어내는 능력도 탁월했다. 그는 친구들에게 파리에서 이미 연애를 했다고 거짓말을 하게 된다.

> 무엇보다도 처음에, 나 자신을 돋보이게 한다고 생각하면서 ―그들 모두 재미를 봤다고 하는 자신의 여자 친구나 여자에 대해 말했다―, 나 역시 여자 친구가 있다는 이야기를 지어낼 생각을 했어요. 해서 친구들에게 파리에서 호텔로 같이 자러 간 애인이 있다고 말해 버렸어요(나는 그때 11세였어요!).[70]

사르트르의 이런 이야기가 친구들의 관심을 끌었다. 상상력이 가미된 이야기를 통해 그들의 위계질서에서 높은 자리를 차지할 가능성이 있었던 것이다. 거짓 이야기가 낳은 예기치 않은 효과에 힘입어 그는 급기야 자기 집에서 일하는 가정부와 짜고 연애편지를 써서 자기에게 우송하는 전략까지 구사하게 된다. 하지만 매사는 과유불급인 법이다.

계제 나쁘게도 가정부가 쓴 편지가 사르트르의 친구들의 손에 들어가

---

70   *Ibid.*, pp.18-19.

버리는 참사가 발생했다. 이 편지 사건으로 그는 친구들로부터 더 심한 따돌림을 받게 된다. 그런데 이 거짓 연애편지는 친구들의 폭력에 맞서기 위해 그가 그들에게 던진 일종의 '언어 폭탄^{bombes verbales}'이라고 할 수 있다. 하지만 이 언어 폭탄에 진정성이 결여될 때 오히려 역효과가 날 수 있다는 사실을 그는 미처 알지 못했던 것이다.

뒤에서 다시 보겠지만 이는 벌써 사르트르가 후일 정립한 참여 문학론에서 제시하게 되는 기존의 폭력에 맞서는 '언어적 대항폭력^{contre-violence verbale}'의 전신^{前身}이라고 할 수 있다.[71] 어쨌든 라로셸에서 보낸 가장 불행한 3-4년, 특히 그곳에서의 폭력 체험이 삶과 인간관계를 갈등과 투쟁의 연속으로 보는 그의 사상을 이해하는 데 중요한 원초적 사건 중의 하나라는 것은 분명해 보인다.

1.3. 신의 부재에 대한 확신

사르트르의 삶에서 중요한 의미를 지닌 사건 중 하나는 그가 신의 부재에 대한 신념을 가지게 된 것이다. 그의 전체 사유 체계가 무신론 위에 세워져 있다는 것은 잘 알려져 있다. 앞에서 아버지 장바티스트의 죽음이 사르트르에게 자유를 안겨 주었다고 했다. 그런데 후일 인간의 절대적 자유를 강조하는 자유의 철학자가 되는 사르트르에게서 아버지의 죽음은 신의 부재와 상징적으로 무관해 보이지 않는다. 어쨌든 신의 부재에 대한 신념은 그의 전체 사유의 출발점에 해당한다. 특히 그의 사유에서 중요한 비중을 차지하고 있는 우연성 개념 역시 이 신념의 결과이다.

사르트르의 신의 부재라는 확신과 관련해 그가 무신론자가 아니라고

---

[71] 라로셸에서의 폭력 체험이 갖는 의미에 대해서는 다음을 참고하라. 변광배, 앞의 책, 2020, 14-38쪽.

주장하는 연구자들도 없지 않다. 그들은 두 개의 증거를 제시한다. 첫 번째 증거는 그의 전기 사상이 집대성되어 있는 『존재와 무』에서 '신Dieu'이라는 단어가 자주 등장한다는 사실이다. 그들은 특히 다음과 같은 그의 주장, 즉 인간이 '대자-즉자le pour-soi-en-soi'의 결합 방식으로 존재하는 "신이 되고자 하는 욕망"[72]이라는 주장에 주목한다.

두 번째 증거는 사르트르가 말년에 베니 레비와 했던 인터뷰이다. 레비는 1974년부터 사르트르가 세상을 떠난 1980년까지 그의 개인 비서였다. 그리고 1968년 5월 혁명 이후에 피에르 빅토르라는 이름으로 한때 '5월 이후Après-Mai'를 이끌었던 인물이기도 하다.[73] 레비는 사르트르에게 레비나스의 『어려운 자유Difficile liberté』를 읽어 주면서[74] 그로 하여금 유대주의에 입문하게 했다고 주장했다. 이런 내용이 담긴 사르트르와 레비의 인터뷰는 『르 누벨 옵세르바퇴르Le Nouvel Observateur』지 1980년 3월 10, 17일, 24일 자 기사에 총 25쪽 분량으로 실렸다. 이 대담은 『희망은 지금L'Espoir maintenant』으로 1991년 출간되었다.

위의 잡지에 사르트르가 무신론을 포기했다는 대담이 출간되자 한바탕 소동이 일어났다. 그와 가까웠던 이들, 특히 보부아르가 강하게 반발했다. 그와 반세기 이상을 같이 지냈고, 특히 젊은 시절에 무신론이라는 공통 분모 위에 정립했던 그들 각자의 사유를 모두 부정해야 하는 상황에 처한 것이다. 그녀는 레비를 강하게 비난했다. 레비가 사르트르로 하여금 당치도 않은 선언을 하도록 했다는 것이다. 또한 니장의 사위로 사르트르를 잘 알았던 토드는 레비의 행동을 "늙은이 유괴détournement de

---

72   EN, p.654.

73   사르트르와 레비와의 관계에 대해서는 다음 저서를 보라. Sébastien Repaire, *Sartre et Benny Lévy: Une amitié intellectuelle, du maoïsme triomphant au crépuscule de la révolution*, L'Harmattan, coll. Questions contemporaines, 2013.

74   사르트르는 그 무렵에 실명 상태에 있었다.

vieillard"75라고 비난했다.

하지만 사르트르는 자기와 레비의 대담을 게재할 『르 누벨 옵세르바퇴르』지 대표와의 통화에서 자신의 정신이 멀쩡하고, 또 레비와의 대담이 게재되는 것을 "원한다"고 밝힌 바 있다.76 한 연구자는 이 대담에서 늙은 이 유괴나 그에 대한 조작은 없었고, 일방적인 영향보다는 만남, 그것도 상호적인 만남이 있었으며, 사르트르에게서 과거 사유와의 단절, 혁명이나 전회 역시 없었다는 점을 지적하고 있다.77

이렇듯 생의 마지막 순간까지 사르트르에게 문제가 되었던 신의 부재에 대한 확신과 관련해 다음과 같은 의문이 든다. 대체 그는 이런 확신을 언제부터, 어떻게 갖게 되었는가? 흔히 한 사람의 삶에 커다란 영향을 끼친 신의 존재 여부가 문제시되는 경우, 그 과정에 극적인 사건이나 일화가 있다고 생각하기 쉽다. 하지만 사르트르의 경우에는 그렇지 않다.

신이 존재하지 않는다는 사르트르의 생각은 실제로 아동기, 청소년기의 단순한 체험에서 비롯되었다고 할 수 있다. 게다가 그는 니체처럼 신의 죽음을 소리 높여 선언하지 않았다. 사르트르가 신의 부재에 대한 생각을 밝히고 있는 것은 주로 아동기와 청소년기를 회상하는 글과 인터뷰 등에서이다. 예컨대 그는 『말』에서 두 개의 일화를 들려주고 있다. 하나는 집에서 불장난을 하다가 양탄자를 태운 사건이고, 다른 하나는 라로셸에서 친구들을 기다리다 불현듯 하게 된 상상이다. 먼저 불장난 사건을 보자.

75   Olivier Todd, *Un fils rebelle*, Grasset, 1981, p.15.

76   Jean Daniel, *Avec le temps*, in *Œuvres autobiographiques*, Grasset, 2002, pp.565-567.

77   Vincent de Coorebyter, "*L'Espoir maintenant*, ou le mythe d'une rupture", *Les Temps modernes*, n° 627, 2004, p.205.

딱 한 번 나는 하느님이 존재한다는 느낌을 가진 적이 있었다. 성냥을 가지고 놀다가 작은 양탄자를 태웠다. 내가 내 죄를 감추고자 했을 때 신이 갑자기 나를 바라보았다. 나는 머릿속과 손 위에서 그의 시선을 느꼈다. 꼼짝없이 들켜 살아 있는 과녁이 된 나는 욕실에서 맴돌았다. 분노가 나를 구해 주었다. 그처럼 당돌하고 무례한 행동에 나는 화를 냈다. 나는 신을 모독했고, 할아버지처럼 중얼댔다. '빌어먹을 하나님의 빌어먹을 하나님 같으니라구!' 신은 다시는 나를 쳐다보지 않았다. (…) 내 가슴속에 뿌리를 내리지 못했기 때문에 신은 얼마 동안 내 안에서 살다가 죽어 버렸다. (…) '50년 전에 그 오해와 오인이 없었더라면, 우리를 갈라놓은 그 사건이 없었더라면, 우리 사이에 무슨 일이 있었을지도 모른다.'[78]

그다음으로 라로셸에서 친구들을 기다리던 중에 했던 상상을 보자.

1917년[79] 어느 날 아침, 라로셸에서 나는 학교에 같이 가기로 한 친구들을 기다렸다. 그들은 늦었다. 나는 곧장 심심풀이로 무엇을 할지 몰랐다. 나는 '전능하신 하느님'을 생각하기로 했다. 그 순간에 하느님은 창공에서 곤두박질쳐 설명 없이 사라져 버렸다. 나는 예의상 놀라는 척하면서 중얼거렸다. '하느님은 존재하지 않아.' 그리고 나는 그 일이 해결되었다고 생각했다.'[80]

이렇듯 사르트르의 무신론은 아동기, 청소년기 경험을 내면화한 결과이다. 어쨌든 그는 무신론을 끝까지 견지하는 것이 "가혹하고도 시일이

---

78   LM, pp. 55-56.

79   사르트르는 다른 기회에 그때 11세였다고 술회하고 있다.(SF, p. 27.)

80   LM, pp. 136-137.

오래 걸리는 일"[81]이었다고 술회한다. 뒤에서 다시 보겠지만, 그는 고등사범학교 시험 준비반에 재학하고 있을 때 베르그송의 저서를 읽으면서 진리가 땅에 떨어졌다는 생각을 했고, 그도 역시 다른 진리들을 땅에 떨어지게 해야겠다는 각오를 다지게 된다. 그때 그가 땅에 떨어지게 해야겠다고 각오를 다지게 되는 철학적 진리는 이렇듯 자신의 무신론에 바탕을 둔 것이다.

보부아르 철학반, 고등사범학교 준비반 1, 2학년, 고등사범학교를 거쳐 철학 교수자격시험까지 철학을 공부할 때, 그런 공부가 당신의 무신론과 어떤 관계를 갖고 있었나요? 그로 인해 무신론이 강화되거나 또는 적어도 어떤 논거를 주었나요?

사르트르 고등사범학교 준비반 2학년 아니 1학년 때부터 철학을 공부하기로 결심했어요.[82] 그리고 그 무렵에 나는 신의 부재를 절대적으로 확신했어요. 내가 원했던 것은 나의 대상 ―인간적이라는 의미에서 '나의'―, 다시 말해 인간이라는 대상을 설명할 수 있는 철학이었어요. 다시 말해 세계의 안과 밖에 있는 인간 고유의 존재, 그리고 신 없는 세계를 설명할 수 있는 철학 말이에요. 게다가 나는 그것이 새로운 시도로 보였어요. 무신론자들의 업적에 대해서는 거의 모르고 있었기 때문이에요. 또 그들은 별로 철학을 하지도 않았고요. 위대한 철학자들은 누구나 다소간 신자였지요. 이것은 시대마다 다르다는 것을 의미해요. 스피노자의 신앙은 데카르트 또는 칸트의 신앙과는 달라요. 하지만 내가 보기에는 철학에 참으로 위대한 무신론 철학은 없었어요. 그래서 연구를 수행해야 할 방향은 바로 그쪽이었던 거지요.

---

81 *Ibid.*, p.138.

82 사르트르의 철학에 대한 관심에 대해서는 뒤에서 다시 살펴볼 것이다.

보부아르 다시 말해 당신은 결국 인간의 철학을 하고 싶었군요.

사르트르 그래요. 물질적 세계에서 인간의 철학을 하고자 했던 거예요.[83]

신의 부재에 대한 사르트르의 확신은 이렇듯 그의 아동기와 청소년기의 단순한 체험에서 비롯되었다. 하지만 가슴 깊숙이 내면화되고 각인된 이런 체험의 결과는 그 이후 그의 모든 사유의 여정에서 강한 영향력을 행사하게 된다. 이런 의미에서 그의 삶에서 신의 부재라는 확신은 장바티스트의 죽음과 거의 버금가는 중요성을 가진다고 규정할 수 있다.

1.4. 보부아르와의 만남

a) 계약 결혼

사르트르의 삶에서 눈여겨보아야 할 또 하나의 사건은 보부아르와의 만남이다. "거의 신화가 되어 버린"[84] 두 사람의 만남은 1929년 시작되어 그가 세상을 떠난 1980년까지 51년 동안 지속되었다. 반세기가 넘는 세월이다. 1929년에 사르트르와 보부아르는 각각 24세, 21세였다. 이렇듯 두 사람의 만남이 사르트르의 성인기에 이루어졌지만, 이 만남은 그 의미와 중요성으로 보아 그의 삶에 큰 영향을 끼친 원초적 사건 중 하나라고 할 수 있다.

사르트르와 보부아르의 만남은 1929년 7월부터 시작된다. 두 사람은 그때 철학 교수자격시험의 일환으로 구두시험을 준비하고 있었다. 사르트르는 1928년 이 시험에 응시했다가 떨어져 재수하고 있었다. 어쨌든 시험을 잘 준비해 1929년도 시험에서 사르트르와 보부아르가 각각 수석

---

83   LCA, p.548.

84   S19, p.117.

과 차석으로 합격했고, 곧바로 '계약 결혼mariage morganatique'을 하게 된다.

그런데 'mariage morganatique'를 '계약 결혼'으로 번역하는 것은 문제의 소지가 없지 않다. 'morganatique'는 '귀천상혼貴賤相婚의'라는 사전적 의미를 가지고 있기 때문이다. 'mariage morganatique'는 신분이 높은 사람이 신분이 낮은 사람과 하는 결혼을 가리킨다. 따라서 이 표현은 '계약 결혼'보다는 '강혼降婚'으로 번역하는 것이 더 정확해 보인다.[85] 어쨌든 사르트르와 보부아르는 계약 결혼을 하고 반세기 이상 일심동체로 지냈다. 두 사람은 파리의 몽파르나스 공동묘지에 나란히 묻혀 있다.

b) 실현 불가능한 이상적 인간관계

두 사람의 만남이 사르트르의 삶에서 갖는 중요성을 파악하기 위해서는 이 계약 결혼의 본질적인 의미에 주목할 필요가 있다. 왜냐하면 그들은 계약 결혼을 통해 각자의 사유에서 실현 불가능한 것으로 여겨지는 이상적인 의사소통을 바탕으로 한 완벽한 인간관계의 정립을 목표로 삼았기 때문이다.[86] 어떤 방식으로인가? 이에 대한 답은 그들이 내건 계약 결혼의 조건에 들어 있다.

---

85   사르트르는 고등사범학교(Ecole normale supérieure) 재학 시절에 폴 니장(Paul Nizan), 르네 마외(René Maheu) 또는 피에르 귀유(Pierre Guille) 등과 함께 이른바 '3인방(trio)'을 형성하면서 엘리트 의식을 가졌다. 그들은 장 콕토(Jean Cocteau)의 소설 『르 포토마크(Le Potomak)』에 등장하는 '으젠가(家)(les Eugènes)'의 인물에서 영감을 받아 자신들이 다른 사람들과 신분상으로 구별된다고 생각했다. 'eugène'의 사전적 의미는 '잘 태어난', '우월하게 태어난' 등이다. 사르트르가 '계약 결혼'을 'mariage morganatique'라고 표현한 것은 어느 정도 고등사범학교 출신인 자신과 소르본대학 출신인 보부아르 사이에 차이가 있다는 것을 보여 주기 위함이었다고 할 수 있다. 실제로 이들 3인방은 소르본대학 학생들을 무시했다. 보부아르도 자신을 한갓 "소르본대학의 여학생(sorbonnarde)"으로 지칭한 적도 있다.(*Simone de Beauvoir*, un film de Josée Dayan et Malka Riwoska, réalisé par Josée Dayan, texte intégral, Gallimard, 1979, p.18.)

86   계약 결혼에 대한 일반적인 오해는 주로 남녀가 결혼 전에 이른바 속궁합이 맞는지 실험적으로 같이 살아 본다는 것이다. 하지만 사르트르와 보부아르의 계약 결혼은 이와 같은 실험적 결혼과는 거리가 멀다.

두 사람의 계약 결혼은 세 가지 조건 위에서 이루어졌다. 첫 번째는 두 사람 사이의 사랑을 필연적 사랑으로 여기고, 각자의 우연적 사랑에 대한 권리를 인정해 준다는 것이다. 두 번째는 서로 모든 것을 털어놓고 말한 다는 것이다. 세 번째는 각자 독립채산제를 시행한다는 것이다. 두 사람 사이의 완벽한 의사소통과 이상적인 인간관계 정립에서 주로 문제가 되 는 것은 앞의 두 조건이다.

먼저 첫 번째 조건을 보자. 사르트르의 사유에서 '사랑'은 나-타자 사이 에 정립되는 "구체적 관계들relations concrètes" 중 하나이다. 뒤에서 다시 보 겠지만 사랑의 관계가 정립되기 위해서는 거기에 참여하는 두 사람이 모 두 주체성, 자유, 초월의 상태에 있어야 한다. 사르트르에 의하면 사랑은 가장 이상적인 인간관계이다. 사랑의 관계는 '우리-주체nous-sujet'의 형성 을 목표로 한다.[87] 하지만 그의 사유에서 인간관계는 항상 주체성을 두고 서로 대립하는 갈등으로 이해된다. 따라서 우리-주체의 형성을 목표로 하는 사랑은 가장 이상적인 인간관계로 여겨진다.

문제는 사르트르에게서 사랑의 관계가 실현 불가능하다는 데 있다. 그 에 의하면 사랑은 실패로 끝나고 만다. 사랑을 실패로 유도하는 요인 중 하나는 사랑의 자기기만성이다. 사랑하는 자는 사랑받는 자가 주체성의

---

[87] 지금 살펴보고 있는 '사랑'과 곧이어 살펴보게 될 '언어' 관계에 보부아르가 사르트르와 같은 의미를 부여하고 있는가의 문제가 제기될 수 있다. 이 문제에 대한 답은 긍정적이다. 왜냐하면 보부아르는 여러 차례에 걸쳐 사르트르의 무신론적 실존주의의 주요 주장을 받아들인다고 고백하고 있기 때문이다. 물론 나중에 나-타자 사이의 관계를 갈등과 대립으로 이해하는 사르트르의 사유에 이의를 제기한다. 그러면서 그녀는 인간들 사이의 화해 가능성을 제시하는 방향, 곧 실존주의 도덕의 방향으로 나아간다. 바로 거기에 두 사람의 사유의 차이점과 대립점이 있는 것으로 여겨진다. 그렇지만 사르트르 역시 보부아르가 도덕에 관심을 가지던 시기에 유사한 관심을 표명하고 있다. 그 증거가 1983년 유고집으로 출간된 『도덕을 위한 노트』이다. 이 저서에 포함된 노트들은 보부아르에게서 도덕적 전회가 이루어지던 시기에 작성되었다. 사르트르의 도덕에 대해서는 뒤에서 다시 보게 될 것이다. 사르트르와 보부아 르 사이에 주고받은 영향에 대해서는 다음을 보라. *Beauvoir & Sartre, The Riddle of influence*, edited by Christine Daigle & Jacob Golomb, Indiana University Press, 2009.

상태에 머물러 있기를 원한다. 그러면서도 사랑하는 자는 사랑받는 자에게 자기를 사랑해 줄 것을 요구한다. 하지만 사랑받는 자가 이런 요구에 응하게 되면 그는 더 이상 주체성의 상태에 있지 않게 된다는 것이 사르트르의 주장이다.

사랑하는 자는 흔히 사랑받는 자의 육체를 사랑의 증거로 소유하고자 원한다. 그때 사랑받는 자가 자신의 육체를 사랑하는 자에게 허락한다면, 사랑하는 자는 자신의 목표가 이루어졌다고 생각하고 더 이상 사랑받는 자에게 관심을 가지지 않는 경우도 종종 있다. 이런 경우에 사랑은 실패라는 것이 사르트르의 주장이다.

또한 사랑은 제3자의 존재로 인해 실패로 끝난다는 것이 사르트르의 주장이다. 사랑의 목표는 우리-주체의 형성에 있다. 그런데 설사 사랑하는 자와 사랑받는 자가 우리-주체를 형성했다고 해도 그들의 사랑은 실패라는 것이다. 왜냐하면 그들이 형성하는 우리-주체는 제3자의 시선 아래에서 '우리-객체nous-objet'가 되어 버리기 때문이다. 일상생활에서 종종 이런 장면을 볼 수 있다. 공공장소에서 지나친 애정 행각을 벌이고 있는 커플이 있다고 하자. 이 커플은 사랑에 취해 우리-주체를 이루고 있다고 생각할 것이다. 하지만 다른 사람들이 그들의 모습을 보고 눈살을 찌푸릴 가능성을 배제할 수 없다.

사르트르와 보부아르의 계약 결혼의 두 번째 조건은 서로 모든 것을 터놓고 말한다는 것이다. 이 조건은 언어와 의사소통에 관련된다. 투명성이 요구되는 조건이다. 뒤에서 보겠지만 사르트르의 사유에서 언어는 사랑과 마찬가지로 나-타자 사이에 맺어지는 구체적 관계들 중 하나이다. 언어 관계가 맺어지는 조건은 사랑의 그것과 같다. 언어 관계의 두 극을 구성하는 자는 모두 주체성의 상태에 있어야 한다. 사르트르는 언어 역시 우리-주체의 형성을 목표로 한다고 본다.

만일 언어 관계를 통해 우리-주체가 형성된다면, 이것은 나-타자 사이에 완벽한 의사소통이 실현되었다는 증거일 것이다. 하지만 사르트르는 언어 관계의 성공과 실패를 단정 짓지 않는 것으로 보인다. 그는 이 관계의 성공과 실패가 '유예 상태en sursis'에 있다고 본다. 왜일까? 그 답은 언어 자체의 불완전성에서 완전성으로의 실현 가능성에 있는 것 같다.

얼핏 언어 관계는 실패일 수밖에 없어 보인다. 언어 자체가 완벽하지 않기 때문이다. 사르트르는 하이데거의 "나는 내가 말하는 것으로 존재한다Je suis ce que je dis"[88]라는 주장을 수용한다. 그런데 이 주장에 따르면 나는 언어를 통해 타자에게 나의 존재를 표현하고 전달하고자 한다. 하지만 그때 나는 타자에게 나의 존재를 완벽하게 표현하고 전달할 수 없다. 그도 그럴 것이 나를 표현하고 전달할 언어 자체가 부족하기 때문이다.

타자 역시 내가 언어를 통해 그에게 표현하고 전달한 메시지를 완벽하게 이해할 수 없다. 나아가 그가 이해한 것을 나에게 완벽하게 표현하고 전달할 수도 없다. 그가 사용하는 언어 역시 완벽하지 않기 때문이다. 타자가 나에게 표현하고 전달한 것을 나 역시 완벽하게 이해할 수 없다. 이모든 것을 종합하면 언어 관계는 결국 실패로 끝날 수밖에 없다고 할 수있다.

그렇지만 앞서 말했듯이 사르트르는 언어 관계의 성공 가능성을 완전히 배제하고 있는 것 같지는 않다. 다만, 이 관계의 성공적인 실현에는 다음과 같은 과정이 전제된다. 즉 내가 타자와 언어 관계를 맺으면서 나의 존재를 완벽하게 표현하고 전달하기 위해 노력하고, 타자도 나의 메시지를 완벽하게 이해하려고 노력하고, 타자 또한 자신이 이해한 것을 나에게 완벽하게 표현하고 전달하고자 노력하며, 나 역시 타자의 말을 완벽하게 이해하려고 노력하는 것이다. 이런 노력이 이루어진다면 나-타자 사이에 완벽한 의사소통이 이루어질 수도 있을 것이다. 이런 이유로 사르트르는

---

[88]   EN, p.440.

언어가 유예 상태에 있다고 주장하고 있는 것으로 보인다. 이 주장은 바로 나-타자 사이에 언어 관계를 통한 우리-주체의 형성이 최소한 이론적으로는 가능하다는 뜻이다.

이런 언어 관계를 통한 우리-주체의 형성, 이것이 정확히 사르트르와 보부아르의 계약 결혼에서 서로 모든 것을 터놓고 얘기한다는 두 번째 조건에 함축된 의미로 보인다.[89] 그리고 언어 관계를 통해 이와 같은 우리-주체를 형성하고자 하는 시도는 단지 두 사람 사이의 일상적 대화에만 국한되지 않는다.

c) 검열관 또는 인쇄 허가자

사르트르와 보부아르는 철학자이자 작가였다. 그런 만큼 그들은 각자의 저작 구상과 출판 과정에서 많은 대화와 토론을 나눌 수 있었다. 특히 두 사람은 서로에게 '특권적인 대화 상대자interlocuteur privilégié', "완벽한 대화 상대자interlocuteur parfait"[90]였다. 보부아르를 만나기 전에 사르트르의 특권적인 대화 상대자는 아롱이었다. 사르트르와 아롱은 고등사범학교 시절부터 '절친petits camarades'이었다. 두 사람이 나중에는 불구대천의 원수가 되어 버렸음에도 불구하고 그렇다. 어쨌든 두 사람의 토론은 상대방을 꼼짝달싹할 수 없는 상황까지 밀어붙일 정도로 격렬했다. 하지만 사르트르가 보부아르를 만난 후에 아롱은 그녀에게 사르트르의 옆자리를 내어 주게 된다.

철학자나 작가는 자신의 저작을 구상하고 정리하고 집필하는 과정에서 다른 사람의 의견을 구하는 경우가 종종 있다. 이렇게 함으로써 자기

89　Cf. Catherine Poisson, *Sartre et Beauvoir: Du je au nous*, Rodopi, coll. Faux titre 225, 2002; Claudine Monteil, *Les Amants de la liberté: L'Aventure de Jean-Paul Sartre et Simone de Beauvoir dans le siècle*, Editions I, 1999.

90　Jean-Paul Sartre, "Autoportrait à soixante-dix ans", *op. cit.*, p.190.

생각의 타당성을 미리 검토할 수 있고, 또 작품의 완성도를 높일 수 있다. 게다가 이런 의견을 줄 수 있는 사람이 최고의 지적 능력까지 가지고 있다면 금상첨화일 것이다. 사르트르와 보부아르의 경우가 거기에 해당한다.

사르트르와 보부아르는 서로를 '검열관censeur', "인쇄 허가자imprimateur"[91]로 생각했다. 각자는 상대방이 쓴 글의 첫 번째 독자였다. 두 사람은 서로의 글을 읽고 나서 가차 없이 비판했다. 이 과정을 거친 후에야 각자는 상대방의 글이 출간되어도 좋다는 최종 허락을 해 주었다. 두 사람이 프랑스에서 어렵다고 정평이 나 있는 철학 교수자격시험에서 수석과 차석을 차지했을 정도로 뛰어난 지식과 지성을 겸비했다는 사실을 기억하자.

두 사람이 서로에게 이처럼 특권적인 대화 상대자가 될 수 있었던 바탕에는 계약 결혼의 두 번째 조건, 즉 모든 것을 서로에게 터놓고 말한다는 조건이 놓여 있다고 할 수 있다. 두 사람은 평소 서로에게 존댓말을 썼다. 프랑스어에는 두 종류의 단수 2인칭 대명사가 있다. 'tu'와 'vous'가 그것이다. 'tu'는 '너'에 해당하고, 'vous'는 '당신'에 해당한다. 그런데 두 사람은 'vous'를 사용했다. 이는 두 사람이 서로를 하나의 온전한 인격체로 존중해 주었다는 것을 보여 주는 단적인 증거가 아닐까 한다.

그렇다고 해서 사르트르와 보부아르가 계약 결혼을 유지하면서 아무런 문제가 없었던 것은 아니다. 특히 첫 번째 조건, 즉 우연적 사랑의 권리를 인정한다는 조건으로 인해 두 사람은 여러 차례 파경 위기를 맞게 된다. 하지만 두 사람이 이런 위기들을 극복하고 51년 동안 일심동체의 상태를 유지하게 해 준 것은 바로 완벽한 의사소통을 바탕으로 한 이상적인 인간관계의 정립이라는 목표였다고 할 수 있을 것 같다.

한편 두 사람이 서로에게 모든 것을 털어놓는다는 조건으로 인해 사유

---

91   *Idem.*

의 측면에서 뒤섞임, 차용, 독립적인 영역 등의 문제가 첨예하게 제기되기도 한다. 이런 문제가 제기되는 것은 두 사람이 각자의 생각을 숨김없이 교환했던 데다 또 각자의 원고를 출간 전에 읽고 토론했기 때문일 것이다. 보부아르 연구자들이 특히 이 문제에 민감한 것으로 보인다.

사르트르 연구자들은 대부분 보부아르에 대한 그의 사유의 영향이 지대하며, 그 결과 그녀만의 독립적인 사유의 영역은 거의 없다고 주장한다. 이와는 달리 보부아르 연구자들은 그의 영향이 있기는 하지만 미미하고, 그녀의 사유에 그녀만의 고유한 영역이 있다고 주장한다. 심지어 그녀가 오히려 그의 사유의 형성을 돕고 또 거기에 지대한 영향을 미쳤다고 주장하는 연구자들도 있다.[92]

보부아르 자신은 철학 분야, 특히 무신론적 실존주의에서 사르트르로부터 받은 영향을 인정한다. 보부아르 자신이 철학 영역에서 사르트르의 "제자, 그를 이해하는 사람의 역할밖에 하지 못했다"[93]라고 말한 적도 있다. 하지만 그녀는 『존재와 무』에 대해 사르트르와 많은 대화를 나눴고, 가끔 그의 생각을 바꾸게끔 했다고 말하고 있기도 하다.[94] 요컨대 그녀는 이런 영향이 일방적이었다고 하기보다는 오히려 "삼투압" 현상이 있었다고 주장한다.[95] 물론 보부아르는 『제2의 성Le Deuxième Sexe』이나 『노년La Vieillesse』에서 볼 수 있는 페미니즘과 노인 문제 등에 대해 그녀만의 고유한 사유의 영역이 있다고 주장한다.

어쨌든 사르트르와 보부아르의 만남은 서로에게 각자의 삶이 여러 면

---

92   사르트르와 보부아르 사유의 차이에 대해서는 다음을 참고하라. 변광배, 『사르트르 vs 보부아르』, 세창출판사, 2023.

93   데어드르 베어, 『시몬 드 보부아르: 보부아르 전기』, 웅진문화, 김석희 옮김, 1991, 133쪽.

94   Alice Schwarzer, *Simone de Beauvoir aujourd'hui: Six entretiens*, Mercure de France, 1984, pp.113-114.

95   *Ibid.*, p.61.

에서 더 풍요로워지게 하고, 특히 지적으로 한 단계 더 높이 도약할 수 있게 했음은 분명하다. 이런 이유로 두 사람은 서로의 만남을 삶에서 큰 행운이자 선물이라고 생각했다. 특히 사르트르는 "70세의 자화상Autoportrait à soixante-dix ans"이라는 제목의 인터뷰에서 보부아르를 "유일한 은총grâce unique"이라고 말하고 있다.[96] 사르트르가 보부아르를 만난 것은 24세 때의 일이다. 그럼에도 불구하고 이 사건은 사르트르의 삶을 좌지우지할 정도로 그에게 큰 영향을 주었으며, 따라서 이 사건 역시 그가 겪은 원초적 사건 중 하나로 간주할 수 있다.

1.5. 2차 세계대전

"나는 책에 둘러싸여 인생의 첫걸음을 내디뎠으며, 죽을 때도 반드시 그렇게 죽으리라."[97] 사르트르는 『말』에서 책과의 운명적인 만남을 이렇게 표현하고 있다. 그런데 이 표현에서 '책' 대신 '전쟁'이라는 단어를 넣어 다음과 같이 말할 수도 있을 것 같다. '사르트르는 전쟁 속에서 태어났고 전쟁 속에서 죽으리라.' 실제로 그의 삶은 전쟁과 밀접하다. 그는 청소년기에 1차 세계대전을 간접적으로 겪었고, 2차 세계대전에는 참가까지 했다. 그 뒤로도 20세기에 발생한 주요 전쟁인 한국전쟁, 알제리전쟁, 베트남전쟁, 중동전쟁 등에 직간접적으로 관여했다.

사르트르와 1차 세계대전의 관계에 대해서는 앞에서 언급한 바 있다. 그는 이 시기에 라로셸에서 폭력을 직접 체험했고, 또 이런 폭력 체험이 그에게 평생 영향을 끼친다는 사실을 보았다. 하지만 2차 세계대전은 1차 세계대전보다 훨씬 더 큰 영향을 끼치게 된다. 비록 그가 1939년에

---

96   Jean-Paul Sartre, "Autoportrait à soixante-dix ans", *op. cit.*, p.190.

97   LM, p.20.

이 전쟁에 동원된 것이 그의 나이 34세 때의 일이지만 말이다. 그 영향은 그의 삶이 이 전쟁으로 인해 두 부분으로 나뉘었다고 느낄 정도로 강한 것이었다. 어느 정도였냐면 사르트르는 전쟁 후의 자기 모습에서 전쟁전의 자기 모습을 알아볼 수 없었다고 한다. 이런 의미에서 2차 세계대전역시 그의 삶에서 중요한 위치를 점하고 있는 원초적 사건 중 하나라고할 수 있다.

사르트르는 2차 세계대전을 계기로 다음 세 가지를 발견했다고 회고한다. 역사적, 사회적 존재로서의 인간의 위상, 인간들 사이의 연대성, 마르크스주의와 계급투쟁이 그것이다. 이를 하나씩 살펴보자.

사르트르는 2차 세계대전에 동원된 1939년을 자신의 삶에서 '전회conversion'[98] —'대大전회'[99]이자 '인식론적 전회'라고 할 수 있다— 가 일어난 해로 여긴다. 이해 이전까지 그의 주요 관심사는 고립된 인간에 대한이해였다. 그 증거는 1938년 출간된 『구토』의 제사題詞이다. 그는 이 제사로 셀린의 소설에서 다음 문장을 인용하고 있다. "그는 공동체적인 중요성은 전혀 없는 고작 한 개인에 불과한 친구였다."[100] 이 제사에 암시되어있는 것처럼 이 작품의 중심인물 로캉탱은 집단과 사회에 대해 무관심한자세로 일관한다. 그의 관심은 세계에 있는 존재들에 대한 이해와 자신의존재 정당화에만 집중된다. 뒤에서 다시 보겠지만 그는 문학을 통한 개인

---

98 이 단어는 '개종(改宗)', '회심(回心)', '전환' 등의 용어로 옮겨지기도 하나, 사르트르의 경우에는 '전회'라는 용어를 사용하기로 한다.

99 사르트르는 자신의 삶에서 두 차례의 전회가 일어났다고 본다. 하나는 1939년에 2차 세계대전에 동원되면서 일어난 전회이고, 다른 하나는 프랑스공산당(PCF: Parti communiste français)과 아주 가까이 지내게 된 1953년에 「공산주의자들과 평화(Les communistes et la paix)」를 쓸무렵에 일어난 전회가 그것이다.

100 Jean-Paul Sartre, *La Nausée*, in *Œuvres romanesques*, Gallimard, coll. Bibliothèque de la Pléiade, 1981, p.1.(이 작품집은 OR로 약기하고, 이 작품은 LN으로 약기하되, 작품집은 표기하지 않는다.)

적 구원의 가능성에 몰두해 있다. 사르트르는 이런 로캉탱을 자신의 분신으로 간주한다.

하지만 고립된 개인, 즉 단독자를 중시하는 사르트르의 이런 태도는 1939년을 계기로 일변한다. 2차 세계대전에 동원되면서 그는 자신의 존재가 역사와 사회와 무관하지 않다는 것을 깨닫게 된다. 그러니까 자신이 사회적, 역사적 차원에 서 있다는 사실을 깨닫게 된다. 전쟁 전에 그는 "역사의 수레바퀴"를 돌리는 것을 거절하면서 그저 "반대의 미학"만을 추구했을 뿐이다.[101] 요컨대 그는 문학을 통한 개인의 구원과 행복만을 바랐던 탈참여 작가이자 철학자였다.

하지만 사르트르는 2차 세계대전에 동원되기 위해 기차를 타고 전선으로 가면서, 또 독일군의 포로가 되어 포로수용소에서 생활하면서 자신의 존재가 갖는 사회적 차원, 역사적 차원을 자각하게 된다. 이런 자각은 그가 다른 인간들과 집단을 이루면서 함께 얽혀 있다는 사실에 대한 자각으로 이어진다. 그중에서도 그는 다른 인간들과 '우리'의 형성, 곧 모두가 하나가 되어 연대성을 구현할 수 있다는 가능성을 발견하기에 이른다.

사르트르는 전쟁을 치르면서 세 차례에 걸쳐 이런 경험을 한다. 한번은 포로수용소에서 극작품 한 편을 무대에 올리는 기회를 통해서였다. 그는 포로수용소에서 1941년 크리스마스에 절망에 사로잡혀 있던 동료들의 사기를 진작시키기 위해 극작품 『바리오나, 혹은 천둥의 아들Barionna, ou le fils du tonnerre』[102](이하 『바리오나』)을 공연한다. 그 기회에 그는 거기에 있는 모

---

101 Simone de Beauvoir, *Mémoires d'une jeune fille rangée*, Gallimard, coll. Folio, 1958, p.477.(이하 MF로 약기한다.)

102 2005년 간행된 플레이아드(Pléiade) 총서 사르트르의 『연극전집(*Théâtre complet*)』 편찬에 관여한 미셸 콩타(Michel Contat)는 이 작품의 제목으로 "바리오나 혹은 고통과 희망의 유희(*Bariona ou le jeu de la douleur et de l'espoir*)"도 제시한다. 하지만 '바리오나'라는 히브리어 어원, 즉 천둥과 번개의 아들, 별의 아들 또는 이 이름이 성서에서 시몬의 별명임을 고려하면, 본문에서 제시한 원래 제목이 좀 더 잘 어울린다고 할 수 있을 것 같다.(TC, p.1570, p.1571, note 2.)

든 사람이 하나가 되는 것을 목격하는데, 이는 사르트르에게 소중한 경험이 된다. 그가 전쟁 후에 극작품을 집필하고 공연하게 된 것은 부분적으로 이때의 경험을 되살리고 싶어 하는 욕망에서 기인했다고 한다. 그의 난해한 철학적 사유를 극작품의 형태로 대중에게 쉽게 소개하고자 하는 의도도 있었지만 말이다.

사르트르는 또한 포로수용소에서의 생활을 심지어 "행복했었다"고 술회하고, 이 시기의 생활을 고등사범학교 시절과 비교하기도 한다.[103] 그가 니장, 마외, 아롱 등과 더불어 패거리를 형성했다는 것은 잘 알려져 있다. 그들 패거리는 폐쇄된 사회였고, 또 남자만으로 이루어진 공동사회였다. 이와 마찬가지로 사르트르는 포로수용소에서도 역시 남자로만 형성된 폐쇄된 사회를 경험했다.

사르트르는 이런 경험을 후일 『자유의 길』 4권이 될 것으로 예고된 「마지막 기회La Dernière chance」에서 마티외의 비밀 활동을 통해 문학적으로 형상화하고 있다. 이 작품에서 마티외는 여러 동료 병사와 함께 예술가들이 거주하는 가건물에서 포로들을 비밀리에 탈주시키는 활동을 한다. 이런 활동이 가능하기 위해서는 비밀 유지가 가장 중요한데, 그는 이를 위해 팀원들과 함께 살인도 마다하지 않는 인물로 변신한다.[104]

마티외의 이런 행위는 벌써 사르트르가 후일 『변증법』에서 전개하게 될, 그리고 뒤에서 다시 자세하게 살펴보게 될 "융화집단groupe en fusion"과 그에 이어지는 "서약집단groupe assermenté"의 모습, 이 서약집단을 가능케 하는 "서약serment" 개념을 내다보게 한다.

세 번째 경험은 2차 세계대전이 끝나 갈 무렵에 이루어졌다. 전쟁이 끝

---

103 S19, p.212.

104 마티외의 변신에 대해서는 다음을 보라. 변광배, 「〈마지막 기회〉를 통해 본 마티외의 변신」, 『현대문학』, 545, 현대문학, 2000, 250-261쪽.

났을 때 사르트르는 카뮈의 부탁으로 해방된 파리의 모습을 취재하는 일을 맡는다. 그때 카뮈는 『콩바Combat』지에서 근무하면서 조국의 해방을 위해 지하에서 투쟁하고 있었다. 그 기회에 사르트르는 파리의 해방에 환호하던 시민들이 연대해서 하나로 뭉친 모습을 직접 목격하게 된다.

그때의 모습은 1789년 프랑스 대혁명 당시 바스티유 감옥을 탈취하기 위해 한데 뭉쳐 진격하던 파리 시민들의 모습과 유사하다고 할 수 있다. 뒤에서 자세히 보겠지만 사르트르는 자신의 후기 사상이 집대성된 『변증법』에서 대혁명 때 파리 시민들이 형성한 융화집단에 커다란 중요성을 부여하고 있다.

2차 세계대전은 또한 이런 인간들 사이의 연대성, '우리'의 형성 경험과 더불어 사르트르가 마르크스주의와 계급투쟁을 발견한 계기가 되었다. 고등사범학교 재학 시절에 이 학교 도서관 장서의 상당량을 읽은 책벌레였던 그가 전쟁 전에 이미 『자본론』, 『독일 이데올로기』 등과 같은 마르크스의 저작을 읽은 것은 사실이다. 하지만 이 저서들을 읽었으면서도 제대로 '이해하지 못했다'고 술회한다.

여기에서 '이해하다comprendre'라는 단어가 중요하다. 사르트르는 이 단어를 단순히 글의 의미를 이해한다는 차원을 넘어서서 "자신을 변화시키고 스스로를 넘어서는 것"이라는 의미로 사용한다.[105] 그러니까 그가 2차 세계대전을 겪으면서 계급의 존재와 계급투쟁이라는 구체적인 현실을 통해 비로소 마르크스주의를 제대로 이해하게 되었다는 것이다. 이를 바탕으로 『변증법』에서 마르크스주의와 자신의 실존주의의 결합을 시도하고 있다는 것은 잘 알려진 사실이다.

---

105   Jean-Paul Sartre, *Critique de la raison dialectique*, (précédé de *Questions de méthode*), t. I: *Théorie des ensembles pratiques*, Gallimard, coll. Bibliothèque de philosophie, 1960, p.28.(이하 CRDI로 약기한다.)

이렇듯 2차 세계대전은 사르트르의 삶에 커다란 영향을 미쳤다고 할 수 있다. 비록 이 전쟁이 그가 성인이던 34세 때 발발했지만 말이다. 1939년에 전쟁에 동원되면서 시작된 전회를 통해 그는 전쟁 이전의 '개인주의적 방관자'에서 '참여 지식인'으로 변신하게 된다. 이렇게 해서 종전 이후에 참여의 시대를 활짝 열어젖힌 그는 인간을 인간답지 못하게 하는 수많은 불의의 요소를 척결할 것을 주장하면서 인간 해방의 기치를 높이 들게 된다. 이런 관점에서 그에게 이런 변화의 계기로 작용한 2차 세계대전 역시 그의 삶의 원초적 사건 중 하나라고 할 수 있다. 이런 이유로 그의 문학작품에서 전쟁이 중요한 주제로 등장하고 있는 것은 자연스러워 보인다.[106]

---

106 사르트르가 전쟁을 문학적으로 형상화한 구체적인 양상에 대해서는 다음 연구를 보라. 조영훈, 「De la lecture à l'écriture de la guerre chez Sartre」, 『한국프랑스학논집』, 48, 한국프랑스학회, 2004, 319-344쪽; 「L'écriture de la guerre et les femmes chez Sartre」, 『불어불문학연구』, 85, 한국불어불문학회, 2011, 5-37쪽.

2.

사르트르와 그의 친구들

2.1. 사랑만큼 중요한 우정

방금 사르트르와 보부아르의 관계를 다루면서 두 사람이 추구하는 관계가 완벽한 상호주체성, 곧 우리-주체의 구현이라는 특징을 가지며, 이 특징이 사랑과 언어의 목표와 무관하지 않다는 사실을 지적했다. 또한 이 목표가 인간의 존재 정당화, 즉 잉여 존재에서 벗어나 필요한 존재가 되는 것과도 밀접하게 연결되어 있다는 사실도 언급했다.

그런데 사르트르는 보부아르 외에도 다른 사람들, 특히 남자들과의 '우정'을 통해서도 이 목표를 실현하고자 했다. 이런 이유로 그의 문학작품에서는 남녀 간의 사랑보다 오히려 남자들과의 우정이 더 큰 비중을 차지하고 있다. 그는 실생활에서도 남자들과의 우정을 통해 소규모의 융화집단 ─이 집단에 대해서는 뒤에서 다시 다루게 될 것이다─ 을 형성하고, 그 안에서 우리-주체를 구현하면서 자신의 잉여 존재를 정당화하는 경험에 큰 의미를 부여하고 있기도 하다. 이런 측면에서 우정 역시 그의 삶에 결정적 영향을 미친 원초적 사건으로 여길 수도 있을 것이다.

사르트르의 삶에서 자주 등장하는 친구들의 이름은 니장, 아롱, 마외,

메를로퐁티, 카뮈, 자코메티 등이다. 사르트르는 또한 자신이 주재했던 『레 탕 모데른Les Temps Modernes』지의 편집위원회를 거쳐 간 이들, 가령 장송, 란츠만, 보스트 등과도 돈독한 관계를 유지했다. 이들 외에도 사르트르와 직간접적으로 연결된 이들의 수는 헤아릴 수 없이 많다. 여기에서는 그들 중 니장, 아롱, 메를로퐁티, 카뮈와의 관계에만 주목하고자 한다.[107] 특히 니장을 제외한 세 사람은, 각각 사르트르와 우리-주체에 해당한다고 할 만큼 돈독했지만, 이내 소원해지고 나아가 이념적으로 헤어짐의 아픔을 맛보았던 친구들이기도 하다.[108] 그런 만큼 사르트르와 세 사람의 관계는 보다 더 주목의 대상이 된다.

2.2. 니장, 영원한 '깐부'

드라마 〈오징어 게임〉의 영향으로 '깐부'라는 단어가 여러 사람의 입에 오르내린 적이 있다. 이 단어는 짝꿍, 단짝 등을 의미하는 속어이다. 이 단어에 해당하는 프랑스어 표현은 무엇일까? 'petit copain'이 아닐까 한다. 'peptit'에는 '작은'이라는 의미가 있지만, '다정한', '정다운' 등의 의미도 있다. 'copain'은 '가까운 친구', '짝꿍', '단짝' 등의 의미이다. 그런데 'petit'와 'copain'이 결합되어 아주 오래되고, 아주 가까운 친구라는 의미

107 　사르트르는 여러 기회에 고등사범학교 시절 형성된 '3인방'에는 니장과 피에르 귀유 또는 르네 마외가 포함된다는 사실을 강조한다.(John Gerassi, *Entretiens avec Sartre*, Grasset, 2011, p.445.) 하지만 여기에서는 니장을 제외한 다른 두 명과 사르트르 사이의 우정에 대해서는 다루지 않을 것이다. 그 이유는 두 사람이 사르트르의 삶, 철학, 문학 등에 결정적인 영향을 주지는 않았기 때문이다.

108 　사르트르와 그의 친구들과의 우정과 결렬에 대해서는 다음을 보라. Jean-Pierre Martin, "Sartre et les garçons. Entre l'amitié fédératrice et l'art de la brouille", *Revue des Sciences humaines*, Textes réunis par Jean-François Louette, n° 308, (Autour des écrits autobiographiques de Sartre), Presses universitaires Septentrion, 2012, pp.61-70.

로 사용된다. 이와 비슷한 프랑스어 표현으로 'petit camarade', 'ami par excellence' 등이 있으며, 이 표현들 역시 친한 동무, 절친 등의 의미를 가지고 있다.

사르트르와 니장의 관계는 'petit camarade', 'ami par excellence', 'copain par excellence', 'petit copain' 등과 같은 표현으로 묘사된다. 그런데 그중에서도 '깐부'에 해당한다고 할 수 있는 'petit copain'이 이들 관계에 가장 잘 어울린다고 할 수 있을 것 같다. 그도 그럴 것이 사르트르와 긴밀한 우정을 맺었던 친구들 중에서 니장이 가장 오랜 친구, "가장 가까운le plus intime" 친구, 끝까지 우정을 유지한 친구였기 때문이다.[109] 사르트르가 「씨앗과 잠수구La Semence et le Scaphandre」에서 사용한 표현을 빌리자면, 그와 니장의 우정은 "사랑보다 더 격렬한plus orageuse qu'une passion" 것이었다.[110] "니장을 말하지 않고 사르트르를 말할 수 없습니다." 이것은 사르트르가 세상을 떠난 후에 아롱이 인터뷰 중에 했던 말이다.[111] 한마디로 사르트르에 의하면 니장은 그의 "가장 좋은 친구son meilleur ami"였다.[112]

사르트르와 니장이 처음 만난 것은 1916년, 즉 사르트르가 11세가 되던 해였다. 이해에 둘은 파리 소재 앙리4세고등학교 5학년Lycée Henri-IV[113] A1(그리스어, 라틴어)반의 일원이 된다. 사르트르는 『말』에서 니장과의 첫 만남의 장면을 이렇게 소묘하고 있다.

몇 주 후에 5학년 A1반은 한 기이한 사건의 무대가 되었다. 라틴어 수업

---

109 Michel Contat & Michel Rybalka, *Les Ecrits de Sartre*, Gallimard, 1970, p.341.(이하 ES로 약기한다.)

110 EJ, p.140.

111 Interview avec Aron dans *Le Nouvel Observateur*, n° 592, 15 mars 1976, p. 86; S19, p.87.

112 John Gerassi, *op. cit.*, p. 486.

113 우리의 중학교 2학년에 해당한다.

시간에 문이 열리더니, 베나르가 수위의 안내를 받으며 들어와서 뒤리 선생님께 인사를 하고 자리에 앉았다. 우리 모두가 그의 쇠테 안경, 목도리, 그 약간 굽은 코, 바르르 떠는 병아리 같은 모습을 다시 보았다. 나는 신이 그를 우리에게 돌려줬다고 생각했다. 뒤리 선생님 역시 우리와 놀라움을 공유했다. 그는 수업을 중단하고 숨을 크게 내쉬고는 물었다. "이름, 자격, 부모의 직업." 베나르는 반(半)기숙생이고, 기사(技師)의 아들이며, 이름은 폴 이브 니장이라고 대답했다. 나는 모두 중에서 가장 깊은 인상을 받았다. 쉬는 시간에 나는 그에게 말을 걸었다. 그도 응해 주었다. 우리는 곧 친해졌다.[114]

이 장면을 잘 이해하기 위해서는 몇몇 부분에 대한 설명이 필요하다. "몇 주 후", "베나르Bénard", "기사" 등에 대해서이다. 먼저 베나르는 사르트르가 1915년 10월에 등록한[115] 앙리4세고등학교 5학년 A1반 급우의 이름이다. 모든 과목에서 1등을 했던 베나르는 겨울이 끝날 무렵에 갑자기 죽었다.

그런데 베나르가 죽은 지 얼마 되지 않아 그를 쏙 빼닮은 니장이 이 반에 온 것이다. 이런 이유로 위의 인용문에서 사르트르는 처음에 니장을 베나르라고 부르고 있다. 그다음으로 기사를 보자. 실제로 니장의 아버지는 철도 기사였으며, 여러 지역을 옮겨 다녀야 했다. 마침 1915년에 그는 파리에서 근무를 하게 되었고, 이렇게 해서 니장이 우연히 사르트르와 같은 학교, 같은 반에 있게 된 것이다.

---

114 LM, p.124.

115 사르트르는 『말』에서 보듯이 어린 나이에 글을 읽고 쓰는 법을 배웠으나 초등학교에 들어가자마자 적응을 못 해 학교를 그만두었다가 다시 등록하기를 반복했으며, 그사이에 개인 교습을 받기도 했다. 그러다가 1915년에 앙리4세고등학교 초등부에 등록했다. 그러니까 그가 니장을 만난 것은 그로부터 1년 후의 일이다.

사르트르는 방금 인용한 부분에서 니장과의 첫 만남 장면을 소묘하면서 "우리는 곧 친해졌다"고 회고한다. 하지만 실제로 그들이 "진정한 친구가 된 것은 훨씬 후에, 오래 헤어져 있다가 다시 만났을 때였다"[116]라고 쓰고 있다. 여기에서도 부연 설명이 필요하다. 그에 해당하는 것이 바로 사르트르의 라로셸에서의 체류이다.

앞에서 본 것처럼 사르트르는 어머니의 재혼 후에 파리에서 라로셸로 옮겨 갔다. 1917년의 일이다. 그는 그곳에서 불행한 시기를 보내고 1920년에 다시 파리로 돌아오면서 앙리4세고등학교 1학년[117]에 등록한다. 그런데 이 학교에서 그는 다시 니장을 만나게 된다. 그리고 그때부터 두 사람은 쌍둥이 형제처럼 가까이 지내게 된다.

'니트르Nitre'와 '사르장Sarzan'! 사르트르와 니장의 친구들은 두 사람을 이렇게 불렀다. 이 호칭에는 두 사람의 몸은 둘이지만 정신은 하나라는 것, 즉 영혼의 단짝이라는 상징적인 의미가 담겨 있다. 실제로 둘이 같은 학교에 다니던 1920년부터 1927년까지, 즉 니장이 결혼할 때까지 두 사람은 '분리 불가능inséparable'하고 '구분 불가능indiscernable'한 상태로 지냈다.

두 사람은 앙리4세고등학교를 졸업하고 고등사범학교 입학 준비를 위해 루이르그랑고등학교Lycée Louis-le-Grand로 옮겨 갔다. 학교를 바꾼 주된 이유는 이 학교에서 고등사범학교 입학생을 더 많이 배출했기 때문이다.[118] 2년 동안의 준비 끝에 두 사람은 1924년 고등사범학교에 입학한다. 두 사람은 철학을 선택했고, 같은 '공부방thurne'을 사용하면서 지냈다. 고등사범학교를 졸업하고 두 사람 모두 1929년에 철학 교수자격시험에 합

---

116   *Ibid.*, p.125.

117   우리의 고등학교 2학년에 해당한다.

118   Jean-François Sirinelli, *Deux intellectuels dans le siècle, Sartre et Aron*, Fayard, coll. Pour une histoire du XXᵉ siècle, 1995, p.30.

격한다. 사르트르는 1928년에 이 시험에 응시했으나 한 차례 떨어졌고, 니장은 1926-1927년 사이에 아덴Aden —오늘날의 예멘— 으로 가서 1년을 보냈기 때문에 한 해가 늦어졌다.

이런 공동생활에 대해 사르트르는 니장의 『아덴 아라비Aden Arabie』에 대한 '서문'에서 이렇게 쓰고 있다.[119] "특히 고등학교 학생과 대학생이었던 1920년에서부터 1930년까지 우리는 구별 불가능했다…."[120] 그리고 두 사람이 이처럼 구별 불가능했다는 사실은 다음의 일화에서도 증명된다. 1939년의 일이다.

> 우리는 한 사람을 [자신과 같은] 사람으로 여길 정도로 가까웠다. 1939년 6월, 레옹 브룅슈비크와 우리 두 사람은 갈리마르 출판사에서 만난 적이 있다. 그는 나에게 『집 지키는 개』를 쓴 것을 축하해 주었다. '자네가 나를 전혀 배려하지 않았지만 말일세…'라고 그가 신랄하지 않게 말했다. 나는 말없이 그에게 미소를 지었다. 내 옆에서 니장도 그에게 미소를 지었다. 이 위대한 관념론자는 오해를 해소하지 못하고 떠났다.[121]

이처럼 분리 불가능하고 구분 불가능할 정도로 돈독한 관계를 유지했던 사르트르와 니장의 관계에 대해 다음과 같은 질문이 제기된다. 그들이 이렇게까지 가까워진 근본적인 요인은 무엇이었을까? 그들 사이에는 아무런 문제가 없었을까? 만일 있었다면 어떤 문제였을까? 그들은 어떻게 문제를 잘 극복했을까?

먼저 사르트르와 니장을 가깝게 해 준 요인부터 보자. 이를 위해 두 사

---

119 『아덴 아라비』는 1931년에 출간되었으나, 1960년에 사르트르의 서문과 함께 재출간되었다.

120 Jean-Paul Sartre, *Situations*, *IV*, Gallimard, 1964, p.142.(이하 SIV로 약기한다.)

121 *Ibid.*, pp.141-142. (『집 지키는 개』는 니장의 소설이다.)

람이 첫 대면 하는 장면으로 되돌아가 보자. 앞에서 인용된 장면에서 사르트르는 "나는 모두 중에서 가장 깊은 인상을 받았다"고 말하고 있다. 사르트르가 니장에게서 깊은 인상을 받았던 것은 일단 그가 죽은 베나르를 너무 많이 닮았기 때문이었음은 분명하다. 앞에서 인용된 장면에서 사르트르가 그를 처음에 베나르라고 불렀다는 사실을 떠올리자.

하지만 사르트르가 니장을 처음 보고 깊은 인상을 받은 또 다른 요인들이 있다. 하나는 니장이 사르트르와 마찬가지로 사시斜視였다는 사실이다. "그는 나와 반대 방향의 사시였다."[122] 동일한 신체 특징을 갖는다는 것, 그것도 남들에 비해 약점이라고 할 수 있는 신체 특징을 공유한다는 것은 다른 학우들보다 더 가까이 지낼 수 있는 요소가 되기에 충분하다.

다른 하나로는 사르트르와 니장의 불행했던 어린 시절을 꼽을 수 있다. 앞에서 살펴본 것처럼 사르트르는 아버지를 일찍 여읜 뒤에 자신의 존재를 정당화하기 위해 샤를이 중심이 된 집에서 가족 코미디와 유희의 희생자가 되는 아픔을 맛보았다. 반면, 니장은 오히려 아버지가 있었기 때문에 불행한 어린 시절을 보낸 경우에 해당한다. 후일 사르트르는 『아덴 아라비』의 서문에서 뒤늦게 부르주아 사회로 편입된 니장의 아버지, 하지만 이미 늙어 죽을 지경에 있는 니장의 아버지와 그로 인해 니장이 겪은 아픔을 적나라하게 기술하고 있다.

또 다른 하나의 요인은 사르트르와 니장의 문학에 대한 열정이라고 할 수 있을 것이다. 사르트르는 『말』에서 니장이 베나르처럼 좋은 성적을 얻은 것은 아니었지만 "그 대신 독서를 많이 했고, 글을 쓰는" 것을 바랐다고 회고하고 있다.[123] 또한 사르트르는 『아덴 아라비』의 서문에서 이렇게 말한다. "나는 열여섯 살 때부터 글을 쓰고자 하는 동일한 욕망이 우리를

---

122   *Ibid.*, p.142.

123   LM, p.124.

결합했다고 생각한다."[124] 오해였음에도 사르트르가 샤를에게서 받은, 작가가 되어도 좋다는 위임장을 이미 호주머니에 넣고 있었다는 사실을 기억하자.

여기에 더해 니장은 사르트르가 문학에 대한 열정을 유지하는 과정에서 많은 영향을 주었다. 사르트르 자신도 이 점을 인정한다.[125] 어쩌면 두 사람 사이의 우정의 특징[126]이 바로 이 점에 있다고 해도 과언이 아닐 성싶다. 문학에 대한 꾸준한 관심에도 불구하고 사르트르는 라로셸에 체류하면서 한두 해 정도 글을 쓰지 않았다고 말하고 있다. 그러니까 문학에 대한 열정이 식었고, 심지어는 "글을 쓴다는 생각까지 포기했다"는 것이다.[127] 물론 그 원인이 한 여학생에 대한 짝사랑이었지만, 그에게서 문학에 대한 열정이 식은 것은 부인할 수 없다. 니장은 이런 상태에 있던 그에게서 문학에 대한 열정을 되살리는 데 결정적인 역할을 했다고 할 수 있다.

실제로 사르트르는 대서양 연안에 있는 소도시 라로셸에 체류하면서 동시대의 문학적 감수성은 거의 맛보지 못한 상태에 있었다. 물론 그곳에서 이른바 '고전문학'에 속하는 작품을 많이, 꾸준히 읽었으며, 가끔 연극을 관람하는 기회를 갖기도 했다. 하지만 문화의 중심지 파리로부터 멀리 떨어진 라로셸에서는 현대문학의 동향을 알 수 없었다. 그는 그 무렵의 문학에 대해서는 "초보자"였다고 말하고 있다.[128] 반면에 니장의 상황은

---

124   SIV, p.164.

125   Cf. SF, p.28.

126   앞에서 살펴본 것처럼 사르트르의 삶에서 보부아르의 역할은 아무리 강조해도 지나치지 않다. 작가 사르트르의 이력에서도 마찬가지다. 하지만 두 사람의 만남이 1929년에 이루어졌다는 사실을 고려하면, 사르트르의 문학적 소양의 상당 부분이 니장과의 관계에서 비롯되었다는 점을 부인할 수 없는 것으로 보인다.

127   EJ, p.17, note 3.

128   John Gerassi, *op. cit.*, p.101.

달랐다. 그는 파리에 계속 머물러 있었고, 또 사르트르 못지않은 열정으로 그 무렵에 주목받던 작가들의 작품들을 읽을 수 있는 기회를 가졌다.

니장은 파리로 다시 돌아온 사르트르에게 그 무렵에 유행했던 지로두, 지드, 모랑 등의 작품을 읽을 것을 권했고, 프루스트의 작품을 같이 읽었다. 그리고 사르트르는 그 존재도 몰랐던 작가들, 가령 라르보, 콘래드 등의 작품을 니장으로 도움으로 알게 된다.[129] 이렇듯 니장의 권유에 따라 사르트르도 이 작가들의 작품을 읽으면서 라로셸에서 체류하는 동안 뒤처진 진도를 만회할 수 있었다.[130]

또한 사르트르는 문학 창작에서 니장의 도움을 받기도 했다.[131] 두 사람은 고등사범학교 입학시험을 준비하던 1923년에 『라 르뷔 상 티트르*La Revue sans titre*』에 협조하게 된다. 물론 니장이 사르트르보다 더 깊이 관여하며, 이 잡지에 먼저 작품을 싣고 또 문학 평론을 게재한다. 사르트르는 니장의 도움으로 이 잡지에서 두 편의 글을 발표한다. 「병자의 천사L'Ange du morbid」와 「시골 선생, 멋쟁이 예수Jésus la chouette, professeur de province」라는 제목의 소설 중 일부가 그것이다. 뒤의 작품은 가명으로 발표한다.

니장의 도움은 고등사범학교를 졸업하고도 계속 이어진다. 가령 1932년

---

129 *Idem.*

130 S19, p.86.

131 실제로 사르트르는 니장과 '같이(à quatre mains)' 창작을 하기도 하고 또 다른 작업을 하기도 한다. 예컨대 1925년에 두 사람은 '앙드레(Andrée)'라는 제목의 콩트를 쓴다. 미인이 아닌 한 여자가 예뻐지기 위해 약을 먹는데, 그 약이 목숨을 앗아 가는 약이라는 식의 내용이다. 두 사람은 아롱, 라가쉬와 함께 쥘 르나르(Jules Renard)의 『홍당무(*Poil de Carotte*)』를 바탕으로 영화 시나리오를 쓰는 작업을 하기도 했다.(EJ, pp.22-24.) 또한 둘은 야스퍼스의 『심리학 개론(*La Psychologie générale*)』의 프랑스어 번역을 교정하기도 했다. 사르트르의 『젊은 시절의 글들(*Ecrits de jeunesse*)』에는 그가 니장과 함께 쓴 「열심히 공부하는 두 명의 고등사범 준비반 1년 차 두 명의 불만(Complainte de deux khâgneux qui travaillent fort)」이 실려 있다.(EJ, pp.337-338.) 여기에 더해 사르트르와 니장을 포함해 다른 고등사범학교 학생들과 같이 학교 축제 때 공연하기 위한 풍자극(Revue)의 대본으로 쓴 몇 편의 작품도 포함해야 할 것이다.

에 『뷔퓌르*Bifur*』지에 사르트르의 『진리의 전설*La Légende de la vérité*』의 일부가 게재되었는데,[132] 이것 역시 니장의 주선으로 이루어진 것이다. 그는 「진리의 전설」을 쓴 사르트르를 이렇게 소개하고 있다. "젊은 철학자. 파괴적인 철학책을 준비 중."

사팔뜨기라는 신체적인 특징, 불행했던 과거, 문학에 대한 열정에 더해 사르트르와 니장을 가깝게 만든 또 하나의 이유는 부르주아지(부르주아계급)에 대한 혐오라고 할 수 있을 것 같다. 사르트르는 후일 니장의 『아덴 아라비』의 서문에서 '말paroles', 곧 '문학'을 기존의 부패한 부르주아 사회에 던지는 '폭탄' ―'언어 폭탄'이다― 이라고 말하고 있다. "어쨌거나 기존 질서를 무너뜨려야 했다. 나로서는 그 질서가 존재하고 있어 거기에 폭탄, 곧 말을 던질 수 있다는 것이 좋았다."[133] 니장 역시 같은 생각을 가졌다. 하지만 그는 사르트르보다 좀 더 급진적이었다. 기존 사회를 무너뜨리고 싶어 했던 것이다.

니장이 부르주아지에 대해 결정적으로 격렬한 증오를 품게 된 것은 고등사범학교 재학 중이던 1926년에 갑자기 아덴으로 떠났다가 돌아온 후의 일이다. 그에게서 이른바 전회라고 할 수 있는 큰 변화가 생긴 것이다. 그는 그곳에서 사회적 모순, 계급적 모순 등을 자각하게 되고, 귀국 후에 곧바로 PCF에 가담한다. 그러니까 참여를 결심하게 된 것이다. 사르트르의 표현에 의하면 젊은 시절 그들에게 있어서 '참여'는 곧 '공산당에의 가입'을 의미했다.

어쨌든 사르트르와 니장 등이 주동이 되어 고등사범학교 학생들에게 물폭탄을 던졌던 것을 포함해 수많은 짓궂은 장난, 학교 축제에서의 풍자극 등을 통한 학교 당국과 교육 제도에 대한 비판 등은 부르주아계급

---

132   ES, pp.52-53.

133   SIV, p.147.

에 대한 도전과 반항의 표시로 이해될 수도 있을 것이다. 그러니까 두 사람에게는 이런 행위들이 "정치적"인 의미를 띠고 있었다.[134] 예컨대 "집 지키는 개들chiens de garde"이라는 표현은, 한편으로 니장의 작품 제목이기도 하고, 다른 한편으로는 후일 사르트르가 『지식인을 위한 변명』에서 니장의 이름을 빌려 이른바 '사이비 지식인들'을 규정하기 위한 표현이기도 하다.

이처럼 실생활에서, 특히 문학에 관련된 영역에서 구별 및 분리가 불가능한 관계를 유지했던 사르트르와 니장은 각자의 문학작품에서도 자신은 물론 상대방의 모습과 특징을 등장인물들에게 부분적으로 또는 온전히 투사하고 있기도 하다. 어떤 인물들이 거기에 해당하는지를 살펴보는 것만으로도 상호텍스트성에 관련된 중요한 연구 주제가 될 수 있을 정도이다. 하지만 여기에서는 비교적 뚜렷하다고 여겨지는 몇몇 인물의 예만을 제시하는 것으로 그칠 것이다.

사르트르는 자신의 몇몇 작품에서 '니장'이라는 이름의 인물을 등장시킨다. 가령, 『구토』에서 사르트르는 부빌시의 인근 지역인 모니스티에의 헌병gendarme 한 명에게 니장이라는 이름을 부여하고 있다.[135] 또한 『벽』에 포함된 「어느 지도자의 어린 시절」에서 사르트르는 '장군 니장général Nizan'을 언급하고 있다.[136] 그리고 『말』에서는 실재했던 '니장'을 몇 차례 거론하고 있다. 앞에서 인용했던 그들의 첫 대면 장면도 그중 하나이다.

이에 더해 사르트르가 자기와 니장의 모습을 거의 온전히 투사하고 있는 작품은 미완성의 소설 「씨앗과 잠수구」(1923)이다.[137] 자전적 요소가 많

---

134 John Gerassi, *op. cit.*, p.94. 사르트르와 니장의 패거리들은 콘돔에 오줌을 채워 던지기도 했다.

135 LN, p.191.

136 Jean-Paul Sartre, L'Enfance d'un chef, *Le Mur*, in OR, p.350.

137 사르트르의 『젊은 시절의 글들』의 편찬자들의 설명에 따르면, 이 작품집의 주요 주제 중 하

이 반영된 이 작품의 두 중심인물인 타이외르Tailleur와 뤼셀Lucelles에게서 각각 사르트르와 니장의 모습을 확인할 수 있다. 고등사범학교 준비반 시절에 잡지 『라 르뷔 상 티트르』의 창간에 관여하면서 돈독한 우정으로 연결되었던 사르트르와 니장의 모습이 작중에서 잡지 『씨앗La Semence』의 창간, 『잠수구La Scaphandre』라는 또 다른 잡지와의 경쟁 등을 둘러싼 모험에 반영되어 있다.

그뿐 아니다. 사르트르는 1927년에 쓴 미완성 소설 「어떤 패배Une défaite」에서의 '옛 친구l'Ancien Ami', 『더러운 손』의 위고,[138] 「어느 지도자의 어린 시절」의 뤼시앵과 그의 왕당파 친구들,[139] 『자유의 길』의 브뤼네,[140] 슈나이더, 비카리오[141] 등의 모습에서도 부분적으로 니장의 모습을 투사

나는 '우정'이다. 그중에서도 사르트르와 니장의 우정이 가장 중요한 것으로 보인다. 물론 거기에 고등사범학교 준비반과 고등사범학교 시절 때 사르트르가 이른바 절친들과 맺었던 우정 역시 일부 포함시킬 수 있을 것이다.(EJ, p.31.)

138 위고는 처음에 공산당의 명령으로 노선을 달리하는 외데레르의 처형에 나서나, 나중에 당이 외데레르의 노선을 따르게 되면서 위고를 매장하려 한다. 이런 과정이 공산당에 의해 니장이 배신자로 낙인찍히는 상황과 유사하다.

139 니장은 1924-1925년 사이에 극우 계열의 왕당파(Camelots du roi)에 가담하기도 했다. 그 이듬해인 1926-1927년에 아덴에 갔다가 극좌파로 변신하는 일종의 전회를 겪게 되고, 1927년에 PCF에 가입하지만 말이다. 이런 사실을 고려하면 뤼시앵에게는 사르트르의 아동기의 모습이, 니장의 청소년기의 모습이 삼투압 현상처럼 배어 있다고 할 수 있다.

140 브뤼네는 부르주아의 후손으로 프롤레타리아계급과 아무런 관계도 없는 마티외를 "한 명의 추상적 존재", "한 명의 부재자"로 규정하고 비판한다.(Jean-Paul Sartre, *L'Age de raison*, in OR, p.521.) 하지만 마티외는 자기에게 PCF에의 가입을 권유하는 브뤼네의 제안을 거절하고 헤어지면서도 그를 "가장 좋은 친구"였다고 생각한다.(*Ibid.*, p. 527.)

141 『자유의 길』 4부에 해당하는 『야릇한 우정(*Drôle d'amitié*)』은 브뤼네가 마지막에 슈나이더(나중에 비카리오로 밝혀진다)와 함께 독일군 포로수용소를 탈출하다가 실패하는 장면으로 끝난다.(OR, pp.1529-1534.) 그런데 『자유의 길』의 4권으로 기획되었지만 완성되지 않은 「마지막 기회」는 탈출에 실패한 이후의 두 사람에 대한 정보를 담고 있다. 슈나이더는 독일군 보초의 총탄에 심한 부상을 당해 죽은 반면, 브뤼네는 부상을 당해 붙잡혀 수용소 내의 감옥에서 40일을 보내고 다시 수용소로 돌아온다. 사르트르는 브뤼네를 통해서 1939년 전의 니장, 즉 독소불가침조약 이전의 니장을, 슈나이더, 곧 비카리오를 통해서는 1939년 후의 니장, 곧 공산당에서 탈퇴하고 참전한 니장의 모습을 통해 니장과의 우정을 소묘한 것으로 여겨

하고 있다.

마찬가지로 니장 역시 자기와 사르트르의 모습을 작품 속의 등장인물에게 투사하고 있다. 니장은 두 번째 소설 『트로이의 목마Le Cheval de Troie』 (1935)에서 랑주 교수를 등장시키고 있다. 니장은 고등사범학교 출신에다 역사 교수자격시험 합격자로 소도시의 고등학교에서 학생을 가르치고,[142] 폐쇄된 부르주아 사회의 일원이자 마지막에는 노동자들에게 총을 쏨으로써 파시즘으로 기울고 마는 이 인물 속에 자기의 모습과 사르트르의 모습을 부분적으로 투사하고 있다.

실제로 사르트르는 우파 성향의 파시즘 쪽으로 기운 적이 없다. 하지만 니장은 니힐리스트적이고 우파 성향의 무정부주의자인, 현실에의 참여를 거부하는 랑주에게 사르트르의 일부 모습을 투영시키고 있다. 보부아르에 따르면 니장은 랑주의 모델이 사르트르가 아니라 브리스 파랭Brice Parain이라고 말하고 있지만,[143] 사르트르는 랑주에게서 자기의 모습을 부분적이나마 알아본다. 니장은 『음모La Conspiration』(1938)에서도 "사령관 사르트르commandant Sartre"[144]를 등장시키고 있기도 하다.

또한 사르트르와 니장은 서로의 작품에 대해 서평을 쓰기도 했다. 가령 니장은 사르트르의 『구토』에 대해 『스 스와르Ce Soir』지(1938년 5월 16일)에서

진다.(Cf. Patrick McCarthy, "Sartre, Nizan and the Dilemas of Political Commitment", *Yale French Studies*, n° 68(Sartre after Sartre), 1985, p.201.) 물론 마티외는 『야릇한 우정』에서 포로수용소에서 탈출을 돕는 일을 주도하면서 브뤼네와 다시 만나게 되는데, 브뤼네의 탈출을 도와주면서 전쟁 발발 전의 나약한 지식인 마티외가 아니라는 사실을 보여 주고 있다.

142 이 소설에서 니장 자신은 피에르 블루와예라는 인물로 그려지고 있다. 블루와예는 니장의 첫 번째 소설 『앙투안 블루와예(Antoine Bloyé)』의 주인공과 같은 이름을 지녔고 철도 기사인 앙투안 블루와예의 아들로, 랑주와 같은 학교에서 철학을 가르치고, 수공업자들과 노동자들과 어울리는 공산주의자이자 투사이다.

143 Simone de Beauvoir, *La Force des choses*, Gallimard, 1963, p.244.(이하 FC로 약기한다.)

144 Paul Nizan, *La Conspiration*, Gallimard, coll. Folio, 1990(1938), p.113.

그를 카프카에 비교하고, 또 그를 하이데거와 연결하면서 일급의 철학 소설이라고 칭찬하고 있다.[145] 사르트르는 『NRF』지(1938년 11월)에서 니장의 『공모』에 대해, 쓰기를 통해 되살아난 학창 시절에 대한 증언에 의해 매료되었음을 밝히며, 자신의 젊은 시절에 대해 가차 없는 성찰을 하고 있는 그의 용기와 그의 아름다운 스타일을 높이 평가하고 있다.[146]

이처럼 실생활에서와 마찬가지로 문학 평론을 위시해 특히 상상적인 문학작품에서마저 분리 불가능할 정도로 섞여 있던 사르트르와 니장. 그들은 과연 이런 우정을 끝까지 고수했을까? 그들의 관계는 끝까지 평탄했을까? 아니면 소원해진 때도 있었을까? 이 질문에 답을 미리 하자면 그들 사이에도 얼마간의 부침이 있었지만 이를 잘 극복해서 우정이라는 단어에 걸맞은 관계를 끝까지 유지했다고 할 수 있다.

사르트르와 니장은 무엇보다도 서로 상대방의 정치 참여 여부에 대해 탐탁지 않게 생각했던 것으로 보인다. 사르트르는 니장의 정치 참여에 대해 종종 비판적인 태도를 보였다. 실제로 사르트르는 니장의 정치 참여를 두 사람의 우정에 대한 "일종의 배반une sorte d'infidélité"으로 여기기도 했다.[147]

사르트르는 니장의 정치적 참여에 대해 이렇게 쓰고 있다. "나는 그가 정치를 하는 것이 싫었다. 정치를 해야 할 필요를 느끼지 못했기 때문이다."[148] 그리고 니장이 1936년경 공산주의에 경도되었던 앙드레 말로와 가까워지면서 사르트르와 보부아르는 자신들이 완전히 니장의 관심 밖에 있었다는 느낌을 받기도 했다. 사르트르는 보부아르에게 보낸 편지에

---

145   "*La Nausée*, un roman de Jean-Paul Sartre", *Ce Soir* du 16 mai 1938, in OR, pp. 1701-1702.

146   Jean-Paul Sartre, *Situations*, I, Gallimard, 1947, p. 28.

147   John Gerassi, *op. cit.*, p. 105.

148   SIV, p. 147; Jean-Paul Sartre, préface à *Aden Arabie*, *op. cit.*, p. 18.

서도 니장과 소원해졌음을 밝히고 있기도 하다.[149]

하지만 이처럼 소원해진 관계는 2차 세계대전을 계기로 사라지게 된다. 1927년 공산당에 가입했던 니장은 이 당의 기관지 『뤼마니테』L'Humanité』에 글을 기고하고, 또 1934년 구소련을 방문하는 등의 행동을 통해 공산당을 적극 지지했다. 그리고 그는 2차 세계대전의 전운이 감도는 가운데 영국, 프랑스, 구소련 사이의 협력이 독일을 패퇴시킬 것이라 확신하고 있었다. 하지만 이런 확신은 1939년 독소불가침조약에 의해 영락없이 깨지고 만다. 이 조약을 계기로 그는 PCF에서 탈당한다. 그는 전쟁 발발과 함께 영국군의 일원으로 참전했다가 사망하게 된다.

PCF 진영에서는 전쟁 중에, 특히 종전 후에 이런 니장에 대해 대대적인 비난을 퍼부었다. 그를 "배신자", "내무부의 월급을 받아먹는 썩은 개"[150]로 규정하면서 그에 대한 중상모략을 강화했다.[151] 예컨대 대표적인 공산주의 계열의 작가인 아라공은 『공산주의자들』Les Communistes』이라는 작품에서 오리피아라는 인물을 배신자로 그리면서 그에게 니장의 특징을 투사했다.

이에 대해 사르트르는 두 차례에 걸쳐 니장을 옹호하고 또 그의 복권을 주장하면서 강력하게 대응했다. 한 번은 1947년 4월 7일 『콩바』지에 실린 공개서한을 통해서였다. 전국작가위원회CNE: Comité national des écrivains[152]에 보낸 이 공개서한에 사르트르를 위시해 카뮈, 크노, 레리스, 아롱, 브

---

149 Cf. Jean-Paul Sartre, *Lettres au Castor et à quelques autres*, t. I, Gallimard, 1983, pp.126, 204-205.(이하 LCAQI로 약기한다.)

150 S19, pp.382-383.

151 Cf. Annie Cohen-Solal, *Paul Nizan, communiste impossible*, Grasset, 1980, p.252; Pascal Ory, *Nizan. Destin d'un révolté*, Complexe, 2005, p.237.

152 Comité national des écrivains(CNE)은 1941년에 PCF의 주도로 조직된 문학인들의 저항 기구이다.

르통, 보부아르, 보스트, 메를로퐁티, 모리아크, 게노 등 26명의 지식인이 서명했다.[153]

사르트르는 또한 1960년 니장의 『아덴 아라비』에 서문을 쓰면서 그의 복권을 강력하게 촉구했다. 그 결과 아라공은 1966년 『공산주의자들』을 재출간하면서 오리피아라는 인물을 삭제했다. 또한 PCF도 1970년대 말에 니장의 복권을 공식적으로 선언하기에 이른다. 이처럼 사르트르와 니장은 살아 있을 때보다 오히려 니장의 죽음 이후에 좀 더 돈독해졌다고 할 수 있다.[154]

물론 1929년 보부아르가 사르트르의 옆자리를 차지하게 되면서 니장의 역할과 영향은 자연스럽게 축소된다.[155] 하지만 방금 살펴본 것처럼 중학교에서 고등사범학교 시절까지 사르트르와 니장은 '니트르'와 '사르장'이라는 호칭이 보여 주듯이 돈독한 우정을 과시했다. 또한 두 사람의 우정은 특히 고등사범학교 시절에 만난 동급생들, 후배들과 함께 ―아롱, 라가쉬, 마외, 기유 등등― 형성한 '절친들'의 '패거리', 곧 '우리'를 형성하는 융화집단의 중요한 한 축이었다고 할 수 있다. 이런 사실들을 토대로 다음과 같이 말할 수도 있을 것이다. 사르트르의 옆에는 보부아르를 위시해

---

153   Cf. Jean-François Sirinelli, *op. cit.*, pp.242-247.

154   다만, 부침이 심했던 사르트르와 PCF와의 관계에 따라 니장에 대한 사르트르의 평가에 다소간의 차이가 있다는 사실을 지적하자. 이 점에 대한 논의로는 다음을 보라. Patrick McCarthy, "Sartre, Nizan and the Dilemas of Political Commitment", *op. cit.*, pp.191-205.

155   사르트르와 니장의 연구자들은 사르트르의 해방 이후의 참여에서 니장에 대해 지고 있는 일종의 부채를 언급하기도 한다. 그러니까 사르트르의 해방 이후의 전격적인 참여에는 니장의 참여를 계승하려는 노력, 즉 사르트르가 니장의 때 이른 정치 참여에 동참하지 못한 것에 대한 회한, 후회 등을 보상하고자 하는 노력이 있었다는 것이다. 이런 견해는 사르트르의 전후의 참여가 전쟁 전의 무정부주의적이고 비정치적인 태도를 만회하고자 하는 노력에 의해 가속화되었다는 견해와 그 궤를 같이한다고 할 수 있을 것이다. 이런 점을 고려해 연구자들은 니장이 살아 있는 동안 사르트르에게 끼친 영향도 크지만, 그가 죽어서 끼친 영향 역시 크다고 주장하기도 한다.

여러 명의 연인이 있었지만, 끝까지 우정을 나눈 남자인 친구는 어쩌면 니장이 유일했다고 말이다.

2.3. 아롱, 가장 강한 '절친-맞수'

사르트르의 삶에서 보부아르와 니장 못지않은 비중을 차지하고 있는 인물은 아롱이 아닐까 한다. 물론 사르트르와 니장의 만남이 비교적 어렸을 때 시작된 것과는 달리, 또 사르트르와 보부아르의 관계가 남녀의 사랑이었던 것과는 달리, 사르트르와 아롱의 관계는 "행복한" 4년을 보내게 될,[156] 고등사범학교에 입학한 1924년부터 시작된 순수한 우정의 관계라고 할 수 있다. 하지만 사르트르는 아롱과 술자리 한번 같이한 적이 없으며, 니장보다 덜 가까운 사이였다고 회상하고 있기는 하다.[157]

사르트르와 아롱의 우정은 주로 지적^{知的}인 성격을 띠었던 것으로 보인다. 두 사람은 '진리'와 '투명성'을 지키자는 서약을 했다.[158] 이를 토대로 두 사람은 "상호 존중과 고도의 지적 능력을 갖춘 성인들 사이의 선택적 친화력"[159]에 바탕을 둔 관계를 지향했다고 할 수 있다. 이런 점을 고려해 사르트르와 아롱을 '절친'[160]이라고 할 수 있지 않을까 한다. 다만, 니장과의 관계와는 달리 사르트르와 아롱의 관계는 나중에 이념적 결렬로 막을 내리고 만다.

---

156 SF, p.33.

157 John Gerassi, *op. cit.*, p.130.

158 Nicolas Baverez, *Raymond Aron: Un moraliste du temps des idéologies*, Flammarion, 1993, p.47.(이하 RA로 약기한다.)

159 Jean-François Sirinelli, *op. cit.*, p.44.

160 에리엔 바릴리에는 자신의 저서에 "절친"이라는 제목을 붙이고 있기도 하다.(Cf. Etienne Barlier, *Les Petits camarades*, Julliard, 1987.)

아롱은 고등사범학교 시절에 특히 지적인 면에서 사르트르의 "특권적인 스파링 파트너"[161]였다. 보부아르가 사르트르 옆에 있게 되면서 아롱—아롱도 니장의 뒤를 이었다— 의 이런 역할은 보부아르에게로 넘어갔지만 말이다. 후일 사르트르와 아롱과 같이 토론할 기회를 가졌던 보부아르의 회고에 따르면, 아롱은 사르트르의 가장 강한 토론의 적수, "무서운 변증법론자dialecticien redoutable"였다. 사르트르는 아롱의 "논리주의logisme"를 경계했다.[162] 어떤 주제로든 토론이 있게 되면 아롱은 사르트르가 꼼짝할 수 없을 정도로 밀어붙였다는 것이다.

> 아롱은 비판적 분석에서 즐거워했고, 사르트르의 무모한 종합을 산산조각 내려고 노력했다. 아롱은 자신의 대화 상대자를 궁지에 몰아 꼼짝 못하게 하는 기술을 가졌다. 그리고 그가 자신의 대화 상대자를 무너뜨렸을 때면 그는 아주 박살을 내놓았다. '이 친구야, 둘 중 하날세.' 그는 아주 파랗고 아주 깨어 있고 지적인 눈으로 창백한 미소를 지으면서 이렇게 말하곤 했다. 사르트르는 코너에 몰리지 않으려고 발버둥을 쳤다. 하지만 그는 자신의 사유가 논리적이기보다는 창의적이었기 때문에 많은 노력을 해야 했다. 그가 아롱을 완전히 설득했는지, 또 아롱이 그를 완전히 흔들어 놓았는지에 대해 나는 기억하지 못한다.[163]

앞에서 사르트르와 니장과의 관계를 살펴보면서 문학의 영역에서는 니장이 사르트르보다 항상 한발 앞서 나갔다고 했다. 이와 마찬가지로 아롱은 1928년부터 사르트르보다 항상 한발 앞서 나간다. 또한 사르트르는

---

161   RA, p.47.

162   FC, p.38.

163   *Ibid.*, p.35.

이해부터 최소한 1939년 전쟁 발발 전까지는 아롱이 갔던 길을 그대로 답습했다고도 할 수 있다. 1928년은 두 사람이 철학 교수자격시험을 치른 해이다. 앞에서 언급했지만 사르트르는 이 시험에서 떨어진 반면, 아롱은 수석으로 합격했다. 사르트르는 이듬해인 1929년에 수석으로 합격했다. 둘은 사회 진출에서 1년의 차이가 발생하게 되고, 사르트르가 아롱의 뒤를 잇게 된다.

아롱은 1928-1929년 군복무를 마치고 독일에 가서 1931-1932년 사이에 베를린 소재 프랑스연구소Institut français에서 체류한다. 사르트르는 1931년 르아브르고등학교Lycée du Havre에 부임한다. 아롱은 귀국 후에는 이 학교에서 사르트르의 뒤를 잇게 된다. 사르트르는 아롱이 교관으로 있던 부대에서 군복무를 하게 되고,[164] 아롱의 뒤를 이어 베를린 소재 프랑스연구소에서 1933-1934년 사이에 머물게 된다. 그때 사르트르는 주로 후설의 현상학을 연구하고 그러면서 하이데거 철학을 접하게 된다.

이 과정에서 한 가지 주목할 것은, 사르트르가 독일 체류 중에 후설 현상학을 주로 연구하게 된 것은 아롱 덕분이라는 것이다. 독일 체류 중에 파리에 들렀던 아롱은 사르트르와 보부아르 등과 함께 얘기를 나누던 중 후설 현상학에 대해 언급하게 된다.

반대로 사르트르는 독일 현상학에 대해 전해 듣고는 매혹되었다. 레몽 아롱은 베를린의 프랑스연구소에서 1년을 보내고 역사에 관한 논문을 준비하는 한편, 후설을 공부했었다. 그는 파리로 돌아오자마자 사르트르에게 그 이야기를 했다. 우리는 몽파르나스 거리의 벡 드 가즈Bec de Gaz에서 저녁나절을 보냈는데, 이 집의 특별 메뉴인 살구칵테일을 주문했다. 그러자 아롱이 자기의 잔을 가리키며 말했다. '이보게, 만일 자네가 현상학자라면

---

[164] *Ibid.*, p.33.

이 칵테일에 대해서 말할 수 있네. 그게 철학이네.' 사르트르는 이 말을 듣고는 흥분해서 얼굴이 새파랗게 질릴 정도였다. 왜냐하면 자기가 만지는 사물에 대해서 그대로 이야기하면서도 그 이야기가 철학이 되는 것, 그것이 바로 그가 몇 년 전부터 바라 왔던 것이기 때문이었다. 아롱은 현상학이 바로 그의 욕망을 충족시켜 주리라는 것을 납득시켰다. 관념론과 실재론의 대립을 넘어서서, 의식의 지배성과 우리에게 나타나는 그대로의 세계의 현존성을 동시에 긍정하려는 욕망 말이다. 사르트르는 곧바로 생 미셸가의 서점에서 레비나스가 후설에 대해 쓴 책을 구입했다. 그리고 알고자 하는 조급한 마음에 걸어가면서 아직 페이지조차 자르지 않은 책[165]을 넘겨보았다.[166]

하지만 한 가지 흥미로운 사실은 후일 사르트르가 아롱의 주선으로 후설의 현상학을 접하게 되었다는 것을 부인하고 있다는 점이다. 사르트르는 아롱으로부터 소개받기 전에 이미 후설의 현상학을 알고 있었고, 아롱으로부터는 프랑스연구소에서 장학금으로 연구를 할 수 있다는 사실을 알게 되었다고 말하고 있다. 그리고 사르트르는 아롱에게서 후설의 현상학에 대해 듣기 2년 전에 이미 친구 페르난도 제라시Fernando Gerassi[167]를 통해 이미 그것에 대해 알고 있었다는 것이다.

어쨌든 1년의 시차를 두고 이처럼 같은 길을 가던 사르트르와 아롱의 삶의 방향이 조금씩 달라지기 시작한 계기는 2차 세계대전이 끝나

---

165 프랑스에서 어떤 책들은 종이가 절단되지 않은 상태로 판매되는 경우가 있다.

166 *Ibid.*, pp.141-142.

167 페르난도는 베를린에서 카시러와 하이데거와 함께 현상학을 공부했다. 페르난도는 하이데거와 같은 반에서 수업을 듣기도 했고, 두 사람이 같이 교생 실습도 했다.(John Gerassi, *op. cit.*, p.486.) 하지만 페르난도는 나중에 철학을 포기하고 화가가 된다. 사르트르는 이런 페르난도를 『자유의 길』에서 등장인물 중 한 명으로 형상화하고 있다.

고 일 년이 지난 1946년부터로 보인다. 사르트르는 전쟁에 동원되었다가 '우스꽝스러운 전쟁drôle de guerre'[168]을 거치고 곧바로 포로수용소에 갇힌다. 1941년에 가짜 건강증명서를 이용해 석방된 후에 사르트르는 파리에서 메를로퐁티, 보부아르, 드장티, 레리스 등과 함께 '사회주의와 자유 Socialisme et liberté'라는 비밀 단체를 조직해 레지스탕스 운동을 한다. 반면, 아롱은 전쟁 발발과 더불어 런던으로 건너가 드골을 만나게 되며,[169] 그곳에서 월간지 『자유 프랑스La France libre』를 간행하는 일에 관여하게 된다.[170]

이렇게 전쟁 중에 헤어졌다가 다시 만나게 된 사르트르와 아롱은 종전 후에 한동안 우정을 유지한다. 아롱의 말을 들어보자.

> 사르트르와 내가, 그 얼마 만한 흥분을 지니고서, 철학적 화제는 아니지만 어쨌든 여전히 정다운 우리의 대화를 다시 시작했는지를 보부아르가 이미 들려준 바 있다.[171] 그 긴 이별의 시간이 지난 후 우리는 즉각 가까워졌다.[172]

실제로 사르트르는 아롱이 런던에서 『자유 프랑스』지에 쓴 글들에 대해 우호적인 평가를 해 준다. 또한 두 사람은 전후 프랑스의 정신적인 측면에서의 재건을 위해 잡지 창간의 필요성을 공유하게 된다. 이렇게 해서 햇빛을 보게 된 잡지가 바로 『레 탕 모데른』이다. 하지만 전쟁이 끝나고

---

168 1939년 9월 2차 세계대전 발발 후 몇 개월 동안 총격전 등이 없이 전쟁이 진행되었는데, 이 기간의 전쟁을 '우스꽝스러운 전쟁'이라고 한다.

169 François Dosse, *La Saga des intellectuels français 1944-1989*, t. I. *A l'épreuve de l'histoire (1944-1968)*, Gallimard, 2018, p.62.

170 Raymond Aron, *Le Spectateur engagé*, Presses Pocket, 1983, pp.84-85.(이하 SE로 약기한다.)

171 Cf. Simone de Beauvoir, *La Force de l'âge*, Gallimard, 1960, pp.21-23.(이하 FA로 약기한다.)

172 Raymond Aron, *Mémoires: 50 ans de la pensée politique*, Julliard, 1983, p.198.(이하 M50으로 약기한다.)

1년이 채 안 되어 두 사람의 우정에 그림자가 드리우기 시작한다. 그리고 시간이 지남에 따라 두 사람의 관계는 "점차적으로" 하지만 "불가피하게" 결렬을 향해 나아가고 있었다.[173]

그 징후는 아롱의 『레 탕 모데른』 편집위원회의 탈퇴이다. 아롱은 이 잡지에 몇 편의 글을 쓰고 1946년에 이 잡지를 떠나 드골 내각에 입각한 말로의 비서실에서 일을 하게 된다.[174] 또한 『콩바』지를 거쳐 1947년에 우파 성향의 『르피가로Le Figaro』로 옮겨 가게 된다. 그리고 같은 해에 드골이 중심이 되어 조직된 정당인 프랑스인민연합RPF: Rassemblement du peuple français에 가입함으로써 완전히 우파 진영에 합류하게 된다.

아롱이 이처럼 우파를 향해 나아가고 있을 때 사르트르는 어떤 입장에 있었는가? 사르트르는 해방과 더불어 이른바 '앙가주망', 즉 참여의 기치를 높이 들었다. 『레 탕 모데른』지의 창간을 비롯해 그는 점차 좌파 쪽으로 방향을 틀고 있었다. 그런데 전쟁 전에 두 사람의 사회, 역사를 대하는 태도가 많이 달랐다는 점은 흥미롭다. 놀랍게도 전쟁 전에는 아롱이 사르트르보다 훨씬 더 참여적이었다. 아롱은 일찍부터 사회주의자를 자처했다. 하지만 독일 체류 중에 히틀러가 주도하던 나치즘의 부상을 목격하면서 점차 역사에 눈을 뜨게 되고, 2차 세계대전을 겪으면서 미국과 구소련 사이에서 자유민주주의를 표방하는 미국 쪽으로 기울게 된다.[175]

반면 사르트르는 전쟁 전에는 사회, 역사, 정치에 대해 무관심으로 일관했다. 니장과의 관계를 다루면서도 보았듯이 사르트르는 무정부주의적, 니힐리스트적 태도로 일관하면서 역사의 수레바퀴를 돌리는 것을 거부했다. 오직 쓰기, 즉 문학을 통한 개인의 구원만을 생각하고 있었다. 하

---

173   RA, p.238.

174   François Dosse, *op. cit.*, p.61.

175   *Ibid.*, p.64.

지만 전쟁의 발발과 더불어 그에게 전회가 일어난다. 그리고 그는 1945년 이후 프랑스 인텔리겐치아에서 좌파의 주도권을 쥐게 된다. 이와 같은 입장을 표명하고 있었던 사르트르가 우파로 나아 갔던 아롱과의 관계에서 불편함을 느끼게 되는 것은 어쩌면 당연한 결과로 보인다.

사르트르와 아롱의 우정에 금이 가고 있다는 것을 보여 주는 두 개의 사건이 있다. 하나는 사르트르의 『무덤 없는 주검』의 리허설 때 발생한 사건이고, 다른 하나는 라디오 방송에서 〈『레 탕 모데른』지 논단La Tribune des Temps modernes〉이라는 제목의 프로그램이 방송되었던 때에 발생한 사건 이다.

첫 번째 사건을 보자. 이 사건은 사르트르의 극작품 『무덤 없는 주검』의 리허설이 있었던 1946년 발생했다. 그는 이 작품을 통해 전쟁이 끝난 지 1년도 채 안 되어 너무나도 빨리 잊혀 가는 독일군과 대독협력자들의 만행을 되살리고자 했다. 이런 이유로 그는 이 작품을 공연하면서[176] 무대에서 고문하는 장면을 포함시켰다. 그런데 아롱과 그의 부인 쉬잔이 리허설에 참석했다. 쉬잔이 고문 장면을 견디지 못하고 중도에 아롱의 부축을 받으면서 극장을 떠나는 사건이 발생했다. 나중에 아롱 부부가 사르트르에게 이 사건의 자초지종을 설명했다. 하지만 사르트르는 아롱의 행동을 "배신"으로 생각했고,[177] 사르트르의 눈에는 그가 이미 더러운 자들, 곧 부르주아지에 속한 것으로 보였던 것이다.

두 번째 사건은 라마디에 정부가 1947년 사르트르에게 허락해 준 라디오 프로그램 〈『레 탕 모데른』지 논단〉이었다. 이 논단에 참여했던 한 정신분석가가 같은 해 10월 시의회 선거에서 승리를 거둔 드골을 히틀러와 비교하면서 신랄하게 비판했다.[178] 이에 드골을 지지하던 두 명의 장군이

---

176 RA, p. 239.

177 François Dosse, *op. cit.*, p.104.

사르트르에 맞서 토론을 하게 되었다. 사르트르는 그 기회에 아롱이 심판의 역할을 맡아 줄 것을 바랐다.[179]

사르트르는 아롱이 자기편을 들어 줄 것을 기대했다. 하지만 아롱은 사르트르의 기대와는 달리 침묵으로 일관했다. 아롱은 정치적 동지의 편도 친구의 편도 들어줄 수 없었다.[180] 사르트르는 이런 아롱의 행동을 그가 자기와는 다른 편, 곧 부르주아지에 속한 것으로 받아들였다. 그리고 사르트르는 아롱의 침묵을 두 사람 간의 정치적 관계의 "단절lâchage"로 해석했다.[181] 그리고 끝장이었다.[182]

위의 두 사건을 겪은 뒤 사르트르와 아롱 사이에는 화해를 위한 노력이 있었다.[183] 하지만 둘 사이에는 이미 깊은 골이 패여 있었으며, 이미 귀환 불가능한 지점에 도달했던 것으로 보인다. 그리고 그 뒤의 두 사람의 행보는 평행선을 달리게 된다. 특히 1950년 발발한 한국전쟁을 계기로 두 사람 사이의 이념적 거리는 점점 멀어지게 된다.

아롱은 이 전쟁이 구소련의 사주를 받은 북한의 침공에 의해 시작되었다고 주장한 반면, 사르트르는 미국의 사주를 받은 남한의 침공이라며 그 반대의 주장을 폈다. 그 뒤로도 아롱은 미국과 드골을 지지하면서 계속 자유민주주의를 옹호한 반면, 사르트르는 구소련을 지지하고 마르크스주의에 입각한 공산주의의 동반자의 길을 가게 된다. 이처럼 이념적으로

---

178   *Ibid.*, p.105.

179   RA, p.241.

180   S19, p.387.

181   François Dosse, *op. cit.*, p.105; LCA, p.354.

182   사르트르와 아롱의 결렬이 이념적 차이에서 비롯된 정치적 이유 때문이라고 보는 견해가 대다수이다. 하지만 이와는 다른 견해도 있어 흥미롭다. 예컨대 에티엔 바릴리에는 "문학 창작자(créateur)"로서의 사르트르와 "학자(savant)"로서의 아롱의 대립의 결과로 보고 있다.(Etienne Barlier, *op. cit.*, pp.9, 29.)

183   RA, p.242.

갈라선 두 사람의 관계는 절친에서 불구대천의 원수가 되어 버린다.[184] 두 사람 사이에 "개전의 이유casus belli"[185]가 이미 충분히 쌓였던 것이다.

이렇듯 이미 결렬된 사르트르와 아롱의 관계는 1968년 5월 혁명을 계기로 극점에 달하게 된다. 사르트르는 5월 혁명에 적극 가담해 이 혁명을 주도했던 학생들을 지지한다. 사르트르는 소르본대학에서 있었던 학생들의 모임에 초청된 유일한 지식인이었다. 학생들의 입장에서는 자신들의 행동을 가장 확고한 권위로 뒷받침해 줄 그와 같은 거물급 인물이 필요했던 것이다. 어쨌든 그는 그들을 지지했다.

반면 1958년부터 1967년까지 소르본대학에서 교수로 재직했던 아롱은 5월 혁명을 일으킨 학생들을 "광견병에 걸린 자들", 또 이 혁명을 "사이코드라마psychodrame"로 규정하면서 비난했다.[186] 학생들의 눈에는 그가 '특권적 지식인들mandarins'의 상징으로 보였고, 그런 만큼 그는 그들의 주요 공격 대상이 되었다. 여기에 사르트르가 기름을 부었다. "아롱이 교수라면 내 손모가지 자르는 것을 걸겠습니다"라는 극언을 퍼부으면서 아롱에게 거의 인격 살인 수준의 비난을 퍼부었다.[187]

배움의 유일한 방법은 이의제기하는 것contester을 배우는 것입니다. 이것

---

184 사르트르와 아롱의 이념적 결렬에 대해서는 다음을 보라. 변광배, 「사르트르와 아롱의 이념적 결렬과 한국전쟁에 관한 해석」, in 정명환, F. 시리넬리, 변광배, 유기환, 『프랑스 지식인들과 한국전쟁』, 민음사, 2004, 3장, 155-218쪽.

185 Jean-François Sirinelli, *op. cit.*, p.253.

186 Nicolas Baverez, "L'effort pour comprendre, la passion d'agir: Raymond Aron face à mai 1968", *Le Figaro*, 14 mai 1998; Michel Winock, *Les Siècles des intellectuels*, Seuil, coll. Points, 1999, p. 705.

187 예컨대 한 연구자는 (아메리카 인디언들이 전리품으로 적의) "머리가죽 벗기기(une véritable danse du scalp)"라는 표현을 사용하고 있기도 하다.(Jean-François Sirinelli, *op. cit.*, p.339.) 사르트르는 나중에 아롱에게 "일부러(volontairement)" "욕을 했다(insulter)"고 회상한다.(Jean-Paul Sartre, "Autoportrait à soixante-dix ans", *op. cit.*, p.189.)

은 또한 인간이 되는 유일한 방법이기도 하죠. 이의제기를 하지 않는다면 인간은 아무것도 아닙니다. 하지만 이 인간도 뭔가에는 충실해야 합니다. 내가 보기에 지식인이란 하나의 정치, 사회적인 공동체에 충실한 자, 하지만 이 공동체에 대해 끊임없이 이의제기를 하는 자입니다. 그의 충실과 이의제기 사이에는 물론 모순이 있을 수 있습니다. 하지만 그것은 좋은 것입니다. 그것은 풍성한 결실을 맺는 모순입니다. 이의제기 없는 충실성이 있다면, 그것은 잘 작동하지 않습니다. 이런 경우 인간은 자유로운 인간이 못 됩니다. (…) 레몽 아롱이 결코 이의제기를 하지 않았다는 데에 내 손모가지 자르는 것을 걸겠습니다. 내 생각으론 바로 이런 이유로 그는 교수 자격이 없는 것입니다.[188]

후일 아롱은 사르트르와의 결렬에 대해 다음과 같이 회상하고 있다.

미시카   사르트르와 완전히 갈라지고 난 뒤에 고통스러웠나요?
아롱   청년기의 우정을 잃은 장년의 슬픔이라는 것이 적절한 말일 것입니다. 네, 친구를 잃는 것은 자신의 일부를 잃는 것과 꼭 같습니다.[189]

이렇듯 학창 시절의 절친에서 이념적인 이유로 불구대천의 원수가 되어 버린 사르트르와 아롱은 1979년 6월 20일에 서로 만나는 기회를 갖게 된다. 공산화의 위협에 직면한 조국을 탈출하는 베트남의 보트피플Boat People을 도울 목적으로 여론에 호소하기 위한 한 기자회견에서였다. 그때 찍힌 한 장의 사진에서 글뤽스만을 사이에 두고 사르트르와 아롱이 웃

188   Jean-Paul Sartre, "Les Bastilles de Raymond Aron", *Situations*, VIII, Gallimard, 1972, pp.187-188.(이하 SVIII로 약기한다.)

189   SE, p.176.

으면서, 하지만 어색하게 손을 마주잡고 있는 모습을 볼 수 있다. 또한 그로부터 6일 뒤에 찍힌 또 한 장의 사진에는 이 문제로 엘리제궁을 방문해 지스카르데스탱 대통령을 만나고 난 뒤에 계단을 내려와 아롱과 글뤽스만의 부축을 받고 있는 사르트르의 모습이 들어 있다.

이 시기는 사르트르가 세상을 떠나기 10개월 전이다. 그는 이미 두 눈이 멀어 앞을 거의 볼 수 없는 상태였다. 이런 상황에서 이뤄진 마지막 두 번의 만남에서 사르트르와 아롱은 과연 화해를 했을까? "30년 전쟁"[190]이라고 불릴 정도로 오랫동안 이념적으로 다른 길을 달려온 두 사람은 과연 그 기회에 원한과 증오의 감정을 모두 씻어 낼 수 있었을까? 그러지는 못한 것 같다. 두 차례의 만남 이후에 각자가 보인 반응을 보면 여전히 각자의 가슴 깊은 곳에는 남아 있는 앙금을 완전히 걷어 내지는 못한 것 같다.

사르트르와 아롱의 이와 같은 삶의 궤적, 그리고 2차 세계대전을 전후해 프랑스에서 이루어진 지식인들 사이의 논쟁, 우정의 결렬 등과 관련해 다음과 같은 아서 쾨슬러의 말은 아주 흥미롭다. "정치적으로 맞지 않으면 친구가 될 수 없다."[191] 아롱 역시 말로와의 관계를 회상하면서 비슷한 말을 하고 있다.

> **아롱** 사르트르와의 관계와 비슷하게 된 거죠. 이 시대에 와서는 정치적 선택이 서로 다르면 우정을 간직하기가 어렵게 되는 것 같습니다. 정치란 아마도 너무 심각하고 비극적인 것이어서 우정은 그 압력을 감당하기가 어려운가 봅니다. 사르트르와의 관계에서 그것은 더욱 분명한 것으로 드러납니다.[192]

---

190   Jean-François Sirinelli의 *Deux intellectuels dans le siècle, Sartre et Aron*의 3부 제목이 "30년 전쟁"이다.

191   FA, pp.124, 156.

인간은 강한 물리적 폭력이라도 견뎌 내지만 이념적으로 자기와 다른 것을 견뎌 내지 못한다고 한다. 어쩌면 이 말은 사르트르와 아롱에게도 그대로 적용되는 것으로 보인다. 두 사람의 우정의 결렬의 기저에는 이처럼 2차 세계대전과 이어지는 냉전 시대를 살아가면서 각자가 했던 정치적 선택, 각자가 가졌던 이데올로기적 신념이 놓여 있다고 할 수 있다.

사르트르와 아롱의 우정의 결렬의 폐해는 특히 정신적으로 막심했다고 할 수 있다. 두 사람이 살아 있는 동안에 더 큰 폐해를 입은 쪽은 아롱이었다. 생전에 자유민주주의를 지지했고 미국의 편을 들었던 아롱은 좌파 이데올로기가 득세했던 프랑스 인텔리겐치아 세계에서 고립된 섬처럼 외로운 생활을 영위하게 된다. 반면 사르트르는 1945년 이후『레 탕 모데른』지의 창간, 실존주의의 유행 등의 분위기에서 프랑스 인텔리겐치아의 주도권을 잡고 명성을 쌓아 갔다.

사르트르의 주도권 역시 1960년대부터 시작된 구조주의의 유행으로 인해 퇴조를 겪는다. 물론 1968년 5월 혁명을 통해 잠깐 소생했다가 다시 수그러들기는 한다. 아롱은 소르본대학과 콜레주 드 프랑스의 교수를 역임했음에도 불구하고 프랑스 인텔리겐치아의 주도권을 쥐어 보지 못하고 세상을 떠나게 된다.

사르트르와 아롱의 관계에서 한 가지 흥미로운 것은, 그들의 죽음 이후에 그들 각자에 대한 평가가 점차 뒤바뀌게 된다는 사실이다. 한 연구자의 표현을 빌리자면 사르트르에게서는 '천국에서 지옥'으로의 하강 현상이, 아롱에게서는 '지옥에서 천국'으로의 상승 현상이 발생한 것이다.[193] 그 주된 이유는 1980년 이후 발생한 국제 정치 질서의 변화라고 할 수 있

192　　SE, p.127.

193　　Jean-François Sirinelli의 *Deux intellectuels dans le siècle, Sartre et Aron*의 '서론' 제목이 "천국 과 지옥 사이"이다.

다. 아롱이 『지식인의 아편*L'Opium des intellectuels*』에서 통렬하게 비판했던 마르크스주의를 국시로 하는 구소련을 위시한 여러 공산 국가의 체제 붕괴로 촉발된 변화가 그것이다. 물론 이런 변화에는 미국과 서구 중심의 자유민주주의의 승리의 구가가 수반된다.

이런 분위기에 편승해서 사르트르와 아롱에 대한 평가가 역전되기 시작한 것이다. 급기야는 사르트르가 발기인으로 관여했던 프랑스 좌파를 대변하는 『리베라시옹*Libération*』지는 2017년 7월 2일의 한 기사에서 충격적인 내용을 싣고 있다. 그 기사의 제목은 바로 "애석하다! 아롱이 옳았다 Raymond Aron avait raison. Hélas!"이다. 이 기사의 제목에는 과거에 사르트르가 마르크스주의에 대한 지지, 구소련과 PCF와 맺었던 관계 등이 잘못되었다는 것, 그리고 그 반대로 아롱의 행보가 옳았다는 등의 의미가 오롯이 함축되어 있다.

사르트르와 아롱의 우정과 그 결렬의 30년 과정을 지켜보는 우리의 마음은 그다지 편하지만은 않다. 그도 그럴 것이 우리에게는 그들 관계의 잔재가 아직도 남아 있기 때문이다. 프랑스의 경우 지금에 이르러서는 냉전시대를 압박했던 것과 같은 이데올로기의 대립은 없다고 해야 할 것이다. 물론 인간의 무의식을 싸고 감도는 알튀세르적 이데올로기, 인간의 행동을 무의식적으로 결정하는 부르디외의 아비투스habitus와 같은 개념에 함축된 이데올로기는 여전히 존재한다.

하지만 사르트르와 아롱 사이의 분할선·경계선 역할을 했던 정치적 의미의 이데올로기는 청산되었다. 하지만 분단의 아픔을 고스란히 안고 있는 우리는 아직도 이런 정치적 의미의 이데올로기 대립에서 완전히 자유롭지 못하다. 이런 상황에서 사르트르와 아롱의 우정과 결렬은 분단의 시대를 살아가고 있는 우리에게는 여전히 타산지석의 교훈을 주고 있다 하겠다. 물론 사르트르의 삶에서 아롱과의 관계가 큰 비중을 차지하고 있으며, 그런 만큼 아롱과의 만남은 사르트르의 삶에 결정적 영향을 준 원초적 사건 중 하나로 보아도 큰 무리는 없을 성싶다.

2.4. 메를로퐁티, '철들 무렵'의 동반자

니장과 아롱과는 달리 메를로퐁티는 사르트르의 고등사범학교 동기·동창이 아니다. 메를로퐁티는 사르트르의 3년 후배이다. 그런 만큼 사르트르와 니장, 사르트르와 아롱의 관계보다 사르트르와 메를로퐁티와의 관계가 더 늦게 시작되었다. 그런데도 사르트르는 메를로퐁티와 "가장 가까운 사이"였다고 회고하고 있다.[194] 사르트르에 따르면 두 사람은 고등사범학교 재학 시절에는 그다지 가깝지 않았던 것으로 보인다.[195] 하지만 1941년부터 두 사람의 관계는 급속도로 가까워진다.

앞에서 언급한 것처럼 1941년 사르트르는 포로수용소에서 석방되어 파리로 돌아와 "사회주의와 자유"라는 레지스탕스 조직을 꾸려 비밀리에 활동한다. 그때 메를로퐁티가 이 조직에 합류했으며, 이를 계기로 두 사람의 관계는 가까워졌다. 그 뒤로『레 탕 모데른』지의 창간과 운영에서 핵심 역할을 하면서 우정을 키워 가던 두 사람은 1952년에 갈라서게 된다. 그럼에도 불구하고 그들의 관계는 완전히 끊어지지 않았지만 1961년에 메를로퐁티가 심장마비로 갑작스럽게 세상을 떠나고 만다.

사르트르는 학문적인 면과 특히 정치적인 면에서는 니장, 아롱보다 메를로퐁티와 훨씬 더 가까웠다고 할 수 있다. 학문적인 면에서는 1943년에 출간되고 "현상학적 존재론 시론"이라는 부제가 붙어 있는『존재와 무』와 1946년에 출간된『지각의 현상학*Phénoménologie de la perception*』은 현상학

---

194 Ariane Chebel d'Appolonia, *Histoire politique des intellectuels en France, 1944-1954*, Complexe, coll. Questions au XXᵉ siècle, t. I, 1991, p.149. 도스는 메를로퐁티를 사르트르의 "준(準)형제(quasi-frère)"라고 칭하고 있다.(François Dosse, *op. cit.*, p.131.)

195 John Gerassi, *op. cit.*, pp.130, 138.

이라는 공통분모를 가지고 있다.[196] 일찍 문학 창작과 문학평론, 저널리즘 쪽으로 향한 니장도, 또 일찍 역사철학, 사회학, 저널리즘 쪽으로 향한 아롱도 『존재와 무』나 『지각의 현상학』에 버금가는 본격적인 철학 저서를 집필하지는 못했다. 후설의 현상학을 둘러싸고 하이데거와 헤겔 철학에 의지해 현상학적 존재론을 정립한 사르트르와 후설의 현상학을 특히 신체화된 의식과 지각을 중심으로 심화시키고 있는 메를로퐁티 사이에는 유사점[197]과 차이점[198]이 공존한다.

정치적인 면에서 사르트르와 메를로퐁티는 거의 같은 노선을 표방했다. 후일 메를로퐁티를 회고하면서 사르트르는 각자의 이데올로기적 성향을 이렇게 규정한 바 있다. 사르트르 자신은 "메를로의 오른쪽, 카뮈의 왼쪽"에 있다고 말이다.[199] 사르트르는 PCF와의 관계에서 냉탕과 온탕을 오갔다고 할 수 있다. 사르트르는 종종 PCF로부터 강한 비난을 받기도 했다.

해방 직후 사르트르가 실존주의의 기수로 등장했을 때 PCF는 그와 실존주의를 싸잡아 비난했다. 가령 PCF를 대표하는 학자 중 한 명이었던 가로디는 1945년 사르트르를 "가짜 예언자"로, 실존주의 문학을 "무덤 파는 사람들의 문학", "형이상학적인 병리학"이라고 비난했다.[200] 그 주된 이

196　사르트르는 메를로퐁티를 "중요한 현상학자"로 여긴다. (Ibid., p.138.)

197　사르트르는 제라시와의 대담을 통해 메를로퐁티가 『존재와 무』에서 몇몇 생각을 제외해 줄 것을 요청했다고 말하고 있다. 두 사람은 여러 차례 토의를 했고, 메를로퐁티가 요청한 부분은 그가 사르트르 앞에서 설명했던 내용이었다. 사르트르는 이 요청을 받아들이지 않았다. (Ibid., p.201.)

198　사르트르와 메를로퐁티 철학의 유사점과 차이점에 대해서는 강미라의 『사르트르 vs 메를로퐁티』(세창출판사, 2018)에 일목요연하게 정리되어 있다. 두 사람의 철학, 정치사상, 예술 등의 유사점과 차이점에 대해 좀 더 자세한 내용은 다음 저서를 참고하라. *The Debate between Sartre and Merleau-Ponty*, edited by John Stewar, Northwestern University Press, 1998.

199　SIV, p.216.

200　S19, p.381.

유는 미래의 PCF 당원들이 될 수 있는 젊은이들을 실존주의의 기치를 높이 든 사르트르가 앗아 갔다는 것이었다. 여기에 더해 PCF는 사르트르에 의해 표방된 실존주의가 프롤레타리아 혁명을 내세우는 마르크스주의와는 달리 부르주아지의 타락하고 부패한 관념론적 정신을 대변한다고 보았다. 요컨대 PCF에게는 사르트르가 "민중의 적 제1호"였던 것이다.[201]

또한 사르트르는 1948년 민주혁명연합RDR: Rassemblement démocratique et révolutionnaire을 조직해 미국과 구소련이 아닌 제3의 노선을 표명하면서 정치에 직접 뛰어든 적이 있다. 그때도 PCF는 그를 "펜을 든 자칼", "제3세력의 선동가" 등으로 규정하면서 비난을 퍼부었다.[202] 하지만 이런 대립적인 관계에도 불구하고 그는 한때 "반공산주의자는 개다"[203]라고 쓰면서 PCF의 '동반자compagnon de route'를 자처했다. 물론 이처럼 냉탕과 온탕을 오갔던 그는 1956년 헝가리 사태, 1968년 프라하의 봄을 겪으면서 점차 PCF는 물론 구소련에 거리를 두게 된다.

이와 같은 정치적 노선을 걸었던 사르트르와는 달리 메를로퐁티의 경우에는 PCF와의 관계에서 갈등이나 분쟁을 겪지 않았다. 사르트르가 제3의 노선을 부르짖으며 RDR에서 열심히 활동할 때조차도 메를로퐁티는 구소련을 지지하는 입장을 포기하지 않았다. 그리고 뒤에서 보겠지만 메를로퐁티는 '진보적 폭력violence progressive' 개념을 내세워 구소련 체제를 적극적으로 옹호했다. 그렇다고 해서 그가 고등사범학교 재학 시절부터 니장과 아롱처럼 정치에 민감했던 것은 아니다. "탈라tala", 즉 기독교 신자였던 그는 학창 시절에는 아주 조용하게 지냈던 것으로 알려져 있다.

---

201   *Ibid.*, p. 253.

202   Dominique Desanti, *Les Staliniens: Une expérience politique*, Fayard, 1975, p.107; David Caute, *Le Communisme et les intellectuels français, 1914-1966*, Gallimard, 1967, p.306.

203   Jean-Paul Sartre, "Merleau-Ponty", SIV, p.248.

방금 언급했듯이 사르트르와 메를로퐁티는 1941년 "사회주의와 자유"의 활동으로 가까워지기 시작했다고 했다. 두 사람의 첫 만남은 언제 이루어졌을까? 그들은 왜 1941년에 가서야 가까워졌을까? 그전에 무슨 일이 있었던 것일까? 그리고 왜 헤어졌을까?

사르트르와 메를로퐁티와의 만남에는 특기할 만한 것이 없다. 다만 두 사람의 교류가 시작된 것은 고등사범학교 시절에 다른 친구들이 메를로퐁티와 언쟁을 하는 장면에서였다. 메를로퐁티가 다른 학생들의 외설적인 노래에 항의하면서 언쟁이 발생했다. 그때 사르트르가 나서서 그들의 언쟁을 해결했다고 한다.[204] 그렇다고 이를 계기로 사르트르와 메를로퐁티 사이에 특별한 관계가 맺어진 것은 아니다.

사르트르와 메를로퐁티가 고등사범학교를 마치고서도 가까운 사이로 지내지 못한 것은 메를로퐁티의 사생활 때문이었던 것으로 보인다. 보부아르가 『점잖은 처녀의 회상*Mémoires d'une jeune fille rangée*』에서 자세히 들려주고 있는 것처럼 자자*Zaza*(엘리자베트 라코웽*Elisabeth Lacoin*)는 메를로퐁티를 열렬히 사랑했다. 자자는 보부아르의 어린 시절부터의 단짝이다. 사르트르와 니장이 그랬던 것처럼 말이다. 그런데 자자의 집에서 두 사람의 결혼을 반대했다. 자자의 집에서 사설탐정을 고용해 메를로퐁티의 집안 내력을 수소문했고, 그 결과 두 사람이 어울리지 않는다고 판단한 것이다.

이렇듯 가족의 반대로 메를로퐁티와 결혼하지 못하고 헤어지게 된 자자가 갑작스럽게 죽는 일이 발생했다. 지병 때문이었다. 하지만 보부아르는 자자가 메를로퐁티와의 이별 때문에 죽었다고 생각했다. 보부아르는 죽음의 진짜 원인을 알기 전까지 메를로퐁티에게 말을 걸지도 않았고 미워했다.[205] 보부아르의 곁을 지키던 사르트르 역시 이런 이유로 보부아

204   Maurice Mearleau-Ponty, *Sens et non-sens*, Nagel, coll. Pensées, 1966, p.73.(이하 SNS로 약기한다.)

르를 따라 메를로퐁티와 소원하게 지냈던 것으로 보인다.

그리고 사르트르와 메를로퐁티는 교수자격시험 합격 후에 —사르트르는 1929년, 메를로퐁티는 1930년에 통과했다— 각자 군복무를 마치고, 다른 고등학교에서 철학을 가르치면서 사회에 진출한 후 꽤 오랜 시간 동안 떨어져 지냈다. 하지만 앞에서 여러 차례 언급한 것처럼 1941년 2차 세계대전 중에 파리에서 조직된 "사회주의와 자유"에서 재회하게 된다. 사르트르는 메를로퐁티와의 관계를 회고하면서 학문적으로 자신들도 모른 채 "같은 리듬으로, 하지만 따로" "같은 지점au même point"에 있게 되었다고 회고한다. 사르트르의 이런 회고는 학문적인 면에서뿐만 아니라 정치적인 면에서도 유효한 것으로 보인다.

2차 세계대전 전에는 메를로퐁티도 사르트르와 마찬가지로 정치, 사회, 역사에 대해 비교적 무관심했다. 물론 그렇다고 해서 그가 사르트르처럼 문학, 곧 반대의 미학을 통해 개인의 구원을 추구한 것은 아니다. 어쨌든 전쟁을 통해 '역사'를 배웠다고 말하는[206] 메를로퐁티도 "사회주의와 자유"에 가담하게 된다.

> 주지하다시피 철학은 직접적인 효용성을 가지고 있지 않다. 결국 우리는 전쟁을 통해서 가까워질 수밖에 없었다. 1941년에 프랑스에서는 점령자에게 저항하기 위한 지식인 단체들이 형성되었다. 나 역시 그 단체 중 하나인 '사회주의와 자유'에 가담했고, 곧이어 메를로퐁티도 우리와 합류했다.[207]

---

205   John Gerassi, *op. cit.*, pp.138, 201.

206   SNS, p.265.

207   SIV, p.193.

사르트르와 메를로퐁티를 위시해 다른 조직원들의 노력에도 불구하고 "사회주의와 자유"는 일 년이 못 되어 해산하고 만다. 주로 지식인들로 구성되었던 이 조직은 레지스탕스를 위한 전문적인 경험과 정보 부족, 엉성한 조직과 효율성 부족, PCF의 유언비어[208] 등으로 인해 오래 지속할 수가 없었다. 그럼에도 불구하고 두 사람의 관계라는 관점에서 보면 이런 활동은 그들의 우정을 돈독하게 하는 결정적인 계기였던 것으로 보인다. 메를로퐁티는 이 짧은 시기에 대해 행복했다고 술회하고 있고,[209] 사르트르 역시 이 시기의 우정이 "가장 순수한 우정"의 시기였다고 회고하고 있다.[210]

"사회주의와 자유"의 해산 이후에도 사르트르와 메를로퐁티는 계속 좋은 관계를 이어 간다. 사르트르는 1943년 독일군에 대한 프랑스인들의 저항을 호소하는 『파리 떼』를 상연했다. 메를로퐁티는 이 작품에 우호적인 평을 함으로써 사르트르를 옹호했다.[211] 또한 두 사람은 보부아르, 아롱 등과 함께 전후 프랑스의 정신적 재건을 위해 잡지를 창간하기로 결정한다. 앞에서도 언급했지만 이 잡지가 『레 탕 모데른』이다. 1952년 헤어질 때까지 두 사람은 "의미의 추적자"를 자처하고, "세계와 삶에 대해 진리를 말한다"는 캐치프레이즈를 내걸고 협력 관계를 유지한다.[212] 또한 해방 이후 프랑스 정국을 뜨겁게 달구었던 대독협력자들에 대한 숙청의

---

208 예컨대 PCF는 사르트르가 포로수용소에서 석방된 것은 독일군의 첩자 노릇을 하기로 한 데 대한 보상이었다는 등의 소문을 퍼뜨렸다.

209 SNS, pp. 266-267.

210 SIV, p. 194.

211 Maurice Merleau-Ponty, "Les Mouches", Confluences 3ᵉ année, nº 25, septembre-octobre 1943, pp. 514-516; TC에 재수록(pp. 1285-1286); 알버트 라빌 주니어, 『메를로-뽕띠: 사회철학과 예술철학』, 김성동 옮김, 철학과현실사, 1996, 181-182쪽. 또한 메를로퐁티는 사르트르의 『상상력(L'Imagination)』(1936)에 대해서도 우호적인 서평을 쓴 바 있다.

212 SIV, p. 206.

문제에서도 사르트르와 메를로퐁티는 뜻을 같이했다. 가령, 그 당시에 독일에 협력했다는 죄목으로 사형 선고를 받았던 브라지야크의 사면에 대해 두 사람은 지드, 보부아르 등과 함께 단호하게 반대했다.

사르트르와 메를로퐁티의 우정은 학문적인 면에서도 이어진다. 예컨대 해방 이후에 PCF가 사르트르를 비난하고, 그가 내세우는 실존주의를 "이념적 제1의 적"[213]으로 규정하고 강하게 공격했을 때, 메를로퐁티가 그를 옹호했다. 그를 옹호하는 메를로퐁티의 태도는 『의미와 무의미*Sens et non-sens*』에 재수록된 「스캔들을 일으키는 작가」와 「실존주의 논쟁」 등과 같은 글에 잘 나타나 있다. 또한 이런 메를로퐁티에 대해서는 사르트르를 대신해 보부아르가 『지각의 현상학』에 대한 호의적인 서평으로 응답한다.[214]

또한 정치적인 면에서도 사르트르와 메를로퐁티의 긴밀한 관계가 지속된다. 1947년 출간된 『휴머니즘과 공포*Humanisme et terreur*』가 그 좋은 예이다. 메를로퐁티는 이 저서에서 이른바 진보적 폭력론을 제시한다. 뒤에서 살펴볼 사르트르와 카뮈와의 관계에서 가장 큰 쟁점으로 부각되는 이 개념을 사르트르는 적극 지지했다. 메를로퐁티에 따르면 이 개념은 미래의 유토피아 건설을 위해 현재 자행되는 작은 폭력은 정당화될 수 있다는 의미를 내포하고 있다. 그가 이 개념을 옹호한 것은 구소련에서 자행되는 정치적 숙청을 염두에 둔 것으로 보인다.

카뮈를 위시해 쾨슬러 등은 진보적 폭력 개념을 거부하면서 구소련보다는 오히려 자유민주주의 체제를 내세우는 미국을 옹호했다. 하지만 메를로퐁티는 모든 정치 체제는 폭력을 도외시할 수 없다는 논리를 내세우며 그들의 주장에 맞섰다. 메를로퐁티는 구소련을 위시해 마르크스주의

---

213   Michel Antoine Burnier, *Les Existentialistes et la politique*, Gallimard, coll. Idées, 1966, p.53.

214   Claude Francis, *Les Ecrits de Simone de Beauvoir*, Gallimard, 1979, p.133.

에 기초한 공산주의를 국가 이데올로기로 신봉하고 있는 나라들에서도 폭력이 자행된다는 점을 인정한다.

메를로퐁티는 또한 미국, 영국, 프랑스 등 자유민주주의 국가들에서는 폭력이 현저하게 줄어들었으며, 그런 만큼 정치적 진보를 이룩했다는 점도 인정한다. 하지만 이 나라들에서도 폭력은 여전히 자행되고 있으며, 나아가 구소련에서와는 달리 이들 나라에서는 폭력의 사용을 숨기면서 자유주의적 가치들을 신비화한다는 것이 그의 주장이다. 반면 그는 구소련에서는 폭력의 사용을 드러내고 솔직하게 인정하는데, 이와 같은 탈신비화를 통해 오히려 폭력을 역사에서 추방할 수 있는 기회가 있다는 것을 의미한다고 본다.

> 폭력과 술책이 공인되고 있는 구소련에서는 휴머니티가 일상의 삶 속에 포함되어 있는 데 반해, 민주주의 국가들에서는 원칙은 인간적이지만 실제의 삶 속에서는 술책과 폭력이 깃들어 있다.[215]

> 폭력을 감추면서 사람들은 그것에 익숙해지고, 그것을 제도화하기에 이른다. 반대로 그 폭력에 이름을 부여하고, 혁명가들이 행하는 것처럼 즐거움 없이 그 폭력을 행사하는 것은 역사로부터 그것을 추방할 기회가 남아 있음을 의미한다.[216]

메를로퐁티는 이런 추론 끝에 다음과 같은 결론을 내린다. 폭력에 대한 가치평가, 즉 '목적-수단'의 관계에서 수단으로서의 폭력을 평가할 때는 이 폭력이 진보적인가, 이 폭력을 감추는가, 이 폭력을 드러내어 제거하

---

215   Maurice Merleau-Ponty, *Humanisme et terreur*, Gallimard, coll. Idées, 1948, p. 299.

216   *Ibid.*, p. 122.

고자 하는가를 검토해야 하며, 또 그것의 사용이 구체적이고도 역동적인 역사적 상황에 비추어 이루어져야 한다는 결론이 그것이다.

> (…) 문제는 사람들이 폭력을 받아들이는지 거부하는지를 아는 것이 아니라 사용되는 폭력이 '진보적'인 것인지, 그리고 폭력 스스로가 제거될 수 있는 것인지 아니면 영속되는 것인지를 아는 데에 있다. 결국 결정을 내리기 위해서는 범죄를 그 자체로서, 사람들이 '순수한' 것이라고 잘못 생각하는 도덕에 따라서 판단하지 않고, 상황의 논리와 한 체제의 역동성, 역사적 총체성 안에서 판단해야 한다.[217]

메를로퐁티는 이렇듯 폭력의 사용이 인간들 사이에 진정으로 인간적인 관계를 창출할 수 있는가, 따라서 휴머니즘의 도래를 가능케 하는가, 곧 이 폭력이 더 나은 미래를 담보해 주는가를 기준으로 판단해야 한다는 논리를 내세운 것이다. 요컨대 그는 진보적 폭력 개념을 내세워 마르크스주의와 이를 국가 이데올로기로 내세우고 있는 구소련의 공산주의에 대해 "가장 정교한 옹호"[218]를 했다고 할 수 있다.

메를로퐁티가 주창한 진보적 폭력 개념을 사르트르는 전적으로 수용한다. 나아가 사르트르는 그 나름대로 폭력을 '필요한 폭력'과 '필요 없는 폭력'으로 구분하면서 메를로퐁티의 생각을 옹호한다. 이런 구분은 1946년 11월 1일 그가 UNESCO 창립을 기념하기 위해 소르본대학에서 했던 강연에서 잘 나타나고 있다.

---

217 *Ibid.*, pp.83-84.

218 H. 휴즈, 『현대 프랑스 지성사: 차단된 통로, 절망의 시대에 있어서의 사회사상』, 김병익 옮김, 문학과지성사, 1981, 205쪽.

(…) 작가는 폭력을 선험적으로 비난해서는 안 된다. 오히려 그것을 수단으로 생각하면서 그런 수단의 범주 내에서 비난을 가해야 한다. 특히 중요한 것은 폭력을 일반적이고도 추상적으로 비난하는 것이 아니라, 각각의 경우에 있어서 필수불가결한 폭력을 최소화하도록 노력해야 한다는 것이다. 오늘날에는 폭력 없이는 아무것도 할 수 없으며, 모든 것이 폭력이다. 따라서 문제는 모든 폭력을 비난하는 것이 아니라 무용한 폭력을 비난하는 일이다.[219]

앞에서 사르트르가 RDR에 가입해 정치 활동을 하면서 미국과 구소련 사이에서 제3의 노선을 추구했다고 지적한 바 있다. 사실 그때 사르트르와 메를로퐁티 사이에는 어느 정도의 견해 차이가 있었다고 할 수 있다. 사르트르의 구소련과 PCF와의 불화에도 불구하고 메를로퐁티는 특히 구소련을 적으로 삼을 수 없다는 입장이었다.

구소련 사회의 현재 성격이 어떠하든 간에 구소련은 힘의 균형에 있어서 우리 역시 경험한 바 있는 착취에 대항해 싸우는 사람들의 편에 있다. 구소련의 공산주의가 타락했다는 것이 계급 간의 투쟁이 하나의 신화였으며, '자유 계획'이 가능하거나 바람직하다는 것을 의미하지 않으며, 더 나아가 마르크스주의적 비판이 무효가 되었다는 사실을 의미하지도 않는다.[220]

하지만 RDR로 인해 표출된 견해 차이는 사르트르와 메를로퐁티의 우

---

219 Jean-Paul Sartre, "La responsabilité de l'écrivain", *Les Conférences de l'UNESCO*, Fontaine, 1947, p.71(ES, p.157에서 재인용.)

220 Mearleau-Ponty, *Signes*, Gallimard, 1960, p.338.

정을 깰 정도로 큰 것이 아니었다. 앞에서 살펴본 것처럼 "사회주의와 자유"에서의 활동, 『레 탕 모데른』지 창간과 운영, 대독협력자들의 숙청 문제에 대한 공동보조, RDR에서의 활동에 대한 용인과 양보에 이르기까지 그들은 약 10여 년간 돈독한 우정을 쌓았던 것이다. 하지만 두 사람의 관계는 예상치 못한 한 사건으로 인해 점차 결렬을 향해 나아가게 된다. 1950년에 발발한 한국전쟁이 그것이다.[221]

사르트르와 아롱의 관계를 다루면서 언급했듯이 한국전쟁에 대한 사르트르의 입장은 처음에는 남한에 의한 북침설이었다. 그는 나중에 북한이 미국과 남한의 함정에 빠져 먼저 공격했다는 입장으로 수정을 가하긴 한다.[222] 하지만 그는 처음에 구소련과 PCF의 주장에 동조하고, 한국전쟁 이후에 일어난 몇몇 사건을 계기로 PCF와 급속도로 가까워지며, 그로 인해 북침설을 지지했다. 가령 앙리 마르탱 사건(1950),[223] 리지웨이 장군 연합국 최고 사령부 총사령관 부임 반대 시위(1952),[224] 자크 뒤클로 체포 사건(1952)[225] 등이 그것이다. 이런 일련의 사건을 계기로, 특히 뒤클로의 체

---

221 한국전쟁을 계기로 한 사르트르와 메를로퐁티 사이의 우정의 결렬에 대해서는 다음을 보라. 변광배, 「사르트르와 메를로퐁티의 이념 논쟁과 한국전쟁」, in 정명환, F. 시리넬리, 변광배, 유기환, 앞의 책, 2장, 89-154쪽.

222 SIV, pp. 238-239.

223 앙리 마르탱은 17세의 나이로 프랑스 의용군에 참여하고, 1945년에는 해군으로 인도차이나 전선에 투입되어 일본군과 싸우다가 1947년에 귀국해 툴롱(Toulon)으로 돌아와 무기창에 배속되었다. 그러다가 그는 1949년 7월부터 인도차이나 전쟁에 반대하는 전단을 작성, 배포한 죄목으로 1950년 5월에 체포되어 그해 10월에 군법회의에서 5년 금고형을 받았다. 사르트르는 1951년부터 마르탱의 석방 운동을 펼치는 PCF에 합류했으며, 1953년에는 마르탱의 석방을 탄원하기 위해 『앙리 마르탱 사건(L'Affaire Henri Martin)』이라는 저서를 출간하기도 했다. 특히 사르트르는 이 사건을 계기로 좌파에서 PCF를 중심으로 통일하지 않으면 다른 출구가 없다고 판단했다.(FC, p.357.)

224 리지웨이(Ridgway) 장군은 한국전쟁 때 미8군 사령관으로서 주한 미군을 총지휘했으며 세균전을 감행하려 했다는 혐의를 받았다. 그가 아이젠하우어의 후임으로 연합국 파견 최고 사령부(SHAEF: Supreme Headquaters Allied Expeditionnary Forces)의 총사령관으로 전보되자, PCF는 이 처사를 미국의 노골적인 도전으로 받아들여 대규모 반대 시위와 파업을 했다.

포 사건에 이어 사르트르는 PCF와 급속도로 가까워졌으며, 1952년 7월에 「공산주의자들과 평화」라는 글에서 그 유명한 반공산주의자는 개라는 선언을 하게 된다. 요컨대 한국전쟁을 기화로 "전회"[226]를 겪고 급속도로 구소련과 PCF에 가까워진 것이다.

하지만 사르트르와는 달리 메를로퐁티는 한국전쟁을 계기로 점차 구소련과 PCF에서 멀어진다. 그렇다고 해서 메를로퐁티가 마르크스주의와 구소련을 배반하고 우파 쪽으로 경도된 것은 아니었다. 그는 여전히 진보적 폭력 개념을 믿고 있었다. 하지만 한국전쟁을 계기로 구소련의 정체를 낱낱이 알게 된 것이다. 미래의 휴머니즘의 도래를 위해 폭력을 사용한 것이 아니라 미국과의 대결에서 유리한 전략적 요충지를 점령하기 위한 목적으로 폭력을 사용한 구소련의 모습, 즉 경찰국가, 약탈국가, 제국주의 가면을 쓴 국가로서의 모습을 낱낱이 파악하기에 이른 것이다.

> 게임은 끝났다. 많은 사람과 마찬가지로 메를로퐁티에게 있어서도 1950년은 결정적인 해였다. 그는 마치 나폴레옹의 정책과 같은 스탈린의 독트린이 숨김없이 드러났다고 생각했다. 구소련이 사회주의의 조국이 아닐지도 모른다. 만일 그렇다면 사회주의는 어디에도 존재하지 않으며, 분명히 실현성이 없는 것으로 이해될 수 있다. 그것이 아니라면 사회주의가 바로 그런 것, 즉 이 가증스러운 괴물, 경찰의 제도, 먹이를 사로잡는 힘이라고밖에는 할 수 없다는 것이 그의 생각이었다. 결국 블로흐미셸은 메를로에게 사회주의 사회가 예속에 근거하고 있다는 사실을 설득하지 못했다. 그는 이미 사회주의가 ―우연이나 필연, 혹은 둘 다에 의해서― 제국주의를

---

225 리지웨이 부임 반대 시위 때 PCF의 간부이며 국회의원이던 자크 뒤클로(Jacques Duclos)가 차에 있던 전서구 때문에 구소련을 위해 간첩 활동을 했던 혐의로 체포된 사건이다.

226 SIV, p.249.(사르트르의 전회는 1939년 전쟁에 동원되면서 일어난다. 그런 만큼 여기에서의 전회는 '두 번째 전회'라고 할 수 있다. 사르트르의 전회에 대해서는 뒤에서 다시 다루게 될 것이다.)

발생시켰다고 생각하고 있었다.[227]

이렇듯 한국전쟁을 계기로 사르트르와 메를로퐁티는 각자 상대방의 이념적 여정을 반대로, 다시 말해 서로 엇갈린 길을 걸어갔던 것이다. 결국 두 사람이 각자 구소련과 PCF와 맺은 관계의 차이가 바로 그들의 우정의 결렬에 결정적인 요인으로 작용한 것이다. 그리고 사르트르 자신의 표현을 빌리자면 한국전쟁 이후 각자의 행동은 모두 "절교 작업travail de la rupture"의 연속이었다.[228]

사르트르와 메를로퐁티의 결렬 과정의 마지막 대미는 『레 탕 모데른』지에 실린 한 편의 글과 관련된 사건이다.[229] 이 사건은 1953년에 발생했다. 사르트르는 이 사건의 전말을 이렇게 말하고 있다.

한 마르크스주의자가 우연한 만남을 통해 우리 잡지를 위해 '자본주의의 모순'이라는 글을 쓰겠다는 제안을 했다. (…) 나는 이 사실을 그 사람을 알고 있었던 메를로에게 알렸지만, 그는 거기에 대해 어떤 대답도 하지 않았다. 나는 파리를 떠나야만 했고, 그 사람의 형편없었던 글은 내가 없는 상태에서 전달되었다. 편집장이었던 메를로퐁티는 결국 독자들에게 양해를 구하는 자신의 '서문'과 함께 그 글을 실었다. (…) 내가 돌아왔을 때 그는 내게 아무 말도 하지 않았다. 결국 한 공동 편찬자로부터 이 사실을 전해 들은 나는 교정쇄 뭉치를 받아 보았고, 그 사람의 글 앞에 메를로의 서문이 첨가된 사실을 알게 되었다. 그 글을 조금도 변호받아야 할 글이라

---

227   *Ibid.*, p.237.

228   *Ibid.*, p.258.

229   Cf. 윤정임, 「사르트르와 메를로퐁티: 《현대(Les Temps Modernes)》를 중심으로」, 『인문과학』, 98, 연세대학교 인문학연구원, 2013, 117-146쪽.

고 생각하지 않았던 나는 이 사실로 인해 매우 격분했다. 사람들은 메를로가 『레 탕 모데른』지의 이번 호를 완결하고 나서 어디론가 떠나 버렸다고 했으며, 나는 그를 다시 만날 수 없었다. 약간은 흥분을 가라앉힌 상태에서 나는 그의 서문을 삭제한 채로 그 글이 실리도록 했다. 하지만 서문을 지워 버린 흔적이 남게 되었고, 며칠 후 자신의 글이 삭제되었다는 사실을 알게 된 메를로는 이 사실을 매우 심각하게 받아들였다. 그는 내게 전화를 걸어 진정으로 사임할 뜻을 표명했다. 우리는 약 두 시간가량이나 통화를 했다. (…) 우리는 서로에게 권력의 남용에 대해 비난했다. 나는 그에게 즉시 만날 것을 제안했고, 모든 수단을 동원해서 그의 결심을 되돌리고자 했다. 하지만 그는 확고부동했다. 나는 그 후 몇 달 동안 그를 볼 수 없었으며, 그는 더 이상 『레 탕 모데른』지에 모습을 나타내지도 않았고, 이 잡지의 일에 관여하지 않았다.[230]

조금 길게 인용된 이 부분은 사르트르와 메를로퐁티의 마지막 결렬의 장면이다.[231] 어쩌면 이 장면에서 얘기되고 있는 문제의 글에 서문을 붙인 것, 그것을 지우고 다시 실은 것, 그에 대한 비난 등은 표면적인 구실이었을 수도 있다. 그러니까 그들의 관계는 이 사건 이전에 이미 더 이상 지속될 수 없는 상태에 도달해 있었던 것으로 보인다. 한국전

---

230 SIV, pp.259-260.

231 도스에 의하면 이 사건의 전말이 약간 다르다. 여기에 인용된 부분에서 사르트르가 이 사건을 자기에게 유리하게 회고하고 있다는 것이다. 사르트르와 메를로퐁티의 우정에 마침표를 찍게 된 문제의 글은 어떤 마르크스주의자가 사르트르에게 부탁한 글이 아니라 메를로퐁티 자신의 글이었다는 것이다. 메를로퐁티는 자신의 글 한 편을 『레 탕 모데른』에 게재하고자 했는데, 그 내용이 평소의 입장과는 동떨어진 것이었다. 두 사람은 두 시간 동안 전화로 상의했는데, 사르트르가 이 글의 게재를 거절했다. 메를로퐁티는 자신의 글이 검열된다면 『레 탕 모데른』지에서 떠나겠다고 말했으며, 이 글을 "시평(Chronique)"에 실으면 어떻겠느냐는 의견을 피력했다. 하지만 사르트르는 이 제안 역시 거절했다는 것이다.(François Dosse, *op. cit.*, p.135.)

쟁을 기화로 구소련에 대해 거리를 두면서 자신의 입장을 "비非공산주의 a-communisme"[232]로 규정했던 메를로퐁티, 한국전쟁과 그에 이어지는 몇몇 사건을 통해 급속도로 구소련과 PCF에 가까워진 사르트르 사이에는 메우기에는 너무나 깊은 골이 파여 있었던 것이다.

결렬 이후[233] 사르트르와 메를로퐁티의 행보는 잘 알려져 있다. 메를로퐁티는 사르트르의 「공산주의자들과 평화」라는 글에 대한 실질적인 응답이라고 할 수 있는 「사르트르와 과격볼셰비즘Sartre et l'ultrabolchevisme」을 쓴다. 이 글에서 메를로퐁티는 사르트르의 존재론을 위시해 그의 정치, 사회철학을 비판한다. 이에 보부아르는 「메를로퐁티와 의사疑似-사르트르주의Merleau-Ponty et le pseudo-sartrisme」이라는 글을 써서 반격을 가한다. 글을 통한 이와 같은 공격과 방어는 두 사람의 결렬된 우정의 여진餘震이라고 할 수 있다.

그러면 사르트르와 메를로퐁티의 우정은 완전히 깨져 버렸을까? 반드시 그런 것 같지는 않다. 앞에서 본 사르트르와 아롱의 관계와는 달리, 또 곧이어 살펴볼 사르트르와 카뮈와의 관계와는 달리 사르트르와 메를로퐁티는 결렬 이후에도 몇 차례 다시 만나는 기회를 가졌다. 물론 두 사람이 진정한 화해에 이르지는 못한 것으로 보인다. 이런 사실들을 종합하면 두 사람의 불화는 1950년에서부터 1956년까지 약 6년에 걸쳐 지속되었으며, 그 이후로는 미약하나마 관계 회복의 새싹이 돋아났다고 할 수 있을 것 같다. 하지만 1961년 메를로퐁티가 심장마비로 갑자기 세상을 떠나면

---

232   Maurice Merleau-Ponty, *Les Aventures de la dialectique*, Gallimard, coll. Idées, 1955, p.333.

233   결렬 직후, 사르트르와 메를로퐁티는 1953년 7월에 세 통의 편지를 주고받았다. 1994년에야 공개된 이 편지들에서 두 사람은 철학과 정치의 관계에 대해 각자의 입장을 고수하면서 사실상의 절교 선언을 하고, 이를 받아들이고 있다.(Cf. "Lettres d'une rupture", *Magazine littéraire*, n° 320, avril 1994, pp.67-86.(「우리는 왜 헤어질 수밖에 없는가: 1953년 사르트르와 메를로퐁티의 결별의 편지들」, 고종석 옮김, 『문학과 사회』, 26, 1994, 895-953쪽.)

서 모든 것이 종료되어 버린다.

사르트르는 메를로퐁티의 죽음 후에 그를 기리는 추도사에서 그가 좀 더 오래 살았더라면 오해를 풀 수도 있었을 것이라는 생각을 피력하고 있다. 하지만 메를로퐁티가 세상을 떠난 상황에서 서로는 서로에게 "미지인昧知人"으로 남아 있으며, 상대와의 결별이 자신의 내부에서 "계속 덧나는 상처"로 남아 있다는 심정을 토로하고 있다.[234] 어쨌든 니장, 아롱과 마찬가지로 메를로퐁티와의 우정 역시 사르트르의 삶에서 중요성을 지니는 하나의 사건으로서 손색이 없다고 하겠다.

2.5. 카뮈, '형제-적'

사르트르의 삶에서 중요한 역할을 한 니장과 아롱은 고등사범학교 동기동창이고, 메를로퐁티는 동문으로 그들의 3년 후배이다. 모두 학연으로 맺어졌다. 하지만 사르트르와 카뮈의 경우는 다르다. 카뮈는 프랑스의 식민 지배를 받고 있던 알제리에서 1913년에 태어났다. 카뮈는 피에누아르pied noir[235]이다.

카뮈와의 만남은 니장, 아롱, 메를로퐁티와 비교해 가장 늦게 이루어졌다. 하지만 사르트르는 이들 못지않게 카뮈와 돈독한 우정을 과시했다. 두 사람이 작가였다는 점도 그들이 가까워지는 데 큰 역할을 했을 것이다. 두 사람의 초기 작품들, 가령 『구토』와 『이방인L'Etranger』에서 두드러지는 '구토' 개념과 '부조리' 개념은 그들의 동시대의 감수성을 문학적으로 형상화한 결정結晶이라는 점에서 아주 유사하다.[236]

---

234 SIV, p.287.

235 '검은 발'이라는 의미로, 식민지 지배하에 있던 알제리에서 태어난 프랑스 또는 다른 서부 유럽 국적을 가진 사람을 가리킨다.

하지만 아롱과 메를로퐁티와의 관계와 마찬가지로 카뮈와의 관계도 이념적 차이로 인해 결렬되고 만다.[237] 더군다나 안타까운 사실은 결렬 이후 두 사람이 화해할 수 있는 기회를 전혀 갖지 못했다는 점이다. 그도 그럴 것이 카뮈가 1960년 불의의 교통사고로 일찍 세상을 떠나 버렸기 때문이다.

사르트르와 카뮈의 관계에 대해서는 보통 '형제-적frères-ennemis'이라는 표현을 사용한다.[238] 두 사람은 항상 철학과 문학의 사조 중 하나인 '실존주의'라는 꼬리표로 한데 묶여 논의되곤 한다. 프랑스 문학사의 한 장章을 차지하는 실존주의를 다루는 지면에 두 사람의 이름은 늘 같이 오르내린다. 비록 카뮈가 자신은 실존주의자가 아니라는 사실을 애써 강조했지만 말이다.[239] 어쨌든 두 사람은 만남 이후 급속도로 가까워졌지만, 그런 만큼 급속도로 멀어지는 아픔을 더 강하게 맛보게 된다. 앞에서 언급한 이

---

236 이 점에 대해서는 다음을 참고하라. 변광배, 『사르트르 vs. 카뮈』, 세창출판사, 2020, 27-70쪽.

237 Cf. 윤정임, 「카뮈-사르트르 논쟁사」, 『유럽사회문화』, 6, 인문학연구원, 2011, 5-28쪽; 유기환, 「카뮈, 공산주의, 한국전쟁」, in 정명환, F. 시리넬리, 변광배, 유기환, 앞의 책, 4장, 219-256쪽.

238 Annie-Cohen Solal, "Camus, Sartre et la guerre d'Algérie", in *Camus et la politique*, Actes du colloque de Nanterre 5-7 juin 1985(sous la direction de Jeanyves Guérin), L'Harmattan, 1986, p.179; 변광배, 『사르트르 vs. 카뮈』, 앞의 책, 27-70쪽.(이 표현은 '난형난제'로 번역될 수도 있다. 실제로 사르트르와 카뮈를 "쌍둥이 형제"(S19, p.433), "난형난제이자 이복형제"로 규정하고 있기도 하다.(이기언, 『지성인 알베르 카뮈: 진실과 정의를 위한 투쟁』, 율력, 2015, 209쪽.) 또한 이 표현은 사르트르와 아롱에게도 사용되기도 한다.)

239 카뮈는 자신이 실존주의자가 아니라는 사실을 심지어 광고를 통해 널리 알리고자 하는 생각을 가지기도 했다. "아니다. 나는 실존주의자가 아니다. 사르트르와 나는 우리 둘의 이름이 나란히 붙어 다니는 것을 보고 항상 이상하게 생각하고 있었다. (…) 사르트르와 나는 우리가 서로 알기 전부터 제 나름대로의 저서들을 모두 발표했다. 우리가 서로 알게 된 것은 우리가 서로 다르다는 것을 확인하기 위해서였다. 사르트르는 실존주의자이며, 내가 발표한 유일한 철학서인 『시지프 신화』는 소위 실존주의 철학자들을 반대하는 입장에서 쓰여졌다."(1945년 11월 15일 자 인터뷰, 『반항하는 인간』(김화영 옮김, 책세상, 2003)에 실린 카뮈 연보, 553쪽.)

들과 비교하면 카뮈와는 가장 짧은 시간에 친해졌다가 가장 빠르게 헤어졌다고 할 수 있다. 그렇다면 두 사람은 언제, 어떻게 만나게 되었을까? 또 어떤 이유로, 어떤 과정을 거쳐 그렇게 빠르게 헤어지게 되었을까?

사르트르와 카뮈 사이에는 8년의 나이 차이가 있다. 사르트르는 1905년에, 카뮈는 1913년에 태어났다. 두 사람이 처음 만나게 된 것은 1943년의 일이다. 사르트르의 『파리 떼』의 리허설 때였다. 두 사람의 첫 만남에서 특기할 만한 것은 없다. 하지만 그들은 1943년 이전에 이미 서로의 존재를 알고 있었다. 아니, 이 표현만으로는 부족하다. 두 사람은, 서로의 존재를 단순히 알고 있는 것보다 훨씬 밀접하게 연결되어 있었다. 사르트르는 1942년에 카뮈의 『이방인』이 출간되었을 때, 이 작품에 대한 우호적인 서평을 쓴 바 있다. 사르트르는 이 서평에서 이 작품의 주제, 형식, 문체 등에 대해 인상 깊은 해설을 하고 있다.[240]

카뮈는 1938년 사르트르의 『구토』가 출간되었을 때, 이 작품에 대한 서평을 썼다. 여기에서 사르트르를 카프카와 비교되는 전도가 유망한 작가라는 사실을 강조하고 있다. 이것만이 전부가 아니다.[241] 1939년 출간된 단편집 『벽』에 대해서도 우호적인 서평을 썼다. 이 단편집에 실린 다섯 편의 단편에서 문학적으로 형상화되고 있는 죽음, 광기, 외설, 성적 불균형, 성적 무기력, 동성애 등과 같은 주요 문제를 통해 사르트르가 자신만의 세계를 축조하고 있음을 지적하고 있다.[242]

---

240 Jean-Paul Sartre, "Explication de 《L'Etranger》", *Situations, I, op. cit.*, pp.92-112; 윤정임, 「《이방인》 해설과 사르트르의 소설론」, 『유럽사회문화』, 20, 인문학연구원, 2018. 5-27쪽.

241 Albert Camus, *"La Nausée"* de Jean-Paul Sartre, *Alger républicain*, 20 octobre 1938, repris dans Albert Camus, *Essais*, Gallimard, coll. Bibliothèque de la Pléiade, 1965, pp.1417-1419.

242 Albert Camus, *"Le Mur"* de Jean-Paul Sartre, *Alger républicain*, 12 mars 1939, in *Ibid.*, pp.1419-1422.(『반항하는 인간』(김화영 옮김, 책세상, 2003)에 실린 카뮈 연보, 553쪽.)

이처럼 글로 이루어진 간접적 만남과 그 이후에 이루어진 직접적 만남을 통해 사르트르와 카뮈는 곧바로 친해진다. 연극에 대한 관심도 이들의 관계를 강화하는 데에 한몫했다. 만난 지 얼마 되지 않아 사르트르는 카뮈에게 『닫힌 방』의 연출과 이 작품의 인물 중 한 명인 가르생의 배역을 맡아 줄 것을 부탁하기도 했다. 카뮈는 이 역할을 수락했다가 중도에 포기하고 만다. 어쨌든 여러 면에서 대조적이었던[243] 두 사람은 우정을 키워 나가게 된다.

> 그때부터 사르트르-보부아르 커플과 그들의 친한 친구 그룹은 카뮈와 함께 모든 곳에 모습을 나타내곤 했다. 그 지역의 술집, 종종 미셸 레리스가 자신의 아파트에서 개최한 소규모의 파티에도 참석하곤 했다. 또는 시몬 드 보부아르는 그녀가 묵고 있는 루지안 호텔 방으로 레리스 부부, 크노 부부, 카뮈 등을 저녁 식사에 초대하기도 했다.[244]

해방과 더불어 시작된 실존주의의 대유행으로 파리 인텔리겐치아의 주도권을 쥐게 된 사르트르는 카뮈의 보호자이자 안내자 역할을 맡았다. 그렇다고 카뮈가 무명의 인물이었던 것은 결코 아니다. 그의 이름도 『시지

---

243 사르트르와 카뮈는 자라 온 환경, 교육, 기질 등에서 대조적이었다. 특히 자연과의 관계에서 두 사람의 태도는 완전히 상반된다. 카뮈에게 태양, 바다 등과 같은 자연은 그의 원형질이라고 할 수 있는 반면, 사르트르는 자연을 극도로 싫어했다. 일본 방문 중에 회를 한 점 먹고 기겁했다는 일화는 유명하다. 물론 일찍 아버지를 여읜 점과 어머니에 대한 각별한 관심에서 두 사람의 공통점을 찾을 수 있기는 하다. 하지만 각자 아버지와 어머니를 대하는 태도는 많이 다르다. 카뮈는 아버지에 대한 그리움을 자주 드러내는 데 비해, 사르트르는 아버지의 부재를 자유와 권력과 복종의 학습의 부재와 연결시키고 있다. 또한 카뮈는 가난하고 문맹이었던 어머니를 지극히 배려했지만, 사르트르는 후일 재혼을 한 어머니에 대해 종종 불편한 심기를 감추지 않는다. 또한 여자와의 관계에서도 결혼하고 가정을 꾸리고 아이를 낳은 카뮈와 그렇지 않은 사르트르 사이에는 상당한 거리가 있다.

244 Hebert Lottman, *Albert Camus*, Seuil, 1978, pp.310-311.

프 신화Le Mythe de Sisyphe』,『이방인』 등으로 이미 널리 알려진 상태였다. 하지만 알제리에서 파리로 건너온 지 얼마 되지 않은, 또 그런 만큼 파리 인텔리겐치아에 깊게 뿌리를 내리지 못한 카뮈에게는 사르트르의 그런 역할을 마다할 이유는 없었다.

반면 사르트르는 카뮈의 무례한 듯한 쾌활함, 건들거리는 태도, 유머 감각, 알제리와 스페인적 어투와 지중해적 기질에서 풍기는 매력, 특히 삶에 대한 뜨거운 욕망을 좋아했다.[245] 두 사람 사이의 관계가 너무 긴밀해지자 보부아르와 카뮈는 서로 사르트르의 옆자리를 차지하려는 데서 일종의 질투심까지 느낄 정도였다고 한다. 그들을 옆에서 지켜보았고 후일 카뮈의 전기를 출간한 토드는 이렇게 말하고 있다. 보부아르와 카뮈가 "하나의 뼈 ―사르트르― 주위에 있는 두 마리의 개"처럼 서로 질투했다고 말이다.[246]

이렇게 가까워진 사르트르와 카뮈는 함께 여러 일에 관여하게 된다. 두 사람은 그들의 저작을 주로 출판했던 갈리마르Gallimard 출판사에서 제정, 수여하는 '플레이아드 문학상'의 심사위원으로 위촉되기도 했다. 두 사람의 관계는『콩바』지를 매개로 더욱 굳건해진다. 카뮈는 파리로 와서 이 신문사에서 일했다. 사르트르는 이 신문을 통한 카뮈의 대독 항전을 높게 평가했다. 1944년에 이 신문의 편집장이 된 카뮈는 사르트르에게, 해방된 파리의 풍경과 시민들의 모습을 취재해 달라는 부탁을 하게 된다. 또한 사르트르는 카뮈의 부탁으로 이 신문의 특파원 자격으로 미국을 방문해 여러 편의 기사를 작성하기도 했다.

하지만 이렇게 우정을 다져 가던 사르트르와 카뮈 사이에 암운이 드리우기 시작한 것은 이념적 문제 때문이었다. 해방 직후 프랑스 지식인들

---

245   LCA, pp.341-342.

246   Olivier Todd, *Albert Camus. Une vie*, Gallimard, coll. Folio, 1999, p.462.

사이에서 가장 중요한 문제는 다음 두 가지였다고 할 수 있다. 대독협력자들의 숙청과 마르크스주의, 공산주의, 구소련과 PCF와의 관계 설정이 그것이었다. 사르트르와 카뮈는 전자의 문제에 대해서는 거의 보조를 같이했다. 하지만 후자의 문제에서는 입장이 달랐다. 물론 PCF가 해방 직후 사르트르와 실존주의에 대해 강한 비난을 퍼부을 때는 두 사람 사이에서 이념적 성향으로 인한 문제가 발생하지 않았다.

사르트르와 카뮈의 우정에 금이 가기 시작한 것은 쾨슬러가 그들 그룹에 출현하고 나서부터였다. 헝가리 출신으로 독일 공산당에 가입했던 쾨슬러는 구소련에 매혹되어 1932년에 이 나라에서 머물다가 스페인 내전에 국제의용군의 일원으로 참전했다. 하지만 1938년부터 공산당과의 관계를 끊었고, 1940년부터 영국에서 거주하면서 모스크바의 정치 재판과 스탈린주의를 비판하는 내용을 담은 『영과 무한*Le Zéro et l'infini*』[247]을 출간했다. 카뮈와 쾨슬러는 곧장 친해지게 된다. 두 사람 모두 공산당에 가입했다가 탈퇴했다는 전력前歷이 있다는 사실을 지적하자. 실제로 카뮈는 알제리에 있을 때 공산당에 가입했다가 당에서 횡행하는 독단적인 교리 숭배, 수직적이고 비민주적인 의사결정 등을 이유로 갈라섰다.

사르트르와 카뮈 사이가 틀어지기 시작한 것은 1946년 11월 중순에 보리스 비앙의 집에서 있었던 만찬 때였다. 여기에 참여했던 메를로퐁티는 『레 탕 모데른』지 1946년 10월 호에 「요가수행자와 프롤레타리아*Le Yogi et le prolétaire*」를 실었다. 메를로퐁티는 이 글에서 쾨슬러가 1945년에 출간한 『요가수행자와 인민위원*Le Yogi et le Commissaire*』을 통렬하게 비판했다. 카뮈는 쾨슬러를 비판한 메를로퐁티와 심하게 다퉜고 ─메를로퐁티의 입장

---

[247] 이 작품은 1940년 영국에서 처음으로 출간되었고, 1945년 프랑스어로 번역·출간되었다. 이 작품은 원래 *Sonnenfinsternis*라는 제목으로 독일어로 출간되었고, "정오의 어둠(*Darkness at Noon*)"이라는 제목으로 영어로 번역되었다.

이 사르트르보다 더 좌파 쪽에 가까웠다는 사실을 떠올리자―, 사르트르는 카뮈를 진정시키려 했지만 실패하고 만다. 토드는 그때의 상황을 이렇게 쓰고 있다.

> 카뮈에게 있어서 기교를 부려 쓴 메를로퐁티의 산문은 모스크바의 정치 재판을 정당화하는 것이었다. 사르트르는 '메를로'를 옹호했다. 카뮈는 사르트르와 보스트의 간청에도 불구하고 문을 거칠게 닫아 버렸다.[248]

이렇게 수면 위로 떠오른 사르트르와 카뮈의 입장 차이는 『반항하는 인간L'Homme révolté』의 출간을 계기로 완전한 파국으로 치닫게 된다. 실제로 카뮈는 오랜 준비 끝에 1951년에 『반항하는 인간』의 출간하면서 이미 이 저서로 인해 큰 파장이 일어날 것을 예견하고 있었다. 장 그르니에는 카뮈의 의도를 알고서 "자네는 많은 적을 만들게 될걸세"라고 경고하기도 했다. 그리고 다른 증언에 의하면 카뮈는 한 친구에게 이렇게 말했다고 한다. "손을 꼭 잡아 보세. 왜냐하면 며칠 후가 되면 나에게 자신들의 손을 내밀 사람들이 많지 않을 것이기 때문이네."[249]

카뮈의 이런 예상은 실제로 반은 맞고 반은 틀린 것으로 나타났다. 1951년 10월 18일에 『반항하는 인간』이 출간되자 반응이 엇갈렸다. 이 저서의 출간과 함께 프랑스의 매스컴은 빠르게 반응했다.[250] 반공산주의 계열의 신문, 잡지 등에서는 이 저서에 대해 찬사 일색의 평을 내놓았다. 『르몽드Le Monde』는 이 저서를 전후 "가장 중요한 책"으로 여겼고, 『르피가로 리테레르Le Figaro littéraire』는 이 저서를 "카뮈의 주요 저서일 뿐만 아

---

248   Olivier Todd, *Albert Camus. Une vie*, *op. cit.*, p.582.
249   Témoignage de Jean-Claude Brisville, in *Ibid.*, p.765에서 재인용.
250   Cf. François Dosse, *op. cit.*, p.117.

니라 더 넓게는 현대의 주요 저서"라고 평가했다. 『콩바』, 『롭세르바퇴르 L'Observateur』 등에서도 역시 호평이 이어졌다. 반면, 그 무렵에 프랑스에서 가장 강한 정치 세력[251]이었던 공산주의 계열의 신문, 잡지에서는 카뮈를 '배신자renégat'로 여겼다.

하지만 『반항하는 인간』에 대해 카뮈가 기다리는 가장 중요한 반응은 아직 나오지 않은 상태였다. 그 무렵에 프랑스 인텔리겐치아의 대표 잡지인 『레 탕 모데른』지의 반응이 그것이다. 게다가 이 잡지는 사르트르가 메를로퐁티, 보부아르 등과 함께 주관하고 운영하는 잡지가 아닌가! 그런데 흥미로운 것은 사르트르 진영에서도 『반항하는 인간』에 대해 어떤 입장을 보일지를 두고 골머리를 앓고 있었다는 것이다. 한편으로는 사르트르와 카뮈 사이의 우정의 문제가 있고, 다른 한편으로는 이 저서 내용의 문제가 있었다.

『반항하는 인간』이 한창 잘 판매되고 있을 때인 1952년 2월 11일 프랑코 총통 세력에 의해 사형선고를 받은 스페인 노동조합원들을 지지하기 위해 파리에서 모임이 있었다. 이 저서에 대한 입장 표명 문제로 아주 곤란한 입장에 있던 사르트르는 이 모임에 참가한 카뮈에게 다음과 같이 귀띔해 주었다. "『레 탕 모데른』지의 비판이 우호적이진 않을 거예요."[252]

게다가 『레 탕 모데른』지에서는 누가 『반항하는 인간』의 서평을 쓸 것인지를 두고 열띤 토론이 이어졌다. 누구도 선뜻 나서기를 꺼렸기 때문이다. 결국 프랑시스 장송이 궂은일을 맡게 된다. 사르트르는 장송에게 이

---

251 해방 직후 프랑스에서는 PCF가 가장 강한 정치 세력이었다. PCF가 레지스탕스 운동을 통해 조국의 해방을 위해 큰 기여를 했기 때문이었다. 실제로 PCF는 촘촘한 조직망을 통해 레지스탕스 운동을 효율적으로 수행했고, 또 그 과정에서 수많은 당원이 목숨을 잃기도 했다. 이런 이유로 PCF는 "총살당한 자들의 당(parti des fusillés)"으로 불렸다. PCF가 해방 이후 가장 막강한 정치 세력의 부상한 또 하나의 이유는 2차 세계대전의 승리에서 구소련의 역할을 꼽을 수 있다.

252 Olivier Todd, *Albert Camus. Une vie*, *op. cit.*, p.771.

저서의 내용에 동의하지 않는다는 내용을 쓰되 예의를 갖춰 점잖게 써 달라고 부탁했다. 이렇게 해서 『반항하는 인간』이 출간된 지 6개월 후에 장송의 글이 『레 탕 모데른』지에 1952년 5월호에 실리게 된다. 이 글에서 장송은 카뮈를 '고매한 영혼belle âme'으로 규정하면서 역사와 현실을 등한시하고 있는 관념주의적 사유를 비판했다. 장송이 쓴 글의 제목은 "알베르 카뮈 혹은 반항하는 영혼"이다.[253]

카뮈는 장송의 이 글에 대해 분개했다. 그리고 이 글에 대한 답으로 "편집주간 귀하"라는 제목으로 시작하는, 「반항과 굴종」이라는 그 유명한 공개서한을 『레 탕 모데른』지 1952년 8월호에 싣게 된다. 다음의 공개서한에서 그는 결국 사르트르가 마르크스주의, 구소련의 공산주의를 암묵적으로 옹호하고 있다는 결론을 내리고 있다.

> 편집주간 귀하,
> 풍자적인 제목하에 귀하의 잡지가 나에 대해 할애한 글을 빌미로 나는 그 글이 증언하고 있는 지적 방법과 태도에 대한 몇 가지 소견을 귀지의 독자들에게 밝히고자 합니다.

이 공개서한에 대해 사르트르는 1952년 8월호에 "카뮈에게 보내는 답변"이라는 제목의 공개서한을, 장송도 "당신에게 모두 말하자면"이라는 제목의 재반론을 싣게 된다. 사르트르와 카뮈의 대논쟁이 본격적으로 시작된 것이다. 다음은 사르트르가 쓴 공개서한의 첫 부분이다.

---

[253] 일자별로 정리하면 다음과 같다. 1951년 11월 『반항하는 인간』 출간, 1952년 5월 장송의 서평 「알베르 카뮈 혹은 반항하는 영혼」, 1952년 8월 카뮈의 반박글 「반항과 굴종」, 사르트르의 「카뮈에게 보내는 답변」, 장송의 재반론 「당신에게 모두 말하자면」의 순이다.

친애하는 카뮈,

우리 사이의 우정은 쉬운 것은 못 되었지만 그래도 나는 그것을 잃어버린 것을 아쉬워하게 될 것입니다. 당신이 그 우정을 오늘에 와서 끊어 버리는 것을 보면 아마도 그 우정은 끊어져야 마땅한 것일 테지요. 우리를 서로 가깝게 만들어 준 것은 많았고, 우리를 갈라놓은 것은 얼마 되지 않았습니다. 하지만 그 얼마 안 되는 것도 아직은 지나치게 많은 모양입니다. (…) 하지만 유감스럽게도 당신이 그토록 고의적으로, 그리고 그토록 불쾌한 어조로 나를 지목해서 문제 삼았기 때문에 그냥 침묵을 지키고 있다가는 체면을 유지할 수 없는 형편이 되고 말았습니다. 그래서 나는 대답하겠습니다. 아무런 분노도 느끼지 않은 채, 하지만 내가 당신을 알게 된 이후 처음으로 앞뒤 사정 보지 않고 대답하겠습니다.[254]

이처럼 "앞뒤 사정 보지 않고" 카뮈에게 주어진 답은 크게 다음 몇 가지 주제로 요약될 수 있다. 첫째, 과거의 카뮈와의 좋은 시절, 우정에 대한 회고이다.

우리에게 당신은 한 사람의 인격과 행동 그리고 그 작품의 경이로운 결합이었으며, 앞으로도 여전히 그럴 것입니다. 1945년이었지요. 우리는 『이방인』의 작가 카뮈를 발견했듯이 저항운동가 카뮈를 발견했습니다. 지하신문 『콩바』의 편집인을, 자기 어머니와 애인을 사랑했다는 말을 거부할 정도로 정직성을 밀어붙였던 그리하여 우리 사회가 사형을 언도했던 그 뫼르소라는 인물에 연결했을 때, 특히 당신이 끊임없이 그 두 인물 중 어느 하나가 아니고자 했다는 것을 알았을 때, 이 눈에 보이는 모순은 우리를 우리 자신과 세계에 대한 인식 안에서 전지하도록 해 주었고, 당신은

---

254   SIV, pp. 90-91.

어떤 본보기가 되었습니다. 왜냐하면 당신은 당신 안에서 시대의 갈등을 요약하고 있었고 그것을 겪어 내는 당신의 열정에 의해 그 갈등을 넘어섰기 때문입니다. 당신은 가장 복합적이고 가장 풍요로운 하나의 '페르소나'였지요.[255]

둘째, 카뮈의 변신이다. 사르트르는, 위의 인용문에서 그려진 모습에서 불과 10년이 채 지나지 않아 역사와 현실을 자기와 다른 눈으로 바라보는 사람으로 변신했다고 카뮈를 비난하고 있다. 예컨대 피억압자들을 해방시키기 위한 노력을 등한시하고 부르주아가 되어 버린 카뮈, 역사의 산파라고 할 수 있는 폭력을 사용하는 대신에 도덕주의를 기꺼이 이용하는 카뮈를 비난하고 있다. 사르트르는 특히 타인들에게 너그러웠던 카뮈가 과거에 썼던 글, 즉 "조직 안에서든 이념 안에서든 자신이 절대적으로 옳다고 믿는 사람들 사이에서는 질식한다"[256]는 문장과는 달리, 카뮈가 자신만이 옳다고 생각하며 다른 사람들을 질식시키는 사람들의 진영에 자리 잡고 있다고 비판하고 있다.

셋째, 카뮈가 장송에게 준 인간적 모멸감이다. 사르트르는 카뮈가 장송에게 직접 공개서한을 쓰지 않음으로써 그를 인간으로 취급하지 않는 결정적인 잘못을 범했다고 비난하고 있다. 그러면서 카뮈는 장송을 사르트르 자신의 "펜대의 하수인"으로 만들어 버렸고, 사르트르 자신을 "범죄자"로 만들어 버렸다는 것이다.

당신은 장송을 내 펜대의 하수인처럼, 하찮은 일을 실행하는 사람처럼 소개한 것입니다. 다른 한편 나는 범죄자가 되었지요. 투사들, 레지스탕스

---

255 *Ibid.*, p.111.

256 *Ibid.*, p.101.

대원들, 가난한 자들을 모욕한 것은 바로 나였고, 사람들이 포로수용소[257]를 말할 때 귀를 틀어막은 사람도 나였으며, 내가 바로 진실을 은폐하려 애쓴 꼴이 되었지요.[258]

넷째, 카뮈가 보여 준 학문적 경솔함이다. 사르트르는 『반항하는 인간』에서 다뤄지고 있는 수많은 학자, 작가, 예술가들의 원전을 직접 읽지 않고 성급하게 여러 이차 문헌에 의거하고 있다는 학문적 궁핍함을 비난하고 있다.[259]

이런 세상에! 카뮈여! 당신은 어찌 그렇게 '진지하고' 당신 말마따나 어쩌면 그렇게 경솔한가요! 만일 당신이 틀렸다면? 당신의 저서가 단지 당신의 철학적 부족함을 증명한다면 어쩌겠습니까? 그것이 성급하게 주워 모은 이차 자료들로[260] 이루어진 것이라면?[261]

---

257 카뮈는 그의 공개서한에서 사르트르를 위시해 『레 탕 모데른』에서 포로수용소의 존재에 대해 침묵을 지켰다는 점을 비난했다. 이런 비난에 대해 사르트르는 이 잡지에서 구소련의 포로수용소 존재를 고발하는 글을 이미 실었다는 점을 강변하고 있다.

258 *Ibid.*, p. 102.

259 이 점에 대해서는 아롱도 같은 의견을 표명하고 있다. 그가 카뮈에 대해 강경한 태도를 보인 것은 그때가 처음이 아니었다. 벌써 1955년에 『지식인의 아편』에서 카뮈의 『반항하는 인간』을 다음과 같이 소개한 적이 있다. "논지의 주요 노선이 논리적으로 서로 잘 연결되지 않는 계속 이어지는 연구 속에서 방향을 잃고 있으며, 글의 문체와 도덕적인 어조로 인해 철학적 엄격성이 확보되지 못하고 있다." 그 결과 이 책에서는 "다른 곳에서 쉽게 얻을 수 있는 것 말고는 아무것도" 가져다주지 못하고 있다. 결국 카뮈는 "그 역시 본질적으로 보수적인 좌파에 속한다." 물론 아롱은 다른 곳에서 카뮈의 "진실에의 의지"와 "환영과 거짓에 대한 거부"을 인정하고 있기는 하다. 하지만 카뮈에 대한 아롱의 인상은 여전히 부정적으로 남아 있다.(Raymond Aron, *L'Opium des intellectuels*, Calmann-Lévy, coll. Esprit de la liberté, 1983(1955), pp. 65-66, 68.) 아롱은 후일 카뮈에 대한 이 부분이 "별로 우아하지 못한 어조"로 쓰였다는 사실을 시인하고 또 그 어조가 "불쾌했음"을 후회하게 된다.(M50, p. 321.)

260 사르트르는 이렇게까지 말하고 있다. "당신은 헤겔과 나의 책 중 어느 것도 읽지 않았습니다. 무슨 망집(妄執)인지 당신은 원전에 다가가지 않더군요."(SIV, p. 108.)

이것으로 끝이었다. "지성의 전방위에서 열심히 일하는 거대한 일꾼, 밤의 감시자"로 불렸던 사르트르, "진실과 정의를 위해 열정을 불태웠던 진지한 인간"으로 불렸던 카뮈, 구토와 부조리의 작가인 사르트르와 카뮈 사이의 우정이 완전히 깨진 것이다. 세계적인 명성을 얻은 사상가, 작가, 지식인이었던 두 거물이 충돌했고, 결국 두 사람은 '적'이 되어 버렸다.

파리의 매스컴이 사르트르와 카뮈의 결렬을 대서특필했다.『삼디 스와르*Samedi-Soir*』지(1952년 9월 2일)는 "사르트르-카뮈 결렬이 이루어지다",『프랑스-일뤼스트라시옹*France-Illustration*』지(1952년 9월 21일)는 "사르트르 대 카뮈"라는 제목을 달았다. 이런 분위기 속에서 두 사람의 논쟁에서는 일단 사르트르가 일방적인 승리를 거둔 것으로 보였다. 르네 샤르가『반항하는 인간』을 카뮈가 쓴 "가장 훌륭한 책"[262]으로 여겼어도 그에게 별반 도움이 되지 않았다. 미국의 한 학자의 다음과 같은 평가는 그 당시의 사르트르와 카뮈의 상황을 아주 정확하게 보여 준다고 하겠다.

> 카뮈에게 있어 사람들이 이번 사건에 내보인 모든 관심은 사태를 악화시킬 뿐이었다. 사르트르는 이와 같은 광고성의 공격에서 편안함을 느꼈다. 하지만 의심으로 마음 아파하던 카뮈는 여러 달 동안 산 채로 껍질이 벗겨진 상태였다.[263]

실제로 카뮈는 이 사건으로 인해 몇 년 동안 전혀 글을 쓰지 못했다. 다시 펜을 든 것은 1956년에『전락*La Chute*』을 출간하면서이다. 카뮈는 그동

---

261   *Idem*.

262   François Dosse, *op. cit.*, p.122.

263   Ronald Aronson, *Camus & Sartre, Amitié et combat*, Alvik Editions, 2005, p.253.

안 와신상담하면서 이 작품의 중심인물인 장바티스트 클레망스를 통해 그동안의 고통을 문학적으로 형상화하고 있다. 카뮈는 "판사-고해자juge-pénitent"의 역할을 수행하는 클레망스 속에 자기의 모습은 물론 사르트르, 나아가 장송의 모습까지 투사해 불멸적인 인물을 탄생시키고 있다. 자신에 대한 '문학적 복수'라고도 할 수 있는 이 작품에 대해 의외로 사르트르는 카뮈의 "가장 아름다운 작품"이라고 말하고 있다.[264]

안타깝게도 사르트르와 카뮈는 이 사건 이후에 화해를 하지 못하고 영원히 헤어지고 만다. 카뮈가 1960년에 불의의 교통사고로 세상을 떠났기 때문이다. 그렇다면 이렇듯 롤러코스트 같은 과정을 겪은 두 사람의 결렬의 원인은 무엇이었을까? 사르트르가 카뮈에게 공개서한을 보내면서 지적했던 두 사람을 "갈라놓은 것은 얼마 되지 않았"지만 "아직은 지나치게 많"다고 생각했던 것은 무엇이었을까?

이 질문에 대해 어떤 하나의 원인이 사르트르와 카뮈의 돈독했던 우정을 깨 버렸다고 단정 지을 수는 없을 것이다. 그보다는 그들의 결렬에는 복합적인 원인이 작용했다는 것이 정확한 대답일 것이다. 그럼에도 불구하고 연구자들에 따라서는 어떤 원인이 다른 원인에 비해 더 결정적이라는 결론을 내리는 것은 가능할 것 같다. 가령 앞에서 언급한 바 있듯이 두 사람이 자라 온 환경의 차이도 중요한 원인이었다고 할 수 있다. 여기에 더해 나는 다음 두 가지 원인만을 지적하고자 한다. 인간관계에 대한 생각과 진보적 폭력에 대한 생각이 그것이다.

『폭력에서 전체주의에로: 카뮈와 사르트르의 정치사상』의 저자 에릭 베르네르는 두 사람의 결렬의 원인으로 인간관계에 대한 근본적인 차이를 제시하고 있다. 베르네르에 의하면 사르트르는 인간관계의 본질을 '갈등'과 '투쟁'으로 규정하는 반면, 카뮈는 '공존'과 '화해'로 규정하고 있

---

264   SIV, p.127.

다. 그리고 사르트르의 이런 시각은 "인간은 인간에 대한 늑대homo homini lupus"라고 설파한 홉스의 뒤를 따르는 것인 반면, 카뮈의 시각은 "인간을 인간의 신homo homini deus"으로 보는 루소의 뒤를 잇는 것이라고 주장한다.

> 카뮈의 눈에 인간은 인간에 대한 늑대가 아니라 신이다. 사르트르가 홉스를 따른다면, 카뮈는 루소를 따른다. 루소와 마찬가지로 카뮈는 타자와의 관계가 '긍정적' 특징을 갖는다는 원초적 생각을 옹호한다.[265]

> 근본적으로 사르트르와 카뮈는 어떤 점에서 대립하는가? 그들은 타자와의 관계에 관련된 문제에서 각자의 관점의 하나에서부터 열까지 대립한다. 카뮈에게서 타자와 맺는 관계의 원초적 특징은 '긍정적'이다. 이와 반대로 사르트르에게서는 이 특징이 '부정적'이다. 카뮈는 루소의 낙관주의의 전통(인간은 자연적으로 '사회적'이다)의 유산자이고, 사르트르는 홉스적 비관주의의 전통(자연적인 것은 죽음의 투쟁이다)의 유산자이다. (…) 정확히 이런 대립을 통해 우리는 카뮈와 사르트르가 전쟁 후에 각자 정치적으로 다른 노선으로 경사되는 것을 이해할 수 있게 된다. 투사적 반反전체주의와 반반反反공산주의가 그것이다.[266]

사르트르와 카뮈에게서 이런 인간관계에 대한 이해는 개인적 차원에만 국한되지 않고 집단적 차원에도 해당한다. 뒤에서 사르트르의 철학을 다루면서 다시 보겠지만, 사르트르의 경우에 집단적 인간관계 역시 갈등, 투쟁, 폭력에서 자유롭지 못하다. 집단적 차원에서도 인간은 다른 인간들

---

265 에릭 베르네르, 『폭력에서 전체주의에로: 카뮈와 사르트르의 정치사상』, 변광배 옮김, 그린비, 2012, 244쪽.(번역은 필요에 따라 수정했다.)

266 같은 책, 262쪽.

과의 관계에서 치명적인 "병균"이나 "맹수"보다도 더 위험한 존재가 된다는 것이 사르트르의 주장이다.[267] 하지만 카뮈는 "나는 반항한다. 그러므로 우리는 존재한다Je me révolte, donc nous sommes"라는 주장에서 볼 수 있듯이 집단적 공존과 화해, 곧 '고립된 상태solitaire'보다 '연대적 상태solidaire'를 강조한다. 1957년에 출간된 『페스트La Peste』는 카뮈의 이런 생각이 잘 반영된 작품 중 하나이다.

하지만 베르네르의 이런 주장은 다음과 같은 사실에 의해 보완되어야 할 필요가 있다. 사르트르의 경우에 인간관계가 오로지 갈등과 투쟁으로만 규정되지 않으며, 카뮈에게서와 같이 화해와 공존으로 나아갈 수도 있는 가능성을 열어 두고 있다는 점이다. 그 증거는 타자는 "나의 지옥"일 뿐만 아니라 "나와 나 자신을 연결해 주는 필수불가결한 중개자"이기도 하기 때문이며, 또한 하나의 융화집단, 즉 공동체를 형성하는 데도 역시 필수불가결한 존재이기 때문이다. 이와 마찬가지로 카뮈에게서도 인간관계가 갈등, 투쟁, 폭력으로 점철되는 가능성이 완전히 배제될 수 없다.

사르트르와 카뮈의 결렬을 촉발한 또 하나의 결정적 원인은 진보적 폭력에 대한 입장의 차이다. 이 진보적 폭력의 문제에는 마르크스주의, 수단과 목적의 문제, 구소련과 PCF와의 관계 등의 문제가 복합적으로 함축되어 있다. 앞에서 지적한 것처럼 메를로퐁티에 의해 주창된 이 진보적 폭력은 미래의 유토피아 건설을 위해 현재 자행되고 있는 작은 폭력을 정당화시켜 준다. 그러니까 목적이 정당하다면 폭력이라는 수단 역시 정당화될 수 있다는 것이다. 사르트르와 메를로퐁티는 구소련에서 행해졌던 정치 재판을 이와 같은 진보적 폭력 개념으로 이해한 것이다.

하지만 카뮈는 『반항하는 인간』에서 이와 같은 진보적 폭력 개념을 용인하지 않는다. 카뮈는 이 저서에서 두 종류의 반항을 다루고 있다. '형이

---

267   CRDI, p.243.

상학적 반항'과 '역사적 반항'이 그것이다. 형이상학적 반항은 신에 대한 인간의 반항으로 이해된다. 그리고 그 과정에서 신을 '역사'로 대체했다는 것이 카뮈의 주장이다. 사르트르와 메를로퐁티도 카뮈의 형이상학적 반항에 대해서는 별다른 이의를 제기하지 않는다.

하지만 문제는 역사적 반항이다. 카뮈는 역사상 미래에 도래할 유토피아를 명목으로 발발한 혁명 ─혁명은 폭력의 총체이다─ 은 모두 공포정치로 끝났다고 주장한다. 이것은 미래의 유토피아를 담보로 현재 자행되는 폭력, 곧 진보적 폭력에 의해 약속된 유토피아가 실현된다는 보장은 그 어디에도 없다는 것을 의미한다. 이렇듯 카뮈는 마르크스주의의 핵심 주제인 변증법적 유물론, 사적 유물론, 계급투쟁, 프롤레타리아 혁명 등에 의해 이루어진 신화, 즉 독단에 빠진 교조적, 결정론적 교리를 배척하는 것이다. 카뮈의 이런 입장은 『지식인의 아편』에서 아롱이 마르크스주의에 대해 전개하고 있는 비판적 논리와 아주 유사하다.

물론 앞에서 본 것처럼 메를로퐁티는 한국전쟁을 계기로, 사르트르는 헝가리 사태와 체코 사태를 계기로 교조적 결정론으로 변질된 마르크스주의에서 멀어진다. 뒤에서 보겠지만 사르트르는 특히 1960년 출간된 『변증법』에서 경화되고 마비된 마르크스주의에 자신의 실존주의라는 신선한 피를 주입하고자 한다. 하지만 카뮈가 『반항하는 인간』을 출간했던 1951년경에 사르트르와 메를로퐁티는 이런 마르크스주의를 정도의 차이는 있지만 굳게 신뢰하고 있었다. 그 증거는 두 사람이 마르크스주의를, 그들의 시대에 뛰어넘을 수 없는 이데올로기로 여겼다는 것이다. 바로 거기에 사르트르와 카뮈의 우정을 파국으로 몰고 간 진보적 폭력의 이면이라고 할 수 있는 마르크스주의, 계급투쟁, 프롤레타리아 혁명이라는 '신화'[268]에 대한 믿음이 원인으로 자리하고 있다.

---

268   아롱은 『지식인의 아편』에서 이 세 신화를 통렬하게 비판하고 있다.

앞에서 사르트르와 아롱의 관계를 다루면서 지적한 것처럼 1980년 후반부터 구소련과 동부 유럽의 공산주의 국가들의 몰락과 이른바 아롱의 복권이 이루어지기 시작했고, 21세기에 들어와 그들 각자에 대한 평가가 완전히 뒤바뀌었다고 했다. 사르트르와 카뮈의 경우도 비슷하다. 이른바 카뮈의 복권이 이루어졌다. 그 결과 아롱의 경우와 마찬가지로 카뮈의 복권은 필연적으로 사르트르의 추락을 동반했다. 지금은 오히려 카뮈가 사르트르와의 이념적 논쟁에서 승리를 거둔 것으로 평가되고 있을 정도이다.

한편 우리는 역으로 사르트르의 복권을 주장할 수 있을까? 그럴 필요는 없어 보인다. 왜냐하면 사트르트르와 카뮈 사이의 논쟁이 한창일 때 제기되었던 문제들, 곧 불평등, 억압, 착취, 폭력 등의 문제는 오히려 현재 세계화의 흐름 속에서 훨씬 더 광범위하게, 더 심각하게, 더 은밀하게 제기되고 있기 때문이다. 이런 문제들 앞에서 사르트르의 주장, 곧 작가를 포함한 지식인의 역할은 이런 문제들을 야기하는 세계의 지배 세력과 항상 불편한 관계에 있어야 하고, 또 이런 문제들에 대해 책임져야 하는 데 있다는 주장은 1950년대 중반, 즉 사르트르-카뮈 논쟁 당시보다 오히려 더 유효한 것으로 보이기 때문이다. 그렇다고 해서 세계 시민으로서의 인류의 평화로운 공존, 화해, 연대를 강조하고 또 거기에 폭력 없이 다가가고자 하는 카뮈의 주장이 무시되어서는 결코 안 될 것이다.

이런 관점에서 보면 사르트르와 카뮈의 논쟁의 승패 여부는 우리에게 그다지 중요하지 않다. 우리가 그들의 논쟁에서 눈여겨보고 표점標點으로 삼아야 할 것은 바로 우리가 몸담고 있는 현실을 바로 보려는 뜨거운 열정, 굳건한 의지가 아닌가 한다. 이런 점에서 카뮈와의 만남은 니장, 아롱, 메를로퐁티 등의 만남과 마찬가지로 사르트르의 삶에서 큰 비중을 차지하는 또 하나의 사건으로 여겨질 수 있을 것이다.

2부

사르트르의
철학

1.

철학의 발견

1.1. 철학에 대한 관심

사르트르의 생애를 살펴보면서 그의 진로가 외할아버지 샤를에 의해 기획되고 결정되었다고 볼 수 있다고 지적한 바 있다. 그는 샤를의 의도와 충고대로 전업 작가이자 철학 교수가 되었다. 이 선택이 샤를의 환심을 사기 위한 노력의 결과였든 아니면 자신의 주체적 선택의 결과였든, 그는 20세기 프랑스를 대표하는 작가이자 철학자가 되었다. 젊은 시절에 스피노자와 동시에 스탕달, 즉 철학자와 동시에 작가가 되겠다던 꿈을 결국 이룬 셈이다.

그런데 사르트르의 진로와 관련해 한 가지 흥미로운 것은, 그가 어렸을 때부터 철학자보다는 작가가 되는 꿈을 키웠다는 사실이다. 아니, 그는 자기 삶의 어느 시점까지는 철학자가 되고 싶은 생각이 전혀 없었던 것으로 보인다. 그의 회고에 따르면 철학은 옆길로 해서 그의 삶에 들어오게 된 것이다.[269]

---

269 LCA, p.203.

그로부터 다음과 같은 질문들이 제기된다. 어렸을 때부터 작가가 되겠다는 꿈을 꾸었고, 또 뼛속까지 작가[270]였다고 생각했던 사르트르가 철학에 관심을 갖게 된 것은 언제부터였는가? 어떤 이유에서였으며, 또 거기에는 어떤 특별한 계기가 있었는가?

사르트르가 철학에 관심을 갖기 시작한 것은 1922년 고등사범학교 입학시험 준비반 2년 차[271] 시절까지 거슬러 올라간다는 사실을 이미 언급한 바 있다. 그때 그가 받았던 첫 번째 논술 주제는 "지속한다는 것은 무엇을 의미하는가?"였다.[272] 그는 이 논술을 위해 베르그송의 『의식에 직접 주어진 것들에 관한 시론*Essai sur les données immédiates de la conscience*』을 읽게 되었다.

> **미셸 콩타** 그런데 당신은 어떤 이유에서 문학보다는 철학으로 방향을 트셨는지요?
>
> **사르트르** 아! 그건 베르그송에게 빚지고 있는 부분이에요. 내가 고등사범학교 준비반에 들어갔을 때 몸이 불편하신 선생님이 한 분 계셨어요. 그분의 성함은 콜로나 디스트리아였어요. '지속하는 감각'이 우리에게 첫 논술 주제로 제시되었어요. 'durer(지속하다)'이지 'durée(지속)'이 아닙니다. 그래서 나는 베르그송의 『의식에 직접 주어진 것들에 관한 시론』을 읽게 되

---

270 *Idem*.

271 프랑스의 그랑제콜 중 하나인 고등사범학교에 입학하기 위해서는 다음 과정을 거친다. 고등학교를 졸업하면서 대학 입학 자격시험인 '바칼로레아(baccalauréat)'에 합격하고, 성적이 전국에서 최상위권에 드는 합격자들이 다시 고등학교에서 2년 동안 머물게 된다. 그 1년 차 반과 2년 차 반을 각각 '이포카뉴(hypokhâgne)', '카뉴(khâgne)'라고 하며, 두 반에 소속된 학생을 각각 '이포카뇌(hypokhâgneux)', '카뇌(khâgneux)'라고 한다. 이 2년의 과정을 마치고 고등사범학교 입학시험에 지원하게 된다.

272 Michel Rybalka, "An Interview with Jean-Paul Sartre", in *The Philosophy of Jean-Paul Sartre*, edited by Paul Arthur Schlipp, Open Court, coll. The Library of Living Philosophers, vol. XVI, 1981, p. 6.

었어요. 완전히 매료되었습니다. 혼자 이렇게 중얼거렸어요. '야, 철학, 이 거 굉장한데. 철학이 진리를 가르쳐 주는데.' 어쨌든 이 책은 구체성의 성 향을 가졌던 겁니다. 베르그송이 의식 속에서 일어난 것을 구체적으로 기 술하고자 했기 때문이죠. 게다가 바로 그것이 현재도 그렇지만 나를 의식 이라는 관념 쪽으로 나아가게 한 겁니다. 자연스럽게 그다음에 후설이 왔 고요.[273]

사르트르는 베르그송의 저서를 읽고 진리가 하늘에서 떨어지는 듯한 인상을 받았다고 회고하고 있다.

사르트르 (…) 나는 그 선생님을 별로 좋아하지 않았어요. 하지만 이처럼 하늘에서 내려온 진리 앞에서, 책 앞에서, 나는 이렇게 중얼거렸습니다. '그래, 하늘에서 또 다른 진리를 내려오게 해야 해.' 철학은 내 깊은 관심사 가 되었습니다. (…) 이와 반대로 전년도에는, 더 정확히 말해 2년 전에는 철학 시간에 사람이 어떻게 철학자가 될 수 있는지조차 이해하지 못했어 요. 나는 항상 작가가 먼저였고, 그다음이 철학자였어요. (…) 베르그송으 로부터 출발해서 하나의 소명이 되었어요.[274]

사르트르는 이렇듯 자신의 철학자로서의 소명이 베르그송으로부터 비 롯되었다는 사실을 밝히고 있다. 그 이후에 그는 스피노자와 스탕달이 동 시에 되는 꿈, 즉 철학자와 작가가 동시에 되는 꿈을 본격적으로 실현하 기로 마음먹은 것으로 보인다. 그렇다면 그가 철학에 관심을 갖게 된 근 본적인 이유는 무엇이었을까?

---

273 SF, p.40.

274 *Ibid.*, p.41.

이 질문에 대한 답은 사르트르의 문학관에서 찾아볼 수 있다. 그는 학창 시절에 문학은 '세계'에 대해 말해야 한다는 태도를 견지했다.[275] 그는 누구나 발견할 수 있는 것이 아니라 오직 자신만이 발견할 수 있는 이 세계에 대한 진리, 또한 독자들이 전혀 생각해 보지 못한 진리를 담고 있는 문학작품을 쓰고자 한 것이다.

이런 문학관에 충실하기 위해 사르트르는 이 세계에 대해 뭔가를 알아야 한다고 생각하게 되었으며, 이런 생각이 그를 철학으로 이끌었다고 할 수 있다. 그도 그럴 것이 그의 눈에 철학은 "세계에 대한 진리",[276] 이런 "진리 탐구를 위한 최고의 도구"[277]로 보였기 때문이다. 요컨대 철학은 그에게 모든 것을 말해 주고, 또 모든 것을 알고 있다고 믿게 해 주는 "절대적인 능력을 가진"[278] 학문이며, 다른 모든 학문을 지배하는 학문으로 보였던 것이다. 요컨대 그는 "새로운 지식들"을 문학의 질료로 사용하기를 바랐던 것이다.[279]

그리고 그리스 아테네의 폭군이었던 히피아스Hippias의 "나는 나와 대적할 자를 누구도 만나지 못했다"[280]라는 말을 내세우면서 사르트르는 이 세계에 대한 그만의 고유한 철학을 정립하기 위한 대장정에 오른다. 아롱은 고등사범학교 재학 시절의 사르트르를 떠올리면서 25세에 헤겔의 수준이 접근 불가능한 것이 아니라고 생각할 수 있었던 사르트르를 부러워했다고[281] 술회하고 있다. 비록 나중에 헤겔에 대한 사르트르의 이런 도

---

275   LCA, pp.177-179.

276   *Ibid.*, p.179.

277   S19, p.94.

278   *Idem.*

279   LCA, p.180.

280   *Ibid.*, p.206.

281   M50, p.732.

전이 실패로 끝나고 말았다는 평가를 받았지만 말이다.[282]

1.2. 네 시기

앞에서 인용된 부분에서 다음 구절에 주목해 보자. "그래, 하늘에서 또 다른 진리를 내려오게 해야 해." 이 구절에서 사르트르는 분명 베르그송의 저서를 읽고 진리가 하늘에서 내려오는 듯한 인상을 받은 후에 그 나름의 또 다른 진리를 하늘에서 내려오게 해야 한다는 각오를 피력하고 있다. 그렇다면 사르트르는 철학에 관심을 가지면서 하늘로부터 어떤 진리를 내려오게 하고자 했을까? 이 질문은 그가 평생 어떤 철학을 하게 되었는가를 묻는 질문에 다름 아니다.

여기에서는 이 질문에 답을 하기 위해 사르트르의 철학을 네 시기로 나눠 살펴보고자 한다. 그의 삶과 사유가 1939년을 기점으로 크게 두 시기로 구분된다는 점을 앞에서 언급한 바 있다. 이것이 그의 철학을 바라보는 일반적인 시각이기도 하다. '현상학적 존재론ontologie phénoménologique'의 정립을 목표로 삼았던 『존재와 무』로 대표되는 전기, 곧 '현상학적 존재론 시기'와 '역사적, 구조적 인간학anthropologie historique et structurelle'의 정립을 겨냥했던 『변증법』으로 대표되는 후기, 곧 '인간학 시기'가 그것이다.

그런데 사르트르 철학의 이 두 시기를 더 세분해 네 시기로 구분하는 것이 가능해 보인다. 1기는 『존재와 무』 출간 이전의 시기이다. 이 시기는 그의 '초기 철학première philosophie 시기'로 지칭된다.[283] 여기에서는 이 시기를 '전 현상학 시기'로 지칭하고자 한다. 2기는 『존재와 무』로 대표되는 현

---

282   Bernard-Henri Lévy, *op. cit.*, p.579.

283   사르트르 철학의 독창성을 중시하는 연구자들은 이른바 '3H', 즉 후설, 하이데거, 헤겔의 영향하에서 집필된 『존재와 무』보다는 오히려 그 이전의 시기가 갖는 중요성을 강조하고 있으며, 그 결과 최근 젊은 사르트르 연구자들의 연구는 주로 이 시기에 초점이 맞춰지고 있다.

상학적 존재론 시기이다. 3기는 1939년부터 1948년까지의 도덕적[284] 전
회 시기이다.[285] 이 시기에 그는 "실존주의는 휴머니즘이다"라는 제목의
강연 —이듬해에 같은 제목의 단행본으로 출간된다—,『문학이란 무엇인
가』[286] 등을 출간하면서 도덕 정립을 위해 노력한다. 이런 노력은 1983년

---

284 보부아르는 자신의 생을 돌아보면서 1939-1943년을 "도덕의 시기(période de la morale)"(FA,
p.626)라고 말하고 있다. 이 표현에서 'morale'을 '윤리'로 옮기는 것도 가능해 보인다. 보부
아르 전공자 강초롱은 '윤리'로 옮기고 있다. 나도 『사르트르 vs 보부아르』을 쓰면서 이 단
어를 '윤리'로 옮겼다. 하지만 '풍습' 또는 '관습'이라는 의미를 가진 프랑스어 단어 'mœurs'
에 해당하는 라틴어 단어 '모랄리스(moralis)'와 그리스어 단어 '에토스(ethos)'를 어원으로 가
진 '도덕(morale)'과 '윤리(éthique)'의 의미가 비슷하고, 두 개념 사이의 구분이 애매해도, 사
르트르나 보부아르가 이 단어를 따로 사용하는 데는 그만한 이유가 있을 것이다. 이를 고
려해 이 책에서는 'morale'은 '도덕'으로, 'éthique'는 '윤리'로 통일해서 옮겼다. 실제로 『존재
와 무』(민음사, 변광배 옮김, 2024)를 번역하면서 이와 같은 구분을 지켰다. 또한 1983년에 유
고집으로 출간된 사르트르의 *Cahiers pour une morale*를 『윤리를 위한 노트』로 옮긴 적도
—이 저서의 영어 번역본의 제목이 *Notebooks for an Ethics*(University of Chicago Press, 1992)
이어서 혼란이 가중되었다— 있었으나, 여기에서는 『도덕을 위한 노트』 옮긴다. 보부아르의
경우에도 1944년에 출간된 *Pour une morale de l'ambiguïté*를 『애매성의 윤리를 위하여』가 아
니라 『애매성의 도덕을 위하여』라고 옮긴다. 물론 우리나라에서는 이 저서의 제목을 완전히
바꿔 『그럼에도 나는 혼자가 아니다』로 옮겼지만 말이다. 실제로 학자들에 따라 차이가 있
기는 하지만, '도덕'은 실존적 주체로서의 개인이 스스로 선택한 행동 준칙, 선과 악의 구별,
새로운 가치의 창조 등과 밀접한 반면, '윤리'는 오히려 사회적으로 통용되는 기존의 행동 관
습과 범례, 거기에 맞는 행동과 그 결과에 밀접하다고 할 수 있다.(Cf. *Dictionnaire Sartre*, (sous
la direction de François Noudelmann & Gilles Philippe), Honoré Champion, 2004, pp.325-327.)(이
하 DS라고 약기한다); Philippe Cabestan, *Dictionnaire Sartre*, Ellipses, 2009, p.125-126; *Les Notions
philosophiques*, *Dictionnaire*, 2 vols., PUF, coll. Encyclopédie philosophique universelle, Volume
dirigée par Sylvain Auroux, 1990; *Vocabulaire européen des philosophies*, *Dictionnaire des Intraduisibles*,
(sous la direction de Barbara Cassin), 3 vols., Le Robert/ Seuil, 2004; André Lalande, *Vocabulaire
technique et critique de la philosophie*, 2 vols., PUF, coll. Quadrige, 1991; Elisabeth Clément, Chantal
Demonque, Laurence Hassen-Love & Pierre Kahn, *La Pratique de la Philosophie de A à Z*, Hatier,
2000;『철학대사전』, 동녘, 1989;『세계철학대사전』, 학원출판사, 1983;『철학사전』, 중원문화, 1987; 박
이문,『자비의 윤리학』, 철학과현실사, 1994.)

285 사르트르의 도덕적 전회 시기를 1939-1948년으로 한정한 것에 대해서는 뒤에서 다시 설명
할 것이다.

286 『상황, II: 문학이란 무엇인가(*Situations, II: Qu'est-ce que la littérature?*)』(1948)에는 여섯 편의 글
이 실려 있다. "『레 탕 모데른』지 창간사(Présentation des *Temps modernes*)", "문학의 국유화(La
nationalisation de la littérature)", "글을 쓴다는 것은 무엇인가(Qu'est-ce qu'écrire?)", "왜 쓰는가

유고집으로 출간된『도덕을 위한 노트』에 포함된 여러 권의 노트의 작성으로 나타난다. 마지막으로 4기는『변증법』으로 대표되는 '인간학 시기'이다. 여기에서는 이 네 시기를 중심으로[287] 사르트르의 철학을 간략하게 소개하고자 한다.

(Pourquoi écrire?)", "누구를 위해 쓰는가(Pour qui écrit-on?)", "1947년 작가의 상황(Situation de l'écrivain en 1947)"이다. 이 여섯 편의 글 중 앞의 두 글을 제외한 네 편이 "문학이란 무엇인가"라는 제목하에 묶여 있으며, 사르트르의 연인이었던 돌로레스(Dolorès)에게 헌정되었다. 이 여섯 편의 글은『레 탕 모데른』지 1945년부터 1947년까지 게재되었다. 아울러 다음 사실을 지적하자. 여기에서『상황, II』는 1948년 출간된 것을 기준으로 한다는 사실이 그것이다. 이 저서는 2013년 사르트르의 양녀인 아를레트 엘카임사르트르(Arlette Elkaïm-Sartre)에 의해 다시 출간되었으며, 그 내용은 1948년 판본과 많이 다르다. 그리고 1948년 출간된『상황, II』는 2013년『상황, III: 문학과 참여(Situations, III: Engagement et littérature)』라는 제목으로 다른 여러 글과 함께 엘카임사르트르에 의해 새로이 출간되었다.

287 이 네 시기 중 도덕적 전회 시기는 사르트르의 문학론에서 참여 문학론을 다룰 때 같이 살펴볼 것이다. 그 까닭은 참여 문학론의 경전이라고 할 수 있는『문학이란 무언인가』에서 나중에 유고집으로 출간되는『도덕을 위한 노트』가 실제로 비슷한 시기에 집필되었으며, 두 저서에서 그의 도덕 정립과 연관된 호소, 증여, 너그러움 등이 중요한 개념으로 등장하고 있기 때문이다.

2.
전前 현상학 시기, 또는 『존재와 무』이전

2.1. 우연성의 발견

사르트르 철학 체계의 바탕에 놓여 있는 하나의 핵심적인 개념이 있다. '우연성' 개념이 그것이다. 그는 철학에 관심을 갖기 시작한 때부터 이 개념에 주목했다. 그가 아동기와 청소년기에 했던 체험을 내면화하면서 신의 부재에 대한 확신을 갖게 되었다는 사실을 앞에서 지적한 바 있다. 또한 그가 하늘로부터 내려오게끔 하고 싶었던 철학은 무신론에 입각한 인간의 철학이라는 사실도 지적한 바 있다.

사르트르는 이런 철학을 구상하는 초기 단계에서 특히 우연성 개념에 주목했다. 이 개념은 그가 일찍부터 갖게 된 신의 부재라는 확신과 표리를 이룬다. 신의 존재를 가정한다면 이 세계에 있는 모든 존재는 신의 '대大지적 기획Grand Intellectuel Design', 곧 신의 섭리에 따라 움직이는 것으로 이해된다. 모든 존재는 필연성의 지배하에 놓인다. 그런데 사르트르는 일찍 신의 부재라는 확신을 가진 이후로 철학에 주목하면서 필연성에서 벗어난 존재들, 곧 우연성의 지배하에 놓여 있는 존재들을 설명할 수 있는 철학을 하고자 했다. 이렇듯 우연성은 그의 철학의 핵심 개념 중 하나이다.

또한 우연성 개념은 자기기만 개념과 더불어 사르트르 철학에서 가장 독창적인 개념 중 하나로 여겨진다.[288] 서구 철학사에서 그가 우연성 개념을 처음 발견한 것은 아니다. 아리스토텔레스, 라이프니츠 등도 이 개념을 사용했다. 하지만 사르트르는 이 개념에 자기만의 고유한 의미를 부여했다. 이런 이유로 1993년에 개최된 『존재와 무』 출간 50주년 기념 콜로퀴엄에서 연구자들은 이 우연성 개념을 자기기만 개념과 더불어 사르트르 철학에서 가장 독창적인 개념이라고 인정한 바 있다.[289]

그렇다면 사르트르는 언제부터 우연성 개념에 관심을 가지게 되었는가? 이 질문에 정확히 답하는 것은 어렵다. 그가 이 개념에 주목하기 시작한 정확한 시기에 대한 결정적 증거가 없기 때문이다. 그럼에도 불구하고 그가 이 개념에 본격적으로 관심을 갖게 된 것은 고등사범학교 준비반 1년 차였던 '1922년경'으로 추정할 수 있을 것 같다.[290]

이와 관련해 미디 수첩Carnet Midy[291]의 존재는 중요하다. 사르트르는 1924년 초[292]에 지하철에서 아무것도 적혀 있지 않은 수첩 한 권을 습

---

288 앞에서 살펴본 것처럼 사르트르는 아롱의 권유에 따라 후설의 현상학에 입문하게 된다. 사르트르는 그때 레비나스가 쓴 후설에 대한 저서를 읽으면서 이미 우연성 개념에 대해 암시하는 듯한 대목을 보고 마음 졸였다고 한다. 하지만 사르트르는 곧 안심했는데, 그도 그럴 것이 후설이나 레비나스도 이 개념에 대해 중요한 의미를 부여하고 있지 않은 것을 알게 되었기 때문이었다.(Cf. Jean-Marc Mouillié, "Sartre et Husserl: une alternative phénoménologique?", in Sartre et la phénoménologie, Textes réunis par Jean-Marc Mouillié, ENS éditions, coll. Theoria, 2000, pp.80, 129.)

289 Cf. OR, p.1661.

290 사르트르가 영화를 보면서 우연성에 주목했다는 것은 사실이다. 그는 영화를 어린 시절부터 좋아했다. 이런 이유로 그가 어린 시절부터 우연성에 관심을 가졌다고 생각하기 쉽다. 하지만 그가 이 개념에 대해 본격적으로 생각하기 시작한 것은 '미디 수첩'을 습득했던 시기, 즉 고등사범학교 준비반 1년 차였던 1922년경이었던 것으로 보인다.(LCA, p.181.)

291 SF, pp.31-32; DS, p.76.

292 어떤 자료에 의하면 이 시기는 1922-1923년경에 해당한다.(Cf. OR, p.1661.)

득했다. 표지에 '미디 연고 및 좌약—치질Pommades & Suppositoires Midy— Hémorroïdes'이라는 문구가 있는 수첩이었다. 이런 이유로 이 수첩은 미디 수첩으로 불린다. 이 수첩은 의사들에게 배부되었던 것으로 보인다. 이 수첩은 A-B-C-D⋯ 등의 알파벳 순서[293]로 항목이 나뉘어 있는 일종의 비망록이었다. 우연히 습득한 이 수첩에 사르트르는 자신의 생각들을 기록했다.[294]

사르트르는 자연스럽게 이 수첩의 C항목에 우연성 개념에 대한 단상을 적어 넣었다. 그는 영화를 보고 나서 영화의 필연성[295]과 대조되는 영화관 바깥세상의 모습에 주목하면서 우연성에 대해 수첩에 이렇게 적어 넣었다. "우연성이 없는 영화와 달리 우연성만 있는 영화관 밖의 거리, 이런 대조에서 사람들이 볼 수 있는 대로 우연성은 존재한다."[296] 하지만 기이하게도 정작 나중에 출간된 사르트르의 『젊은 시절의 글들』에 포함된 미디 수첩의 C항목에는 우연성 개념이 들어 있지 않다.

---

293 『구토』에서 부빌 시립도서관의 장서들을 알파벳 순서대로 읽은 독학자(Autodidacte)가 연상되는 부분이다.(SF, p.31.)

294 이 수첩은 행방을 모르고 있다가, 1979년 보부아르가 자신의 서류에서 찾아냈으며, 사르트르에게 할애된 『오블리크(Obliques)』지 nᵒ 18-19, 1979, p. 66에 A항목의 '영혼(Ame)' 개념에 대한 설명의 복사본이 실려 있다. 이 수첩에 대한 정보에 대해서는 EJ, pp.437-442를 보라.

295 사르트르는 어렸을 때부터 영화에 큰 관심을 가졌다. 그와 영화의 탄생 사이에는 10년의 차이밖에 없다. 뤼미에르(Lumières) 형제가 1896년 시사(試寫)했던 〈열차의 도착〉을 영화의 효시로 본다면 말이다. 그 이후 사르트르는 영화에 열광했고, 특히 그의 영화에 대한 관심은 1936년 르아브르고등학교 졸업식 축사에서 잘 나타나고 있다. 그 당시에 프랑스에서는 가장 나이가 어린 교수가 축사를 하는 것이 관례였다. 사르트르는 졸업 축사에서 영화를 찬미하면서 영화가 가진 필연성에 대해 강조하고 있다. 영화에서 볼 수 있는 필연성의 주제는 후일 『구토』에서 강철 같은 필연성의 구조와 질서로 엮여 있는 재즈 음악으로 변형되어 나타난다. 뒤에서 보겠지만, 이 소설에서 제시되고 있는 문학을 통한 구원의 메커니즘을 관통하고 있는 기본적 개념이 바로 우연성이 지배하는 현실 세계에서 필연성이 지배하는 예술 세계, 곧 비현실 세계의 창조와 무관하지 않다.

296 LCA, p.182. 사르트르가 보부아르와 대담을 하면서 자신의 기억에 의존해 이 부분을 회상한 것으로 보인다.

이렇게 시작된 사르트르의 우연성에 대한 관심은 계속 이어진다. 1925년에는 연인이었던 시몬 졸리베에게 보낸 편지에서 우연성에 대해 언급한다.[297] 1926년에는 "나는 망각과 권태를 가지고 온다…"로 시작되는 「우연성의 노래Le Chant de la contingence」를 짓기도 했으며,[298] 1930년경에는 「나무L'Arbre」라는 제목의 시[299]를 통해 우연성을 언급하기도 했다. 또한 아롱에 따르면 사르트르는 1928년경[300]에 한 철학 수업에서 니체에 대해 발표를 하면서 우연성 개념을 다루기도 했다.[301] 사르트르는 그 뒤로도 여러 차례 우연성 개념을 영화에서 착안했다는 사실을 밝혔다.

어쨌든 사르트르는 고등사범학교 동기생들인 아롱을 비롯해 니장 등에게 우연성을 설명하고 또 그들과 이 개념에 대해 토론했던 것으로 보인다. 하지만 그들은 이 개념에 별다른 관심을 갖지 않았다. 그 당시에 사르트르가 이 개념에 대해 설득력 있는 이론을 아직 갖추지 못한 것도 그 이유였을 것이다. 하지만 그보다는 오히려 당시 고등사범학교에 다니던 학생들이 보통 다른 학생이 갖는 생각은 무시하고, 주로 자기만의 고유한 생각을 가지려고 한 것이 주된 이유였을 수도 있다.

하지만 사르트르가 우연성 개념에 부여하고 있던 중요성에 대해서는

---

297 LCAQI, pp.27, 28.

298 *Ibid.*, p.30.

299 이 시와 관련해 흥미로운 자료는 1931년 10월 9일 사르트르가 보부아르에게 쓴 편지이다. 이 편지에는 그가 르아브르 시내를 산책하다가 보게 된 어떤 나무의 잎이 그려져 있는데, 이 나무가 바로 마로니였다. 벌써 『구토』에서 가장 유명한 장면 중 하나인 공원에 있는 마로니에 뿌리에 대한 현상학적 기술의 장면에 대한 암시일 수도 있다.

300 이 점에 대해 사르트르의 전기를 쓴 코엔솔랄은 연도를 착각하고 있는 것 같다. 그녀는 아롱의 기억을 따라 사르트르가 1926년에 레옹 브룅슈비크 교수의 강의를 듣다가 니체 철학에 대해 발표했으며, 그 기회에 처음으로 우연성에 대한 생각을 제시했다고 말하고 있다.(M50, p.36; S19, p.135.) 하지만 코엔솔랄은 연도는 물론, 특히 사르트르가 처음으로 이 개념을 제시했다고 말하고 있다는 점에서 분명한 오류를 범하고 있는 것으로 보인다.

301 OR, p.1661.

보부아르의 증언이 결정적이다. 그녀에 따르면 1929년 그를 만나 급속히 가까워졌을 무렵, 그는 이미 꽤 무르익은 우연성 이론을 가지고 있었던 것으로 보인다.

> (…) 사르트르와 얘기를 나누면서 나는 그가 "우연성 이론"이라고 부르는 것의 풍부함을 엿볼 수 있었다. 그 이론에는 벌써 존재, 실존, 필연성, 자유에 대한 그의 생각의 싹이 들어 있었다. (…) 그의 눈에는 우연성이 하나의 추상적 개념이 아니고, 이 세계의 실제적인 하나의 차원이었다. 그가 인간과 사물들 속에서 알아낸 이 비밀스러운 '취약점'을 가슴에 민감하게 만들기 위해 모든 기술의 원천을 이용해야만 했다. 그 당시에 이런 시도는 엉뚱한 것이었다. 그 어떤 방식으로부터도, 그 어떤 모델로부터도 영감을 얻는 것이 불가능했다. 사르트르 사유의 성숙함이 나를 강타한 만큼, 그가 그것을 표현하는 시도의 서투름에 당황하기도 했다.[302]

우연성에 대한 사르트르의 성찰은 계속된다. 특히 1931년부터 이 개념은 1938년 출간되는 『구토』와의 관련 속에서 더 상세히 전개된다. 그는 1931년 가을부터 「우연성에 대한 반박문Factum sur la contingence」을 집필하기 시작했다.[303] 아쉽게도 이 글의 행방은 현재 알 수 없다. 또한 그가 르아브르에 머물면서 1930-1931년 사이에 썼던 수첩 중 하나가 그의 제자였던 앙드레 뒤뤼에 의해 1936년에 습득, 보관되어 전해진다. 이 수첩은 이 제

---

[302] MF, p.342.

[303] '반박문'에 해당하는 'factum'은 프랑스어의 '하다(faire)'에 해당하는 라틴어 동사 'facere'의 과거분사형으로, 소송에서 상대방의 주장을 반박하는 내용의 글이라는 의미를 가지고 있다. 18세기부터는 강한 논증적 주장을 담고 있는 '팜플렛(pamphlet)'의 의미로 사용되고 있다. 코엔솔랄에 의하면 사르트르는 니장과 더불어 "다분히 공격적인 모든 분석 유형"을 '반박문'으로 명명하는 습관을 공유했다.(S19, p.133.)

자의 이름을 따서 '뒤퓌 수첩Carnet Dupuis'으로 불린다. 그런데 이 수첩에는 『구토』의 주요 인물들, 주요 사건들뿐만이 아니라 우연성 등에 대한 간략한 메모들이 포함되어 있다.

앞에서 언급한 대로 사르트르는 1933년부터 1934년까지 아롱의 뒤를 이어 베를린 소재 프랑스연구소에 머물면서 후설 연구에 몰두한다. 그는 오전에는 후설의 현상학을 연구하고, 오후에는 『구토』가 될 이 우연성에 대한 반박문을 가지고 씨름한다. 1934년 다시 르아브르로 돌아온 사르트르는 이 반박문의 문체를 계속 수정해서 1938년 『구토』라는 제목으로 출간하기에 이른다.

이처럼 고등사범학교 준비반 1년 차에서부터 『구토』의 출간에 이르기까지 꽤 긴 시간에 걸쳐 사르트르가 되새김질했던 이 우연성 개념의 의미는 무엇일까? 이 질문과 관련해 『구토』가 갖는 중요성은 결정적이다. 그도 그럴 것이 이 작품에서 이 개념에 대한 가장 훌륭한 정의를 볼 수 있기 때문이다.

> 본질적인 것, 그것은 우연성이다. 내가 말하고자 하는 것은 정의상 존재는 필연이 아니라는 것이다. 존재한다는 것, 그것은 단순히 '거기에 있는 것'이다. (…) 우연성은 가장假裝이나 흩어 버릴 수 있는 외관이 아니다. 우연성은 절대이며, 따라서 완전한 무상이다. 모든 것이 무상이다. 이 공원도, 이 도시도, 그리고 나 자신도. (…) 이게 바로 '구토'이다. 이게 바로 속물들이 (…) 그럴 권리가 있다고 생각하며 감추고자 하는 것이다. 하지만 얼마나 가련한 거짓인가. 누구도 권리를 가지고 있지 않다. 그들은 다른 사람들과 마찬가지로 완전히 무상이고, 자신들이 여분의 존재임을 느끼지 않을 수 없다. 그리고 그들은 자신들의 내부에서도 은밀하게 '여분'이다. 다시 말해 무정형이고, 모호하고, 처량하다.[304]

앞에서 사르트르가 어린 시절과 청소년 시절에 했던 체험을 내면화하면서 신의 부재라는 확신을 가지게 되었다고 했다. 이 확신과 표리의 관계를 이루고 있는 우연성 개념은 이렇듯 그의 철학에서 이 세계의 모든 존재가 아무런 이유 없이 그냥 거기에 내던져져 있는 상태를 가리킨다고 할 수 있다. 다시 말해 "자연이라고 일컬어지는 것, 그것은 바로 '존재할 권리le droit d'exister'를 갖지 않은 채 존재하는 전체"[305]라는 의미가 그것이다. 이런 의미를 가지고 있는 우연성은 『존재와 무』는 물론, 『변증법』에서까지도 그 중요성이 계속 이어진다.

그런 만큼 사르트르의 철학과 문학에서 이 개념에 대한 이해는 필수적이라고 할 수 있다. 우리는 뒤에서 『변증법』에서 집단적 차원에서 갈등과 투쟁의 발생 과정과 특히 『구토』에서 볼 수 있는 문학을 통한 구원의 메커니즘을 살펴볼 때 다시 이 우연성 개념을 소환하게 될 것이다.

2.2. 후설 현상학의 수용과 비판

사르트르 (…) 나는 철학을 시작한 해부터 실재론을 택했어요. 관념론은 배울 때부터 아주 심하게 내키지 않았어요. 나에게는 철학을 위해 중요한 두 해가 있었어요. 고등사범학교 준비반 1학년 때와 2학년 때입니다. 하지만 1학년 때는 잘 이해를 시키지 못하는 선생님을 만났어요. 나는 고등사범학교에 입학하기 전 2년 동안 철학을 잘 배웠어요. 그땐 한 가지 생각만 가졌어요. 의식이 외부의 사물들을 있는 그대로 본다고 말하지 않는 이론은 실패할 수밖에 없다는 생각이었어요. 그런 생각이 결국 나로 하여금 독일로 가게 했어요. 후설과 하이데거가 있는 그대로의 사실을 포착하는 방

304 LN, p.155.

305 Jean-Paul Sartre, *Situations*, *III*, Gallimard, 1949, p.85.

법을 가지고 있다고 들었을 때 말이에요.[306]

　위의 인용문은 보부아르가 작별의 의식의 일환으로 사르트르와 말년에 가졌던 대담에서 발췌한 것이다. 이 부분에서 다음과 같은 두 가지 사실이 주목을 끈다. 하나는 사르트르가 철학에 관심을 갖게 되면서부터 의식이 외부의 사물들을 있는 그대로 본다고 말하지 않는 이론은 실패할 수밖에 없다고 생각했다는 사실이다. 다른 하나는 그가 이런 이론을 정립하기 위한 방법을 후설과 하이데거에게서 찾고자 했다는 사실이다.[307]

　그로부터 사르트르가 후설과 하이데거에게서 어떤 방법을 찾았는가라는 질문이 자연스럽게 제기된다. 이 질문은 그가 두 철학자로부터 어떤 영향을 받았는가라는 질문에 다름 아니다. 이 질문에는 또 다른 하나의 질문이 더해진다. 사르트르는 과연 두 철학자의 이론을 일방적으로 수용하는 데 그쳤는가, 아니면 비판을 가했는가, 가했다면 그 내용은 무엇인가라는 질문이 그것이다. 여기에서는 먼저 후설 철학에서 받은 영향과 그에 대한 비판을 살펴보고, 곧이어 하이데거 철학으로부터 받은 영향과 그에 대한 비판을 간략하게 살펴볼 것이다.

　먼저 사르트르가 후설 철학, 특히 그의 현상학과 조우한 과정을 보자. 사르트르가 후설 현상학에 관심을 갖게 된 것은 1933년 초부터였다. 아롱의 권유에 의해서였다. 사르트르에게는 후설 철학과 좀 더 빨리 조우할 수 있는 기회가 있었다. 후설이 1929년 소르본대학에서 데카르트 철학을 주제로 강연을 했기 때문이다.[308] 하지만 사르트르는 이 강연회에 참석하

306　LCA, p.205.

307　사르트르는 20세기에 가장 중요한 철학자가 누구라고 생각하는가라는 질문에 후설과 하이데거라고 답했다.(Ludwig Landgrebe, "Husserl, Heidegger, Sartre. Trois aspects de la Phénoménologie", *Revue de Métaphysique et de Morale*, vol. 69, n° 4, 1964, p.46.)

308　이 강연의 내용은 보완되어 1931년에 『데카르트적 명상(*Méditations cartésiennes*)』으로 출간되

지 않았다. 이런 이유로 그와 후설 현상학과의 조우는 몇 년 뒤로 미루어
진다.

앞서 언급한 바 있듯이 사르트르와 같이 1905년에 태어났고, 또 고등사
범학교 동기생이었던 아롱은 사르트르보다 1년 먼저 베를린 소재 프랑스
연구소에서 체류하면서(1932-1933) 그 당시 독일의 철학, 사회학 분야의 연
구 성과를 접한다. 그가 1933년 파리에 왔을 때 사르트르와 보부아르를
만나 후설 현상학에 대해 이야기를 하게 된다. 사르트르는 이 이야기를
듣고 곧장 서점으로 달려가 후설에 관한 저서를 구입했다. 사르트르가 구
입했던 저서는 1930년 알캉Alcan 출판사에서 출간된 레비나스의『후설 현
상학에서의 직관이론Théorie de l'intuition dans la phénoménologie de Husserl』이었다. 이
렇게 후설 현상학을 접하게 된 사르트르는 아롱의 뒤를 이어 1933년 베
를린 소재 프랑스연구소에서 1년간 연구에 몰두한다. 앞에서 언급했듯이
사르트르의 일정은 오전에 후설을 연구하고, 오후에는 후일『구토』가 될
'우연성에 대한 반박문'을 쓰는 일로 짜여 있었다.

베를린에서의 체류 이후 다시 프랑스로 돌아온 뒤에도 후설 현상학에
대한 사르트르의 관심은 계속되었고, 그는 1937년까지 철학 분야에서는
후설만 읽었다. 그야말로 후설과의 정면 대결이었으며, 4년 동안 후설의
『데카르트적 명상』과『현상학을 위한 주요 이념』,『논리 연구』등을 연구
했다.[309] 후일 사르트르는 후설 철학과의 조우를 이렇게 술회하고 있다.

었다.

309 S19, p.141. 후설 전집의 편찬 작업은 지금도 계속되고 있다. 그 양도 방대하다. 그런 만큼
사르트르가 정독했다고 하는 후설의 저작들은 그의 전체 사유에서 극히 일부에 해당한다고
할 수 있다. 물론 이 저서들이 후설 철학에서 중요한 위치를 차지하고 있다는 사실은 부인하
기 어렵다. 하지만 사르트르가 읽은 후설 저작의 양이 많지 않기 때문에 후설 연구에서 사르
트르의 후설 비판과 연구는 큰 중요성을 부여받고 있지 못하는 것으로 보인다. 하지만 사르
트르의 철학, 특히 현상학적 존재론의 정립에서 후설은 하이데거, 헤겔 ―'3H'라고 불린다―
등과 함께 큰 비중을 차지하고 있다. 물론 사르트르는 니체, 키르케고르, 마르크스, 프로이

후설은 나를 사로잡았다. 나는 모든 것을 그의 철학적 시각을 통해서 보았다. 나는 '후설주의자'였고, 오랫동안 그렇게 남아 있었다. 동시에 내가 '이해하기' 위해, 즉 내 개인적인 편견을 깨뜨리고 나의 원칙이 아닌 그의 원칙으로부터 출발해서 그의 사상을 포착하기 위해 노력을 기울인 결과, 그해에 나는 철학 면에서 기진맥진했다. (…) 내가 후설의 진을 빼는 데 4년이 걸렸다.[310]

그렇다면 사르트르는 후설에게서 무엇을 수용하고 또 무엇을 비판했을까? 이 질문에 답을 하기 위해서는 이 책에서와 다른 본격적인 연구가 필요할 것이다. 여기에서는 사르트르가 후설에 대해 썼던 두 편의 저작을 통해 위의 질문에 간략하게 답을 해 볼 것이다.[311] 「후설 현상학의 근본이념: 지향성Une idée fondamentale de la phénoménologie de Husserl: L'intentionnalité」[312]이라는 글과 『자아의 초월성, 현상학적 기술의 소묘La Transcendance de l'ego:

트 등으로부터 큰 영향을 받고 있기도 하다.

310 Jean-Paul Sartre, *Carnets de la drôle de guerre, Septembre 1939-Mars 1940*, in LMAEA, p.467.(이 저서는 CDG로 약기하고, 작품집은 표기하지 않는다.)

311 여기에 더해 사르트르와 후설을 비교, 검토하고 있는 다음과 같은 연구도 참고할 것이다. Frederick A. Elliston, "Sartre and Husserl on Interpersonal Relationship", in *Jean-Paul Sartre. Contemporary Approches to his Philosophy*, edited by Hugh J. Silverman and Frederick A. Elliston, Duquesne University Press, 1980, pp.157-167; Robert D. Cumming, "Role-Playing: Sartre's transformation of Husserl's phenomenology", in *The Cambridge Companion to Sartre*, edited by Christina Howells, Cambridge University Press, 1992, pp.39-66; Jean-Toussaint Desanti, "Sartre et Husserl ou les trois culs-de-sac de la phénoménologie transcendental", *Les Temps modernes*, n° 531-533(Témoins de Sartre), décembre 1990, pp.350-364; 이솔, 「사르트르와 유아론(solipsisme)의 문제」, 『철학논총』, 84, 새한철학회, 2016, 297-313쪽; 김선하, 「의식과 자아의 문제: 사르트르의 《자아의 초월성》을 중심으로」, 『철학연구』, 168, 대한철학회, 2023, 1-28쪽.

312 Jean-Paul Sartre, "Une idée fondamentale de la phénoménologie de Husserl: L'intentionnalité", in *Situations, I*, Gallimard, 1947.(이 글은 본문에서는 「지향성」으로, 주에서는 IT로 약기한다.)

Esquisse d'une description phénoménologique』라는 저서[313]가 그것이다.

발표 시기로 보면 「지향성」이 『초월성』보다 늦다. 「지향성」은 1939년에 『라 누벨 르뷔 프랑세즈*La Nouvelle Revue française*』(n° 304, pp.129-131)에 처음 실렸고, 1947년에 출간된 『상황, I*Situations, I*』(pp.29-32)에 재수록되었다.[314] 하지만 이 글은 사르트르가 1934년 베를린에서 체류할 때 쓰였다.[315] 반면, 『초월성』은 1936년 같은 제목으로 『철학연구*Recherches philosophiques*』(n° 6, 1936-1937, pp.85-123)에 처음 실렸다. 하지만 이 글 역시 그가 베를린 체류 중이던 1934년에 쓰였다. 또한 이 글은 1965년 단행본으로 출간되었다.[316] 이처럼 이 두 편의 저작은 비슷한 시기에 쓰였다. 하지만 그는 「지향성」에서는 후설 철학을 적극적으로 수용하는 데 비해, 『초월성』에서는 그의 철학을 비판하고 있다.

먼저 「지향성」을 보자. 이 글을 통해 사르트르는 후설 현상학의 주요 개념 중 하나인 '의식의 지향성' 개념을 적극적으로 수용하고 있다. 사르트르는 「지향성」에서 먼저 프랑스 인식론의 오랜 전통을 고수하면서 19세기 말부터 20세기 초에 활동했던 철학자들(가령, 브룅슈비크, 라랑드, 메이에르송 등)을 비판한다.[317]

사르트르에 따르면 프랑스 인식론자들은 정신을 소화기관으로 여기고, 정신의 작용을 이 기관에서 이루어지는 소화 작용처럼 여겼다. 그들에게

---

313 Jean-Paul Sartre, *La Transcendance de l'ego: Esquisse d'une description phénoménologique*, (Introduction, notes et appendices par Sylvie Le Bon), Vrin, coll. Bibliothèque des textes philosophiques, 1985.(이 저서는 본문에서는 『초월성』으로, 주에서는 TE로 약기한다.)

314 ES, p.71.

315 *Sartre*, La Transcendance de l'ego *et autres textes phénoménologiques*, Textes introduits et annotés par Vincent de Coorebyter, Vrin, coll. Textes et commentaires, 2003, p.7.

316 ES, p.56.

317 IT, p.29.

서는 정신이 마치 "정신-거미줄Esprit-Araignée"[318]과 같은 것으로 간주되었
다는 것이 그의 주장이다. 거미는 곤충이 거미줄에 걸리면 그것을 분비
물로 감싸고 분해해 소화한다. 이와 마찬가지로 프랑스 인식론자들 역시
의식은 정신-거미줄에 걸린 사물을 천천히 소화시킨다고 생각했다는 것
이 그의 판단이다. 요컨대 그들은 "인식하는 것은 먹는 것이다connaître, c'est
manger"[319]라고 생각하면서 두 행위를 동일시한 것이다.

사르트르는 이런 주장을 반박한다. 그에 따르면 인식되는 대상은 정신,
곧 의식의 외부에 있다. 이 대상은 결코 의식 안으로 들어올 수 없고, 또
이 의식 안에서 분해될 수도 없다. 실재론자라면 이 사물은 의식과 관계
없이 실재한다고 주장할 것이다. 관념론자라면 이 사물은 의식 안에 존
재한다고 주장할 것이다. 하지만 사르트르가 정립하고자 하는 철학은 관
념론과 실재론의 대립을 넘어서서, 의식의 지배성과 우리에게 나타나는
그대로의 세계의 현존성을 긍정하려는 욕망을 동시에 중요시하는 철학
이다.

이런 이유로 사르트르는 프랑스의 전통적 인식론자들과는 다른 방향을
모색한다. 그 과정에서 그는 후설의 의식의 지향성 개념에 주목한다. 그
는 후설을 따라 의식은 속이 텅 비어 있다고 주장한다. 의식 안에는 어떤
사물을 거미줄에 걸리게 하고 또 그것을 소화할 수 있는 것과 같은 '내부
le dedans'가 없다. 따라서 의식이 어떤 대상을 인식하는 것은 이 대상을 의
식 그 자체 안으로 들어오게 하는 것이 아니다. 이와 반대로 그때 의식은
이 대상을 향해, 즉 '외부를 향해vers le dehors' "자기 자신을 폭발시키는 것
s'éclater"[320]이다. 의식은 '자기가 아닌 것'을 향해, 저기, 외부, 대상 옆으로

---

318   *Idem.*

319   *Idem.*

320   *Ibid.*, p.30.

나아갈 뿐이다.

사르트르는 후설을 따라 의식이란 이처럼 그 안에 아무것도 가지고 있지 않다고 본다. 또한 사르트르는 의식을 자기에게서 벗어나고자 하는 "운동mouvement"이고, "자기 밖으로의 미끄러짐glissement hors de soi"일 뿐이라고 주장한다.[321] 그는 이런 의식의 "절대적 탈주fuite absolue"라는 특징을 보여 주기 위해 이 의식을 "돌풍tourbillon"이나 "강한 바람grand vent"에 비교한다.[322] 의식은 강한 바람처럼 그 안의 모든 것을 바깥으로 내보낸다는 것이다. 요컨대 그는 후설에게서 이처럼 아무런 속성도 없고, 실체도 아니고, 그저 텅 빈 상태에서 끊임없이 자기로부터 탈주해서 외부에 있는 대상을 향해 폭발하는 의식 개념을 수용한다.

이처럼 텅 빈 의식이 자기 외부에 있는 어떤 대상과 관계를 맺는 방식, 즉 이 대상에 대한 의식으로서만 존재하는 방식, 이것을 후설은 의식의 지향성으로 규정한다. 그리고 이 규정은 "모든 의식은 무엇인가에 대한 의식이다Toute conscience est conscience de quelque chose"라는 명제로 표현된다.[323]

사르트르는 이렇게 해서 후설이 내세운 의식과 외부 대상 사이의 상관관계를 강조하는 지향성 개념을 수용하면서 젊은 시절부터 암중모색해 왔던 실재론과 관념론을 넘어서는 철학, 의식이 외부의 사물들을 있는 그대로 본다고 주장하는 철학의 정립을 위한 중요한 전기를 마련한다. 여기에 더해 그가 후설 철학을 수용하면서 지향성을 발휘하는 의식과 그 외부 대상 사이 관계에서 출현하는 '현상'을 기술記述하는 하나의 방법으로서의 현상학[324]도 수용했다는 사실을 덧붙이자.

---

321 *Idem*.

322 *Idem*.

323 *Ibid.*, p.31.

324 후설에게서 현상학은 크게 두 가지 의미를 갖는다. 하나는 현상이 발생하는 과정에 참여하는 의식과 대상 사이의 관계를 기술하는 방법으로서의 현상학이다. 다른 하나는 후설이 "제

이렇듯 사르트르는 「지향성」에서 후설 철학에서 지향성 개념을 검토하고 적극적으로 수용한다.[325] 하지만 그는 이 글과 거의 비슷한 시기에 집필된 『초월성』에서 이미 후설에 대해 비판적 입장을 취하고 있다. 『초월성』은 사르트르만의 "참다운 독창성"의 산물이라는 평가를 받고 있으며,[326] 그런 만큼 이 글은 그만의 고유한 "새로운 철학적 전망"[327]에 대한 기획이 잘 드러나 있는 것으로 여겨지기도 한다. 이 글에는 나중에 『존재와 무』, 『변증법』, 도덕 영역에서 본격적으로 다루어질 개념들이 "싹"의 형태로 포함되어 있으며,[328] 이런 의미에서 이 글은 그의 철학의 전개에서 "전환점turning-point"에 해당한다는 평가를 받고 있기도 하다.[329]

『초월성』에서 볼 수 있는 후설 철학에 대한 사르트르의 비판을 보자. 이 글의 부제는 "현상학적 기술의 소묘"이다. 이로 미루어 보면 사르트르가

1철학", 또는 "엄밀한 학문"으로서의 철학, 곧 궁극적이고 자명한 진리로서의 현상학이다. 사르트르는 후설 현상학을 수용하면서 두 번째 의미의 현상학보다는 오히려 첫 번째 의미의 현상학을 수용하고 있는 것으로 보인다. 그 증거는 사르트르가 1938년에 출간한 『구토』이다. 이 소설에서 중심인물인 로캉탱의 관점에서 그의 의식에 직접적으로 주어지는 수많은 존재, 이 존재들의 현상들에 대한 기술은 방금 지적한 첫 번째 의미에서의 현상학적 기술이라고 할 수 있다.

325 이 글에서 사르트르는 두 가지를 암시하고 있다. 하나는 의식의 내부를 완전히 비우는 작업과 의식의 자발성과 능동성을 확보하는 작업(우리는 이 두 작업을 의식의 '정화 작업'이라고 부를 것이다)에 대한 암시이다. 이미지와 감동이 그것이다. 다른 하나는 하이데거의 '세계-내-존재'에 대한 암시이다. 이 점에 대해서는 하이데거 철학의 수용과 비판을 통해 살펴보게 될 것이다.

326 Xavier Bard, *Pour une lecture critique de* LA TRANSCENDANCE DE l'EGO: *Contribution à l'examen des consciences non-thétiques*, L'Harmattan, coll. Ouverture philosophique, 2002, p.21.

327 Pierre Guenancia, *La Voie de la conscience. Husserl, Sartre, Merleau-Ponty, Ricœur*, PUF, coll. Une histoire personnelle de la philosophie, 2018, p.76.

328 ES, p.56.

329 Jean-Paul Sartre, *The Transcendance of the ego*, *An Existentialist Theory of Consciousness*, translated and annotated with an Introduction by Forrest William and Robert Kirkpatrick, Hill and Wang, 1960, p.11.

이 글을 쓰면서 후설의 영향하에 있었음은 분명하다. 하지만 그는 이 글에서 특히 후설이 현상학적 환원 끝에 제시하고 있는 '초월론적 자아ego transcendental' 개념을 비판한다. 그러면서 그는 의식의 자발성, 능동성, 투명성을 강조하고, 특히 '비반성적 의식conscience irréflexive'과 같은 자신만의 고유한 개념을 제시한다.

사르트르는 『초월성』에서 서구 철학사를 관통하는 주요 주제 중 하나인 '나란 무엇인가'라는 문제에 대한 여러 철학자(데카르트와 칸트, 그들의 뒤를 이은 신칸트주의자들, 경험적 비판주의자들, 주지주의자들[330] 등)의 해결책을 비판적으로 수용하면서 "자아가 형식적으로도 질료적으로도 의식 내부에 있지 않다는 것을 보여 주고자 한다."[331]

이 과정에서 사르트르는 자아를 의식 내에 있는 "거주자habitant"[332]로 여겨 왔던 철학자들을 비판한다. 의식이 텅 빈 상태로 있고, 또 이것은 외부를 향한 끊임없는 운동이라는 주장을 펴는 그에게 있어서는 의식 안의 거주자가 제거되어야 마땅할 것이다. 그는 이런 제거 작업을 의식의 "정화purification" 작업으로 여긴다.[333] 그리고 그는 이 작업을 끝까지 밀고 나가고자 한다.

사르트르는 이 작업을 칸트의 '초월적 통각'의 주체에 대한 비판으로부터 시작한다. 그리고 그 끝은 후설의 초월론적 자아의 폐기이다. 칸트는 인간의 모든 표상 활동을 통일하기 위해 초월적 통각의 주체가 필요하다고 본다. 하지만 사르트르는 칸트가 이 주체의 현존을 '권리상de droit'으로

---

330   이들은 사르트르가 공격하고 있는 학문적 적들이다.(Alain Flajoliet, *La Première philosophie de Sartre*, Honoré Champion, 2008, pp.543-547.)

331   TE, p.13.

332   *Idem*.

333   Jaoula Mohamed, *Phénoménologie et ontologie dans la première philosophie de Sartre*, L'Harmattan, coll. Commentaires philosophiques, 2011. p.99.(이하 PO로 약기한다.)

만 요구하고 '사실상de fait'의 현존에 대한 단언까지는 나아가지 않았다고 본다.[334] 하지만 후설은 칸트와는 달리 이런 주체의 현존을 사실상 단언했으며, 그것이 바로 초월론적 자아라는 것이 사르트르의 주장이다.

사르트르는 후설이 의식의 지향성 개념을 제시하고, 이어서 의식의 작용을 있는 그대로 기술하기 위해 현상학적 환원을 실행했지만, 그 후에도 여전히 초월론적 자아를 의식 속에 남겨 두었다고 본다. 사르트르는 이와 같은 주체의 현존, 곧 자아의 존재가 불필요하다는 사실을 주장하고 있다.

후설의 현상학이 주목하는 것은 의식의 외부에 있는 대상의 본질, 곧 '형상eidos'이다. 그런데 이 대상의 본질을 파악하기 위해서는 직관이 필요하다는 것이 그의 주장이다. '본질직관'이 그것이다. 그런데 그에 의하면 이와 같은 본질직관에 이르기 위해서는 의식의 내재적 영역, 곧 순수의식의 영역으로 들어가야 한다. 그는 이 영역에서 순수의식이 외부 대상의 본질을 파악하는 활동임을 낱낱이 밝히고 또 기술하고자 한다. 그렇게 함으로써 "사태 그 자체로Zu den Sachen selbst!"를 구호로 내세우면서 철학을 엄밀한 학으로서 정립시키고자 하는 그의 목표를 이루고자 한다.

그렇다면 의식의 내재적 영역으로 들어갈 수 있는 방법은 무엇인가? 후설이 제시하는 방법은 '자연적 태도'의 배제와 대상에 대한 '판단중지épochè, 에포케'를 바탕으로 이루어지는 현상학적 환원이다. 그에 의하면 인간은 보통 외부 대상을 대할 때 선입견과 편견에 사로잡혀 이 대상의 실재가 확실하다는 소박한 신념을 가지게 된다. 이것이 자연적 태도이다.

하지만 이런 자연적 태도를 가지고 외부 대상의 본질에 이를 수는 없을 것이다. 그로부터 의식이 외부 대상과 지향적 관계를 맺는 경우, 이런 자연적 태도를 통해 외부 대상을 판단하는 모든 시도를 중지해야 할 필요성

---

334   TE, pp.13-14.

이 제기된다. 이것이 에포케, 곧 판단중지이다. 이런 과정을 거쳐 인간은 외부 대상으로 향하던 자신의 시선을 의식 내부로 돌릴 수 있다는 것이 후설의 주장이다.

이렇게 자연적 태도의 배제와 판단중지에 의해 외부 대상의 본질을 직관할 수 있는 의식은 이제 내재적인 순수의식이다. 이런 순수의식이 외부 대상의 본질, 곧 형상을 파악하는 모든 활동을 파악, 기술하는 것이 현상학의 가장 원초적인 임무에 해당한다. 그런데 후설은 이런 순수의식의 원초적인 작업이 가능하기 위해서는 이 의식에, 본질을 파악하는 다양하고도 복잡한 흐름과 활동을 총괄하는 하나의 존재가 요청된다고 본다. 초월론적 자아가 그것이다.

이 초월론적 자아는 자연적 태도의 배제와 판단중지를 통해 의식이 외부 대상에서부터 자기의 내부로 눈을 돌려 만나게 되는 단순한 현상학적 잔여가 아니다. 오히려 이 존재는 순수의식 내에서 일어나는 외부 대상의 본질을 파악하기 위한 다양하고 복잡한 체험 및 활동을 주도하고, 조절하며, 통일하는 존재이다.

게다가 후설은 순수의식의 활동을 단순한 외부 대상의 표상 작용에 국한하지 않는다. 오히려 이 활동은 외부 대상의 본질을 파악하고, 그것을 구성하며, 그러면서 그것에 의미를 부여하는 복잡한 작업으로 이루어져 있다. 사르트르에 의하면 후설은 이런 작업을 일사분란하게 처리할 수 있는 존재인 초월론적 자아를 사실상 인정하고 있다는 것이다.

하지만 사르트르는 후설의 초월론적 자아의 존재 권리를 인정하지 않는다. 사르트르에 의하면 모든 의식은 무엇인가에 대한 의식일 뿐이며, 이 두 요소 사이의 관계 정립은 "'나'가 없는sans Je" "선先인격적prépersonnel", "비非인격적impersonnel"으로 이루어질 뿐이다.[335] 사르트르는 이처럼 의식

---

[335]   PO, p.19.

에는 의식 그 자체를 통일하는 인격적 중심이라고 할 수 있는 초월론적 자아가 상정될 필요가 없다고 본다. "의식은 지향성을 통해 자신을 초월하고, 스스로 벗어나면서 스스로 통일한다."[336] 의식은 그 자체로 "절대"라는 것이 사르트르의 주장이다.[337]

이런 입장을 고수하는 사르트르의 눈에 후설의 초월론적 자아는 의식에게 "잉여적superflu"일 뿐만 아니라 "해롭기nuisible"까지 하다.[338] 사르트르는 초월론적 자아를 의식 내부에 거주하는 '하나의 존재자un existant'로 본다. 그런데 이 존재자는 의식의 "반갑지 않은 주인hôte indésirable"[339]이다. 이것은 의식을 하나의 대상으로 파악하는 것과 같다는 것이 사르트르의 견해이다.

이런 이유로 사르트르는 후설처럼 초월론적 자아를 상정하는 것은 "의식의 죽음mort de la conscience"[340]에 해당한다고 본다. 후설이 의식의 내적 영역으로 들어가는 작업, 곧 현상학적 환원을 수행하면서 그것을 끝까지 밀어붙이지 못했다는 것이 사르트르의 주장이다.[341] 요컨대 후설은 의식을 완전히 비우지 못했다는 것이다.

이런 논의 끝에 사르트르는 자아란 의식 내부의 거주자가 아니라는 결론을 도출해 낸다. 자아는 반성[342] 차원에서 나타나는 하나의 대상화된 실체라는 것이다. 이렇게 해서 사르트르는 후설의 초월론적 자아를 폐기

---

336   TE, 21.

337   *Ibid.*, p.23.

338   PO, p.23; TE, p.23.

339   Pierre Guenancia, *op. cit.*, p. 78.

340   TE, p.23.

341   Alain Renaut, *Sartre, le dernier philosophe*, Grasset, coll. Le collège de philosophie, 1993. p.135.

342   사르트르의 사유에서 반성이 어떤 의미를 지니는지에 대해서는 뒤에서 그의 도덕 정립과 관련해 순수 반성, 불순 반성, 공모적 반성, 비공모적 반성 등과 함께 살펴보게 될 것이다.

하면서 의식을 완전히 정화하고 그 투명성을 확보하고 있다. 또한 이처럼 투명한 의식은 그 자체로 자발적이고 능동적이라는 것이 사르트르의 주장이다.

이제 의식은 그 자체 내부에서 이 세계와 관계를 맺을 수 있는 힘을 길어 올리며, 그 어떤 다른 존재에게도 의지하지 않는다. 절대적 자발성, 절대적 능동성과 절대적 투명성, 이것이 바로 사르트르가 후설의 초월론적 자아에서 해방된 것으로 여기는 의식의 모습이다. 앞에서 보았듯이 사르트르는 이런 의식을 그 내부에 있는 모든 것을 외부로 내쳐 버리는 강한 바람, 곧 돌풍에 비교한 것이다.[343]

사르트르는 이런 주장을 좀 더 알기 쉽게 다음과 같은 예를 들어 설명하고 있다. 지금 내가 책을 읽고 있다고 하자. 이 예에서 나의 의식이 지향하고 있는 것은 책 속의 글자들이다. 나의 의식의 지향성의 가장 원초적이고, 가장 순수한 모습은 이 글자들과 직접적이고 무매개적인 관계를 맺는 모습이다. 이런 나의 의식의 지향성에는 내가 끼어들 틈이 없다. 내가 의식되는 것은 내가 책을 읽고 있는 나를 의식할 때이다.

> (…) 내가 책을 읽는 동안, 책에 '대한' 의식이 있었고, 소설의 주인공에 '대한' 의식이 있었다. 하지만 '나'는 이 의식에 거주하고 있지 않았다. 의식은 단지 대상에 대한 의식이었으며, 그 자신에 대한 비정립적 의식이었다. 이제 나는 비명제적으로 포착된 이 결과들을 명제의 대상으로 만들고 또 다음과 같이 선언할 수 있다. 비반성된 의식 안에는 '나'가 없었다고 말이다.[344]

---

343 IT, p.30.

344 TE, pp.30-31.

사르트르는 이처럼 나의 출현은 반성 차원에서 이루어진다고 본다. 반면 나의 의식의 지향성은 내가 개입되기 전에 이미 책 속의 글자들과 관계를 맺고 있다는 것이다. 사르트르에 의하면 이것이 의식의 가장 순수한 모습, 가장 원초적인 모습이다. 그는 이런 차원에서 작동하는 의식을 "비반성적 의식"이라고 부르며, 이것의 자발성, 능동성, 투명성을 강조한다.[345] 후설에 대한 이와 같은 비판의 결과는 1943년 출간된 『존재와 무』에 그대로 반영되고 있다. 사르트르에 의하면 후설의 초월론적 자아는 즉자에 속하지 대자에 속하지 않는다.[346]

이는 사르트르가 데카르트의 코기토를 비판하면서 그의 코기토를 '전반성적 코기토cogito préréflexif'가 아니라 '반성적 코기토cogito réflexif'로 여기는 것과 일맥상통한다. 요컨대 사르트르는 후설 현상학에서 의식의 지향성 개념을 적극적으로 수용하면서도, 후설이 초월론적 자아의 존재를 상정함으로써 텅 비어 있는 의식 속에 여전히 거주자를 남겨 두었다고 비판한다. 실제로 사르트르가 내세운 이런 주체 없는 의식이라는 개념은 후일 주체의 죽음을 내세우면서 전통적인 자아의 존재를 해체하는 데 선구자적인 역할을 했다는 평가를 받기도 한다.

어쨌든 정리하자면 사르트르가 철학에 관심을 갖고 정립하고자 했던 철학, 즉 실재론과 관념론을 넘어서는 철학, 의식이 본 것을 그대로 기술하고자 하는 철학의 정립에 후설이 내세운 의식의 지향성 개념은 큰 영향을 주었던 것으로 보인다. 그리고 그는 후설 철학을 수용하면서도 초월론적 자아의 존재를 폐기하면서 자신의 고유한 철학, 곧 비반성적 의식에

---

345   *Ibid.*, p.24.

346   EN, p.147: "우리는 『철학연구』에 실렸던 한 논문에서 '자아(Ego)'는 대자의 영역에 속하지 않는다는 것을 보여 주려고 시도했다. (…) 여기에서는 단지 자아의 초월성의 이유를 지적하자. 그것은 '체험들'을 통일하는 극으로서의 '자아'는 즉자이지 대자는 아니라는 것이다."

기초한 철학의 정립을 위한 결정적인 전기를 마련했다고 할 수 있다.[347]

하지만 뒤에서 하이데거 철학의 수용과 비판을 검토하면서 보겠지만, 사르트르는 후설을 실재론자가 아니라고 여기고 있으며,[348] 그가 결국에는 초월론적 자아와 개념을 제시하면서 유아론과 관념론으로 경도되었다고 비판하고 있다.

2.3. 의식의 정화(1): 이미지 또는 상상의식

사르트르는 1933년 이루어진 후설 현상학과의 조우 이전에, 특히 고등사범학교 재학 시절부터 이미 정신, 특히 의식에 대한 심리학적 이해에 많은 노력을 기울였다. 이는 정확히 그가 철학에 관심을 가지면서 의식에 드러난 그대로의 세계의 모습을 포착한다는 목표와 일맥상통한다. 다시 말해 그는 의식을, 자신이 정립하고자 했던 철학의 핵심 개념으로 여겼던 것이다. 그 과정에서 그는 방금 살펴본 후설이 제시한 의식의 지향성 개념에 주목했다.

그런데 사르트르의 후설 현상학 수용과 비판에서 한 가지 눈에 띄는 것은 바로 텅 빈 의식에 대한 강조이다. 의식은 아무런 내부도 가지고 있지 않으며, 그 자체로는 텅 빈 상태에 있다는 것이다. 후설의 초월론적 자아

---

347 사르트르는 후설 철학이 의식의 구체적인 경험을 중요하게 여기지만, 결국 관념론으로 경사된다는 사실, 초월론적 자아를 내세워 유아론(solipsisme)에서 벗어나지 못했다는 사실 등을 비판한다.(Cf. PO, pp.62-63.) 그런데 이런 비판은 후설 철학에 대한 사르트르만의 비판이 아니라 그의 철학에 대해 일반적으로 행해지는 비판이기도 하다. 하지만 사르트르를 위시해 이런 비판을 하고 있는 이들은 후설의 저작들 전부를 다 연구하지 못하고 가한 비판이라는 한계에 직면해 있다. 주지의 사실이지만 후설은 후일 이른바 '생활세계(Lebenswelt; le monde de la vie)' 개념을 제시하면서 이와 같은 비판을 극복하고 있으며, 지금도 발간되고 있는 그의 저작들을 통해 이런 비판들이 시정되고 있는 실정이다.

348 Michel Rybalka, "An Interview with Jean-Paul Sartre", *op. cit.*, p.25.

에 대한 비판 역시 이와 같은 텅 빈 의식 개념을 포기한 것에 대한 비판의 일환이다. 이처럼 의식이 텅 빈 상태라는 점을 강조하고, 또 의식을 그런 상태로 유지하려는 작업을 의식의 정화 작업이라고 사르트르는 규정한 바 있다. 그는 후설의 현상학을 수용한 후에도 의식의 정화 작업을 계속 수행한 것으로 보인다.

그 증거가 1936년부터 시작된 사르트르의 일련의 철학 저작의 출간과 계획이라고 할 수 있다. 예컨대 1936년 출간된 『상상력』, 1939년 출간된 『감동론 소묘Esquisse d'une théorie des émotions』(이하 『감동론』), 1940년 출간된 『상상계: 상상력에 대한 현상학적 심리학L'Imaginaitre: Psychologie phénoménologique de l'imagination』(이하 『상상계』) 등이 그것이다. 『상상력』과 『상상계』에서 사르트르는 '이미지'에 대한 여러 철학자의 견해를 비판하면서 의식을 정화하고 있다. 이미지는 지각 대상에 대한 흔적으로서 의식 속에 남아 있는 잔여물이 아니라 의식의 작용이라는 것이 그의 주장이다.

또한 사르트르는 『감동론』에서도 '감동' 역시 의식의 작용이라는 주장을 펴면서 의식을 정화하고 있다. 이 저서에서는 특히 의식의 능동성과 수동성의 문제가 제기되고 있다. 그는 이 저서에서 의식이 외부 대상에 의해 '사로잡혀captivé' 나타나는 수동적 결과처럼 보이는 감동의 경우에도 이 의식은 여전히 능동성을 발휘하고 있다는 점을 밝혀낸다. 그리고 『존재와 무』에서는 프로이트의 무의식 개념을 부인하면서 그 대신에 자기기만 개념을 제시한다. 여기에서는 의식을 정화하는 작업의 일환으로 이미지와 감동을 먼저 보고, 자기기만 개념에 대해서는 『존재와 무』를 다룰 때 살펴보기로 한다.

먼저 『상상력』과 『상상계』를 보자. 사르트르는 고등사범학교 준비반 1년 차부터 이미지의 특성에 관심을 가졌고, 고등사범학교를 마치면서 1927년에 앙리 들라크루아 교수의 지도 아래 "심리적 삶에서의 이미지: 역할과 성질L'Image dans la vie psychologique: rôle et nature"이라는 제목의 졸업논문을 썼다. 『상상력』과 『상상계』로 출간된 두 권의 저서는 원래 이 졸업논문을 보완해 "이미지L'Image"라는 제목의 단행본으로 출간하기를 염두에 두었던 것이다.

그 당시에 들라크루아는 알캉Alcan 출판사의 '신철학백과Nouvelle Encyclopédie philosophique' 총서를 주관하고 있었다. 그는 사르트르에게 졸업논문을 보완해 이 총서에서 단행본으로 출간할 것을 제안했다.[349] 사르트르는 논문을 보완해 출판사에 가져갔다. 하지만 학술적인 색채가 더 짙은 앞부분만이 『상상력』이라는 제목으로 1936년 출간되기에 이른다.[350] 그의 독창적인 이미지론이 전개되는 후반부의 글은 『상상계』라는 제목의 단행본으로 1940년 갈리마르 출판사에서 출간된다.

사르트르는 『상상력』에서 서구 철학사에서 오랫동안 열등한 정신 능력으로 여겨졌던 상상력의 지위를 회복시키고자 한다. 이를 위해 그는 먼저 고대 에피쿠로스학파로부터 데카르트, 흄, 라이프니츠, 베르그송, 후설 등과 같은 철학자들의 이미지 또는 상상력 이론들을 비판적으로 검토한다.[351] 그들은 거의 예외 없이 이미지에 물질적인 성질을 부여함으로써

---

349   ES, p.55.

350   *Idem.*

351   우리나라에서 행해진 사르트르의 상상력에 대한 연구에 대해서는 다음을 보라. 지영래, 「사르트르의 상상력 이론과 미술 비평: 자코메티의 경우」, 『프랑스문화예술연구』, 21, 프랑스문화예술학회, 2007, 583-606쪽; 「사르트르 상상력 이론의 후기 변천과정 연구(I):《상상계》에서 《집안의 천치》로」, 『불어불문학연구』, 92, 한국불어불문학회, 2012, 513-541쪽; 「사르트르의 상상력 이론과 도피로서의 문학」, 『프랑스어문교육』, 39, 한국프랑스어문교육학회, 2012, 525-547쪽; 강미라, 「현상학에서의 상상: 후설, 사르트르, 메를로-퐁티의 상상이론 비교」, 『철학논총』, 75, 새한철학회, 2014, 3-26쪽; 이솔, 「사르트르의 상상력 이론에서 예술작품의 문제: 주관성을 넘어선 상상의 가능성」, 『미학예술학연구』, 71, 한국미학예술학회, 2014, 78-97쪽; 「사르트르와 들뢰즈에게서의 상상(imagination)의 의미: 흄의 이미지 이론에 관한 해석을 중심으로」, 『인간연구』, 44, 인간학연구소, 2021, 7-37쪽; 「칸트의 상상력 이론에 관한 사르트르와 하이데거의 비판: 표상 이론과의 충돌로부터 비표상적 상상력 개념의 창조로」, 『현상학과 현대철학』, 64, 한국현상학회, 2015, 73-104쪽.

이미지를 제대로 설명하고 있지 못하다는 것이 사르트르의 주장이다. 그에 의하면 이미지는 결코 의식 속에 남아 있는 굳어진 물질 덩어리가 아니라 의식의 한 유형이다.

> 의식 '속에' 이미지들이 있지 않고, 있을 수도 없을 것이다. 오히려 이미지는 의식의 '어떤 유형'이다. 이미지는 하나의 행위이지 하나의 사물이 아니다. 이미지는 무엇인가에 '대한' 의식이다.[352]

이미지란 단어를 들으면 보통 그림이나 사진 등의 물질적 이미지가 떠오르기 십상이다. 일상생활 속에서도 이미지는 일반적으로 이런 의미로 사용되고 있다. 또한 어떤 사물이나 사람에게서 받는 인상이라는 의미로 사용되기도 한다. 그런데 이와 같은 이미지의 의미에는 우리가 눈으로 본 대상의 모습이 정신 속에 남아 있는 물질적 잔상殘像이라는 의미가 암묵적으로 포함되어 있다.

하지만 사르트르는 이런 의미를 폐기하고 이미지를 정신, 곧 의식의 한 작용으로 이해해야 한다고 주장한다.[353] 그는 이런 주장을 논증하기 위해 지각행위acte de percevoir와 상상행위acte d'imaginer를 비교한다. 이 두 행위의 대상은 동일하다.

---

352 Jean-Paul Sartre, *L'Imagination*, PUF, coll. Quadrige, 1983(1936), p.162.(이하 LIT로 약기한다.)

353 우리나라에서 행해진 사르트르의 이미지에 대한 연구에 대해서는 다음을 보라. 지영래, 「우리는 왜 이미지의 세계에 빠져드는가?: 사르트르의 이미지론에 대한 재고」, 『기호학 연구』, 22, 한국기호학회, 2007, 519-545쪽; 윤정임, 「사르트르의 이미지론 ― 사르트르 비실재 미학의 이론적 토대: 후설의 수용과 비판」, 『유럽사회문화』, 13, 인문학연구원, 2014, 5-30쪽; 이솔, 「근대 철학의 이미지 개념에 대한 사르트르의 비판」, 『철학논총』, 77, 새한철학회, 2014, 287-312쪽; 김희봉, 「이미지에 관한 현상학적 연구: 후설, 사르트르와 메를로-퐁티를 중심으로」, 『현상학과 현대철학』, 64, 한국현상학회, 2015, 1-40쪽.

예컨대 내가 눈앞의 핸드폰을 지각하고, 이어서 눈을 감고 그 이미지를 떠올린다고 하자. 이 두 행위에서 지각과 상상의 대상은 동일한 핸드폰이다. 다만, 이 두 행위 사이에는 의식이 핸드폰이라는 동일한 대상과 맺는 관계가 다르다는 점에서 차이 ―이 차이에 대해서는 뒤에서 지각, 사유, 이미지 사이의 차이를 거론할 때 다시 살펴볼 것이다― 가 있을 뿐이다. 요컨대 그에 의하면 이미지는 의식의 한 유형으로 정신의 영역에 속하며, 특히 의식 속에 남아 있는 어떤 물질적 잔상이 아니다.

이렇듯 이미지가 갖는 정신적 측면을 강조하는『상상력』은 4년 후에 출간되는『상상계』로 이어진다.『상상력』은『상상계』의 서론에 해당한다. 사르트르는『상상력』의 마지막 부분에서 이미지를 의식의 한 유형으로 여긴다는 점을 지적하고, 곧바로 "'이미지'의 구조에 대한 현상학적 기술을 시도"할 것이라고 예고한다.[354] 그는 이렇게 예고된 시도를『상상계』에서 구체화하고 있다.

사르트르는 원래『상상계』에 "상상적 세계Le Monde imaginaire" 또는 "상상적 세계들Les Mondes imaginaires"이라는 제목을 붙이려고 했다.[355] 이 저서는 1920년대에 기획되었던 정신에 대한 그의 연구의 한 변곡점에 해당한다.『상상계』의 1부("확실한 것Le certain")는 "이미지의 지향적 구조Structure intentionnelle de l'image"라는 제목으로 1938년 10월『형이상학과 도덕 잡지Revue de métaphysique et de morale』(nº 4, pp. 543-609)에 게재되었다.[356] 이 글을 포함하고 있는『상상계』는 1940년에 출간되었으며, 사르트르의 제자였던 알베르 모렐에게 헌정되었다.[357]

---

354   LIT, p.162.

355   ES, p.78.

356   *Ibid.*, p.77.

357   *Idem.*

『상상계』의 부제는 "상상력의 현상학적 심리학Psychologie phénoménologique de l'imagination"이다. 앞에서 이 저서 1부에 해당하는 글이 원래 「이미지의 지향적 구조」라는 점을 지적했다. 이 저서의 부제와 원래 제목에 각각 포함되어 있는 '현상학적'이라는 단어와 '지향적'이라는 단어는, 이 저서가 후설 현상학의 영향하에서 집필되었다는 점을 보여 준다. 사르트르가 이 저서에서 시도하는 심리학은 현상학적 심리학, 좀 더 정확하게는 지향성을 본질로 하는 지향적 심리학이라고 할 수 있다.[358]

"우리 내부에서 이미지들을 만들어 보고, 그 이미지들에 대해 검토하고, 기술하는 일, 다시 말해 그 이미지들의 변별적 성격을 규정하고 분류하려는 시도"[359]를 목표로 내건 사르트르가『상상계』에서 다루고 있는 내용은 광범위하다. 여기에서는 그 내용을 모두 살펴보기보다는 다음과 같은 네 가지 점을 간략하게 지적하는 것으로 그치고자 한다. 이미지의 특징, "아날로공analogon" 개념, 이미지의 "본질적 빈곤성pauvreté essentielle", 이미지와 예술작품과의 관계가 그것이다.

먼저 사르트르가 제시한 이미지의 네 가지 특징을 보자.[360] 첫 번째 특징은 이미지가 하나의 의식이라는 점이다. 이미지는 의식 속에 남아 있는 어떤 물질적인 잔상이 아니다. 이미지는 의식 속으로 들어올 수가 없다. 이미지는 단지 의식이 대상과 맺는 관계를 지칭할 뿐이다.

두 번째 특징은 이미지로 된 대상에 대한 우리의 태도는 "준準관찰quasi-observation"에 해당한다는 점이다. 이미지에는 대상을 재현하는 요소가 있

---

358 사르트르는 이 저서를 후설로부터 "영감(inspiration)"을 받아 집필했다는 사실, 하지만 이 저서가 "그에게 맞서는(contre lui)" 저서임과 동시에 "제자가 스승에게 맞서는" 의미를 가진 저서라는 사실을 지적하고 있기도 하다.(CDG, p.467.)

359 Jean-Paul Sartre, *L'Imaginaire: Psychologie phénoménologique de l'imagination*, Gallimard, coll. Idées, 1940, p.17.(이하 LIR로 약기한다.)

360 *Ibid.*, pp.17-36.

으며, 이런 점에서 이미지는 관찰의 대상처럼 보인다. 하지만 이미지는 이미 우리가 대상에 대해 알고 있는 것 이외에 다른 어떤 것도 새롭게 가르쳐 주지 않는다. 이런 의미에서 이미지는 관찰 대상에 대한 준관찰 현상이라고 할 수 있다. 곧 보겠지만 이 현상은 이미지가 갖는 "본질적 빈곤성"과 밀접하게 연결되어 있다.

세 번째 특징은 상상의식(이미지)은 그 대상을 '무néant'로 놓고 대면하는 '무화하는 의식conscience néantisante'이라는 점이다. 예컨대 내가 내 앞에 있는 핸드폰을 보고 눈을 감고 그것을 머릿속에서 떠올리면서 상상할 때, 나는 그것을 여기에 없는 것으로, 즉 부재하거나 비실재적인 것으로 정립시킨다. 이렇듯 이미지의 대상은 존재하지 않는 것, 곧 비非존재로 정립된다.

네 번째 특징은 상상의식은 스스로 대상을 이미지로 만들고 보존하는 자발성과 능동성으로 작동한다는 점이다. 지각의식은 지각된 대상에 의존하는 수동성을 완전히 도외시할 수 없는 데 비해,[361] 상상의식은 순수한 비반성적 의식의 속성을 가지고 있다. 다시 말해 상상의식은 완전한 자발성, 투명성, 능동성을 지닌다.

이렇듯 사르트르는 이미지를 물질적 속성과는 아무런 관계가 없는 의식으로 이해한다. 더 정확하게는 의식이 외부 대상과 맺는 특정한 방식이나 관계를 지칭한다. 이런 이유로 그는 이미지라는 용어가 주는 혼동을

---

[361] 사르트르에게서 의식, 특히 순수한 비반성적 의식은 완벽한 자발성, 투명성, 능동성의 특성을 갖는 것으로 여겨진다. 하지만 반성적 차원에서 의식의 능동성과 관련해서는 논란이 없지 않다. 사르트르가 의식의 능동성을 확보하고자 하는 노력은 의식의 수동성이라는 암초를 극복하려는 노력으로 간주되기도 한다. 어쨌든 의식, 특히 반성적 차원에서의 지각의식에서 사르트르가 이 의식의 대상에 의해 촉발되는 수동성을 부분적으로 인정하고 있는 것은 분명한 것으로 보인다. 곧이어 보겠지만, '감동'의 경우에도 '감동의식'의 능동성이 대상에 의해 촉발되고, 그런 만큼 수동성에 의해 오염되고, 사로잡혀 있고, 또 약화되어 있다는 사실은 부정할 수 없다.(Cf. 변광배, 「사르트르와 수동성의 암초: 초기 현상학적 저작을 중심으로」, 『현상학과 현대철학』, 82, 한국현상학회, 2019, 129-168쪽.)

피하기 위해 "상상(하는)의식conscience imageante"이라는 용어를 사용하기도 한다.

> '이미지'라는 단어가 오랫동안 여러 가지로 사용되었기 때문에 이 단어를 완전히 내팽개칠 수는 없다. 하지만 우리는 모든 애매함을 피하기 위해 이 미지란 어떤 관계 이외의 다른 것이 아니라는 사실을 여기에서 떠올린다. 내가 피에르에 대해 가지는 상상의식은 피에르의 이미지에 대한 의식이 아니다. 피에르는 직접적으로 도달되고, 나의 주의主意는 하나의 이미지가 아니라 하나의 대상에 따라 유도된다.[362]

그리고 사르트르는 보통 이미지라고 지칭되는 여러 물질적 이미지를 '아날로공'이라고 지칭한다.[363] 그에 의하면 이 개념은 상상의식이 겨냥한 대상의 직관적 내용을 채울 수 있게 도와주는 유사 물질 혹은 "유사 표상 물représentation analogique"로 정의된다. 예컨대 내가 아름드리 팽나무를 찍은 사진을 보고 이 팽나무를 상상한다면, 이 사진은 나의 의식이 이 팽나무 라는 대상을 떠올리게 도와주는 아날로공이 된다. 나의 의식은 이런 아날 로공을 매개로 이 팽나무를 상상하기에 이른다. 이 개념을 고려하면서 사 르트르는 이미지를 다음과 같이 정의하고 있다.

> 따라서 이미지란 그 유형성corporéité 안에서 부재하거나 존재하지 않는 대상을 겨냥하는데, 고유한 상태가 아니라 겨냥된 대상의 '유사 표상물'

---

362   LIR, pp. 21-22.

363   우리나라에서 행해진 사르트르의 아날로공 개념에 대한 연구로는 다음을 보라. 이솔, 「사 르트르의 이미지 이론에서 아날로공(Analogon) 개념의 의미」, 『철학논집』, 35, 철학연구소, 2013, 179-209쪽; 지영래, 「사르트르의 상상력 이론과 뒤프렌의 미학 이론의 접점: 아날로공 개념을 중심으로」, 『영상문화』, 35, 한국영상문화학회, 2019, 5-33쪽.

의 자격으로 주어지는 물적 또는 심적 내용물을 통해 겨냥한다고 말할 수 있다.[364]

이와 같은 정의에 이어 사르트르는 아날로공의 자격으로 주어질 수 있는 물질적 내용물을 그 소재에 따라 다음과 같이 세 유형으로 분류하면서 이미지의 구조를 밝히고자 한다. 첫째, 이미지의 소재를 사물 세계에서 차용한 경우(삽화 도해, 사진, 캐리커처, 배우의 흉내 등등), 둘째, 이미지의 소재를 정신세계에서 차용한 경우(움직임에 대한 의식, 감정 등등), 셋째, 외부 요소와 심적 요소의 종합으로 나타나는 중간유형물(불꽃 속에서, 혹은 반수면 상태 속에서 생리적 내시 현상으로 사람의 얼굴이 보이는 경우 등)이 그것이다.

이어서 사르트르는 "이미지의 가족Famille des images"이라는 제목하에 이 아날로공들을 그 물질적 유사성의 정도가 더 높은 것에서부터 낮아지는 것으로 나아가면서 그 특징을 하나하나 기술한다. 사람의 얼굴을 상상하는 경우를 예로 삼아 그 물질적, 심적 내용물을 인물화, 흉내 내기, 도식적 그림, 불꽃이나 벽에 묻은 얼룩, 사람 형상의 바위, 반수면 상태에서 떠오른 영상, 정신 이미지의 경우의 순으로 검토한다.

또한 사르트르는 『상상계』의 3부("심적 생활 속의 이미지의 역할")에서 의식을 '지각하다percevoir', '생각하다concevoir', '상상하다imaginer'의 세 유형으로 구분하고, '이미지'를 '사유'와 '지각'과 차례로 비교하면서 상상의식의 특징을 제시한다. 이런 비교를 통해 그는 이미지의 본질적 빈곤성과 아울러 이 빈곤성에도 불구하고 우리가 상상의 세계를 선호하는 이유를 제시한다.

먼저 지각을 보자. 지각 작용에서 우리는 대상을 관찰한다. 그때 관찰은 여러 차례에 걸쳐서 행해져야 한다. 우리가 대상을 단번에 파악할 수

---

364   LIR, p.46.

없기 때문이다. 다시 말해 대상을 한 번 관찰함으로써 그것에 대한 완벽한 지각에 이를 수 없다. 예컨대 정육면체 상자를 관찰한다고 하자. 그때 우리는 한 번에 세 면 이상을 지각할 수 없다. 이 상자를 완벽하게 지각하기 위해서는 여러 번 관찰해 그 결과들을 종합해야 한다. 실제로 이 상자에 대한 완벽한 지각은 여러 면에서 관찰된 무수한 결과의 총합과 동의어이다.

그다음으로 정육면체 상자를 하나의 개념으로서 생각, 사유하는 경우를 보자. 이 경우 우리는 이 상자의 모든 면을 단번에 떠올릴 수 있다. 정사각형의 여섯 개의 면과 여덟 개의 모서리를 말이다. 바로 거기에 지각과 사유의 차이가 자리한다. 지각은 대상이 갖는 수많은 모습을 관찰해서 종합하는 과정을 필요로 한다. 반면 사유는 어떤 대상을 단번에 파악할 수 있는 지식이다.

마지막으로 이미지를 보자. 정육면체 상자를 상상하는 경우에 얼핏 지각과 같은 현상이 머릿속에서 발생하는 듯이 보인다. 이미지도 다양한 모습으로 나타나기 때문이다. 따라서 지각과 마찬가지로 이미지를 관찰하고 또 그 결과들을 종합하는 과정이 필요한 것처럼 보인다. 하지만 이미지로 나타난 상자는 여러 관점에서 관찰할 필요가 없다. 왜냐하면 이미지로서의 상자는 지식처럼 단번에 주어지기 때문이다.

하지만 이미지는 지각과 구별된다. 지각은 불확실성과 미확정성의 세계이다. 지금 지각되고 있는 대상이 정육면체라는 말에는 관찰을 통해 바뀔 수 있는 가능성이 항상 내포되어 있다. 눈앞에 드러난 세 면을 보고 정육면체라고 생각했는데, 그 뒤로 가서 직접 보니 나머지 부분은 삼각형일 수 있다는 가능성을 배제할 수 없다. 하지만 상상의 경우에는 그 확실성과 확정성은 불변이다. 지각에서와는 달리 이미지에서는 지식이 단번에, 즉각적으로 주어지기 때문이다.

이런 이미지의 특징으로부터 그 본질적 빈곤성이 도출된다. 지각의식이 작용하는 경우, 이 대상의 세부적 특성들이 새롭게 계속 드러난다. 가령 내 앞에 있는 핸드폰의 경우에 내가 그것을 관찰하는 관점, 방향이 바뀔 때마다 새로운 모습이 계속 나타나며, 그 모습들의 목록은 계속 추가될 것이다. 하지만 이미지의 경우에는 그렇지 않다. 내가 이 핸드폰을 머릿속에서 상상하는 경우, 내가 처음에 거기에 부여했던 모습만 볼 수 있을 뿐이다. 요컨대 상상의 경우에는 우리가 아는 만큼만, 우리가 의도한 만큼만 이미지로 구성할 수 있을 뿐이다.

정확히 거기에 이미지의 본질적 빈곤성이 자리한다.[365] 이미지로 된 대상의 속성은 본질적으로 풍요롭지 못하다. 지각의 대상은 부단히 지각하는 의식을 넘어서지만, 이미지의 대상은 결코 그것을 상상하는 의식을 넘어설 수 없다. 우리가 알고 있지 못한 것에 대해 이미지는 아무것도 알려주지 못한다.

이런 의미에서 이미지의 세계는 대상과 의식 사이에 어떤 틈도 발생하지 않는 세계라고 할 수 있다. 이미지의 세계는 예측 불가능한 사태가 돌발적으로 발생할 수 없는 그런 세계이다. 요컨대 이미지는 언제나 확실하고 안심할 수 있는 세계의 도래를 가능케 해 준다.

사르트르는 이런 상상의식을 "마법적 의식conscience magique"[366]으로 이해한다. 그도 그럴 것이 상상의식은 우리가 생각하고 욕망하는 대상을 우리 눈앞에 부재의 방식으로 또는 비실재적인 방식으로 출두시키고, 또 그

---

365 그로 인해 사르트르는 G. 뒤랑의 비판에 직면하게 된다. 뒤랑에 의하면 사르트르는 상상력이 지니는 풍부한 기능을 놓치고 있다. 상상력에 대해 혁혁한 업적을 남기고 있는 바슐라르의 뒤를 이어 상상력이 갖는 이런 기능을 강조하는 뒤랑의 이런 비판으로 인해 사르트르의 상상력 이론은 제대로 된 평가를 받지 못하고 있는 실정이다. 하지만 뒤랑이 상상력의 기능을 강조하고 있는 반면, 사르트르는 상상력, 곧 이미지의 존재론적 위상을 거론하고 있다는 차이점을 잊지 말아야 할 것이다. 사르트르에 대한 뒤랑의 비판에 대해서는 다음을 참고하라. 질베르 뒤랑, 『상상계의 인류학적 구조들』, 진형준 옮김, 문학동네, 2007, 23-27쪽.

366 LIT, p.239.

것을 소유할 수 있게끔 해 주기 때문이다. 그는 이처럼 상상의식을 "주술incantation"과 같은 것으로 이해한다.[367]

현실에서 이런 상상의식의 마법과 주술의 효과는 대단히 크다. 가령 내가 어떤 힘센 사람에게 계속 괴롭힘을 당하고 있다고 하자. 나는 그를 응징하고 싶다. 실제로 그를 응징하는 것은 어렵다. 하지만 나는 나의 상상속에서는 마음대로 응징할 수 있다. 물론 이런 응징은 실패로 끝날 수밖에 없다. 내가 응징하는 사람은 비실재성을 띠고 있기 때문이다. 그럼에도 불구하고 인간은 이 세계와의 관계 정립에서 불확실하고 불안한 지각이나 사유보다는 오히려 이미지, 곧 상상의 세계를 선택할 수도 있다는 것이 사르트르의 주장이다.

사르트르는 『상상계』의 5부("상상적인 삶")에서 이런 주장의 연장선상에서 '환각hallucination'이나 '꿈rêve'과 같은 상상적인 세계 속에서 살아가는 인간들이 비실재적 대상에 대해 취하는 태도를 분석하고 있다. 이들은 각자의 방식으로 상상의식에 의해 구축된 세계에서 이미지로서의 대상이 실제로 있다는 착각 속에서 살아간다. 하지만 환각의 경우에는 상상의식이 비정상적으로, 곧 병리적으로, 또 꿈의 경우에는 상상의식이 꿈 그 자체 내부에 완전히 갇혀 있는 상태로 이미지, 곧 비실재 대상과 관계를 맺고 있다는 점이 기술되고 있다.

『상상계』의 결론 부분에서 사르트르는 다음과 같은 두 가지를 제시한다. 하나는 상상의식의 기저에 놓여 있는 현실 세계를 부정하는 힘과 자유이고, 다른 하나는 아날로공으로서의 예술작품의 존재론적 위상이다.

앞에서 상상의식이 우리가 생각하고 욕망하는 대상을 우리 눈앞에 부재의 방식으로 또는 비실재적인 방식으로 출두시키고, 또 그것을 소유할 수 있게끔 해 준다는 점을 지적했다. 또한 이런 이유로 상상의식은 마법

---

367   *Idem.*

적 의식과 주술과 같은 것으로 이해된다는 점도 지적했다. 이런 이유로 현실 세계에 대해 불만을 느끼고, 또 이 세계에서 불안함을 느끼는 일군의 사람들, 가령 작가를 포함해 예술가들이 이미지의 준관찰적 특징과 그로 인한 본질적 빈곤성에도 불구하고 상상의식에 의존하는 경우가 비일비재하다.

예컨대 우리는 『말』에서 풀루가 어른들 틈에서, 또 자기 또래 아이들 틈에서 소외를 느끼고 불안을 느낄 때, 그만의 상상 속으로 도피하는 것을 자주 목격한다. 또한 사르트르는 그와 동류의 인간들, 가령 보들레르, 주네, 말라르메, 플로베르, 자코메티 등이 현실 세계에 대해 불만을 느낄 때, 그들 역시 상상의 세계로 도피하는 길을 선택했다는 것을 그들 각자에 대한 비평적 저작에서 잘 보여 준다.

사르트르에 의하면 그 자신과 마찬가지로 이들 예술가 모두가 상상의 세계를 선택하는 것은 정확히 다음과 같은 두 가지 욕망에서 비롯된 것으로 여겨진다. 상상을 통해 현실 세계를 부정하고자 하는 욕망과 거기로부터 자유롭게 벗어나고자 하는 욕망이 그것이다. 사르트르는 상상의 세계가 현실 세계를 바탕으로 구축된다고 본다. 그런데 상상의 세계에 구축되는 비실재의 세계는 현실 세계에 대한 부정과 무화를 통해서 가능하다. 그리고 이런 부정과 무화가 가능한 것은 상상의식이 자유를 실현하는 의식이기 때문이다. 아니, 상상을 하기 위해서는 의식이 자유로워야 한다는 것이 그의 주장이다.[368]

게다가 이렇게 구축된 상상의 세계는 불확실성과 불확정성이 지배하는 현실 세계에 대해 "반反세계"로서 제시된다는 것이 사르트르의 견해이다.[369] 현실 세계는 우연성의 지배하에 있으며, 따라서 예상치 못한 돌발

---

368   *Ibid.*, p.353.

369   *Ibid.*, p.261.

적인 사건들로 가득하다. 이런 이유로 현실 세계에서의 삶은 항상 불안하다. 이런 상황에서 확실성과 확정성의 세계, 변화의 여지가 없는 세계, 곧 상상의 세계로 도피하고, 또 거기에서 머물고자 하는 것은 어쩌면 모든 인간에게서 볼 수 있는 자연스러운 행동이라고 할 수도 있을 것이다.

사르트르는 또한 자신의 이미지론에 바탕을 두고 예술작품의 존재론적 위상을 아날로공을 통해 제시하고 있다. 즉 아날로공을 매개로 비실재적인 것, 부재하는 어떤 것을 상상하는 것이라고 말이다.[370] 예를 들어 보자. 여기에 붉은 양탄자를 그린 한 폭의 그림이 있다고 하자. 이 그림은 여러 물질적 요소로 구성되어 있다. 빨간색 물감, 양탄자, 액자 등…. 이 요소들이 바로 이 그림의 유사적 표상물이다. 다시 말해 이 요소들과 그림은 구별이 안 되는 상태로 겹쳐 있다.

사르트르에 의하면 우리는 결코 이런 물질적 요소들 자체에서 미적 체험을 하는 것이 아니다. 이 그림이 가진 아름다움을 감상하기 위해 우리는 이 물질적 요소들, 곧 이 물질적 아날로공을 매개로 그 너머에 있는 비실재적 세계를 상상해야 한다.

실제로 빨간색 물감, 양탄자 액자 등은 그 자체로 아름답지 않다. 그림 위에 있는 물감을 자세히 들여다보라. 거기에는 울퉁불퉁 붓이 지나간 흔적만이 있을 뿐이다. 이 그림의 아름다움은 이런 물질적 요소들 그 자체가 아니라, 그 너머에 있는 비실재적 세계에 있다. 그로부터 사르트르는 다음과 같은 결론, 즉 "실재하는 것은 결코 아름답지 않으며, 아름다움은 단지 상상적인 것에만 적용될 수 있는 가치"라는 결론에 이르게 된다.[371] 요컨대 사르트르의 이미지론, 예술작품의 존재론, 미학은 서로 얽혀 하나를 이루고 있다.

---

370 Cf. *Ibid.*, pp.361-373.

371 *Ibid.*, p.371.

2.4. 의식의 정화(2): 감동 또는 감동의식

의식의 정화 작업의 일환으로 이미지를 의식 속에 남아 있는 물질이 아니라 의식 작용의 하나로 보고 있는 사르트르의 주장을 살펴보았다. 그에 의하면 이미지는 상상의식의 다른 표현이며, 결코 의식 속에 있는 응고된 물질적 잔상이 아니었다. 이와 같은 정화 작업은 의식의 투명성, 곧 텅 빈 상태로 있어야 한다는 주장에 입각해서 이루어진 것이다.

그런데 사르트르는 의식에 또 다른 성격의 정화 작업을 하고 있는 것으로 보인다. 그것은 의식의 능동성에 관련된 것이다. 그에 의하면 의식(비반성적 의식)은 절대적 자발성, 능동성, 투명성을 갖는 것으로 여겨진다. 다만 어떤 경우에 의식은 그 외부 대상으로부터 영향을 받는 상태, 즉 그것에 의해 사로잡힌 상태 또는 그것과의 관계에서 수동적 상태에 있는 것으로 보인다. 감동이 그중 하나이다. 하지만 사르트르는 감동을 외부 대상의 압력에서 구해 냄으로써 의식의 능동성을 지켜 내고 있다.

사르트르가 1939년 출간한 『감동론』에서 처음으로 감동을 문제 삼고 있는 것은 아니다. 그는 이미 「지향성」에서 사랑, 두려움, 끔찍함, 공감 등과 같은 감정을 다루고 있다. 그는 이런 감정을 촉발시키는 요인이 외부 대상에 있다고 주장한다. 예컨대 일본 가면假面을 보고 두려움을 느끼는 것은, 그 두려움을 일으키는 속성들이 의식 내부가 아니라 외부 대상인 가면 속에 있다고 본다.[372] 의식의 내부에는 아무것도 없다. 또한 그는 『상상계』의 5부("상상적인 삶")에서도 환각과 꿈을 집중적으로 다루면서 감동에 대해서도 간략하게 다루고 있다.

하지만 사르트르가 감동을 본격적으로 다루고 있는 것은 『감동론』에서이다. 보부아르에 의하면 이 저서는 원래 "프시케La Psyché"라는 제목으

---

[372] IT, p.32.

로 집필하고자 했으며, 400여 쪽을 썼던 "현상학적 심리학 개론" 중 유일하게 남은 부분에 해당한다.[373] 사르트르는 단편집『벽』(1939)의 집필을 위해 이 개론의 집필을 포기했다. 하지만『감동론』은 엄격한 논리와 접근법으로 인해 4년 뒤에 출간되는『존재와 무』에 대한 "가장 좋은 입문서"라는 평가를 받는다.[374]

방금『감동론』이 현상학적 심리학 개론을 주요 내용으로 하는 "프시케"라는 제목으로 구상된 저서의 일부라는 사실을 지적했다. 이것은『감동론』도『상상력』과『상상계』와 마찬가지로 후설 현상학의 영향하에서 집필되었다는 것을 보여 준다. 사르트르는『감동론』에서 감동에 대한 "현상학적 이론"[375]의 정립을 시도한다. 그러면서 그 이전에 이 개념에 관심을 표명했던 여러 심리학자의 감동 이론[376]과 특히 프로이트의 정신분석학적 감동 이론[377]을 비판한다. 사르트르는 그들 연구에서 볼 수 있는 지나치게 실증주의적인 경향, 감동을 아무 목적 없는 비합리적인 압력, 질병이나 맹목적인 힘, 심리적 분열 등으로 보는 경향, 무의식에 의존해 감동을 설명하려는 결정론적 경향 등을 비판하고 있다.

이런 비판을 한 후에 사르트르는 후설 현상학에 입각해 감동을 의식, 그것도 비반성적 의식이 행하는 목적과 의미를 가진 행위, 곧 세계를 파악하는 행위로 이해한다. 그러니까 그는 감동을 '감동(하는)의식conscience émouvante ou émotionnelle'이라는 비반성적 의식이 이 세계와 관계를 맺는 하나의 방식으로 이해한다.[378] 요컨대 그는 이미지를 상상의식과 동의어로

---

373 FA, p.326.

374 ES, p.71.

375 Jean-Paul Sartre, *Esquisse d'une théorie des émotions*, Hermann, 1965, p.38.(이하 ETE로 약기한다.)

376 Cf. *Ibid.*, pp.21-32.

377 Cf. *Ibid.*, pp.33-38.

여겼던 것과 마찬가지로 감동을 감동의식과 동의어로 여긴다.

그렇다면 사르트르는 『감동론』에서 감동을 어떻게 외부 대상의 압력으로부터 구해 의식의 능동성을 지켜 내는가? 이 질문은 그에게서 감동이 무엇이고, 그 특징은 무엇인가라는 질문에 다름 아니다. 『감동론』을 중심으로 이 질문에 답을 해 보자.

사르트르는 먼저 감동을 비반성적 의식으로 간주한다. 이런 자격으로 감동은 이 세계를 그 자체의 지향성의 대상으로 포착한다. 그에 의하면 감동은 이 세계에 직면해서 인간이 드러내는 단순한 주관적인 반응이 결코 아니다. 이와는 달리 감동은 이 세계에 대한 의식 ─감동의식이다─ 의 하나이다. 따라서 감동은 이 세계를 파악하는 하나의 방식으로 이해된다.[379]

> 감동의식은 먼저 비반성적이다…. 감동의식은 세계에 대한 의식이다. (…) 감동한 주체와 감동되는 대상은 불가분의 종합 속에 결합되어 있다. 감동은 세계를 파악하는 어떤 방식이다.[380]

의식은 보통 세계 앞에서 실용적 태도를 취한다. 의식은 세계를 인과적이고 합리적인 법칙의 지배하에 두고자 하며, 의식은 이 세계를 "도구들로 조직된 하나의 복합체un complexe organisé d'ustensiles'[381]로 파악, 이해하고자 한다. 하지만 의식이 세계와 직면해서 이런 실용적 태도만을 취하는 것은 아니다. 예컨대 때로는 예측 불가능하고, 때로는 무섭고도 견디기 어려운

---

378   *Ibid*., pp.38-39.

379   *Ibid*., p.39.

380   *Ibid*., pp.38-39.

381   *Ibid*., p.61.

모습으로 나타나는 세계[382]에 직면해 우리는 당황할 수도 있다. 사르트르에게서 세계는 우연성의 지배하에 있는 것으로 이해되지 않는가?

이런 상황에서 우리는 이 세계를 변형시키려는 태도를 취할 수도 있을 것이다. 사르트르에 의하면 이처럼 세계를 변형시키고자 하는 의식, 이것이 감동의식에 해당한다. 그는 이와 같은 "세계의 변형transformation du monde"의 시도를 "마법"과 같은 것으로 여긴다.

> 감동이란 세계의 변형이다. 갈 길이 힘들거나 길이 없을 때, 우리는 그렇게 위급하고 어려운 세계에 더 이상 머물 수 없다. 모든 길이 막혀 있다고 해도 우리는 행동해야 한다. 따라서 우리는 세계를 바꾸려고 시도한다. 즉 사물들과 그 잠재성의 관계가 결정주의적 과정에 의해 조정되는 것이 아니라 마법에 의해 조정되어 있는 것처럼 세계를 살아가도록 시도한다.[383]

예를 들어 보자. 어떤 사람이 길을 가다가 '사나운 짐승'[384]을 만났다고 하자. 이때 그는 어떻게 처신할까? 처음에는 짐승의 크기, 짐승과의 거리, 짐승의 사나움의 정도 등을 따져 보려 할 것이다. 이것이 실용적 태도이다. 하지만 아주 급박한 상황에서 그는 기절할 (또 도망칠) 수도 있다. 사르트르에 의하면 이 사람이 이 짐승과 맞닥뜨려 기절하는 것이 바로 마법에 해당한다.

실제로 이 사람은 기절함으로써 이 짐승을 사라지게끔 하고자 하며, 그렇게 해서 자기 주위에서 실용적 세계를 추방하고 그 자리에 마법적 세계를 세우고자 한다. 하지만 기절, 곧 마법을 통해 세계는 변형되지 않는다.

---

382   『감동론』에서 의식이 직면하는 세계는 '어려운(difficile)'(*Ibid.*, p.43.) 세계로 여겨진다.

383   *Ibid.*, p.43.

384   *Ibid.*, p.45.

위의 예에서 사나운 짐승은 사라지지 않고 이 사람 앞에 그대로 있다. 따라서 감동은 세계를 실용적 태도와는 "다르게autrement" 포착하려는 것, 즉 의식이 세계를 변형시키기 위해 방향을 바꾸어 의식 스스로에게 일으키는 변형인 것이다.[385]

사르트르에 의하면 감동은 또한 "믿음croyance"의 현상이기도 하며,[386] 거기에는 "신체"가 이용된다.[387] 위의 예에서 무서운 짐승과 맞닥뜨린 사람은 이 짐승을 사라지게끔 하기 위해 자신의 기절을 통해 세계가 변형되었다는 사실, 즉 짐승이 사라졌다는 사실을 믿어야 한다. 이런 의미에서 믿음을 동반한 감동은 일종의 "유희jeu"(또는 "자기기만")[388]라고 할 수 있다.

또한 사르트르에 의하면 이런 유희 또는 자기기만은 신체를 통해 구현된다. 위의 예에서 사나운 짐승과 맞닥뜨린 사람의 기절은 그의 신체를 통해 나타난다. 이 사람은 자신의 신체를 통해 스스로를 '기절한-신체corps-évanoui'로 변형시키면서 이 짐승에 내재된 사나움에 해당하는 성질을 변형시키고자 하는 것이다. 그는 짐승을 피해 도망갈 수도 있다. 그런데 이때 그의 도망은 "연기演技된 기절évanouissement joué"[389]임과 동시에 자신의 신체를 통해 힘껏 이 무서운 짐승을 "부정하고", "잊고", "무화하려는" 행위이며, 이런 행위 역시 마법적이라는 것이 사르트르의 주장이다.[390]

그다음으로 사르트르는 감동을 마법적 세계로 뛰어드는 의식의 "강등dégradation"[391] 또는 "의식의 마법 속으로의 갑작스러운 추락chute brusque de

---

385   *Ibid.*, p.43.

386   *Ibid.*, p.53.

387   *Ibid.*, p.44.

388   *Idem.*

389   *Ibid.*, p.46.

390   *Idem.*

391   *Ibid.*, p.53.

la conscience dans le magique"[392]으로 규정한다. 그는 마법을 "의식의 자발성과 수동성이 비합리적으로 종합된 상태"[393]로 규정한다. 감동에서 모든 것은 마치 대상이 의식에게 어떤 행위를 명령하고, 따라서 주도권을 행사하는 것처럼 진행된다. 물론 감동의식은 비반성적 의식이기 때문에 당연히 능동성을 발휘한다.

하지만 위의 예에서 본 것처럼 이 사람의 의식은 비반성적 차원에서 반성적 차원으로 하강하는 지점에서 절대적이고 완전한 자발성과 능동성을 발휘하는 것이 아니다. 짐승이 가진 여러 성질, 즉 사납고 무서운 성질들의 영향하에서 이 사람의 의식은 이미 신체적인 표현들(예컨대 발열, 홍조, 흥분, 외침 등과 같은 감동의 징후)을 통해 "포획된pris"[394] 상태 —더 정확하게는 "스스로 포획된s'est pris" 상태이다— 에 있다.

이것은 그대로 짐승과 맞닥뜨린 사람의 의식이 자신의 신체를 "주술의 수단moyen d'incantation"[395]으로 삼아 강등된 자발성을 발휘하고 있다는 사실을 보여 준다. 사르트르는 이런 상태를 이해하기 위해 "마법적인 것le magique"이란 "사물들 사이를 어슬렁거리는 정신esprit traînant parmi des choses"[396]이라는 알랭의 비유를 동원한다. 이 비유의 의미는 자발성과 수동성의 비합리적 종합이 마법적이라는 정의와 같은 것으로 보인다.

감동에 대한 검토를 시작하면서 우리는 이 개념이 어떻게 의식의 자발성과 능동성을 보장해 주는지에 대한 질문을 던졌다. 이제 이 질문에 답을 할 수 있다. 감동은 감동의식이고, 이 의식은 비반성적 의식이기 때문

---

392   *Ibid.*, p.62.

393   TE, p.64.

394   Phillipe Cabestan, *L'Etre et la conscience: Recherches sur la psychologie et l'ontophénoménologie sartriennes*, Ousia, 2004, p.152.

395   ETE, p.50.

396   *Ibid.*, p.58.

에, 이 의식은 항상 능동성을 발휘한다. 다만, 감동의식에는 비반성적 차원에서 반성적 차원으로 하강하는 지점에서 세계의 변형 시도, 믿음, 유희 또는 자기기만, 신체의 이용 등과 같은 요소들이 수반된다. 따라서 감동의식에서는 세계에 있는 여러 대상의 능동적인 주도권 행사,[397] 곧 의식의 수동성과 사로잡힘이 동반된다는 점은 분명하다. 결국 "감동의식은 사로잡혀 있다La conscience de l'émotion est captive."[398]

그렇다고 해서 이런 사로잡힘이 감동의식을 완전히 마비시키거나 그 자발성과 능동성을 완전히 빼앗는 것은 아니다. 이와는 달리 감동의식은 자발성과 능동성을 발휘한다. 다만, 이 의식은 대상의 성질들에 의해 사로잡혀 있으며, 결국 그것들이 발휘하는 힘을 "따른다subi".[399] 사르트르는 이렇게 말한다. "이처럼 감동의 기원은 세계에 직면해서 의식이 체험하는 자발적인 강등이다."[400]

사르트르에 의하면 마법으로서의 감동의 한 측면은 자발성이며, 다른 한 측면은 "무기력한 능동성, 수동화된 의식activité inerte, conscience passivisée"[401]이다. 감동이 이처럼 "수동적 능동성activité passive"으로 나타나는 것은, 바로 의식 스스로가 이 세계의 "물질적인 무엇인가에 의해 감염되도록 방치하기laisser contaminer par quelque chose de matériel"[402] 때문이다. 여기

---

397 『감동론』에서 사르트르는 "주체에서 벗어나(moves out) 대상으로 옮겨 가는 것에 초점을 둔 것처럼 보인다."(Joseph P. Fell, *Emotion in the thought of Sartre*, Columbia University Press, 1965, p.13.)

398 ETE, p.55.

399 *Idem.*

400 *Ibid.*, p.54.

401 *Ibid.*, p.58.

402 Isabelle Stal, *La Philosophie de Sartre. Essai d'analyse critique*, PUF, coll. Thémis Philosophie, 2006, p.26.

에서 관건이 되는 것은 "자기-홀림auto-envoûtement"[403]이다. 따라서 감동의 식은 여전히 자발적이다.[404]

다만 감동의식에서 절대적 자발성, 곧 의식의 전능성omnipotence consciente 이 세계의 힘에 의해 상대적으로 약해졌다는 사실은 부인할 수 없다.[405] 요컨대 감동, 즉 감동의식이 외부 세계와 관계를 맺으면서 외부 세계로부 터 오는 힘을 완전히 배격하지는 못한다고 해도, 여전히 이 의식이 자발 적이고 능동적으로 작용한다는 것은 어김없는 사실이다.

2.5. 하이데거 철학의 수용과 비판

사르트르가 『존재와 무』에 이르는 과정, 곧 전 현상학 시기에서 후설에 이어 큰 영향을 받은 또 한 명의 철학자는 하이데거라는 사실을 앞에서 언급한 바 있다. 후설의 경우와 마찬가지로 하이데거의 경우에도 다음과 같은 질문들이 제기된다. 사르트르는 하이데거 철학으로부터 어떤 영향 을 받았는가? 영향을 받는 것으로만 그쳤는가, 아니면 비판을 했는가, 했 다면 어떤 내용의 비판을 했는가? 또 살았던 시기가 일부 겹치는[406] 하이

---

403 Phillipe Cabestan, *L'Etre et la conscience*, *op. cit.*, p.152.

404 감동을 "자유의 창조적인 힘(puissance créatrice de la liberté)"으로 여기는 연구자도 있다.(Cf. Grégory Cormann, "Emotion et réalité chez Sartre. Remarques à propos d'une anthropologie philosophique originale", *Bulletin d'analyse phénoménologique*, vol. VIII, nº 1, Actes 5, 2012, p.302.)

405 한 연구자는 감동에서 나타나는 이런 역설을 '논리적 궁지(aporie)'로 규정한다. 『감동론』의 앞부분에서는 수동성이, 뒷부분에서는 자발성이 부각된다는 것이다.(Vincent de Coorbyter, "Le corps et l'aporie du cynisme dans *L'Esquisse d'une théorie des émotions*", *Ibid.*, p.285.)

406 하이데거는 1889년에 태어나 1976년에 세상을 떠났고, 사르트르는 1905년에 태어나 1980년 에 세상을 떠났다. 1952년 12월에 사르트르가 프리부르강브리강(Fribourg-en-Brigand)에서 강연을 하고 하이데거를 방문해 잠깐 만난 적이 있기도 하다.(ES, p.34.) 사르트르는 1933-1934년도 겨울 학기에 하이데거의 강의를 청강한 적도 있었으나, 두 사람 사이의 개인적인 접촉은 가벼운 것이어서 하이데거는 이를 기억하지 못했다고 한다.

데거는 사르트르 철학에 대해 관심을 가졌는가? 이런 질문들에 답을 하기 위해서는 본격적인 연구가 필요할 것이다. 여기에서는 사르트르와 하이데거의 사유를 비교, 검토하고 있는 기존의 연구들을 바탕으로 위의 문제들에 간략하게 답을 해 보고자 한다.[407]

먼저 사르트르가 하이데거 철학과 조우하게 된 과정을 보자. 그가 하이데거의 저작을 읽으려고 했던 것은 베를린 프랑스연구소 체류 시절이었던 1933년 겨울로 알려져 있다. 이때 그는 하이데거의 『존재와 시간』을 구입해 후설의 저작과 같이 읽으려고 했으나 그 난해함으로 인해 50쪽 정도만 읽고 덮어 버렸다고 말하고 있다.[408]

사르트르에게는 1933년 이전에도 하이데거 철학을 접할 수 있는 기회가 있었다.[409] 사르트르는 니장의 도움으로 1930년 『비퓌르』지에 『진리의

---

407 사르트르와 하이데거를 비교하고 있는 기존의 연구로는 다음과 같은 저작들을 꼽을 수 있다. Joseph P. Fell, *Heidegger and Sartre: An Essay on Beaing and Place*, Columbia University Press, 1979; Joseph P. Fell, "Battle of the Giants over Being", in *The Philosophy of Jean-Paul Sartre, op. cit.*, pp.257-276; Charles E. Scott, "The Role of Ontology in Sartre and Heidegger", *Ibid.*, pp.277-299; Michel Haar, "Sartre and Heidegger", in *Jean-Paul Sartre. Contemporary Approches to his Philosophy, op. cit.*, pp.168-187; Alain Renaut, "Sartre et Heidegger: Sur l'éthique de la finitude", *Raison présente*, n° 117(Sartre), 1996, pp.27-42; Alain Renaut, *Sartre, le dernier philosophe, op. cit.*; Hélène Védrine, "La pathétique de l'histoire: brèves remarques sur Heidegger et Sartre", *Etudes sartriennes*, n° IV, Cahiers de sémiotique textuelle 18, Université Paris X, 1990, pp.39-44; Richard Wolin, "Sartre, Heidegger et l'intelligibilité de l'histoire", *Les Temps modernes*, n°s 531-533, *op. cit.*, vol. 1., pp.365-397; Jean Launay, "Sartre lecteur de Heidegger ou l'être et le non", *Ibid.*, pp.413-435; Guy Haarscher, "Sartre et Heidegger: à propos d'un malentendu", *Revue internationale de philosophie*, vol. 39, n° 152-153, 1985, 56-71쪽; 한상연, 「자유의 절대성과 현존재」, 『현대유럽철학연구』, 55, 한국하이데거학회, 2019, 1-32쪽; 차건희, 「하이데거와 사르트르」, in 『하이데거와 철학자들』, 소광희 외 지음, 철학과 현실사, 1999, 365-382쪽; 우정민, 「하이데거와 사르트르의 현상학적 신체론: 《졸리콘 세미나》와 《존재와 무》를 중심으로」, 『현상학과 현대철학』, 99, 한국현상학회, 2023, 29-56쪽.

408 CDG, p.467.

409 토바르니키는 1926년에 사르트르가 이미 후설과 하이데거, 현상학에 대해 들었을 것이라고 추측하고 있다. 그 이유는 하이데거의 제자였던 일본인 쿠키 백작(comte Kuki)이 1926년

전설』의 발췌본을 게재했다.[410] 이 글에는 철학과 문학을 통합하고자 하는 사르트르의 생각의 일단이 드러나 있다. 그는 이 글을 단행본으로 출간하고자 했으나 출판사에서 거절당한 상황이었다. 그런데 하이데거의 『형이상학이란 무엇인가』의 일부가 번역되어 『비퓌르』지 같은 호에 실렸다. 사르트르는 그때 이 글을 이해하지도 못한 채 읽었다고 술회하고 있다.[411]

하지만 1933년부터 1934년까지 베를린 프랑스연구소에서 체류하면서 후설을 집중적으로 연구하던 동안에도 사르트르는 하이데거에 대한 관심의 끈을 놓지 않은 것으로 보인다. 그 증거는 「지향성」이다. 앞에서 살펴본 것처럼 사르트르는 이 글을 베를린 체류 시기인 1934년에 썼다. 그런데 이 글에서 그는 벌써 하이데거의 "세계-내-존재l'être-dans-le-monde"를 언급하고 있다.[412]

베를린에서의 체류를 마치고 1934년 프랑스로 돌아와서도 사르트르의 하이데거에 대한 관심은 계속 이어진다. 예컨대 1936년 그는 하이데거의 저서를 조금 읽었다고 회고하고 있으며, 1937년에는 수업 중에 하이데거를 종종 언급하기도 했다고 말하고 있다. 특히 수업 중에 언급했던 하이데거의 사유가 그해에 치러진 바칼로레아 시험의 논술 주제와 유사하게 출제되어 이 주제를 예상한 그가 "개선장군"처럼 득의양양한 적도 있었다.[413]

에 고등사범학교로 강의를 들으러 왔고, 그가 사르트르에게 현상학에 대해 말했을 것이기 때문이다.(Cf. Frédéric de Towarnicki, "Quand Sartre découvrit Husserl et Heidegger", *Magazine littéraire*, n° 320, *op. cit.*, p.45.)

410   ES, p.53.
411   CDG, p.466, note.
412   IT, p.31.
413   S19, p.176.

사르트르의 하이데거 철학에 대한 관심은 1938년 코르뱅에 의해 하이데거의 『형이상학이란 무엇인가』가 번역되고 난 후에 더욱 커졌다. 사르트르는 이 저서를 읽고 하이데거의 『존재와 시간』을 읽기 시작했다고 회고한다.[414] 1939년 초, 즉 2차 세계대전 발발 몇 개월 전에도 그는 하이데거의 저작을 읽었다고 기억하고 있다.

하지만 사르트르가 본격적으로 하이데거 철학을 발견한 것은 2차 세계대전이 한창 진행 중이던 때였다. 놀랍게도 독일군의 포로수용소에서였다. 그는 1939년 9월 전쟁에 동원되었다가 1940년 6월 21일 35세 되던 생일날에 독일군의 포로가 되었다. 포로수용소에서 그는 하이데거의 『존재와 시간』을 읽었고, 또 그곳에서 같이 포로로 잡혀 있던 사제司祭들에게 하이데거 철학을 설명하기도 했다.[415] 그는 1943년 출간될 『존재와 무』를 집필하기도 했다. 실제로 그는 이 저서에서 하이데거 철학의 주요 개념들을 비판적으로 수용하고 있다.

이 단계에서 한 가지 의문이 제기된다. 사르트르는 포로수용소에서 어떻게 『존재와 시간』을 구할 수 있었을까? 후일 그는 이렇게 답하고 있다. 포로수용소에서 부족한 것이 무엇이냐고 물으러 온 독일군 장교에게 그가 하이데거의 저서라고 대답했고, 그렇게 해서 그는 『존재와 시간』을 받게 되었다고 말이다. 이런 과정을 밟아 사르트르는 포로수용소에 같이 있게 된 사제들에게 하이데거를 설명할 수 있게 된 것이다. 그러면서 그는 나중에 『우스꽝스러운 전쟁 수첩』이라는 제목의 단행본으로 출간되는 여러 권의 수첩을 채워 나갔다.

그렇다면 사르트르는 어떤 이유로 하이데거 철학에 관심을 갖게 되었

---

414   CDG, p.469.

415   이 사실에 대해서는 그 시절을 추억하고 있는 마리위스 페렝 신부의 다음 저서를 참고하라.
         Marius Perrin, *Avec Sartre au stalag 12D*, Jean-Pierre Delarge, 1980.

는가? 그는 후설을 연구하면서 "막다른 골목"에 몰렸으며, 거기에서 빠져 나오기 위해 하이데거에게 의존했다고 적고 있다.[416] 앞에서 사르트르가 후설의 진을 빼기 위해 4년이 필요했다는 점을 지적했다. 그 시기는 아롱 의 안내로 그가 후설 현상학에 입문한 1933년부터 계산하면 대략 1937년 경으로 보인다.

　방금 사르트르가 1938년 코르뱅이 번역한 『형이상학이란 무엇인가』 를 읽고 하이데거 철학에 매달리기 시작했다고 했다. 실제로 사르트르는 이 시기에 후설의 관념론에로의 경사, 의식의 수동성 문제와 '질료hylé' 개 념,[417] 유아론에 빠진 그의 타자 문제에 대한 입장 차이[418]로 인해 철학적 으로 곤란한 상황에 빠졌다. 그는 후설에게서 답을 계속 찾고자 했으나, 그 답은 그의 눈에 "그다지 확고하지 않았고 빈곤"한 것으로 보였다.[419] 이 런 상태에서 벗어나기 위해 사르트르는 하이데거에게로 방향을 돌리게 되었다고 할 수 있다.[420]

　게다가 사르트르는 1939년에 2차 세계대전에 동원된다. 그러면서 그 는 "역사가 그의 주위 모든 곳에 있다는 것"을 깨닫게 된다.[421] 이 전쟁에 의 동원이 그의 삶과 사유에서 전회가 이루어지는 결정적인 계기였다는 사실을 떠올리자. 전쟁에서 가장 긴요한 문제는 삶과 죽음의 문제, 곧 실 존의 문제라고 할 수 있다. 사르트르는 이런 문제에 부딪혀 후설이 내세

416　CDG, pp.467.

417　질료 개념에 대한 입장의 차이에 대해서는 다음을 보라. Jean-Marc Mouillié, "Sartre et Husserl: une alternative phénoménologique?", *op. cit.*, pp.94-98.

418　사르트르는 『존재와 무』의 3부 '대타존재' 부분에서 타자 존재를 다루면서 후설이 유아론에 빠졌다고 비판하고 있다.

419　CDG, p.468.

420　Richard Wolin, "Sartre, Heidegger et l'intelligibilité de l'histoire", *op. cit.*, p.377.

421　CDG, p.468.

우는 순수의식 영역에서 이루어지는, 세계와의 관계 정립의 과정을 기술한다는 기획의 한계를 절감했던 것으로 보인다. 후설의 이런 기획은 추상적이며, 여기에는 구체성이 결여되어 있다는 것이 사르트르의 판단이었다.[422]

후설의 이런 기획보다는 오히려 의식과 신체가 하나가 되고, 또 그런 상태로 이 세계와 단순히 지향적 관계, 인식론적 관계가 아니라 실천적 관계, 나아가 다른 인간들과 도덕적·윤리적 관계를 맺는 인간의 모습이 사르트르의 기획에 더 부합했다고 할 수 있다. 이렇듯 인간이 그 안에서 삶을 영위하는 구체적 현실과 역사적 상황(특히, 전쟁)[423]에 대한 이해와 그 위에서 이루어지는 인간에 대한 이해의 필요성으로 인해 사르트르는 후설로부터 하이데거에게로 경도되었다고 할 수 있다.

이와 관련해 사르트르는 하이데거의 "비장감"을 언급하면서, "죽음, 현존재, 여기저기에 내던져짐" 등과 같은 개념들과 "시의적절하게" 조우하게 되었다고 말하고 있다.[424] 그는 하이데거에게 받았던 영향을 이렇게 회상하고 있다.

---

422 사르트르는 장 발(Jean Wahl)의 『구체성을 향하여(*Vers le concret*)』(1932)로부터 받은 영향을 강조하고 있다.(*Ibid.*, p.469.) 보쉐티는 '구체성'을 "1930년대의 정신"이자 사르트르 세대의 공통점이라고 보고 있다.(Cf. Anna Boschetti, *Sartre et "Les Temps modernes"*, Minuit, 1985, pp.86-87.) 사르트르가 후설과 하이데거 철학에 관심을 갖게 된 것은 프랑스 철학을 지배하는 추상적인 관념론을 극복하기 위해 구체성과 체험을 강조하는 실재론의 수용이 필요했기 때문이라는 점은 앞에서 언급한 대로이다. 하지만 사르트르는 궁극적으로 후설은 실재론자가 아니라고 보고 있으며, 나중에는 하이데거도 관념론에서 벗어나지 못하고 있다고 진단했다는 점을 지적하자.(EN, p.306.)

423 2차 세계대전을 계기로 하이데거 철학이 사르트르에게 "새로운 길"을 열어 주었다는 견해도 있다.(Hélène Védrine, "Sartre et la drôle de guerre", in *La Guerre et les philosophes*, textes réunis et présentés par Philippe Soulez, Presses universitaires de Vincennes, 1992, p.80.)

424 CDG, p.470.

최근에 그의 영향은 종종 신이 내려 준 것처럼 보였다. 전쟁 때문에 진정성[425]과 역사성이 필연적인 것으로 되어 가던 바로 그때, 나는 그의 영향으로 그와 같은 개념들을 배웠기 때문이다. 이 도구들이 없이 내 사상을 어떻게 했을 것인지를 상상해 보면 나는 뒤늦게나마 두려움에 사로잡힌다. 나는 많은 시간을 벌었다.[426]

사르트르는 하이데거로부터 어떤 영향을 받았는가? 위의 인용문에 이 질문에 대한 답의 일부가 들어 있다. '진정성' 개념[427]과 '역사성historicité' 개념[428]의 수용이 그것이다. 하지만 이 두 개념은 그가 하이데거로부터 차

---

425   '진정성'으로 옮긴 이 단어는 독일어 'Eigentlichkeit'의 프랑스어 번역에 따른 것이다. 프랑스에서는 이 단어를 'authenticité'와 'porpreté'로 옮겼고, 사르트르는 그중에서 'authenticité'를 취한다. 'Eigentlichkeit'의 기원은 후설과 그의 스승 브렌타노까지 거슬러 올라가지만, 이것을 자기 사유의 중심에 놓았던 사람은 단연 하이데거이다. 하이데거에게서 이 단어는 '본래성'으로 번역된다. 그 반대되는 단어가 '비본래성(Uneigentlichkeit)'이다. '비본래성'은 프랑스어에서는 'inauthenticité'로 번역되며, 사르트르에게서는 '비진정성'으로 번역된다. 흥미롭게도 사르트르가 하이데거로부터 수용해 'authenticité'로 옮긴 이 용어를 독일에서 다시 사르트르의 저서를 번역할 때는 'authenticité'에 준거해 'authenticität'로 옮기고 있다.(윤정임, 「진정성 개념과 성자 주네의 회심」, 『프랑스학연구』, 80, 프랑스학회, 2017, 46쪽.) 진정성 개념의 의미에 대해서는 주 427를 참고하라.

426   CDG, p.466.

427   하이데거가 "세인들(das Mann)"이라고 명명하고 있는 평균적 인간들이 영위하는 '비본래적 삶'과는 달리, 자신들이 "죽음을 향한 존재(Sein zum Tode)"라는 사실을 자각하고, 또 '죽음'을 스스로 앞으로 달려가 떠맡음으로써 자신들의 삶의 조건을 피하지 않고 정면으로 맞아들이기로 결단한 자들의 '본래적 삶'이 가지고 있는 특징을 가리키는 윤리적 내용이 포함된 개념이다. 방금 지적한 것처럼 사르트르는 『존재와 무』에서 하이데거가 내세운 이와 같은 두 가지 인간의 존재 방식을 진정성과 비진정성 개념으로 수용하고 있으며, 이 저서의 말미에서 예고된 도덕의 정립을 시도하는 과정에서 이 두 개념에 중요한 의미를 부여하고 있다.(Cf. Yvan Salzmann, *Sartre et l'authenticité: Vers une éthique de la bienveillance réciproque*, Labor et Fides, Le Champ éthique n° 33, 2000; Jacob Golomb, *In Search of Authenticity: From Kierkegaard to Camus*, Routledge, 1995, pp.128-167.)

428   하이데거에게서 '역사성'의 문제는 통속적인 인류의 역사가 아니라 '현존재(Dasein)'의 시간적 구조의 지평을 밝히는 작업과 관련이 있다. 이 작업에서는 현존재의 '탄생'과 '죽음' 사이에서 펼쳐지는 실존의 동성(動性), 곧 현존재의 펼쳐짐을 고려해야 한다. 그래야만 현존재의

용한 개념들 중 일부에 불과하다. 여기에 '무',[429] '불안',[430] '사실성', '기투', '죽음' 등과 같은 개념들을 더해야 할 것이다. 하지만 그가 하이데거로부터 수용한 더 기본적인 개념들이 있다. '현존재', '세계-내-존재', '실존' 등과 같은 개념들이 그것이다. 이 개념들을 차례로 살펴보도록 하자.

먼저 현존재 개념을 보자. 사르트르는 하이데거로부터 '존재론', 특히 '기초존재론'을 수용한다. 1943년 출간된 『존재와 무』의 부제가 '현상학적 존재론 시론'이라는 점을 떠올리자. 사르트르는 후설의 현상학적 방법을 따르는 한편,[431] 위에서 언급한 철학적 막다른 골목에서 벗어나기 위해 하

전체 모습을 파악할 수 있다. 하이데거는 이와 같은 현존재의 동성을 현존재의 "생기(生起)"라고 부르고, 그로부터 현존재의 역사성이 형성된다고 본다.(Cf. 마르틴 하이데거, 『존재와 시간』, 이기상 옮김, 까치, 1998, 491쪽.)(이하 『존시』로 약기한다.) 사르트르는 『존재와 무』에서 하이데거의 시간성 개념을 비판적으로 수용하면서 '미래'보다는 '현재'에 중점을 두고 자신의 시간론을 전개하고 있다. 하지만 그는 이 저서에서 방금 지적한 현존재, 곧 인간존재의 역사성 문제에는 그다지 큰 중요성을 부여하고 있지 않은 것으로 보인다. 그는 인간의 최종 목표가 신이 되고자 하는 욕망, 곧 대자-즉자 융합의 실현으로 여긴다. 그런데 인간은 이 목표를 실현할 수 없으며, 그런 만큼 인간의 '역사'는 예외 없이 '실패'의 역사라고 주장하고 있다. 다른 한편, 그가 '역사'의 가지성(intelligibilité)에 대해 관심을 가지게 된 것은 그의 후기 사상을 집대성하고 있는 『변증법』에서이다.

[429] Jean Launay, "Sartre lecteur de Heidegger ou l'être et le non", *op. cit.*, pp. 413-435; 하퍼터, 「하이데거와 사르트르의 "무"개념」, 『철학연구』, 46, 대한철학회, 2012, 213-240쪽.

[430] '무'와 '불안' 개념에 대한 하이데거와 사르트르의 주장과 그 차이에 대해서는 다음을 보라. Michel Haar, "Sartre and Heidegger", *op. cit.*, pp.173-176.

[431] 하이데거 역시 현상학적 방법으로 존재의 의미 탐구를 추구한다. 그가 1927년에 출간한 『존재와 시간』을 스승 후설에게 헌정하고 있으며, 이 저서가 현상학의 길을 개척한 후설에게 빛을 지고 있음을 인정하고 있다는 점은 잘 알려져 있다. 하지만 그가 이 저서에서 정립하고 있는 현상학적 방법은 후설의 그것과 다르다. 후설의 경우에 현상학적 방법의 주요 과제 중 하나는 의식과 대상 사이의 관계에 의해 나타나는 현상을 일차적으로 기술하는 방법이다. 이런 의미에서 후설의 현상학은 '의식의 현상학'이라고 할 수 있다. 이와는 달리 하이데거에게서 현상학적 방법은 드러나 있지 않고 가려져 있는 것을 드러나게 하는 방법을 가리킨다. 그런데 하이데거에 의하면 드러나 있지 않고 가려져 있는 것은 '존재(Sein; Etre)'이고, 이 존재는 '존재자(Seindes; étants)'의 그늘에 가려져 있다. 그리고 이렇게 가려져 있는 존재는 현존재, 곧 인간을 통해서 드러나는 것으로 이해된다. 이런 의미에서 하이데거의 현상학은 '현존재의 현상학'이라고 할 수 있다. 사르트르가 『존재와 무』에서 정립하고 있는 현상학적 존재

이데거의 존재론, 그것도 현존재 중심의 기초존재론에 의지했던 것으로 보인다.

하이데거 철학의 목표는 존재의 의미 탐구이다. "'존재'의 의미에 대한 물음을 구체적으로 정리 작업하는 일이 이 책이 의도하고 있는 것이다. 시간을 모든 개개의 존재이해 일반의 가능한 지평으로 해석하는 것이 이 책의 잠정적인 목표이다."[432] 서구의 철학은 존재보다는 존재자를 규명하는 데 힘써 왔으며, 그로 인해 이른바 '존재 망각'에 빠져 있다는 것이 그의 주장이다.[433] 따라서 서구의 전통적인 형이상학을 해체하고 존재를 이런 존재망각의 역사로부터 구해 내야 한다는 것이다.

하이데거는 존재의 의미 탐구를 위한 두 개의 길을 제시한다. 하나는 인간이 지닌 존재이해를 통해 존재에 접근하는 길이고, 다른 하나는 존재에 직접 접근하는 길이다. 하이데거는 『존재와 시간』에서 첫 번째의 길을 가고자 한다. 그는 현존재라고 이름 붙인 인간존재를 통해 존재에 접근하고자 한다.

하이데거는 수많은 존재자 중 오직 인간존재만을 특별한 존재로 본다. 그는 후설에게 보낸 한 편지에서 "인간 현존재Dasein humain의 존재 방식은 다른 모든 존재자의 그것과는 다르다"는 것을 보여 주는 것이 『존재와 시

론에서 의식의 현상학은 주로 후설에게서, 현존재에 대한 기초존재론은 주로 하이데거에게서 비판적으로 수용했다는 점을 지적하자. 이와 관련해 한 연구자의 다음과 같은 지적은 흥미롭다. 즉 사르트르가 후설로부터 방법론, 즉 현상학적 방법론을 차용하고, 하이데거로부터는 현존재 개념을 차용했다는 지적이 그것이다.(Cf. Francis Jeanson, *Le Problème moral et la pensée de Sartre*, Seuil, 1965, p.111.)

432　『존시』, 13쪽.

433　같은 책, 15쪽; 하이데거, 「휴머니즘에 관하여」, in 『철학이란 무엇인가, 형이상학이란 무엇인가』, 최동희 외 옮김(하이데거), 황문수 외 옮김(야스퍼스), 삼성출판사, 1983, 67쪽.(이하 「휴머」로 약기한다.)

간』의 근본 문제라고 말하고 있다.[434] 실제로 그는 이 저서에서 인간만이 스스로 존재하며 자기 존재를 문제 삼으면서 존재 물음을 던질 수 있다는 점을 강조한다. 그런 만큼 인간의 존재이해를 통해 존재의 의미를 탐구할 수 있다는 것이다. 요컨대 현존재는 "우리 자신"이며 또한 "물음이라는 존재 가능성을 가지고 있는 존재자"이다.[435]

이렇듯 하이데거는 인간존재에 대한 이해의 필요성을 제시함과 동시에 이를 통해 존재의 의미에 접근할 수 있는 길을 개척하고자 한다. 이런 의미에서 그는 현존재 중심의 존재론을 기초존재론으로 명명한다. 그리고 그는 1927년 출간된 『존재와 시간』에서 존재의 의미 탐구를 위한 준비 작업의 일환으로 이런 기초존재론의 정립을 시도하고 있다.

『존재와 시간』은 원래 두 부분으로 구성될 예정이었다. 1927년 출간된 판본에는 1부 2편까지의 내용만 포함되어 있다. 1부 3편과 2부의 출간이 계속 기대되었으나 미간의 상태로 남아 있다. 그 결과 1927년 출간된 『존재와 시간』이 완성된 판본으로 여겨진다. 이 저서에서는 현존재 중심의 기초존재론 정립이 시도되고 있으며, 출간되지 않은 부분에서는 현존재의 자기 이해에 기초해 존재론의 역사를 해체하려는 의도가 구체화될 예정이었다.

그리고 그 유명한 '전회Kehre' 이후에 하이데거는 현존재를 통하지 않고 오히려 존재의 소리에 직접 귀를 기울이는 입장으로 선회하게 된다. 그 과정에서 횔덜린을 비롯한 시인들과 반 고흐와 같은 예술가들의 작품에 관심을 갖게 된다. 이렇듯 후기에는 현존재에서 존재로 이르는 길이 아니라 반대로 존재로부터 현존재에 이르는 길로 전환하게 된다.

그런데 사르트르가 하이데거의 현존재로 번역되는 'Dasein'을 수용하

434　*L'Herne, Martin Heidegger*, Cahiers de l'Herne, 1983, p.45.

435　『존시』, 22쪽.

는 과정에서 이 개념을 '인간실재réalité humaine'라는 개념으로 사용하고 있다는 점을 지적하자. 원래 'Dasein'은 '거기에Da'와 '존재sein'라는 두 단어의 합성어이다. 이 합성어에 해당하는 프랑스어 표현은 'être-là'일 것이다. 하지만 사르트르는 이 단어를 코르뱅의 번역에 따라 인간실재로 사용하게 된다. 그로 인해 사르트르의 하이데거 철학의 수용에서 많은 오해가 비롯되었다고 지적되고 있기도 하다.[436]

어쨌든 사르트르는 하이데거로부터 현존재 개념을 적극적으로 수용한다. 이 개념의 수용은 사르트르가 철학에 관심을 가지면서 구상하고자 했던 철학, 곧 의식의 지배성과 세계의 현전성을 동시에 충족시키고자 하는 철학, 그리고 무신론에 바탕을 둔 인간 중심의 철학의 정립에 결정적인 계기로 작용한 것으로 보인다. 사르트르는 한 인터뷰를 통해 그의 유일한 철학적 관심사는 '인간'이라는 사실을 강조하고, 또 인간을 세계의 중심에 위치시키고 있다.

> 나는 철학적 영역이 인간이라고 생각해요. 다시 말해 다른 모든 문제는 인간과 관련해서만 생각될 수 있을 뿐이에요. 형이상학이든 현상학이든 간에, 인간과의 관계에 의하지 않고서는, 세계 속에 있는 인간과의 관계에 의하지 않고서는 그 어떤 경우에도 문제가 제기될 수 없습니다. 철학적으로 세계에 대한 모든 것은 그 안에 인간이 존재하는 세계입니다. 즉 이 세계는 필연적으로 인간이 그 안에 있는 세계이고, 또 이 세계 속에서 존재하는 인간과 관련하에 있는 세계인 겁니다.[437]

---

436   Jean Launay, "Sartre lecteur de Heidegger ou l'être et le non", *op. cit.*, p.415; Joseph P. Fell, "Battle of the Giants over Being", *op. cit.*, p.262.

437   SX, p.83.

이렇듯 사르트르는 인간을 자신의 철학의 중심에 놓음과 동시에 세계의 중심에 놓고 있다. 후설의 지향성 개념을 따라 사르트르는 의식과 외부 대상과의 지향적 관계를 수용했다. 그런데 이런 지향적 관계는 단순히 의식과 외부 대상 사이에 맺어지는 인식론적 관계만이 아니라 존재론적 관계라고 할 수 있다.[438] 그때 이 존재론적 관계에 참여하고, 이 관계를 주도하는 주체는 의식과 신체를 가진 구체적 인간존재이다. 이런 이유로 사르트르는 후설을 따라 의식의 지향적 관계를 인정하되, 의식과 신체를 가진 구체적이고 현실적인 인간존재의 활동에 관심을 갖는다.

그런데 이런 인간존재는 이미 세계-내-존재의 방식으로 존재한다. 현존재에 해당하는 'Dasein'은 '거기Da'와 '존재Sein'의 합성어라고 했다. 인간이 있는 '거기'가 이 '세계'가 아니라면 어디일 수 있는가? 물론 그때 세계는 단순히 인간을 둘러싼 3차원의 공간이 아니다. 그보다 이 세계는 그가 '관심(염려, Sorge)'을 가지고 자신의 주위에 있는 사물들과 도구 연관 관계를 맺음과 동시에 '고려Besorge, Fürsorge'를 통해 타인들과 공존하는 공간으로 이해된다. 이렇듯 인간이 태어나면서부터 이미 이 세계에 속한다는 것은 의심의 여지가 없어 보인다.

물론 인간 이외의 다른 존재자들 역시 이 세계에 속한다. 하지만 인간과 다른 존재자들이 이 세계에 속하는 방식은 다르다. 인간을 제외한 다른 존재자들은 이 세계를 구성하는 부분에 불과하다. 하지만 인간은 스스로 존재하고, 자기 존재를 문제 삼으면서 이 세계에 있는 존재에 대해 물음을 던지는 존재이다. 또한 이 물음을 통해 존재의 의미를 탐구하고, 그

---

438 후설 현상학과 존재론 사이의 관계에 대해서는 많은 논의가 행해졌다. 리쾨르, 마리옹 등의 논의가 첨예하게 대립되고 있다. 하지만 후설 현상학이 존재론과 밀접하게 연결되어 있다는 견해가 지배적으로 보인다. 하지만 사르트르가 존재론을 비판적으로 수용한 것은 하이데거로부터였으며, 그것도 현존재 중심의 기초존재론이라는 점은 분명하다.(Cf. PO, pp.24-29, 46-47.)

결과를 언어로 표현하기도 한다. 곧이어 보겠지만 사르트르는『존재와 무』에서 하이데거의 현존재와 다른 존재자들 사이의 서로 다른 존재 방식을 각각 '대자존재l'être-pour-soi'와 '즉자존재l'être-en-soi'로 구분하면서 수용하고 있다.

후설의 경우에는 의식이 이 세계와 지향적 관계, 인식론적 관계를 맺는다는 점을 지적했다. 그런데 하이데거에게서 인간은 의식과 신체가 하나가 된 존재자이며, 이런 존재자의 자격으로 이 세계와 존재론적 관계, 실천적 관계, 나아가 다른 인간들과 윤리적 관계를 맺는다. 하이데거는 이런 인간, 곧 현존재의 존재 방식을 세계-내-존재로 규정한다. 사르트르는『존재와 무』에서 이 개념을 수용하면서 인간이 아닌 다른 존재자들의 존재 방식을 '세계-한복판의-존재l'être-au-milieu-du-monde'로 규정하면서 하이데거와 차별화를 시도하고 있기도 하다.

그다음으로 '실존' 개념을 보자. 인간존재는 다른 존재자들과는 달리 스스로 존재하면서 항상 자기의 존재를 문제 삼음과 동시에 존재의 의미를 탐색한다고 지적했다. 이것은 인간이 자기 자신의 존재 방식에 대해 항상 관심을 가지고 있는 존재자라는 것을 의미한다. 이렇듯 자기 존재를 스스로 문제 삼고, 또 거기에 관심을 쏟는 존재를 하이데거는 '실존'이라고 부른다. "현존재가 그것과 이렇게 또는 저렇게 관계를 맺을 수 있고 또 언제나 어떻게든 관계를 맺고 있는 존재 자체를 우리는 실존이라고 이름한다."[439] 하이데거는 이런 주장에 의거해『존재와 시간』에서 이렇게 단언한다. "현존재의 '본질'은 그의 실존에 있다."[440] 이렇듯 하이데거에게서는 실존이 인간을 인간으로 규정하는 가장 근원적인 요소이다.

방금 살펴본 세 가지 개념 외에도 사르트르는 하이데거로부터 여러 개

---

439   『존시』, 28쪽.

440   같은 책, 67쪽.

넘을 수용했다. 이런 이유로 하이데거 연구자들 중 일부는 사르트르를 하이데거의 '제자'로, 또 『존재와 무』를 『존재와 시간』의 아류로 여기고자 시도한다. 하지만 과연 그럴까? 사르트르는 단지 하이데거 철학을 수용하는 데만 그쳤는가? 반드시 그렇지만은 않은 것 같다. 사르트르는 하이데거로부터 여러 개념을 수용했지만, 거기에 비판을 가하고 있기도 하다. 또한 하이데거 역시 사르트르의 비판 일부를 인정하고 수용하면서도 그를 비판한 바 있다.

하이데거가 사르트르에 대해 관심을 표명한 것은 1945년의 일이다. 그때 그는 사르트르의 『존재와 무』을 읽고 그에게 편지를 썼다. 1945년 10월 28일 자로 된 이 편지는 오스트리아 출신 프레데릭 드 토바르니키 Frédéric de Towarnicki의 『하이데거와의 만남을 위하여A la rencontre de Heidegger』에 재수록되어 있다. 이 편지에서 하이데거는 사르트르를 "자기와 동급son égal"441의 철학자로 여기면서 『존재와 무』에서 자기에게 가해진 비판을 수용하고 있다.

> 나는 처음으로 내가 생각한 것에서 출발한 영역을 완전히 경험한 독립적인 철학자를 만났습니다. 당신의 책은 나의 철학에 대한 직접적인 이해를 보여 주었습니다. 내가 아직 접하지 않은 것과 같은 철학을 말입니다. (…) 당신이 '함께-있는 존재'에 대한 비판과 당신의 대타존재에 대한 집요한 강조와 부분적으로 죽음에 대한 나의 설명에 대한 당신의 비판에 대해 나는 동의합니다.442

---

441   DS, p.217.

442   Frédéric de Towarnicki, *A la rencontre de Heidegger: Souvenirs d'un messager de la Forêt-Noire*, Gallimard, 1993, p.84.(DS, p.218에서 재인용.)

하이데거는 이 편지에서 사르트르가 자기에게 가한 대타존재와 죽음 개념에 대한 비판을 수용한다는 사실을 밝히고 있다. 곧이어 『존재와 무』를 통해 살펴보겠지만, 사르트르는 이 저서에서 타자 존재를 하이데거의 "함께-있는-존재Mitsein"로서보다는 오히려 '갈등conflit'과 '투쟁lutte'의 주체로 여긴다.[443] 또한 죽음 개념에 대해서도 두 철학자의 주장은 다르다. 하이데거는 죽음을 인간이 진정한 삶을 결단하는 결정적인 계기로 여기고 있는 데 반해, 사르트르는 죽음을 인간이 스스로 변화할 수 있는 가능성이 전혀 없는 상태로 규정하면서 인간의 삶의 경계 밖에 위치시키고 있다.[444]

이런 사실들은 사르트르가 하이데거 철학을 그대로 수용하거나 해설하고 있는 "제자"도 "해설자"도 아니라는 사실을 여실히 보여 준다.[445] 오히려 사르트르는 『존재와 무』를 통해 『존재와 시간』을 자신의 철학에 맞게 변형시키고 전유했다고 해야 할 것이다.[446] 그리고 두 사람의 상호 비판과 차이는 실존 개념에서 가장 잘 드러나는 것으로 보인다.

앞에서 사르트르가 하이데거에게서 수용한 주요 개념 중 하나가 실존이라고 했다. 하이데거는 실존을 현존재, 곧 인간의 본질로 규정하고 있

443 Cf. Joseph P. Fell, *Heidegger and Sartre: An Essay on Beaing and Place*, *op, cit.*, pp.302-331. 발랑스는 하이데거 『존재와 시간』과의 비교에서 사르트르의 『존재와 무』의 독창성을 신체, 타자와의 관계, 실존적 정신분석에서 찾고 있다. 하지만 발랑스는 사르트르가 하이데거에게 많은 빛을 지고 있다는 사실을 지적하는 한편, 『존재와 무』가 『존재와 시간』과 대립함과 동시에 그 외연을 확장하고 있다고 지적하고 있기도 하다.(A. de Waelens, "Heidegger et Sartre", *Deucalion*, n° 1, Editions de la Revue Fontaine, 1946, pp.30, 37.)

444 Cf. Michel Haar, "Sartre and Heidegger", *op. cit.*, pp.179-180; Henri Birault, "Le Problème de la mort dans la philosophie de Sartre", in *Autour de Jean-Paul Sartre: Littérature et philosophie*, Gallimard, coll. Idées, 1981, pp.183-215; A. de Waelens, "Heidegger et Sartre", *op. cit.*, pp.30, 37.

445 DS, p.217; Cf. 프레데릭 보름스, 『현대 프랑스 철학』, 주재형 옮김, 길, 2014, 228쪽.

446 Jean-Marc Mouillié, "Présentation. Sartre et la phénoménologie", *op, cit.*, p.10.

다. 그런데 사르트르는 이런 하이데거의 실존 개념에 다른 의미를 부여한다. 사르트르는 인간에게 있어서만큼은 실존이 본질에 선행한다고 주장한다. 그의 무신론적 실존주의를 한 문장으로 요약하고 있는 이 테제는 1945년에 행해지고 이듬해에 같은 제목으로 출간된 그 유명한 "실존주의는 휴머니즘이다"라는 강연에서 재차 강조되고 있다.

그런데 하이데거는 1946년 겨울에 장 보프레Jean Beauffret에게 보낸 「휴머니즘에 대한 편지Lettre sur l'humanisme」에서 사르트르를 비판한다. 하이데거는 이 편지에서 모든 것은 '인간'이 존재하는 곳에 있다고 말하는 사르트르에게 모든 것은 원리적으로 '존재'가 있는 곳에 있다고 반박한다.[447]

하이데거는 이처럼 사르트르에 대해 비판하면서 자신의 철학이 존재의 의미를 탐구하는 존재론이라는 점을 강조하고 있다. 앞에서 지적했듯이 하이데거는 자신이 『존재와 시간』에서 현존재, 곧 인간 중심의 기초존재론을 정립하고자 했던 것은 자신의 철학적 기획의 일부에 불과하며, 존재론이 이 기획의 최종 목표라는 사실을 강조한다. 이런 이유로 그는 당연히 사르트르의 인간 중심의 철학, 곧 휴머니즘의 개념을 받아들일 수가 없었던 것이다. 요컨대 하이데거에게서 실존 개념은 현존재의 존재 자체를 의미하는 데 비해, 사르트르는 이 개념을 인간이 지닌 가장 근본적인 특징으로 여긴다.[448]

---

447 「휴머」, 114-115쪽.

448 이와 관련해 장 이폴리트가 언급한 "천재적 오해(contre-sens génial)"라는 표현은 흥미롭다. 하이데거는 장 발에게 1937년에 쓴 편지에서 "내가 관심을 가지고 있는 문제는 인간의 실존이 아니라 '전체적으로 그리고 그 자체로(im ganzen und als soches)' 존재 문제입니다"라고 말하고 있다. 이폴리트는 이 점을 들어 사르트르가 하이데거 철학을 창조적으로 오해했다는 표현을 사용하고 있다.(Cf. Hélène Védrine, "Le pathétique de l'histoire. Brèves remarques sur Heidegger et Sartre", op. cit., pp.40, 44; 차건희, 「사르트르와 하이데거」, in 앞의 책, 365쪽.) 이런 오해에 대해 한 연구자는 "오해, 폭포 같은 오해. 어떤 이들은 이렇게 말한다. 그렇다. 하지만 아주 무거운 의미를 가진 오해이다"라고 말하고 있기도 하다.(Henri Birault, *Heidegger et l'expérience de la pensée*, Gallimard, 1978, p.446.)

하이데거는 이렇듯 자신의 철학이 사르트르가 사용하는 '실존주의'[449]와는 하등의 관계가 없는 '존재의 철학' 또는 '실존철학'이라는 점을 강조한다. 이런 비판에 대해 사르트르는 별다른 반응을 보이지 않았다. 그가 하이데거에 대해서 짧게 언급한 것은 1961년의 일이다. 그는 하이데거를 "완전히 오해contre-sens total"했음을 인정하고 있다.[450] 이런 단언에는 인간 이해를 목표로 하는 사르트르 철학과 존재 이해를 목표로 하는 하이데거 철학 사이의 차이점이 암시되어 있다고 할 수 있다.

이런 근본적인 차이점에도 불구하고 사르트르는 하이데거로부터 큰 영향을 받았다는 사실은 부인할 수 없을 것이다. 이와 관련해 한 연구자의 다음과 같은 지적은 경청할 만하다. "심지어 오늘날에도 사르트르의 경우는 유일하다. 어떤 프랑스 철학자도 하이데거와 그처럼 가까운 동시에 그처럼 멀리 떨어진 관계를 맺지 않았다."[451] 물론 그 영향과 차이점은 1938년 출간된 『구토』,[452] 특히 1943년에 출간된 『존재와 무』에서 집중적으로 드러나고 있다.

---

449 사르트르 자신도 한때 '실존주의자'라는 용어를 거부했다가 수용하기에 이른다.

450 Frédéric de Towarnicki, "Quand Sartre découvrit Husserl et Heidegger", *op. cit.*, p.49.

451 Philippe Cabestan, *L'Etre et la conscience, op. cit.*, p.344에서 재인용.

452 『구토』에서 발견되는 하이데거 철학의 반향에 대해서는 다음을 보라. Juliette Simont, "Le néant et l'être. Sartre/Heidegger: deux stratégies", in *La Naissance du "Phénomène Sartre". Raisons d'un succès 1938-1945*, (sous la direction de Ingrid Galster), Seuil, 2001, pp.162-163.

3.

현상학적 존재론 시기,
또는『존재와 무』

3.1.『존재와 무』의 주변

　사르트르가 철학에 관심을 갖기 시작한 것은 고등사범학교 입시 준비반 1년 차인 1922년부터라는 사실을 앞에서 지적했다. 그로부터 20여 년이 지난 1943년『존재와 무』가 출간된다. 카스토르,[453] 즉 보부아르에게 헌정된 이 저서는 722쪽[454] 분량의 방대한 저서이다.

　『존재와 무』는 2차 세계대전이 한창 진행 중에 출간되었다. 모든 쇠붙이가 전쟁 물자로 동원되던 때였다. 시장에서 물건의 무게를 재는 데 사용되는 저울 분동分銅도 예외가 아니었다.『존재와 무』는 출간 당시 무게가 1kg이었다고 한다. 이 저서가 시장에서 판매되는 물건들의 무게를 재

---

[453]　영어 단어 '비버(Beaver)'에 해당하는 프랑스어 단어로, 사르트르의 고등사범학교 동창이었던 마외가 보부아르에게 붙여 준 별명이다. 매사에 부지런하고 공부를 열심히 하는 그녀의 모습을 보고 이 단어를 생각했다고 한다.

[454]　『존재와 무』에는 세 종류의 판본이 있다. 1943년 갈리마르 출판사의 '사상 총서(Bibliothèque des idées)'에서 출간된 것, 1976년 같은 출판사의 '텔(Tel) 총서'의 첫째 권으로 재출간된 것, 마지막으로 같은 총서에서 사르트르의 양녀 엘카임사르트르가 수정하고 색인(Index)을 붙여 1994년에 재출간된 것이 그것이다. 여기에서 722쪽 분량의 판본은 1943년 판본을 가리킨다.

는 데 1kg짜리 분동 대신 사용되었다는 일화가 전해지고 있다.[455]

사르트르에 의하면 『존재와 무』는 1930년대부터 기획된 그의 연구의 종착역이다. 전 현상학기에 이미 거론되었던 대부분의 주제가 이 저서에서 총망라되어 있다. 그는 이 저서의 집필에 3년여의 시간을 쏟아부었다. 그가 이 저서를 구상했던 것은 1939년, 즉 우스꽝스러운 전쟁 동안이었다. 1940년 4월 휴가를 나온 그는 '자유'라는 주제를 다룰 저서의 "주요 노선les grandes lignes"을 보부아르에게 펼쳐 보였다.[456] 같은 해 5월 그는 그녀에게 쓴 편지에서 '무'에 대한 철학서를 쓰고 싶다고 말하고 있으며, 그것을 학위 논문으로 삼을 수도 있다는 생각을 전하고 있기도 하다.[457]

1941년 포로수용소에서 석방되어 파리로 돌아온 후에 사르트르는 본격적으로 이 저서의 집필을 시작했다. 이때 그는 집필 중에 "자유와 사회주의"라는 명칭의 레지스탕스 조직을 주도했고, 콩도르세고등학교에서 철학을 가르쳤고, 『자유의 길』 2권에 해당하는 『유예Le Sursis』를 병행해서 집필했으며, 극작품 『파리 떼』를 집필하기도 했다.

이런 점들을 고려하면 사르트르가 3년여 만에 722쪽에 달하는 방대하고 치밀하며 체계적인 이 저서를 집필했다는 것은 믿기지 않을 정도이다. 그는 이 저서가 "그 자신을 완전히 가동한plein emploi de soi-même" 결과라고 말한다.[458] 실제로 그는 때와 장소를 가리지 않고 글을 쓰고 또 빨리 썼다.[459] 『존재와 무』의 경우에도 여행 중에 묵고 들렀던 여관, 피레네 산

---

455   S19, p.254.

456   FA, p.448.

457   Jean-Paul Sartre, *Lettres au Castor et à quelques autres*, t. II, *op. cit.*, pp.222-223.(이하 LCAQII로 약기한다.)

458   Cf. ES, p.85.

459   여기에 사르트르의 쓰기에 대한 거의 광적인 집착을 덧붙일 수 있을 것이다. 예컨대 그는 『말』에서 19세기 프랑스 소설가 샤토브리앙의 문장을 인용하면서 자신을 '글을 쓰는 기계'로 여기고 있다. "나는 책을 만드는 기계일 뿐이라는 것을 스스로 잘 알고 있다."(LM, p.89.) "하

맥의 바위 밑에서도 썼다. 그럼에도 불구하고 3년여의 기간에 이 저서의 집필을 마쳤다는 사실에 놀라움을 금할 길이 없다. 이것이 가능했던 것은 이 저서에서 다룬 여러 주제에 대해 그가 오래전부터, 더 정확하게는 1930년대부터 계속 성찰하고 숙고해 왔기 때문이 아닌가 한다.

지금은 『존재와 무』가 서양 철학사의 한 자리를 차지하고 있는 고전 중의 하나로 여겨진다. 이 저서는 1960년대 중반부터 시작된 구조주의 유행 이전의 약 30여 년 동안 "가장 많이 인용되고 해설된"[460] 저서였다. 하지만 출간 당시에는 거의 주목을 받지 못했다.

사르트르는 이미 1938년에 『구토』를 출간했고, 그 이듬해에 단편집 『벽』을 출간했다. 이 단편집은 "3월의 책"으로 선정되고 또 "대중소설상"을 받기도 했다.[461] 그런 만큼 그의 이름은 파리의 지성계에 어느 정도 알려진 상태였다. 그럼에도 불구하고 『존재와 무』가 출간 당시 거의 주목을 받지 못했다는 점은 특기할 만하다. 전쟁이 한창 진행 중에 이 저서가

루라도 쓰지 않은 날이 없다(Nulla dies sine linea)."(*Ibid.*, p.138. "무일일불사일일(無一日不寫一日)"로 번역되는 이 라틴어 경구는 원래 화가가 단 하루라도 붓을 들어 그리지 않고 소일하는 날이 없음을 뜻한다.) 코엔솔랄은 사르트르가 전쟁에 동원되고 난 뒤 우스꽝스러운 전쟁 동안의 쓰기에 대한 집념을 이렇게 기술하고 있다. "이렇듯 그는 9개월 동안 남들이 모여서 이야기를 하는 동안 내무반에서도 글을 쓰고, 바깥에서도 무릎 위에 대고 쓰고, 보초를 서면서도 쓰고, 수프 담당 일을 하는 동안에도 쓰는 등, 하루 평균 12시간 가까이를 쓰는 일에 할애했다. 그는 시몬 드 보부아르에게 이렇게 밝혔다. '오늘 저녁은 조금 더 많이 쓰기 위해 피에르에게 대신 보초를 서겠다고 제안했소.' [기후 관측] 기구를 띄우지 않을 때면 언제나 썼다. 사람들이 공기를 들이마시듯이 그는 글을 썼다."(S19, p.199) 특히 카페는 글을 쓰기 위한 좋은 장소였다. 2차 세계대전으로 인해 물자가 턱없이 부족한 상황에서 겨울에 따뜻했던 카페는 글을 쓰기에 안성맞춤의 장소였다. 그는 생제르맹데프레에 있는 카페 드 플로르 등에서 하루에 족히 노트 20-30쪽을 채웠다. 어디에서든 글을 쓰고, 빨리 쓰는 괴물! 이런 표현 외에 사르트르를 묘사할 수 있는 다른 표현을 찾기 어렵다. 그의 이런 쓰기에 대한 집념은 『존재와 무』뿐만 아니라 나중에 『변증법』의 빠른 집필과 다른 저작들의 집필에서도 그대로 나타나고 있다고 할 수 있다.

460   PO, p.123.

461   ES, p.70.

출간되었기 때문이었을 수도 있고, 또 그 전문성과 난해함 때문일 수도 있다.

어쨌든 『존재와 무』가 출간된 1943년에는 이 저서에 대해 『대학 연구 및 시론Etudes et essais universitaires』지에 한 편의 글만이 실렸다. 1944년에도 3편의 글이, 또 1945년에도 9편의 글이 이 저서에 할애되었을 뿐이다. 같은 해 10월 28일에 파리 소재 '멩트낭 클럽Club Maintenant'에서 "실존주의는 휴머니즘이다"라는 제목의 그 유명한 강연이 있었다는 사실을 고려하면, 또 이 강연 이후 프랑스에서 '실존주의'의 대유행과 "사르트르 현상Phénomène Sartre"[462]이 발생했다는 사실을 고려하면, 이 저서가 출간된 초기의 이런 무관심은 의외라고 할 수 있을 정도이다.[463]

이런 무관심에도 불구하고 『존재와 무』는 출간 직후 일군의 사람으로부터 열광적인 지지를 받았다. 1925년에 태어나 20세기 프랑스를 대표하는 철학자 중 한 명이 된 들뢰즈, 1924년 태어나 철학을 공부하다가 문학으로 돌아선 20세기 프랑스의 대표 소설가 중 한 명인 투르니에, 1923년 오스트리아에서 태어난 철학자 고르 등이 그 예에 해당한다.

들뢰즈는 1964년에 "그는 나의 스승이었다Il a été mon maître"에서 사르트르를 회고하고 있다. 철학을 "개념들을 '창출해 내는' 학문"[464]으로 규정하는 들뢰즈는 이 글에서 "그때 사르트르가 아니었다면 누가 새로운 뭔가를 말할 수 있었는가? 누가 새로운 사유 방식을 우리에게 가르쳐 주었는가?"

---

462 잉그리드 갈스테르(Ingrid Galster)가 1939년부터 1945년까지 사르트르의 성공을 다루면서 펴낸 저서의 제목에 포함되어 있는 표현이다.(Cf. *La Naissance du "Phénomène Sartre", op. cit.*)

463 『존재와 무』의 출간부터 1946년까지 프랑스 및 몇몇 국가에서 쓰인 서평에 대한 연구로는 다음을 보라. William L. McBride, "Les premiers comptes rendus de *L'Etre et le Néant*", *Ibid.*, pp.185-199.

464 Gilles Deleuze & Félix Guattari, *Qu'est-ce que la philosophie?*, Minuit, coll. Critique, 1991, p.10.

라고 물으면서 사르트르를 진정한 '스승'으로 여기고 있다.[465] 그러면서 『존재와 무』를 질식 상태에 있었던 대학의 외부에서 불어온 "신선한 바람 air pur"으로 여겼다.[466]

> 해방이 되었을 때 사람들은 기이하게도 철학사에 사로잡혀 있었습니다. 그저 헤겔, 후설, 하이데거를 파고들었어요. 우리는 강아지처럼 중세 때보다도 더 부적절하게 스콜라 철학 속으로 뛰어들었습니다. 다행스럽게도 사르트르가 있었습니다. 그는 우리의 외부였고, 그야말로 뒤뜰에 부는 바람이었어요(다가오는 역사의 관점에서 그와 하이데거와의 관계가 어떤 것이었는지는 별로 중요하지 않습니다). 소르본의 모든 확률 중 그가 유일하게 우리에게 질서의 새로운 재편을 감당할 힘을 준 조합이었습니다. 그리고 그는 이런 조합이길 결코 멈추지 않았어요. 하나의 모델이나 방법, 사례가 아니라 오히려 그는 한 줌의 신선한 바람이었습니다. 이 바람이 플로르[467]에서 불어올 때조차도 그랬습니다. 그는 지식인의 상황을 기이하게도 바꿔 놓은 한 명의 지식인이었습니다.[468]

1946년 스위스를 방문한 사르트르를 만나고, 그 뒤로 그의 친구가 된 고르는 『배신자 Le Traître』에서 이렇게 말하고 있다. 그가 『존재와 무』를 읽고 "감염되었고", 또 이 저서를 "모든 것이 다 들어 있는 백과사전"으로 여겼다고 말이다.[469] 투르니에는 『성령의 바람 Le Vent Paraclet』에서 『존재와 무』

---

465 Gilles Deleuze, *L'Ile déserte et autres textes*, (Textes et entretiens 1953-1974), Minuit, coll. Paradoxe, 2002, p.107.

466 *Ibid.*, p.113.

467 2차 세계대전 중에 사르트르가 주로 갔던 생제르맹데프레에 있는 카페 이름이다.

468 Gilles Deleuze & Claire Parnet, *Dialogues*, Flammarion, coll. Champs, 1996(1977), pp.18-19.

을 처음 접했을 때의 느낌을 이렇게 적고 있다.

> 1943년 가을 어느 날 책상 위에 한 권의 책이 떨어졌다. 『존재와 무』가 그
> 것이다. (…) 우리는 눈앞에서 하나의 철학이 태어나는 것을 목격하는 전
> 대미문의 행운을 누렸다. 우리는 이불을 두르고, 토끼 가죽으로 발을 감싼
> 채, 하지만 뜨거운 머리로 새로운 성서인 722쪽의 책을 소리 높이 읽으면
> 서 그 전쟁의 겨울, 어둡고 얼어붙었던 겨울을 보냈다. 그리고 이 책의 마
> 지막 쪽에 있는 "우리는 도덕 문제에 다음 저서를 할애하게 될 것이다"라
> 는 문장을 읽고 꿈을 꾸었다.[470]

이처럼 일군의 사람들로부터만 열광적인 지지를 받았던 『존재와 무』는
해방 이후, 특히 "실존주의는 휴머니즘이다"라는 강연을 계기로 많은 사
람의 주목을 받기 시작한다. '사르트르 현상'이 일어나고 있었고, '사르트
르의 시대'가 도래하고 있었으며, 그는 급기야 '실존주의의 교황'이라는
칭호를 얻게 된다. 그가 글을 쓰던 주요 장소였던 카페 드 플로르와 카페
레 되 마고가 있는 생제르맹데프레는 많은 젊은이가 모여드는 실존주의
의 성지가 된다. 그 결과 이 사조는 전 세계로 퍼져 나가게 되고, 이 사조
의 유포에 편승해 그의 이름도 널리 알려지게 된다.[471]

---

469 André Gorz, *Le Traître*, Seuil, coll. Points, 1958, p.243.

470 Michel Tournier, *Le Vent Paraclet*, Gallimard, coll. Folio, 1977, pp.159-160.

471 우리나라에 사르트르가 처음으로 소개된 것은 『신문학』 4호(1946년 11월호)에 실린 석동수
의 번역 쟝 폴-ㄹ, 사르틀, 「佛蘭西人이 본 美國作家」라는 글을 통해서였다는 사실을 지적하
자. 사르트르의 작품으로는 단편 「벽」이 1948년에 『신천지』에 번역되어 처음으로 소개되
었다.(지영래, 「작품별 번역 양상을 통해서 본 한국이 사르트르 수용」, in 강충권 외 6인, 『실존과 참
여: 한국의 사르트르 수용 1948-2007』, 앞의 책, 90쪽.) 참고로 일본에서는 1940년에 사르트르의
『벽』이 처음 번역되었다.(홍사중, 「西歐文學의 受容段階-韓國文學에 대한 西歐文學의 影響」, 『세대』,
1972년 7월호, 294-301쪽.)

물론 여기에 사르트르의 전후의 활발한 활동, 가령 소설『자유의 길』의 2권과 3권인『유예』와『상심La Mort dans l'âme』출간, 잡지『레 탕 모데른』창간, 극작품『닫힌 방』공연 등을 덧붙여야 할 것이다. 어쨌든 이런 현상과 맞물려 출간 직후 거의 무관심에 가까운 반응밖에 받지 못했던『존재와 무』는 해방 직후의 시대정신이 담긴 저서로 여겨지게 된다.

하지만 사르트르의 이름과 거의 동의어로 사용된 '실존주의', 그리고 이 사조의 이론적 토대를 제공하고 있는『존재와 무』는 곧장 비난에 직면하게 된다. 제일 먼저 비난의 포문을 연 것은 공산주의 진영이었다. 프랑스에서 PCF는 전후에 가장 강한 정치 세력이었다. 그 주된 이유는, 이 당이 촘촘한 비밀조직을 이용해 벌인 레지스탕스 운동에서 많은 사람의 희생에도 불구하고 조국의 해방에 혁혁한 공을 세웠기 때문이었다. 이런 이유로 PCF에는 "총살당한 자들의 당"[472]이라는 영광스러운 별칭이 붙기도 했다.

어쨌든 PCF 진영에서는 사르트르의 실존주의는 물론이고『존재와 무』를 강하게 비난했다. 해방 직후에 일어난 실존주의의 대유행으로 PCF가 미래의 정치 주역들인 젊은이들을 당원으로 끌어들이려는 계획에 차질이 생겼다는 것이다. 이런 이유로 공산주의자들은 그를 자신들의 제1의 이념적 적으로 여겼고, 그로 대표되는 실존주의를 과도한 개인주의를 설파하는 철학, 부르주아의 사치 철학, 부패한 이데올로기로 낙인찍었던 것이다.

또한 독소불가침조약에 찬성했던 PCF는 후일 히틀러와 나치즘을 옹호했던 하이데거의 영향하에 집필된『존재와 무』를 환영할 수 없는 처지에 있었다. 후일 사르트르가 PCF를 옹호하면서 한동안 동반자의 길을 가다

---

472   David Caute, *Le Communisme et les intellectuels français, 1914-1966*, Gallimard, 1967, p.190; Dominique Desanti, *op, cit.*, p.39.

결국 등을 돌리고 만다는 사실을 고려하면, 그와 PCF 간의 불편한 관계는 『존재와 무』의 출간 때부터 이미 시작되었다고 할 수 있다.

사르트르, 실존주의, 『존재와 무』를 강하게 비판한 또 하나의 세력은 기독교 진영이다. 사르트르가 신의 부재를 자신의 학문적 가정으로 삼고 있다는 사실을 앞에서 지적한 바 있다. 그는 또한 철학에 관심을 갖기 시작하면서 무신론을 바탕으로 인간 중심의 철학을 정립하고자 했다는 사실도 지적한 바 있다. 게다가 그는 "실존주의는 휴머니즘이다"라는 제목의 강연에서 실존주의를 '유신론적 실존주의'와 '무신론적 실존주의'로 구분하고, 자신을 무신론적 실존주의의 진영에 포함하고 있다. 비록 학문적 가정으로이지만 신의 부재 위에 자신의 철학을 정립하고 있는 그가 기독교 진영으로부터 비판의 대상이 된 것은 당연하다고 할 수 있다.

3.2. 주제, 의도 및 방법론

무신론적 실존주의의 경전으로 일컬어지는 『존재와 무』는 어떤 내용의 저서인가? 722쪽에 달하는 이 저서의 내용을 몇 쪽으로 요약한다는 것은 쉬운 일이 아니다. 이 질문에 답을 하기 위해서는 사르트르의 사상과 문학에 대한 소개를 목적으로 하는 이 책과는 성격이 다른 연구가 필요할 것이다. 여기에서는 이 저서에 할애된 기존의 연구[473]를 참조하면서 이

---

[473] 『존재와 무』에 할애된 연구 중 다음과 같은 단행본들을 나열할 수 있다. Joseph Caltalano, *A Commentary on Jean-Paul Sartre's* "Being and Nothingness", The University of Chicago Press, 1974; *Lire* L'Etre et le néant *de Sartre*, (sous la direction de Y. Malinge & O. D'Jeranian), Vrin, coll. Etudes & Commentaires, 2023; 신오현, 『자유와 비극: 사르트르의 인간존재론』, 문학과지성사, 1999(1975); 박정자, 『사르트르의 실존주의』, 위의 책; 변광배, 『《존재와 무》: 자유를 향한 실존적 탐색』, 살림, 2005; 조광제, 『존재의 충만, 간극의 현존: 장 폴 사르트르의 《존재와 무》 강해』, 전 2권, 그린비, 2013; 세바스찬 가드너, 『사르트르의 《존재와 무》 입문』, 강경덕 옮김, 서광사, 2019.

저서의 주제, 의도, 방법론 등을 먼저 살펴보고, 이 저서의 주요 개념들을 일별하면서 그 내용을 이해하고자 한다.

『존재와 무』에는 현상학적 존재론 시론이라는 부제가 붙어 있다는 사실을 상기하자. 이 부제에는 이 저서의 주제와 방법론에 대한 정보가 담겨 있다. 먼저 이 부제는 이 저서의 주제가 무엇인지를 알려 준다. 이 저서를 관통하는 핵심 주제는 '존재론ontologie'이다. 철학의 한 분과인 '존재론'—라틴어로는 'ontologia'이며, 그리스어의 'on(존재자)'과 'logos(학)'로 이루어진 합성어이다— 은 모든 존재를 그것에 선행하는 어떤 힘에 의해서도 설명하지 않고 오직 그것을 있는 그대로 탐구하는 학문으로 정의된다. 사르트르 역시 『존재와 무』에서 이 세계에 있는 모든 존재에 대한 탐구를 핵심 주제로 삼고 있다.

이 주제는 서구의 전통 철학의 근본 문제에 가닿는다. 플라톤, 아리스토텔레스 등과 같은 고대 철학자들의 이름을 거론하지 않더라도 철학의 출발점이 '경이'나 '호기심'이라는 사실은 잘 알려져 있다. 그런데 이런 경이나 호기심의 대상이 되는 것은 무엇보다도 이 세계에 있는 '무엇인가'이다. 그로부터 라이프니츠에 의해 정식화된 그 유명한 질문, 즉 "왜 이 세계에는 아무것도 없지 않고 무엇인가가 있는가?"라는 질문이 유래한다.[474]

아렌트는 『정신의 삶The Life of the Mind』에서 사르트르 철학을 플라톤, 파르메니데스, 칸트, 셸링, 헤겔, 하이데거 등을 거쳐 내려오는 서구 철학의 근본 질문과 연결하고 있다.[475] 사르트르는 이렇듯 『존재와 무』에서 서구 철학의 오랜 전통을 계승하면서 셸링에 의해 "가장 절망적인 질문"[476]으

---

474   한나 아렌트, 『정신의 삶』, 홍원표 옮김, 푸른숲, 2019, 232-233쪽.

475   같은 책, 232-236쪽.

476   같은 책, 234쪽.

로 규정된 질문에 답을 하고자 한다. 이것이 『존재와 무』의 핵심 주제에 해당한다고 할 수 있다.

앞에서 언급한 것처럼 사르트르는 『존재와 무』에서 위의 질문에 대한 답을 해 나가는 과정에서 신의 부재를 가정으로 내세운다. 그가 신의 죽음을 요란하게 선언하는 것은 아니다. 그는 "만일 신이 없다면 모든 것은 허용될 것이다"라는 도스토옙스키의 말에 기대어 신의 부재를 가정한다.[477] 어쨌든 이런 가정하에 사르트르는 이 세계에 있는 모든 존재는 신의 대*지적 기획, 곧 필연성의 법칙에서 벗어나 있다고 주장한다. 또한 이런 주장으로부터 『존재와 무』뿐 아니라 그의 사유 전체를 관통하는 하나의 개념이 도출된다. 우연성 개념이 그것이다. 이 개념은 이 세계의 모든 존재가 아무런 이유 없이 그냥 거기에 내던져져 있음을 보여 주는 개념이다.

사르트르는 이처럼 신의 부재라는 가정과 그로부터 도출되는 우연성 개념으로 무장하고 『존재와 무』에서 현상학적 존재론을 정립하기 위한 대장정에 오른다. 사르트르는 그 출발점에 인간실재를 위치시킨다. 이미 살펴본 것처럼 그는 이 인간실재를 하이데거의 기초존재론으로부터 수용한다. 하지만 사르트르는 이 인간실재를 의식의 담지자로 파악한다. 이런 이유로 현상학적 존재론의 정립은 결국 의식의 담지자인 인간실재를 통해 이루어지게 된다. 이런 관점에서 그의 현상학적 존재론은 '철학적 인간학' 또는 '인간존재론'이라고 할 수 있다.[478]

이런 관점에서 사르트르의 현상학적 존재론은 존재의 의미 탐구를 일차적 목적으로 삼는 하이데거의 존재론과 뚜렷이 구별된다. 하이데거와

477　Jean-Paul Sartre, *L'Existentialisme est un humanisme*, Nagel. coll. Pensées, 1946, p.36.(이하 EH로 약기한다.)

478　박이문, 「삶의 구조: 사르트르의 철학」, 『사르트르』, 김화영 엮음, 고려대학교출판부, 1990, 168-169쪽; 신오현, 앞의 책, 119쪽.

는 달리 사르트르 철학의 최종 목표는 인간에 대한 이해이다. "나는 인간을 이해하려는 정열을 가졌다"라는 사르트르의 말을 떠올리자. 또한 하이데거가 사르트르의 "실존주의는 휴머니즘이다"라는 제목의 강연 내용을 비판하면서 자신의 존재론은 결코 휴머니즘이 될 수 없다는 점을 강조했다는 사실을 기억하자.

어쨌든 사르트르가 이처럼 『존재와 무』의 출발점에 인간실재를 위치시킬 수 있는 것은 전적으로 이 인간실재가 사유 능력을 가진 존재이기 때문이다. 그런데 그는 인간실재의 사유 능력을 정신이나 이성 대신 의식으로 규정한다. 그에 의하면 의식은 이 세계의 모든 존재를 밝히는 유일한 한 줄기 빛이다. 만일 이 세계의 모든 존재에 의식이라는 빛을 비춰 주는 인간실재가 없다면, 이 존재들은 무정형의 상태, 암흑 상태에 빠져 있게 될 것이다. 이런 이유로 의식은 인간실재를 다른 존재들에 비해 특별한 존재로 만들어 주는 핵심 요소로 여겨진다.

사르트르는 이와 같은 의식의 유무를 기준으로 이 세계의 모든 존재를 두 영역으로 구분한다. 의식을 가진 인간존재와 의식을 가지지 않은 사물 존재가 그것이다. 곧 다시 보겠지만 사르트르는 이 두 존재를 각각 대자존재와 즉자존재라고 부른다. 그는 『존재와 무』에서 이 두 존재 사이에 정립되는 관계를 기술하고자 한다. 그러면서 그는 평생의 목표였던 인간에 대한 이해를 시도한다. 이것이 이 저서에서 그가 염두에 두고 있는 의도이자 목표이다. 그는 『존재와 무』의 서론 말미에서 그의 의도를 이렇게 밝히고 있다.

이렇게 해서 우리는 '현출들'에서 출발해서 두 가지 존재 유형, 즉 즉자와 대자를 정립하기에 이르렀다. 이 즉자와 대자에 대해 우리는 아직 피상적이고 불완전한 지식을 가지고 있을 뿐이다. 많은 문제가 아직 대답 없이 남아 있다. 이 두 가지 존재 유형이 지닌 심오한 '의미'는 무엇인가? 어떤 이유로 즉자와 대자는 각각 존재 일반에 속하는가? 존재가 자기 속에 근본적으로 단절된 존재의 이 두 영역을 품고 있다면, 이 존재의 의미는 무엇인가? 만일 권리상 소통 불가능한 이 영역들을 사실상 결합하는 여러 관계를 관념론으로도 실재론으로도 설명하는 데 실패한다면, 이 문제에 대해 어떤 다른 해결책을 제시할 수 있는가? 그리고 어떻게 현상의 존재는 초현상적일 수 있는가? 이 책의 목적은 이 질문에 답하기 위해서이다.[479]

이런 의도 속에는 사르트르가 철학에 관심을 갖기 시작하면서 가졌던 생각이 오롯이 드러나 있다. 즉 의식에 나타난 대로의 세계를 기술하지 않는 철학은 실패하고 만다는 생각과 의식의 지배성과 세계의 현전성을 동시에 충족시킨다는 생각이 그것이다. 물론 이런 생각은 무신론을 바탕으로 인간의 철학을 정립한다는 생각과 밀접하게 연결되어 있다.

이렇듯 사르트르가 『존재와 무』에서 표명하고 있는 의도는 의식의 담지자인 인간실재와 이 인간실재를 에워싸고 있는 이 세계의 모든 존재와의 관계를 기술하고, 나아가 이를 통해 이 인간실재에 대한 이해를 도모하는 것이다.

사르트르는 이런 의도를 구체적으로 어떻게 실현하고 있는가? 이 질문은 『존재와 무』에서 적용되고 있는 방법론의 문제에 다름 아니다. 앞에서 지적한 것처럼 이 저서에서는 후설의 현상학이 원용되고 있다. 이 저서의 부제가 현상학적 존재론 시론이라는 사실을 다시 한번 떠올리자. 하이데거 역시 『존재와 시간』에서 현상학적 방법을 적용하고 있다는 점을 지적했다. 하지만 사르트르가 『존재와 무』에서 적용하고 있는 현상학적 방법은 하이데거의 것이 아니라 후설의 것이라는 점을 잊지 말자. 다시 말해 의식에 포착되는 대로의 현상이 그것이다.

479　EN, p.34.

3.3. 주요 개념들

a) 존재와 무, 또는 사물과 의식

『존재와 무』와 대한 이런 예비적 고찰 후에 몇몇 주요 개념에 대한 설명을 통해 그 내용에 접근해 보자. 먼저 이 저서의 제목에 포함된 '존재'와 '무'부터 살펴보자.

존재에 대해서는 방금 서구 철학의 근본 문제이자 라이프니츠에 의해 정식화된 질문, 즉 "왜 이 세계에는 아무것도 없지 않고 무엇인가가 있는가?"를 통해 그 답이 개략적으로 제시되었다고 할 수 있다. 반복하자면 존재는 이 세계에 있는 모든 무엇인가, 곧 즉자존재와 대자존재를 가리킨다. 그런데 존재에 대한 이와 같은 규정과 관련해 한 가지 흥미로운 점은, 비록 사르트르가 하이데거 철학, 특히 기초존재론에서 현존재 개념을 비판적으로 수용하고 있기는 하지만, 그의 존재와 존재자의 구분을 그대로 받아들이지 않고 있다는 사실이다. 그 대신 사르트르는 모든 존재를 의식의 유무를 기준으로 대자존재와 즉자존재로 구별하고 있다.

그렇다면 사르트르가 의식의 유무를 기준으로 삼아 구별하고 있는 대자존재와 즉자존재는 구체적으로 어떤 존재인가? 이 질문은 『존재와 무』의 제목에서 아직 답을 하지 못한 무란 무엇인가라는 질문과 밀접하게 연결되어 있다. 이 질문은 인간실재를 다른 존재들과 구별시켜 주는 의식이란 무엇인가라는 질문과 표리 관계를 이룬다. 이 질문과 더불어 우리는 『존재와 무』의 한복판으로 뛰어들게 된다.

b) 즉자존재

여기에서는 논의의 편의상 의식을 갖지 않은 사물, 곧 즉자존재를 먼저 살펴보자. 즉자존재를 지칭하는 프랑스어 표현 'l'être-en-soi'에서 'en'은 '-안에'의 의미를 가지고 있고, 'soi'는 '자기自己'의 의미를 가지고 있다. 사르트르는 즉자존재를 사물과 같은 것으로 본다. 좀 더 정확하게 말하자면 즉자는 사물의 존재 방식이다. 사물은 자기 안에 있는 방식으로 존재한다.

사물이 자기 안에 있다는 것은 무엇을 의미하는가? 사르트르에 의하면 즉자존재는 크게 다음과 같은 두 가지 특징을 가진 것으로 이해된다. 이런 이해가 방금 제기된 질문, 곧 사물이 자기 안에 있다는 것의 의미를 묻는 질문에 대한 답이 될 수 있을 것이다.

즉자존재의 첫 번째 특징은 이 존재가 그 자체로 자기 충족적이라는 점이다. 이는 당연하다. 왜냐하면 즉자존재는 동일률에 의해 규정되기 때문이다. "A는 A다"라는 것은, A가 무한한 압축 아래 무한 밀도로 존재함을 의미한다. 이런 동일률 아래에서 즉자존재는 계속 더 조밀해지고 그 내부는 더 빽빽해진다. 이렇게 해서 즉자존재의 내부에는 털끝만큼의 빈틈도 없게 된다. 즉자존재가 어떤 존재인지를 알기 위해서는 속이 빈틈 없이 가득 찬 쇠구슬을 떠올리면 좋을 것이다. 즉자존재는 이렇듯 "불투명하고", 그 내부에 아무런 "비밀"도 가지고 있지 않으며, 그저 "집괴적인 massif" 상태로 존재한다.[480]

즉자존재의 두 번째 특징은 이 존재가 자기 충족적이고 그 안에 빈틈이 전혀 없기 때문에, 이 존재가 다른 존재와 관계 ―이 관계는 '존재 관계rapport d'être'이다― 를 맺을 수 없다는 점이다. 아니, 다른 존재와 관계를 맺을 필요조차 없다. 이것 역시 당연하다. 왜냐하면 즉자존재는 자기 안에 존재하면서 이 자기와 하나를 이루면서 존재하기 때문이다.[481]

이렇듯 『존재와 무』에서 즉자존재는 그냥 거기에 있는 존재, 다른 존재와 아무런 관계도 맺지 못하는 존재, 있는 그대로의 모습으로 존재하는

---

480   *Ibid.*, p.33.

481   *Idem.*

존재, 따라서 충만한 존재의 긍정성으로 존재하는 것으로 이해된다. 요컨대 즉자존재는 우연성의 지배하에 있고, 잉여 존재이며, 운동, 변화, 미래, 가능성 등과는 아무런 관계가 없는 존재로 여겨진다.

> 하지만 즉자존재는 또한 '가능적인 것'에서도 도출될 수 없다. 가능적인 것은 '대자'의 구조이다. 다시 말하자면 가능적인 것은 존재의 다른 영역에 속한다. 즉자존재는 결코 가능하지도 않고 불가능하지도 않다. 즉자존재는 '있다'. 의식은 이것을 ―의인적擬人的인 용어로― 즉자존재는 '남아도는 것'이라고 표현할 것이다. 다시 말해 의식은 즉자존재를 '어떤 것에서도' 도출할 수 없다. 의식은 다른 하나의 존재로부터도, 하나의 가능적인 것으로부터도, 하나의 필연적인 법칙으로부터도 즉자존재를 결코 도출할 수 없다. 창조되지 않았고, 존재 이유 없이 다른 존재와 어떤 관계도 맺지 않는 즉자존재는 영원히 남아돈다.[482]

C) 대자존재 또는 의식의 출현

의식은 세계의 모든 존재를 밝히는 한 줄기 빛과 같다고 했다. 이 빛의 의미를 더 잘 파악하기 위해 하나의 가정을 해보자. 이 세계가 의식을 가지지 못한 즉자존재들, 곧 사물들로만 꽉 차 있다는 가정이 그것이다. 이런 세계에서는 어떤 상황이 펼쳐지는가? 사르트르의 시각으로 보면 이런 세계는 아무런 의미도 없다. 즉자존재들로만 구성되어 있는 세계는 무차별적이고 미분화 상태로 있을 수밖에 없다. 그도 그럴 것이 즉자존재는 자기 충족적이며, 다른 존재와 관계를 결코 맺지 못하기 때문이다. 사르트르는 이런 상태를 무정형의 상태 또는 의미 부재의 상태로 본다.

그렇다면 다음과 같은 질문이 제기될 수 있다. 이 세계에 있는 모든 존

---

482   *Ibid.*, p.34.

재 사이에 관계가 정립되고, 또 그것들이 의미를 가지려면 즉자존재와는 다른 존재의 출현이 필요한 것이 아닌가라는 질문이 그것이다. 이 질문에 대한 답이 바로 인간실재의 출현, 곧 대자존재의 출현이다.

사르트르는 대자존재의 출현을 즉자존재들로만 이루어진 이 황량한 세계에 지각 변동을 일으키는 하나의 "구멍trou"이 뚫리는 것과 같은 것으로 본다.

> 대자는 하나의 존재 구멍으로서 존재의 한복판에 존재한다. 어떤 통속적인 해설자들은 에너지의 보존 법칙을 설명하는 데 다음과 같은 재미있는 비유를 사용한다. 그들의 말에 따르면, 만일 우주를 구성하고 있는 원자 중 단 한 개만이라도 없어져 버리는 일이 생긴다면, 그로부터 우주 전체에 퍼지게 될 하나의 파국이 발생할 것이며, 이 파국은 특히 지구의 종말과 천체의 종말이 될 것이다. 이 비유적 이미지는 여기에서 우리에게 유용하다. 대자는 존재의 한복판에서 그 기원을 갖는 하나의 사소한 무화로 나타난다. 그리고 즉자에게 전면적인 변동이 '일어나기' 위해서는 이 무화만으로도 충분하다.[483]

사르트르는 『존재와 무』에서 이 세계에 지각변동을 일으킬 수 있는 이런 구멍의 출현을 인간실재가 가진 의식의 출현과 같은 것으로 여긴다. 그리고 인간실재는 자기에게 있는 이런 의식의 빛으로 세계의 모든 존재를 비추면서 그것들과 관계를 맺음과 동시에 그것들에게 의미를 부여한다. 이것이 인간실재를 만물의 영장으로 규정할 수 있는 근본적인 이유이다. 사르트르는 이런 사태를 인간실재, 곧 대자존재의 즉자존재에 대한

---

483   *Ibid.*, p.711.

'존재론적 우월primauté ontologique'이라고 표현했을 것이다.[484]

그런데 이런 의식의 출현과 관련해 다음과 같은 하나의 근본적인 질문이 제기된다. 대체 이 의식은 이 세계에 어떻게 출현하는가? 이 질문은 인간실재의 사유 능력은 어디에서 오는가라는 질문과 같은 것이다. 사르트르는 『존재와 무』에서 이 질문에 답을 하고 있지 않다. 아니, 답을 하는 것이 불가능할 것이다. 왜냐하면 이 질문이 형이상학적 질서에 속하는 문제이기 때문이다.

실제로 이 질문에 다음과 같은 두 개의 답이 가능할 것이다. 하나는 신이 인간실재에게 의식, 곧 사유 능력을 부여해 주었다는 것이다. 하지만 사르트르는 신의 부재를 가정으로 채택하고 있어 이런 답은 무의미하다. 다른 하나는 의식의 출현을 우연성의 결과로 보는 것이다. 그는 이 두 번째 답을 채택한다.

이런 이유로 사르트르는 『존재와 무』에서 정립되는 존재론이 형이상학에 기여하길 바란다는 견해를 피력한다.[485] 어쨌든 그에게서 의식의 출현은 인간실재로 하여금 자신과 이 세계에 대한 모든 존재에 대한 의미 부여를 가능케 하는 "절대적 사건"[486]이라는 점은 분명하다.[487]

484　곧 보겠지만 사르트르는 반대로 즉자존재가 대자존재에 비해 존재론적으로 우위에 있다고 보고 있다.

485　*Ibid.*, p.714.

486　*Ibid.*, p.121.

487　인공지능에 대한 논의가 한창이다. 만일 현재 지능을 전혀 가지고 있지 않던 어떤 사물, 가령 쇳덩어리에서 인간의 의식 작용과 같은, 또는 그것을 훨씬 능가하는 현상이 발생한다고 가정해 보자. 이 경우에 인간과 동일하거나 또는 훨씬 강력한 지능을 가진, 하지만 인간과는 다르게 거의 무한정 존재할 수 있는 존재가 탄생할 수 있을 것이다. 이와 관련해 인공지능의 발달이 가속화되어 모든 인류의 지성을 합친 것보다 더 뛰어난 초인공지능이 출현한다는 의미의 '기술적 특이점(technical singularity)' 개념은 흥미롭다 하겠다.

d) 의식의 지향성

사르트르는 또한 이런 절대적 사건으로서의 의식의 출현을 무의 출현과 같은 것으로 여긴다. 아니, 의식을 무로 간주한다. 앞에서 지적한 것처럼 인간실재의 의식은 텅 비어 있는 것으로 여겨진다. 따라서 의식은 그 자체만으로 온전한 존재가 못 된다. 의식은 홀로서기를 할 수 없다. 그렇다고 해서 이 의식이 '아무것도 없음rien'인 것은 아니다.

사르트르는 이런 특징을 가진 의식을 규정하기 위해 무라는 용어를 도입한다. 그리고 그에 의하면 이 무는 즉자존재와는 아무런 관계도 없으며, 오직 인간의 의식을 통해서만 이 세계에 도래하는 것으로 여겨진다. "물론 무는 인간실재라는 특이한 존재를 통해 존재에 온다."[488] 이렇듯 "인간은 무를 세상에 오게 하는 존재"이다.

> 이렇게 해서 '인간을 에워싼' 존재의 한복판에서 인간이 솟아오름으로써 비로소 하나의 세계가 드러난다. 하지만 인간이 이와 같은 솟아오름의 본질적이고 원초적인 계기는 부정이다. 이렇게 해서 우리는 이 연구의 첫 번째 목표에 이르렀다. 인간은 무가 세계에 도래케 하는 존재라는 것이 그것이다.[489]

그렇다면 인간실재는 어떤 존재이길래 이처럼 무를 이 세계에 오게 할수 있는가? 이 질문에 답을 하기 위해 「지향성」과 『초월성』에서 보았던 의식의 지향성 개념에 다시 한번 주목해 보자. 이 개념에 대한 검토는 곧 『존재와 무』에서 아직 다루지 못한 무란 무엇인가라는 질문에 답을 하는데 유용할 것으로 보인다.

---

488   *Idem*.

489   *Ibid.*, p.60.

사르트르는 「지향성」에서 후설을 따라 의식은 텅 비어 있고, 항상 외부를 향해 그 자체를 폭발하고, 그 자체를 초월하며, 그러면서 외부 대상을 지향한다고 주장하고 있음을 보았다. 또한 『초월성』에서는 의식의 이런 작동을 총괄하는 초월론적 자아와 같은 존재가 필요하지 않고, 따라서 의식이 외부 대상과 맺는 지향적 관계는 직접적이고 무매개적이며, 이런 의식은 비반성적 의식에 해당한다는 사르트르의 주장을 보았다.

그런데 사르트르는 『존재와 무』에서 이런 의식의 지향성 개념을 수용하면서 「지향성」과 『초월성』에서보다 좀 더 자세히 다루고 있다. 먼저 그는 외부 대상을 향한 의식의 운동과 폭발, 초월 등과 같은 용어를 그대로 수용한다. 그러면서 초월을 "의식의 구성적 요소"로 규정하고, 또 이를 의식에 대한 "존재론적 증명preuve ontologique"이라고 부른다.

> 의식은 '무엇인가'에 대한 의식이다. 이것의 의미는 초월이 의식의 구성적 구조라는 것이다. 다시 말해 의식은 그 자체가 아닌 하나의 존재의 '도움을 받아' 발생한다는 의미이다. 이것이 바로 우리가 존재론적 증명이라 부르는 것이다.[490]

이렇게 의식이 자기 자신의 외부를 향해 스스로 폭발함과 동시에 지향성의 구조를 채우면서 그 자체의 실재성을 확보해 나가는 과정에서 이 의식은 두 가지 존재를 만나게 된다. 하나는 즉자존재, 곧 사물이다. 사르트르를 이 지향적 관계를 '…에 대한 의식conscience de…'으로 표시한다. 다른 하나는 의식 그 자체이다. 사르트르는 이를 앞의 구조와 구별하기 위해 'de'를 괄호 안에 넣어 '자기에 (대한) 의식conscience (de) soi'으로 표시한다. 이 두 구조를 다르게 표시한 것은 자기에 대한 의식의 지향 방식과 외부 대

---

490   *Ibid.*, p. 28.

상에 대한 지향 방식이 다르다는 것을 보여 주기 위함이다.

의식이 가지고 있는 이런 두 가지 지향 방식은 어떤 점에서 다르고, 또 그 의미는 무엇인가? 이 단계에서 사르트르의 존재론에서 중요한 의미를 가지고 있는 두 쌍의 용어가 기인한다. '정립적 의식conscience positionnelle'과 '비정립적 의식conscience non positionnelle', '조정적 의식conscience thétique'과 '비조정적 의식conscience non thétique'이 그것이다.

사르트르에 의하면 의식이 외부 대상과 지향 관계를 맺을 때, 이 의식은 이 대상에 대해 정립적이고 조정적인 태도를 취한다. 다시 말해 의식은 이 대상을 자신의 목표물로 '가져다 세우고poser', 또 이 대상을 실재성을 가진 것으로 조정措定한다, 즉 이 대상의 존재를 긍정하고 또 그 내용을 규정한다. 이런 점을 고려한다면, 의식은 단순히 '…에 대한 의식'이라고 하기보다는 오히려 '…에 대한 정립적, 조정적 의식'이라고 해야 할 것이다.

그런데 의식의 지향 관계는 거기에서 그치지 않는다는 것이 사르트르의 주장이다. 의식은 외부 대상을 겨냥할 때에도 자신을 항상 겨냥하고 있다. 하지만 그때 의식은 외부 대상을 겨냥하는 태도와는 다른 태도로 자신을 겨냥한다. 의식은 자신을 겨냥하면서 비정립적, 비조정적 태도를 취한다는 것이 그의 주장이다. 정확히 이런 이유로 그는 자신에 대한 의식의 지향성을 '자기에 (대한) 의식'으로 표시하는 것을 제안한다.

앞에서 『초월성』을 통해 사르트르가 후설의 초월론적 자아에 가한 비판을 검토하면서 책을 읽는 나의 의식을 통해 비반성적 의식과 반성적 의식을 제시했다. 사르트르는 『존재와 무』에서도 이와 유사한 예를 제시하고 있다. 담뱃갑에서 담배 개수를 세고 있는 것을 의식하고 있는 나의 의식이 그것이다. 그는 이 예를 통해 의식의 이중 구조를 드러내고 있다.

나는 담배를 헤아리는 것에 대해 그 어떤 정립적 의식도 가지지 않는다.

나는 '헤아리고 있는' 나를 '인식하지' 못한다. (…) 하지만 담배가 나에게 열두 개로 드러날 때, 나는 덧셈을 하는 나의 행위에 대해 비조정적 의식을 갖는다. 만일 누군가 나에게 "당신 거기서 무엇을 하고 있소?"라고 묻는다면, 나는 즉시 "나는 헤아리고 있소"라고 대답할 것이다.[491]

위의 예에서 볼 수 있듯이 담배의 개수를 셀 때, 의식은 오직 담배만을 대상으로 삼고 있을 뿐이다. 그때 자기의식은 담배 개수를 세고 있는 의식으로만 있는 것처럼 보인다. 즉 의식은 담배라는 대상에 대해서만 정립적, 조정적 태도를 취한다. 그러니까 담배 개수를 세는 이 의식은 자신에 의해 의식되지 않은 채로 있다.

만일 이 의식이 자신에 의해 의식된다면, 그때 담배 개수를 세는 의식은 자신의 외부에 독립해 있는 것과 같은 대상이 되어 버리는 불합리한 결과를 초래할 것이다. 또한 담배 개수를 세고 있는 의식은 자기의식의 대상이 되어 하나의 사물, 즉 즉자존재가 되어 버릴 것이다.

그렇다면 위의 예에서 담배 개수를 헤아리는 의식을 의식하는 자기의식은 아예 존재하지 않는다고 말해야 하는가? 그렇지 않다. 이 자기의식은 엄연히 존재한다. 만일 이 자기의식이 없다면 담배 개수를 헤아리는 의식은 아무런 의미도 가질 수 없을 것이다. 다만 이 자기의식이 담배의 개수를 헤아리는 의식과 지향 관계를 맺는 방식이 다를 뿐이다. 담배의 개수를 헤아리는 의식을 대하는 의식 그 자체의 태도는 비정립적, 비조정적이다. 이런 이유로 사르트르는 '자기에 (대한) 의식'에서처럼 '대한'에 '괄호'를 쳐서 이 두 방식을 구분하고 있는 것이다.

이렇듯 외부 대상에 대해 정립적, 조정적 태도를 취하는 의식을 자세히 들여다보면, 거기에는 자기의식이 이 의식에 대해 취하는 비정립적, 비조

---

491   *Ibid.*, p.19.

정적 태도가 동시에 들어 있음을 알 수 있다. 이렇듯 『존재와 무』에서 의식의 지향성 개념은 "대상에 대한 모든 정립적 의식은 동시에 자기 자신에 대한 비정립적 의식이다"[492]라는 주장으로 좀 더 구체적으로 정식화된다. 그리고 외부 대상에 대한 의식이 '반성적' 의식인 반면, 자기에 대한 의식은 전반성적 또는 '비반성적' 의식이라고 할 수 있다. 그렇다면 의식이 갖는 이와 같은 이중 구조는 무엇을 의미할까?

그 답은 정확히 의식은 외부 대상과 지향 관계를 맺는 것과 같은 방식으로 결코 자기의식과 지향 관계를 맺지 않는다는 것이다. 만일 자기의식이 의식을 외부 대상과 같은 방식으로 포착한다면 ―즉 '…대한 의식'에서 '대한'에 '괄호'가 없다면―, 그때 의식은 이미 의식이기를 그친다. 그리고 의식이 자기의식의 외부에 완전히 독립적으로 존재한다는 불합리한 결론이 도출되기에 이른다. 이것은 그대로 의식은 반성 이전, 즉 전반성적 또는 비반성적 차원에서 이미 자신과 지향 관계를 맺고 있다는 것과 그 방식은 비정립적, 비조정적이라는 것을 말해 준다.

이렇게 해서 사르트르는 『존재와 무』에서 의식의 지향성 개념을 더 면밀하게 고찰함으로써 특히 후설 철학을 보완하면서 그 나름의 고유한 현상학 체계를 세우기 위한 정지整地 작업을 하고 있다. 사르트르는 외부 대상에 '대한' 모든 의식에 그 어떤 반성도 없는 자기 자신에 '(대한)' 의식이 내포되어 있으며, 이런 이중의 구조가 의식의 본래 특징이라는 것을 입증하고 있는 것이다.[493] 그리고 그는 이 의식을 그 자신의 현상학적 존재론의 근원적 출발점으로 삼고 있다.

---

492   *Idem*.

493   Cf. Gerhard Seel, *La Dialectique de Sartre*, L'Age d'homme, 1995, p.129.

e) 무, 부정 및 무화작용

이렇듯 전반성적, 비반성적 차원에서 비정립적, 비조정적 태도로 자기 자신을 지향하고 있으며, 그와 동시에 외부 대상에 대해 정립적, 조정적, 반성적 태도를 취하면서 스스로를 폭발시키는 의식, 그러니까 외부를 향해 스스로를 초월하는 의식의 힘은 어디에서 오는가? 이 질문은 이 세계의 모든 즉자존재를 비추는 의식의 빛의 근원은 무엇인가라는 질문과 표리를 이루고 있다. 사르트르는 그 답을 무, 부정과 무화작용néantisation에서 찾고 있다.

먼저 무를 보자. 앞에서 의식의 지향성 구조를 살펴보면서 다음과 같은 사실을 지적했다. 즉 의식이 외부 대상을 정립적, 조정적인 태도로 겨냥하면서 지향 관계를 맺음과 동시에 자기의식은 이 의식에 대해 비정립적, 비조정적 태도를 취하면서 지향 관계를 맺는다고 말이다. 또한 그때 자기의식은 이 의식을 외부 대상을 파악하듯이 파악할 수 없다고도 했다.

그런데 의식이 외부 대상을 겨냥할 때, 이 의식을 겨냥하는 자기의식이 이 의식과 일치하게 되면, 이 두 의식 사이에는 빈틈이 없게 된다. 다시 말해 이 두 의식 사이에는 아무런 거리가 발생하지 않게 된다. 위의 담배 갑에 들어 있는 담배 개수를 헤아리는 의식의 예에서, 담배 개수를 헤아리는 것을 의식하는 의식과 이것을 의식하는 자기의식이 하나가 되어 둘 사이에 빈틈이 없다면 어떤 일이 발생할까?

분명 담배 개수를 헤아리는 행위에 완전히 몰입해 그 의식의 담지자는 자기가 무엇을 하는지 알 수 없는 상태에 빠지고 말 것이다. 이런 상태에서 의식은 완전히 외부 대상에 사로잡히는 상태에 빠져 버리게 될 것이다. 가령 가지고 노는 장난감에 완전히 몰두해 이 장난감과 하나가 된 어린아이를 생각해 보자.

이런 이유로 이런 상태에 빠지지 않기 위해서는 외부 대상과 정립적, 조정적 태도로 관계를 맺는 의식과 그것에 대해 비정립적, 비조정적 태도로 관계를 맺는 자기의식 사이에는 어느 정도의 거리가 반드시 필요하다. 즉 '반성하는 의식conscience réfléchissante' —자기의식— 과 '반성된 의식 conscience réfléchie' —의식— 사이에 벌어진 틈새, 아무것도 없는 빈틈이 있어야만 한다. 사르트르는 이런 빈틈, 이런 거리를 무로 규정한다. 이런 무가 없다면 의식은 외부로 폭발하는 힘, 운동, 초월 등과 같은 특징을 상실하게 될 것이다. 하나의 존재 속에서 이런 빈틈이 없는 존재가 즉자존재이다. 왜냐하면 즉자존재는 자기 충족적이고, 그 속이 꽉 차 있기 때문이다.

이렇듯 사르트르에게 있어서 의식은 그 안에 무를 포함하고 있는 존재이다. 이 사실을 토대로 우리는 의식의 담지자인 인간실재가 무를 이 세계에 도래하게끔 하는 존재라는 사르트르의 주장을 이해할 수 있다. 의식의 출현이 이 세계의 지각 변동을 야기할 수 있는 하나의 구멍의 출현이라는 주장에서 이 구멍이 바로 의식, 곧 무의 출현과 같은 현상이다.

하지만 무는 또 다른 차원에서도 존재한다는 것이 사르트르의 주장이다. 의식이 외부 대상을 겨냥해 지향 관계를 맺을 때 펼쳐지는 거리, 이것 역시 넓은 의미에서의 무라고 할 수 있다. 다만, 이런 무는 '이차적 무'라고 할 수 있을 것 같다. 그도 그럴 것이 이런 무는 방금 살펴본 무, 즉 의식과 자기의식 사이에서 출현하는 무 —'일차적 무' 또는 '근원적인 무'라고 할 수 있을 것이다— 의 존재가 없다면, 그 존재 이유를 가질 수 없을 것이기 때문이다.

그리고 이런 근원적인 무를 자기 안에 품고 있으면서, 외부 대상과 지향 관계를 맺을 때마다 이 세계 안에 무를 분비하는 존재, 곧 이 대상에 대해 거리를 펼치는 존재, 이런 존재가 바로 대자존재이다. 대자존재에서 대자, 곧 'pour-soi'는 자기를, 자기의식을 향해pour 있는 존재라는 의미이다. 방금 지적한 대로 의식과 자기의식과의 거리가 줄어들어 이 두 의식이 일치할 수 없다는 사실을 기억하자. 그렇게 되면 이 대자는 즉자가 되기 때문이다. 이와 같은 대자의 존재 방식은 즉자, 곧 'en-soi'가 자기의식을 그 안에 품고 있는 존재 방식과는 극명하게 대조된다.

그다음으로 이 무에는 부정과 무화작용이 동반된다는 점을 지적하자. 우리는 앞에서 『상상계』의 내용을 살펴보면서 상상의식이 그 대상을 부재하는 방식 또는 비실재적인 방식으로 정립한다는 사실을 지적했다. 내가 방금 손에 쥐고 있던 핸드폰을 보고, 그다음에 눈을 감고 그것을 떠올릴 때 작동하는 상상의식으로 이 핸드폰을 떠올리는 방식을 기억하자. 그리고 지금, 여기에 있지 않은 어떤 대상을 비실재적인 방식으로 상상하는 방식을 떠올리자. 사르트르에 의하면 이 두 경우에서 의식과 그 대상들 사이에 무화작용이 발생하게 된다.

그런데 상상의식의 경우와 마찬가지로 지각의식의 경우에도 의식이 외부 대상을 겨냥하고 지향할 때마다 무를 그 내부에서 분비함과 동시에 이 대상에 대해 거리를 펼치면서 부정과 무화작용을 하게 된다. 사르트르는 부정과 무화작용을 설명하기 위해 내가 카페에서 친구 피에르와 만날 약속을 하고 조금 늦게 도착해서 그를 찾는 장면을 예로 들고 있다.

> 나는 네 시에 피에르와 만나기로 했다. 나는 15분 늦게 도착한다. 피에르는 늘 시간을 지킨다. 그는 나를 기다렸을까? 나는 홀의 손님들을 둘러본다. 그리고 "피에르는 없다"라고 나는 말한다. (…) 카페는 손님들, 탁자들, 의자들, 거울, 연기 자욱한 분위기, 소란스러운 목소리, 부딪는 컵과 컵 받침들의 소리, 그곳을 채우는 발자국 소리 등을 포함해 그 자체로 하나의 존재 충만인 것은 분명하다. (…) 우리는 모든 곳에서 충만을 발견하는 것처럼 보인다. 하지만 지각에서는 항상 하나의 배경 위에 하나의 형태가 형성된다는 것에 주목해야 한다. (…) 모든 것은 나의 주의注意의 방향에 달려 있다.[494]

위의 예를 통해 사르트르는 첫 번째 무화작용을 이렇게 설명하고 있다. 내가 피에르를 찾기 위해 카페에 들어섰을 때, 이 카페의 모든 물체는 그 앞에 피에르가 나타나야 할 종합적인 배경으로 구성되는데, 이처럼 카페가 배경으로 구성되는 것이 첫 번째 무화작용이라고 말이다. 사르트르에 의하면 이런 무화작용은 그 배경 속에서 피에르가 나타나기 위한 필수적 조건인 셈이다.

예컨대 내가 피에르를 찾는다는 의도를 갖지 않은 채 카페에 들어섰다면, 거기에 있는 물체들은 모두 차이가 없는 배경 속에 매몰되어 버릴 것이다. 이것은 내가 이 카페에 있는 그 어떤 물체나 사람과도 지향 관계를 맺을 준비가 되어 있지 않다는 것을 의미한다. 하지만 지금 나는 피에르를 찾고자 한다. 다시 말해 나의 '주의attention'의 방향은 그를 향한다.

그리고 피에르를 찾기 위해, 곧 그를 나의 의식의 지향성을 위한 무엇인가로 정립하고 조정하기 위해 나는 다음과 같은 작업을 하게 된다. 즉 내가 피에르를 찾을 때까지 거기에 있는 탁자, 의자, 거울, 어항, 그가 아닌 다른 사람들을 차례로 나의 의식의 지향성의 무엇인가로 카페라는 배경 위에서 잘라 냈다가découper, 그것들과 그들이 피에르가 아니라는 것을 확인하면서 그것들과 그들을 차례로 배경 속으로 밀어 넣는 작업이 그것이다.

사르트르에 의하면 이것이 또 하나의 무화작용이며, 이런 무화작용은 의식의 대상에 대해 행해진다. 이런 무화작용은 내가 피에르를 찾을 때까지, 즉 내가 나의 관심에 따라 피에르를 대상으로 삼아 나의 의식의 지향성의 구조를 완결시킬 때까지 계속 진행된다.

여기에서 한 가지 주목해야 할 점은, 이런 대상에 대한 무화작용의 경우에 부정과 '시간성temporalité'이 개입된다는 것이다. 먼저 부정이 개입한

494   EN, p.44.

다. 방금 나는 나의 의식의 지향성 구조를 피에르로 채울 때까지 무화작용을 계속한다고 했다. 이 작업은 그때까지 내가 계속해서 나의 의식의 지향성 구조를 채우기 위해 카페에 있는 여러 물체와 여러 사람을 하나하나씩 차례로 잘라 냈다가, 그것들과 그들이 피에르, 곧 내가 지향하는 대상이 아니라는 것을 확인하고 나서 배경 속으로 다시 밀어 넣는 작업을 말한다. 이 작업에는 당연히 내가 어떤 물체, 어떤 사람이 피에르가 '아니다'라고 확인하는 과정이 수반된다. 이것이 부정이다. 이런 부정이 없다면, 의식은 자신이 원하는 외부 대상과 지향 관계를 맺을 수 없다.

또한 이런 부정을 수반하는 의식이 무화작용을 할 때, 시간성의 문제가 제기된다. 앞의 예에서 내가 피에르를 나의 의식의 지향성 구조를 채울 대상으로 삼기까지 카페 안의 물체들과 사람들을 차례대로 그 배경에서 잘라 내고, 또 그것들이나 그들이 피에르가 아니라는 것을 확인한 후에 그것들이나 그들을 배경 속으로 다시 밀어 넣는다고 했다. 이 과정에서 의식이 지향성을 발휘함과 동시에 부정을 수반하면서 하나의 물체 또는 한 사람을 겨냥했다가 다른 물체 또는 다른 사람을 겨냥할 때, 이 의식의 지향성은 과거, 현재, 미래로 이어지는 시간의 질서 속에서 이루어진다.

이렇듯 의식은 끊임없이 자기 자신에서 벗어나는 탈존ek-sistence이며, 또한 탈정지ek-stase[495]이기도 하다. 그리고 이와 같은 탈존과 탈정지는 시간성과 동의어이다. 이런 의미에서 사르트르는 무와 마찬가지로 시간성 역시 대자, 곧 인간실재를 통해 이 세계에 도래한다고 말하고 있다.[496]

f) 무용한 정열: 결여, 자유 및 선택

사르트르가 후설에 이어 의식의 지향성 개념을 비판적으로 수용하고

---

495   '황홀', '극치의 쾌감', '넋이 나감' 등의 의미를 가진 'ex-tase'와는 전혀 다른 개념이다.

496   *Ibid.*, pp.711-712.

있다는 사실을 여러 차례 지적했다. 의식은 무와 동의어이고, 이 무는 그 자체만으로는 완전한 존재가 아니며, 따라서 온전히 홀로 서기 위해서는 무엇인가를 지향할 필요가 있다고 했다. 그런데 이것은 이런 의식이 '결여manque'라는 것 이외의 다른 것을 의미할 수 있을까?

만일 의식의 내부가 꽉 차 있어 그 자체로 실재성을 확보하고 있는 충만한 존재라면, 이 의식은 이미 의식이 아닐 것이다. 의식이 자기 자신에 대해 펼치고 있는 거리, 즉 무의 공간이 사라지는 경우, 또 이 의식이 외부 대상에 대해 펼치는 거리가 사라져 이 대상과 하나가 되는 경우, 이 의식은 더 이상 대자의 방식으로 존재할 수 없다. 그때 의식이 존재하는 방식은 즉자존재와 다를 바가 없게 된다.

그렇다면 이렇듯 의식, 곧 대자존재에게 결여되어 있는 것은 무엇인가? 바로 자기, 즉자화되고 사물화된 자기가 그것이다. 그러니까 대자존재에게 결여되어 있는 것은 즉자의 방식으로 존재하는 사물이 그 자체 내부에 가지고 있는 자기이다. "대자에게 결여되어 있는 것, 그것은 자기 —또는 즉자로서의 자기— 이다."[497] 이것은 즉자존재와 대자존재에 대한 다음과 같은 사르트르의 규정에서도 잘 드러난다. 즉자존재는 지금 있는 것으로 존재한다. 반면, 대자존재는 지금 있는 것으로 존재하지 않고, 지금 있지 않은 것으로 존재한다.

사르트르는 특히 대자의 방식으로 존재하는 인간실재가 결여라는 것을 보여 주기 위해 달의 예를 들고 있다. 달은 초승달에서 시작해 점점 커져 보름달이 된다. 인간실재는 처음부터 보름달과 같이 존재하는 것이 아니라 초승달에서 보름달을 향해 가는 존재와 같은 것으로 여겨진다.

이런 예는 우리의 일상생활에서도 볼 수 있다. 예컨대 어떤 사람이 이제 막 회사에 입사했다고 하자. 그는 처음에 회사에서 자신의 위상에 불

---

497 *Ibid.*, p.132.

만을 가질 수 있다. 하지만 그에게는 시간이 지남에 따라 승진할 수 있는 기회가 있다. 나중에 그가 높은 자리에 올랐다고 하자. 이 경우에 신입사원 시절의 그는 정확히 결여 상태에 있었다고 할 수 있다.

어쨌든 이 신입사원의 입장에서 보면 자신이 현재의 자기로부터 멀리 떨어져 있는 존재의 형태로 존재할 수 있는 가능성이 있는 것이다. 그는 지금 신입사원에 불과하지만, 그는 단지 신입사원으로만 계속 존재하는 것이 아니라, 아직은 아니지만 미래의 임원, 곧 현재의 자기가 아닌 다른 모습의 자기로 존재한다고 할 수 있다.

그런데 이 신입사원에게 이런 전망이 완전히 닫혀 있다고 하자. 이것은 무엇을 의미할까? 당연히 자신에게 모든 변화의 가능성이 없음을 의미할 것이다. 사르트르의 시각으로 보면 자기 변화의 가능성이 아예 없는 상태는 죽음의 상태이다. 이런 관점에서 보면 이 신입사원에게서 승진의 전망이 완전히 닫힌 상태는 직업적인 차원에서 그에게 내려진 죽음의 선고와 같은 의미를 지닌다고 하겠다. 그는 이 회사와의 관계에서 즉자존재나 다를 바 없는 존재에 불과하다.

이런 상황에서 이 신입사원은 어떻게 할까? 대자존재는 가능성의 존재이다. 그런 만큼 이 신입사원에게는 다음과 같은 길이 있을 것이다. 첫째, 이런 상황에서도 그는 계속 회사를 다닐 수 있다. 구직이 아주 힘들거나 직업 이동이 거의 불가능한 상황에서 이런 길이 가능할 수도 있다. 둘째, 다른 회사로 옮길 수 있다. 셋째, 회사를 그만두고 실업자가 되거나 자영업을 할 수도 있다. 그 외에도 여러 길을 생각해 볼 수 있다.

이와 관련해 한 가지 주목해야 하는 것은, 사르트르의 관점에서 보면 인간실재는 '선택choix'의 연속이라는 점이다. 인간실재가 자신에게 결여된 부분을 무엇으로 채우는가를 결정하는 것은 자신의 결단에 달려 있다. 그때의 결단이 바로 선택이다. 위의 예에서 신입사원의 미래에 대한 전망이 닫혀 있을 경우, 여러 가능한 길 중에서 어떤 길을 갈 것인가에 대해 결단을 내리는 것은 전적으로 자신의 선택에 달려 있다.

그리고 이런 선택은 근본적으로 의식의 지향성 구조를 채울 때 이루어진다. 의식은 매 순간 그 자체의 지향성 구조를 이 세계에서 잘라 낸 무엇인가로 채우게 되는데, 그때 그 무엇인가를 잘라 내는 일이 곧 선택인 것이다. 물론 이런 선택은 전적으로 대자존재, 곧 인간실재에 귀속된다는 사실을 지적하자. 이렇듯 인간실재에게 의식과 선택은 같은 것이며,[498] "자유, 선택, 무화, 시간화"는 하나를 이룰 뿐이다.[499]

사르트르에 의하면 인간실재는 또한 이런 선택을 하는 과정에서 '자유'를 구가謳歌한다. 이 단계에서 우리는 사르트르의 사유에서 가장 중요한 개념이라고 할 수 있는 자유와 조우하게 된다. 그는 자유의 철학자로 불릴 만큼 자유에 중요한 의미를 부여한다. 그렇다면 그에게서 자유는 어떤 의미를 가지는가?

『존재와 무』의 차원에서 자유는 무엇보다도 인간실재, 곧 대자존재, 의식의 자유를 의미한다. 우리는 반복해서 의식의 지향성 개념에 주목했다. 의식은 항상 무엇인가에 대한 의식으로 있어야만 무라는 불완전한 존재로부터 벗어나 온전한 존재로 홀로 설 수 있다. 이때 의식은 능동성과 투명성을 가지고 스스로 활동하는 자발성을 갖는다. 물론 비반성적 차원에서 그렇다. 사르트르에 의하면 그때 의식은 절대이며, 이 의식은 절대적 자유를 향유한다. 인간실재는 어떤 상황에서도 자신의 의식의 지향성을 자유롭게 발휘한다. 사르트르에 따르면 인간실재는 고문을 당하는 극단적인 상황에서도 자유롭게 의식을 폭발시킬 수 있다.

이런 의미에서 사르트르는 인간실재와 자유는 불가분이고, 이 둘 사이에는 차이가 없으며, 따라서 구분 불가능하다고 말한다.

---

498   *Ibid.*, p.539.

499   *Ibid.*, p.543.

인간의 자유는 인간의 본질에 선행하며, 이 본질을 가능케 한다. 인간존재의 본질은 그의 자유 속에서 유예 상태에 있다. 따라서 우리가 자유라고 부르는 것과 '인간실재'의 '존재'를 구분하는 것은 불가능하다. 인간이 '먼저' 존재하고, '그다음에' 자유로운 것이 아니다. 인간존재와 인간이 '자유인 것' 사이에는 차이가 없다.[500]

그렇다면 인간실재가 구체적인 세계, 구체적인 상황에서 자신의 존재 근거, 존재 이유를 찾기 위해 행동할 때도 절대적으로 자유로운가? 이 질문에 대한 답은 부정적이다. 뒤에서 다시 보겠지만, 특히 그의 후기 사상이 집대성된 『변증법』에서 인간실재의 행동은 "실천적-타성태le pratico-inerte" ―인간실재가 과거에 했던 자신의 실천의 결과물로 인해 미래의 실천에서 제약을 받는다는 의미를 담고 있는 개념이다― 에 의해 제한받는다. 그럼에도 불구하고 인간실재는 주어진 상황을 극복하면서 언제든지 현재 있는 대로의 존재에서 벗어나고, 또 동시에 현재 있지 않은 대로의 존재가 되려는 특징을 가지고 있는 것으로 여겨진다. 이런 의미에서 우리는 "인간실재는 자유롭도록 선고를 받았다", "인간실재는 자유롭지 않을 자유가 없다" 등과 같은 사르트르의 주장을 이해할 수 있다.

이처럼 『존재와 무』의 차원에서 의식의 담지자이자 대자의 방식으로 존재하는 인간실재는 이 세계에서 자유롭게 살아간다. 그가 이렇게 살아가는 과정이 곧 실존의 과정이다. '실존하다'에 해당하는 불어 단어 'exister'는 어원적으로 '벗어나다'의 의미를 지닌 'ex-'와 '있다', '머물다' 등의 의미를 가진 'sistere'의 합성어이다. 따라서 실존에는 '있는 곳에서, 머무는 곳에서 벗어나다'라는 의미가 담겨 있다.

또한 사르트르는 이런 실존의 의미를 '기투projet'와 같은 것으로 이해한

---

500   *Ibid.*, p.61.

다. 이 단어는 '앞으로'의 의미를 가진 'pro-'와 '나아감, 내던짐' 등의 의미를 가진 'jet'의 합성어이다. 사르트르는 이를 고려해 인간실재를 미래를 향해 '스스로를 기투하는se projeter' 존재로 여긴다. 이런 유형의 프랑스어 동사가 대명동사이다. 이런 유형의 동사는 행동의 주체가 한 행동이 자신과 관련될 때 사용된다. 사르트르는 인간실재를 스스로 창조하고se créer, 스스로 만들어 가는se faire 존재로 여기는데, 이런 표현들도 인간실재가 미래를 향해 자신을 기투하는 존재라는 표현과 동의어이다.

그리고 이런 자기 기투, 자기 창조, 자기 만듦 등의 기저에 바로 의식의 지향성 구조를 완결하는 활동이 놓여 있다. 우리는 앞에서 의식이 이런 활동을 하면서 이 세계의 수많은 존재를 잘라 내고, 무화작용을 통해 부정하고 지우고 비실재화한다는 것을 보았다. 그리고 이런 과정이 모두 선택이라고 했다. 따라서 인간실재의 삶은 자기 변신을 위한 선택, 기투, 창조, 만듦의 연속, 곧 실존이라고 할 수 있다.

이 단계에서 인간실재에게 다음과 같은 근본적인 질문들이 제기된다. 과연 인간실재의 기투, 창조, 곧 실존의 최종 목표는 무엇인가? 인간실재가 최종 목표에 도달하는 것이 가능한가? 이런 질문들과 관련해 대자존재에 결여된 것은 이 존재의 존재 근거라는 사실을 지적하자. 사르트르가 신의 부재를 가정하고 있기 때문에 이 세계의 모든 존재는 존재 근거를 갖지 못하고 이 세계에 내던져져 부유하는 것으로 이해된다. 그중에서도 대자존재만이 유일하게 그 자신에게 존재 근거가 결여되어 있다는 사실을 문제 삼게 되고, 이 존재 근거를 찾아 노력하게 된다.

이런 관점에서 보면 사르트르에게서 인간실재의 모든 행위는 자신의 존재 근거, 나아가 존재 이유를 찾기 위한 것이다. 즉 자신에게 결여된 것을 찾기 위함이다. 사르트르는 이렇게 인간실재의 모든 행위의 최종 목표는 자신의 존재 근거를 확보해 '대자-즉자le pour-soi-en-soi'의 융합을 실현하는 데 있다고 본다. 이런 융합 상태는 신의 존재 방식으로 이해된다.

요컨대 인간실재는 신이 되고자 하는 욕망이다. 그런데 이런 대자-즉자의 융합은 자기 자신의 존재 근거를 자기 안에 품고 있는 '자기 원인자ens causa sui'와 동의어로 이해된다. 요컨대 인간실재는 그 자신의 모든 기투, 창조, 만듦을 통해 자기 원인자가 되고자 하는 존재인 것이다.

하지만 사르트르는 비극적이게도 인간실재에게 있어서 대자-즉자의 융합, 곧 자기 원인자가 되고자 하는 시도는 실현 불가능하다고 본다. 사르트르는 이런 융합을 모순적으로 생각한다. 얼핏 보아도 인간실재가 대자존재임과 동시에 즉자존재로 존재한다는 것은 어불성설이다. 그도 그럴 것이 이런 상태는 인간실재가 살아 있음과 동시에 죽어 있는 상태를 전제하기 때문이다.

그럼에도 불구하고 자기 자신의 존재 근거를 찾아 죽을 때까지 노력을 해야 하는, 또는 좀 더 정확하게 말해 이 존재 근거를 찾지 못한다는 것을 알면서도 죽을 때까지 노력해야 하는 것, 이것이 대자존재 앞에 놓인 운명이다. '대자존재'에 해당하는 프랑스어 표현 'l'être-pour-soi'에서 'pour'는 '…을 향해서'의 의미라고 했다. 이처럼 대자존재는 '자기soi'를 향해 있는 존재이다. 사르트르에 의하면 이 대자존재는 자신의 존재 근거이기도 한 'soi'를 결코 포착할 수가 없는 것으로 이해된다.

만일 대자존재가 자기를 포착하게 되면, 의식은 자기 자신에 대해 정립적, 조정적 태도를 취하면서 그것을 즉자화하게 된다. 이것은 대자존재가 자기 안에 존재 근거를 마련하면서 즉자존재의 상태, 곧 대자-즉자의 융합을 실현하지만, 정확히 이 순간에 대자존재의 기능은 멈춰 버린다는 것을 의미한다. 바로 거기에 인간실재가 목표로 삼고 있는 대자-즉자의 융합의 실현이 모순적이고 불가능한 근본적인 이유가 자리한다.

사르트르는 이를 보여 주기 위해 하나의 예를 제시한다. 수레를 끄는 당나귀의 예이다. 당나귀 앞에 일정 거리를 두고 이 당나귀가 끌어야 할 수레에 당근을 매달아 놓았다고 하자. 이런 상황에서 수레를 끄는 동안에 이 당나귀는 결코 자기 앞에 있는 당근을 먹을 수 없다. 왜냐하면 당나귀가 당근을 먹기 위해 몸을 앞으로 움직일 때마다 수레와 당근도 그만큼 앞으로 나아가기 때문이다.

이렇듯 이 당나귀는 당근을 바라보면서 앞으로 나아갈 뿐이며, 결코 당근과의 거리를 좁힐 수 없는 상태에 있다. 이 예에서 계속 앞으로 나아가는 당나귀는 미래를 향해 스스로를 기투하는 인간실재의 모습, 즉 당근에 의해 비유되는 자기 자신과 존재 근거를 대면하고 있을 뿐, 그것을 결코 포착하지 못하는 인간실재의 보습을 잘 보여 주고 있다.

사르트르는 이런 인간실재의 모습을 "무용한 정열passion inutile"[501]로 규정한다. 또한 사르트르에 의하면 인간실재의 삶은 예외 없이 "실패의 역사histoire de l'échec"[502]가 될 수밖에 없다. 이것은 사르트르의 사유에서 인간실재는 비극적인 상황에 놓여 있다는 비극적 인간관을 여실히 보여 준다. 하지만 이런 상황을 적극적이고 또 긍정적으로 해석하는 것도 가능하지 않을까 한다. 인간실재는 죽을 때까지 자신의 실존 조건을 정면으로 바라보면서 스스로를 기투하고, 창조하고, 변신하고, 만들어 가는 것을 멈추지 말아야 한다고 말이다.

g) 실존적 불안과 자기기만

사르트르가 아동기와 청소년기의 개인적 경험을 내면화하면서 신의 부재를 가정으로 삼게 되었고, 또 그가 철학에 관심을 가지면서 구상했던 철학이 무신론을 바탕으로 한 인간의 철학이라는 사실을 앞에서 지적한 바 있다. 이렇듯 사르트르가 신과 인간실재와의 탯줄을 끊어 버렸기 때문에, 인간실재는 자신의 미래를 향한 기투의 과정에서 의지하고 지탱할 표

---

501   *Ibid.*, p.708.

502   *Ibid.*, p.561.

점標點이 없다. 그의 행동을 인도하고 안내할 초월적 가치가 없는 것이다.

밤에 망망대해를 항해하는 배가 한 척 있다고 하자. 주위가 아무리 어둡다고 해도 하늘에 북극성이 있다면 선원들은 이 별을 표점으로 삼아 방향을 탐지하면서 항해를 계속할 수 있다. 하지만 날씨가 흐려 이 별이 보이지 않는다고 하자. 이때 그들은 나아갈 방향을 제대로 가늠하지 못하고 어려운 상황에 빠질 수도 있다.

사르트르에 의하면 신의 부재를 가정하는 상황은 위의 예에서 북극성을 볼 수 없는 상황과 유사하다. 인간실재는 자신의 의식의 지향성 구조를 채우면서 이 세계의 중심을 형성한다. 인간실재는 그 자리에서 모든 존재에 거리를 펼치고, 또 그것들에 의미를 부여하면서 실존한다. 이런 의미에서 인간은 만물의 영장이고, 따라서 대자존재의 즉자존재에 대한 존재론적 우위를 말할 수 있다.

하지만 인간실재는 이 세계에서 존재론적 안정감을 갖지 못한다. 그는 먼저 의식의 지향성을 작동시키는 것을 멈춰서는 안 된다. 죽을 때까지 이를 계속 작동해야 한다. 그가 이 작동을 멈춘다면 그는 살아 있어도 죽은 것과 다를 바 없다. 또한 그는 이 과정에서 모든 것을 혼자 주관해야 한다. 그가 현실에서 하는 기투, 곧 실존을 규준하고 인도해 줄 아무런 초월적 가치도 가지고 있지 못하기 때문이다. 그는 그저 우연성이 지배하는 이 세계에 남아도는 존재로 내던져 있다.

그로부터 인간실재의 '실존적 불안angoisse existentielle'이 기인한다.[503] 그가 이런 불안을 느낀다는 것은 그가 자유로운 상태에 있다는 증거일 수 있다. 위에서 배의 예를 다시 보자. 이 배가 북극성 없이 항해하는 경우, 선원들이 불안을 느낄 것이라는 점은 부인할 수 없다. 북극성이라는 표점 없이 배가 아무 데로나 나아갈 수 있기 때문에, 그들이 역설적으로 자유

---

503 'angoisse'는 '고뇌'로, 'angoisse existentielle'은 '실존적 고뇌'로 번역되기도 한다.

롭다고 할 수도 있다. 하지만 그들은 북극성 없이 항해하는 자유의 대가를 비싸게 치를 수밖에 없다.

또한 사르트르의 사유에서는 신의 부재라는 가정으로 인해 인간실재는 '본질essence'을 가지지 못한 채 미래를 향해 스스로를 기투해야 하는, 곧 실존해야 하는 상황에 처해 있다. 이것 역시 그의 실존적 불안을 증폭시키는 요인 중 하나이다. 인간실재가 신에 의해 부여된 자신의 본질을 안다면, 그가 자신을 기투할 때 시행착오를 줄일 수 있을 것이다. 하지만 사르트르의 사유에서 인간실재의 경우에는 실존이 본질에 선행한다. 그로부터 인간실재는 모든 실존 행위를 자신이 주도하면서 자유롭게, 능동적으로, 독립적으로, 하지만 커다란 실존적 불안 속에서 해 나가야 한다.

이런 이유로 사르트르는 "즉자존재의 대자존재에 대한 존재론적 우위primauté ontologique de l'être-en-soi sur l'être-pour-soi"[504]를 주장한다. 길가에 서 있는 나무, 산에 있는 바위 등과 같은 사물들, 즉 즉자존재들은 그 자체 안에 자기를 포함하고 있다. 따라서 즉자존재는 긍정적 충만함이며, 실존적 불안을 느끼지 않는다.

그 반면에 의식의 담지자이자 결여의 존재인 인간실재, 곧 대자존재는 모든 것을 혼자 짊어지고 자신의 존재 근거, 존재 이유를 찾아 모험을 떠나야 하는 상황에 처해 있다. 그와 동시에 자신의 의식의 지향성을 죽을 때까지 완결해야 한다. 거기에 즉자존재의 대자존재에 대한 존재론적 우위가 자리한다.

사르트르에 의하면 인간실재는 이런 실존적 불안에서 벗어나고자 한다. 그도 그럴 것이 의식의 담지자, 세계에 무를 오게 하는 존재, 세계의 의미를 부여하는 존재, 곧 만물의 영장으로서의 대자존재가 수행해야 할 임무가 막중하기 때문이다. 인간실재는 자신의 어깨 위에 이 세계 전체를

---

504   *Ibid.*, p.713.

혼자서 짊어지고 있는 것이다.

사르트르에 의하면 이런 실존적 불안에서 벗어나기 위해 빠지기 쉬운 유혹 중 하나가 자기기만이다.[505] 이 개념은 사르트르가 창안해 낸 여러 개념 중 가장 독창적인 개념으로 여겨진다. 이 개념은 어떤 의미를 가지고 있는가? 자기기만에 해당하는 프랑스어 표현 'mauvaise foi'에서 'mauvaise'는 '나쁜', '악의적인', '부적당한', '불길한', '불완전한' 등의 의미이고, 'foi'는 '믿음', '신앙', '성실성' 등의 의미이다. 따라서 직역하면 'mauvaise foi'는 '잘못된 믿음', '불성실' 등이 될 것이다. 이 개념과 반대되는 개념이 '성실성', '신의' 등의 의미를 가진 'bonne foi'이다. 어쨌든 'mauvaise foi'는 보통 '자기기만'으로 번역된다.

감동 또는 감동의식을 살펴보면서 사르트르가 프로이트의 심리학[506]을 비판했다는 사실을 앞에서 지적한 바 있다. 그런데 사르트르가 프로이트에 대해 큰 관심을 보이는 것은 『존재와 무』에서이다. 특히 자기기만 개념과 곧이어 살펴볼 실존적 정신분석을 통해서이다. 사르트르는 『존재와 무』에서 특히 자기기만 개념으로 프로이트의 무의식 개념을 대체하고자 한다. 의식의 자발성, 능동성을 강조하는 사르트르에게서 무의식 개념 역시 정화해야 할 대상 중 하나였다. 만일 무의식 개념을 인정하게 되면 사르트르가 원하는 의식을 기반으로 하는 철학은 그 출발점에서부터 위협을 받게 될 것이기 때문이다.

---

505 우리나라에서 이루어진 자기기만에 대한 연구로는 다음을 보라. 정경위, 「사르트르의 《파리 떼》에 나타난 인물들과 '자기기만'」, 『불어불문학연구』, 64, 한국불어불문학회, 2005, 483-500쪽; 박정태, 「사르트르의 실존주의 도덕: 자기기만의 극복과 가치를 창조하는 삶」, 『동서철학연구』, 49, 2008, 한국동서철학회, 317-345쪽. 서동욱, 「사르트르에서 병리적 의식과 자기기만」, 『현상학과 현대철학』, 57, 한국현상학회, 2013, 5-25쪽.

506 프로이트의 정신분석은 넓은 의미에서 심리학에 속한다. 사르트르가 이미지, 감동 등에 큰 관심을 보일 때 그는 프로이트의 이론을 정신분석보다는 오히려 심리학의 한 갈래로 이해한 것으로 보인다.

사르트르에 의하면 자기기만은 속임수mensonge의 일종이다. 예컨대 내가 어떤 사람을 속이려 한다고 하자. 이 속임수가 성공하려면 다음과 같은 조건이 요구된다. 첫 번째 조건은 나는 속임수의 주체로서 내가 그를 속이려 한다는 사실과 그 내용을 알고 있어야 한다는 것이다. 두 번째 조건은 내가 속이려 하는 그는 절대로 내가 그를 속인다는 사실과 그 내용을 모르고 있어야 한다는 것이다.

그런데 속임수의 성공에 요구되는 위의 두 조건이 자기기만에서는 실현될 수 없다는 것이 사르트르의 주장이다. 따라서 자기기만은 결코 성공할 수 없다. 그 이유는 자명하다. 나는 나 자신을 속이려고 하는데, 속임수의 주체인 나는 내가 나 자신을 속이려 한다는 사실과 그 내용을 정확히 알고 있기 때문이다. 다시 말해 속이는 자와 속는 자가 동일하다.

사르트르는 자기기만 개념을 좀 더 잘 이해하기 위해 『존재와 무』에서 몇몇 예를 제시한다. 가령, 카페에서 일하는 종업원, 동성연애자, 애인과 데이트를 하는 중에 손을 잡힌 채 쾌락을 맛보는 정숙한 젊은 여성 등의 예가 그것이다. 여기에서는 애인과 첫 데이트를 하는 정숙한 젊은 여성의 예를 보도록 하자.

> 하지만 바로 그때 그 남자가 그녀의 손을 잡는다. 그녀의 대화 상대자가 한 이 행위는 즉각적인 결단을 내리면서 상황을 변화시킬 위험이 있다. 이 손을 내맡기는 것은 그녀 스스로 가벼운 연정에 응하고 연루되는 것이다. 손을 빼면 그 순간의 매혹을 이루는 몽롱하고 불안정한 조화를 깨게 될 것이다. 결단의 순간을 가급적 뒤로 미루는 것이 중요하다. 우리는 그때 무슨 일이 발생하는가를 안다. 이 젊은 여성은 자기 손을 내맡긴다. 하지만 그녀는 자신이 손을 내맡긴다는 사실을 '알아차리지 않는다'. (…) 그녀는 자신의 대화 상대자를 최고로 고양된 감정적인 명상의 수준으로까지 끌어올린다. 그녀는 삶에 대해, 자신의 삶에 대해 말한다. 그녀는 자신의 본

질적인 측면하에서 자신을 보여 준다. 즉 하나의 인격으로서, 하나의 의식으로서 자신을 보여 준다. 그동안에 신체와 영혼의 분리가 이루어진다. 그녀의 손은 상대방의 뜨거운 두 손 사이에서 움직이지 않은 채 휴식을 취한다. 동의하는 것도 아니고 저항하는 것도 아닌 그녀의 이 손은 하나의 사물이다.[507]

위의 예에서 젊은 여성이 혼전에 애인에게 손을 내맡기는 것은 비난받을 만한 행위라는 교육을 받았다고 하자. 이런 이유로 그녀는 애인이 자신의 손을 잡고자 했을 때 그의 손을 뿌리쳐야 했을 것이다. 하지만 손을 잡고 있으면 기분이 좋다. 그녀는 자기 손을 내맡긴 채 좋은 기분을 계속 유지하고 싶다.

이제 데이트는 끝났다. 그녀는 집으로 돌아와 생각에 잠긴다. 그녀는 비난받을 행동을 했다. 하지만 그녀는 자신이 그런 행동을 하지 않았다고 믿고 싶어 한다. 다른 사람들이 비난하는 경우에도, 그녀는 자기 손이 애인의 손에 쥐어져 있었다는 것을 의식하지 못했다고 스스로 믿고 싶어 한다. 즉 그녀는 자신을 속이고자 하는 것이다. 물론 이렇게 하는 것은 그녀 자신이 비난받을 만한 행동을 하지 않았다는 것을 증명하기 위함이다. 하지만 그녀의 자기기만은 결국 실패로 끝나고 만다. 그도 그럴 것이 그녀는 그녀 자신을 속이려 한다는 사실과 그 내용까지도 알고 있기 때문이다.

사르트르에 의하면 자기기만은 또한 대자존재가 자유라는 사실을 증명해 주는 개념이기도 하다. 왜냐하면 자기기만은 의식이 스스로 대자의 방식으로 존재함을 부정하고, 또 이 사실을 알면서도 스스로를 즉자, 곧 사물과도 같은 존재로 바꾸어 보려는 시도이기 때문이다.

---

507   EN, p.95.

위의 예에서 그녀가 애인에게 손이 쥐어졌을 때 좋은 기분을 느꼈다면, 그것은 그녀가 애인의 손을 잡고 있었다는 사실을 순간적으로라도 의식했다는 것을 보여 준다. 그녀는 그 순간에 대자존재의 자격으로 있었던 것이다. 그녀는 자유로운 상태에서 손을 내맡긴 채 좋은 기분을 맛본 것이다. 하지만 이를 의식했다는 사실을 인정하게 되면, 즉 그녀가 대자로서 행동했다는 것을 인정하게 되면, 그녀는 나중에라도 자신으로부터 올 수 있는 비난을 감내해야 하는 상황이 발생할 수 있다.

이런 상황을 피하기 위해 그녀는 애인의 손에 자기의 손이 쥐어져 있을 때, 그 손이 하나의 사물, 즉 즉자존재와 같은 것이라고 스스로 믿고자 하는 것이다.[508] 하지만 그녀는 계속해서 그녀의 자유를 행사하고 있었고, 그런 만큼 그녀의 손은 결코 즉자존재, 곧 사물인 적이 없었던 것이다. 이렇듯 자기기만은 대자가 자유라는 사실을 간접적으로나마 증명해 주는 개념이다.

h) 대타존재: 시선, 갈등 및 신체

사르트르는 『존재와 무』에서 이 세계의 모든 존재를 의식의 유무를 기준으로 대자존재와 즉자존재로 구분한다. 그는 이 두 존재에 '제3의 영역'에 속하는 존재를 덧붙이고 있다. '타자'의 존재가 그것이다. 사르트르는 이처럼 인간실재를 '나'와 '타자'로 구분한다.

사르트르는 이 구분을 위해 '수치심honte'을 분석한다. 인간은 혼자서도 수치심을 느낄 수 있다. 하지만 수치심은 타자의 존재를 전제하는 감정이다. 인간이 혼자 느끼는 수치심과 타자 앞에서 느끼는 수치심은 비슷하면서도 다르다. 인간이 타자 앞에서 느끼는 수치심은 되돌릴 수 없다. 반면 인간이 혼자 수치심을 느끼는 경우 그는 스스로 이 감정을 지워 버릴 수

---

508 사르트르에게서 신체는 의식과 같은 것으로도 여겨진다는 점을 뒤에서 지적할 것이다.

있다. 이렇듯 수치심은 근본적으로 타자 앞에서 자기에 대해 느끼는 구조를 갖는다.

사르트르는 또한 『존재와 무』의 목표를 실현하기 위해 타자 존재를 다루어야 하는 필요성을 강조한다.[509] 타자는 나의 '대타존재l'être-pour-autrui'로 구성한다. 이 개념에서도 'pour'는 '향해서'의 의미이다. 나는 타자를 향해 있는 존재이다. 사르트르는 이 대타존재의 문제를 두 부분으로 구분한다. 타자는 어떤 존재인가라는 타자의 존재 증명의 문제와 나와 타자 사이에 정립되는 존재론적 관계의 문제가 그것이다.

> 하지만 그와 동시에 나는 나의 존재 구조 전체를 완전히 파악하기 위해 타자를 필요로 한다. 대자는 대타를 가리킨다. 따라서 만일 우리가 인간과 즉자존재와의 존재 관계를 그 전체 속에서 파악하고자 한다면, 우리는 이 책의 앞부분에서 소묘된 기술만으로 만족할 수 없다. 우리는 아주 다른 의미로 놀라운 두 가지 문제에 답을 해야 한다. 먼저 타자의 존재 문제이며, 그다음으로 타자의 존재와 나와의 '존재' 관계의 문제이다.[510]

사르트르는 위의 첫 번째 문제에 대해 "타자는 나를 바라보는 자"라는 답을 제시한다. 이렇듯 타자는 '시선' 개념을 통해 단순하게 정의된다. 하

---

509 사르트르 철학에서 타자 존재에 대한 연구로는 다음을 참고하라. 변광배, 『장폴 사르트르: 시선과 타자』, 살림, 2004; 설민, 「사르트르와 타자 존재의 문제」, 『철학』, 155, 한국철학회, 2023, 79-104쪽; 설민, 「사르트르의 타자론에서 소외와 갈등」, 『철학연구』, 166, 대한철학회, 2023, 173-204쪽; 설민, 「사르트르와 레비나스에게서 절대적 타자로서 타인」, 『동서철학연구』, 109, 한국동서철학회, 2023, 207-232쪽; 이성환, 「사르트르 속의 헤겔: 사르트르의 대타존재론」, 『철학논총』, 78, 새한철학회, 2014, 465-492쪽; 서동욱, 『차이와 타자: 현대 철학과 비표상적 사유의 모험』, 문학과지성사, 2000; 서동욱, 『타자철학: 현대 사상과 함께 타자를 생각하기』, 반비, 2022.

510 EN, p.277.

지만 이 정의는 데카르트, 헤겔, 후설, 하이데거 등의 타자론에 대한 상세한 검토의 결과물이다. 사르트르는 이들의 타자론을 검토한 후에 다음과 같은 두 장면을 예로 들면서 타자에 대한 정의를 도출한다.

〈장면1〉　나는 지금 어느 공원에 있다. 나에게서 멀지 않은 곳에 잔디밭이 있고, 이 잔디밭을 따라 의자들이 있다. 한 남자가 의자 옆을 지나간다. 나는 이 사람을 본다. 나는 그를 하나의 대상으로, 동시에 한 명의 인간으로 파악한다. 이것은 무엇을 의미하는가? 또 내가 이 대상이 한 명의 인간이라고 단언할 때, 나는 무엇을 말하고자 하는가?[511]

〈장면2〉　가령 질투심으로, 관심을 가지고서, 못된 버릇 때문에, 내가 문에 귀를 대고 자물쇠 구멍을 통해 방 안을 들여다본다고 상상해 보자. (…) 그런데 나는 갑자기 복도에서 발자국 소리가 나는 것을 듣는다. 누군가가 나를 본다. 이것은 무엇을 의미하는가?[512]

사르트르는 〈장면1〉에서 내가 문제의 사람을 하나의 '인형-대상'으로 취급할 경우, 나는 그에게 사물에 적용하는 시간적, 공간적 범주들을 적용하게 된다고 주장한다. 이 인형-대상은 의자 옆에 있고, 나와는 5m 정도 떨어져 있다 등…. 또한 이 인형-대상과 공원에 있는 다른 존재들 사이의 관계는 나와 그것들 사이에 맺어지는 관계에 단순히 덧붙여지는 관계에 불과하다. 따라서 이 인형-대상의 출현으로 인해 내가 공원에서 형성한 나의 세계에 새로운 관계가 나타나지 않는다. 요컨대 나는 쉽게 이 인형-대상을 나의 세계에서 사라지게 할 수 있다.

---

511   *Ibid.*, p.311.

512   *Ibid.*, p.317.

하지만 내가 문제의 사람을 나와 같은 인간으로 여길 경우 사정은 복잡해진다. 먼저 이 사람을 중심으로 하는 새로운 세계가 형성된다. 그것도 나의 세계에서 그렇다. 또한 나의 세계는 그가 중심인 극점極點을 향해 유출된다. 사르트르는 이 유출을 나의 세계에서 발생한 "내출혈hémorragie interne"513로 규정한다. 내출혈이 계속되면 나는 점차 세계의 준거 중심 centre de référence의 자격을 상실하게 된다.

이처럼 나의 세계에 한 명의 인간이 출현하는 것은 나의 세계를 훔쳐가는 하나의 특수한 존재가 나타남을 의미한다. 사르트르는 이런 의미에서 타자의 출현을 나의 세계 속에 생긴 "하나의 특수한 작은 균열une petite lézarde particulière", 곧 나의 세계가 그곳을 통해 빠져나가는 "배수공un trou de vidange"514의 발생으로 본다. 다만, 아직까지는 이런 균열의 발생과 배수공을 통한 나의 세계의 내출혈은 원상태로 회복이 가능하다.

하지만 〈장면2〉에서처럼 내가 타자에 의해 바라보여진regardé515 경우에는 사정이 완전히 달라진다. 먼저 나의 세계의 내출혈은 끝이 없다. 이제 나의 세계는 타자에 의해 완전히 해체된다. 타자를 중심으로 형성된 세계가 나의 세계 위로 와서 겹치고, 그 결과 나는 더 이상 이 세계의 중심에 있지 못하게 된다.

이제 나는 내 주위에 있는 다른 존재들과 마찬가지로 새로운 중심인 타자로부터 거리를 부여받는 하나의 대상으로 존재하게 된다. 또한 타자에 의해 '바라보여진 나의 존재mon être-vu'는 결코 내가 알 수 없는 상태로 존재한다. 이런 시각에서 보면 이 존재는 나의 가능성에 속하지 않는다. 이

---

513   *Ibid.*, p.319.

514   *Ibid.*, p.313.

515   우리말에서 '보다'의 수동형은 '보이다'이다. 일반적으로 많이 사용되는 '보여지다'는 어법에 맞지 않는 말이다. 하지만 여기에서는 '타자'에 의해 내가 '바라보여진다'는 동작을 강조하기 위해 '보여지다'라는 표현을 사용한다.

존재는 가려진 "카드의 안쪽dessous des cartes"[516]이라는 의미에서 타자의 자유의 안쪽임과 동시에 나의 자유의 한계를 보여 준다.[517] 이것은 나의 즉 자존재로서의 모습이며, 또한 이것은 그 정체와 무게를 알지 못한 채 내가 짊어져야 하는 "짐fardeau"이기도 하다.[518]

이처럼 사르트르에게서 시선은 나에게 타자의 직접적, 구체적 현전을 보여 주는 개념이다. 하지만 시선의 의미는 거기에서 그치지 않는다. 시선은 단순히 두 눈동자의 움직임이 아니다. 시선은 '힘'이고, 그것도 그 끝에 와닿는 모든 것을 대상화하는 힘이라는 것이 사르트르의 주장이다.[519] 그리스 신화에 등장하는 모든 것을 화석화시키는 메두사의 눈초리를 상상해 보자.[520]

> 사실 내가 보는 사람들, 나는 그들을 대상으로 응고시킨다. 나의 그들에 대한 관계는 타자의 나에 대한 관계와 같다. 나는 그들을 보면서 나의 힘을 계량한다. 하지만 만일 타자가 그 사람들을 바라보고, 또 나를 바라본다면, 나의 시선은 그 힘을 잃는다.[521]

앞에서 시선은 힘이며, 그것도 그 끝에 와닿는 모든 것을 대상으로 포획하는 힘이라고 했다. 그로 인해 나와 타자 사이의 관계 ―사르트르에 의하면 이 관계는 "근본적 관계"로 지칭된다. 곧이어 보겠지만 나와 타자

---

516 *Ibid.*, p.320.

517 *Idem.*

518 *Idem.*

519 타자의 시선 아래에서 대상화되는 것은 나의 '신체(corps)'이다. 신체는 사르트르의 타자론에서 아주 중요한 의미를 가지고 있다. 곧이어 신체의 의미를 살펴볼 것이다.

520 *Ibid.*, p.502.

521 *Ibid.*, p.324.

사이에 맺어지는 "구체적 관계들"도 있다— 는 항상 갈등, 투쟁으로 치닫게 된다.

그 과정을 보자. 먼저 사르트르의 사유에서 인간은 누구나 주체로 존재한다는 점을 지적하자. 나와 타자 모두 주체이다. 나도 타자도 미래를 향해 자유롭게 기투하면서 각자의 본질을 만들어 간다. 그런데 타자는 이 세계에 출현해서 나를 보자마자 나의 기투를 방해한다. 왜냐하면 그는 시선을 통해 나를 대상화시킬 수 있기 때문이다. 물론 이것은 타자에게도 적용된다.

따라서 사르트르에게서 나와 타자는 항상 각자의 시선을 통해 상대를 대상화해 주체의 위치를 확보하고자 한다. 하지만 이런 시도가 성공을 거두었다고 해도 각자의 시선이 한 번 폭발하게 되면 모든 것은 다시 원상태로 되돌아간다. 이런 의미에서 시선의 주체인 나와 타자는 서로에게 "조심스럽게 다뤄야 할 폭발성이 있는 도구"로 여겨진다.

> 이처럼 타자-대상은 내가 조심스럽게 다뤄야 할 폭발성 있는 도구이다. 왜냐하면 나는 이 타자-대상 주위에서 '사람들'이 이것을 폭발시킬 수도 있는 끊임없는 가능성, 그리고 이 폭발과 함께 갑자기 세계가 나의 밖으로 도피하며, 나의 존재가 소외되는 것을 겪을지도 모른다는 끊임없는 가능성을 느끼기 때문이다.[522]

사르트르는 이런 사실을 고려해 나와 타자의 관계를 "함께-있는-존재"가 아닌 "갈등"으로 규정한다.[523] 이렇듯 사르트르는 함께-있는-존재를 내세우는 하이데거와는 전혀 다른 타자론을 전개하고 있다. 또한 사

Ibid., p.358.

Ibid., p.502.

르트르는 나와 타자의 갈등 관계를 '승격transfiguration'과 '강등dégradation' 개념을 통해 설명한다. 한 인간이 대상에서 주체로 바뀌는 것이 승격이고, 그 반대로 주체에서 대상으로 바뀌는 것이 강등이다. 이런 변화에는 시선이 수반된다. 요컨대 승격은 내가 '바라보여진-존재l'être-regardé'에서 '바라보는-존재l'être-regardant'로 바뀜을, 강등은 내가 '바라보는-존재'에서 '바라보여진-존재'로 바뀜을 의미한다. 이것은 타자에게도 적용된다. 이런 이유로 나와 타자는 서로 만나자마자 각자의 시선을 통해 이와 같은 승격과 강등의 순환에 빠지게 된다.

그런데 시선의 주체로 등장하는 타자는 나와의 관계에서 두 가지 서로 상반된 존재론적 지위를 갖는다는 것이 사르트르의 주장이다. 나의 지옥으로서의 지위와 나와 나 자신 사이의 필수불가결한 중개자로서의 지위가 그것이다. 먼저 타자는 이 세계에 출현하면서 나의 세계를 훔쳐 가는 존재이고, 또 그의 시선을 통해 나를 대상화시킬 수 있기 때문에 나의 지옥으로 여겨진다.

그다음으로 타자는 나의 존재의 필수불가결한 협조자이기도 하다. 타자는 나를 바라보면서 나를 대상화시키기 때문에, 나에게는 그의 시선에 포착된 나의 모습이 중요하다. 사르트르에 의하면 이 모습은 전적으로 타자의 자유에 속한다. 나는 결코 그 모습이 어떤 것인지 알 수 없다. 사르트르는 이런 의미에서 이 모습을 "나의 외부mon dehors", "나의 본성ma nature", "나의 비밀mon secret"이라고 말한다.

> 한 명의 타자가 존재한다면, 그가 누구이든, 그가 어디에 있든, 나와의 관계가 어떠하든, 그의 존재의 단순한 출현에 의해 그가 나에게 달리 작용하는 일이 있을지라도, 나는 하나의 외부를 갖게 된다. 나는 나의 '본성'을 갖게 된다.[524]

타자는 하나의 비밀을 쥐고 있다. 이 비밀은 내가 무엇인가에 대한 비밀이다. 타자는 나를 존재시키고, 또 바로 이를 통해 나를 소유한다. 그리고 이 소유는 그가 나를 소유한다는 의식 이외의 다른 것이 아니다. (⋯) 의식의 자격으로 타자는 나에게서 나로부터 나의 존재를 훔쳐 가는 자임과 동시에, 나의 존재인 하나의 존재가 '거기에 있게' 하는 자이다.[525]

이처럼 타자가 나를 바라보면서 나에게 제공하는 이런 나의 외부, 나의 본성, 나의 비밀이 나의 존재 근거와 무관하지 않다는 것이 사르트르의 견해이다. 신이 나에게 존재 근거를 부여해 주었다면, 그것이 가장 확실할 것이다. 하지만 사르트르는 신의 부재를 가정하고 있기 때문에, 나는 평생 나의 존재 근거를 찾아가야 하는 상황이다. 이런 상황에서 타자의 시선에 포착된 나의 모습은 그대로 나의 존재 근거가 될 수 있다는 것이 사르트르의 주장이다. 그런 만큼 내가 나에 대한 진리를 알려면 나는 반드시 타자를 통과해야 한다.

나에 대한 어떤 진리를 얻기 위해서 나는 이처럼 타자를 거쳐야 합니다. 타자는 나의 실존에 필수적이며, 내가 나에 대해 갖게 되는 앎에도 마찬가지로 필수적입니다.[526]

이처럼 시선을 통해 출현하는 타자의 나에 대한 존재론적 지위가 이중적이며 상반되기 때문에, 나는 타자와의 관계 정립을 하면서 그에 대해 두 개의 상반된 '태도attitude'를 취하게 된다는 것이 사르트르의 계속되는

---

524   *Ibid.*, p.321.

525   *Ibid.*, p.431.

526   EH, pp.66-67.

주장이다. "동화assimilation의 태도"와 "초월transcendance의 태도"가 그것이다. 동화의 태도는 "제1태도"로, 초월의 태도는 "제2태도"로 명명된다.[527] 먼저 제1태도는 방금 언급한 타자의 두 번째 존재론적 지위와 관련이 있다. 타자는 주체로서 나를 바라보면서 나에게 존재 근거를 제공해 주기 때문에, 나는 그의, 자유, 초월, 시선에 의해 그려지는 나의 대상화된 모습을 동화시키고, 그것을 내 안으로 흡수하고자 한다. 이것이 동화의 태도이다. 제2태도는 제1태도와는 반대로 내가 주체로서 타자를 바라보면서 그의 시선, 자유, 초월을 제압하려는 태도를 말한다. 이것이 초월의 태도이다.

> 타자의 초월을 초월하는 것, 또는 이와 반대로 타자로부터 초월의 성격을 제거함이 없이 이 초월을 내 안으로 삼키는 것, 이것이 바로 내가 타자에 대해 취하는 두 개의 원초적인 태도이다.[528]

사르트르에 의하면 이런 두 가지 태도를 중심으로 나와 타자 사이에 구체적 관계들이 정립된다. 사르트르가 이 관계들을 구체적이라고 규정한 것은, 이 관계들이 현실과 동떨어진 추상적인 관계들이 아니라 현실에서 흔히 나타나는 관계들이라는 의미에서인 것으로 보인다.

사르트르는 제1태도, 곧 동화의 태도를 중심으로 맺어지는 구체적 관계들로 '사랑amour', '언어langage', '마조히즘'을 제시하고 있다. 제2태도, 곧 초월의 태도를 중심으로 맺어지는 구체적 관계들로는 '사디즘sadisme', '성적 욕망désir sexuel', '무관심indifférence', '증오haine'가 제시되고 있다. 이 관계

527　두 태도 중 시간적으로 어느 것이 먼저인가를 결정하는 것은 불가능하다는 점을 지적하자.

528　EN, p.430.

들을 하나하나 요약하면 다음과 같다.[529]

먼저 제1태도를 중심으로 정립되는 관계 중 사랑은 나와 타자가 모두 주체의 자격으로 맺는 관계를 말한다. 사르트르는 이것을 인간관계의 이상理想으로 여긴다. 다만 문제는 이 사랑이 궁극적으로 실패라는 점이다. 사르트르는 나와 타자가 모두 주체의 자격으로 관계를 맺는 것이 불가능하다고 생각한다. 앞에서 본 것처럼 사르트르와 보부아르 사이의 계약 결혼은 이와 같은 이상적인 인간관계의 실현을 목적으로 내세우고 있다.

그다음으로 언어가 있다. 사르트르에 의하면 언어는 사랑의 관계와 비슷하다. 말하는 자도 주체여야 하고, 그의 말을 듣는 자도 주체여야 한다. 하지만 언어는 소외될 수 있다. 말하는 자의 의도는 듣는 자에 의해 왜곡되기 마련이다. 이런 왜곡의 가능성이 있는 한, 언어 역시 사랑과 마찬가지로 실패로 끝날 공산이 크다. 하지만 사르트르는 언어 관계를 성공과 실패가 결정되지 않은 유예 상태에 있다고 본다.

이것은 언어가 갈등과 투쟁으로 점철되는 인간관계의 대안이 될 수 있는 가능성, 곧 도덕 정립의 가능성에 대한 암시로 여겨진다. 실제로 사르트르는 나중에 『문학이란 무엇인가』에서 작가와 독자의 주체성의 합일의 가능성 문제를 심도 있게 다루고 있다. 사르트르의 문학론을 다룰 때 언어 관계가 갖는 의미에 대해 다시 살펴볼 것이다.

마조히즘은 내가 나의 주체, 자유를 유지하는 것을 버거워하며 내 스스로를 타자의 주체, 자유 앞에 대상으로 내던지는 것을 의미한다. 나는 그렇게 하면서 휴식을 취할 수 있다. 하지만 이런 휴식은 씁쓸하다. 또한 나는 언제라도 나의 시선을 통해 타자를 다시 바라보고 대상화할 수 있기 때문에 마조히즘 역시 실패라는 것이 사르트르의 주장이다.

529　제1태도를 중심으로 정립되는 관계들과 제2태도를 중심으로 정립되는 구체적 관계들은 각각 다음을 참고하라. *Ibid.*, pp.431~447, pp.447~484.

그다음으로 제1태도에 이어서 제2태도를 중심으로 맺어지는 관계에는 사디즘이 있다. 사디즘의 주체는 상대방의 자유를 빼앗고 그를 굴복시켜 대상으로 사로잡고자 한다. 예컨대 고문관은 피고문자로부터 중요한 정보를 얻고자 한다. 피고문자가 고문을 이기지 못하고 정보를 토설하는 순간 고문관은 희열을 느낀다. 사르트르는 이 희열이 피고문자의 자유 포기와 무관하지 않다고 본다. 하지만 사디즘은 실패로 끝나고 만다. 피고문자는 언제라도 고문관을 바라보면서 그를 대상화시킬 수 있기 때문이다.

성적 욕망도 제2태도를 바탕으로 정립되는 구체적 관계 중 하나이다. 나와 타자는 성행위를 하면서 "애무caresse"를 통해 서로 상대방의 신체를 대상화해 '육체chair'530로 변화시킨다. 사르트르는 애무를 타자의 신체에 나의 주체성을 이입해 그것을 "대상화하는 의식儀式"531으로 정의한다. 따라서 성행위 중에 있는 나와 타자는 서로 반準-주체성, 반準-대상성 상태에 있다. 하지만 이 성적 욕망 역시 실패라는 것이 사르트르의 진단이다. 그도 그럴 것이 성행위가 끝나고 난 다음에 나와 타자는 서로에게서 적나라한 육체의 상태로 있는 신체를 확인하기 때문이다.

제2태도를 중심으로 나와 타자 사이에 맺어지는 구체적 관계 중에는 무관심과 증오도 있다. 사르트르는 무관심을 타자에 대한 나의 "맹목성 cécité"532으로 정의한다. 이것은 타자에 대한 철저한 무시와 경멸과 같은

---

530 사르트르는 'corps'와 'chair'를 구분한다. 전자는 의식과 같은 것으로 이해되며, 후자는 즉자의 방식으로 존재하는 사물과 같은 것으로 이해된다. 이 두 개념을 각각 '신체'와 '육체'로 옮겼으나, 특히 후자를 '살'로 옮기는 경우도 없지 않다. 이는 메를로퐁티의 영향 때문이다. 하지만 메를로퐁티에게서 '살'의 개념은 사르트르의 'chair' 개념과는 전혀 다른 의미를 갖는다. 이 세계의 원형질로서의 '살'이 그것이다. 반면, 사르트르에게서는 'chair'는 타자의 시선하에 놓이거나 또는 타자의 '애무'에 의해 사물화된 '신체'를 가리킨다. 여기에서는 이런 사실들을 고려해 전자에 대해서는 '신체'라는 용어를, 후자에 대해서는 '육체'라는 용어를 사용한다.

531 *Ibid.*, p.459.

532 *Ibid.*, p.448.

것이다. 나는 타자에 의해 대상화될 가능성을 아예 인정하지 않는다. 우리말에 "꿔다 놓은 보릿자루 취급을 당한다"라는 표현이 있다. 이 표현의 의미가 정확히 무관심에 해당한다. 하지만 이 무관심 역시 실패이다. 왜냐하면 무관심의 대상이 된 내가 타자를 바라보면서 그를 대상화할 수 있기 때문이다.

또한 사르트르는 증오를 타자를 살해하려는 시도로 정의한다.[533] 타자는 나의 비밀을 알고 있는 자이다. 이 타자를 없애면 나에 대한 부끄러운 비밀을 영원히 사라지게 할 수도 있다. 이런 이유로 타자를 살해하고자 할 수도 있을 것이다. 하지만 이 증오 역시 실패이다. 왜냐하면 나의 비밀을 알고 있는 타자가 살해당해 이 세계에서 사라져도 그가 이 세계에 존재했다는 사실 자체를 없앨 수는 없기 때문이다. 사르트르는 이 증오를 내가 타자에 대해 취하는 "제3태도"[534]로 규정하고 있기도 하다.

사르트르는 이처럼 나와 타자 사이의 구체적 관계들은 모두 실패로 끝나기에 우리는 시선을 매개로 바라보는-존재에서 바라보여진-존재로의 강등, 또 역으로 바라보여진-존재에서 바라보는-존재로의 승격의 악순환 속으로 다시 들어갈 수밖에 없다는 결론을 내린다. 이런 결론을 통해 사르트르는 1차 세계대전, 특히 그 자신이 참전했던 2차 세계대전을 통해 헤아릴 수 없이 많은 인간이 서로 적이 되어 싸우다 죽어 가는 참상의 근본적인 원인을 규명하고자 했다고 할 수 있다. 하지만 그는 『존재와 무』 이후에 인간실재들의 관계를 이런 갈등과 투쟁의 악순환으로부터 구해 내고자 하는 방향으로 나아가게 된다. 그로부터 그의 도덕적 전회가 시작된다고 할 수 있다. 이 점에 대해서는 뒤에서 다시 살펴볼 것이다.

---

533   *Ibid.*, p.481.

534   *Ibid.*, p.477.

i) 신체의 세 차원

앞에서 타자는 그의 시선을 통해 나에게 직접적, 구체적으로 현전한다고 했다. 그런데 그의 시선에 포획되는 것은 다름 아닌 나의 신체이다. 물론 나의 시선에 붙잡히는 것도 타자의 신체이다. 이런 사실을 고려해 사르트르는 『존재와 무』에서 신체 개념에 꽤 많은 분량을 할애하고 있다. 여기에서는 그가 제시하고 있는 신체의 세 차원을 간략하게 살펴보고자 한다.

사르트르의 신체론은 그의 타자론[535]과 더불어 『존재와 무』에서 가장 독창적이며, 후일 그의 철학에서 가장 값진 부분으로 여겨질 것이라는 평가를 받는다. 하지만 사르트르 자신도 이론을 전개하면서 어려움을 느낄 정도로 난해하다. 그의 신체론을 보도록 하자.[536]

먼저 사르트르는 신체를 "나의 우연성의 필연성이 취하는 우연적인 형태la forme contingente que prend la nécessité de ma contingence"[537]로 규정한다. 이 비의적인 정의의 의미는 무엇일까? 이 질문에 답을 하기 위해 먼저 의식의 담지자인 인간실재가 세계-내-존재라는 사실을 지적하자. 이런 의미에서 사르트르는 의식을 "하나의 관점un point de vue"[538]으로 여긴다. 인간실재는 이렇듯 하나의 관점으로 이해되는 의식을 출발점 삼아 이 세계와 관계를 맺는다. 그때 의식은 항상 신체의 방식을 취한다는 것이 사르트르의 입장이다.

---

[535] 사르트르의 타자 이론은 그 이후의 모든 타자 이론을 그 아류로 만들어 버릴 정도의 놀랄 만한 사유의 깊이를 보여 준다는 주장도 있다.(서동욱, 『차이와 타자: 현대 철학과 비표상적 사유의 모험』, 앞의 책, 162쪽; 서동욱, 『타자철학: 현대 사상과 함께 타자를 생각하기』, 앞의 책, 170-252쪽.)

[536] Cf. 이성환, 「몸인 세계, 세계인 몸: 사르트르의 몸의 존재론」, 『철학논총』, 54, 새한철학회, 2008, 383-405쪽; 리차드 M. 자너, 『신체의 현상학: 실존에 바탕을 둔 현상학』, 최경호 옮김, 인간사랑, 1993.

[537] EN, p.371.

[538] Ibid., p.391.

앞에서 사르트르가 후설의 관념론을 비판함과 동시에 하이데거의 현존재 개념, 곧 의식과 신체가 하나가 되어 이 세계와 관계를 맺는 직접적, 구체적 경험의 주체인 현존재 개념을 인간실재 개념으로 수용했다는 사실을 지적했다. 이것은 의식이 이 세계와 관계를 맺으면서 취하는 관점은 신체일 수밖에 없다는 것을 의미한다. 이렇듯 사르트르에게서 의식, 출발점, 관점, 신체는 모두 동의어라고 할 수 있다.

의식의 출현은 우연적 질서에 속하는 절대적 사건이라는 점은 앞에서 지적한 대로이다. 이것은 신의 부재라는 가정으로부터 도출된다. 그런데 의식이 외부 대상과 지향 관계를 맺을 때 그것이 하나의 관점을 취해야 한다. 이것은 필연적이다. 왜냐하면 의식이 이런 관점이 아니라면 외부 대상과 관계를 맺을 수 없기 때문이다.

그리고 이런 의식의 담지자인 인간실재가 세계에 존재한다는 것은 항상 이 세계의 '거기에-있다'는 것과 동의어이다. 사르트르는 이런 사실을 "존재론적 필연성nécessité ontologique"이라고 부른다.[539] 그렇지만 이 의식이 다른 모든 관점을 배제하고 신체의 방식으로 존재하는 것, 즉 신체라는 관점을 취하는 것은 전적으로 우연적이다. 그로부터 신체는 나의 우연성의 필연성이 취하는 우연적인 형태라는 사르트르의 정의가 도출된다.

사르트르는 이 정의에서 출발해 신체의 세 차원을 기술하고 있다. 1차원은 대자로서의 신체를 가리킨다. 사르트르는 의식과 신체를 구분하지 않는다. 신체는 의식에 우연히 덧붙여진 것이 아니다. 그와는 정반대로 신체는 의식의 모든 특징을 지닌 채 이 세계와 지향적 관계를 맺는 의식의 "항상적 구조structure permanente"이다.[540] 요컨대 신체와 대자는 하나를

---

539   *Ibid.*, p.371.

540   *Ibid.*, p.392.

이룰 뿐이다. 그로부터 신체는 "무관점의 관점point de vue sans point de vue"[541]이라는 사르트르의 규정이 도출된다. 그러니까 나는, 더 정확하게 말하자면 나의 의식은 나의 신체에 대해 관점을 취할 수가 없는, 즉 거리를 펼칠 수가 없는 관점인 것이다. 이것이 신체의 1차원의 모습, 곧 대자로서의 모습이다.

예를 들어 보자. 내가 출판사에서 한 달 전에 청탁받은 원고를 내일까지 완성해 보내 주어야 하는 급박한 상황이어서 밤샘이 불가피하다고 하자. 나는 정신을 집중해서 노트북 자판을 맹렬히 두들겨 새벽녘에 겨우 원고를 완성해 출판사에 보내는 데 성공했다. 여기에서 주목의 대상이 되는 것은 바로 노트북의 자판을 맹렬히 두들기고 있을 때, 나는 이 자판과 하나가 되어 구별이 안 된다는 사실이다. 나는 이 자판에 대해 다른 사물에 대해 지향 관계를 맺는 방식으로 관계를 맺지 못한다. 왜냐하면 여기에서 자판은 일시적으로나마 나의 신체의 일부로 여겨지기 때문이다. 이런 상황에서 의식과 하나가 되어 구별이 안 되는 신체, 이런 신체가 바로 1차원에 놓여 있는 신체이다.

그다음으로 신체의 2차원을 보자. 앞에서 타자의 시선 또는 나의 시선 아래 놓이는 것은 각각 나의 신체 또는 타자의 신체라고 했다. 그런데 그때 각자의 시선 아래 놓이는 각자의 신체는 보통의 사물 존재, 곧 즉자존재와는 다른 모습을 지닌다. 여기에서는 나의 시선 아래 놓이는 '타자-신체'의 모습을 보자.

이 타자-신체가 나의 시선하에서 하나의 사물과도 같이 대상화된다는 것은 사실이다. 하지만 이 타자-신체는 해부학, 생리학의 연구 대상이 되는 신체와는 근본적으로 다르다. 먼저 이 타자-신체는 초월의 가능성, 곧 대자-신체로 작동할 수 있는 가능성을 가지고 있다. 예컨대 '타자-시체'

---

541   *Ibid.*, p.406.

와 '타자-신체'는 근본적으로 다르다. 전자는 완전히 즉자존재인 반면, 후자는 초월의 가능성을 회복할 수 있는 '심적 대상objet psychique'이다. 타자-신체는 나의 시선에 의해 '초월된 초월transcendance transcendée'로 있지만, 언제든지 '초월하는-초월transcendance transcendante'이 되어 대자로서의 지위를 회복할 수 있는 존재이다.[542]

이런 의미에서 사르트르는 이 타자-신체를 "신체-이상의 신체corps-plus-que-corps"로 여기면서 하나의 "마법적 대상objet magique"으로 규정하고 있다.[543] 이런 대상으로의 존재론적 특성을 갖는 신체가 바로 2차원에 속하는 신체이다. 물론 이 모든 것은 타자의 시선 아래 놓이는 나의-신체에도 해당된다.

마지막으로 신체의 3차원을 보자. 나와 타자는 각자의 시선을 통해 서로를, 좀 더 정확하게는 서로의 신체를 바라보면서 대상화한다. 그런데 그때 나의 시선에 의해 포착된 타자-신체는, 비록 그것이 2차원에 속하는 신체의 특징을 가지고 있기는 하지만, 타자에게는 완전히 소외되어 있다. 다시 말해 타자는 나의 시선에 의해 포착된 자신의 신체의 모습을 전혀 인지할 수도 없고 파악할 수도 없다. 왜냐하면 그것은 전적으로 나의 시선, 나의 자유, 나의 가능성의 영역에 속하기 때문이다.

그럼에도 불구하고 타자는 나의 시선에 의해 포획된 타자-신체의 모습을 자신이 살아 있는 동안 내내 감내하면서 살아가야만 한다. 이것이 신체의 3차원이다. 물론 이 차원은 타자의 시선에 의해 포착된 나의 신체에

---

542 이것은 내가 나의 신체에 대해 부여하는 의미와도 동일하다. 가령, 원고를 송고한 다음의 상황을 상상해 보자. 나는 원고를 송고하고 난 다음에서야 비로소 눈과 손이 피곤하고 아픈 것을 의식하게 된다. 그때 나는 나의 신체에 대해 객관적인 거리를 펼치면서 외부 대상과 마찬가지의 의미를 부여하게 된다. 그때 나의 신체는 하나의 사물에 불과하다. 이것은 곧이어 보게 될 신체의 2차원의 모습과 같은 것이다. 하지만 나의-신체는 신체-사물의 모습에 그치지 않고 나의 대자-신체로서의 지위를 회복하게 된다.

543 *Ibid.*, p.418.

도 해당한다는 사실을 지적하자.

j) 실존적 정신분석

사르트르는 『존재와 무』에서 대타존재에 대한 논의에 이어 4부에서 실존의 "주요 세 범주"로 규정된 '함', '가짐', '있음'을 다루고 있다.[544] 이 부部에서 그는 인간실재의 자유, 행동, 동기, 동인, 상황, 책임 등에 논의의 초점을 맞추고 있다. 사르트르는 특히 한 인간실재가 삶을 영위하면서 왜 다른 길이 아닌 바로 '그' 길을 선택하고 결정하게 되었는가에 주목한다. 그리고 그 과정을 밝히는 데 사용되는 방법이 실존적 정신분석이다.

사르트르는 실존적 정신분석을 정립하는 과정에서 프로이트의 정신분석을 비판적으로 수용하고 있다. 1943년 출간된 『존재와 무』에서 사르트르가 프로이트의 정신분석이 지닌 장점을 인정하면서 이것을 비판적으로나마 수용하고 있다는 사실은, 데카르트로부터 내려오는 합리주의 전통을 이어받은 그 당시의 프랑스 철학계에서는 의외의 일로 받아들여진다.[545] 어쨌든 사르트르는 프로이트로부터 인간실재의 모든 행위에는 의미가 있다는 사실을 받아들인다.

> 하나의 몸짓은 하나의 '세계관'을 가리키며, 또 우리는 그것을 느낀다. 하지만 누구도 하나의 행위가 내포하는 의미들을 체계적으로 끌어내려고 시도한 적이 없다. 오직 한 학파가 우리와 마찬가지 근원적인 명증성에서 출발했다. 프로이트 학파가 그것이다. 프로이트에게 있어서는 우리에게 있어서와 마찬가지로 하나의 행위는 그 자체에 한정될 수 없을 것이다. 하

---

544   Cf. 이성환, 「소유의 존재론: 사르트르를 중심으로」, 앞의 책, 173-196쪽.

545   물론 사르트르도 1939년에 출간된 『벽』에 포함되어 있는 「어느 지도자의 어린 시절(L'Enfance d'un chef)」에서 프로이트의 정신분석을 비판하고 있다.

나의 행위는 더 심오한 구조들을 즉각적으로 가리킨다. 그리고 정신분석은 이런 구조들을 해명하게 해 주는 방법이다.[546]

인간실재에게서 그의 가장 무의미하고, 가장 피상적인 행위도 자기를 온전히 드러낸다. 따라서 의미를 갖지 않는 인간실재의 행위는 없다. 이것이 바로 프로이트의 영향으로 사르트르가 제시한 실존적 정신분석의 제1원리이다. 사르트르는 이 원리를 바탕으로 프로이트와 마찬가지로 분석의 대상이 되는 인간실재의 과거로 소급해 올라간다. 그러면서 이 인간실재의 삶에서 결정적인 중요성을 갖는 사건이 어떤 것인지를 발견하고자 한다. 이것이 실존적 정신분석의 구체적인 과정 중 하나인 후진적 방법이다.

우리는 앞에서 사르트르의 삶의 주요 변곡점들을 지적하면서 이 후진적 방법을 언급한 바 있다. 프로이트의 경우에도 정신질환자의 과거로 거슬러 올라가면서 그에게 정신적 상흔trauma을 안겨 준 사건을 찾아내고, 그로부터 출발해 치료를 시도한다. 그리고 이런 사건이 정신질환자의 유아기에 발생하는 경우가 대부분이다. 하지만 실존적 정신분석의 경우에는 이와는 조금 다르다.

사르트르의 실존적 정신분석에서도 피분석자의 과거로 거슬러 올라가 그의 삶에 결정적인 영향을 준 사건을 발견하고자 한다. 이 점에서는 프로이트의 정신분석과 차이가 없다. 하지만 실존적 정신분석에서는 피분석자가 그 사건으로부터 출발해서 미래를 향해 기투해 나가는 과정도 분석의 대상이 된다. 사르트르의 실존적 정신분석은 이처럼 피분석자의 과거로 거슬러 올라가는 소급적 방법과 그의 삶에서 결정적인 중요한 의미를 갖는 사건에서부터 출발해서 그의 미래를 향해 나아가는 전진적 방법

---

546   EN, p.535.

으로 구성되어 있다.

> 그리고 이해는 상반되는 두 방향으로 이루어진다. 후진적 정신분석학에
> 의해 우리는 고려된 행위로부터 궁극의 가능까지 거슬러 올라간다. 종합
> 적 전진에 의해 이와 같은 궁극의 가능으로부터 우리는 고려된 그 행위까
> 지 다시 하강하고 전체적 형태 안에서 그 행위의 통합을 포착한다.[547]

사르트르는 피분석자의 삶에서 결정적인 영향을 주는 사건, 즉 그의 모든 행위를 지배하고 관통하는 근원적 선택을 가능케 하는 사건을 원초적 사건이라고 부른다. 그런데 이 원초적 사건은 프로이트의 정신분석에서와는 달리 피분석자의 유아기에만 발생하는 것이 아니다. 피분석자의 청소년기, 심지어는 성인기에도 발생한다. 또한 이 사건이 하나인 것만도 아니다. 여러 사건이 얽혀 중층적으로 피분석자의 근원적 선택을 결정할 수도 있다.

사르트르는『존재와 무』에서 이렇게 정립된 실존적 정신분석이 플로베르, 도스토옙스키 등과 같은 작가에게 적용될 수 있음을 시사하고 있다. 그 이유는 그들 각자가 어떤 작가, 어떤 사람보다도 자신에 관련된 자료를 많이 남기고 있기 때문이다. 하지만 사르트르는 후일 보들레르, 주네, 말라르메, 플로베르, 사르트르 자신 등에 대해 실존적 정신분석을 하고 있다. 물론 말라르메와 플로베르에 대한 실존적 분석에서는 마르크스의 이론을 수용해『존재와 무』에서 정립된 실존적 정신분석을 보완하고 있다.

어쨌든 사르트르는 실존적 정신분석을 통해 피분석자인 인간실재가 전 생애에 걸쳐 이룩한 '역사화historisation' 과정을 종합적인 시각에서 이해함

---

[547]   *Ibid.*, p.537.

으로써 이 인간실재가 어떤 존재인지를 이해하는 데 유익한 방법으로 여기고 있다는 점을 지적할 수 있다.

3.4. 『존재와 무』 이후

사르트르는 『존재와 무』의 집필 이후, 주로 세 가지 방향으로 나아간다. 문학을 통한 참여, 도덕의 정립, 사회·정치철학의 정립이 그것이다. 먼저 사르트르의 문학에 대한 논의를 통해 살펴보겠지만, 그는 2차 세계대전의 종전 이후에 『레 탕 모데른』지를 창간하면서 내세운 인간과 사회의 해방을 위해 이른바 참여, 즉 앙가주망engagement[548] 문학론을 전개하고, 또이 이론을 토대로 문학 창작을 위해 노력한다.

두 번째로는 도덕의 정립이다. 뒤에서 다시 보겠지만 『존재와 무』의 결론 부분에서 사르트르는 이 저서에 이어 도덕에 대한 저서의 집필을 예고하고 있다. 이는 그의 관심이 존재론에서 도덕으로 기울고 있음을 보여준다. 실제로 그는 1983년 유고집으로 출간된 『도덕을 위한 노트』에 포함될 여러 권의 노트를 『존재와 무』의 출간 이후, 좀 더 구체적으로는 1947-1948년 사이에 작성했다. 이런 사실을 고려해 우리는 그에게 도덕적 전회 시기가 있다는 사실을 인정하고, 여기에 대해서도 살펴볼 것이다.[549]

세 번째로는 1939년에 동원된 2차 세계대전을 계기로 사르트르는 역사적, 사회적 존재로서의 인간실재에 대한 지위를 자각하게 되고, 이를 바

---

548 프랑스어 단어 'engagement'에 해당하는 '참여'는 1935년경에 프랑스 작가 장 게노, 기독교계열의 실존주의 철학자 가브리엘 마르셀 등에 의해 이미 사용되었다. 하지만 이 개념은 사르트르에 의해 대중에게 널리 알려졌다.(Cf. DS, p.156.)

549 사르트르의 도덕에 대한 사유는 1945년에 했던 "실존주의는 휴머니즘이다"라는 제목의 강연, 『문학이란 무엇인가』의 출간 등을 통해 이미 그 싹이 움트고 있다고 할 수 있다. 그런 만큼 그의 도덕적 전회의 시기에 대해서는 다음 장에서 문학론 중 참여 문학론을 다루는 기회에 살펴보기로 한다.

탕으로 사회·정치철학의 정립을 시도한다. 앞에서 지적한 바와 같이 그는 이 전쟁을 계기로 전회를 겪는다. 전회 이후에 그는 1960년 『변증법』을 집필할 때까지 인간과 사회의 해방을 위해 마르크스주의에 관심을 가지는 한편, 구체적인 현실의 변혁을 위해 현실 정치에 직접 뛰어들어 활동하기도 한다.

이 과정에서 사르트르가 현상학적 존재론의 정립을 통해 이해하고자 했던 인간 이해의 폭과 넓이가 깊어지고 확대되는 결과가 자연스럽게 초래된다. 하지만 『존재와 무』에서 다루어졌던 여러 핵심 개념이 무효화되거나 그 의의를 상실하는 것은 결코 아니다. 이런 의미에서 『존재와 무』는 사르트르의 사유 전체를 떠받치고 있는 주춧돌이라고 할 수 있을 것이다.

4.

인간학 시기,
또는『변증법적 이성 비판』

4.1.『변증법적 이성 비판』의 주변

사르트르 철학을 네 시기로 구분해 살펴볼 것이라고 앞에서 언급한 바 있다. 도덕적 전회 시기(1939-1948)가『존재와 무』의 시기, 곧 현상학적 존재론 시기에 바로 이어진다. 하지만 도덕적 전회 시기에 대한 논의를 잠시 뒤로 미루고 인간학 시기에 해당하는『변증법』의 시기를 먼저 살펴보도록 하자. 이렇게 하는 것은 그에게서 도덕과 미학(더 정확하게는 문학)이 밀접하게 연결되어 있으며, 이 두 분야의 관계가『문학이란 무엇인가』등에서도 다뤄지고 있기 때문이다.

사르트르의 인간학, 좀 더 정확하게는 구조적, 역사적 인간학의 전체적 윤곽이 제시되고 있는『변증법』1권은 1960년 출간되었다. 2권은 1985년 유고집으로 출간되었지만 미완으로 남아 있다. 1, 2권을 합해 1,400여 쪽에 달하는 이 저서는『존재와 무』의 거의 두 배에 달하는 그야말로 방대한 저서이다.[550] 그는 이 저서를 집필하면서 각성제 코리드란을 많이 복

---

[550] 한 연구자는『변증법』에서 사용된 단어의 수가『존재와 무』의 그것보다 1/3 이상 많다고 주

용했다. 그 당시에 건강이 좋지 않았던 그는 죽음을 염두에 두고 "시간과 싸우면서"[551] 이 저서의 집필을 강행했다. 보부아르의 증언을 들어 보자.

> 그는 여느 때처럼 쉬기도 하고, 삭제를 하기도 하고, 종이를 찢고 다시 시작하면서 작업을 하지 않았다. 몇 시간 동안 내리 종이를 메워 나갔다. 아주 빠른 속도로 펜을 휘갈겨 대도 머릿속에 떠오르는 생각들을 따라가지 못할 정도였다. 글을 쓰는 리듬을 유지하기 위해 그가 각성제 코리드란을 집어 드는 소리를 듣는 것은 다반사였다. 심지어 하루에 코리드란 한 튜브를 복용하기도 했다. 해가 질 무렵에 그는 녹초가 되곤 했다. 집중을 하지 않은 상태에서 그는 가끔 모호한 제스처를 하기도 했고 다른 사람을 향해 헛소리를 지껄이기도 했다.[552]

사르트르는 또한 『변증법』을 출간하면서 원고를 수정하지 않았다. 그 결과 지나친 만연체, 문장부호의 남용과 중언부언 등으로 인해 이 저서의 난해함이 배가되고 있다. 사르트르 자신도 이 저서의 원고를 수정했더라면 그 내용을 더 적은 분량으로, 더 명확하게 쓸 수 있었을 것이라고 회고한 적도 있다.[553]

아롱은 『변증법』을 "바로크적이고, 압도적이며, 거의 괴물 같은baroque, écrasant et presque monstrueux" 저서로 규정한다.[554] 심지어 시詩로 읽을 것을 권유받기도 하는 이 저서는 분량, 난해함, 특유의 만연체 등을 이유로 파레

장한다.(ES, p.310)

551 CRDI, p.9.

552 FA, p.407.

553 "L'écrivain et sa langue", (texte recueilli et transcrit par Pierre Verstraeten), in Jean-Paul Sartre, *Situations*, *IX*, Gallimard, 1972, p.75.(이하 SIX로 약기한다.)

554 Raymond Aron, *Histoire et dialectique de la violence*, *op. cit.*, p.9.

토의 『일반 사회학 개론Traité de la sociologie générale』 등과 함께 세계의 기서奇書로 여겨지기도 한다. 이런 특징을 가진 이 방대한 저서의 내용을 요약하는 것은 고사하고 이해하는 것만으로도 벅찬 일이 아닐 수 없다. 여기에서는 사르트르 연구자들까지도 절망시킬 정도로 난해한 이 저서에 대한 기존의 연구[555]를 참조하면서 그 핵심 내용을 간략하게 소개하는 선에서 그치고자 한다.[556]

그에 앞서 사르트르가 『변증법』을 집필하게 된 배경을 개괄하고자 한다. 이렇게 하는 것은 어떻게 그가 이 방대한 저서의 집필을 3년여의 짧은 시간에 일단락 지을 수 있었는가를 알아보기 위함이다. 앞에서 그가 글을 빨리, 많이 쓰고, 또 시간과 장소를 가리지 않고 쓴다는 사실을 지적한 바 있다. 하지만 이런 사실을 고려하더라도 그가 이 저서를 3년여의 짧은 시간에 일단락 지었다는 사실은 도저히 믿기지 않을 정도이다.

게다가 이 저서를 집필하는 중에도 사르트르는 여러 다른 작업을 수행했다. 이 저서는 1957년 말에서 1960년 초 사이에 집필되었다.[557] 그런데

---

555 『변증법』에 대해서는 다음과 같은 연구를 나열할 수 있다. Raymond Aron, *Histoire et dialectique de la violence*, *op. cit.*; Joseph S. Catalano, *A Commentary on Jean-Paul Sartre's Critique of Dialectical Reason*, vol. I: *Theory of Practical Ensembles*, The University of Chicago Press, 1986; Alfred Desan, *The Marxism of Jean-Paul Sartre*, Anchor Books, 1965; Thomas R. Flynn, *Sartre and Marxist Existentialism*, The University of Chicago Press, 1984; Claude Lévi-Strauss, *La Pensée sauvage*, Presses Pocket, 1990(특히 이 저서의 10장, "역사와 변증법(Histoire et dialectique)"; Ronald D. Laing & David G. Cooper, *Raison et violence: Dix ans de la philosophie de Sartre 1950-1960*, *op. cit.*; 강충권, 「사르트르의 변증법에 대한 고찰」, 『불어불문학연구』, 75, 한국불어불문학회, 2008, 7-30쪽.

556 우리나라에서는 2009년 이 저서가 우리말로 번역되었고, 2024년 재간되었다. 하지만 번역 이전이나 이후에도 이 저서에 대한 연구는 미진한 실정이다. 몇몇 핵심 개념, 가령 '실천적-타성태', '서약', '융화집단' 등을 중심으로 한 연구가 단편적으로 이루어졌을 뿐이다. 여기에서 이 저서의 집필 배경, 주요 내용에 대해서는 번역본에 실려 있는 '해제'(『변증법적 이성비판 2』, 박정자, 변광배, 윤정임, 장근상 옮김, 민음사, 2024, 755-793쪽)를 주로 참고했다. 이 해제는 공동 번역자들의 도움을 받아 내가 집필했다. 이런 이유로 이 책에서 제시된 내용과 이 해제의 내용 사이에 겹치는 부분이 없지 않음을 밝힌다.

그 기간 중에도 그는 1959년에『알토나의 유폐자들』을 공연한다. 이 작품은 공연 시간만 세 시간이 넘는 대작이다. 게다가 그는『변증법』을 구상, 집필하는 중에도 플로베르에 대한 비평서『집안의 천치』, 자전적 소설『말』,『시나리오 프로이트』 등을 구상, 준비 중이었다.[558]

사르트르가 다른 작업을 병행하면서 이만한 분량의『변증법』을 어떻게 3년여의 기간에 일단락 지을 수 있었는가에 대한 답을 미리 하자면, 그가 1939년 이후, 곧 전회 이후로 거의 20여 년 이상 문학을 통한 참여, 정치 활동과 특히 마르크스주의를 표방하는 구소련과 PCF와의 관계 등에 대해 오랜 성찰과 숙고의 기회를 가졌기 때문이라고 할 수 있을 것 같다.

앞에서도 지적했지만 사르트르는 2차 세계대전 이전에는 문학을 통한 개인의 구원, 반대의 미학만을 추구하며 역사의 수레바퀴를 돌리지 않으려는 태도로 일관했다. 그는 현실에의 비참여와 무관심을 캐치프레이즈로 내걸었다. 하지만 이 전쟁에 동원되는 것을 계기로 그의 삶과 사유에 커다란 변화가 생긴다. 전회가 발생한 것이다. 그리고 이 전회를 계기로 그가 인간의 사회적, 역사적 차원, 인간들 사이의 연대성, 계급투쟁 등을 발견했다는 사실을 이미 지적한 바 있다.

이런 발견 위에 이루어진 사르트르의 전회 이후의 주된 활동을 나열하면 다음과 같다. "사회주의와 자유"를 통한 레지스탕스 운동(1941-1942),『파리 떼』 공연(1943),『레 탕 모데른』 창간(1945), "실존주의는 휴머니즘이다"라는 제목의 강연(1945), 대독협력자들의 고문을 고발한『무덤 없는 주검』 공연(1946),『문학이란 무엇인가』에 포함될 글들의 집필(1947), 미국의 인종 차별 문제를 다루고 있는『공손한 창부』 공연(1946), 공산주의 이데올로기 문제에 초점을 맞춘『더러운 손』 공연(1948), 석유 공급을 둘러싼 식

---

557   ES, p.338.
558   CRDI, p.9.

민지 문제를 다룬 시나리오『톱니바퀴』집필(1948) 등등….

이런 활동들을 보면 전회가 일어난 1939년 이후 사르트르의 참여가 주로 문학에서 이루어졌다는 것을 알 수 있다. 그런데 1948년 이후에 그의 활동 범위는 문학을 넘어서서 점차 현실 정치 쪽으로까지 확장된다. 이른바 구체성의 충격을 겪게 된다. 가령 같은 해에 조직된 RDR이 그 예이다. 미국과 구소련 사이에서 제3의 길을 모색한 이 단체는 미국으로부터 재정 지원을 받으면서 점차 우경화되었다는 이유로 1949년에 해산되고 만다.

또한 사르트르는 이 시기에 PCF로부터 강한 공격을 받는다. 예컨대 구소련의 소설가 파데예프는 그를 "펜을 든 자칼", "만년필을 든 하이에나", "제3세력 선동가" 등으로 부르며 조롱하기도 했다.[559] 『존재와 무』의 출간으로부터 이어지는 비방의 연속이었다. 게다가 이 시기에 사르트르는 이미 우파 진영으로 돌아섰던 아롱과 후일 『반항하는 인간』을 출간하는 카뮈와 이데올로기적으로 다른 노선을 걷게 된다. RDR의 활동으로 PCF와 소원해진 사르트르는 1950년에 거의 모든 정치 활동을 포기하게 된다. 그리고 그는 자신이 처한 상황을 이해하기 위해 마르크스의 저작을 다시 읽으면서 성찰과 숙고의 시간을 갖게 된다.

이런 와중에도 『악마와 선한 신Le Diable et le bon Dieu』을 공연하고(1951), 주네 전집에 대한 서문[560]을 한 권의 단행본으로 출간하면서(1952) 절치부심하던 사르트르는 여러 사건을 겪으면서 점차 PCF와 가까워진다. 한국전쟁(1950),[561] 앙리 마르탱 사건(1952), 자크 뒤클로 체포 사건 등이 그것이

---

559 David Caute, *op. cit.*, p.306; Dominique Desanti, *op, cit.*, p.107.

560 이 서문은 몇 토막짜리 서문이 아니라 692쪽 분량의 서문이다. 이런 이유로 이 서문은 갈리마르 출판사에서 출간한 주네 전집에서 1권의 자리를 차지하고 있다.

561 한국전쟁에 대한 사르트르의 입장에 대해서는 다음을 보라. 정명환 외 4인, 『프랑스 지식인들과 한국전쟁』, 앞의 책.

다. 특히 뒤클로 사건이 발생했을 때, 사르트르는 1952년 6월 『레 탕 모데른』에 「공산주의자들과 평화」라는 글을 게재하면서 PCF와 함께함을 천명한다.[562]

앞에서 지적한 것처럼 사르트르는 이 글에서 "반공산주의자는 개다"라고 선언하고, 냉전 시대를 맞이한 그 자신의 입장이 PCF의 그것과 다르지 않다는 것을 공표한다. 1954년에는 구소련을 방문하고 나서 이 나라에서는 비판의 자유가 완벽하다는 인상을 받았다고 밝혀 파문이 일어나기도 했다.

그 시기에 사르트르의 PCF 쪽으로의 행보를 재촉했던 또 하나의 사건은 카뮈, 메를로퐁티와의 이념적 결렬이다. 방금 언급한 것처럼 사르트르는 카뮈의 『반항하는 인간』(1951)의 출간 이후에 그와 이념적으로 완전히 갈라선다. 이들 논쟁의 기저에는 진보적 폭력 개념이 놓여 있다는 사실을 앞에서 지적한 바 있다. 메를로퐁티에 의해 주창된 이 개념은 미래의 유토피아의 건설을 위해 현재 자행되는 폭력은 용인될 수 있다는 의미를 가진 개념이다. 사르트르는 이 개념을 받아들이는 반면, 카뮈는 그것을 거부한다.[563]

다른 한편, 메를로퐁티는 한국전쟁 이후 구소련의 제국주의적 성격을 간파하고, 이런 구소련에 우호적인 태도를 취하는 사르트르의 '과격 볼셰비즘'을 비판하며 그와 갈라선다. 물론 사르트르도 1956년 헝가리 사태를 계기로 구소련의 무력 개입을 비난하고 불소친선협회에서 탈퇴했으며, 이듬해에는 「스탈린의 망령Le fantôme de Staline」이라는 글을 쓰고서 공산주의와 멀어지게 된다.

---

562 사르트르의 두 번째 '전회'로 일컬어진다.

563 진보적 폭력 개념을 둘러싼 사르트르와 카뮈 사이의 논쟁에 대해서는 다음을 보라. 변광배, 『사르트르 vs 카뮈』, 앞의 책, 155-161쪽.

이렇듯 현실 참여로 인해 혼란스러운 상황에 있던 사르트르에게 1957년 폴란드의 한 잡지사가 '1957년의 실존주의 상황Situation de l'existentialisme en 1957'이라는 주제로 글을 청탁한다. 이를 기회로 그는 그 자신이 처한 상황과 마르크스주의, PCF와의 관계 등을 되돌아볼 기회를 갖는다.[564] 이 글이 「방법의 문제」의 모태가 된다. 그는 이 글을 발판 삼아 『변증법』의 집필에 착수한다.[565] 어쨌든 그가 이 저서의 집필을 3년여의 짧은 기간에 일단락 지을 수 있었던 것은, 이렇듯 20여 년 동안 계속된 현실 참여, 수많은 시행착오, 특히 마르크스주의, PCF에 대한 성찰과 숙고가 있었기 때문이라고 할 수 있다.

4.2. 의도 및 내용

a) 「방법의 문제」

『변증법』은 두 권으로 구성되어 있다. 1권은 1960년 출간되었고, "실천적 총체들의 이론Théorie des ensembles pratiques"이라는 부제가 붙어 있다. 2권은 유고집으로 1985년 출간되었고, "역사의 가지성L'intelligibilité de l'Histoire"이라는 부제가 붙어 있다. 하지만 좀 더 자세히 보면 이 저서는 세 부분으로 구성되어 있다. 서론 격에 해당하는 「방법의 문제」[566]가 있기 때문이다. 여기에서는 「방법의 문제」와 1권의 의도와 내용을 간략하게 살펴보고자 한다. 2권에 대해서는 핵심 쟁점을 제시하는 것으로 그치고자 한다.

먼저 「방법의 문제」부터 보자. 앞에서 이 글은 1957년 폴란드의 한 잡지사가 '1957년의 실존주의 상황'이라는 주제로 사르트르에게 청탁한 원

---

564   ES, pp.310-311.

565   FC, p.394.

566   이 글은 같은 제목의 단행본으로 출간되기도 했다.

고에서 비롯되었다는 사실을 언급했다. 사르트르는 이 청탁에 응해 「실존주의와 마르크스주의Existentialisme et marxisme」를 썼다. 이 글은 수정을 거쳐 「방법의 문제」라는 제목으로 『레 탕 모데른』 1957년 6월호에 실렸으며, 다시 '결론'이 더해져 1960년 『변증법』에 포함되었다.[567]

사르트르는 처음에 「방법의 문제」를 『변증법』의 결론으로 기획했던 것으로 보인다. 하지만 그 분량과 논리적 연관성으로 인해 이 글은 서론 자리에 놓이게 된다. 그는 1400여 쪽에 달하는 방대한 글을 쓰고 너무 짧은 결론을 내리는 것이 부자연스럽다고 판단했다. "태산동명서일필泰山鳴動鼠一匹"을 우려한 것이다.[568] 또한 그는 『변증법』이 「방법의 문제」로부터 비롯되었기 때문에 그 순서가 지켜지는 것이 바람직하다고 판단했던 것이다.[569]

이런 배경에서 집필된 「방법의 문제」의 의도는 비교적 명백하다. 사르트르는 이 글에서 "오늘날 구조적, 역사적 인간학을 구축할 수 있는 수단을 가지고 있는가?"[570]라는 질문에 답을 하고자 한다. 구조적, 역사적 인간학은 이미 1945년에 종합적 인간학이라는 이름으로 지칭되었다. 그가 인간 이해를 평생의 철학적 과업으로 내세우고 있다는 사실을 고려하면, 그가 구상했던 인간학은 "인간에 대한 하나의 진리une Vérité가 있는가?"[571]라는 질문과 밀접하게 연결되어 있다.

게다가 사르트르는 인간을 "개별적 보편자universel singulier" — 뒤에서 다

567　ES, pp.310-311.

568　CRDI, p.13.("태산이 떠나갈 듯 요동치더니 결국 튀어나온 것은 쥐 한 마리뿐이었다"는 말로, 세상이 떠들썩하도록 예고를 했는데, 실제 나온 결과는 보잘것없는 상태를 비유할 때 흔히 쓰는 말이다. 여기에서는 사르트르가 방대한 양의 『변증법』을 쓰고 그다지 많지 않은 분량의 「방법의 문제」로 결론을 내리는 것이 적당하다고 생각하지 않았음을 보여 준다.)

569　*Idem.*

570　*Ibid.*, p.14.

571　*Idem.*

시 보겠지만 『변증법』 2권에 나오는 '권투 경기'가 좋은 예이다— 로 여긴다. 이 개념은 한 인간의 행동에는, 비록 그가 개별자이기는 하지만, 그가 살던 시대의 모든 요소, 곧 보편적 요소들이 포함되어 있다는 것을 의미한다. 이런 이유로 위의 질문은 결국 "역사는 인지 가능한가intelligible?", "역사는 하나의 진리를 가지고 있는가?"라는 물음과도 무관하지 않다. 「방법의 문제」에서는 이런 질문들에 답을 하기 위한 방법이 모색되고 있다.

사르트르는 그 일환으로 마르크스주의와 자신의 실존주의의 결합을 시도한다. 그는 마르크스주의를 자신의 동시대의 철학, 그것도 "뛰어넘을 수 없는" 철학이라고 선언한다.[572] 이 선언은 마르크스에 의해 주창된 본래의 마르크스주의는 사회와 역사에 대한 종합적인 이해와 비판, 나아가 그 총체적인 변혁을 가능케 할 수 있는 사유 체계라는 것을 의미한다. 다시 말해 사르트르가 살던 시대에 마르크스주의는 여전히 유효성을 가지고 있었다는 것이다.

하지만 사르트르는 이런 잠재력을 가지고 있는 마르크스주의가 '의사擬似마르크스주의자들'의 무지와 게으름으로 인해 마비되어 버렸다고 지적한다. 특히 스탈린 치하의 구소련에서 볼 수 있듯이 마르크스주의는 인간을 사물로 취급하고, 또 현실과 역사에 대해 사고하고 비판하는 원동력을 상실한 채 굳어 버렸다는 것이다. 요컨대 자신이 살던 시대에 "마르크스주의는 정지해 버렸다"[573]는 것이 사르트르의 진단이다.

사르트르는 「방법의 문제」에서 이렇듯 교조화되고 독단에 빠진 마르크스주의에 자신의 실존주의라는 신선한 피를 주입해 활기를 불어넣고자 한다. 그는 마르크스주의를 빈사 상태에 빠뜨린 주요 요인을 역사 형성

---

572   *Idem*.

573   *Ibid.*, p.31.

과 사회 변혁의 주체인 인간들 각자의 개별성을 소홀히 한 데서 찾는다. 사르트르는 자신의 실존주의에서 인간들 각자의 자유로운 기투와 초월 ─그의 인간학에서는 '실천praxis'으로 이해된다─ 을 앞세우고 강조하고 있지 않은가!

그런 만큼 사르트르는 자신의 실존주의가 마비되어 버린 마르크스주의 안에서 "독립된 영역"[574]이 될 수 있고, 또 이 영역으로부터 그런 마르크스주의를 극복할 수 있는 활기를 제공해 줄 수 있다고 보는 것이다. 그는 이 영역의 존재 시효가 그다지 길지 않을 것이라고 생각한다. 왜냐하면 마르크스주의가 활기를 회복하면 실존주의는 그 존재 이유를 상실할 것이기 때문이다.[575]

이런 문제의식에서 출발해 사르트르는 「방법의 문제」에서, 굳어 버린 마르크스주의에 새로운 피를 수혈할 수 있는 가능성을 모색한다. 다른 학문을 통한 '매개médiation'의 필요성을 강조하면서 사회학과 프로이트의 정신분석 등에 주목한다. 이런 학문을 통한 매개의 필요성은 다음 문장을 통해 드러난다. "발레리가 프티부르주아인 것은 사실이지만, 모든 프티부르주아가 다 발레리인 것은 아니다"[576]라는 문장이 그것이다.

이 문장에 함축된 의미는 이렇다. 프티부르주아였던 발레리가, 지금 우리가 알고 있는 발레리, 즉 시인, 극작가, 기하학적 분석 정신의 소유자이기도 한 그런 발레리가 된 것을 설명할 수 있으려면, 즉 발레리라는 인간을 종합적으로 이해할 수 있으려면, 그의 어린 시절, 그의 성장 과정, 그가 성장했던 19세기 중, 후반의 프랑스의 상황을 총체적으로 고려할 필요가 있다는 것이다. 물론 그가 이런 상황 속에서 어떻게 자신을 미래를 향

---

574   *Ibid.*, p.14.

575   *Ibid.*, p.132.

576   *Ibid.*, p.53.

해 기투했는가도 당연히 고려되어야 한다. 그렇지 않으면, 개인으로서의 발레리는 사라지고 말 것이며, 그에 대한 충분한 이해에 이를 수 없다는 것이 사르트르의 주장이다.

그로부터 사르트르는 자신의 인간학의 정립에 필요한 적절한 수단을 갖추기 위해 마르크스주의의 장단점에 주목한다. 예컨대 마르크스주의는 한 사회의 총체성의 포착과 그 역사를 관통하는 법칙의 발견이라는 면에서 탁월한 장점을 가지고 있다. 하지만 그 사회의 역사 형성 과정에서 주된 역할을 하는 구성원들 각자의 개별적이고 구체적인 실천을 포착하고 또 거기에 의미를 부여하는 데는 단점이 있다.

사르트르는 마르크스주의에서 발견되는 이런 장점을 살리는 한편, 그 단점을 보완하기 위해 자신의 실존주의, 사회학, 프로이트의 정신분석 등에 의지한다.[577] 먼저 사회 구성원들 각자의 개별적 인격의 설명에서 장점을 발휘하는 무신론적 실존주의로부터 유용한 도구를 가져온다. 그다음으로 그들 각자의 실천이 어떤 환경에서 이루어졌는가를 설명하기 위해 사회학의 도움을 받는다. 마지막으로 그들 각자가 왜 다른 실천이 아니라 현재의 그들 각자가 있게끔 한 바로 그 실천을 하게 되었는가를 설명하기 위해서는 그들 각자의 과거, 곧 어린 시절로 소급해 가는 프로이트의 정신분석으로부터 유용한 분석 도구를 가져온다.

이렇게 해서 사르트르는 「방법의 문제」에서 인간과 역사의 총체적 이해를 위해 마르크스주의와 자신의 실존주의를 결합하고자 하며, 또 거기에 보조학문으로 정신분석과 사회학 등을 동원한다. 그 결과가 바로 전진-후진적 방법이다. 「방법의 문제」라는 제목의 의미가 정확히 이 방법의 정립과 관련되어 있다. 후일 그는 특히 플로베르에 대한 연구인 『집

---

577   Cf. 변광배, 「사르트르, 마르크스와 프로이트 사이: '종합적 인간학'을 위한 '방법'의 문제를 중심으로」, 『현대유럽철학연구』, 42, 한국하이데거학회, 2016, 167-194쪽.

안의 천치』에서 이 방법을 본격적으로 적용하게 된다. 하지만 그에 앞서 「방법의 문제」에서는 실존주의의 몇몇 원칙을 중심으로 전진적 방법과 후진적 방법을 결합하면서 자신의 인간학 정립을 위한 방법을 정립하고 있다.

앞에서 사르트르의 삶의 변곡점들을 보면서 또 실존적 정신분석을 통해 살펴보았지만, 여기에서는 이 전진적, 후진적 방법의 윤곽을 조금 더 구체적으로 제시해 보도록 하자. 먼저 후진적 방법을 보자. 역사 형성의 주체이자 한 사회의 구성원인 한 인간의 인격 형성 과정에서 용해된 여러 측면과 그 의미를 파악하려면, 그의 어린 시절, 가족과의 관계 등을 빠뜨리지 말아야 할 것이다. 그 과정에서 그의 삶 전체에 영향을 주는 이른 바 원초적 기투를 가능케 하는 결정적인 사건을 발견하게 된다.[578] 뒤에서 다시 보겠지만, 예컨대 플로베르의 경우에는 아버지와 형과의 관계에서 겪은 억압과 소외, 특히 모국어, 곧 프랑스어를 배우고 익히는 과정에서 그가 겪은 어려움으로 인해 어머니와 누이동생과의 관계에서 겪은 소외 등이 그것이다.

하지만 이런 후진적 방법만으로는 문제의 인간에 대한 충분한 이해에 이르지 못할 수도 있다. 그의 원초적 기투를 가능케 한 결정적 사건을 계기로 그의 미래 차원에서 이루어지는 인격 형성의 과정은 그를 에워싸고 있는 사회적 장場에서 이루어진다. 따라서 그를 제대로 이해하기 위해서는 그가 가능한 수많은 실천 중에서 그 자신의 인격을 형성시킴과 동시에 역사 형성에 기여하면서 왜 하필이면 '그' 시대적, 역사적 환경 속에서 다른 가능성이 아닌 바로 '그' 가능성을 택하게 되었는가에 대한 설명이 이

---

578 사르트르는 마르크스주의자들은 "어른들만"을 고려한다고 지적하고 있기도 하다.(CRDI, p.57.) 다시 말해 마르크스주의에는 한 인간의 어린 시절에 주목하는 작업이 누락되어 있다는 것이다. 따라서 이 부분을 프로이트의 정신분석으로 보완해야 할 필요가 있다는 것이 사르트르의 주장이다.

루어져야 한다.

예컨대 플로베르의 경우에는 『마담 보바리*Madame Bovary*』를 위시해 다른 작품들을 쓰면서 그가 언어에 모든 것을 투사한 작가가 된 것, 문학을 위한 문학을 표방하는 성향의 작품을 쓴 것 등이 설명되어야 한다. 사르트르에 의하면 이런 설명을 가능케 해 주는 것이 바로 전진적 방법이다. 이렇듯 사르트르가 전진적, 후진적 방법의 적용을 통해 겨냥하는 것은 궁극적으로 한 인간에 대한 이해에서 그의 개별적인 삶과 이 삶이 영위되는 역사적, 사회적 조건들 사이에 일어나는 왕복운동 —이 운동이 '총체화totalisation'[579]이고, 곧 보겠지만 이 운동이 일어나는 양상이 변증법적이며, 이 운동을 포착하는 방식 역시 변증법적이다— 의 포착이라고 할 수 있다.

b) '변증법', '이성' 및 '비판'

「방법의 문제」에서는 역사 형성의 주체인 인간의 삶과, 이 삶을 영위하면서 그 자신과 역사적, 사회적 조건들 사이에 이루어지는 총체적 왕복운

---

579 『변증법』에서 'totalité', 'totalisation'과 이 단어들과 연계된 용어들이 많이 사용되고 있다. 이 용어들을 각각 '전체성'과 '전체화'로 옮기고, 이와 관련된 용어들을 '전체'라는 단어를 포함해 옮기는 것도 가능하다. 하지만 이 책에서는 이 용어들을 각각 '총체성', '총체화'로 옮겼다. 또한 'totaliser', 'totalisant', 'détotaliser', 'détotalisant', 'détotalisation'를 '총체화하다', '총체화하는', '탈총체화하다', '탈총체화하는', '탈총체화'로 옮긴다. 이렇게 이 용어들을 통일한 것은 반(反)헤겔주의자를 자처하는 알튀세르의 주장을 부분적으로 반영한 것이다. 알튀세르는 헤겔의 'totalité'를 '총체성'으로 규정한다. 그러면서 알튀세르는 이 개념에 정신이 변증법적 과정을 거쳐 절대지에 이르면서 포획하는 수많은 내용의 동질성(homogénéité)이 포함되어 있다고 본다. 이에 반해 알튀세르는 마르크스주의를 재해석하면서 마르크스가 헤겔의 사유를 전복하는 것은 물론, 하부구조가 상부구조를 결정하는 과정에서 경제가 최후의 심급이기는커녕 오히려 다른 여러 요소가 다원적으로 중층결정된다고 본다. 그러니까 마르크스의 유물론적 변증법은 헤겔의 관념론적 변증법과는 달리 이질적인 요소들을 포획하면서 진행된다고 본 것이다. 이렇듯 헤겔의 '총체성'의 이미지를 단일하고 균질적인 '원'의 이미지에 비교할 수 있다면, 마르크스의 '전체성'은 각층마다 모습이 서로 다른 하나의 고층 건물 전체의 이미지에 비교할 수 있다는 것이 알튀세르의 주장이다.

동을 설명할 수 있는 방법을 제시한 후, 사르트르는 인간과 역사에 대한 이해를 도모하기 위한 대장정에 오른다. 『변증법』의 '서문'에서 이 대장정의 목표가 제시되고 있다.

> 따라서 우리의 시도는 변증법적 이성의 유효성과 한계를 시험해 보는 비판이 될 것이며, 이 작업은 변증법적 이성과 분석적이고 실증적 이성 사이의 대립과 연결 관계를 드러내 줄 것이다. 아울러 이 시도는 변증법적으로 이루어져야 한다. 왜냐하면 변증법적 문제들을 다루는 데 있어서 변증법만이 유일한 능력을 가지고 있기 때문이다. 그렇다고 해서 거기에 동어반복이 있는 것은 아니다. 나는 이 점을 뒤에서 살펴볼 것이다. 『변증법』 1권은 실천적 총체들에 대한 이론, 즉 총체화의 계기로서의 집렬체와 집단에 이론에 국한될 것이다. 나중에 출간될 2권에서는 총체화 문제 자체, 즉 진행 중의 역사와 생성 중의 진리 문제를 다룰 것이다.[580]

이렇게 제시된 『변증법』 1, 2권의 목표를 이해하기 위해서는 무엇보다도 이 저서의 제목에 포함되어 있는 '변증법', '이성', '비판'이라는 세 용어의 의미를 살펴보는 것이 긴요해 보인다.[581] 실제로 1권의 도입부는 이 세 가지 용어의 설명에 할애되고 있으며, 이 저서에서 가장 난해한 부분이기도 하다.

먼저 비판의 의미를 보자. 이 용어의 의미는 위의 인용문에 이미 어느 정도 드러나 있다. "변증법적 이성의 유효성과 한계를 시험해 보는 것"

---

580 *Ibid.*, p.15.
581 이 세 단어의 의미에 대해서는 다음을 보라. 변광배, 「20세기의 마지막 거대담론 주창자」, in 『이성과 반이성의 계보학』, 철학아카데미 엮음, 동녘, 2021, 225-229쪽.

이 그것이다. 사르트르의 이런 기획은 칸트의 비판과 유사하다.[582] 『변증법』이라는 제목 자체가 이미 칸트의 비판서 제목을 차용한 것이다. 칸트와 마찬가지로 사르트르에게서도 비판은 헐뜯기, 비방 등과는 무관하다. 사르트르는 『변증법』에서 비판을 변증법적 이성의 유효성과 한계에 대한 시험과 탐구라는 의미로 사용하고 있다.

그다음으로 이성을 보자. 이성은 보통 "인간의 사유, 언어, 인식과 도덕을 총괄하는 능력"으로 이해된다.[583] 그런데 이성이 가진 이런 능력을 선험적으로 보고 이성 그 자체의 구조와 한계를 탐구한 칸트와는 달리,[584] 헤겔은 이 개념을 존재Etre와 연결해 이해하려 한다. 그렇지만 헤겔은 그 과정에서 이성을 현실 일반, 곧 존재에 대한 인식Connaître을 위한 개념으로 규정함으로써 지나치게 관념론적 이성 개념을 확립하기에 이른다. 사르트르는 헤겔의 이런 이성 개념을 완전히 수용하지는 않지만, 존재와 인식의 관계가 변증법적이라는 점은 받아들이고 있다.

한편 마르크스는 헤겔을 계승하면서도 존재를 인식에 앞세운다. 마르크스는 정신보다는 물질을, 사유보다는 존재를 먼저 제시하고 있다. 마르크스는 헤겔의 이성 개념을 비판하면서 정신에 외재적인 대상적 존재(예컨대 자연이나 사회)의 변화와 발전을 중요시한다. 마르크스는 헤겔과는 달리 대상적 존재를 인식으로 통합시키는 관념론적 사유 활동으로 이해되는 이성 개념을 거부한다. 마르크스는 오히려 인간이 대상적 존재에 작용

---

582 사르트르는 『변증법』에서 목표로 삼고 있는 구조적, 역사적 인간학, 곧 종합적 인간학을 칸트의 『프롤레고메나(*Prolegomena zu einer jeden künftigen Metaphysik*)』(1783)의 제목에서 빌려 와 "미래의 모든 인간학에 대한 프롤레고메나(Prolégomènes à toute anthropologie future)"로 부르고 있다.(CRDI, p.180.)

583 Elisabeth Clément, Chantal Demonque, Laurence Hassen-Love & Pierre Kahn, *op. cit.*, p.376.

584 Cf. André Lalande, *op. cit.*, t. II, p.880.

하는 활동, 곧 실천을 통해 전개되는 사유 활동을 이성으로 파악하고 있다. 물론 마르크스도 헤겔과 마찬가지로 존재와 인식의 관계를 변증법적인 것으로 보고 있기는 하다.

그런데 사르트르는 『변증법』에서 이성을 "인식과 존재 사이의 모종의 관계un certain rapport de la connaissance et de l'Etre"로 규정하고 있다.

> 아무도 —경험주의자들조차도— 이성을 인간적 사고思考 —어떤 사고이
> 든— 의 단순한 배열이라고 지칭하지 않았다. '합리주의자'에게는 이 배열
> 이 존재의 질서를 재현하거나 구성해야 한다. 이처럼 이성이란 인식과 존
> 재 사이의 모종의 관계이다. 만일 이런 관점에서 역사적 총체화와 총체적
> 진리 사이의 관계가 존재한다면, 그리고 만일 이 관계가 인식과 존재 사이
> 의 이중 운동이라면, 이런 운동 관계를 이성이라고 칭하는 것이 타당할 것
> 이다.[585]

여기에서 사르트르가 제시하고 있는 "인식과 존재 사이의 모종의 관계", 좀 더 구체적으로는 "인식과 존재 사이에서 이루어지는" "이중 운동"이라는 이성에 대한 규정은, 존재와 인식, 즉 물질과 정신, 존재와 사유 사이의 관계를 주목했던 헤겔과 마르크스의 그것과 크게 다르지 않아 보인다. 오히려 사르트르에 의해 제시된 이런 이성 개념에는 헤겔과 마르크스의 이성 개념이 종합되어 있는 것으로 보인다. 다만 『변증법』에서 사르트르는 마르크스주의의 효용성을 인정하고 자신의 실존주의를 통해 그 단점을 보완하려 하기 때문에, 마르크스에 의해 제시된 이성 개념에 좀 더 충실한 것으로 보인다.

헤겔과 마르크스와 마찬가지로 사르트르 역시 존재와 인식 사이의 관

---

585   CRDI, p.14.

계로 파악되는 이성이 이미 그 자체로 변증법적이라고 주장한다. 이는 당연해 보인다. 왜냐하면 인간의 실천은 다음과 같은 이중의 왕복운동과 무관하지 않기 때문이다. 먼저 누군가 주위의 객관적 여건 속에서 자신의 실천을 수행하면서 주어진 여건을 극복, 변화시키고자 한다. 그다음 단계에서 그는 이 실천의 결과가 다시 기존의 객관적 여건과 합해져 나타나는 새로운 객관적 여건 속에서 새로운 실천을 수행하면서 ─곧이어 보겠지만 이 과정은 실천적-타성태로 나타난다─ 이 새로운 객관적 여건을 다시 극복, 변화시키고자 한다. 사르트르는 이런 이중의 왕복운동의 형태로 이루어지는, 인간의 실천의 기원에 놓여 있는 모든 행위를 지배하는 법칙 또는 논리를 '변증법적 이성'으로 규정하고 있다.

사르트르가 『변증법』에서 제시하는 과제 중 하나는 이처럼 개인 차원에서 유효할 수 있는 변증법적 이성을 '역사Histoire' 전체로까지 확대할 수 있는가의 여부이다. 한 인간의 개별적 실천과의 유비analogie를 통해 역사를 '하나의 과정un processus', '하나의 가지성une intelligibilité', '하나의 진리une Vérité'를 가진 것으로 파악하는 것이 가능한가를 묻고자 하는 것이다. 다시 말해 역사는 이 역사 형성에 참여하는 수많은 개인의 '총체화들totalisations', 따라서 그들의 '진리들vérités'과 '역사들histoires' 전체를 아우르는 '하나의 유일한 총체화une seule Totalisation'를 이룰 수 있는가가 관건이다.

또한 사르트르는 이런 총체화를 파악할 수 있는 이성이 있는가를 살펴보고자 한다. 나아가 그는 이런 이성이 자연과학에서 적용되는 "분석적 이성raison analytique" 또는 "실증주의적 이성raison positiviste"과 같은 것인지를 검토하고자 한다.

> 따라서 내가 이 연구에서 설정한 목표는, 자연과학에서의 실증주의적 이성이 인간학의 전개 과정에서 발견될 바로 그 이성인가를 밝히는 것이며, 또는 인식과 인간에 의한 인간의 이해가 단지 특수한 방법론뿐만 아니라

새로운 이성, 즉 사고와 대상 사이의 새로운 관계를 함축하고 있는가를 밝히는 것이다. 달리 말해 변증법적 이성이 있는가?[586]

위의 인용문에서 마지막에 제기된 질문에 답을 미리 하자면, 사르트르에 의하면 변증법적 이성은 존재하며, 이 이성은 분석적 이성 또는 실증주의적 이성과는 뚜렷이 구별된다. 어떤 면에서 구별되는가? 이 질문에 답을 하기 위해 사르트르는 자연과학에서의 실험을 예로 든다. 자연과학에서 이루어지는 실험의 특징은 바로 실험자가 항상 실험 체계의 외부에 있다는 점이다. 이런 이유로 그는 실험자이자 관찰자의 자격으로 이 체계와 일정한 거리를 두고 실험 결과를 객관적으로 설명할 수 있다. 그때 그가 사용하는 이성이 분석적 또는 실증주의적 이성이다.

하지만 이런 이성을 통해서는 구조적, 역사적 인간학의 주요 탐구 대상인 인간과 역사를 제대로 이해할 수 없다는 것이 사르트르의 주장이다. 그도 그럴 것이 자연과학의 실험에서와는 달리 인간학의 탐구 대상인 인간은 스스로 이 탐구의 주체임과 동시에 대상의 위치에 있기 때문이다. 이런 이유로 사르트르는 엥겔스에 의해 주창되었고 또 의사-마르크스주의자들이 수용한 자연변증법에 의한 인간과 역사의 이해를 통렬하게 비난한다.

사르트르의 인간학에서 인간은 실천의 주체로서 자신을 에워싸고 있는 주위의 물질세계를 부정하고, 또 그렇게 하면서 역사의 형성에 기여함과 동시에 자신의 실천에서 그 역사의 제약을 받는 것으로 이해된다. 다시 말해 인간과 역사는 변증법적으로 행동하고 작동된다.

이처럼 변증법적으로 행동하고 형성되는 인간과 역사는 변증법적 이성에 의해서만 포착될 수 있다는 것이 사르트르의 주장이다. 왜냐하면 인

---

586 *Ibid.*, pp.14-15.

간, 물질세계 및 역사 사이에 벌어지는 왕복운동, 곧 총체화의 의미를 파악하는 주체인 인간은 또한 그 의미 파악의 대상이기도 하기 때문이다. 이런 관점에서 사르트르의 변증법적 이성은 '논리필증적apodictique'이라는 특징을 갖는다고 할 수 있다. 이는 달리 진행될 수 없어 보인다. 왜냐하면 이 이성은 스스로 변증법적으로 작동하며, 또한 스스로 변증법적으로만 포착될 수 있기 때문이다.

사르트르는 이렇듯 『변증법』에서 실천의 주체로서 인간이 주위의 물질세계와 타자들과 관계를 맺으면서 실천을 하는 한편, 역사의 형성에 기여하고 또 그의 새로운 실천에서 이렇게 형성된 역사에 의해 다시 조건 지어지는 총체적인 과정을 인지 가능케 해 주는 생생한 논리 또는 법칙으로서의 변증법적 이성이 갖는 한계와 유효성을 검토하는 포괄적인 작업을 수행하고자 하는 것이다. 이것이 이 저서의 제목에 포함된 비판이라는 단어에 함축된 의미였다는 사실을 떠올리자.

4.3. 1권: 실천적 총체들의 이론

a) 욕구, 희소성, 다수의 인간 및 갈등

방금 인간과 역사가 변증법적으로 행동하고 형성된다고 했다. 그 구체적인 모습과 과정은 어떠한가? 사르트르는 구조적, 역사적 인간학의 정립을 위해 변증법적 이성의 도입과 적용의 필요성 그리고 변증법, 이성, 비판 등의 용어를 검토한 후, 곧바로 이 질문에 답을 시도한다.

"실천적 총체들의 이론"이라는 부제에 걸맞게 사르트르는 『변증법』 1권에서 역사 형성에 가담하는 실천적 총체들의 유위변전有爲變轉과 그 결과물인 역사를 관통하는 법칙, 즉 변증법적 이성을 파악하고자 한다. 먼저 그는 이 실천적 총체들로 다음과 같은 단위들을 제시한다. 다수의 인간, 그들에 의해 조직되는 '군집rassemblement' 등이 그것이다. 그리고 사르트르는 이 군집을 다시 '집렬체^{série}'와 '융화집단'으로 구분한다. 또한 융화집단에서 파생되는 다른 집단, 가령 '서약집단', '조직화된 집단^{groupe organisé}', '제도화된 집단^{groupe institutionnalisé}' 등을 제시한다. 특히 집렬체에서 융화집단으로 이행하는 과정에서 중요한 역할을 담당하는 '계급'의 존재에도 주목한다. 그에 의하면 계급은 집렬체와 융화집단의 지위를 모두 가지고 있는 것으로 이해된다.

사르트르는 『변증법』 1권에서 제시된 이 실천적 총체들 중 최소 단위인 인간의 실천에 대한 탐구로부터 자신의 구조적, 역사적 인간학 정립을 위한 첫발을 뗀다. 사르트르는 이 인간학의 출발점인 인간을 '실천적 유기체'로 여긴다. 이 인간의 특징은 그가 '욕구'의 주체라는 것이다.[587] 인간은 자신을 에워싸고 있는 물질세계에서 '비존재', 곧 '죽음'의 나락으로 떨어지지 않기 위해 자신의 욕구를 충족시켜야 하는 존재로 이해된다.[588]

이런 관점에서 보면 『변증법』에서 제시된 인간의 목표는 『존재와 무』에서 제시된 신이 되고자 하는 목표, 즉 대자-즉자의 융합 실현이라는 목표와는 완전히 동떨어져 있다. 어쨌든 인간은 이런 욕구를 충족시키면서 자신을, 미래를 향해 기투해 나가고, 즉 '실천'을 해 나가고,[589] 이런 기투와 실천을 통해 자신의 삶을 영위함과 동시에 역사 형성에 기여한다.

이런 의미에서 인간이 욕구를 충족시키는 물질세계는 '실천의 장'이라고 할 수 있다. 그런데 사르트르는 이 실천의 장이 '희소성'과 '다수의 인간'에 의해 지배된다고 본다. 게다가 이 두 요소는 "우연적이며 불가피한 사실"[590]에 속한다. 사르트르는 이처럼 인간학 시기에서도 그 이전 시기

---

[587]   *Ibid.*, p.194.

[588]   *Ibid.*, p.195.

[589]   사르트르는 「방법의 문제」와 『변증법』에서도 '기투'라는 용어를 사용한다. 하지만 대부분의 경우에 이 용어를 '실천'이라는 용어로 대체하고 있다.

[590]   *Ibid.*, p.236.

와 마찬가지로 우연성 개념을 계속 수용한다. 다만 여기에서 눈여겨보아야 할 점은, 이 두 요소로 인해 인간은 자신의 욕구를 충족시키는 과정에서 항상 이 물질세계와 변증법적 긴장 관계를 맺게 되고, 또 이 긴장 관계는 복수화되면서 대립, 갈등으로 이어진다는 사실이다.

먼저 이 긴장 관계가 변증법적인 것은 다음과 같은 이유에서이다. 첫째, 인간은 물질세계의 존재를 긍정하기 때문이다. 비록 이 물질세계가 우연성의 지배하에 놓여 있지만, 그는 이 물질세계의 존재를 긍정할 수밖에 없다. 둘째, 그는 이 물질세계에 속한 물질 —예컨대 음식이 그 예이다— 을 내면화, 즉 그것을 '부정'하기 때문이다. 여기에 성공하면 그는 살아남을 수 있다. 그 과정이 실천이다. 셋째, 그는 자신의 실천을 통해 지금까지 이 물질세계에 존재하지 않았던 것을 생산해 내는데, 이 생산물이 다시 물질세계에 흡수되며, 그가 미래 차원에서 새로운 실천을 하기 위해서는 이 새로운 물질세계를 다시 부정해야 하기 때문이다. 곧 보겠지만 이것이 실천적-타성태 개념에 해당한다. 이 개념에는 역사가 포함된다. 어쨌든 인간은 그 자신의 욕구를 채우면서 뭔가를 생산해 내는 실천을 하고, 그러면서 역사를 형성하며, 또 그 역사에 의해 그 자신의 실천에서 제약을 받는 현상이 계속 이어지게 된다.

그다음으로 이 변증법적 긴장 관계는 복수화된다. 그 이유는 인간 주위의 물질세계는 희소성과 더불어 또 하나의 우연적이면서 불가피한 사실인 다수 인간의 출현에 의해 특징지어지기 때문이다. 그리고 희소성이 지배하는 물질세계에서 나타나게 되는 복수의 긴장 관계는 이제 이 관계의 주체들인 다수 인간의 관계를 갈등과 대립으로 유도하게 된다. 이는 달리 진행될 수 없다. 그도 그럴 것이 희소성이 지배하는 세계에서는 지금, 여기에서 한 인간이 어떤 물질을 차지하게 되면 다른 인간은 그것을 차지할 수 없게 되며, 극단적인 경우에는 비존재, 곧 죽음을 맞이할 수 있기 때문이다. 요컨대 희소성에 의해 매개된 인간관계는 갈등과 대립의 양상을 띠게 된다.

앞에서 본 것처럼『존재와 무』에서도 나-타자 사이의 존재관계는 갈등과 투쟁에 이르렀다. 하지만 그때는 각자가 자신의 시선을 통해 상대방을 대상화하면서 주체성을 확보하려는 이유 때문이었다. 하지만『변증법』에서 나타나는 인간들 사이의 갈등과 대립은 물질적이고 구체적이다. 실천적 유기체, 욕구의 주체로서의 그들 각자의 삶과 죽음이 걸려 있기 때문이다. 이런 이유로 사르트르는 희소성에 의해 매개된 인간은 다른 인간에게 "반反인간", "낯선 종種"으로 나타날 수 있다고 본다.[591]

b) 군집, '실천적-타성태' 및 집렬체

사르트르에 의하면 희소성의 역할은 이렇듯 부정적으로 보인다. 하지만 그는 역설적으로 이런 희소성의 긍정적 역할을 제시한다. 그에 의하면 희소성은 인간들을 하나로 뭉쳐 또 다른 실천적 총체들 중 하나인 군집의 형성 계기가 되기도 한다. 희소성에 의해 매개된 인간들의 관계는 사회성과 역사성의 기원이기도 하다. 그도 그럴 것이 사르트르의 시각에서 보면 인류의 역사는 홀로 또는 여럿이서 희소성에 대항해 싸우는 투쟁의 역사이기 때문이다.

그런데 다음과 같은 사실에 주목하자. 즉 다수 인간이 희소성에 맞서 싸우면서 군집을 조직하기 때문에, 그 내부에서 맺어지는 그들의 관계는 대립, 갈등이 아니라 '완벽한 상호성réciprocité parfaite'에 의해 규제되는 것이 당연해 보인다는 사실이다. 왜냐하면 그들은 희소성을 극복한다는 '공동 목표'를 추구하면서 '공동 실천'을 하기 때문이다. 그런 만큼 이 군집에서 그 구성원들 각자가 다른 구성원들에게서 '자기Soi'와 '동일자le Même'를 보는 것은 일견 당연해 보인다.

---

591   *Ibid.*, p.243.

하지만 이런 당위성은 당위성에 그치고 만다는 것이 사르트르의 주장이다. 이 군집 내에서는 오히려 그 구성원들 각자는 다른 구성원들에게서 자신을 죽음으로 내모는 '이타성異他性, altérité'을 가진 주체의 모습만을 보게된다. 여기에서 하나의 질문이 제기된다. 희소성에 대항한다는 공동 목표하에서 공동 실천을 통해 다수의 인간이 조직하는 군집 내에서 완벽한 상호성 위에 정립되어야 하는 그들의 관계는 어떤 이유로 이타성에 자리를 내주게 되는가라는 질문이 그것이다. 이 질문은 사르트르의 인간학에서 핵심 개념 중 하나인 실천적-타성태 개념과 밀접하게 연결되어 있기도 하다. 이 개념을 살펴보면서 이 질문에 답을 해 보자.

실천적 유기체로서의 인간은 물질세계에서 자신이 욕구를 충족시키면서 지금까지 그 세계에 존재하지 않았던 어떤 것을 생산해 내면서 살아간다. 이렇게 해서 생산된 것이 '가공된 물질'이다. 이것은 인간 —대부분의 경우 다수의 인간이다— 이 희소성에 대항하는 과정에서 출현한 것이다. 그런 만큼 그 기능은 순기능적이어야 할 것이다. 이 가공된 물질은 희소성에 의해 나타난 그들의 갈등과 대립을 완화하는 데 기여해야 할 것이다.

하지만 사르트르는 인간들과 가공된 물질과의 관계가 이와는 정반대로 정립되고 있다고 주장한다. 가공된 물질은 물질세계로 흡수되어 새로운 물질세계를 구성하게 된다. 인간들은 이처럼 새로운 물질세계에서 다시 자신들의 욕구를 충족시키면서 또 다른 가공된 물질을 만들어 내게 된다. 가공된 물질은 인간들의 새로운 실천을 조건 짓고 제약한다. 사르트르는 인간들과 가공된 물질 사이에서 맺어지는 이런 관계, 즉 한 시점에서 그들의 실천에 의해 만들어진 가공된 물질이 그들의 새로운 실천에 유리하게 작용하기는커녕 오히려 "반목적성"을 띠고, "반실천anti-praxis"의 적대적 요소로 작용하는 예기치 못한 결과를 실천적-타성태로 규정한다.[592]

하지만 사르트르에 의하면 실천적-타성태의 반목적성이 낳은 결과는 거기에서 그치지 않는다. 가공된 물질은 그것을 매개로 맺어지는 인간들의 관계를 '집렬체화sérialisation'하고, 그들에 의해 조직된 군집은 집렬체가 되며, 또한 그들을 인간적인 삶을 누리는 부류와 그렇지 못한 부류로 갈라놓게 된다. 왜 그런가? 또 어떤 과정을 거쳐서인가?

먼저 집렬체화를 보자. 가공된 물질의 실천적-타성태에 의해 인간들의 관계가 집렬체화된다는 것의 의미는 무엇인가? 사르트르에 의하면 그 의미는 이렇다. 실천적 유기체로서의 인간들이 희소성에 대항하면서 군집을 조직한다는 처음의 목적과는 달리, 가공된 물질의 역작용, 곧 실천적-타성태로 인해 고립되고 분산되어 단순히 병렬적인 군집을 조직하는 자들로 변모된다는 것이다.

또한 이렇게 집렬체화된 군집에서 그 구성원들의 관계는 서로가 서로에게서 자기와 같지만 결국 자기와는 다른 자기 ―결국 이타성을 가진 자기― 를 보게 된다는 것이 사르트르의 계속되는 주장이다. 그는 이처럼 실천적-타성태로 작용하는 가공된 물질로 인해 나타나는 이타성 위에 조직된 인간들, 즉 집렬체화된 인간들에 의해 조직되는 군집을 집렬체라고 부른다. 그는 그 예로 정류장에서 버스를 기다리고 있는 승객들을 들고 있다.

버스는 시공간적 희소성에 대항하기 위해 인간들이 고안하고 생산해 낸 가공된 물질의 하나이다. 또한 이 버스는 승객들의 행동을 제약한다. 운행 시간과 정원이 정해져 있기 때문이다. 어떤 승객이 버스 정원의 순번보다 더 늦게 정류장에 도착한다면, 그는 다음 버스를 타야 한다. 그는 버스 이외의 다른 운송수단을 이용할 수도 있다. 하지만 모든 승객이 버스를 타려고 한다면 그들의 행동은 전적으로 버스, 즉 가공된 물질에서

592　*Ibid.*, p.236.(이 개념에 대해서는 다음을 참고하라. 정명환, 「사르트르 또는 실천적 타성태의 감옥」, 『사르트르와 20세기』, 한국사르트르학회 엮음, 문학과지성사, 1999, 298-328쪽.)

기인하는 실천적-타성태에 의해 제약된다는 것은 부인할 수 없다.

승객들에게로 눈을 돌려 보자. 그들은 누구인가? 그들은 성, 신분, 나이 등에서 서로 구별되고 고립된 개인들이다. 그들에게는 하나의 공통점이 있을 뿐이다. 같은 시각, 같은 장소에서, 같은 버스를 기다리고 있다는 점이다. 그 결과 이 승객들 각자는 다른 승객들에게서 자기와 같은 자기를 본다. 하지만 이 승객들 각자가 다른 승객들에게서 보는 자기는 그 자신의 자기와는 근본적으로 다른 자기, 곧 이타성에 의해 특징지어지는 자기들이다.

그런데 이 승객들 각자의 주위에 다른 승객들이 많다는 것은 버스, 곧 가공된 물질에 의해 매개된 그들 모두의 관계가 경쟁적, 대립적일 수밖에 없다는 것을 의미한다. 왜냐하면 이 승객들 각자가 버스를 탈 수 있는 가능성은 다른 승객들의 수와 반비례하기 때문이다. 승객들 모두는 서로 "교환 가능하며", 따라서 그들은 서로에게 남아도는 존재, 곧 잉여적 존재가 될 수밖에 없다. 그들 사이에 갈등, 대립이 발생하는 것은 필연적이다.

물론 버스를 기다리는 이 승객들 사이에서 갈등과 대립, 투쟁이 발생하는 경우는 드물다. 그들 모두가 정류장에 도착한 순서대로 버스를 타고, 버스의 수는 비교적 충분하기 때문이다. 버스 이외의 다른 운송수단들도 많이 있다. 하지만 피난 열차를 타기 위해 아비규환의 다툼을 하는(열차의 수효가 절대적으로 부족하다) 피난민들의 모습은 그대로 집렬체적 삶, 즉 열차(곧, 실천적-타성태를 야기하는 가공된 물질)의 작용으로 발생한 이타성으로 인해 서로가 서로의 삶을 위협하는 자들, 곧 자기가 살기 위해 다른 사람들을 필사적으로 끌어내려야 하는 자들의 모습을 여지없이 보여 준다.

c) 이해관계, 요구, 운명 및 두 부류의 삶

실천적-타성태로 작용하는 가공된 물질의 반목적성이 낳는 결과 중 하나가 인간들을 인간적인 삶을 영위하는 부류와 그렇지 못하는 부류로 갈라놓는다는 점이라는 사실을 앞에서 언급한 바 있다. 이 사실은 눈여겨볼 필요가 있다. 왜냐하면 사르트르가 이 사실을 토대로 집렬체에서 융화집단으로의 이행을 설명하고, 또한 계급투쟁의 기원을 설명하기 때문이다. 이를 위해 그는 "이해관계^{intérêt}", "요구^{exigence}", "운명^{destin}" 등과 같은 개념들을 제시하고 있다. 여기에서는 이 개념들을 차례로 살펴보고, 이를 바탕으로 집렬체에서 융화집단으로의 이행과 계급투쟁의 기원에 대한 그의 설명을 보도록 하자.

이를 위해 사르트르가 『존재와 무』에서 제시하고 있는 실존의 주요 세 범주, 즉 함, 가짐, 있음의 범주와 이 범주들 사이에서 이루어지는 이중의 환원 과정에 다시 주목해 볼 필요가 있다. 앞에서 살펴본 바와 같이 한 인간이 뭔가를 하는 것은, 그 결과물을 가지기 위함으로 이해된다. 그리고 이런 가짐은 재차 그 자신의 존재를 유지하기 위함(있음)으로 이해된다. 이렇듯 함의 범주는 가짐의 범주로 환원되고, 가짐의 범주는 다시 있음의 범주로 환원된다.

실존의 주요 세 범주 사이에 일어나는 이런 이중의 환원을 통해 다음과 같은 추론이 가능하다. 가공된 물질은 그것을 생산해 낸 인간의 소유 대상이 되고, 또 이 소유 대상은 그의 존재 유지와 강화에 도움이 된다는 추론이 그것이다. 이런 이유로 인간은 더 많은 것을 만들어 내고, 더 많이 가지려 하며, 이를 바탕으로 자신의 존재를 유지하고 강화하고자 하는 것이다. 사르트르는 이런 추론에서 출발해서 가공된 물질을 생산해 낸 자는 궁극적으로 그것에서 자신의 이해관계를 본다고 주장한다. 다시 말해 가공된 물질을 만들어 내고 소유하는 자는 그것이 그 자신의 존재 유지와 강화를 가능케 하는 중요한 요소라는 점을 자각하는 것이다.

하지만 『변증법』에서 사르트르의 추론은 거기에서 멈추지 않는다. 그는 오히려 가공된 물질이 그 소유주에게 그것을 유지하고, 나아가 그것의 양을 늘려 줄 것을 직접 "요구"한다고 본다. 게다가 소유주는 가공된 물질로부터 오는 이 요구를 거절할 수 없다. 이 요구는 '정언명령'의 형태를 띤다.[593] 왜냐하면 사르트르에게서 '가짐'이 '있음'으로 환원되기 때문이다.[594]

그런데 이런 요구에는 반대급부가 따른다. 어떤 반대급부인가? 이 질문에 답을 하기 위해 '기계' 작동의 한 가지 예를 들어 보자. 가공된 물질의 하나인 이 기계의 소유주가 자신의 소유물인 이 기계의 요구에 응하면 응할수록, 이 기계를 가동하는 자(예컨대 노동자)는 점점 자신의 존재 약화를 경험하게 된다. 이것은 달리 진행될 수 없다. 왜냐하면 소유주는 이 기계를 최소 비용으로 가동하고자 하기 때문이다. 그때 이 소유주가 기계 작동을 위해 지불하는 비용은 그대로 이 기계에 의존해 생활하는 노동자의 임금에 해당한다. 그런 만큼 이 소유주가 기계를 최소 비용으로 가동하고자 한다면, 그 결과는 당연히 노동자의 임금 하락으로 나타나게 된다.

그렇다면 이런 임금 하락은 노동자에게 어떤 의미를 가지는가? 기계가 소유주의 가짐과 있음으로 환원되는 것과 마찬가지로 노동자의 임금은 그의 가짐과 있음으로 환원된다. 이런 이유로 노동자도 이 기계에서 그 소유주와 마찬가지로 이해관계를 본다. 하지만 그들의 이해관계는 정면으로 배치된다. 왜냐하면 이 기계의 자기 증식 요구가 소유주에게는 그의 존재 강화로 이어지는 것과는 반대로, 이 기계를 작동시키는 노동자에게는 그의 존재 약화로 이어지기 때문이다. 사르트르는 이런 사실을 토대로 노동자는 기계에서 그 자신의 "반이해관계contre-intérêt"를 볼 뿐이라고 주장하고, 이런 반이해관계를 노동자의 "운명"으로 규정한다.[595]

---

593   *Ibid.*, p.300.
594   이런 의미를 가진 요구 개념은 사르트르의 참여 문학론과 도덕의 정립에서도 나타난다. 이
         점에 대해서는 뒤에서 다시 보게 될 것이다.
595   *Ibid.*, p.318.

사르트르는 또한 이런 이해관계, 요구, 운명이 한 명의 개인(소유주나 노동자)에게만 국한되지 않고 "일반성"을 갖는다고 주장한다.[596] 이 개념들은 "비슷한 부류의 불특정 다수"에게 동일하게 적용된다.[597] 앞에서 살펴본, 버스를 매개로 맺어지는 승객들 사이의 대립과 갈등은 개인적 차원에 머물지만, 한 사회가 생산하고 소유하는 가공된 물질 전체를 매개로 맺어지는 유산계급 ―또는 부르주아계급― 과 무산계급 ―또는 프롤레타리아계급― 의 대립은 집단적 차원으로 확산되기에 이른다.

이런 사실을 토대로 사르트르는 유산계급에 속하는 자들이 소유하는 것 전체의 요구에 응해 자신들의 소유를 증가시켜 자신들의 존재를 강화하려는 노력으로 인한 비극적인 반작용을 예상하고 있다. 유산계급과 무산계급 사이의 전면적인 투쟁이 그것이다. 사르트르는 이런 투쟁이 발발하는 상황을 무산계급에 속하는 이들의 삶과 죽음이 문제시되는 상황, 또는 불가능한 삶을 사는 것이 더 이상 불가능한 상황으로 규정한다. 유산계급에 속한 이들의 존재 강화책으로 무산계급에 속하는 이들의 소유, 곧 그들의 존재가 근본에서부터 위협을 받을 때, 그들은 하나로 뭉쳐 그들을 그런 상황으로 빠뜨린 자들과 전면적으로 맞서게 된다. 바로 거기에 계급투쟁의 기원에 대한 사르트르의 설명이 자리한다. 정확히 그 순간에 무산계급은 계열체에서 융화집단으로 이행한다는 것이 사르트르의 주장이다.

d) 집렬체에서 융화집단으로

계급투쟁의 기원에 대한 이런 설명에서 사르트르가 내보이고 있는 주된 관심은 계급투쟁에 대한 파악 그 자체가 아니다. 이것은 『변증법』 2권

---

596   *Ibid.*, p.319.

597   *Idem.*

의 탐구 대상이다. 그보다는 오히려 실천적 총체들 중의 하나인 집렬체로서의 계급이 융화집단으로서의 계급으로 변모되는 계기와 과정이 그 관심의 대상이다.[598]

사르트르는 그 계기와 과정을 포착하기 위해 프랑스 대혁명 당시 소외되고 억압받던 계급에 속한 이들이 바스티유 감옥으로 향하는 광경을 분석한다. 그에 의하면 융화집단이 형성되는 순간은 혁명 발발의 순간에 해당한다. 다만, 유감스러운 것은 '묵시론적 순간'이라고 할 수 있는[599] 이 융화집단의 형성은 대부분 '기존의 폭력'을 분쇄하기 위해 동원되는 또 하나의 폭력, 즉 '대항폭력'을 통해 실현된다는 점이다.[600]

어쨌든 이렇게 해서 집렬체에서 벗어나 형성된 융화집단은 다음과 같은 특징을 갖는다.

첫째, 이 집단은 "우리nous"의 세계라는 점이다.[601] 이 집단에서 나-타자 사이에는 아무런 차이가 없다. 나는 타자이고, 타자는 곧 나이다.

둘째, 따라서 융화집단은 나와 타자 사이의 구별이 있으면서도 없는 세계, 곧 이타성이 아니라 완벽한 상호성에 의해 매개되는 세계라는 점이다. 그 결과, 내가 지금·여기에 있는 것은 타자가 지금·저기에 있는 것과 같다. 이것은 내가 여기에 있으면서 동시에 "모든 곳"에 있다는 것을 의미한다. 이것이 융화집단의 "편재성ubiquité"을 설명해 준다.[602]

---

598 융화집단의 형성에 대한 연구로는 다음을 참고하라. 임지혜, 「공동체의 존립근거에 관한 탐구: 사르트르의 《변증법적 이성비판》을 중심으로」, 『현대유럽철학연구』, 53, 한국하이데거학회, 2019, 336-363쪽; 임지혜, 「사르트르의 "서약"개념에 대한 사회존재론적 연구」, 『현대유럽철학연구』, 62, 한국하이데거학회, 2021, 115-141쪽.

599 CRDI, p.461.

600 물론 비폭력적이고 평화적인 방법을 통해 융화집단을 형성할 수 있는가라는 문제가 사르트르가 정초하고자 하는 도덕의 핵심 과제이다. 이 점에 대해서는 곧이어 『문학이란 무엇인가』와 『도덕을 위한 노트』 등을 통해 살펴볼 것이다.

601 *Ibid.*, p.495.

셋째, 융화집단의 구성원들은 모두 자유롭고, 또 그들은 권리와 의무 면에서 평등하며, 그 결과 이 집단의 실천 역시 자유롭다는 점이다. 따라서 이 융화집단은 집렬체와는 달리 모든 사람이 인간다운 삶을 영위할 수 있는 세계이다.[603] 집렬체가 실천적-타성태의 작용으로 인해 인간다운 삶을 누리는 부류와 그렇지 못하는 부류로 나뉜다는 사실을 떠올리자. 물론 후자의 부류에 속하는 이들에게는 현실에서의 삶 자체가 지옥 그 자체라고 할 수 있다.[604]

넷째, 융화집단의 존재 이유는 전적으로 그 구성원들의 "실천"에 달려 있다는 점이다. 이 집단은 그들 모두가 하나의 공동 목표를 위해 하나로 뭉쳐 행동하는 동안에만 그 존재 이유를 가질 수 있을 뿐이다. 곧이어 보겠지만 이 네 번째 특징이 이 융화집단의 비극적 운명과 밀접하게 연결되어 있다.

방금 지적한 것처럼 융화집단은 실천의 순간에만 존재하기 때문에, 그 실천을 가능케 하는 상황이 종료되는 경우, 이 집단은 더 이상 그 존재 이유를 갖지 못한다. 융화집단의 구성원들이 함께 추구했던 목표를 실현하는 순간의 환희는 크다. 하지만 그 목표가 실현되고 나면 그들 사이의 결

602　*Idem.*

603　융화집단에서 그 구성원들 사이의 관계가 바로 도덕적 관계에 해당한다는 것이 사르트르의 주장이다. 이 주장과 관련해 『변증법』에도 도덕이 있는가라는 질문이 제기된다. 우리는 이 저서에 도덕이 있으며, 이 도덕이 『도덕을 위한 노트』에서 제시되고 있는 '역사적 도덕 (morale historique)'에 해당한다고 생각한다. 이 점에 대해서는 뒤에서 다시 살펴보게 될 것이다.

604　이렇듯 사르트르의 『존재와 무』에서 제시된 '타자는 나의 지옥'이라는 주장은 『변증법』에서도 그대로 이어진다고 할 수 있다. 사르트르에게서 흔히 이 두 저서 사이에 이른바 "인식론적 단절(rupture épistémologique)"이 있느냐의 여부가 중요한 주제로 부각되곤 한다.(Cf. Ph. Hodard, *Sartre entre Marx et Freud*, Jean-Pierre Delarge, 1979, pp.19-35.) 하지만 인간들 사이의 관계가 개인적 차원과 집단적 차원에서 갈등, 대립, 투쟁으로 귀착된다는 면에서는 두 저서 사이에 인식론적 단절은 없어 보인다.

속도가 떨어지는 조짐이 나타난다. 그 순간부터 융화집단은 다시 집렬체 상태로 떨어질 위기에 직면하게 된다. 따라서 융화집단에게 긴급하게 요구되는 것은 그 구성원들 사이에 다시 나타나는 이타성으로 인해 지옥과도 같은 집렬체로 와해될 위기를 극복하고 지금의 상태를 끝까지 유지하기 위한 조치를 강구하는 것이다.

e) 서약과 서약집단

그렇다면 융화집단을 유지하고 존속시킬 수 있는 조치는 무엇인가? 사르트르에 의하면 그 조치가 바로 서약이다. 그는 이 서약을 융화집단의 구성원들이 이 집단의 존속을 이 집단의 이름으로 자신들의 자유를 자발적으로 구속하는 "실천적 고안invention pratique"으로 규정한다.[605] 그리고 이 서약과 더불어 이 융화집단은 서약집단으로 이행한다.

그렇다면 서약의 구체적 의미는 무엇인가?[606] 첫째, 서약을 하는 자들은 '우리'이며, 또한 이 서약은 항상 "우리는… 맹세합니다Nous jurons…" 또는 "맹세하자Jurons" 등의 형식을 취한다는 점이다.

둘째, 서약과 동시에 서약자의 자유는 집단에 저당 잡히고, 또한 서약자는 집단의 이름으로 오는 어떤 명령에도 복종해야 한다는 점이다. 그러니까 집단의 강제력을 인정하게 된다.[607] 하지만 서약집단의 강제력은 이 집단의 구성원들이 예외 없이 자발적으로 저당 잡힌 자유의 대가이다. 그런 만큼 서약 위반자가 발생했을 때 그를 처벌하는 것이 가능하게 된다.

셋째, 서약은 "상호적"이다.[608] 이는 달리 진행될 수 없다. 왜냐하면 내

---

605   CRDI, p.519.

606   Cf. 변광배, 「서약이란 무엇인가」, 『인문학연구』, 15, 인문학연구소, 2011, 95-118쪽.

607   CRDI, p.529.

608   *Ibid.*, p.519.

가 서약을 위반해 나를 처벌할 권리를 집단의 이름으로 다른 구성원들에게 위임한 것과 마찬가지로 그들이 같은 상황에 처했을 경우에 그들을 처벌할 권리를 그들 역시 나에게 위임하기 때문이다.

하지만 비극적인 것은 이처럼 융화집단의 구성원들이 이 집단을 존속시키기 위해, 비록 그들 스스로의 자발적 합의에 의한 것이라고 해도, 처벌이라고 하는 또 하나의 폭력을 용인한다는 사실이다. 그런데 이런 폭력은 집렬체적 삶, 곧 지옥과도 같은 삶을 영위해야 하는 큰 폭력을 미연에 막기 위한 작은 폭력이라는 사실을 지적하자. 사르트르에 의하면 이런 폭력은 "동지애Fraternité"(또는 형제애)의 이름으로 서약집단에서 용인되는 "공포-폭력Terreur-Violence"과 직접적으로 연결되어 있다.[609] 서약 위반자에게 가해지는 이와 같은 공포-폭력, 곧 작은 폭력은 방어적 역할을 수행하게 된다.

f) 서약집단 이후: 조직화된 집단과 제도화된 집단

사르트르는 이렇듯 융화집단이 서약집단으로 이행한 후, 그 구성원들의 결속을 효율적으로 유지하기 위한 필요성 때문에, 그들 각자의 능력을 인정하면서 지금까지 벗어나고자 했던 집렬체를 지배하는 이타성을 다시 집단 내부에 도입하게 된다고 주장한다. 이런 과정을 거쳐 서약집단은 이제 '조직화된 집단'으로 이행하게 된다. 사르트르는 그 예로 '축구팀'을 들고 있다.

축구팀의 목표는 경기에서 승리하는 것이다. 승리를 위해서는 지도자들과 선수들이 힘을 합쳐 하나가 되어 경기에 임해야 한다. 지도자들은 이 목표를 실현하기 위해 선수들 각자에게 특정 포지션을 주고 훈련을 시켜 능력을 최대한 발휘하도록 해야 한다. 그때 이 축구팀은 이미 승리라

609　*Ibid.*, p.527.

는 공동 목표를 위해 선수 각자의 이타성을 그 내부에 도입하게 된다. 사르트르에 의하면 서약집단 역시 그 유지의 효율성을 위해 그 내부에 이타성을 허용하면서 조직화된 집단으로 이행한다고 본다.

하지만 조직화된 집단의 한 구성원이 어떤 위치에서 점점 전문화되어 자기의 능력을 최고도로 발휘하게 되면 다른 구성원이 그의 위치를 차지하는 것이 불가능하게 된다. 이런 대치 불가능성은 그 구성원들 사이의 이타성이 점점 더 커진다는 것을 의미한다. 사르트르에 의하면 조직화된 집단은 그 마지막 단계에서 제도화된 집단(국가가 가장 좋은 예이다)으로 이행한다. 국가의 주인은 국민이다. 하지만 국가의 강제력은 이 국가를 운영하는 극소수의 손에 쥐어지고, 대부분의 국민은 일상생활에서 지옥과도 같은 집렬체적 삶을 유지한다. 이것은 국가와 같은 제도화된 집단이, 그 운영의 효율성 때문에 이타성이 다시 그 내부에서 만연하는 것, 즉 이 집단이 다시 집렬체가 되는 것을 어쩔 수 없이 허용한 결과라고 할 수 있다.

하지만 이런 이타성에 의해 지배되는 제도화된 집단 내에서, 그 대다수 구성원들의 삶이 극단적으로 위협받는 상황에서, 즉 그들이 지옥 같은 집렬체적 삶을 영위하면서 그들의 삶과 죽음이 문제시되는 상황에서 또다시 하나로 뭉쳐 융화집단을 형성하고, 이 융화집단을 형성하고 유지하는 과정에서 또다시 폭력이 개입될 수밖에 없다는 것이 사르트르의 주장이다.

지금까지 살펴본 것처럼 사르트르는 희소성과 다수의 인간들이라는 우연성이 지배하는 물질세계에서 이루어지는 개인의 실천에서 출발해 군집의 형성과 와해의 과정을 논리필증적인 변증법적 이성에 입각해 탐구하고 있다. 이 탐구의 결과를 종합해 보면, 사르트르 자신이 기획했던 구조적·역사적인 인간학은 결국 집렬체와 융화집단의 "재집단화와 화석화의 끊임없는 이중 운동double mouvement perpétuel de regroupement et de pétrification"

위에 정립된다는 사실을 확인할 수 있다.[610]

특히 이런 이중 운동의 기저에 폭력이 도사리고 있음을 지적하자. 집렬체 내에서 발생하는 대립과 폭력, 즉 기존의 폭력과 이를 분쇄하는 융화집단의 형성의 계기가 되는 대항폭력(그 기능은 '치유적'이거나 '초석적'이다), 그리고 이 융화집단을 존속시키기 위해 사용되는 서약에 내재된 공포-폭력(그 기능은 방어적이다)을 중심으로 전개되고 있다. 요컨대 사르트르는 역사의 기저에 놓여 있는 집렬체-융화집단의 이중 운동을 통해 인간의 '삶', 곧 'vie'와 같은 어원을 가진 '폭력', 곧 'violence'가 떼려야 뗄 수 없는 밀접한 관계를 맺고 있음을 단적으로 보여 준다고 하겠다.

g) 2권의 쟁점: 역사의 가지성

『변증법』 1권에서 드러난 인간들의 실천을 토대로 형성된 군집, 그중에서도 특히 집렬체와 융화집단 사이의 이중 운동의 파악을 끝으로 변증법적 이성은 더 이상 작동할 수가 없게 된다. 왜냐하면 이 이성의 작동은 '집렬체-융화집단' 또는 '융화집단-집렬체'의 축을 따라 계속되는 이중 운동 안에 갇히게 되기 때문이다.

사르트르는 이런 상황에서 과연 '역사'가 형성되는 구체적인 과정에서 이런 이중 운동을 포착할 수 있는가라는 질문을 제기한다. 이 질문에 대한 대답이 2권에서 시도되고 있다. 그러니까 "역사의 가지성"이라는 부제가 붙어 있는 2권의 핵심 과제는 '진행 중에 있는 총체화'인 '역사'는 과연 가지적인가의 문제라고 할 수 있다. 또한 집렬체-융화집단 또는 융화집단-집렬체의 축을 따라 이루어지는 이중 운동은 결국 집렬체에서 인간다운 삶을 누리는 부류에 속하는 이들과 그렇지 못하는 부류에 속하는 이들 사이에서 벌어지는 투쟁으로 귀착되기 때문에, 사르트르는 방금 지적된

---

610   *Ibid.*, p.760.

2권의 주된 과제가 이런 투쟁이 가지적인가라는 질문과 표리관계에 있다고 주장한다.

1985년 유고집으로 출간된 2권의 편집자인 양녀 엘카임사르트르가 증언하고 있는 것처럼, 사르트르는 1960년 이후에도 위의 질문에 답을 시도하면서 이 저서의 완성을 위해 노력한 것으로 보인다. 하지만 그는 1962년을 기점으로 2권의 집필을 완전히 포기하게 된다. 그가 혼자서 2권의 완성에 필요한 자료 조사와 연구를 감당하는 것이 무리한 작업이었기 때문이었다.

이런 이유로 2권은 미완으로 남아 있다. 하지만 이와 같은 자료 조사와 연구의 일부가 2권의 '부록'에 실려 있다. 연구자들은 이 부록의 내용을 통해 사르트르의 인간과 역사 이해를 위한 원대한 기획의 구상을 아쉬운 대로나마 엿볼 수 있다.

사르트르는 1권에서의 결과를 바탕으로 2권에서 "역사는 가지적인가?", 즉 "역사는 하나의 의미를 가지고 있는가?"라는 질문에 답을 하고자 노력하고 있다고 했다. 이런 노력은 특히 러시아혁명 이후 레닌의 후계 자리를 놓고 다투었던 스탈린과 트로츠키 사이의 권력투쟁에 대한 논의를 통해 구체화되고 있다. 사르트르는 역사를 형성하는 모든 요인이 한 인간의 '구성적 이성raison constituante'에 의해 어떻게 총체화되는가를 이 두 정치 지도자의 행동을 비교하면서 보여 주고자 한다.

트로츠키는 러시아혁명을 국제주의 노선에서 완성하는 장기적인 정책, 이른바 영구혁명의 정책을 폈다. 하지만 그와는 달리 스탈린은 시대와 상황이 요구하는 정책을 더 선호했다. 그리고 이런 노력의 일환으로 스탈린은 러시아의 미래가 '유일 국가에서의 사회주의' 건설에 달려 있다는 사실을 강조했다. 스탈린이 최후의 승리자가 되었다는 것은 역사가 증명해 주고 있다. 사르트르는 이런 스탈린의 승리가, 스탈린의 실천 속에서 이루어진 총체화의 방향이 러시아 역사의 흐름과 일치한 결과라고 해석한다.

그러니까 프롤레타리아계급을 대표하는 정치 지도자 또는 '주권적 개인'으로서의 스탈린 개인의 행동을 관통하는 구성적 이성 속에 그 계급의 이해관계와 러시아의 이해관계 전체가 구현되었다는 것이다.

이런 논의와 관련해 한 가지 흥미로운 것은, 사르트르가 2권의 앞부분에서 투쟁을 통한 역사의 총체화에 대한 이해를 도모하기 위한 기초 작업으로 '권투 경기'의 예를 들고 있다는 점이다. 이 예를 통해 그는 '개별적 보편자' 개념을 보여 주고 있다. 방금 스탈린의 경우에도 그의 개인적 실천과 러시아 역사의 흐름의 방향이 일치하고, 그 결과 이런 실천 속에서 이 흐름 전체가 파악될 수 있다고 했다. 그때 스탈린은 개별적 보편자의 위치에 있다는 것이 사르트르의 주장이다. 그러니까 각자의 실천 하나하나, 나아가 실천적 총체의 실천 하나하나에도 역사 형성의 보편적 요소와 과정이 들어 있고, 그런 만큼 이를 통해 역사의 총체화 과정이 포착될 수 있다는 것이다.

어떤 나라 어떤 지역의 조그마한 실내 경기장에서 국내 순위를 결정하기 위한 권투 경기가 벌어진다고 하자. 사르트르는 이 경기 자체에, 더 구체적으로는 이 경기에 임하는 선수 각자가 휘두르는 편치 하나하나에는 권투와 관련된 모든 요소가 포함되어 있다고 본다. 이 경기에 임하는 선수는 물론이거니와 코치, 프로모터, 관객, 이 경기가 열리고 있는 국내, 국제적 상황 등에 관련된 모든 요소가 말이다. 이것은 어떤 나라의 어떤 지역에서 열리는 권투 경기라고 하는 하나의 작은 사건이 권투에 관련된 세계 전체를 포착할 수 있는 한 계기가 될 수 있다는 것이다. 이런 설명을 통해 사르트르는 어떤 나라의 어떤 지역에서 벌어지고 있는 작은 규모의 투쟁 하나를 통해 현재 세계에서 형성되고 있는 역사의 총체화 과정이 파악될 수 있다는 점을 보여 준다.

하지만 역사는 항상 개인 ―권투 경기에서는 권투 선수― 의 실천을 통해 형성된다는 사실을 잊어서는 안 될 것이다. 그럼에도 불구하고 이 개인 ─좀 더 정확하게는 개인들─ 의 실천은 또다시 총체화 과정인 역사에 의해 흡수된다는 사실 역시 잊지 말아야 할 것이다. 사르트르는 이렇듯 개별적 보편자 개념을 통해 역사의 형성 과정, 특히 투쟁의 과정이 파악될 수 있고, 따라서 가지적이라고 보고 있다. 다만 그는 이 과정이 항상 또다시 미래의 역사에 의해 '포괄된다enveloppe'는 점을 강조하고 있다. 이는 달리 진행될 수 없다. 그도 그럴 것이 그에게서 역사는 그 자체로 "포괄적 총체화totalisation d'enveloppement"이기 때문이다.[611]

4.4. 의의와 그 이후

지금까지 살펴본 『변증법』의 의의는 어디에 있는가? 이 방대하고 난해하기 그지없는 이 저서를 읽어야 하는 이유는 어디에 있는가? 연구자들은 크게 다음과 같은 세 가지 면에서 그 의의를 지적하고 있다. 『존재와 무』와의 관계에서, 구조주의와의 관계에서 그리고 좁게는 여러 형태의 파시스트적 권력, 넓게는 보편적인 '악'으로부터 인간의 해방, 도덕의 정립이라는 면에서이다.

첫 번째 의의는 이른바 사르트르 사상의 연속성 문제와 관련이 있다. 이 문제와 관련해 연구자들이 입장이 갈린다. 『존재와 무』와 『변증법』 사이에 인식론적 단절이 있다고 주장하는 자들과 그렇지 않다고 주장하는 자들의 의견이 대립한다. 하지만 앞에서도 언급했듯이 특히 이 두 저서에서 사르트르 자신이 개인적 차원과 집단적 차원에서 인간들의 관계, 군집들의 관계가 갈등, 대립, 투쟁으로 귀착된다고 본다는 면에서 이 두 저서 사이에는 단절보다는 연속성이 있어 보인다.

---

611   Jean-Paul Sartre, *Critique de la raison dialectique*, t. II: *L'Intelligibilité de l'Histoire*, Gallimard, coll. Bibliothèque de philosophie, 1985, pp. 291-311.(이하 CRDII로 약기한다.)

두 번째 의의와 관련해서는 일단 사르트르와 구조주의자들 사이에 논쟁이 있었고, 그 논쟁에서 사르트르가 결코 일방적으로 패배를 당한 것이 아니라는 점을 지적할 수 있다. 그 증거는 '주체의 부활' 또는 '인간의 부활' 선언이라고 할 수 있다. 주지하는 바와 같이 1960년대에 활발하게 활동했던 구조주의자들은 인간의 의미 생산자로서의 자격을 부인하며, 이 세계에서 의미는 하나의 '체계'를 이루는 '부분'과 '부분' 사이의 관계와 '전체'와 '부분' 사이의 관계, 곧 '구조'에서 발생한다고 주장한다. 그들은 또한 그 연장선상에서 인간이 갖는 주체로서의 자격은 이런 구조의 효과에 불과하다고 보며, 나아가 이런 인간의 역사 형성에서의 기여를 부인하는 데까지 나아간다.

하지만 탈구조주의 시대로 일컬어지는 시대로 접어들어 구조주의자들이 내세운 이런 편협한 주체, 나아가 인간에 대한 담론이 해체되고 있으며, 좀 더 광범위한 측면에서 주체의 부활, 인간의 부활이 논의되고 있는 실정이다. 그 과정에서 이른바 '상처받거나 모욕당한 주체sujet blessé ou humilié'로서의 인간의 위상에 대한 재평가가 요구되고 또 이루어지고 있다.

이런 측면에서 『변증법』에서 볼 수 있는 실천적-타성태 개념은 주목받을 만하다. 사르트르는 이 개념을 통해 구조 개념과 의미 생산과 실천의 주체와 역사 형성에 기여하는 주체로서의 인간 개념의 종합을 시도하고 있다. 이런 관점에서 보면 이 저서에서 제시되고 있는 사르트르의 인간에 대한 사유는 이미 탈구조주의의 사유를 선취하고 있다고 할 수 있다.

세 번째 의의는 여러 형태의 파시스트적 권력과 보편적인 악으로부터 인간의 해방이라고 할 수 있을 것이다. 푸코는 사르트르를 19세기 사람의 안목으로 20세기를 사유하려는 거창하고도 비통한 노력을 하는 철학자, 곧 형이상학적 문제를 붙잡고 고민하는 철학자로 규정한 바 있다. 이런 규정은 『변증법』에서 시도되고 있는 구조적·역사적 인간학의 타당성, 유효성, 특히 한계에 대한 종합적인 지적에 해당한다.

　이와 관련해 개인들과 집단들 사이의 관계, 국가들 사이의 관계가 첨예한 대립으로 귀착되는 상황, 나아가 개인에 대한 집단과 국가의 파시스트적 권력이 더욱더 강해지고 위협적인 것이 되고 있는 상황에서 폭력의 문제, 아니 좀 더 광범위하게는 악의 문제를 그 기원으로까지 거슬러 올라가 추적하는 한편, 그 해결책을 제시하면서 인간의 해방과 도덕의 정립을 추구하고 있다는 면을 고려하면, 『변증법』이 가지고 있는 의의가 어디에 있는지를 어렵지 않게 알 수 있을 것이다. 이런 의의는 정확하게 사르트르가 칸트의 한 저서 제목을 빌려 그 자신의 구조적·역사적 인간학을 가리켜 미래의 모든 인간학에 대한 프롤레고메나의 토대를 마련하고자 하는 데 있다는 단언을 통해 이해할 수 있을 것으로 보인다.

3부

사르트르의
문학

1.

사르트르의 '문학적' 세계

앞에서 사르트르 철학을 네 시기로 구분하고 각 시기에 주목해 보았다. 하지만 세 번째 시기로 분류된 도덕적 전회 시기는 아직 살펴보지 못한 채이다. 이 시기에 대해서는 그의 문학론, 특히 참여 문학론과 병행해서 살펴볼 것이다. 앞에서 언급한 것처럼 그의 참여 문학론과 그의 도덕 정립이 비슷한 시기에 이루어졌고, 또 그의 참여 문학론에서 도덕과 밀접하게 관련된 호소, 증여, 너그러움 등과 같은 개념들이 다뤄지고 있기 때문이다. 어쨌든 이 책에서 그의 철학을 먼저 살펴본 것은 그의 문학을 이해하기 위해 그의 철학에 대한 이해가 긴요하고 또 유용하다는 판단 때문이었다.

그렇다고 해서 사르트르의 문학을 이해하기 위한 방법이 그의 철학에 대한 이해를 바탕으로 하는 방법만 있는 것은 아니다. 문학성과 연극성을 중요시하는 문학 이론을 비롯해 여러 다른 방법으로도 그의 문학에 접근할 수 있다. 그렇지만 그의 철학에 대한 이해가 그의 문학의 이해에 거의 필수적이라는 사실은 부인할 수 없다.

이제 앞에서 살펴본 사르트르 철학을 바탕으로 그의 문학에 대한 탐사에 나서 보자. 그전에 그의 문학 세계가 아주 광범위하다는 사실을 지적하자. 이런 이유로 이 장의 제목으로는 '사르트르의 문학'보다는 오히려 '사르트르의 문학적 세계',[612] 나아가 '사르트르의 미학적 세계'가 더 적절해 보일 수도 있다.[613]

실제로 사르트르는 장·단편소설, 극작품, 시나리오, 에세이 등과 같은 순수 문학작품의 창작에만 그치지 않고 문학평론, 문학비평, 문학이론을 위시해 회화,[614] 음악, 조각, 영화[615] 등과 같은 예술 분야에 대한 평론 작업을 수행했다. 문학비평만 고려하더라도 그는 실존적 정신분석과 전진-후진적 방법을 적용해 보들레르, 주네, 말라르메, 플로베르 등과 같은 작가들과 그들의 작품을 분석해 혁혁한 성과를 내고 있다.[616]

그런 만큼 사르트르의 문학적 세계를 다루기 위해서는, 또 그 연장선상에서 그의 미학적 세계를 다루기 위해서는 이 책과는 다른 본격적인 연

---

[612] 1989년 문학과지성사에서 출간된 『사르트르의 문학적 세계』(김치수, 김현 공편, 현대의 문학이론 총서 14) 단행본 제목에서 '문학적'이라는 형용사의 의미를 참고하라.

[613] 한 연구자는 이런 사실을 종합해 사르트르에게서 '미학'이 그의 학문 세계의 "빛나는 한 극(極)(un pôle rayonnant)"이라고 지적하고 있다.(Michel Sicard, *Essais sur Sartre: Entretiens avec Sartre(1975-1979)*, Galillée, 1989, p.204.) 하지만 사르트르가 문학, 특히 소설과 다른 예술, 가령 미술, 음악, 조각 등과의 공통점과 차이점에 예민하다는 사실을 잊어서는 안 될 것이다.

[614] 사르트르의 회화에 대해서는 다음 연구를 참고하라. Sophie Astier-Vezon, *Sartre et la peinture: Pour une redéfinition de l'analogon pictural*, L'Harmattan, coll. Ouverture philosophique, 2013; 윤정임, 「사르트르와 회화: 틴토레토를 중심으로」, 『프랑스문화예술연구』, 57, 프랑스문화예술학회, 2016, 133-163쪽; 지영래, 「사르트르의 상상력 이론과 미술 비평: 자코메티의 경우」, 앞의 책, 583-606쪽.

[615] 사르트르와 영화에 대해서는 다음 연구를 참고하라. Dominique Château, *Sartre et le cinéma*, Séguier, 2005; 김태희, 「사르트르의 영화적 취향」, 『프랑스학연구』, 55, 프랑스학회, 2011, 373-392쪽; 윤정임, 「사르트르와 영화: 필연성의 매혹」, 『유럽사회문화』, 1, 인문학연구원, 2012, 33-58쪽.

[616] 사르트르가 『상황, I』, 『상황, IV』 등에서 다루고 있는 작가들, 화가들, 조각가 및 음악가 등에 대한 평론과 단행본으로 출간된 『보들레르(*Baudelaire*)』, 『성자 주네: 배우와 순교자』, 『집안의 천치』, 『말라르메: 명석성과 그 어두운 면(*Mallarme: La lucidité et sa face d'ombre*)』(이하 『말라르메』) 등과 같은 문학 비평서를 합한 분량은 그의 철학, 순수 문학작품의 분량에 비해 결코 적지 않다는 사실을 지적하자.

구가 필요할 것이다.[617] 여기에서는 그가 문학에 부여했던 의미를 염두에 두면서 문학을 통한 작가 개인의 구원과 이웃의 구원 문제만을 중점적으로 살펴보고자 한다.[618]

이를 위해 여기에서는 1938년 출간된 『구토』[619]와 1948년에 출간된 『문

---

617 사르트르의 미학에 대한 연구는 다음 저서들을 참고하라. George Howard Bauer, *Sartre and Artist*, The University of Chicago University, 1969; Heiner Wittmann, *L'Esthétique de Sartre: Artistes et intellectuels*, L'Hatmattan, coll. Ouverture philosophique, 2001; 박정자, 『잉여의 미학: 사르트르와 플로베르의 미학 이중주』, 기파랑, 2014(이 저서는 박정자의 박사학위 논문 『非現實의 美學으로의 回歸: L'Idiot de la famille를 中心으로』(서울大學校, 1988)를 재간한 것이다); 강충권 외 8인, 『사르트르의 미학』, 기파랑, 2017.

618 이 책에서는 사르트르의 소설, 특히 단편소설 중에서 『구토』 이외의 다른 작품들에 대한 작품론을 다루지는 않을 것이다. 우리나라에서는 정명환, 박정자, 강충권, 장근상, 이재룡, 윤정임, 지영래, 오은하, 변광배 등이 사르트르의 소설에 대한 연구를 수행했으나, 지금은 주로 오은하에 의해 이루어지고 있다. 오은하는 특히 사르트르의 문학작품에 나타난 여성 문제에 큰 관심을 가지고 있으며, 주요 연구로는 다음과 같은 것들이 있다. 오은하, 「〈한 지도자의 어린 시절〉에 나타난 사르트르의 파시즘 비판」, 『불어불문학연구』, 86, 한국불어불문학회, 2011, 155-188쪽; 「되살아난 죽은 자의 폭소: 사르트르, 〈벽〉에서 '웃음'의 중첩적 의미」, 『불어불문학연구』, 127, 한국불어불문학회, 2021, 159-189쪽; 「사르트르의 시선과 관계의 윤리: 《구토》에서 《자유의 길》로」, 『불어불문학연구』, 94, 한국불어불문학회, 2013, 101-141쪽; 「사르트르 문학작품 속 '여성적 유폐'의 형태: 《철들 나이》의 '조가비 방'을 중심으로」, 『불어문화권연구』, 19, 서울대 불어문화권연구소, 2009, 316-340쪽; 「불안과 공포의 감정으로 읽는 사르트르의 〈벽〉」, 『불어불문학연구』, 118, 한국불어불문학회, 2019, 181-210쪽.

619 우리나라에서 행해진 『구토』에 대한 연구로는 특히 다음 저작을 참고하라. 정경위, 「사르트르 《구토》에 드러난 "아니"와 "로캉탱"의 관계: 교류분석이론을 중심으로」, 『불어불문학연구』, 47, 한국불어불문학회, 2001, 355-378쪽; 이재룡, 「《구토》와 《요한시집》의 비교」, 『프랑스학연구』, 55, 프랑스학회, 2011, 245-276쪽; 전신화, 「History/Story and the Question of Temporality in Sartre's Nausea」, 『人文學硏究』, 41, 인문학연구소, 2024, 199-212쪽; 오은하, 「《구토》의 재즈음악: 음악이라는 미학적 해결책」, 『불어불문학연구』, 102, 한국불어불문학회, 2015, 213-240쪽; 지영래, 「시간의 관점에서 본 사르트르 《구토》의 미학」, 『불어불문학연구』, 106, 한국불어불문학회, 2016, 181-207쪽; 장근상, 「《구토》의 관념, 이야기 그리고 모험」, 『불어불문학연구』, 75, 한국불어불문학회, 2008, 431-457쪽; 「사르트르의 '진실 같음'」, 『불어불문학연구』, 86, 한국불어불문학회, 2011, 243-269쪽; 장근상, 「《구토》와 부르주아지」, 『불어불문학연구』, 100, 한국불어불문학회, 2014, 549-591쪽; 「《구토》와 '진실 같지 않음'」, 『불어불문학연구』, 107, 한국불어불문학회, 2016, 171-198쪽; 『사르트르의 《구토》읽기』, 세창미디어, 2005.

학이란 무엇인가』620에 특히 주목하고자 한다. 아울러 『문학이란 무엇인가』를 통해 제시되고 있는 미학(특히 문학)과 도덕의 결합 가능성을 토대로 그의 도덕적 전회의 시기를 1983년 유고집으로 출간된 『도덕을 위한 노트』를 중심으로 간략하게 살펴보고자 한다. 아울러 그의 지식인론도 병행해서 살펴보고자 한다. 왜냐하면 사르트르는 작가를 지식인으로 규정하고 있기 때문이다.

---

620 『문학이란 무엇인가』에 대한 국내 연구로는 정명환, 박정자, 심정섭, 강충권, 윤정임, 지영래, 오은하, 변광배 등의 연구를 들 수 있다. 특히 다음 저서들을 참고하라. 정명환, 『문학을 찾아서』, 민음사, 1994; 변광배, 『사르트르의 《문학이란 무엇인가》읽기』, 세창미디어, 2016.

2.

문학의 종교성 및 구원

2.1. 절대로서의 문학

사르트르가 여러 직함을 가지고 글을 많이 빨리 쓰고, 또 시간과 장소의 구애를 받지 않고 썼다는 사실을 앞에서 지적한 바 있다. 그가 철학자, 문학 평론가, 문학 이론가, 예술 평론가, 에세이스트, 정치 평론가 등과 같은 직함으로도 많은 글을 쓴 것은 사실이다. 하지만 그에게서 장·단편소설, 극작품, 시나리오, 에세이 등을 집필한 전업 작가로서의 모습이 단연 두드러진다. 앞에서 살펴본 것처럼 그의 외할아버지 샤를은 그에게 전업 작가와 교수를 겸하길 권유했고, 그는 이 권유를 따라 스피노자와 동시에 스탕달이 되었다. 그럼에도 불구하고 그는 후세에 스피노자보다는 스탕달로, 즉 철학자보다는 작가로 기억되길 더 선호한다는 견해를 내비치고 있다.

보부아르　(…) 사람들이 당신의 철학을 좋아하길 원합니까? 문학을 좋아하길 원합니까? 아니면 둘 다 좋아하길 원하나요?

사르트르　물론 둘 다 좋아하기를 바란다고 대답할 겁니다. 그렇지만 위

계가 있는데, 이 위계에 따르면 철학이 둘째고, 문학이 첫째예요.[621]

사르트르가 베르그송의 저서를 읽으면서 철학을 발견했을 때의 놀라움이 얼마나 컸는가, 또 그 시절에 철학이 그에게 어떤 의미를 가졌는가는 앞에서 지적한 바 있다. 그에게 철학은 모든 것을 말해 주고, 모든 것을 알고 있다고 믿게 해 주는 학문, 다른 모든 학문을 지배하는 학문으로 간주되었다. 하지만 그는 철학을 통해 드러난 세계의 진리를 문학작품 속에 담고자 했다. 그렇다고 해서 그가 철학을 단지 문학의 내용을 풍부하게 해 주는 수단으로만 여긴 것만은 아니다. 오히려 그는 철학에 대해 어느 정도 절대적 성격을 부여했던 것으로 보인다.

하지만 사르트르는 여러 차례에 걸쳐 철학보다는 문학에 더 큰 비중을 두었다고 단언한다. 그에게는 문학이 '절대'였다. 그는 문학을 신앙의 대상으로 삼았다. 한마디로 그는 문학에 '종교성'을 부여했다. 이를 보여 주는 증거는 많다. 물론 그는 1964년 『말』을 출간하면서 문학에 이별을 선언한다. 하지만 그전까지는 문학을 자신의 '모든 것', 즉 그 자신의 존재 이유로 여겼다고 할 수 있다.

사르트르는 1926년 연인이었던 시몬 졸리베에게 보낸 한 통의 편지에서 자신이 "아주 야심적"이라고 말하면서, 특히 "영광"과 "창조하는 것"에 대한 야심을 강조한다.

> 나에게는 아주 괴팍한 특징이 있소.
> 한편으로 나는 아주 야심적이오. 무엇에 대해서일까요? 나에게는 영광이라는 것이 나의 명예를 위해 술잔을 들어 건배하는 정장을 한 남자들과 어깨와 목이 많이 파인 옷을 입은 숙녀들로 가득 찬 방으로 표상되오. 이건

---

621 LCA, pp. 200-201.

아주 진부한 이미지요. 하지만 나는 이런 이미지를 어린 시절부터 가지고 있소. 이런 이미지가 나를 유혹하는 건 아니오. 그렇지만 영광은 나를 유혹하오. 왜냐하면 나는 내가 경멸하는 다른 사람들보다 훨씬 더 위에 있고자 하기 때문이오. 그리고 나는 특히 창작하고자 하는 야심을 가지고 있고. 나는 뭐든 만들었소. 철학적 체계에서부터(물론 엉터리 체계요. 나는 지금 16세요) 교향곡까지 말이오. 나는 8세에 첫 소설을 썼소. 나는 하얀 종이를 볼 때마다 그 위에 뭔가를 쓰지 않고는 견디지 못하오.[622]

사르트르는 70세에 한 대담에서 위의 두 가지 야심을 지적하는 대담자에게 이렇다 할 이의를 제기하지 않는다. 사르트르에게 중요한 것은 언제부터 그가 성공했다고 생각하느냐보다는 오히려 그가 문학작품을 쓰겠다는 야심을 어린 시절부터 가지고 있었다는 사실 그 자체이다.

> **콩타** 어린 시절에 선생님께서는 두 개의 야심을 가지고 있었지요. 하나는 작품을 쓰겠다는 것과, 또 하나는 유명하게 되겠다는 야심. 언제부터 그것들을 얻었다고 생각하셨습니까?
> **사르트르** 그것을 얻을 것이라고는 항상 믿고 있었지요. 하지만 언제부터 성공을 느꼈는지는 명확히 알 수 없어요. 아마 전쟁 이후에 얻어진 것 같네요.[623]

또한 사르트르는 자신에게 절대의 의미를 가진 두 가지 것을 『초월성』과 『구토』에서 각각 제시한다. 의식과 우연성이 그것이다. 그는 『초월성』에서 의식을 절대로 여겼다. 『구토』에서 그는 우연성을 가장假裝이나 흩어

---

622 LCAQI, p.9.

623 Jean-Paul Sartre, "Autoportrait à soixante-dix ans", *op. cit.*, p.154.

버릴 수 있는 외관이 아니라 절대라고 기술했다. 하지만 여기에 또 하나의 절대를 추가해야 한다. "책"이 그것이다. 그는 『말』에서 '책'이 그의 "종교"였다고 말한다.[624] 물론 그때 그가 말하는 책은 샤를의 서재에서 발견했던 문학작품을 가리킨다.

이런 시각에서 보면 사르트르가 그 자신이 머릿속에서 작가였으며, 철학은 옆길로 해서 그에게 도달했다는 말의 의미를 다시 한번 확인할 수 있다. 그는 『말』에서 쓰기를 배웠을 때, 그리고 그의 첫 번째 소설을 썼을 때 ─졸리베에게 보낸 편지에 따르면 8세 때이다─ 를 돌아보며 "'나'라는 말은 '글을 쓰는 나'"를 의미한다고 말하고 있다. 이런 단언은 그의 전 생애 걸쳐 유효하다. 그는 특히 생의 말년에 시력을 잃고 글을 쓸 수 없게 되었을 때 존재 이유를 완전히 상실했다고 여겼다.

> 나는 내 자신을 알기 시작했다. 나는 거의 아무것도 아닌 것이었고, 기껏해야 내용 없는 활동이었다. 하지만 더 이상의 것이 필요하지 않았다. 나는 코미디에서 벗어났다. (⋯) 나는 쓰기를 통해 태어났다. 글을 쓰기 전에는 거울 놀이밖에 없었다. (⋯) 나는 글을 씀으로써 존재했고, 어른들의 세계에서 벗어났다. 나는 오직 쓰기를 위해서만 존재했다. 그리고 만일 내가 '나'라고 말하면, 그것은 '글을 쓰는 나'를 의미했다.[625]

사르트르가 어렸을 때부터 문학에 부여했던 이와 같은 절대, 종교로서의 의미는 보부아르에 의해 거듭 확인된다. 보부아르는 그를 처음 만났을 때 그의 지적 능력에 의해서도 압도되었지만, 특히 그의 문학에 대한 열정에 의해 압도되었다고 술회하고 있다. 그녀도 스스로 문학을 대하는 태

---

624   LM, p.31.

625   *Ibid.*, p.83.

도에서만큼은 "예외적인 존재"였다고 믿었으나,[626] 그는 "오로지 책을 쓰기 위해서만 살 뿐이었다"고 말이다.

> 하지만 그가 자신하는 진정한 우월성, 그리고 내 눈에도 확실했던 것은 문학작품을 위해 열정을 쏟는 그의 태도였다. 예전에 나는 크리켓이나 공부를 열심히 하지 않는 아이들을 경멸했다. 그런데 나는 여기에서 나의 격렬한 열정을 보잘것없는 것으로 보는 사람을 만난 것이다. 실제로 사르트르와 비교해볼 때 나의 열정은 부끄러울 뿐이었다. 나는 늘 내가 예외적인 존재라고 믿었다. 나는 글을 쓰지 않고 사는 것은 의미가 없다고 생각해왔다. 그런데 그는 오로지 책을 쓰기 위해서만 살 뿐이었다.[627]

사르트르는 이렇듯 그 자신을 글을 쓰기 위해 태어난 사람으로 여겼다. 여기에서 '글'은 당연히 '문학'을 의미한다.[628] 문학을 이처럼 절대, 종교로

---

626 보부아르가 자신을 예외적 존재로 여긴 것은 비단 문학에 대한 태도에서만이 아니다. 그녀는 지적(知的)으로 그 누구에게도 뒤지지 않는다고 생각했다. 하지만 1929년 사르트르를 만나고 나서 그녀는 지적으로 자기보다 우월한 사람을 처음 만났다고 말하고 있다.

627 MF, pp.475-476.

628 사르트르에게서 '쓰기'를 어떻게 볼 것인가에 대해서는 여러 의견이 가능하다. 이 문제는 『말』에서 "펜"을 "칼(劍)"로 여긴다고 할 때의 '펜'의 의미, 『문학이란 무엇인가』에서 그가 말하는 '산문'과 '시'의 구분의 의미 등과 무관하지 않아 보인다. 그는 「글을 쓴다는 것은 무엇인가」라는 글에서 '문학은 …이다'라는 식의 표현을 사용하는 대신, '글을 쓴다는 것은 …이다'라는 표현을 사용하고 있다. 이런 이유로 '쓰기'의 범위에 대한 문제가 제기된다. 나는 사르트르에게서 '쓰기'는 그 범위를 좁혀 '문학작품'의 창작, 그것도 '소설'이라는 '산문'을 쓰는 것으로 국한해 이해하는 것이 바람직하다고 본다. 그래야만 쓰기를 '증여', '호소'와 같은 것으로 보는 견해, 미학과 도덕의 결합 가능성, 특히 작가의 개인적 구원과 이웃의 구원 가능성 등을 더 잘 이해할 수 있다고 생각한다. 물론 쓰기가 모든 산문에 공통적인 것은 사실이다. 하지만 미학적 장치를 필요로 하는 소설의 쓰기와 일반적인 학술 논문이나 지리학 개론 등의 쓰기는 근본적으로 다르다. 그것들 사이에는 '손으로 펜을 잡고 쓴다'는 공통점밖에는 없어 보인다. 이런 차이는 쓰기를 바탕으로 하는 여러 종류의 글의 '스펙트럼' 문제에 속하는 것이 아니라 근본적으로 다른 각각의 쓰기의 속성에 관련된 것으로 보인다. 게다가 이런 글들을 읽는 독자들의 태도 역시 다를 수밖에 없다. 그도 그럴 것이 쓰기의 주체가 독자들에게

여겼던 사르트르가 나중에 이것을 개인적인 '구원'과 연결 짓게 되는 것은 당연해 보인다. 이와 관련해 당장 다음과 같은 질문들이 제기된다. 무신론자로서 그가 염두에 두고 있었던 문학을 통한 구원의 의미는 무엇인가? 그것이 가능한가? 가능하다면 어떤 조건에서이고, 또 어떤 과정을 거쳐 이루어지는가? 또 그 한계는 어디에 있는가? 이 질문들을 차례로 살펴보자.

2.2. 문학을 통한 개인과 이웃의 구원

a) 구원의 의미

문학을 통한 작가 개인의 구원과 절대, 종교로서의 문학이라는 주제는 1938년 출간된 『구토』의 핵심 주제 중 하나이다. "20세기의 걸작품 중 하나"[629]로 여겨지는 이 작품에는 다양한 주제가 담겨 있다.[630] 문학 장르, 일기日記 형식, 서술, 문체, 문채figure, 상호텍스트성, 자전적 소설, 오토픽션 등과 같은 문학 형식에 관련된 주제 등….

또한 『구토』를 여러 시각, 가령 발생론적 비평critique génétique[631]의 시각,

제시하는 '규약(pacte)'이 다르기 때문이다. 이와 같은 쓰기에서의 시와 산문 사이의 근본적인 구분은 최소한 『문학이란 무엇인가』까지는 해당하는 것으로 보인다. 사르트르는 나중에 『지식인을 위한 변명』에서 산문에 시적 특징을 가미시키기도 하면서 쓰기의 범위를 확장하고 있기는 하다. 하지만 『문학이란 무엇인가』에서는 산문과 시를 엄격히 구분하고 있다. 물론 이 경우에도 시는 보들레르 이후의 현대시를 가리킨다는 점을 잊지 말자.

629 OR, p.1658.

630 이와 관련해 『구토』의 중심인물 로캉탱(Roquentin)의 이름과 발음이 같은 'rocantin' 또는 철자까지 같은 'roquentin'이라는 프랑스어 단어는 의미심장하다. 이 단어에는 '늙은이'라는 의미와 '잡동사니 음악'이라는 두 가지 의미가 있다. 특히 두 번째 의미는 『구토』에 여러 주제가 녹아 있다는 점과 무관하지 않아 보인다.(Cf. *Ibid.*, p.1674; Jacques Deguy, *La Nausée de Jean-Paul Sartre*, Gallimard, coll. Foliothèque, 1993, p.44.)

631 작가가 쓴 원고를 중심으로 하나의 정전(正典) 텍스트에 이르는 과정을 중점적으로 검토하는 비평의 한 갈래이다.

사회학적, 정신분석학적 비평의 시각, 기호학적 시각 등에서 읽는 것도 가능하다.[632] 여기에 더해 "형이상학적 진리와 감정을 문학적 형태로 표현"[633]했다고 여겨지는 이 작품에는 데카르트의 코기토, 후설의 현상학, 하이데거의 존재론 등과 같은 철학적 사유가 짙게 반영되어 있다.[634] 그런 만큼 이런 철학적 시각으로 이 작품을 읽는 것도 가능하다. 하지만 이 작품의 핵심 주제 중 하나는 분명 사르트르가 어린 시절부터 꿈꿔 왔던 문학을 통한 구원이 아닌가 한다. 우리는 이 주제를 통해 그가 문학에 부여하고 있는 의미, 곧 절대와 종교로서의 의미를 확인할 수 있다.

『구토』의 마지막 부분에서 로캉탱은 한동안 체류했던 부빌Bouville시를 떠나 파리로 향하는 기차를 기다리면서 랑데부 데 슈미노Rendez-vous des Cheminots[635]에 들려 마지막으로 재즈곡 〈섬 오브 디즈 데이즈Some of theses days〉을 듣는다. 그러면서 그는 자기의 삶에 결정적 변화를 가져다줄 중대한 결심을 한다. "한 권의 소설"을 쓰겠다는 결심이 그것이다. 이 과정을 보여 주는 두 장면을 보자.

> 그녀가 노래한다. 여기에 구원받은 두 사람이 있다. 유대인과 흑인 여자이다. 구원받은 사람들. 그들은 아마 존재 속에 파묻혀 완전히 끝나 버렸다고 생각했을 것이다. 하지만 내가 이렇게 그들을 생각하는 것처럼 아무도 나를 생각해 줄 수 없을 것이다. 아무도, 심지어 안니조차도. 내게 있어 그들은 조금은 죽은 자들, 조금은 소설의 주인공들과도 같다. 그들은 존재의

---

632   Cf. *Ibid.*, pp.11-12; pp.213-233.

633   FA, p.293.

634   Cf. Geneviève Idt, La Nausée: *analyse critique*, Hachette, coll. Profil d'une oeuvre, 1971, p.17; Georges Raillard, La Nausée *de Jean-Paul Sartre*, Hachette, coll. Poche critique, 1972, p.8.

635   역원(驛員) 회관을 가리킨다.

죄를 씻어 냈다. 물론 완전히는 아니다. 하지만 인간이 할 수 있는 만큼은 씻어 낸 것이다. 이 생각은 갑자기 나를 뒤흔들어 놓았다. 왜냐하면 나는 더 이상 그것을 기대하지 않고 있었기 때문이다. 나는 무엇인가가 나를 살며시 스치는 것을 느낀다. 그리고 나는 그것이 달아날까 봐 못 움직인다. 내가 더 이상 경험하지 못했던 무엇인가, 곧 일종의 기쁨이다.[636]

한 권의 책. 한 편의 소설. 그리고 그 소설을 읽고 이렇게 말하는 사람들이 있을 것이다. '이 소설을 쓴 게 앙투안 로캉탱이야. 그는 카페들을 전전하던 빨간 머리 친구지.' 그리고 내가 이 흑인 여자의 삶을 생각하듯 그들은 내 삶을 생각할 것이다. 귀중하면서도 반쯤은 전설적인 무엇인가를 생각하듯 말이다. 한 권의 책.[637]

방금 인용한 두 장면 ―앞의 장면을 〈장면1〉로, 뒤의 장면을 〈장면2〉로 부르자― 에서 주목할 점은, 로캉탱의 생각이 소설을 통한 구원의 가능성에 미치고 있다는 것이다. 구원의 가능성? 그렇다. 그가 생각하는 구원의 의미가 위의 인용문에 암시되어 있다.

〈장면1〉에서는 다음 두 가지이다. 첫 번째 의미는 살아 있는 로캉탱이 재즈곡을 들으면서 이미 죽었을 수도 있는 흑인 작곡자와 흑인 여가수의 삶과 존재를 '생각'하는 것이다. 이것은 살아 있는 로캉탱을 통해 이미 죽었을 수도 있는 두 사람이 '되살아난다', 곧 '부활한다'는 것과 의미가 같다고 할 수 있다. 이는 두 사람의 '불멸성'과 '영생'의 가능성 ―곧 보겠지만 상대적이고 한계가 있는 가능성이다― 과 무관하지 않다. 두 번째 의미는 두 사람이 "존재의 죄péché d'exister"를 씻어 냈다는 것이다.

---

636   LN, p.209.

637   *Ibid.*, p.210.

〈장면2〉에서 로캉탱이 생각하는 구원의 의미는 다음 문장에 담겨 있다. "그리고 그 소설을 읽고 이렇게 말하는 사람들이 있을 것이다. '이 책을 쓴 게 앙투안 로캉탱이야. 그는 카페들을 전전하던 빨간 머리 친구지.' 그리고 내가 이 흑인 여자의 삶을 생각하듯 그들은 내 삶을 생각할 것이다"라는 부분이 그것이다. 이 부분에 함축되어 있는 의미는 이미 죽었을 수도 있는 로캉탱의 소설을 읽는 후세의 독자들에 의해 그가 되살아난다는 것, 곧 부활한다는 것과 같다.

그렇다면 위의 두 장면에서 로캉탱에 의해 제시된 이런 의미들을 과연 구원이라고 할 수 있는가? 이 질문에 답을 하기 위해 구원이 무엇인지를 보자. 보통명사로서의 구원은 사전적으로 위험한 상황에서의 구출이나 속박에서의 해방으로 정의된다. 하지만 구원은 보통 기독교적 개념으로 사용된다. 이런 구원은 다음과 같은 의미를 가진 것으로 이해된다.

첫째, 인간이 원죄로부터 자유로워지는 것, 둘째, 인간이 사후에 불멸성을 얻고 영생을 누리는 것, 셋째, 인간이 생전에 병들고 지친 영혼을 치유하고 마음의 평화를 누리는 것 등이 그것이다. 이런 구원이 이루어지기 위해서는 무엇보다도 먼저 인간이 신의 절대적 권능에 대한 확고한 믿음을 가져야 한다는 조건이 요구된다. 이 조건이 충족되지 않으면 구원 자체가 불가능할 것이다.

로캉탱이 소설을 쓰겠다는 결심에서 과연 이런 구원의 의미와 전제 조건을 찾아볼 수 있는가? 이 물음에 대한 답이 긍정적이라면, 그가 염두에 두고 있는 구원은 기독교에서 내세우는 구원과 같은 것이라고 할 수 있을 것이다. 신의 절대적 권능을 빌리지 않고서도 구원이 가능하다고 볼 수도 있을 것이다. 반대로 그 답이 부정적이라면, 그가 염두에 두고 있는 문학을 통한 구원은 '의사-구원pseudo-salut' 또는 종교적 구원의 '대용물ersatz'에 불과할 것이다. 그렇다면 그가 문학을 통해 실현하고자 하는 구원은 어떤 성질의 것인가?

이 질문에 답을 하기 위해 먼저 로캉탱이 염두에 두고 있는 문학을 통한 구원의 전제 조건을 보자. 방금 기독교적 시각에서의 구원에는 신의 절대적 권능에 대한 인간의 확고한 믿음이 요구된다고 했다. 로캉탱의 경우는 어떤가? 그의 구원에는 이 전제 조건이 적용되지 않는다. 그도 그럴 것이 그가 신의 부재를 믿고 있기 때문이다. 그가 생각하는 구원은 문학을 통한 구원이다. 그런 만큼 그의 구원의 전제 조건은 따로 있다. 그가 '소설을 써야 한다'는 조건이 그것이다.

이것은 로캉탱이 재즈곡을 들으면서 흑인 작곡가와 흑인 여가수가 구원받았다고 생각했을 때, 거기에 두 사람이 각각 이 재즈곡을 작곡하고 불렀다는 사실, 곧 그것을 "만들었다"는 사실이 전제되어 있는 것과 마찬가지다.

> "마들렌, 그 음반을 다시 한번 틀어 줄래요? 떠나기 전에 딱 한 번."
> 마들렌은 웃기 시작한다. 그녀는 축음기 크랭크를 돌리고, 그게 다시 시작된다. (…) 나는 7월의 어느 날, 푹푹 찌는 어두운 방에서 이 곡을 작곡한 그쪽의 그 친구를 생각한다. 나는 이 멜로디를 '통해' 색소폰의 하얗고 시큼한 음들을 통해 그를 생각하려 노력한다. 그는 이것을 만들었다. (…) 이 모든 것은 아주 예쁘지도, 아주 영광스러운 것도 아니었다. 하지만 이 노래를 듣고, 그것을 만든 그 친구를 생각할 때, 그의 고통과 그의 땀방울을 본다…. 감동적이다. (…) 나는 이 친구에 대해 뭔가 알고 싶다. 그가 어떤 종류의 골칫거리를 가졌는지, 애인은 있었는지, 아니면 혼자 살았는지 알게 된다면 흥미로울 것이다. 결코 휴머니즘 때문에 그러는 것이 아니다. 그 반대이다. 그냥 그가 이것을 만들었기 때문이다.[638]

638 *Ibid.*, pp.208-209.

그다음으로 구원에 포함된 세 가지 의미를 보자. 로캉탱이 염두에 두고 있는 문학을 통한 구원에도 방금 언급된 기독교적 구원에 포함된 세 가지 의미가 들어 있는가? 첫 번째 의미, 즉 원죄로부터 자유로워지는지부터 살펴보자. 이와 관련해 지적해야 할 점은 로캉탱에게서 기독교적 의미에서의 원죄를 찾아볼 수 없다는 사실이다. 왜냐하면 그는 신의 존재를 부정하기 때문이다. 따라서 앞의 두 장면에서 그가 생각하는 구원은 기독교적 의미에서의 원죄가 아닌 다른 원죄로부터의 자유로움일 수밖에 없다. 그렇다면 그것은 어떤 종류의 원죄인가?

〈장면1〉에서 인간의 원죄는 존재의 죄라고 했다. 따라서 로캉탱이 염두에 두고 있는 구원이 첫 번째 의미를 가지려면, 그가 문학을 통해 자신의 존재의 죄로부터 벗어날 수 있어야 할 것이다. 그런데 이런 가능성의 여부는 인간에게는 왜 존재하는 것이 죄인지의 문제를 해결하는 데 달려 있다. 그도 그럴 것이 인간의 원죄는 존재의 죄라는 것의 의미를 알지 못하는 상태에서는 문학을 통해 이 죄에서 벗어날 수 있는가의 여부는 물론, 그 의미조차 알 수 없을 것이기 때문이다.

이 문제와 관련해 사르트르의 사유가 신의 부재, 그로 인한 우연성 위에 축조되었다는 사실을 떠올리자. 이런 이유로 인간은 자유를 향유하지만, 그 대가로 아무런 이유 없이 이 세계에 내던져져 있는 여분의 존재, 무상의 존재의 굴레에서 벗어나지 못하며, 나아가 자신의 존재를 정당화하기 위해 부단히 노력해야 하는 상황에 처해 있다.

이처럼 이 세계에서 부유浮遊하면서 자신의 존재 근거, 존재 이유를 죽을 때까지 찾아야만 하는 실존의 고뇌를 안고 있는 것, 이것이 바로 인간에게서 존재의 죄에 해당한다고 할 수 있다. 실제로 사르트르는 『존재와 무』에서 타자가 있는 이 세계에 내가 출현한 것이 나의 원죄라고 규정하고 있기도 하다. 이런 사실들을 통해서 보면 인간이 우연성의 지배하에서 태어나 살아가고 있는 것 자체가 그의 원죄에 해당한다고 할 수 있다.

또한 다음과 같은 사실을 지적하자. 즉 기독교적 구원의 세 번째 의미, 즉 신의 절대적 권능에 힘입어 살아 있는 동안 인간이 병들고 아픈 영혼을 치유하고 마음의 평화를 누리는 것이 그것이다. 그런데 이런 의미 역시 방금 지적한 인간의 존재하는 죄, 곧 죽을 때까지 그 자신의 존재 근거와 존재 이유를 찾아야만 하는 실존의 고뇌로부터의 해방과 무관하지 않다. 『구토』에서는 이런 인간의 실존의 고뇌가 바로 이 작품의 "진정한 주인공"[639]으로 여겨지는 '구토'로 나타나고 있다.

『구토』에서 로캉탱은 소설을 쓰겠다는 결심 이전에 여러 차례 구토에 시달린다. 구토는 인간이 자신을 포함해 주위에 있는 모든 존재가 잉여존재라는 사실을 자각하게 될 때 발생하는 정신적 현상으로 이해된다. 모든 존재의 있는 그대로의 모습, 곧 그 나상을 인간이 접할 때 느끼는 감정인 것이다. 사르트르는 로캉탱을 통해 사물들의 나상을 이렇게 기술하고 있다.

> 그리고 갑자기 그것이 거기에 있었다. 그것은 대낮처럼 환했다. 존재가 느닷없이 그 모습을 드러낸 것이다. 그것은 추상적 범주의 공격적이지 않은 모습을 벗어 버렸다. 그것은 사물들의 반죽 그 자체였다. 그 나무뿌리는 존재로 빚어져 있었다. 그보다는 오히려 나무뿌리, 공원의 철책, 벤치, 잔디밭의 듬성듬성 난 잔디, 이 모든 것이 사라져 버렸다. 사물들의 다양성, 그것들의 개별성은 외관, 반들거리는 표면에 불과했다. 이 반들거리는 표면이 녹아내렸고, 괴물 같고, 물렁물렁하고, 무질서한 —그 소름 끼치고 음란한 나신裸身의— 덩어리들이 남아 있었다.[640]

---

639   Jean-François Bianco, La Nausée, *Sartre*, Bertrand-Lacoste, coll. Parcours de lecture, 1997, p.13.

640   LN, p.151.

인간이 일상성에 빠져 매일 반복적이고 기계적인 생활을 한다면 그는 구토를 느끼지 못할 것이다. 이런 이유로 구토는 인간의 의식이 깨어 있는 상태, 명석한 상태를 요구한다. 이런 관점에서 보면 인간이 실존 과정에서 구토를 느끼는 것은 그의 삶이 질적으로 도약할 수 있는 계기라고 할 수 있다. 그럼에도 불구하고 삶의 매 순간이 구토 감정의 연속이라면 그는 정신질환자로 여겨질 수도 있다.

로캉탱의 경우가 여기에 부분적으로나마 해당한다. 구토는 처음에 바닷가에서 집어 들었던 조약돌에서부터 시작되었다.

> 토요일에 아이들이 물수제비 놀이를 하고 있었고, 나도 그들처럼 돌멩이 하나를 바다에 던지고 싶었다. 바로 그 순간, 나는 멈췄고, 돌멩이를 손에서 떨어뜨리고는 거기를 떠났다. 아마도 내가 얼빠진 모습이었던 것 같다. 왜냐하면 아이들이 내 등 뒤에서 웃음을 터뜨렸기 때문이다.
> 이것이 외부에서 일어난 일이다. 내 안에서 일어난 일은 뚜렷한 흔적을 남기지 않았다. 내가 보았고 또 내가 역겨움을 느낀 뭔가가 있었다. 하지만 그때 내가 바다를 보고 있었는지, 돌멩이를 보고 있었는지 알 수 없다. 돌멩이는 넓적했고, 한쪽 면 전체는 말라 있었고, 다른 쪽은 축축하고 흙이 묻어 있었다. 나는 더럽히지 않으려고 크게 벌린 손가락으로 그것의 가장자리를 잡고 있었다.[641]

그로부터 얼마 지나지 않아 로캉탱은 바닷가에서 조약돌을 집어 들었을 때 느꼈던 "불쾌한 느낌"을 "구토"로 규정한다.

> 이제 알겠다. 내가 그날 바닷가에서 그 돌멩이를 들고 있었을 때의 느낌이

641   *Ibid.*, p.6.

떠오른다. 그것은 일종의 부드러운 욕지기였다. 얼마나 불쾌했던가! 그리고 그 느낌은 돌멩이로부터 왔다. 난 확신한다. 그 느낌은 돌멩이에서 내 손으로 전해지고 있었다. 그래, 그거였다. 바로 그거였다. 손안에서의 일종의 구토였다.[642]

하지만 이렇게 로캉탱이 한 차례 경험한 구토는 점차 그의 일상생활 속으로 파고들게 되고,[643] 나중에는 그가 자주 들르던 카페, 부빌시의 공원, 그 자신, 급기야는 세계 전체를 지배하게 된다. 그리고 그는 이런 구토의 원인이 이 세계의 모든 존재가 우연성에 의해 지배되고 있다는 사실에 있다는 것을 자각하기에 이른다.

이런 자각 속에서 로캉탱은 당연히 살아가면서 우연성의 지배에서 벗어나고, 나아가 구토를 극복하기 위해 많은 노력을 경주한다. 『구토』의 "편집자의 일러두기"에서 볼 수 있는 것처럼[644] 로캉탱은 부빌시에 체류하기 전에 했던 중부 유럽, 북아프리카, 극동 지역 등을 여행했다. 그리고 3년 전부터 롤르봉 후작의 전기傳記를 쓰기 위해 부빌시에 체류한 것이다. 그 이유는 부빌의 시립 도서관에 후작에 관련된 많은 자료가 소장되었기 때문이었다. 이 후작의 친척 중 한 명이 이 자료들을 이 도서관에 기증한 것이다.[645]

이렇듯 로캉탱은 자신의 존재 근거, 존재 이유를 찾고, 이를 통해 우연

---

642   *Ibid.*, p.16.

643   『구토』에서 로캉탱이 느끼는 구토는 일과성 현상이 아니다. 문의 손잡이를 잡으면서, 타인의 얼굴을 보면서, 카페에서 맥주잔을 잡으면서, 땅에 떨어진 종이쪽지를 집으려고 하면서, 거울 속에서 자기 손과 얼굴을 보면서, 다른 사람의 보라색 멜빵을 보면서, 디저트용 나이프 손잡이를 잡으면서 등등…. 그는 수차례에 걸쳐 구토를 경험한다.

644   *Ibid.*, p.3.

645   *Ibid.*, p.18.

성이 지배하는 이 세계에서의 부유를 끝내면서 구토를 극복함과 동시에 자신의 실존의 고뇌에서 벗어나고자 노력해 왔다. 특히 그는 롤르봉 후 작에 대한 전기 쓰기를 중도에서 포기하고, 부빌을 떠나기 직전에 소설을 쓰겠다는 결심을 하게 되며, 이를 통해 자신의 존재의 죄에서 벗어날 수 있다는 구원의 가능성에 생각이 미쳤던 것이다.

로캉탱은 소설을 씀으로써 기독교적 의미의 구원을 얻을 수 있는가? 다시 말해 그는 존재의 죄로부터 자유로워지고, 불멸성과 영생을 얻으며, 또 마음의 안정과 평화를 얻을 수 있는가? 이 질문에 답을 하기 위해 소설, 더 광범위하게는 재즈를 포함한 음악, 미술, 조각 등과 같은 예술 창작création[646]의 동기를 살펴볼 필요가 있다. 그도 그럴 것이 사르트르는 문학 창작의 동기가 정확히 작가가 자기 작품을 통해 대자-즉자의 융합의 실현, 곧 신의 존재에 도달하는 것, 즉 자기 원인자가 되는 것과 밀접하게 연결되어 있다고 보기 때문이다.

『구토』에서 로캉탱이 쓰기, 곧 문학을 통해 구원에 이르겠다고 마음먹은 데에는 일견 뚜렷한 이유가 있다. 그것은 그가 책을 쓰는 것 이외에 다른 재주를 가지고 있지 않기 때문이다.

> 나도 한번 시도해 볼 수 있지 않을까…. 물론 그것은 음악은 아닐 것이고…. 다른 장르로 시도해 볼 수 있지 않을까?… 그것은 한 권의 책이어야 할 것이다. 나는 그것 말고는 아무것도 할 줄 모르니까.[647]

그럼에도 불구하고 이것으로 모든 문제가 해결되지 않는다. 이어서 또 하나의 질문이 제기된다. 로캉탱은 왜 다른 책이 아니라 정확히 '소설'을

---

646 'création'은 경우에 따라 '창작'이나 '창조'라는 단어로 옮겼다.

647 *Ibid.*, p. 209.

쓰고자 하는가? 그는 소설과는 다른 종류의 책, 즉 롤르봉 후작이라는 역사적 인물에 대한 전기를 쓰다가 포기했다. 전기도 엄연히 한 권의 책이다. 그런데도 로캉탱은 이 전기를 쓰는 것을 포기하고 소설을 쓰겠다고 결심하기에 이른다. 그는 어떤 이유로 소설을 쓰고자 하는가?

이 질문은 『문학이란 무엇인가』에서 사르트르가 제시하고 있는 문학 창작의 동기와 연결되어 있다. 문학 창작의 동기는 작가마다 다를 것이다. 하지만 사르트르는 이 작가들 모두에게 공통되는 동기가 무엇인지를 묻는다.

> 각자 이유가 있다. 어떤 사람에게는 예술이 도피이며, 또 어떤 사람에게는 정복의 수단이다. 하지만 은신처로 광기로 죽음으로 도피할 수도 있고, 정복은 무기로도 할 수 있다. 그런데 왜 꼭 '글을 쓰며', '글을 통해' 도피와 정복을 하려 하는가? 그것은 작가들의 다양한 목표의 배후에는 그들 모두에게 공통되는 어떤 더 심오하고 더 직접적인 선택이 있기 때문이다. 우리는 그 선택이 무엇인지를 밝혀 보려고 한다.[648]

바로 이어서 사르트르는 이 질문에 대해 이렇게 답을 한다.

> 예술적 창조의 주요 동기 중 하나는 분명 세계에 대해 우리 자신이 본질적이라고 느끼려는 욕망이다. 만일 내가 드러낸 들이나 바다의 이 모습, 또 이 얼굴 표정을 화폭에 혹은 글 속에 고정시키고, 그것들의 관계를 긴밀히 연결하며, 거기에 없던 질서를 도입하고 또 사물의 다양성에 정신의 통일성을 부여한다면, 나는 그 모습을 만들어 낸다는 의식을 가질 수 있을 것이다. 다시 말해 나는 스스로를 나의 창조와 관련해 스스로 본질적이라고

---

648   Jean-Paul Sartre, *Situations*, *II*, Gallimard, 1948, p.89.(이하 SII로 약기한다.)

느낀다. 하지만 이번에는 창조된 대상이 나를 벗어난다.[649] 나는 드러냄과 동시에 만들어 낼 수 없다. 창조는 창조적 행위에 대해 비본질적인 것이 되어 버린다.[650]

이 부분에는 작가의 문학작품 창작의 동기가 이 작품에 대해 '본질적'이라고 느끼고자 하는 데 있다는 것이 드러나 있다. 이것은 무엇을 의미하는가? 이 질문에 답을 하기 위해 또 다른 구절을 인용해 보자.

우리의 각각의 지각에는 인간실재가 '드러낸다'는 의식이 수반된다. 다시 말해 인간실재에 의해 존재가 '거기에 있다'는 의식, 혹은 인간이 그에 의해 사물들이 자기를 나타내는 수단이라는 의식이 그것이다. 여러 관계를 배가시키는 것은 바로 우리의 이 세계에의 현존이다. 이 나무와 이 한 조각의 하늘 사이의 관계를 정립하는 것은 바로 우리이다. (⋯) 하지만 만일 우리가 존재의 탐지자라는 것을 알고 있다면, 우리는 또한 그 제작자가 아니라는 사실도 알고 있다. (⋯) 이렇듯 우리가 '드러내는dévoilant' 존재라는 내적 확신에는 그 '드러난dévoilé' 사물에 대해 우리는 본질적 존재가 아니라는 신념이 부가된다.[651]

이 구절에서 '드러내는' 존재인 인간과 '드러난' 존재와의 관계를 통해 확인되는 것은 바로 즉자존재가 대자존재, 곧 인간에 대해 갖는 존재론적 우위로 보인다. 앞에서 살펴본 것처럼 인간은 의식의 지향성을 발휘해 이

---

649 곧 이어서 보겠지만, 창조된 사물이 창조자를 벗어나고, 또 창조 행위에 대해 비본질적이 된다는 단언에는 바로 창조된 사물은 창조자에 의해 결코 대상화될 수 없다는 의미가 내포되어 있는 것으로 보인다.

650 *Ibid.*, p.90.

651 *Ibid.*, pp.89-90.

세계에 속하는 모든 존재에 의미를 부여하면서 실존한다. 그렇게 하면서 그는 "존재의 탐지자"의 자격으로 이 세계의 중심에 서게 된다. 하지만 그는 자신에게 부족한 존재 근거를 확보하면서 실존의 고뇌를 극복하기 위해 죽을 때까지 노력해야 하는 존재이기도 하다.

이와는 달리 즉자의 방식으로 존재하는 사물은 실존의 고뇌를 알지 못한다. 이처럼 이 두 존재 영역의 상반된 입장이 위의 인용문에서 드러내는 존재로서의 인간이, 이 세계에서 드러난 존재에 대해 갖는 '비본질성inessentialité'으로, 그리고 역으로 이 드러난 존재가 인간에 대해 갖는 본질성essentialité으로 나타나고 있다.

그런데 이번에는 어떤 인간이 작가가 되어 이 세계의 존재를 드러내고, 그 결과를 토대로 작품을 창작하는 경우, 즉 그가 단순히 존재의 탐지자가 아니라 "존재의 창조자"가 되는 경우, 그는 이 작품과의 관계에서 본질적이라는 느낌을 갖는다는 것이 사르트르의 주장이다. 이 세계에 여태껏 존재하지 않았으나 작가의 쓰기를 통해 새로이 출현하게 된 이 작품과의 관계에서 볼 때, 이 작가는 이 작품의 출현에 없어서는 안 될 필수불가결한 존재, 곧 조물주Démiurge와 같은 존재라고 할 수 있다. 이에 걸맞게도 사르트르는 누군가가 어떤 것이나 다른 누군가에게 필요한 존재가 되는 것은, 그의 잉여 존재가 정당화되는 것과 동의어로 여겨진다.

이렇듯 문학작품 창작의 동기에서 작가가 자기 작품에 대해 본질적이라는 느낌을 갖는다는 것은, 결국 그가 이 작품의 출현에 필수불가결한 존재가 되고자 하는 것을 의미한다고 하겠다. 달리 말해 어떤 인간이 작가가 되기 위해 쓰기를 선택하는 경우, 그는 그 결과물인 작품을 통해 존재 근거를 확보하고, 나아가 존재를 정당화하는 것을 겨냥하고 있는 것이다.

사르트르의 이런 주장을 뒷받침해 주는 것은 바로 작가에 의해 창작되어 이 세계에 존재하게 된 작품의 세계가 우연성의 세계가 아니라 필연성

의 세계라는 사실이다. 『구토』에서 로캉탱은 여러 차례 구토를 느끼면서
도 그것이 일시적으로 사라지고, 나아가 행복을 느끼는 순간을 드물게 갖
는다. 바로 〈섬 오브 디즈 데이즈〉를 듣는 순간에서이다.

그렇다면 로캉탱은 왜 이 재즈곡을 듣고 구토에서 일시적이나마 벗어
나고 또 행복을 느끼는가? 이 질문에 대한 답은 바로 이 재즈곡의 세계가
우연성에 의해 지배되는 것이 아니라 필연성에 의해 지배되고 있다는 사
실에 있다.

> 또 다른 행복이 있다. 밖에는 강철의 띠와 같은 그 음악의 짧은 지속이 있
> 어, 우리의 시간을 이리저리 가로지르고, 그것을 거부한다. 그리고 그 날
> 카롭고 작은 침으로 이 시간을 찢어 놓는다. 또 다른 시간이 있는 것이다.
> (…) 목소리가 스며들고 사라진다. 아무것도 금속의 띠를 깨물지 못한다.
> (…) 몇 초 더 지나면 흑인 여자가 노래를 부를 것이다. 그것은 피할 수 없
> 어 보이며, 이 음악의 필연성은 아주 강하다. 아무것도, 세계가 무기력하
> 게 주저앉아 있는 이 시간에서 나오는 그 무엇도 이 음악을 중단시킬 수
> 없다. 이 음악은 순서대로 스스로 멈출 것이다. (…) 마지막 화음이 사라졌
> 다. 이어지는 짧은 침묵 속에서 나는 이젠 되구나, '뭔가가 일어났구나' 하
> 는 것을 강하게 느낀다. 침묵. (…) 일어난 일, 그것은 바로 '구토'가 사라졌
> 다는 것이다.[652]

이 부분에서 놓쳐서는 안 될 점은 바로 이런 강철 같은 질서, 불가역적
인 시간, 그 어떤 것에 의해서도 파괴될 수 없는 질서, 곧 필연성의 세계
를 만들어 낸 장본인이 이 재즈곡의 작곡자와 가수라는 사실이다.[653] 사

---

652 LN, pp. 28-29.

653 여기에서 로캉탱이 롤르봉 후작의 전기 집필을 중도에서 포기한 이유를 짐작할 수 있다. 먼

르트르가 우연성에 대조되는 필연성의 세계로 여겼던 영화와 마찬가지로 이 재즈곡의 모든 요소, 가령 음정, 박자, 리듬, 가사 등이 두 사람에 의해 그런 질서를 갖게끔 처음부터 의도되고 또 끝까지 그것이 보증되고 있다. 요컨대 두 사람은 이 재즈곡과의 관계에서 없어서는 안 될 존재임과 동시에 이 재즈곡을 만든 장본인의 자격으로 존재하는 것이다. 이것은 그대로 이 재즈곡이 그들 각자의 존재 근거, 존재 이유에 해당함을 의미한다고 할 수 있다.

b) 문학을 통한 개인 구원의 실패

그렇다면 작가는 문학작품의 창작을 통해 자신의 잉여 존재를 정당화하고, 나아가 실존의 고뇌를 극복할 수 있는가? 다시 말해 기독교적 차원에서 구원이 가진 세 가지 의미를 작가 자신이 창작한 작품과의 관계에서 확보할 수 있는가? 사르트르는 이 질문에 긍·부정의 답을 동시에 하고 있다. 왜 긍·부정의 답인가?

이 질문에 답을 하기 위해서는 실존의 주요 세 범주, 즉 함, 가짐, 있음의 범주와 이 범주들 사이의 이중의 환원을 자세히 살펴볼 필요가 있다. 그도 그럴 것이 사르트르는 『문학이란 무엇인가』에서 이 세 범주와 그것들 간의 이중의 환원을 통해 작가와 그가 창작한 작품 사이의 관계를 해

저, 과거의 인물인 롤르봉을 통해 '현재'를 살아가는 로캉탱 자신의 존재를 잊는다는 것이 불가능하다는 것이다. 과거를 통해 지금, 여기에서 느끼는 구토를 극복한다고 생각하는 것은 자기기만적이라는 것이 로캉탱의 판단이다. 그다음으로는 로캉탱이 쓴 전기가 후일 다른 연구자들에 의해 변경될 가능성이 있다는 것이다. 실제로 로캉탱은 롤르봉 후작의 전기를 집필하고서도 그의 과거 행적에 대해 아무런 확신을 가지지 못한다. 이런 확신의 부재에는 로캉탱으로 하여금 자신이 직접 쓴 전기가 후일 좀 더 확실한 자료를 발굴한 다른 연구자들에 의해 수정되는 것이 가능하다는 생각이 함축되어 있다. 이런 가능성은 곧 그의 전기를 관통하는 내적 질서의 필연성이 아주 강하지는 않다는 것을 의미한다. 하지만 소설의 경우에는 상황이 전혀 다르다. 그도 그럴 것이 소설은 재즈곡과도 같이 그것을 구성하는 모든 요소 사이의 결속이 엄격한 필연성에 의해 이루어지고 있기 때문이다.

명하면서 구원이 가능하면서도 불가능하다는 사실, 하지만 제한적이고 상대적으로만 가능하다는 사실을 제시하고 있기 때문이다.

앞에서 살펴본 것처럼 사르트르는 『존재와 무』에서 실존의 주요 세 범주인 함, 가짐, 있음과 이 세 범주 사이에 이루어지는 이중의 환원을 제시하고 있다. 먼저 인간이 어떤 행위를 하는 것은 이 행위를 통해 출현하는 뭔가를 소유하기 위함인 것으로 이해된다. 이것이 함의 범주에서 가짐의 범주로의 환원이다. 그런데 이 가짐의 범주는 다시 있음의 범주로 환원된다. 인간은 이처럼 자신이 만들어 소유하는 뭔가를 통해 자신의 존재를 확보, 유지, 강화하는 데 노력을 경주하는 것이다.[654]

사르트르는 이렇게 말하고 있다. "만년필, 파이프, 의복, 책상, 집 등은 '나'다. 즉 내가 소유하는 것 전체는 나의 존재를 반영한다. 나는 내가 '소유하는 것', 바로 그것이다."[655] 그로부터 "인간은 그가 소유하는 것으로 존재한다l'homme est ce qu'il a"는 논리가 성립하며, "많이 소유하면 소유할수록 더 많이 존재한다Plus qu'on a, plus qu'on est"는 논리도 성립한다.

사르트르의 이런 주장은 작가와 그 작가가 창작한 문학작품과의 관계에도 그대로 적용된다. 작가도 다른 인간과 마찬가지로 자기가 창작한 문학작품을 소유하면서 자신의 존재를 유지하고 강화하고자 한다. 또한 인간의 모든 행위의 최종 목표는 자신의 존재 근거를 확보하고, 이를 토대로 대자-즉자의 융합을 실현하는 것이기 때문에, 작가도 당연히 이런 융합을 실현하고자 할 것이다. 과연 작가는 이런 바람을 실현할 수 있는가? 작품을 통한 구원은 그의 소망대로 이루어질 수 있는가? 이 질문에 대한 사르트르의 답은 일단 부정적이다. 그 이유는 무엇일까?

---

654 아버지의 때 이른 죽음으로 인해 사르트르가 '아무것도 아닌 아이'가 된 이유, 『변증법』에서 보았던 하나의 기계를 소유한 자가 이 기계를 통해 갖게 되는 이해관계, 요구 등의 기원 등이 바로 이와 같은 함, 가짐, 있음 사이의 환원이라는 사실을 떠올리자.

655 EN, p.680.

이 질문에 답을 하기 위해서는 작가가 창작한 작품이 다음과 같은 두 가지 다른 존재론적 위상을 가지고 있다는 사실에 주목해야 한다. 작가의 대자로서의 위상, 즉 그의 정신, 영혼과도 같은 존재로서의 위상과 그와는 아무 관계도 없는 즉자의 방식으로 존재하는 사물과도 같은 존재로서의 위상이 그것이다.

먼저 이 작품은 이것을 창작해 낸 작가의 분신으로 여겨진다. 이것은 달리 진행될 수 없다. 왜냐하면 작가는 작품을 쓰면서 거기에 자신의 정신적인 모든 것, 곧 영혼을 투사하기 때문이다. "작가는 자신이 쓰는 것으로 존재한다l'écrivain est ce qu'il écrit"고 말할 수 있다. 사르트르의 언어 관계를 다루면서 그가 하이데거의 "나는 내가 말하는 것으로 존재한다"는 주장을 수용했다는 사실을 앞에서 지적한 바 있다. 이와 마찬가지로 사르트르는 작가와 그 작가의 작품을 같은 것으로 본다. 물론 그때 작품은 작가의 물질화된 영혼이라고 할 수 있다.

그다음으로 작품은 이것을 창작한 작가와는 완전히 '무관하게' 또 '독립적으로' 그의 외부에 존재하는 하나의 사물과도 같다. 책이 종이와 인쇄된 글자로 이루어졌다는 것은 부인할 수 없다. 따라서 작가는 그 자신이 창작한 작품을 소유할 때 '나moi'와 '비아非我, non-moi'를 동시에 소유하게 된다.

이 관계를 규정하기 위해 과학자, 예술가, 스포츠맨의 행위에 대한 앞에서의 고찰이 우리에게 아주 유용할 것이다. 우리는 이 행위 하나하나에서 일종의 아유화我有化적인 태도를 발견했다. 그리고 또 각각의 경우에서 아유화는, 대상이 우리 자신의 주체성의 발산으로서 우리에게 나타남과 동시에 또 우리에 대해 무관심한 외면성의 관계 속에 있는 것으로서 우리에게 나타난다는 사실에 의해 특징지어졌다. 따라서 '나의 것'은 나我의 절대적인 내면성과 내가 아닌 것의 절대적인 외면성 사이에서 하나의 매개적 존재 관계로 우리에게 나타난다. '나의 것'은 하나의 동일한 혼합에서 내가 아닌 것[非我]이 되는 나[我]이며, 내가 되는 내가 아닌 것[非我]이다.[656]

이 부분을 좀 더 자세히 살펴볼 필요가 있다. 왜냐하면 여기에는 작가가 문학을 통한 자신의 구원, 즉 존재 근거를 확보하면서 대자-즉자의 융합을 실현할 수 있다고 믿는 메커니즘이 나타나 있기 때문이다. 다시 말해 앞에서 언급했던 구원의 의미 중 첫 번째와 세 번째 의미, 곧 존재한다는 원죄와 이 세계에 우연한 존재로 부유하면서 죽을 때까지 존재 근거를 찾아야 하는 실존의 고뇌에서 벗어나 존재론적 안정과 평화를 획득할 수 있다는 가능성을 보증해 줄 수 있는 메커니즘이 나타나 있는 것이다.

작가는 직접 창작한 작품을 소유하면서 최종적으로 대자-즉자의 융합을 실현하고자 한다. 그런데 이 융합 상태가 아무런 문제 없이 실현되는 것처럼 보인다. 그도 그럴 것이 이 작품은 즉자의 방식으로 존재하는 사물, 곧 작가의 비아이기 때문이다. 책이 종이와 인쇄된 글자로 이루어진 사물인 것은 명백하다.

그런데 이 작품은 이 세계에 그냥 존재하는 일반적인 다른 사물들과는 완전히 다르다. 왜냐하면 작가는 이 작품을 창작하면서 그 기원에서부터 이것의 출현을 보증하고 있기 때문이다. 이렇듯 사르트르는 이 작품에 작가의 존재 근거가 포함되어 있다고 본다.

> 소유하는 것은 '나에게로 갖는다'는 것이다. 다시 말해 대상 존재의 고유한 목적이 되는 것이다. 소유가 온전하게 그리고 구체적으로 주어진다면, 소유자는 소유된 대상의 '존재 이유'이다.[657]

---

656   *Ibid.*, p.678.

657   *Ibid.*, p.679.

『구토』에서 로캉탱이 〈섬 오브 디즈 데이즈〉를 들으면서 이 곡이 필연성의 세계를 구축하고 있고, 또 이 필연성의 세계가 이 곡을 작곡한 흑인 작곡자와 그것을 부른 흑인 여가수에 의해 처음부터 의도되고 보증되고 있다는 사실을 지적한 바 있다. 그러니까 이 곡이 그들 각자의 존재 근거에 해당한다는 사실을 말이다.

이와 마찬가지로 작가가 자신의 작품을 소유하면서 대자-즉자의 융합을 이루는 것은 자기 안에 자신의 존재 근거를 소유하고 있는 자기 원인자, 곧 조물주의 상태에 도달하는 것으로 여겨진다.

> 소유에서 나는 내가 즉자적으로 존재하는 한에서 나 자신의 근거이다. 사실 소유가 연속적인 창작인 한에서, 나는 소유된 대상을 그 존재에서 나에 의해 근거 지어지는 것으로서 파악한다. 하지만 한편으로 창작이 발산인 한에서, 이 대상은 내 속으로 흡수되고, 나일 뿐이다. 그리고 다른 한편으로 이 대상이 근원적으로 즉자인 한에서, 그것은 내가 아닌 것[非我]이며, 나의 앞에 있는 나, 대상적이고, 즉자적이고, 항상적이고, 침투 불가능하고, 나에 대해 외면성과 무관심의 관계 속에 존재하는 나이다. 이렇듯 내가 나에 대해 무관심한 것으로서, 또 즉자적인 것으로서 존재하는 한에서, 나는 나의 근거이다. 그런데 이것이 바로 즉자-대자의 기도 그 자체이다. (…) 소유하는 대자와 소유되는 즉자의 이 쌍은 (…) 신神과 맞먹는다.[658]

이런 상태의 실현이 바로 로캉탱이 문학을 통해서 꿈꿨던 구원에 해당한다. 작가는 자신의 존재가 우연성에 의해 지배되는 원죄로부터 자유로워지고, 또 자신의 존재 근거를 죽을 때까지 찾아야 하는 실존의 고뇌에서도 벗어날 수 있는 것이다. 다만 기독교적 구원의 두 번째 의미, 곧 불

---

658   *Ibid.*, pp.681-682.

멸성과 영생이라는 의미에서의 구원의 가능성이 실현될 수 있을지는 여전히 미지수로 남아 있다.

그런데 사르트르에 의하면 이런 작가의 꿈, 즉 첫 번째 의미와 세 번째 의미를 가진 구원의 실현은 불가능한 것으로 여겨진다. 특히 작가 혼자서는 결코 자기 작품을 통해 대자-즉자의 융합을 실현할 수 없다. 이는 작가의 문학을 통한 구원이 결국 실패로 끝나고 만다는 것을 의미한다. 그 이유는 바로 문학작품이 갖는 이중의 존재론적 지위 때문이다.

작품은 작가의 물질화된 영혼, 주체성, 곧 대자이다. 따라서 작가가 자신의 작품을 소유하고 또 읽게 되면 그는 그 안에서 자신의 물질화된 영혼, 주체성, 곧 대자의 모습만을 재발견할 뿐이다. 다시 말해 작가가 자신의 작품을 소유하고 읽으면서 이것을 대상화하는 것은 불가능하다.

> 하지만 우리 자신이 제작의 규칙, 치수, 기준을 만드는 경우, 우리의 창조적 충동이 우리의 가장 깊은 가슴속에서 솟아오르는 경우, 그때 우리의 작품에서 발견하는 것은 우리 자신일 뿐이다. 작품을 판단하는 데 의지하는 법칙을 만든 것은 바로 우리 자신이다. 우리가 그 작품에서 볼 수 있는 것은 우리의 역사, 우리의 사랑, 우리의 기쁨이다. (⋯) 우리가 화폭이나 종이 위에서 얻은 결과는 우리에게 결코 '객관적'으로 보이지 않는다. 우리는 그 작품이 결과로 나타난 그 제작 과정을 너무나 잘 알고 있다. 그것은 우리 자신이고 우리의 영감이며 우리의 계략이다.[659]

이렇듯 작가는 자기 작품의 모든 곳에서 오직 '자신의' 앎, '자신의' 의지, '자신의' 기투, 요컨대 자기 자신을 만날 뿐이다. 그는 자신의 주체성과만 접촉할 뿐이다. 그가 창조하는 대상은 그의 손이 닿지 않는 곳에 있다. 그

---

659   SII, p.91.

가 작품을 창조하는 것은 '자신을 위해서'가 아니다. 자기가 쓴 것을 다시 읽는다고 해도 때는 이미 늦은 것이다. 자기의 문장이 자기의 눈에 결코 사물로 비칠 수는 없을 것이다.[660]

위의 두 인용문을 통해 우리는 결국 작가는 자신의 작품을 소유하고 읽으면서 자신이 실현하길 바라던 대자-즉자의 융합이 아니라 '대자-대자le pour-soi-pour-soi'의 융합만을 실현하게 될 뿐이라는 것을 알 수 있다. 이것은 그대로 작가의 문학작품 창작을 통한 구원의 시도가 실패로 끝나고 만다는 것을 보여 준다.

사르트르는 『문학이란 무엇인가』에서 이런 실패를 한 명의 풋내기 화가의 예를 들어 설명한다. 그에 의하면 이 화가가 그린 그림은 자기에게는 다른 화가가 그린 그림처럼 보일 수 없다. 이 그림은 이 화가의 눈에 순수한 다른 사물, 곧 즉자존재와 같은 것으로 보이지 않는다. 이 화가는 자기가 그린 그림을 보면서 그것에 외면적 차원, 대상적 차원, 곧 즉자적 차원을 부여하지 못한다. 요컨대 그는 자기가 그린 그림을 보면서 대자-즉자의 융합에 이르지 못하고 오히려 대자-대자의 융합에 이르고 만다.

한 견습 화공畵工이 스승에게 물었다. "언제 제 그림이 끝났다고 생각해야 할까요?" 그러자 스승은 대답했다. "네가 놀라서 '내'가 '이것'을 그렸다니!" 하고 말하면서 네 그림을 볼 수 있을 때다.[661]

c) 문학을 통한 구원의 조건: 독자의 협력

『구토』의 중심인물 로캉탱의 마지막 결심, 즉 소설을 쓰겠다고 결심하

---

660   *Ibid.*, pp.92-93.

661   *Ibid.*, p.90.

는 〈장면2〉를 통해 구원이 무엇인가를 살펴보면서 후일 자신이 쓴 소설을 읽어 주는 자들, 곧 독자들의 존재와 그들이 로캉탱 자신의 삶과 존재를 생각해 주어야 한다는 사실을 앞에서 지적한 바 있다. 마치 〈장면1〉에서 자신이 어쩌면 이미 죽었을 수도 있는 〈섬 오브 디즈 데이즈〉의 흑인 작곡가와 흑인 여가수의 존재와 삶을 생각하듯이 말이다.

하지만 그때 우리는 왜 음악 감상자로서의 로캉탱의 존재가 흑인 작곡가와 흑인 여가수의 구원에 필요한지에 대해서는 묻지 않았다. 이와 마찬가지로 로캉탱의 구원에서 어떤 이유로 그의 소설을 읽어 줄 미래의 독자들이 반드시 필요한지에 대해서도 묻지 않았다. 그런데 『문학이란 무엇인가』에서 이런 독자들이 재차 등장한다. 그 부분을 인용해 보자.

> 우리는 뒤에서 문학의 목적이 무엇일 수 있을지 규정해 보려 할 것이다. 하지만 지금부터라도 이렇게 결론지을 수 있다. 즉 작가는 이 세계와 특히 인간을 다른 사람들에게 드러내기를 선택한 자이며, 그 목적은 이렇게 드러난 대상 앞에서 그들이 전적인 책임을 지도록 하기 위함이라고 말이다.[662]

작가의 쓰기와 그 결과물인 작품은 왜 "다른 사람들에게로" 향해야 하는가? 사르트르에게서 언어가 타자의 존재를 전제로 한다는 점은 명백하다. 하지만 왜 언어는 타자에게로 향해야 하는가? 위의 인용문을 통해서 보면 그 이유는 문학작품의 경우에는 다른 사람들에게 "세계와 특히 인간을" 드러내 보이고, 나아가 이렇게 드러난 대상 앞에서 그들의 책임을 촉구하기 위함이다. 곧 보겠지만 이것은 『문학이란 무엇인가』에서 제시되고 있는 참여 문학, 곧 이웃의 구원을 위한 문학의 핵심적 주장과 무관하

---

662   *Ibid.*, p.74.

지 않다.

　하지만 그 이전에, 대체 어떤 이유에서 작가의 작품이 다른 사람들에게로 향해야 하는가의 문제가 규명되어야 한다. 그런데 문학의 경우에 이 다른 사람들이 작품을 읽는 독자들이 아니라면 누구일 수 있는가? 이 문제는 작가가 창작한 작품은 왜 '독자들'에게로 향해야 하는가라는 문제에 다름 아니다.

　방금 작가의 문학을 통한 구원이 실패로 돌아갈 수밖에 없는 이유를 보았다. 그 이유는 작가에 의해 창작된 작품이 가진 이중의 존재론적 지위 때문이었다. 작가는 자기 작품을 소유하면서 또 읽으면서, 대자-즉자의 융합, 더 정확하게는 자신의 존재 근거를 담고 있는 이 작품을 소유하면서, 자기 원인자, 곧 조물주의 위치에 있고 싶어 한다. 하지만 자신이 창작한 작품을 소유하고 읽으면서 대자-대자의 융합만을 실현할 뿐이었다.

　이것은 그대로 문학작품의 창작에서 작가의 쓰기 작업이 "불완전하고 추상적인 한 계기"에 불과하다는 것을 보여 준다.[663] 그렇다면 작가가 이런 불완전하고 추상적인 계기에서 벗어나 자신의 구원을 가능케 하는 방법은 무엇인가? 그 방법은 한 가지뿐이다. 그것은 대자-대자의 융합을 대자-즉자의 융합으로 바꾸는 것이다.

　이것이 가능한가? 가능하다면 어떻게 가능한가? 이 질문들에 답을 하기 위해 사르트르가 문학작품을 "팽이"에 비교하고 있다는 사실에 주목하자.[664] 팽이는 외부에서 계속 힘을 가해야만 회전하면서 서 있을 수 있다. 이와 마찬가지로 문학작품 역시 쓰기와는 전혀 다른 행위인 '읽기'에 의해 지탱될 때만 존립할 수 있다는 것이 그의 주장이다. 그는 읽기에 의

663　*Ibid.*, p.93.

664　*Ibid.*, p.91.

해 지탱되지 못할 경우 문학작품은 한낱 "종이 위에 박힌 검은 흔적"일 뿐이라고 말한다.[665]

그런데 사르트르는 독자의 읽기를 단순히 책장을 넘기는 행위로 보지 않는다. 사르트르는 또한 읽기가 빛에 자동으로 반응하는 필름과도 같은 기계적 작용이 아니라고 본다. 읽기는 독자의 시선이 수반되는 행위이다. 사르트르에게서 이 시선은 의식이 흐르는 도체이며, 그 끝에 와닿는 모든 것을 대상으로 포획하는 강한 힘이라는 것을 기억하자. 따라서 독자의 읽기에서는 그가 읽는 작가의 작품 속에 자신의 주체성을 "흘려 넣음으로써" 이 작품을 대상화하는 행위가 이루어진다.

> 나의 책은, 타자가 거기에 그의 주체성을 흘려 넣을 때, 다시 말해 이 책을 재창조할 때, 나에게 존재한다. 타자의 평가라는 관점에서 이 책을 다시 읽으면서 나는 거기에서 나 자신을 위해 내가 직접 투사하는 것이 불가능했던 깊이를 발견하게 된다.[666]

사르트르는 독자가 읽기를 통해 작가의 작품을 대상화하기 위해서는 둘은 다른 사람이어야 한다고 주장한다. 방금 작가가 자기 작품을 소유하고 읽게 되면 그 안에서 자신만을 재발견할 뿐이라고 했다. 이것이 그가 작품을 창작하면서 실현하고자 했던 대자-즉자의 융합을 이룰 수 없는 근본 원인이었다. 그는 자기 작품을 읽으면서 대자-대자의 융합만을 실현하게 될 뿐이었다.

바로 거기에 작품의 대상적인 면, 곧 즉자적인 면이 나타나기 위해서는

---

665   *Idem*.

666   Jean-Paul Sartre, *Cahiers pour une morale*, Gallimard, coll. Bibliothèque des idées, 1983, p.135.(이하 CPM으로 약기한다.)

작가와 이 작품을 읽는 독자는 반드시 다른 사람이어야 한다는 주장이 자리하게 된다. 이런 점을 고려해 사르트르는 이제 문학을 통한 구원은 서로 다른 작가와 독자의 협력에 의해 이루어질 뿐이라고 말하고 있다.

> 하지만 쓴다는 작업은 그 변증법적 상관자로 읽는다는 작업을 함축하며, 이 두 가지 연관된 행위는 서로 다른 두 행위자를 필요로 한다. 정신의 작품이라는 구체적이고 상상적인 대상을 출현시키는 것은 바로 작가와 독자의 결합된 노력이다.[667]

이제 쓰기를 문학작품의 창작에서 불완전하고 추상적인 하나의 계기라고 규정하고 있는 사르트르의 주장을 이해할 수 있다. 이런 주장으로부터 "문학이란 대상에는 독자의 주체성 이외의 다른 어떤 실체도 없으며",[668] 결국 문학작품은 "상호주체성의 발산émanation de l'intersubjectivité"[669]이라는 정의가 도출된다. 작가와 독자는 각각 자신들의 주체성을 그 속에 흘려넣음으로써 공동으로 '작품Œuvre'를 만들어 내는 것이다.

바로 여기에 사르트르의 문학론을 구성하는 두 개의 축 중 하나가 자리하게 된다. "타자에 의한 예술", 곧 '독자에 의한 문학'의 축이 그것이다. 곧 보겠지만 다른 하나의 축은 "타자를 위한 예술", 곧 '독자를 위한 문학'이다. 실제로 사르트르는 『문학이란 무엇인가』에서 "타자를 위한, 타자에 의한 예술만이 있을 뿐이다Il n'y a d'art que pour et par autrui"라고 말한다.[670] 물론 문학의 경우에 "타자에 의한 예술"과 "타자를 위한 예술"은 "독자에 의

---

667 SII, p.93.

668 *Ibid.*, p.95.

669 Jean-Paul Sartre, "Ecrire pour son temps", ES, p.673.

670 SII, p.93.

한 문학"과 "독자를 위한 문학"을 의미한다.

d) 호소와 증여

독자는 이처럼 작가의 문학을 통한 구원에서 필수불가결한 존재로 나타난다. 독자가 작가의 기대대로 작품을 읽어 준다면, 작가가 원하는 대로 구원을 획득할 수 있는 조건은 일단 충족된다고 할 수 있다. 하지만 문제는 이제 독자 쪽에서 발견된다.

독자는 과연 작가의 문학을 통한 구원이라는 소망이 실현되는 것을 도와주고 그에게 협력할 준비를 항상 하고 있는가? 이 질문은 독자가 작가에 의해 창작된 작품에 대상적인 면을 부여한다는 것, 곧 이것을 즉자화시키는 것이 무엇을 의미하는가라는 질문과 밀접하게 연결되어 있다. 또한 이 질문은 실제로 독자의 읽기를 통해 나타나는 결과물은 무엇인가라는 질문과도 무관하지 않다. 논의의 편의상 두 번째 질문부터 보자.

독자의 읽기의 결과물이란 작가에 의해 창작된 작품의 '의미sens'[671] 파악임을 어렵지 않게 짐작할 수 있다. 이 의미는 또한 작가가 작품을 창작할 때 거기에 쏟아부은 모든 것과 연관이 있다. 좀 더 정확하게 말하자면 이 의미는 작가의 정신, 세계관, 주체성 등, 곧 그의 '의도'와 불가분의 관계에 있다. 아니, 그의 의도 자체이다.[672]

---

671 사르트르는 '의미(sens)'와 '의미작용(signification)'을 구별한다. 그에 의하면 '의미'는 어떤 기호의 '공시(connotation)'에 해당하고, '의미작용'은 '외시(dénotation)'라고 할 수 있다. 가령, 강에 나룻배가 한 척 떠 있다고 할 때, 이 나룻배에 얽힌 사연, 뱃사공의 고독함, 쓸쓸함 등과 같은 정서 등이 모두 함축된 것이 '의미'이고, 나룻배를 그냥 나무로 되어 있고 노를 젓는 배라고 보는 것이 '의미작용'에 해당한다.

672 사르트르는 이처럼 작가의 의도를 중요시한다. 하지만 그의 이런 입장은 정확히 비평의 목적이 작가의 의도를 찾아가는 데 있다는 입장, 즉 '의도의 오류(Intentional Fallacy)'를 주장하는 신비평의 입장과는 반대된다고 할 수 있다.(Cf. *Méthode du texte: Introduction aux études littéraires*, (Ouvrage dirigé par Maurice Delacroix et Fernand Hallyn), Duclot, 1987, pp.16-17.)

따라서 독자가 읽기를 통해 작가의 작품에서 캐낸 의미와 이 작가가 자신의 작품에 쏟아부은 의도가 일치되는 정도가 높을 때, 독자가 이 작품에 부여하는 대상적인 면도 비례해서 강화된다고 할 수 있다. 물론 이 의미와 이 의도가 완전히 일치된다면, 작가의 입장에서는 —곧 보겠지만 독자의 입장에서도 마찬가지다— 가장 이상적인 순간, 곧 작품이 완성되는 순간이 될 것이다.

하지만 사르트르는 작가의 작품이 갖는 의미를 캐내는 작업은 결코 쉬운 일이 아니라고 본다. 물론 읽기는 작가에 의해 "인도된 창조"[673]로 여겨지기 때문에, 독자는 읽기에서 작가의 안내를 받을 수는 있다. 독자는 작가가 그의 작품에 세워 놓은 푯말을 따라가면 된다. 하지만 작가는 항상 독자보다 더 멀리 나아갈 수 있다는 것이 사르트르의 주장이다. 이런 이유로 독자가 작가의 작품을 제대로 이해하고, 그 의미를 완전히 파악하기 위해서는 작가가 나아간 지점까지는 나아가야 한다. 다시 말해 작가의 작품이 갖는 의미를 완전히 캐내기 위해 독자는 부단히 노력을 해야 하는 의무를 지게 된다.

작가에게 쓰기는 그 어떤 행위보다 중요하지만, 독자에게 읽기는 이차적이면서도 부차적인 행위에 불과하다. 독자 역시 한 명의 인간이기 때문에 인간에게 적용되는 사르트르의 모든 사유가 그대로 적용된다는 사실을 지적하자. 다시 말해 독자 역시 대자-즉자의 융합을 실현해 구원을 이루고자 한다. 그렇지만 독자에게는 작가의 작품 읽기를 통해 이런 융합을 실현하는 것이 자신의 삶의 주된 목표가 결코 아니다.

그런 만큼 독자가 작가의 작품을 읽으면서 그 의미를 완전히 캐내야 한다는 의무를 지게 되면 독자는 언제라도 읽기를 그만둘 수 있다. 작가도 자유이지만, 독자도 자유이기 때문이다. 독자가 어떤 의무를 지는 것은

---

673 SII, p.95.

그대로 자신의 자유가 작가의 자유에 의해 제한된다는 것을 의미하며, 또한 존재론적으로 작가가 독자보다 더 우월하다는 것을 의미하기도 한다. 하지만 독자에게는 이런 불리한 상황을 애써 감내할 이유가 전혀 없다. 독자는 자신의 "예측 불가능한" 자유를 구가한다.

> 게다가 작품은 타자에 의해 인정되고 가치를 인정받아야 한다. 작품은 실제로 타자에 의해, 타자를 위해 작동한다. 타자의 협력이 필요하다. 비록 이를 통해 이 작품에 충만한 외면성이 부여될 뿐이라고 해도 그렇다. 그런데 타자는 예측 불가능한 자유이다.[674]

그런데 작가는 문학작품 창작을 통한 구원을 반드시 이루고자 한다. 그런 만큼 작가는 독자의 이런 예측 불가능한 자유를 자신이 원하는 구원의 메커니즘 속에 붙잡아 두기 위해 또 다른 조치를 취해야 하는 입장에 있게 된다. 이런 조치 중 하나가 바로 "호소appel"이다. "모든 문학작품은 호소"라는 것이 사르트르의 주장이다.

> 창조는 오직 읽기 안에서만 완성될 수 있을 뿐이기 때문에, 예술가는 자기가 시작한 것을 완결시키는 수고를 다른 사람에게 일임하기 때문에, 그리고 오직 독자의 의식을 통해서만 자기가 자기 작품에 대해서 본질적이라고 [하는 것을] 포착할 수 있을 뿐이기 때문에, 모든 문학작품은 호소이다. 쓴다는 것, 그것은 내가 언어라는 수단으로 기도한 드러냄을 객체적 존재로 만들어 주도록 독자에게 호소하는 것이다.[675]

---

674   CPM, p.128.

675   SII, p.96.

사르트르는 『도덕을 위한 노트』에서 호소를 "누군가가 누군가에게 무엇인가의 이름으로 하는 요청demande par quelqu'un de quelque chose au nom de quelque chose"[676]이라고 정의하고 있다. 이런 규정에 비춰 보면 작가는 독자에게 자기 작품을 읽어 줄 것, 이 작품에 대상적인 면을 부여해 줄 것, 그렇게 해서 이 작품을 완성해 줄 것을 요청하는 것이다. 그렇다면 호소는 '무엇의 이름으로' 이루어지는가? 사르트르는 그 답을 다음 부분에서 제시한다.

> 호소는 제시된 하나의 과업, 다시 말해 호소하는 자가 호소를 받는 자에게 제시하는 과업으로부터 출발해서, 그리고 바라고 이루고자 하는 목적들, 즉 수단들을 상정하고 이 수단들을 이용하는 목적들의 이름으로 이루어진다. 따라서 호소는 하나의 공동으로 이루어야 할 과업에 대한 호소이며, 그것은 주어진 협력이 아니라 공동의 과업을 통해 앞으로 이루어야 할 협력에 관계된다.[677]

이 부분에서 누군가가 누군가에게 호소할 때, 이것은 그들이 공동으로 이루어야 할 목표의 이름으로 호소한다는 것을 알 수 있다. 그런데 사르트르는 호소를 "상황 속에 있는 개인의 자유에 의한 상황 속에 있는 개인의 자유의 인정"[678]이라고도 정의 내리고 있다. 이 규정은 호소의 주체로서 작가도 자유여야 하고, 그의 호소를 받는 독자도 역시 자유여야 한다는 것을 보여 준다.

따라서 호소가 이루어지려면 호소의 주체인 작가[679]와 호소를 받는 주

---

676   CPM, p.285.

677   *Idem*.

678   *Idem*.

체인 독자 모두 자유의 상태에 있어야 한다. 사르트르는『문학이란 무엇인가』에서 작가가 독자의 '무엇에' 호소하는가의 질문을 던지고 이렇게 답하고 있다. "이렇듯 작가는 독자의 자유에 호소해 그의 작품의 산출에 협력하기를 바라는 것이다."[680]

이렇듯 독자의 존재는 이미 작가에 의해 '불리어져appelé' 있다. 이 사실은 중요하다. 그도 그럴 것이 독자는 작가에 의해 이미 필요한 존재로 인정받고 있기 때문이다. 앞에서 언급했듯이 독자는 작가의 호소에 의해 이미 자신의 잉여 존재를 정당화할 수 있게 된다. 독자도 한 명의 인간이기 때문에 인간에게 적용되는 사르트르의 모든 사유가 그대로 그에게도 적용된다는 사실을 지적하자. 작가와 마찬가지로 독자 역시 대자-즉자의 융합을 실현해 구원을 이루고자 한다.

어쨌든 작가의 호소에 응한다면 독자는 작품을 대상화, 곧 즉자화하면서 작가의 대자-즉자의 융합을 실현할 수 있는 계기를 마련해 줌과 동시에 자신도 이 융합을 실현할 수 있는 것으로 보인다. 이론적으로는 그렇다.

하지만 여기에는 해결해야 할 문제와 빠져서는 안 될 함정이 도사리고 있다. 먼저 해결해야 할 문제를 보자. 사르트르의 사유에서 자유와 자유는 서로 양립할 수 없다는 것이 그것이다. 작가는 독자의 자유를 인정하면서 자유일 수 없다. 그럼에도 불구하고 작가는 독자에게 호소를 하기 위해 독자의 자유를 먼저 인정한다는 것이 사르트르의 주장이다.

그런데『존재와 무』의 차원에서 마조히즘의 경우를 제외하고는 내가 타자의 자유를 먼저 인정하면서 나의 자유를 포기하는 경우는 없다. 또한

---

679 "자연미가 우리의 자유에 '호소하는 것'은 결코 있을 수 없다."(SII, p.102.) 이렇게 말하면서 사르트르는 칸트의 자연의 숭고미를 부정하고 있다.

680 *Ibid.*, p.97.

이 경우에도 나는 직접 나의 자유를 먼저 부정했다는 이유로 죄책감을 느낀다. 하지만 작가는 작품을 통한 구원의 메커니즘에서 독자의 자유를 먼저 인정하는 마조히즘적 태도를 취하면서도 이런 죄책감을 느끼지도 않고, 또 자신의 자유를 그대로 유지할 수 있다. 오히려 작가는 이런 태도를 기꺼이, 즐거운 마음으로 취할 수도 있다.

대체 이것이 어떻게 가능한가? 이 질문에 대한 답은 작가에 의해 창작된 작품이 가지고 있는 이중의 존재론적 지위에 있다. 작가는 독자에게 호소할 때 작품을 통해 간접적인 태도를 취하게 된다. 작품은 작가의 분신이기 때문에, 그리고 동시에 그와는 독립적으로 존재하는 사물과 같은 즉자존재이기 때문에, 그가 작품을 "매개로" 해서 독자의 자유에 호소해도 그는 자신의 자유를 온전히 간직할 수 있는 것이다.[681]

> 타자에 대한 호소. (…) 타자와의 진정한 관계는 결코 직접적이 아니라 작품을 매개로. (…) 작품을 통해서 성립되는 나의 대자와 나의 대타 사이의 새로운 관계.[682]

이런 이유로 작가는 독자의 시선하에 자기 자신을, 더 정확하게 말하자면 자신의 물질화된 주체성, 자유, 대자 —이것이 곧 그가 창작한 작품이다— 를 과감히 '노출시킨다s'exposer.' 게다가 그는 이런 노출을 더 빈번하게 하고자 한다. 왜냐하면 작가에게서 작품을 통한 노출은 결국 독자의

---

681 이 사실은 중요하다. 그도 그럴 것이, 만일 이것이 가능하다면, 그것은 그대로 사르트르가 『존재와 무』에서 기술하고 있는 대타존재에 대한 사유, 즉 나와 타자와의 관계는 갈등과 투쟁이라는 사유를 뒤엎을 수 있을 정도의 위력을 가질 수 있기 때문이다. 우리는 앞에서 이 문제를 언어 관계를 다루면서 언급했다. 그리고 이 문제는 사르트르의 도덕적 전회 시기에 제시될 사유와 밀접하게 관련이 있다. 이 관계에 대해서는 곧 살펴보게 될 것이다.

682 CPM, p.487; Sophie Bilemdijian, *Premières leçons sur L'Existentialisme est un humanisme*, PUF, coll. Bibliothèque Major, 2000, pp.92-93.

시선하에서 작품의 형태로 이루어지는 노출이기 때문이다. 이런 노출을 바라보는 독자의 시선이 읽기 행위가 아니라면 무엇일 수 있을까? 우리는 이렇게 해서 작가가 독자 앞에서 자기 작품을 통해 죄책감 없이 취하는 '노출주의적exhibitionniste'적 태도를 이해할 수 있게 된다.

하지만 이렇게 작가가 작품을 매개로 독자에게 호소하는 경우에도 독자 앞에는 빠져서는 안 될 함정이 도사리고 있다. 이 함정은 호소 속에 감춰져 있다. 작가의 쓰기와 동의어인 호소가 누군가가 누군가에게 무엇인가의 이름으로 하는 요청이라는 사실을 떠올리자. 그런데 사르트르에 의하면 작가가 호소를 통해 독자에게 독자의 자유를 먼저 인정해 주면서 자신이 시작한 작품의 완성에 협력해 달라고 하는 요청은 '요구exigence'의 한 형태로 표현된다.

> 책은 나의 자유에 봉사하는 것이 아니라 그것을 요구한다. 사실, 우리는 강요나 매혹이나 탄원을 통해 자유 그 자체에 호소할 수 없다. 자유에 이르기 위해서는 단 하나의 방법이 있을 뿐이다. 그것은 먼저 자유를 인정하고, 그다음으로 자유를 신뢰하고, 마지막으로 자유의 이름으로, 다시 말해 그것에 대한 신뢰의 이름으로 그 자유로부터 하나의 행위를 요구하는 것이다. 이렇듯 책은 도구처럼 어떤 목적을 위한 수단이 아니다. 책은 독자의 자유에 대해 자신을 목적으로 제시하는 것이다.[683]

이와 관련해 다음 두 가지를 지적하자. 하나는 앞에서 언급했듯이[684] 요구 개념이 정언명령, 곧 '명령ordre'과 관련이 있다는 것이다. 다른 하나는

---

683   SII, p.97.

684   『변증법』의 여러 개념을 살펴보면서 '실천적-타성태'에 의해 발생하는 기계 소유주와 사용자에게서 발생하는 이해관계, 요구, 운명을 살펴본 바 있다. 그때의 요구도 여기에서 작가가 독자에게 하는 요구와 같은 의미를 가지고 있는 것으로 보인다.

이런 명령이 요구의 "원래적 형태forme originelle"이며, 이 명령을 내리는 자
—또는 이 명령을 내리는 것[685]— 와 이 명령을 받은 자 사이에는 자유의
위계질서가 자리 잡는다는 것이다.

분명 요구 속에는 자유로운 하나의 의식에 대한 자유로운 또 다른 하나의
의식에 대한 의무에 관계되는 정보가 들어 있다. 나는 타자에게 정언적 명
령을 전달한다.[686]

칸트는 작품이 먼저 사실로서 존재하고, 그 이후에 그것이 사람에게 보여
지는 것으로 생각한다. 하지만 작품은 사람이 그것을 '바라보는' 경우에
만 존재할 뿐이며, 그것은 먼저 순수한 호소이자 순수한 존재의 요구une
exigence d'exister이다. 작품은 그 존재가 분명하고 그 목적이 미결정 상태에
있는 하나의 도구가 아니다. 작품은 완수해야 할 임무로서 나타나며 처음
부터 정언적 명령의 차원에 위치한다.[687]

요구의 본래적 형태는 명령이다. 다음과 같은 사실을 지적하도록 하자. 명
령은 위협을 동반하는 요청demande과는 완전히 다른 것이다. 위협은 위협
을 받는 존재를 먼저 객체로 구성한다. 반대로 명령은 자유들의 상호적 인
정 위에 나타난다. 다만, 이 인정은 위계적이다. 주인은 자기를 주인으로
인정하는 노예에게 이차적으로 자유를 인정한다. 그 대신 노예는 주인에

---

685 '실천적-타성태' 개념을 설명하면서 보았듯이 명령을 내리는 주체가 반드시 사람일 필요는
　　　없다. 가령, 그가 만든 기계가 그에게 그 수를 늘려 달라고 요구하면서 명령을 내리는 것이
　　　다. 하지만 이 기계가 이것을 만든 사람의 분신이기 때문에, 결국 명령을 내리는 기계와 명
　　　령을 내리는 사람은 동일하다.

686 CPM, p.248.

687 SII, p.98.

게 절대적 자유를 인정한다.[688]

위에서 지적한 두 가지 사실에 주목해야 할 필요가 있다. 그 이유는 바로 사르트르가 작가와 독자의 자유의 상호 인정과 "상호성의 약속promesse de réciprocité"[689]을 전제로 하는 호소에서 출발하지만, 결국 여기에서 그들의 자유 사이의 위계질서, 그것도 독자의 자유에 대한 작가의 자유의 우위를 인정하고 있기 때문이다.

이렇듯 작가는 독자들의 자유에 호소하기 위해 쓰고, 자신의 작품을 존재시켜 줄 독자의 자유에 요청한다. 하지만 작가의 요청은 거기에 그치지 않는다. 작가는 또한 그가 독자들에게 주었던 신뢰를 자기에게 되돌려 줄 것을 요청한다. 작가는 독자들이 그의 창조적 자유를 인정해 주고, 동일한 호소를 통해 이번에는 거꾸로 그들이 그의 자유를 환기시켜 줄 것을 요청한다. 사실 여기에 읽기의 또 다른 변증법적 역설이 나타난다. 즉 우리가 우리의 자유를 느끼면 느낄수록, 타자의 자유를 더 많이 인정하게 되고, 이 타자가 우리에게 요구하면 할수록 우리도 그에게[690] 더 많이 요구하게 된다.[691]

우리는 여기에서 독자가 느끼는 불만을 짐작할 수 있다. 작가가 독자에게 호소하면서 인정해 준 자유에 대한 대가로 독자는 작품의 의미를 파악하는 —가능하다면 완전히 파악하는— 의무를 지게 된다. 사르트르는 작

---

688   CPM, pp.271-272.
689   *Ibid.*, p.395.
690   여기에서 '우리'는 '독자들'을 가리키고, '타자'는 '작가'를 가리킨다는 점을 지적하자.
691   SII, p.101.

가가 독자에게 아무 강요도 하지 않는다고 말한다. "독자를 굴복시키려는 모든 기도는 작가를 그의 작품 속에서 위협하는 것이다."[692] 작가는 또한 독자의 자유를 먼저 인정한다. 하지만 일단 작가의 작품을 읽기 시작하면 독자는 이 작가가 그에게 인정한 자유를 돌려주어야 하는 의무를 지게 된다.

> 당신들에게는 책을 책상 위에 그냥 놓아둘 전적인 자유가 있다. 하지만 당신들이 책을 펴게 되면 그 책임을 져야 한다.[693]

독자는 이처럼 작가가 쓴 작품의 의미를 작가의 의도와 일치할 때까지 캐내야 하는 전적인 책임을 지는 것이다. 하지만 독자의 자유가 작가의 자유에 의해 이처럼 열등한 것으로 전락하는 상황에서 독자가 작가의 요구를 거절할 가능성은 항상 남아 있다.

사르트르는 작가와의 관계에서 독자가 느끼는 이런 불만이 어떤 것인지를 잘 알고 있다. 따라서 사르트르는 독자를 달래기 위해 또 다른 조치를 강구하게 된다. "증여don"와 "너그러움générosité"[694]이 그것이다. 사르트르는 창조를 "증여의 의식cérémonie du don"[695]으로 규정한다. 이 사실을 고려해 사르트르는 이제 쓰기를 이렇게 정의하고 있다.

> 따라서 쓴다는 것, 그것은 세계를 드러냄과 동시에 독자의 너그러움에 하나의 과업으로 세계를 제시하는 것이다. 그것은 존재 전체에 '본질적인' 것

---

692   *Ibid.*, p.98.

693   *Idem.*

694   '너그러운 마음', '고매함', '관대함', '관용' 등의 역어가 사용되기도 하나, 여기에서는 '너그러움'이라는 역어를 사용한다.

695   *Ibid.*, p.103.

으로서 인정받기 위해 타자의 의식에 의존하는 것이다.[696]

그런데 한 가지 간과해서는 안 되는 점은 사르트르에게서 증여와 너그러움이 "파괴destruction"와 밀접하게 연결되어 있다는 점이다. 그는 이 사실을 『존재와 무』에서 '포틀래치potlatch'[697]를 통해 설명한다.

사람들은 예컨대 포틀래치에는 막대한 양의 물품 파괴가 수반된다는 것을 알고 있다. 이런 파괴는 타자에 대한 도전이며, 또 타자를 속박한다. (⋯) 어느 경우이든 포틀래치는 파괴이며 또 타인에 대한 속박이다. 나는 대상물을 소멸시키면서와 마찬가지로 그 대상물을 증여함으로써 그것을 파괴한다.[698]

사르트르에 의하면 증여는 그 주체, 곧 증여자가 이 증여를 받는 자, 곧 수증자를 '홀리고envoûter', 그를 '굴복시키는 것asservir'으로 이해한다.

준다는 것은 자기가 주는 대상물을 소유적으로 향유하는 것이며, 그것은 하나의 아유화적-파괴적 접촉이다. 하지만 이와 동시에 증여는 증여를 받는 자를 홀린다. (⋯) 준다는 것은 굴종시키는 것이다. (⋯) 따라서 준다는 것은 이런 파괴를 이용해 타인을 자기에게 굴종시키는 것이며, 이 파괴를 통해 자기 것을 만드는 것이다.[699]

---

696 *Ibid.*, p.109.(사르트르는 쓰기를 "순수한 제시(pure présentation)" −또는 주네의 표현을 빌려 "독자에 대한 작가의 예의(politesse de l'auteur envers le lecteur)"(*Ibid.*, p.99)− 로 여긴다.)

697 미국 서북해안 지방에 살았던 인디언들 사이에서 행해진 일종의 의식으로, 이 의식을 주관하는 자는 막대한 양의 증여물을 분배하고 파괴하며, 이렇게 하면서 자신의 힘과 지배권을 과시한다.

698 EN, p.684.

사르트르는 동일한 현상이 너그러움에서도 그대로 나타난다고 본다. 왜냐하면 너그러움의 밑바탕에 증여가 놓여 있기 때문이다.

이렇듯 너그러움은 무엇보다도 파괴적 작용이다. 어떤 시기에 어떤 사람들을 사로잡는 증여열贈與熱은 무엇보다도 파괴열이다. 그것은 광란적인 태도, 대상물들의 파괴가 수반되는 '사랑'과도 맞먹는다. 하지만 너그러움의 밑바닥에 깔린 이런 파괴열은 소유열 이외의 다른 것이 아니다. 내가 버리는 것의 전부, 내가 주는 것의 전부를 나는 그것을 행하는 증여에 의해 향유한다.[700]

따라서 작가가 독자에게 작품을 줄 때 작가는 그의 자유를 굴종시키게 된다. 하지만 이것은 작가의 문학을 통한 구원이 실패할 위험에 봉착해 있음을 의미한다.

이 단계에서 사르트르는 다시 독자의 불만족을 해소할 목적으로 독자의 읽기를 "너그러움의 실천exercice de générosité"[701]으로 규정하면서 독자에게 자기를 위해 작가의 자유를 굴복시키는 기회를 역으로 부여하고 있다. 작가는 언제든지 이와 같은 독자의 조치를 받아들일 태세가 되어 있는 것이다.

하지만 이것은 피상적인 견해에 불과하다. 물론 자신의 증여(또는 너그러움)를 실천하면서 독자가 작가의 자유를 굴복시킬 수 있는 것은 사실이다. 하지만 그때 독자가 굴복시키는 작가의 자유는 단지 이 작가가 자신의 작품에 쏟아부은 대로의 자유, 곧 작품 속에 들어 있는 물질화된 자유

---

700 *Ibid.*, p.684.

701 SII, p.100.

699 *Ibid.*, pp.684-685.

700 *Ibid.*, p.684.

701 SII, p.100.

일 뿐이다. 결국 독자의 입장에서 보면 작가의 자기 구원의 마조히즘에 참여하는 것을 거절할 수 있는 가능성은 언제라도 남아 있다.

e) 독자의 요구권: 독자를 위한 문학

사르트르는 이제 독자가 느끼는 불만족을 해소하기 위해 최후의 조치를 강구한다. 작가의 쓰기에서 독자의 "요구권droit de l'exigence"을 인정하고 수용하는 것이 그것이다. 이제 독자는 작가에게 자신을 위해 글을 써 달라고 요구한다. 작가는 자신의 전적인 자유를 토대로 작품을 쓰지만, 그의 쓰기는 처음부터 독자들의 요구에 의해 조건 지어진다.

> 이렇게 해서 독자는 자신의 풍습과 세계관, 사회관, 이 사회 내의 문학에 대한 개념들을 지니고서 개입하게 된다. 독자는 작가를 에워싸고 공격한다. 독자의 위압적이거나 음흉한 요구, 거부, 도피 등은 거기에서 출발해서 작가가 작품을 만들어야 하는 '기존의 여건'이 되는 것이다.[702]

사르트르는 이처럼 "정신의 모든 작품은 그것이 겨냥하는 독자의 이미지를 그 자체 속에 간직하고 있다"[703]고 보고 있다. 바로 여기에 사르트르의 참여 문학론의 커다란 두 축 중 하나인 '타자를 위한 예술', 곧 '독자를 위한 문학'이 자리한다.[704] 그리고 사르트르는 「누구를 위해 쓰는가」라는

---

702   SII, p.125.

703   *Ibid.*, p.119.

704   사르트르는 『문학이란 무엇인가』에서 "현실 독자(public réel)"와 "잠재 독자(public virtuel)"를 구분한다.(*Ibid.*, p.130.) 현실 독자는 지금, 이곳에서 경제적 여유를 가졌고, 교육을 받아 글을 쓰고 읽을 수 있는 부르주아지 독자를 가리킨다. 반면, 잠재 독자는 지금, 이곳에서 경제적 여유를 누리지 못하고, 교육을 받지 못하고 글을 읽고 쓸 줄 모르는 프롤레타리아트 독자를 가리킨다. 사르트르는 지금, 이곳에서 부르주아지 출신 작가는 그가 몸담고 있는 사회의 문제들을 드러내고, 고발하고 변화시키는 것을 촉구해야 한다고 주장한다. 이것이 참여 문

글에서 작가와 독자 사이의 관계를 중심으로 12세기부터 19세기까지의 프랑스 문학사를 다시 쓰고 있기도 하다. 즉 프랑스 문학사에서 명멸했던 수많은 작가가 어떤 독자를 위해 어떤 식으로 자신의 쓰기를 시도했는지를 고찰하고 있다.

하지만 우리가 여기에서 관심을 갖는 것은, 독자가 이처럼 작가에게 자기를 위해 작품을 써 달라고 요구하고 또 이 요구를 작가가 받아들인다면, 그들의 관계에 어떤 현상이 발생하는가 하는 것이다. 첫 번째는 지금까지 독자가 작가의 작품의 의미를 캐내면서 겪었던 어려움을 이제는 전혀 겪을 필요가 없게 된다는 것이다. 그 이유는 명백하다. 왜냐하면 독자는 결국 작가의 작품 속에서 자기의 모습 또는 자기가 속한 집단 —가령, 계급— 의 모습을 재발견하게 되기 때문이다. 이렇게 되면 독자는 작품의 의미를 캐내기가 쉽고, 또 그런 만큼 이 작품에 즉자적인 면을 부여하는 것도 더 용이하게 된다.

두 번째 현상은 작가와의 관계에서 독자가 존재론적으로 열등한 위치에 있지 않아도 되게 된다. 독자는 이제 작가의 문학 창작에 대한 협력, 작가의 호소, 요구, 증여와 너그러움에 기꺼이 응할 준비가 되어 있다. 왜냐하면 독자는 어떤 경우에도 작가와 완전히 동등한 입장에 있기 때문이다. 물론 독자의 읽기는 여전히 작가에 의해 인도된다. 하지만 이번에는 독자가 작가의 쓰기를 인도하는 입장에 있다. 왜냐하면 독자도 작가의 쓰기에 관여하고, 그에게 무엇을 써 달라고 요구할 수 있는 권리를 가지고 있기 때문이다.

학론을 관통하는 주된 과제이다. 그렇기 때문에 작가는 미래의 잠재 독자들의 요구권을 반영하면서 작품을 써야 되는 것이다. 그러니까 그는 미래의 잠재 독자들을 '위해' 쓰기를 수행해야 하는 입장에 있다. 정확히 이런 이유로 그는 그가 몸담고 있는 사회의 지배 세력의 책임을 물어야 하며, 따라서 이 세력과는 항상 적대 관계에 있다는 것이 사르트르의 주장이다.(*Idem.*)

이렇게 해서 작가와 독자는 서로의 요구를 받아들이면서 각자 문학작품의 쓰기와 읽기를 수행하게 된다. 이제 그들은 자신의 주체성을 발산하면서 하나의 작품을 탄생시킬 준비를 끝낸 상태에 있게 된다. 앞에서 언급한 것처럼 사르트르는 이런 의미에서 읽기를 작가와 독자 사이에 맺어지는 너그러움의 협약으로 규정하고 있다.

이 협약은 또한 작가의 사후에도 맺어질 수 있다.[705] 왜냐하면 앞에서 지적한 대로 작가가 남기고 간 작품은 자신의 분신임과 동시에 독립적으로 존재하는 사물과도 같은 이중의 존재론적 지위를 가지고 있기 때문이다.

만일 작가와 독자가 서로의 요구를 받아들이고 또 서로 협력해서 작품을 완성했다고 한다면, 그들은 모두 대자-즉자의 융합을 실현하게 될 것이다. 곧 그들은 동시에 구원을 얻게 될 것이다. 최소한 사르트르의 참여 문학론의 틀 안에서는 그렇다. 사르트르는 바로 그 순간을 문학 창작이 완성되는 순간으로 본다.

그리고 이 순간이 실현되었다는 징후로 독자에게서는 "미적 희열joie d'esthétique"이 나타나고, 작가에게는 존재론적 "안정감sentiment de sécurité"이 나타난다는 것이 사르트르의 주장이다.[706] 나아가 그는 이 순간을 "미학과 도덕"이 결합되는 순간으로 간주한다.[707] 왜냐하면 작가와 독자의 결합의 바탕에는 그들의 자유에 대한 상호 인정이 자리 잡고 있기 때문이다.

---

705   작가 사후의 구원 가능성에 대해서는 다음을 참고하라. 변광배, 『사르트르의 《문학이란 무엇인가》 읽기』, 앞의 책, 155-160쪽.

706   SII, p.108.

707   *Ibid.*, p.111; Cf. Jean-Paul Sartre, *L'Idiot de la famille, Gustave Flaubert de 1821 à 1857*, t. II, Gallimard, coll. Bibliothèque de philosophie, 1971, p.1566.(이하 IFII로 약기한다.) 이 점에 대해서는 사르트르의 도덕 정립의 시도를 통해 다시 살펴보게 될 것이다.

이런 논의를 토대로 우리는 사르트르에게서 문학을 통한 구원에서 작가의 불멸성과 영생의 의미를 이해할 수 있다. 미래의 살아 있는 독자가 읽어 주는 자기 작품의 도움을 받아 작가는 되살아나게 된다. 사르트르는 『말』에서 후세의 독자가 자기 작품을 읽어 주는 장면을 이렇게 묘사하고 있다.

> (…) 1955년경에 애벌레가 터지고, 이절판二折判의 나비 스물다섯 마리가 빠져나갈 것이다. 그것들은 모든 책장을 파닥거리면서 국립도서관의 서가에 가서 앉을 것이다. 이 나비들은 다른 나다. 나 자신이다. 스물다섯 권, 1만 8000쪽의 텍스트, 판화 300매. (…) 사람들이 나를 들고 나를 펼친다. 사람들이 나를 책상 위에 펼치고, 손바닥으로 쓰다듬고, 또 때로는 나를 파닥거리게 한다. 나는 그렇게 하도록 내버려둔다. (…) 나의 의식은 산산조각 난다. 잘된 일이다. 다른 의식들이 나를 나누어서 떠맡는 것이다. (…) 수백만의 시선 속에서 나는 나 자신을 장래의 호기심의 대상으로 만든다. (…) 나는 아무 곳에도 존재하지 않는다. 나는 '있다'. 결국 나는 모든 곳에 있다. (…)[708]

사르트르는 이처럼 훗날 독자가 작가의 작품을 읽어 주게 되면, 독자의 정신, 주체성, 대자, 곧 의식을 통해 작가의 물질화된 정신, 주체성, 대자, 곧 작가의 의식이 되살아난다고 본다. 이것이 바로 작가가 누릴 수 있는 불멸성과 영생이라고 할 수 있다.

> **보부아르** 당신은 구원에 대한 어떤 생각을 갖고 있었어요. 작품은 순간을 초월하는 현실성을 갖게 될 것이고, 절대적인 무엇일 것이라는 생각 말

---

[708] LM, pp.105-106.

이에요. 그것은 당신이 직접으로 후세를 생각하고 있었다는 뜻은 아니지만, 어쨌든 일종의 불멸성을 생각하고 있었다는 뜻이지요. 당신은 구원을 어떤 의미로 사용했나요?

사르트르 원래 "나비를 찾는 한 고귀한 가문의 가족들"이라고 썼을 때 나는 뭔가 절대적인 것을 썼던 거예요. 결국 내 자신인 절대적인 뭔가를 창조해 낸 것이지요. (…) 예술작품은 세기를 넘어 살아남는다, 내가 예술작품을 창조하면 그것은 세기를 넘어 살아남고, 따라서 나, 그 작품 속에서 육화된 작가인 나는 세기를 넘어 살아남는다라고 생각했던 거예요. 그 이면에는 기독교적 불멸 사상이 있었어요. 내가 필멸적 삶에서 불멸적 영생으로 넘어간다는 사상이 그겁니다.[709]

하지만 작가의 문학을 통한 두 번째 의미, 곧 불멸성과 영생은 기독교적 구원에서와는 달리 상대적일 수밖에 없다. 그도 그럴 것이 작가가 불멸성과 영생을 얻을 수 있는가의 여부는 이 지구상에 죽은 작가의 작품을 읽어 줄 독자의 존재에 전적으로 달려 있기 때문이다. 이런 관점에서 보면 로캉탱이 염두에 두고 있던 구원은 의사-구원 또는 기독교적 의미의 구원을 대체할 수 있는 대용물에 불과하다. 하지만 로캉탱은 문학을 통한 구원에 이미 이런 한계가 있다는 것을 알고 있다.

그 증거는 앞에서 인용한 〈장면1〉의 다음 문장이다. "그들은 존재의 죄를 씻어 냈다. 물론 완전히는 아니다. 하지만 인간이 할 수 있는 만큼은 씻어 낸 것이다." 여기에서 "완전히는 아니다"라는 표현이 중요하다. 로캉탱의 문학을 통한 구원은 결코 완벽한 구원이 될 수 없다. 하지만 "인간이 할 수 있는 만큼"의 구원은 될 수 있다는 것이 로캉탱의 생각이다. 이런 이유로 그는 〈장면1〉에서 〈섬 오브 디즈 데이즈〉를 듣는 중에 감동과

---

709 LCA, p. 199.

기쁨을 느끼는 것이다. 요컨대 그의 문학을 통한 구원은 신의 부재를 상정한 세계에서 인간이 얻을 수 있는 최대한의 구원이기는 하지만, 상대적이고 제한적인 구원이라고 할 수 있다.

이렇듯 사르트르에게서 문학은 작가로서의 자신의 개인적 구원과 이웃을 위한 집단적 구원의 의미를 가지고 있다. 물론 자신의 개인적 구원이 더 먼저이고 더 중요하다. 비록 그가 『문학이란 무엇인가』에서 "자기 자신을 위해 쓴다는 것은 사실이 아니다"[710]라고 말하고 있음에도 그렇다.

하지만 사르트르에게서 이런 단언은 오히려 사실이 아니라고 말해야 할 것이다. 그는 온전히 자신의 구원을 위해 쓰기를 선택했고, 나중에는 어쩔 수 없이, 달리 말해 자신의 구원이 독자들의 협력에 달려 있다는 사실을 알게 되었기 때문에, 그들의 구원을 "덤으로" 추구할 수밖에 없게 되었다고 할 수 있다.

> 나는 슬쩍 나 자신의 구원을 위해, 예수회 수도사들이 말하는 것처럼, '덤으로' 나 자신을 구원하기 위해 스스로 민중들의 공인구제사라고 선언했던 것이다.[711]

> 내 유일한 문제는 —적수공권 무일푼으로— 노력과 신념으로 나를 구하려는 것뿐이었다. 해서 나의 순수한 선택으로 내가 그 누구의 위로 올라선 일은 없었다. 나는 장비도 연장도 없이 나 자신을 완전히 구하기 위해 작품에 전력을 다했다. 만일 내가 그 불가능한 '구원'을 장신구 상점에 진열한다면 대체 무엇이 남겠는가? 그것은 한 진정한 인간이다. 세상의 모든

---

710 SII, p.93.

711 LM, p.98.

사람으로 이루어지고 또 모든 사람만큼의 가치가 있고 또 그 누구보다도 잘 나지 않은 한 인간 말이다.[712]

이렇듯 사르트르는 1964년 『말』의 출간과 더불어 두 종류의 구원에 대한 포기를 선언한다. 앞에서 우리는 이 작품이 그의 문학에 대한 이별 선언의 의미가 있다는 사실을 언급한 바 있다. 그런데 그의 이런 선언은 문학을 통한 구원의 가능성, 즉 작가 개인의 구원과 이웃의 구원[713] 가능성과의 이별이라고도 할 수 있다.

하지만 그 이후에도 사르트르는 쓰기를 완전히 포기하지 않았고 절망하지도 않았다. 나중에 시력을 완전히 잃고 나서 글을 쓸 수 없을 때조차도 그는 개인 비서의 도움을 받아 글을 썼고 또 출간했다. 비록 그 글이 문학작품이 아니라고 해도 그렇다.

이 모든 사실을 종합해 보면 사르트르에게서 문학은 외할아버지 샤를의 권고를 넘어, 또 자신의 의지가 개입된 개인적 선택을 넘어 그에게 절대, 종교가 되어 버린 운명 그 자체였다고 할 수 있을 것 같다. 그러니까 그는 문학에 운명 지어졌다고 할 수 있을 것이다. 비록 그가 실존주의 철학자로서 이 운명 개념을 인정하고 있지 않지만 말이다. 우리는 이 단계

---

712   *Ibid.*, p.139.

713   사르트르가 참여 문학론을 내세웠으며, 실제로 소설과 연극 등을 통해 사회 문제를 드러내고, 고발하고, 변화를 촉구하면서 그와 동시대의 지배 세력과 불편한 관계, 적대 관계에 있었던 것은 사실이다. 특히 이런 성향은 극작품에서 강하게 드러난다. 뒤에서 그의 극세계를 다룰 때 이 점을 다시 살펴볼 것이다. 다만 아쉽게도 이 책에서 그의 소설, 가령 단편집 『벽』, 『자유의 길』 등에 대해서는 다루지 못했다. 다음 기회에 그의 소설들을 분석하는 기회를 갖고자 한다. 어쨌든 그는 이웃을 위한 문학에 충실하고자 노력했다고 할 수 있다. 하지만 바나나는 즉석에서 소비될 때 가장 맛있다는 주장처럼, 그의 문학작품들이 그의 동시대를 넘어서까지 참여적 성격을 유지할 수 있는가의 여부는 또 다른 연구를 필요로 한다고 하겠다. 그렇다고 해서 그의 문학작품 하나하나가 가지고 있는 미학적 가치, 즉 소설과 극작품 등의 형식적인 가치가 시대에 따라 증발되거나 줄어드는 것은 아니라고 할 수 있을 것이다.

에서 앞에서 인용했던 다음 문장의 진의를 다시 한번 확인할 수 있다. "나는 책에 둘러싸여서 인생의 첫걸음을 내디뎠으며, 죽을 때도 필경 그렇게 죽게 되리라." 물론 여기에서 '책'은 문학작품을 의미한다.

3.

도덕적 전회 시기, 또는 도덕의 정립

3.1. 1939-1948: 도덕적 전회 시기

앞에서 사르트르의 철학을 네 시기로 구분해 살펴볼 것이라고 했다. 하지만 세 번째 시기에 해당하는 도덕적 전회 시기를 아직 살펴보지 못했다. 이 시기를 그의 참여 문학론과 함께 다루겠다고 예고한 바 있다. 두가지 이유에서였다. 하나는 그가 『문학이란 무엇인가』에서 참여 문학론을 본격적으로 전개한 시기와 후일 유고집으로 출간된 『도덕을 위한 노트』에 포함될 여러 권의 노트를 작성한 시기가 부분적으로 겹치기 때문이다. 다른 하나는 『문학이란 무엇인가』에서 그의 도덕과 관련된 몇몇 개념이 이미 등장하기 때문이다. 이제 그의 도덕[714]에 대한 기존 연구를 참고하면서[715] 도덕적 전회 시기와 그가 이 시기에 구상했던 도덕의 윤곽을

714　앞에서 지적했듯이 사르트르에게서 '도덕' 개념과 '윤리' 개념이 종종 혼동되어 사용되고 있다는 점을 잊지 말자.

715　Pierre Verstraeten, *Violence et éthique: Esquisse d'une critique de la morale dialectique à partir du théâtre politique de Sartre, op. cit.*; "Y a-t-il une morale dans la *Critique de la raison dialectique?*", *Etudes sartriennes*, n° IV, *op. cit.*, pp.45-68; *Sur les écrits posthumes de*

거칠게나마 제시해 보고자 한다.

  사르트르의 도덕에 대한 관심은 1934년경까지 거슬러 올라간다. 그는 이 무렵에 집필되어 1936년 빛을 본 『초월성』의 마지막 문장에서 도덕에 대한 관심을 내비친다.[716] 그의 이런 관심은 2차 세계대전 중에도 계속된다. 1939년 9월부터 1940년 3월까지 작성한 몇 권의 수첩을 모아 놓은 『우스꽝스러운 전쟁 수첩』,[717] 『존재와 무』(1943)의 '결론'에 포함된 "도덕적 전망Persepectives morales"이라는 제목의 소절, 전쟁 중에 보부아르에게 보낸 편지 등이 그 증거이다. 사르트르는 자신의 존재론을 '직설법'indicatif'으로

  Sartre, (Annales de l'Institrut de Philosophie et de Sciences morales), Eidtions de l'Université de Bruxelles, 1987; *Ecrits posthumes de Sartre*, *II*, (Annales de l'Institrut de Philosophie de l'Université de Bruxelles), Vrin, 2001; Thomas G. Anderson, *Sartre's two Ethics*, Open Court, 1993; Fabrizio Scanzio, *Sartre et la morale: La réflexion sartrienne sur la morale de 1939 à 1952*, Vivarium, coll. Saggi e Ricerche, 2000; "Pourquoi Sartre n'a-t-il pas terminé sa morale?", *Revista de Filosophia*, n° 35, 2005, pp.75-88; Yvan Salzmann, *Sartre et l'authenticité: Vers une éthique de la bienveillance réciproque*, *op. cit.*; Juan Manuel Aragües, "Intersubjectivité et politique dans les années 40. La coupure sartrienne dans les *Cahiers pour une morale*", *Etudes sartriennes*, n° VII, Centre de Recherches Interdisciplinaires sur les Textes Modernes, Université Paris X, 2001, pp.59-71; Gerhard Seel, "La morale de Sartre. Une reconstruction", *Le Portique*, n° 16, 2ᵉ semestre 2005, pp.135-156; Alain Flajoliet, "Ontologie, morale, histoire", *Ibid.*, pp.101-134; Jean-Christophe Merle, "La psychanalyse existentielle et morale chez Sartre", *Ibid.*, pp.53-74; Yiwei Zheng, *Ontology and ethics in Sartre's Early Philosophy*, Lexington Books, 2005; Arno Münster, *Sartre et la morale*, L'Harmattan, coll. Ouverture philosophique, 2007; *Etudes sartriennes*, n° 19(Sartre inédit. Les racines de l'éthique), Ousia, 2015; 강충권, 「사르트르의 《도덕에 관한 노트》: '도덕적 전환'의 존재론」, 『프랑스학연구』, 22, 프랑스학회, 2002, 43-63쪽; 한상연, 「사르트르의 《존재와 무》에 나타난 윤리학적 문제의식에 관한 소고」, 『현대유럽철학연구』, 19, 한국하이데거학회, 2009, 263-301쪽; 김선영, 「사르트르 철학에서 도덕 주체에 대한 탐구」, 『헤겔연구』, 38, 한국헤겔학회, 2015, 219-240쪽; 설민, 「본래성의 윤리학으로서 사르트르와 칸트의 윤리학」, 『철학연구』, 120, 철학연구회, 2018, 55-87쪽; 이솔, 「사르트르와 윤리의 문제: 자아를 넘어선 초월의 가능성」, 현상학과 현대철학, 76, 한국현상학회, 2018, 25-51쪽; 김남준, 「사르트르의 실존주의와 윤리의 문제」, 『倫理硏究』, 142, 한국윤리학회, 2023, 241-262쪽.

716 Cf. TE, p.87 note 80.

717 사르트르는 비슷한 시기에 보부아르에게 쓴 편지에서 자신의 도덕에 대한 성찰을 계속 알리고 있다.

규정하면서, 이로부터 '명령법l'impératif'을 도출할 수 없다고 본다. 하지만 이런 존재론은 자신이 구상하고 있는 도덕이 어떤 것이 될 것인가를 예견케 해 준다고 주장하고 있다.

> 존재론은 그 자체로 도덕적 율법을 정립할 수 없을 것이다. 존재론은 오직 존재하는 것에 대해서만 전념한다. 그리고 존재론의 직설법으로부터 명령법을 도출하는 것은 불가능하다. 하지만 존재론은 '상황 속에 있는 인간실재' 앞에서 책임을 지게 될 하나의 윤리가 어떤 것이 될 것인가를 예견케 해 준다.[718]

그리고 사르트르는 『존재와 무』의 마지막 부분에서 이 저서에 이어지는 저서를 도덕에 할애할 것이라고 예고하고 있다.[719] 하지만 그의 생전에 이 도덕의 구체적인 모습을 알 수 없었다. 실제로 그의 도덕에 대한 사유가 단편적이고 불완전하게 제시되었을 뿐, 『존재와 무』와 같은 형태의 완결된 단행본으로 출간되지 않았다. 그렇다고 해서 그가 도덕에 대해 관심의 끈을 놓아 버린 것은 결코 아니다. 『존재와 무』 이후로 도덕의 정립은 오히려 그의 가장 큰 관심사가 되며,[720] 그는 도덕 문제에 "사로잡혔다hanté"고 할 수 있다.[721]

『사르트르의 변증법La Dialectique de Sartre』의 저자인 게르하르트 젤Gerhard

---

718 EN, p.720.

719 *Ibid.*, p.722.

720 사르트르는 『존재와 무』 출간 이후에 "인간(L'Homme)"이라는 제목하에 ―이 제목은 메를로퐁티가 선택한 것이다― 도덕에 관련된 많은 분량의 원고를 썼다.(ES, pp.215-216.) 사르트르는 또한 1944년 『신세계(Mondes nouveaux)』지와의 대담에서 도덕이 계속 그의 "주된 관심사(une préoccupation dominante)"라고 말한다.(Isabelle Stal, *op. cit.*, p.182, note 1.)

721 René Rampnoux, *Sartre pas à pas*, Ellipses, 2011, p.229.

Seel은 이런 관심 속에서 사르트르의 도덕 정립을 위한 시도가 세 국면에 걸쳐 있으며, 따라서 그의 도덕은 "하나"가 아니라 "셋"이라고 주장한다.[722]

첫 번째 국면은 1943년부터 1948년 사이에 위치한다. 이 국면은 『존재와 무』(1943)에서부터[723] "실존주의는 휴머니즘이다"라는 제목의 강연(1945), 『문학이란 무엇인가』(1947)를 거쳐 『도덕을 위한 노트』(1947-1948년 사이에 작성)[724]까지 걸쳐 있다. 사르트르는 특히 1947-1948년에 도덕 정립을 시도하는데, 이를 "대도덕La Grande Morale"으로 지칭하고 있다.[725]

두 번째 국면은 1964-1965년 사이에 위치한다.[726] 사르트르는 1960년 『변증법』을 출간한 이후로 도덕에 대한 성찰을 다시 시작한다. 이 과정에서 두 차례의 강연을 준비한다. 하나는 1964년 5월에 로마 소재 그람시 연구소Gramsci Institute Foundation에서 "윤리와 사회Ethique et société"라는 주제로 개최된 콜로키움에서의 강연이다.[727] 이 강연의 일부가 「결정과 자유

---

722 Gehard Seel, "La moral de Sartre. Une reconstruction", *op. cit.*, p.136.(이 글은 같은 저자의 『사르트르의 변증법(*La Dialectique de Sartre*)』(*op. cit.*, pp.315-331(Postface)의 일부를 재수록한 것이다.)

723 『존재와 무』는 1943년 6월 25일에 인쇄가 완료되었다. 이 저서는 당연히 현상학적 존재론 시기에 포함된다. 하지만 이 저서의 출간 이후에 사르트르의 관심은 도덕의 정립으로 경도된다. 게다가 『도덕을 위한 노트』에서 제시되고 있는 도덕에서 『존재와 무』에서 제시된 사유의 일부가 발견되기도 한다. 예컨대 자기기만, 진정성, 순수 반성과 불순 반성, 비공모적 반성과 공모적 반성 등이 그것이다. 이런 이유로 그의 도덕 정립을 세 개의 국면에 걸쳐 이루어졌다고 주장하는 게르하르트 젤은 『존재와 무』를 첫 번째 국면에 위치시키고 있는 것으로 보인다.

724 앞에서도 지적한 것처럼 이 저서는 1983년에 유고집으로 출간되었다.

725 Fabrizio Scanzio, *Sartre et la morale*, *op. cit.*, p.165.(1947-1948년 이후의 사르트르의 도덕 구상에 대한 자세한 정보에 대해서는 *Ibid.*, pp.165-166, note 2를 참고하라.)

726 젤은 각각 1952년과 1960년에 출간된 『성자 주네』와 『변증법』이 첫 번째 국면과 두 번째 국면 사이에서 일종의 징검다리 역할을 하고 있다고 본다. 사르트르는 1964-1965년에 도덕 문제에 대한 성찰을 다시 시작하나, 그 무렵에 집필 중이던 『집안의 천치』로 인해 포기한다.(ES, p.425.)

727 *Ibid.*, pp.425-426.

Détermination et liberté」[728]이다.

다른 하나는 1965년 미국 코넬대학에서 "도덕을 위한 탐구Recherches pour une morale"라는 제목으로 예정되었던 강연이다. 이 강연은 베트남전쟁에서 미국이 수행한 역할에 대한 사르트르의 비판 때문에 행해지지 못한다.[729] 하지만 그는 이 강연을 준비하면서 상당한 분량의 원고를 작성했으며, 그 일부가 『레 탕 모데른』지 2005년 7-10월 합본 호에 "도덕과 역사Morale et histoire"라는 제목으로 실렸다.[730]

세 번째 국면은 1975년 사르트르가 "권력과 자유Pouvoir et liberté"[731]라는 제목으로 출간하고자 했던 단행본에서 제시될 수도 있었을 도덕의 국면에 해당한다. 이 시기에 구상된 도덕에 대해서는 그의 비서로 일했던 레비와의 대담 또는 시카르[732]와의 대담[733] 등을 통해 그 얼개를 알 수 있을 뿐이다. 하지만 이 시기에 사르트르가 새로이 언급하거나 제시하고 있는 도덕의 정확한 모습을 파악하기에는 위의 자료들, 특히 레비와 가졌던 대담의 신빙성이 의문시된다.[734]

---

728 *Ibid.*, pp. 735-745에 이 강연의 발췌본이 실려 있다. 이 강연의 원고 전체는 2015년 "윤리의 뿌리(Les racines de l'éthique)"라는 제목으로 공개되었다. (*Etudes sartriennes*, n° 19, *op. cit.*, pp.11-177.)

729 DS, pp.327-329.

730 Jean-Paul Sartre, "Morale et histoire", *Les Temps modernes*, n°s 632-633-634(Notre Sartre. Sartre inédit), juillet-octobre 2005, pp.268-414.

731 앞에서 언급한 것처럼 레비는 1974년부터 사르트르가 죽은 1980년까지 그의 개인 비서였다. 이 시기에 두 사람은 여러 차례 대담을 했는데, 그중 일부가 『르 누벨 옵세르바퇴르』지에 실렸다. 사르트르는 다른 대담들을 "권력과 자유"라는 제목으로 출간할 생각을 가졌지만 실현되지 않았다. 하지만 레비가 사르트르와 같이 지내면서 했던 대담, 메모 등이 포함된 같은 제목의 단행본이 2007년에 출간되었다.

732 파리1대학 미학과 교수를 역임한 사르트르 연구자 미셸 시카르(Michel Sicard)를 가리킨다.

733 J.-P. Sartre & Michel Sicard, "Entretien. L'écriture et la publication", *Obliques*, *op. cit.*, pp.9-29.

734 앞에서 신의 부재에 대한 사르트르의 확신을 다루면서 지적한 것처럼, 레비는 사르트르와

이처럼 사르트르의 도덕 정립이 세 국면에 걸쳐 시도되고 있다는 견해, 따라서 그의 도덕이 하나가 아니라 셋이라는 주장에는 설득력이 있어 보인다. 게다가 사르트르 자신이 이 세 개의 국면을 직접 언급하고 있기도 하다.[735] 그럼에도 불구하고 여기에서는 사르트르의 도덕적 전회 시기를 '1939-1948년' 사이로 한정하고자 한다. 두 가지 이유에서이다.

첫 번째 이유는 사르트르에게서 '1939년'이 갖는 의미이다.[736] 그는 이해에 2차 세계대전에 동원되었다. 이해를 기점으로 그의 삶과 사유가 두 부분으로 나뉜 전회 ―인식론적 전회를 가리킨다― 가 시작되었다는 것은 이미 지적한 대로이다. 그 자신이 이해를 기점으로 나뉜 앞부분과 뒷부분에서 자기의 모습을 알아차리지 못할 정도였다고 술회하고 있다는 사실을 떠올리자. 그런 만큼 1939년을 도덕적 전회의 시발점이 되는 해로 여기는 데는 별다른 문제가 없어 보인다.[737]

이에 걸맞게도 사르트르는 1939년부터 그 이듬해까지 작성한 『우스꽝스러운 전쟁 수첩』에서 진정성, 비진정성, 목적과 수단 등과 같은 주제들에 대해 꾸준히 성찰하고 있다. 그리고 이 시기에 보부아르와 주고받은 편지를 통해 도덕에 대한 생각을 종종 알리면서 그녀에게서 비판과 조언을 구하고 있다. 물론 그녀는 그의 생각에 대해 비판과 조언을 아끼지 않는다.[738] 그렇다고 사르트르가 1939년부터 도덕에 대한 저작의 집필에 곧

___

가졌던 대담의 일부를 『르 누벨 옵세르바퇴르』지에 게재한 바 있다. 이 대담에서 레비가 사르트르로 하여금 신의 존재를 인정하도록 유도했다는 이유로 보부아르를 위시해 사르트르와 오랫동안 가까이 지냈던 사람들의 분노를 샀다는 사실을 떠올리자.

735 SF, p.101.

736 보부아르의 삶과 사상 역시 1939년부터 급격하게 변했으며, 이해로부터 1943년까지가 도덕의 시기로 규정되고 있다.

737 Cf. ES, p.216.

738 예컨대 보부아르는 사르트르에게 쓴 1939년 12월 14일 자 편지에서 그의 도덕에 대한 견해에 동의하면서도 '형식적 도덕'에서 "실천적 도덕(morale pratique)"으로의 이행에 대해 문제를

바로 착수한 것은 아니다.

사르트르는 또한 1941년 포로수용소에서 석방된 이후에 참여했던 "사회주의와 자유"라는 비밀단체를 통한 대독 항쟁, 『파리 떼』(1943)와 『닫힌 방』(1944), 『무덤 없는 주검』(1946), 『공손한 창부』(1946) 등의 공연, "실존주의는 휴머니즘이다"라는 제목의 강연, 『레 탕 모데른』지 창간(1945), 『자유의 길』 1, 2권(1945)의 출간을 통해 자유, 책임, 자기기만, 폭력, 선과 악, 목적과 수단 문제 등을 꾸준하게 다루고 있다.

사르트르는 또한 1943년 출간한 『존재와 무』의 말미에서 이 저서에 이어 도덕에 할애될 저서의 집필을 예고하기에 이른다. 이어서 1947년에 출간된 『문학이란 무엇인가』와 나중에 『도덕을 위한 노트』로 출간될 1947-1948년 사이에 여러 권의 노트를 작성하면서 도덕 문제에 집중하고 있다. 아울러 1948년에 쓰였으나 1989년에 유고집으로 출간된 『진리와 실존Vérité et existence』에서도 도덕에 대해 관심이 표명되고 있다는 점을 지적하자.[739]

사르트르는 1948년 이후에도 도덕 정립의 의지를 계속 이어 간다. 특히 도덕 문제에 대한 성찰에 '역사'에 대한 성찰을 가미하면서이다. 실제로

제기하고 있다.(Simone de Beauvoir, *Lettres à Sartre*, t. I, 1930-1939, Gallimard, 1990, p.350.) 또한 보부아르는 1939년에 사르트르가 2차 세계대전 이후를 생각하며 진정성에 바탕을 둔 도덕의 정립을 계획하고 있었다고 증언하고 있기도 하다.(FA, p.442.)

739 사르트르는 이 저서의 '부록(Appendice)'에서 자신의 도덕 집필을 위한 '새로운 계획(Nouveau plan)'을 제시하고 있다.(Jean-Paul Sartre, *Vérité et existence*, Gallimard, coll. NRF essais, 1989, pp.137-139. 이하 VE로 약기한다.) 이 계획이 '새로운' 계획인 것은 『도덕을 위한 노트』에 제시된 '계획'(CPM, pp.484-487)에 수정을 가한 것 —1947-1948년경에 작성된 노트를 모아 놓은 『도덕을 위한 노트』가 1948년에 집필된 『진리와 실존』보다 시간적으로 약간 앞선다— 이기 때문이다. 이 저서와 사르트르의 도덕과의 관계에 대해서는 다음을 참고하라. Fabrizio Scanzio, "Pourquoi Sartre n'a-t-il pas terminé sa morale?", *op. cit.*, pp.75-90.(이 논문은 같은 저자의 『사르트르와 도덕: 1939년부터 1952년까지의 도덕에 대한 사르트르의 성찰(*Sartre et la morale: La réflexion sartrienne sur la morale de 1939 à 1952*)』(*op. cit.*)의 pp.293-345("도덕에서 그것의 부정으로"라는 제목이 붙은 부분)를 수정, 보완한 것이다.)

그는 1948년 이전에 『문학이란 무엇인가』와 『도덕을 위한 노트』 등에서 이루어진 도덕[740] —존재론적 도덕이다— 에 역사의 차원이 누락되어 추상적, 관념적 차원에 그치고 있다고 스스로 판단하고 있다. 그는 이 도덕을 "작가의 도덕morale d'écrivain"[741]으로 규정하고 있다.[742]

게다가 사르트르는 1948년부터 1952년 사이에 "그의 두 번째 '구체성의 충격son deuxième 'choc du concret'"[743]을 겪는다. 예컨대 1948년부터 RDR을 통한 현실 정치에의 직접 참여와 실패, 1950년에 발발한 한국전쟁에 대한

---

740 사르트르의 『도덕을 위한 노트』는 두 권의 노트로 구성되어 있다. 첫 번째 노트(Cahier I)에서는 주로 인간의 역사, 역사적 사실, 역사적 사실의 애매성, 소외, 억압, 폭력 등의 문제가 다뤄지고 있다. 두 번째 노트(Cahier II)에서는 사르트르의 도덕 정립에 필요한 전회 문제가 주로 다뤄지고 있다. 사르트르는 그 과정에서 두 종류의 도덕에 대한 계획(Plan)을 제시하고 있다.(CPM, pp. 484-487.) 하나는 "존재론적 도덕(morale ontologique)" —미국 연구자들은 "실존주의적 윤리(éthique existentialiste)"라는 용어를 사용하는 경향이 있다(Raoul Kirchmayr, "Don et générosité, ou les deux chances de l'éthique", *Ecrits posthumes de Sartre, II, op. cit.*, p.126)— 이라고 이름 붙인 도덕에 대한 계획이다. 다른 하나는 이름이 붙여지지 않은 도덕에 대한 계획이다. 하지만 사르트르는 존재론적 도덕만을 정립하려고 한 것이 아니라 이 도덕을 '역사' 속에 "뿌리내리게(enraciner)"(*Idem.*) 하려는 계획을 가졌던 것으로 보인다. 이런 의미에서 연구자들은 이 이름이 붙여지지 않은 두 번째 도덕을 첫 번째 도덕과 구분하기 위해 '역사적 도덕'이라고 부른다. 또한 존재론적 도덕과 역사적 도덕을 종합해 "변증법적 도덕(morale dialectique)" —사르트르 자신은 "구체적 도덕(morale concrète)"(CPM, p.15)으로 부른다— 으로 지칭되기도 한다

741 앞에서 참여 문학론을 다루면서 지적했고, 또 곧이어 살펴보겠지만, 이 작가의 도덕은 '작가-독자' 사이에 자유에 대한 상호적 인정을 바탕으로 맺어지는 완벽한 상호성의 모델에서 찾아볼 수 있는 도덕을 가리킨다. 이 도덕은 『존재와 무』 차원에서는 실현 불가능하다고 여겨지는 '나-타자' 사이의 갈등과 투쟁의 극복(곧이어 보겠지만 이 극복은 존재론적 도덕의 일부를 이룬다)과 밀접하게 연결되어 있음을 곧 보게 될 것이다.

742 ES, p.216.(이 표현에서 'morale'은 '윤리'로 옮기는 것이 더 적합할 수도 있다. 개인이나 집단이 지켜야 할 도리라는 의미로서의 윤리와 마찬가지로 작가가 작가로서의 도리를 다한다는 의미에서의 윤리가 그것이다. 하지만 한편으로는 작가가 성실하고 정직한 태도로 쓰기를 수행한다는 준칙을 자신에게 부과하고, 또 이것을 지켜야 한다는 의미에서는 도덕이라고 할 수도 있을 것이다. 여기에서는 지금까지 이 책에서 고수해 온 원칙에 따라 도덕으로 옮긴다.)

743 Fabrizio Scanzio, "Pourquoi Sartre n'a-t-il pas terminé sa morale?", *op. cit.*, p.75.(물론 사르트르가 겪은 첫 번째 구체성의 충격은 1939년 2차 세계대전에의 참전이다.)

관심의 표명, PCF 및 공산주의와의 관계에 대한 성찰 등을 통해 자신의 존재론적 도덕에 누락되어 있는 역사적 측면을 보완하면서 도덕과 역사를 연결하고자 했다. 하지만 1949-1950년 사이에 그는 이 작업을 일시적으로 포기하게 된다.

사르트르는 1952년에 『성자 주네』[744]를 집필하면서 도덕 문제에 대한 성찰을 다시 시도한다. 이번에는 도덕을 역사 속에 위치시키고자 하면서이다.[745] 하지만 이 시도는 부정적인 결론에 이르게 된다. 사르트르는 주네를 동시대의 부르주아 사회로부터 도둑으로 규정되어 추방된 자, 곧 배척되고 소외된 자로 본다. 그런데 주네는 이런 소외 ―소외에 대해서는 곧이어 살펴볼 것이다― 를 극복하기 위해 그 사회의 다른 구성원들과 직접적인 화해나 공존을 모색하지 않는다. 이와는 달리 그는 자신을 배척하고 소외시킨 이 사회의 가치 체계가 부패했다는 것만을 폭로하고자 한다. 다시 말해 그 가치 체계 자체를 문제시하고 그것의 부단한 무화와 부정만을 추구한다.

어떤 방법으로인가? 뒤에서 사르트르의 문학비평을 다루면서 자세히 보겠지만, 주네가 도둑, 동성애자, 작가 등으로 변신하면서이다. 그는 이렇듯 악을 행함으로써 자신이 속한 사회의 도덕을 고발하고, 그 모순점을 드러내면서 그것에 반대하는 "반도덕anti-Morale"[746] 쪽으로 나아가고자 하는 데 그치고 있다.

이런 논의 끝에 사르트르는 『성자 주네』에서 도덕이 "불가피하면서도

---

744 이 저서는 원래 주네 전집의 '서문'으로 집필된 것이지만, 전통적인 장르 구분에서 벗어난다는 것이 연구자들의 주장이다. 이 저서에서 "도덕 개론(traité de morale)"으로서의 성격도 찾아볼 수 있다.(ES, p.243.)

745 『사르트르와 도덕』의 저자인 파브리지오 스칸지오(Fabrizio Scanzio)는 사르트르의 도덕적 전회 시기를 1939-1952년 사이로 확정하고 있다.

746 Fabrizio Scanzio, "Pourquoi Sartre n'a-t-il pas terminé sa morale?", *op. cit.*, pp.83-85.

동시에 불가능하다en même temps inévitable et impossible"[747]고 주장하기에 이른다.[748] 주네를 배척하고 소외시킨 부르주아 사회가 내세우는 부패한 가치체계를 일소하고 쇄신해야 할 도덕은 불가피하다. 하지만 주네가 채택한 방식, 즉 역사와 결합되지 않은 방식으로 새로운 도덕을 정립하는 것은 불가능한 것으로 여겨진다.

그리고 역사를 고려해 자신의 도덕을 정립하려는 사르트르의 생각은 1960년에 출간된 『변증법』에서 일단락된다. 앞에서 살펴본 것처럼 집렬체에서 융화집단으로 이행하면서 이 집단의 구성원들이 예외 없이 하나가 되어 '우리'를 구성하고, 이들의 관계가 완벽한 상호성 위에서 구축되며, 이들 모두가 인간성과 형제애를 누리는 상태가 바로 그가 구상했던 도덕적 상태와 같은 것으로 여겨진다. 그때 정립되는 도덕이 바로 앞에서 언급했던 역사적 도덕이다. 물론 『변증법』에도 도덕이 있는가라는 문제와 그 성격에 대해서는 이론의 여지가 없지 않다.[749] 하지만 융화집단이

---

747   SG, p.212.

748   Cf. 윤정임, 「진정성 개념과 《성자 주네》의 회심」, 앞의 책, 64-66쪽.

749   예컨대 피에르 페어스트라에텐(Pierre Verstraeten)은 『변증법』에 도덕이 있기는 하지만, 그것은 집렬체에서 융화집단으로 이행하는 순간에만 나타나며, 따라서 그것은 과도기적이라는 주장을 피력하고 있다.(Pierre Verstraeten, "Y a-t-il une morale dans *Critique de la raison dialectique?*", *op. cit.*, pp.45-68.)" 나는 이 주장에서 한발 더 나아가 『변증법』에 사르트르의 역사적 도덕의 모습이 구체적으로 드러나 있다고 생각한다. 그것은 '나-너'의 차이가 없는 융화집단 구성원 모두의 편재성을 바탕으로 정립되는 완벽한 상호성, 이를 바탕으로 조직되는 '우리'의 세계에서 그들이 향유하는 인간애와 형제애가 그 증거이다. 다만, 이런 역사적 도덕이 폭력에 의해 이루어질 뿐이고, 또 폭력에 의해 유지된다는 문제점과 한계가 있다는 것은 부인할 수 없다. 이런 이유로 사르트르에게서 해결되어야 할 문제는 이런 역사적 도덕이 비폭력적이고 평화적인 수단을 통해 가능하겠는가, 그리고 이런 수단에 의해 이 도덕을 지속적으로 유지할 수 있는가의 문제라고 할 수 있다. 또한 역사를 '총체화되고 닫힌 총체성(totalité totalisée et close)'으로 규정하고 있는 헤겔과는 달리, 사르트르는 역사를 '탈총체화된 총체성(totalité détotalisée)'으로 보고 있기 때문에, 모든 인간의 역사를 규준할 수 있는 고정되고 완성된 도덕은 있을 수 없으며, 항상 새로운 도덕이 요청된다는 사실을 지적하자. 그리고 바로 거기에 사르트르가 도덕을 정립시키지 못하고 중도에서 포기한 근본적인 이유가 자리하고 있다고 할 수 있다.

형성되는 순간의 상태가 사르트르에 의해 구상되었던 도덕과 밀접하게 연결되어 있다는 사실을 부인할 수는 없다.

하지만 여기에서는 1948년 이후, 특히 1952년 출간된『성자 주네』에서부터 1960년의『변증법』에 이르는 역사적 도덕의 정립 과정은 사르트르의 도덕적 전회 시기에 포함하지 않을 것이다. 실제로 이 과정은 앞에서 사르트르 철학의 네 번째 시기에 해당하는 인간학 시기를 대표하는『변증법』을 설명하면서 어느 정도 제시가 되었기 때문이다. 물론 사르트르의 도덕적 전회 시기를 1952년까지, 곧『성자 주네』의 출간까지 확장하고 있는 연구자도 있다.[750] 하지만 이 책에서는 1939년부터 1948년까지, 곧 2차 세계대전 발발부터『도덕을 위한 노트』에 포함된 여러 권의 노트가 작성되는 시기까지를 그의 도덕적 전회 시기로 한정하고자 한다.

이런 사실들을 염두에 두고 여기에서는 크게 존재론적 도덕과 역사적 도덕으로 구분될 수 있는 사르트르의 도덕 중에서 대도덕이라고 지칭되는 존재론적 도덕의 주요 내용만을 다루고자 한다. 좀 더 구체적으로 존재론적 도덕의 중핵에 해당하는 근본적 전회 개념을 중심으로 '나'의 근본적 전회, '나-타자'의 근본적 전회가 발생하는 조건[751]과 그 내용, 한계 등을 살펴보고자 한다. 특히 나-타자의 근본적 전회와 관련해서는 그 모델

---

[750] 『사르트르와 도덕: 1939년부터 1952년까지 도덕에 대한 사르트르의 성찰』의 저자인 파브리지오 스칸지오가 그 예이다. 앞에서 언급했던 것처럼, 여기에서는 스칸지오의 주장과는 달리『성차 주네』와『변증법』을 사르트르 도덕 정립의 과도기로 보는 젤의 주장을 따르기로 한다.

[751] 사르트르의 도덕과 관련된 영역에 대한 연구에는 다른 영역에 비해 더 큰 어려움이 수반된다. 그 주된 이유는 바로 그가 자신의 도덕에 대한 성찰을 결코 완결된 형태로 제시하고 있지 않기 때문이다. 이런 이유로 이 영역은 그의 전체 사유 체계에서 "가장 많이 얽혀 있는(les plus embrouillée)" 영역으로 여겨진다.(Isabelle Stal, *op. cit.*, p.182.) 특히 그의 도덕에 대한 성찰이 주로 담겨 있는『도덕을 위한 노트』는 미완일 뿐만 아니라, 메모의 형식으로 작성되었으며, 일목요연하게 정리가 되어 있지 않은 저서이다. 그런 만큼 이 저서의 전체적인 윤곽을 파악하는 것조차 아주 어려운 작업이라는 점을 지적하자.

에 해당한다고 할 수 있는 '작가-독자' 관계를 중심으로 이 관계와 밀접한 호소, 증여, 너그러움 등과 같은 핵심 개념들에 주목하고자 한다.[752]

3.2. 근본적 전회

a) 근본적 전회의 조건: 자기 상실 또는 소외

사르트르는『존재와 무』의 3부 대타존재 부분에서 갈등과 투쟁의 악순환으로부터 벗어날 수 없다고 여겨지는 나-타자 사이의 관계를 다루고 있는 소절의 마지막 부분의 한 주[註]에서 도덕 정립의 가능성을 내다보고 있다. 다만, 거기에는 "근본적 전회conversion radicale"라는 단서가 붙어 있다. 이런 전회가 일어난다면 갈등과 투쟁으로 귀착될 공산이 큰[753] 인간관계의 악순환으로부터의 "해방과 구원"이 가능할 수도 있다는 것이 그의 주장이다.

> 이런 고찰들은 해방과 구원을 위한 도덕의 가능성을 배제하지 않는다. 하지만 우리가 여기에서 이야기할 수 없는 하나의 근본적 전회의 끝에 가서 이런 가능성에 도달하게 될 것이다.[754]

---

752 앞에서『문학이란 무엇인가』를 중심으로 이미 제시되었지만, 문학을 포함한 음악, 미술, 조각 등에서의 예술적 창작에 제한적으로 적용되었던 이 개념들이『도덕을 위한 노트』에서는 인간의 모든 행동으로까지 확장되고 있다. 비록 사르트르가 이 존재론적 도덕을 추상적이고 관념론적이라고 스스로 비판하고 있음에도 불구하고, 방금 언급한 개념들 속에 그가 염두에 두었던 도덕의 중핵이 담겨 있는 것은 분명해 보인다.

753 사르트르가『존재와 무』에서 사랑이나 언어를 통해 인간들 사이의 자유와 주체성의 상호 인정을 통한 도덕 정립의 가능성을 완전히 도외시하는 것은 아니다. 다만, 사랑의 관계는 불가능한 것으로 드러났고, 언어 관계의 실현은 이 관계에 참여하는 쌍방에게 엄밀한 조건이 부과되고 있다는 사실을 떠올리자. 이 두 관계에 대해서는 곧이어 자세히 살펴보게 될 것이다.

754 EN, p.484 note 1.

하지만 문제는 이 부분에서 사르트르가 이 근본적 전회에 대해 "여기에서 이야기할 수 없"음을 지적하고 있다는 사실이다. 이 지적은 『존재와 무』에서 그의 존재론이라는 직설법으로부터 도덕이라는 명령법으로 직접 이행이 불가능함을 의미한다. 따라서 이 이행의 가능성 여부를 알기 위해서는 근본적 전회의 의미, 그것이 일어나는 조건, 그 과정과 한계 등을 살펴볼 필요가 있다.

사르트르가 『존재와 무』에서 이야기할 수 없다고 한 근본적 전회에 대해 다시 거론하고 있는 것은 『도덕을 위한 노트』에서이다. 그는 "존재론적 도덕 계획Plan d'une morale ontologique"에서 전회에 대해 메모 형식으로 이렇게 제시하고 있다.

전회: 비공모적 반성réflexion non complice

전회의 동기: 자기 회복의 불가능성impossibilité de se récupérer

전회의 의미: 소외의 거부rejet de l'aliénation[755]

그리고 "전회"라는 제목이 붙은 부분에서 이 메모에 대해 부연 설명을 하고 있다.[756] 이를 바탕으로 사르트르가 구상하고 있는 존재론적 도덕의 윤곽을 그려 보도록 하자.

먼저 전회의 의미를 보자. 이 단어는 사전적, 어원적으로 "방향의 전환 또는 변화retournement ou changement de direction" 등을 의미하는 라틴어 'conversio', 'cum-vertere'에서 파생된 프랑스어 단어 'conversion'에 해당한다.[757] 이 단어는 보통 지금까지 믿던 종교를 버리고 다른 종교로 바꾸

---

755   CPM, p.486.

756   Ibid., p.488 이하.

757   Raoul Kirchmayr, "Don et générosité, ou les deux chances de l'éthique", op. cit., p.129.

는 것을 의미한다. 이런 의미에서 이 단어는 '개종'이나 '회심'으로 번역되기도 한다. 또한 이 단어는 어떤 철학자나 사상가에게서 나타나는 사유의 '변화'나 '전환'을 의미하기도 한다.

그런데 사르트르는 그의 도덕 정립을 위해 필요한 것이 단순한 전회가 아니라 "근본적 전회conversion radicale"라고 단언한다. 이 표현에서 '근본적'이라는 형용사는 '철저한', '급진적', '전면적' 등으로도 옮길 수도 있다. 이 표현의 의미는 절박한 상황에서 발생하는 크고도 급격한 변화나 전환의 의미에 가깝다고 할 수 있다.[758] 이 사실을 고려하면 근본적 전회에는 이 전회가 일어나기 전의 상황, 그것도 절박한 상황이 전제되어 있다고 할 수 있다. 방금 살펴본 전회에 대한 사르트르의 메모를 통해서 보면 이런 상황은 '소외'와 '자기 회복'의 가능성 여부와 밀접하게 연결되어 있는 것 같다.

그렇다면 소외란 무엇인가? 자기 회복의 가능성 또는 불가능성은 어떤 상태인가? 이 질문에 답을 하기 위해 사르트르가 소외에 대해 내리고 있는 정의를 보자. 그는 소외를 "물화物化의 사회적 양상aspect social de la réification"으로 규정함과 동시에 이런 소외의 세계를 "인간이 자기 자신을 타자759로부터 출발해서 생각하는 세계celui [le monde] où on pense le Soi-même à

---

[758] 이와 관련해 사르트르가 그의 근본적 전회뿐만 아니라 그가 구성하는 도덕과도 밀접하게 연결되어 있는 '진정성'에 도달하기 위해서는 "뭔가가 박살 나야 할 필요가 있다(il faut que quelque chose craque)"(CDG, p.307)는 생각을 지니고 있다는 사실은 흥미롭다. 그러니까 한 인간 —곧 보겠지만 도덕의 주체, 전회의 주체, 진정성의 주체는 인간뿐이다— 에게 근본적인 전회가 일어나기 위해서는 그가 자포자기와 자기 상실 등과 같은 극단적인 상황에 처해야 할 필요가 있다는 것이다.

[759] 사르트르에게서 소외의 세계는 내가 "내-안의-타자(l'Autre-en-moi)"로부터 출발해서 나 자신을 생각하는 세계로도 이해될 수 있다. 그리고 그때 타자의 범위는 "자아(Ego)" —『초월성』에서 사르트르가 지적한 나 자신에 의해 대상화된 자아— 와 "신"의 존재에까지 미친다.(CPM, p.485; Alain Flajoliet, "Ontologie, morale, histoire", Le Portique, op. cit., p.125, note 91.)

partir de l'Autre"로 규정하고 있다.[760]

물화 개념을 대상화 개념과 대동소이한 것으로 본다면,[761] 사르트르가 규정하는 소외와 이 소외가 지배하는 세계에서 문제가 되는 것은 다음과 같은 세 종류의 대상화라고 할 수 있다. 나 자신에 의한 나의 대상화, 타자에 의한 나의 대상화(또는 나에 의한 타자의 대상화), 한 집단의 구성원들 사이에서 나타나는 대상화 —비인간화, 억압, 폭력과 밀접하다— 가 그것이다. 이 세 종류의 대상화 중에서 앞의 두 종류는 『존재와 무』의 차원에 해당하고, 세 번째 종류는 『변증법』의 차원에 해당하는 것[762]으로 보인다.[763]

760　CPM, p.485.

761　물화(Verdinglichung)는 마르크스의 용어로 '대상화(Versachlichung)'라고도 한다. 물화는 상품 생산 사회, 특히 자본주의 사회에서 모든 것은 매매의 대상이 되고, 인간의 노동력 내지 다른 능력도 상품화되고 물적인 상품으로서의 성격을 갖게 되며, 인간과 인간의 관계조차도 물건과 물건의 관계로 나타나는 것을 말한다. 대상화는 인간의 노동과 정신 활동이 객관적인 대상으로 구체화된 것, 즉 대상을 통해 실현된 노동을 말한다.(『철학사전』, 앞의 책, 236쪽.)

762　사르트르가 『도덕을 위한 노트』에서 소외 개념을 물화의 사회적 양상으로 규정하고 있는 것은 주목을 요한다. 그도 그럴 것이 그가 이 저서에서 이미 사회와 역사를 고려한 도덕의 정립을 시도하고 있다는 것을 보여 주기 때문이다. 다만, 그의 이런 노력이 이 저서에서도, 또 『성자 주네』에서도 불완전한 형태로 드러나고 있으며, 『변증법』에서 가서야 비로소 일단락되고 있다는 사실을 지적하자.

763　물화의 사회적 양상이라는 사르트르의 소외에 대한 규정은 엄밀하게 말하자면 『존재와 무』에는 해당하지 않는다고 할 수 있다. 실제로 『존재와 무』에서는 소외라는 용어의 사용 빈도수가 10회에 그치고 있다. 반면, 『변증법』에서는 60여 회에 달한다. 『존재와 무』에서는 소외라는 용어라는 대신에 대상화라는 용어가 사용되고 있는 것으로 보인다. 또한 소외와 밀접한 관련이 있는 물화라는 용어는 『존재와 무』에서는 사용되고 있지 않으며, 『변증법』에서만 3번 등장한다.(Cf. Jean Gabriel Adloff, Sartre. Index du corpus philosophique, I, L'Etre et le néant, Critique de la raison dialectique, Klincksieck, 1981.) 이와 같은 사실에도 불구하고 『존재와 무』에서 사회적, 역사적 차원을 찾아볼 수 있다는 주장도 없지 않다. 예컨대 사르트르가 자기기만을 다루면서 제시하고 있는 카페 종업원의 예가 거기에 해당한다. 이 종업원은 '카페 종업원'으로서의 행위, 제스처에 몰두하면서 자기 자신을 잊고자 한다는 것이 사르트르의 설명이다. 그런데 여기에서 한 가지 주목할 점은 바로 이 종업원의 행위, 제스처는 이미 그가 소속된 사회에서 과거로부터 형성되고 굳어진 종업원의 행동, 제스처라는 사실이다. 이렇듯 사르트르가 『존재와 무』에서 인간의 사회적, 역사적 차원을 완전히 배제한 것은 아니라는 주장이 설득력을 얻게 된다. 그럼에도 불구하고 여기에서는 『존재와 무』에는 사회적, 역사적

또한 사르트르가 소외의 세계를 인간이 자신을 타자로부터 ―또는 내 안의 타자로부터― 출발해서 생각하는 세계로 규정하기 때문에, 소외에 대한 거부와 제거로 이해되는 전회는 결국 방금 지적한『존재와 무』차원에서 포착되는 두 종류의 대상화, 곧 나에 의한 나의 대상화, 타자에 의한 나의 대상화(또는 나에 의한 타자의 대상화)에 대한 거부 내지 제거와 동의어라고 할 수 있을 것 같다. 게다가 전회를 동기 짓는 자기 회복의 가능성 여부라는 요소 역시 이처럼 대상화된 나 또는 타자 존재와 긴밀하게 연결되어 있다고 할 수 있을 것 같다. 이제 사르트르의 소외와 전회에 대한 이와 같은 설명을 토대로 근본적 전회의 주체, 이 전회가 발생하는 조건, 그 내용, 한계 등을 간략하게 살펴보자.

b) '나'의 근본적 전회: 순수 반성 또는 비공모적 반성

먼저 전회의 주체 문제를 보자. 사르트르의 사유에서 근본적 전회를 통해 도덕적 주체가 되는 존재는 어떤 존재인가? 이 질문에 대한 답은 인간이다. 인간일 수밖에 없다. 즉자의 방식으로 존재하는 사물에게는 도덕이 있을 수 없다. 신과 같은 완벽한 존재에게 도덕이 필요할까? 그렇지 않을 것이다. 결국 근본적 전회의 주체는 결여로 규정되는 인간일 수밖에 없다. 사르트르는 이렇게 말한다. "도덕은 전형적으로 인간의 문제이다."[764]

하지만 사르트르에 의하면 인간 ―'나'라고 하자― 은 홀로 도덕적일 수 없다. 도덕이 정립되기 위해서는 내가 소속된 집단의 구성원 모두가 도덕적이어야 한다는 것이다. "소외의 제거는 보편적이어야 한다. 혼자만 도덕적일 수는 없다…."[765] 문제는 이 집단에서 보편적 도덕이 정립되기 위

지평이 고려되지 않고 있다는 입장을 고수할 것이다.

764   LCAQI, p.470.

해서는 이들 모두의 근본적 전회가 필요할 것이라는 점에 있다. 과연 이 것이 가능할까?

이 물음에 답을 하기 위해서는 전회의 주체인 인간을 다음 세 부류로 구분해서 살펴볼 필요가 있다. 이는 사르트르가 그의 존재론과 인간학에서 다루고 있는 인간의 범주에 따른 것이다. 나, 나-타자, 그리고 사회적·역사적 지평에 서 있는 다수의 인간이 그것이다. 여러 차례 지적했지만 사회적·역사적 지평 위에 서 있는 다수의 인간에 대한 이해는 『변증법』 차원에 속하는 문제이다. 그런 만큼 사르트르의 도덕 ―존재론적 도덕이라는 사실을 잊지 말자―, 즉 근본적 전회와 관련해 문제가 되는 것은 앞의 두 부류의 인간, 곧 나와 나-타자라고 할 수 있다. 여기에서는 나의 근본적 전회는 가능한지, 가능하다면 어떤 조건에서인지를 먼저 살펴보고, 이어서 나-타자의 경우를 살펴볼 것이다.

앞에서 사르트르가 전회를 소외의 거부로 규정하고, 또 이 소외의 세계는 타자로부터 출발해서 자신을 생각하는 세계로 규정하고 있는 것을 보았다. 그러니까 나의 근본적 전회는 내가 타자로부터 ―또는 내 안의 타자로부터― 출발해서 나 자신을 생각하는 것, 즉 타자화되고 대상화된 나로부터 출발해서 나 자신을 생각하는 것에 대한 거부라고 할 수 있다. 그렇다면 사르트르는 이를 위해 어떤 방법을 제시하는가? 이 질문은 이렇게 제기될 수도 있다. 나에게서 근본적 전회가 일어나기 위해서 나는 무엇을 어떻게 해야 하는가?

이 질문에 대해 답을 하기 위해 사르트르가 제시한 전회에 대한 하나의 메모에서 출발해 보자. "전회: 비공모적 반성"이라는 메모가 그것이다. 이 메모로부터 다음과 같은 궁금증이 이어진다. 비공모적 반성과 전회 사이에는 어떤 관계가 있을까? 비공모적 반성은 어떤 반성인가? 아니, 그전에

---

765   CPM, p.487.

반성은 무엇인가?

또한 사르트르에게서 이 비공모적 반성과 반대되는 공모적 반성réflexion complice은 각각 '순수 반성réflexion pure'과 '불순 반성réflexion impure'과 같은 것으로 이해된다. 그렇다면 순수 반성과 불순 반성은 어떤 반성인가? 위의 질문들에 답을 하면서 도덕적 주체로서 우뚝 서기 위해 요청되는 근본적 전회가 일어나기 전의 상황과 그 이후의 상황 변화, 그리고 그 한계 등을 살펴보도록 하자.

철학에서 반성은 일반적으로 인간이 자기 자신의 사유나 의식에 작용해 스스로의 상태를 돌아보는 정신 활동을 의미한다. 사르트르도 반성에 이와 유사한 의미를 부여하나, 특히 그는 반성을 대자의 고유한 활동으로 여긴다. 그러니까 반성의 주체가 즉자일 수는 결코 없다. 이에 걸맞게도 사르트르는 반성을 이렇게 규정한다. "반성은 자기 자신을 의식하는 대자이다."[766] 이 규정을 잘 이해하기 위해서는 『존재와 무』의 내용을 설명하면서 보았던 의식의 이중 구조로 돌아갈 필요가 있다.

앞에서 의식의 지향성 개념을 설명하면서 이 의식이 자기 외부에 있는 무엇인가를 정립적으로 겨냥함과 동시에 이 무엇인가를 겨냥하는 자기 자신을 비정립적으로, 즉 측면적으로 겨냥하고 있다는 사실을 지적한 바 있다. 사르트르는 이것을 대상, 곧 무엇인가에 대한 모든 정립적 의식은 동시에 의식 그 자신에 대해 비정립적 의식이라고 달리 규정하기도 했다. 또한 앞의 정립적 의식의 경우에는 …대한을 de로, 뒤의 비정립적 의식의 경우에는 …대한을 de를 괄호 안에 넣어 '(de)'로 표시했다는 것을 떠올리자.

이 사실들을 고려하면 앞에서 자기 자신을 의식하는 대자로 규정되는 반성은 이렇게 이해할 수 있을 것 같다. 반성은 즉자 상태로 떨어져, 즉 대상이 되어 자기를 잊거나 상실하면서 존재론적 고뇌를 잊고, 그 대가로

---

766   EN, p.197.

휴식을 취하는 것을 허락하지 않는 대자 자체의 끊임없는 작용이라고 말이다. 의식의 특징이 자유와 무화작용에 있다는 점을 상기하자. 이런 점에서 보면 반성은 무화작용을 끊임없이 펼치는 대자의 정상적인 활동이라고 할 수 있다. 게다가 사르트르는 반성을 시간성 개념과 연결해 논의하고 있다.[767] 즉자의 시간이 이미 굳어져 변화가 없는 과거인 반면, 대자의 시간은 가능성과 변화를 담보하는 현재와 미래라는 사실을 지적하고 있는 것이다.

그런데 이처럼 자기 자신을 의식하는 대자로 규정하는 반성은, 이중 구조로 구성되어 있는 의식의 세 가지 작동 양태에 따라 크게 다음과 같은 두 종류로 나뉜다. 공모적 반성과 비공모적 반성, 또는 불순 반성과 순수 반성이 그것이다. 그리고 이 두 종류의 반성은 나 —여기에서 문제가 되는 근본적 전회는 인간 각자, 곧 나의 근본적 전회라는 사실을 잊지 말자— 의 도덕적 주체로의 근본적 전회의 근본 조건에 해당하는 비공모적 반성(보다 더 정확하게는 공모적 반성에서 비공모적 반성으로의 이행, 또는 불순 반성에서 순수 반성('정화적 반성réflexion purifiante')이라고도 일컬어진다)으로의 이행과 밀접하게 연결된 것으로 보인다. 이제 의식의 세 가지 작동 양태를 보자.

첫 번째 양태는 의식이 오직 외부 대상을 정립적으로 겨냥하고 있어 측면적으로, 즉 비정립적으로 자기 자신을 겨냥하면서 복귀할 가능성을 완전히 상실한 형태이다. 예컨대 장난감 놀이에 완전히 몰두해 자기 망각 상태에 있는 아이의 의식 이런 형태에 해당한다고 할 수 있다. 이런 양태로 작동하는 의식을 가진 대자가 일시적으로든 또는 장기적으로든 정상적으로 기능할 수 없다는 것은 말할 나위가 없다. 한마디로 이 경우에는 반성 자체가 이루어지지 않는다.

---

767 사르트르는 "근원적 시간성과 심적 시간성: 반성"(EN, pp.196-218)이라는 제목이 붙은 『존재와 무』의 한 절(節)에서 반성을 시간성과 연계해 논의하고 있다.

두 번째 양태는 첫 번째 양태와는 반대로 의식이 외부에 있는 대상에 대해서는 완전히 등을 돌리고 오직 자기 자신을 정립적으로 겨냥하는 양태이다. 이 양태의 특징은 의식이 자기를 자신의 지향성을 채우는 대상으로 여기기 때문에, 의식 자체가 완전히 대상화되어 하나의 즉자존재로 여겨진다는 데 있다. 사르트르는 이런 형태의 반성을 불순 반성 또는 공모적 반성으로 이해한다. 이 반성이 불순 반성인 것은, 이 의식이 자신의 지향성을 위해 자기를 겨냥해 대상화하기 때문이다. 또한 이 반성이 공모적 반성인 것은, 이 의식이 자기를 자신의 지향성 구조를 채우기 위한 하나의 대상으로 겨냥하는 것을 알면서도 이를 묵인하기 때문이다.[768]

세 번째 양태는 정상적인 의식의 활동을 보여 주는 양태이다. 의식이 정면으로 외부 대상을 정립적으로 겨냥함과 동시에 또 측면으로, 즉 비정립적으로 항상 자기를 겨냥하고 있는 양태이다. 사르트르는 이 세 번째 양태의 의식 활동을 통해 이루어지는 대자의 반성을 순수 반성 또는 비공모적 반성으로 규정한다.

이 반성이 순수 반성인 것은, 의식이 자신의 지향성의 이중 구조를 충족시키는 역할, 즉 대자의 고유한 특징이자 기능이라고 할 수 있는 의식 내에서 자유의 공간인 무의 공간을 확보하고, 또 이를 통해 무화작용을 지속적으로 수행한다는 의미에서이다. 또한 이 반성이 비공모적인 것은, 의식이 측면적으로, 비정립적으로 자기를 대상으로 겨냥하면서도 결코 자신을 즉자화시키는 데까지 나아가지도 않고, 또 이것을 묵인하지도 않는다는 의미에서이다.

반성에 대한 이와 같은 논의에서 출발해서 이제 사르트르의 존재론적 도덕의 정립에서 요구되는 나의 공모적 반성에서 비공모적 반성에로의 이행, 또는 불순 반성에서 순수 반성에로의 이행이 무엇을 의미하는지를

---

768 이런 이유로 불순 반성은 자기기만적이라고 할 수 있다.

알 수 있다. 한편 엄밀하게 말하자면 공모적 반성과 불순 반성이 완전히 동일한 것은 아니라고 해도, 이 두 반성 사이에는 의식이 외부에 있는 대상에 대해서는 완전히 등을 돌리고 오직 자신을 정립적으로 겨냥해서 즉자화, 대상화한다는 공통점이 있다는 것은 분명하다.

그런데 이와 같은 의식의 즉자화, 대상화는 결국 의식의 담지자로서의 인간, 곧 내가 나의 실존의 조건을 정면으로 바라보고, 진정한 태도로 나의 삶을 영위해 나가는 기능 자체를 상실한다는 것과 동의어라고 할 수 있다. 요컨대 이것은 내가 나의 자기를 완전히 상실한다는 것과 동의어이다.

사르트르에게서 의식의 담지자이자 대자존재인 나는 지금 있는 것으로 있지 않고, 지금 있지 않은 것으로 있어야 하는 존재로 규정되었다. 하지만 공모적 반성과 불순 반성 속에서 나는 이런 대자존재로서의 모습을 완전히 상실하고, 현재 있는 그대로의 것으로 있는 즉자존재와 같은 방식으로 지금, 여기에 있다. 내가 대자의 자격으로 불순 반성, 공모적 반성 속에서 나 자신을 대상화하고, 이를 묵인한다면, 이것은 정확히 자기기만에 해당한다. 그로 인해 나는 당연히 대자의 특징인 가능성, 창조, 미래 등을 상실할 것이다. 다시 말해 나는 나의 자기를 완전히 상실하고, 이것을 회복할 수 없는 상태, 곧 철저히 소외된 상태에 머물게 될 것이다.

이런 자기 회복의 완전한 상실, 자기 회복의 불가능성에서 자기 회복의 가능성[769]으로의 전격적이고도 급격한 변화, 곧 불순 반성 또는 공모적 반

---

[769] 사르트르에 의하면 인간의 이런 자기 회복 가능성은 '진정성' 개념의 다른 표현이다. 그는 『존재와 무』에서 자기기만에 빠져 자기 자신을 즉자로 여기는 타락한 존재로서의 인간이 자기 자신을 회복하는 것을 진정성으로 규정한다.(EN, p.111.) 하지만 이 진정성 개념은 『도덕을 위한 노트』에서 본격적으로 논의된다. 사르트르는 이 개념을 있음의 범주의 추구에 대한 거부로 여기면서, 있음의 범주보다는 함의 범주를 강조한다. "진정성은 유일하게 유효한 기획이 '함'('있음'이 아니라)의 기획임을 밝혀 주며, 함의 기획은 근본적으로 있음의 추구(la quête de l'être)를 거부하는 데 있다. (…) 왜냐하면 나는 영원히 무이기 때문이다."(CPM, p.492.) 사

성에서 순수 반성 또는 비공모적 반성으로의 전격적이고도 급격한 이행[770]이 바로 도덕적 주체로 변신을 위해 요구되는 근본적 전회의 핵심 요소라는 것이 사르트르의 주장이다. 이것이 바로 "전회: 비공모적 반성"이라는 사르트르의 메모에서 유추해 낼 수 있는 의미로 보인다.

게다가 이런 의미는 또한 내가 진정성의 지배하에서 삶을 영위해 나가는 의미와도 긴밀하게 연결되어 있다. 나에게 선험적으로 주어진 본질을 실존에 앞세우는 태도, 신과 같은 초월적 존재에 의해 보증되는 초월적 가치 등에 의존하는 태도,[771] 기존의 가치, 신념, 지식 체계 등을 신봉하는 태도,[772] 요컨대 비진정성에 함몰되어 버린 삶의 태도에서 벗어나 내가 맞닥뜨리는 실존의 고뇌를 회피하지 않고 정면으로 거기에 대응하는 진정한 삶으로의 이행이 그것이다. 사르트르는 이런 삶의 태도에는 고통과 인내, 곧 스토아주의적 태도[773]가 요구된다는 점을 덧붙이고 있다.

르트르는 또한 진정성 개념을 상황과 관련지어 이해해야 할 필요가 있는 개념임을 강조한다. "진정성은 전적으로 [어떤 일이나 사건에] 연루되어야 하며, 이것을 상황과 상황 속의 자기 자신으로 이해해야 한다."(CDG, p.185.) "진정성은 인간실재, 즉 상황에 내던져진 인간이라는 조건으로부터 출발해야만 이해될 수 있다. 우리가 '내부'이면서도 동시에 '외부'이기 때문에 진정성은 내부와 외부로부터 동시에 우리에게 주어지는 의무이다."(Ibid., pp.244, 333-334.)

770 사르트르가 불순 반성에서 순수 반성으로의 이행, 또는 공모적 반성에서 비공모적 반성에로의 이행을 "카타르시스(katharsis)"로 규정하는 것은 흥미롭다. 또한 그는 이런 사실을 고려해 순수 반성 또는 비공모적 반성을 "정화적 반성"이라고 부르기도 한다.

771 가령, 사르트르의 극작품에서 『파리 떼』에 등장하는 아이기스토스와 그의 주변 인물들, 『악마와 선한 신』에 등장하는 하인리히 등이 그 예이다.

772 사르트르의 경우 가장 대표적인 예가 『구토』에서 볼 수 있는 부르주아계급에 속하는 자들이라고 할 수 있을 것이다. 그에 의하면 이들은 진지한 정신에 사로잡혀 있는 것으로 제시된다. 진지한 정신은 삶을 영위하면서 인간이 의식이 아니라 이 의식의 대상이 되는 세계로부터 출발할 때, 또 이 세계에 대해 그 자신보다 더 큰 실재성을 부여할 때 나타난다고 말하고 있다.(Cf. EN, p.669.)

773 실제로 사르트르는 그의 도덕 정립을 위해 진정성과 더불어 '스토아주의(stoïcisme)'를 강조하고 있다. 그는 이 스토아주의를 인간이 처해 있는 "상황을 견디고 버텨 내는(tenir, supporter la situation)" 태도로 이해한다.(CDG, p.185.)

c) '나-타자'의 근본적 전회: 호소, 증여, 너그러움

앞에서 도덕은 보편적이어야 하며, 이를 위해서는 나 혼자서만 도덕적일 수는 없다고 했다. 특히 사르트르의 존재론적 도덕이 정립되기 위해서는 나와 타자가 모두 근본적 전회를 거쳐 도덕적 주체가 되어야 할 것이다. 전회가 소외에 대한 거부이자 극복이고, 또 소외의 세계는 타자로부터 ―또는 내 안의 타자로부터― 출발해서 자기 자신을 생각하는 세계라는 사실을 고려하면, 우연히 출현하자마자 상대방을 자신의 시선을 통해 대상화하고자 하는 인간들, 곧 나와 타자가 과연 함께 근본적 전회를 할 수 있으며, 이를 통해 도덕적 주체로 변신할 수 있는가라는 질문이 제기되는 것은 자연스러워 보인다. 게다가 사르트르의『존재와 무』차원에서 나-타자의 관계는 화해, 연대보다는 오히려 갈등, 투쟁으로 점철되기 때문에, 이 질문은 그의 도덕 정립의 과정을 이해하는 데 더욱더 긴요해 보인다.

이제 사르트르의 존재론적 도덕에서 또 하나의 층위를 구성하는 나-타자의 근본적 전회의 가능성 여부, 이를 토대로 이루어지는 도덕의 모습, 이 도덕의 한계 등을 살펴보고자 한다. 이를 위해『존재와 무』에서 다뤄지고 있는 타자와의 구체적 관계들 중 사랑과 언어의 관계에 주목하고자 한다. 또한 이 언어 관계의 특수한 형태인 작가-독자의 관계, 그리고 좀 더 확대된 차원에서 창작 행위création와 일반적인 행위acte를 통해 정립되는 인간들 사이의 관계에 주목하는 한편, 이 관계들의 의미를 이해하고, 또 그로부터 사르트르의 도덕의 윤곽을 그려 내기 위해『문학이란 무엇인가』,『도덕을 위한 노트』등에서 논의되고 있는 호소, 증여, 너그러움 등의 개념을 참고하고자 한다.

먼저 나-타자 사이의 구체적 관계들 중에서 사랑과 언어를 보자. 앞에서 이 두 관계를 다루면서 나-타자의 관계가 갈등과 투쟁에서 벗어날 수 있는 가능성을 암시한 바 있다. 하지만 사랑은 나-타자 사이에 맺어지는 이상적인 관계임에도 불구하고 실패로 귀착되었다. 사르트르의 존재론에서 나와 타자가 동시에 주체로 존재하는 것은 불가능하기 때문이었다. 또한 사랑과 동일한 조건을 요구하는 언어 역시 실패로 끝날 운명이었다. 다만 몇몇 조건하에서 언어 관계의 성공과 실패는 유예 상태에 있는 것으로 여겨졌다.

그런데 사르트르는 존재론적 도덕의 정립과 관련해 언어에 관심을 집중하는 것으로 보인다. 그중에서도 특히 문학작품 ―문학작품은 언어와 불가분의 관계에 있으며, 작가가 선택한 언어의 총체이다― 을 통한 작가-독자 사이의 관계에 주목하는 것으로 보인다. 우리는 앞에서 『문학이란 무엇인가』에서 그의 문학론, 특히 참여 문학론을 다루면서 작가-독자 사이의 관계 정립에서 증여, 호소, 너그러움 등과 같은 개념들이 중요한 역할을 한다는 것을 지적한 바 있다.

그 역할을 다시 한번 돌아보자. 왜냐하면 이 개념들이 사르트르의 『도덕을 위한 노트』에서 볼 수 있는 존재론적 도덕의 정립에서도 역시 중요하게 다루어지고 있기 때문이다.[774] 작가는 쓰기를 통해 작품을 창작하고, 이것을 통해 대자-즉자의 융합을 실현하면서 구원을 얻고자 한다. 하

---

774 사르트르는 『도덕을 위한 노트』에서 『존재와 무』의 연장선상에서 소외와 폭력이 수반되는 몇몇 유형의 인간관계를 제시하고 있다. 앞에서 그의 참여 문학론을 살펴보면서 간략하게 보았던 '명령'과 '요구'가 그것이며, 여기에 '기도(prière)'가 더해진다.(Cf. CPM, pp.225-285.) 이 관계들은 인간들 사이의 위계질서 위에 정립된다. 사르트르는 또한 인간들 사이에 나타나는 억압적인 관계의 유형으로 '어린아이(enfance)', '무지(ignorance)', '바보짓(sottise)', '여성성(féminité)' 등을 제시하고 있으며(Ibid., p.338), 나아가 인종차별도 거기에 포함시키고 있다.(Ibid., pp.579-594.) 반면에 호소는 그 주체와 그것을 받는 자의 자유와 주체성의 상호 인정이 전제된 개념이다.(Cf. Ibid., pp.285-306.) 증여와 너그러움 역시 그 주체가 만들어 낸 결과물 ―작가에게서는 문학작품이다― 을 매개로 이루어지는 경우, 이 두 개념에 포함되어 있는 파괴, 곧 수증자인 너그러움의 혜택을 받는 자의 주체성과 자유의 굴종이나 파괴가 수반되지 않으며, 호소의 경우와 마찬가지로 두 사람의 주체성과 자유에 대한 상호 인정이 그 기저에 놓여 있다는 것이 사르트르의 주장이다. 이런 면에서 『문학이란 무엇인가』와 『도덕을 위한 노트』 사이에는 밀접한 관계가 있다고 할 수 있다.

지만 혼자서는 이 목표에 도달할 수 없다. 이 작품을 소유하고 읽으면서 대자-즉자의 융합을 실현하는 대신 대자-대자의 융합만을 실현할 수 있을 뿐이다. 왜냐하면 이 작품은 그의 주체성을 담고 있는 그의 분신, 곧 대자이기 때문이다. 이런 이유로 그는 이 대자를 즉자화시키는 일을 독자에게 일임해야 한다. 하지만 독자는 예측 불가능한 자유이다. 게다가 사르트르의 존재론에서 나와 타자가 모두 주체성과 자유의 상태에 있는 것은 불가능한 것으로 여겨진다.

이런 이유로 작가는 독자로 하여금 자신의 작품을 읽어 주고, 그러면서 거기에 즉자적인 면을 부여해 주게끔 하는 조치를 취해야만 한다. 이런 조치가 호소, 증여, 너그러움으로 나타난다. 사르트르는 쓰기를 호소로 규정한다. 그런데 호소가 유효하기 위해서는 호소를 하는 자와 이 호소를 받는 자가 모두 주체성, 자유의 상태에 있어야 한다. 그러니까 작가와 독자 모두 주체성, 자유를 간직하고 있어야 하는 것이다. 문제는 이런 상태가 불가능하다는 것이다.[775] 하지만 작가가 자기 작품을 통해 독자에게 호소하는 경우, 이런 불가능한 상태가 해소되는 것으로 여겨진다. 왜냐하면 작가는 자기 작품을 통해 독자에게 호소를 하면서 그의 주체성과 자유를 인정하기 때문이다.

그럼에도 불구하고 작가는 자신의 주체성과 자유에 타격을 받지 않는다. 작가는 독자에게 자신의 작품을 매개로 삼아 호소하기 때문이다. 작가는 자신의 주체성, 정신, 혼, 곧 자신의 대자를 담고 있는 작품을 매개로 독자에게 호소한다. 그리고 작가의 호소를 받은 독자는 외관상 이 호소를 거절할 이유가 없다. 작가의 호소에 의해 독자는 이미 필요한 존재

---

[775] 작가와 독자가 직접 만나 각자의 시선으로 상대방을 바라보는 경우, 두 사람 모두 자유, 주체성의 상태에 있는 것은 불가능하다. 이것은 이미 사랑의 관계가 실패로 귀착된다는 사실을 통해 확인되었다.

로 여겨지기 때문이다. 이것은 독자의 잉여 존재가 작가의 요청에 의해 정당화되고 있음을 의미한다.[776]

문제는 호소 그 자체이다. 작가가 독자에게 하는 호소 안에 독자의 주체성과 자유에 대한 인정이 포함되어 있음은 분명하다. 하지만 작가는 호소를 통해 맺는 독자와의 관계에서 항상 우위에 있게 된다. 그 이유는 바로 호소에 요청 개념이 들어 있고, 또 이 요청 개념에는 인간들 사이의 위계질서가 수반되는 명령이 포함된 요구 개념이 들어 있기 때문이다. 그러니까 독자가 작가의 호소를 받아들이는 순간, 그는 작가의 명령, 즉 작가의 작품을 읽어 주고, 또 그 의미를 완벽하게 캐내야 하는 의무를 지게 되는 상황에 처하게 된다. 그렇게 되면 독자는 작가의 작품을 읽는 것을 항상 거절할 수 있다.

이런 상황에서 사르트르는 독자의 불만족을 해소하기 위해 호소에 이어 증여 개념을 제시한다. 사르트르는 작가의 쓰기를 증여와 동의어로 여긴다. 작가는 독자에게 자신의 작품을 준다. 다시 말해 작가는 그것을 독자의 너그러움에 내맡기어 거기에 즉자적인 면을 부여해 줄 것을 요청하는 것이다. 하지만 증여와 너그러움 개념에는 파괴 개념이 포함되어 있다. 누군가가 무엇인가를 누군가에게 너그러운 자세로 주는 것은 이것을 받는 자의 주체성과 자유를 굴종시키고 홀리기 위함이다. 이런 이유로 이제 자기 작품을 독자에게 주는 작가에게 남겨진 과제는 이런 파괴적인 힘을 없애거나 감소시키고자 노력하는 것이다.

사르트르는 이런 노력의 일환으로 작가에 대한 독자의 요구권을 제시한다. 독자 —현재 경제적 능력의 부족으로 교육을 받지 못한 잠재 독자

---

776 사르트르가 나와의 관계에서 타자가 가진 긍정적 역할에 대해 강조하기 시작한 것은 "실존주의는 휴머니즘이다"라는 제목의 강연을 통해서였다고 할 수 있다. 사르트르는 나에 대한 어떤 종류의 진리라도 그것을 파악하려면 타자를 거쳐야 한다고 주장하고 있다는 사실을 떠올리자.

를 가리킨다— 는 자신이 속한 사회의 지배 세력에 의해 자행되는 폭력과 억압을 드러내고 고발하면서 이 세력에게 변화를 촉구하는 내용을 작가가 그의 작품 속에 담기를 요구한다는 것이다. 작가는 독자의 이런 요구를 거절할 수가 없다. 그도 그럴 것이 이런 요구를 들어주지 않는다면 독자는 작가의 작품을 읽는 것을 언제든지 그만둘 수 있기 때문이다.

하지만 작가가 독자의 요구권을 받아들여 작품을 창작한다면, 그때 그들 사이에는 너그러움의 협약이 맺어지게 된다는 것이 사르트르의 주장이다. 이렇게 해서 작가의 주체성과 자유와 독자의 주체성과 자유가 서로 결합되고 일치하는 순간, 진정한 의미에서 문학작품이 탄생하는 순간으로 여겨진다. 또한 이 순간에 작가는 존재론적 안정감을 느끼게 되고, 독자는 같은 순간에 미적 희열을 느끼게 된다. 사르트르는 이처럼 작가와 독자 사이의 관계를 통해 "미학"과 "도덕"의 결합 가능성을 제시하기에 이른다.[777]

> (…) 미학과 도덕은 전혀 다른 것이지만, 미적美的 요청의 근저에는 도덕적 요청이 있는 것을 우리는 알 수 있다. 왜냐하면 글을 쓰는 사람은 쓴다는 수고를 한다는 그 사실 자체로 인해 독자의 자유를 인정하고, 또 읽는 사람은 책을 펼친다는 그 단 하나의 사실로 인해 작가의 자유를 인정하는 이상, 예술작품은 어떤 면에서 보더라도 인간의 자유를 신뢰하는 행위이기 때문이다. 그리고 작가와 마찬가지로 독자도 오직 자유가 드러나기를 요청하기 위해서만 자유를 인정하는 것이기 때문에, 작품은 세계에 대한 —이 세계가 인간의 자유를 요구하는 한에서— 상상적인 제시로 정의될

---

777 2차 세계대전 전에 사르트르는 미학과 도덕의 결합은 불가능하다고 말하고 있다는 점을 지적하자.(LIR, p.371.) 하지만 도덕적 전회 시기에 접어들어 참여 문학을 주장하면서 이 주장을 뒤엎고 있다.

수 있다.[778]

이 부분에 사르트르가 염두에 두었던 존재론적 도덕의 두 번째 층위에 해당하는 작가의 도덕의 핵심 내용이 집약되어 있다. 그에 의하면 『존재와 무』에서 예상되고, 『문학이란 무엇인가』를 거쳐 『도덕을 위한 노트』에서 제시되고 있는 작가의 도덕은 나-타자 사이의 갈등과 투쟁, 또 그 악순환의 고리를 끊을 수 있게 해 주는 나와 타자의 공동의 근본적 전회 위에 정립되는 것으로 여겨진다. 그런데 이 부분에서 사르트르는 이런 가능성이 미학 ―여기에서는 문학을 가리킨다― 을 통해 가능하다고 보고 있는 것이다.

작가가 쓴 작품을 매개로 그와 독자 사이에 맺어지는 관계에서 두 사람은 모두 근본적 전회를 하게 된다. 그들은 인간관계의 정립에서 극복 불가능한 것으로 여겨졌던 갈등과 투쟁의 당사자에서 서로 주체성과 자유를 인정하면서 너그러움의 협약을 맺는 당사자로 변신하게 된다. 그리고 이런 자격으로 두 사람은 각자의 주체성의 발산을 통해 문학작품을 탄생시킨다는 공동 과업을 수행하게 된다.

이런 공동 과업은 궁극적으로 작가와 독자가 함께 속해 있는 사회를 폭력과 억압이 없는 유토피아적 사회로 개조한다는 사르트르의 원대한 포부와도 맞닿아 있다. 사르트르는 이처럼 미학과 도덕의 결합을 통해 이른바 '목적의 도시cité des fins' ―이 도시는 당연히 존재론적 도덕의 지배하에 있다― 건설이 가능하다고 생각한다. 이를 위해 작가는 작품을 매개로 독자에게 호소하면서 협력을 구해야 하고, 또한 독자의 요구권을 반영해 작품을 집필해야 한다는 조건이 충족되어야 하는 것은 말할 나위가 없다.

그런데 『문학이란 무엇인가』에서 제시된 사르트르의 존재론적 도덕 정

---

778   SII, p.111.

립의 시도는 『도덕을 위한 노트』에 이르게 되면 문학작품의 창작에서 점차 예술 창작 전반으로,[779] 나아가 인간의 모든 행위로까지 확대되고 있다. 다시 말해 사르트르는 인간의 모든 행위를 창조 행위로 여기고,[780] 이를 바탕으로 그 자신의 존재론적 도덕의 정립을 계속 시도한다. 물론 『도덕을 위한 노트』에도, 작가가 창작한 작품을 매개로 독자와 맺는 관계에 대한 많은 설명이 포함되어 있기는 하다. 하지만 사르트르는 이 저서에서 문학보다는 오히려 예술 전체, 나아가 인간의 모든 행위가 갖는 창조적 특성에 더 주목하고 있는 것으로 보인다.[781]

사르트르의 존재론에서 인간은 자신을 미래로 기투하고, 그러면서 스스로를 창조하고 만들어 가는 존재로 여겨진다. 그때 이런 기투, 창조는 함이라는 실존의 세 범주 중 하나에 속한다. 이런 의미에서 인간은 그가 한 행위들의 총합으로 여겨진다. 그리고 이런 그의 행위들을 통해 유형, 무형의 결과물이 출현하게 되며, 그는 이 결과물을 통해서도 타자와 관계를 맺으면서 살아가는 것으로 이해된다.

사르트르에 의하면 이처럼 인간의 모든 기투와 창조, 곧 모든 행위의 결과물을 통해 타자와 맺어지는 관계에는, 문학작품을 통해 정립되는 작가-독자의 관계와 마찬가지로, 갈등과 투쟁이 아니라 오히려 협력과 상생, 화해의 가능성이 내포되어 있는 것으로 여겨진다. 한 인간이 자신의

---

779 사르트르는 『문학이란 무엇인가』에서 음악, 미술, 조각 등과 같은 예술 분야와 시를 제외한 산문, 곧 소설을 통한 참여의 가능성을 제시하고 있다. 그러면서도 자주 예술이란 단어를 단독으로 사용하고 있기도 하다. 예컨대 "타자에 의한, 타자를 위한 예술만이 있을 뿐이다"라는 문장이 대표적인 예다. 하지만 이 경우에도 예술은 문학, 그것도 소설로 좁게 해석되어야 하며, 이와 마찬가지로 타자도 독자로 이해되어야 한다.

780 CPM, p.129.

781 실제로 사르트르의 이런 입장은 "실존주의는 휴머니즘이다"라는 제목의 강연에서 이미 드러나고 있다고 할 수 있다. 그는 이렇게 말하고 있다. "예술(art)과 도덕(morale) 사이에 공통된 점이 있는데, 그것은 이 두 경우에서 우리에게는 창조(création)와 고안(invention)이 있을 뿐이라는 것이다."(EH, p.77.)

함, 곧 창조 행위를 통해 만들어진 결과물을 다른 인간에게 주고, 또 이 다른 인간이 그것을 받고 이용할 때, 그들 사이에는 작가와 독자 사이에서 작품을 사이에 두고 맺어지는 관계와 유사한 관계가 정립될 수 있다는 것이 사르트르의 주장이다.

이런 주장과 관련해 보부아르가 『애매성의 도덕을 위하여』에서 제시하고 있는 실존주의 도덕의 메커니즘은 흥미롭다. 그녀는 이 저서에서 한 인간의 실천, 곧 창조의 결과물은 타자의 미래의 기투와 창조에 방해 요소가 되기는커녕 그것들을 연장해 주기 때문에 오히려 도움이 되며, 또한 이런 메커니즘을 통해 나-타자 사이의 갈등과 투쟁 관계를 극복하고 상생, 화해, 공존으로 나아갈 수 있다고 주장하고 있다.[782]

> 타자와 나의 차이가 사라지고, 내가 타자의 업적을 나의 것이라고 부를 수 있는 것은, 나의 주체성이 무기력하거나, 폐쇄적이 되거나, 분리되어서가 아니다. 그것은 반대로 내가 타자를 향한 운동이기 때문이다. 나와 타자를 연결하는 관계, 나 혼자만이 이 관계를 만들 수 있을 뿐이다. 왜냐하면 나는 사물이 아니라 타자에게로 향하는 기투이며 초월이기 때문이다.[783]
>
> 자유들은 통일되어 있는 것도 대립되어 있는 것도 아니다. 분리되어 있을 따름이다. 한 명의 인간이 자기 주변에 다른 인간들을 위치시키면서 자기

---

782 이와 관련해 보부아르의 애매성에 대한 규정은 흥미롭다. "애매성의 개념은 부조리 개념과 혼동되어서는 안 된다. 실존이 부조리하다고 선언하는 것은 의미가 주어질 수 있다는 사실에 대해 거부하는 것이다. 반면에 애매하다고 말하는 것은 실존의 의미가 결코 고정되어 있지 않고 계속 쟁취되어야만 한다는 것을 확고히 한다는 점을 의미한다."(Simone de Beauvoir, *Pour une morale de l'ambiguïté* suivi de *Pyrrhus et Cinéas*, Gallimard. coll. Idées. 1974(1944), p.186.) "애매성의 도덕, 그것은 사람들이 분리되어 있기도 하지만, 동시에 서로 연결되어 있는 존재자들일 수도 있다는 사실, 그리고 그들의 개별적 자유는 모두에게 타당한 법으로 제정될 수도 있다는 사실을 선험적으로 부정하는 것을 거부하는 도덕일 것이다."(*Ibid.*, p.25.)

783 *Ibid.*, p.245,

위치를 잡는 것은 세계 속에 자신을 기투함으로써이다. 그때 연대 관계가 이루어진다.[784]

이와 마찬가지로 사르트르 역시 인간의 모든 행위는 결국 타자에 의해 대상화될 때 비로소 그 가치를 인정받게 되고, 또한 그 과정에서 서로 주체성과 자유를 신뢰하는 관계를 정립함으로써 그들이 함께 도덕적이고 인간적인 삶을 살아갈 수 있다는 주장을 편다. 이것이 그가 『문학이란 무엇인가』를 거쳐 『도덕을 위한 노트』에서 정립하고자 했던 존재론적 도덕의 두 번째 층위에 해당하는 작가의 도덕의 요체에 해당한다.

다만 『문학이란 무엇인가』에서 제시되고 있는 문학작품의 창작을 바탕으로 제시되고 있는 존재론적 도덕 ―작가의 도덕이며, 작가-독자의 도덕, 나아가 창작자-감상자의 도덕이라고도 할 수 있다― 과 『도덕을 위한 노트』에서 모든 인간의 행위, 곧 창조 일반을 바탕으로 제시되고 있는 존재론적 도덕 ―작가-독자 중심의 도덕이 아니라 모든 인간 중심의 도덕이다― 사이에는 다음과 같은 차이가 있는 것으로 보인다. 즉 전자의 도덕에서는 인간의 최종 목표, 즉 작가와 독자의 최종 목표가 있음의 범주, 곧 대자-즉자의 융합의 실현에 있는 반면, 후자의 도덕에서는 오로지 함의 범주에 있다는 차이가 그것이다. 이 차이는 작지만, 그 결과는 결코 작지 않은 것으로 보인다. 특히 창조 개념의 혁신과 타자 개념에 대한 인식의 변화가 그것이다.

사르트르의 실존의 주요 세 범주를 설명하면서 함의 범주는 가짐의 범주로 환원되고, 이 가짐의 범주는 다시 있음의 범주로 환원된다는 사실을 앞에서 지적한 바 있다. 이런 이중의 환원의 마지막 범주인 있음은 궁극적으로 대자-즉자의 결합, 곧 신이 되고자 하는 욕망과 같은 것이다. 그

---

784   *Ibid.*, p.282.

리고 『문학이란 무엇인가』에서도 이런 이중의 환원이 유효하다는 것을 보았다. 작가의 작품 창작의 목표는 이 작품을 소유하면서 대자-즉자의 융합, 곧 자신의 존재 근거에 해당하는 작품을 소유하고 또 읽으면서 자신의 잉여 존재를 정당화함과 동시에 이른바 신의 존재 양태, 곧 자기 원인자로 있고자 한다는 것이다.

하지만 『도덕을 위한 노트』에서는 이런 실존의 세 범주 사이의 이중의 환원이 작동하지 않는 것으로 보인다. 작가의 작품 창작과는 달리 모든 인간의 함, 곧 창조 행위의 결과물은 그들 각자의 소유 대상이 되는 것이 아니라 곧바로 다른 사람들에게 주어지는 것으로 이해된다. 그러니까 "창조는 증여의 과정processus de don"785과 동의어이다. 그 이상도 그 이하도 아니다.

『문학이란 무엇인가』에서는 작가의 작품은 먼저 자신의 소유 대상이 된다. 하지만 그 혼자만으로는 이 작품에 즉자적인 측면을 부여할 수가 없으며, 따라서 그는 이 작품을 통해 대자-즉자의 융합을 실현하기 위해, 즉 자기 원인자로 있기 위해 그것을 독자에게 줄 수밖에 없다. 그런데 독자는 예측 불가능한 자유이고, 그런 만큼 그가 작가의 작품을 읽어 주지 않을 가능성이 항상 존재한다. 이런 상황에서 작가는 자신의 작품을 독자에게 주면서 먼저 독자의 자유를 인정하고 신뢰하고,786 그 대가로 이 작품을 대상화시켜 달라고 요구한다.

작가의 이런 요구에는 정언명령이 포함되어 있고, 그 결과 그와 독자 사이에는 위계질서가 나타나게 된다. 반면, 독자는 이런 작가의 요구에

---

785   CPM, p.135.

786   다만 작가가 자신의 작품을 독자에게 줄 때, 그가 독자의 자유와 주체성을 인정하고 신뢰함에도 그 자신의 자유와 주체성은 그대로 유지될 수 있었다는 점을 기억하자. 왜냐하면 자신의 신체를 직접 독자의 시선하에 놓으면서 자신을 주는 것이 아니라, 그의 주체성, 영혼 등이 투사된 작품의 형태로 주기 때문이었다.

응하면서 자신을 위시해 이와 비슷한 상황에서 비인간적인 삶을 누리고 있는 이들, 즉 그와 같은 계급에 속하는 이들에게 필요한 것을, 또 그들이 영위하는 이런 삶으로 인한 고충을 작가의 쓰기에 반영해 달라고 요구한다. 이렇게 해서 작가-독자 사이에 너그러움의 협약이 맺어지게 된다.

그런데 『문학이란 무엇인가』에서 작가-독자 사이에 맺어진 이 너그러움의 협약은 함, 가짐, 있음의 범주 사이의 이중의 환원으로 인해, 즉 있음이 그 최종 목표이기 때문에, 결코 순수하지 않으며, 이렇게 말할 수 있다면 이들의 너그러움의 협약은 각자의 요구와 요청 등에 의해 오염된다. 이들의 너그러움의 협약은 순수한 상호주체성이 아니라 오히려 요청, 요구, 명령, 위계질서 등과 같은 독성이 배어 있는 개념들 위에 정립된다.

하지만 『도덕을 위한 노트』에서는 실존의 세 범주인 함, 가짐, 있음 사이의 이중의 환원이 모두 생략되는 것으로 보인다. 이 저서에서는 창조의 주체가 손수 창조해 낸 유형, 무형의 대상을 타자에게 그냥 주는 것으로 이해된다. 이렇게 하면서도 그는 이 타자에게 이 대상에 즉자적인 면을 부여해 달라고 호소하거나, 요청, 요구하지 않는다.

이때의 증여는 순수하고, 무상이고, 이해관계가 없으며, 따라서 변제가 전제되는 교환이 아니라[787] "그냥 주는 것donner pour rien"이다.[788] 그리고 모

---

[787] 이와 관련해 사르트르가 모스의 『증여론(Essai sur le don)』으로부터 큰 영향을 받고 있음에도, 이를 "고집스럽게" 드러내지 않고 있다는 사실을 지적하자.(Raoul Kirchmayr, "Don et générosité, ou les deux chances de l'éthique", op. cit., p.104.) 모스는 이 저서에서 증여가 세 가지 의무에 의해 규정되고 있다는 사실을 밝히고 있다. 주는 의무, 주는 것을 받아야 하는 의무, 받은 것과 최소한 동등한 가치를 가지는 것으로 갚아야 하는 의무가 그것이다. 모스는 이렇게 해서 '순수 증여(don pur)'는 없고, 모든 증여는 '경제적 이성(raison économique)'에 의해 지배되는 '교환(échange)'에 불과하다는 사실을 지적한다. 다만, 주는 것이 의무라는 점에 주목하면서 그로부터 도덕 정립의 가능성을 탐사한다. 사르트르 역시 『문학이란 무엇인가』에서는 모스의 영향하에 작가-독자의 관계에 주체성의 상호 인정과 신뢰와 그에 대한 대가라는 등식을 적용함으로써 그 자신이 정립하고자 했던 존재론적 도덕에서 증여, 너그러움의 의미를 반영하고 있는 것으로 보인다. 다른 한편, 사르트르는 『도덕을 위한 노트』에서 증여의 의미를 대가, 곧 변제의 의무가 동반되지 않는 행위로까지 승화시키고자 노력하고 있는 것으

든 사람 사이에서 이루어지는 이와 같은 무상의 증여, 대가 없는 증여, 곧 순수한 너그러움의 협약을 바탕으로 비로소 존재론적 도덕 ―이 도덕은 『문학이란 무엇인가』에서 드러난 작가의 도덕, 더 정확하게는 작가-독자의 도덕에서 한 발짝 앞으로 더 나아간 것이다― 이 정립될 수 있다는 것이 사르트르의 주장으로 보인다.

그런데 이처럼 『도덕을 위한 노트』에서 인간들 사이에 순수한 너그러움의 협약이 맺어질 수 있는 것은, 각자가 자신의 창조를 통해 대자-즉자의 융합을 실현하려는 목표, 곧 있음의 범주에 머무는 것을 거부하는 진정한 삶의 태도를 가지고 살아가는 자로 변신하면서 근본적 전회를 할 때 비로소 가능하다고 할 수 있다. 도덕은 보편적이어야 하고, 인간은 혼자서 도덕적일 수 없다고 주장한 바 있는 사르트르는 이제 이렇게 말하고 있다. "인간은 '혼자' 전회를 할 수 없다. 달리 말하자면 도덕은 모든 인간이 도덕적일 때만 가능할 뿐이다."[789]

이런 관점에서 보면 사르트르는 『문학이란 무엇인가』와 『도덕을 위한 노트』에서의 도덕 정립을 위한 시도에서 추상적이고 관념적 차원에 머물고 있으며, 나아가 어느 정도 낙관주의에 젖어 있다고 할 수 있다. 그도 그럴 것이 역사의 차원을 고려하게 되면, 『변증법』에서 잘 드러나고 있는 것처럼 다수의 인간에 의해 형성되는 군집은 희소성으로 인해 비존재, 곧 죽음의 상태로 떨어지지 않기 위한 그들 사이의 대립, 갈등, 투쟁의 장소일 수밖에 없기 때문이다. 그러니까 역사적 행위action historique, 즉 역사적

로 보인다. 모스의 증여 개념에 대해서는 다음을 참고하라. 변광배, 「기부문화의 이론적 토대: 모스, 바타이유, 데리다, 사르트르의 증여 개념을 중심으로」, 『프랑스학연구』, 44, 프랑스학회, 2008, 185-213쪽; 『나눔은 어떻게 인간을 행복하게 하는가: 모스에서 사르트르까지 기부에 대한 철학적 탐구』, 프로네시스, 2011.

788   Raoul Kirchmayr, *op. cit.*, p.127.

789   CPM, pp. 16, 487.

창조는 문학작품, 나아가 예술 작품의 창조에서 볼 수 있는 순수한 너그러움의 협정이 맺어질 가능성과는 달리 인간들의 관계가 평화, 화해, 공존보다는 항상 대립, 갈등, 투쟁으로 경도될 공산이 크다.

　이런 이유로 사르트르는 1949년 이후 존재론적 도덕의 집필을 포기할 수밖에 없었고, 또 1952년 『성자 주네』에서 존재론적 도덕과 역사를 결합하려는 노력에도 불구하고 도덕 정립의 불가피성과 불가능성을 확인하는 것에 그치고 있다. 그리고 1960년 출간된 『변증법』에 이르러서야 비로소 폭력 개념을 바탕으로 역사적 도덕을 정립하기에 이르게 된다.

d) 존재론적 도덕: 의의 및 한계

　지금까지의 논의를 종합해 보면 『도덕을 위한 노트』에서 정립이 시도되고 있는 존재론적 도덕은 『문학이란 무엇인가』에서 시도되고 있는 미학과 도덕의 결합을 통한 존재론적 도덕, 즉 작가의 도덕보다는 진일보한 것이라고 할 수 있을 것 같다. 특히 인간들 사이에 맺어지는 너그러움의 협약의 순수성이라는 면에서 그렇다. 비록 이 협약이 지니는 관념성, 추상성이라는 결함에도 불구하고 말이다. 실제로 나와 함께 수많은 사람이 살고 있는 현실 세계에서는 오히려 다음과 같은 메커니즘이 작동하고 있다고 할 수 있다.

　1) 나는 기존의 상황, 즉 죽었거나 살아 있는 다른 사람들에 의해 만들어진 창조물들로 이루어진 상황으로부터 출발해서 창조를 한다.[790]
　2) 나는 내 자신이 만든 창조물[791]을 다른 사람들에게 주고, 그들은 이

790　여기에는 이미 실천적-타성태 개념이 전제되어 있다.

791　사르트르는 『도덕을 위한 노트』에서 새로운 창조 개념을 제시하고 있다.(Alain Flajoliet, "Ontologie, morale, histoire", op. cit., pp.119-125.) 『존재와 무』와 『문학이란 무엇인가』의 차원에서 창조는 주로 인간실재의 미래로 향한 기투와 실존의 세 범주 중 하나인 함과 동의어로 여겨진다. 그런데 『도덕을 위한 노트』에서 "드러내는 것, 그것은 있는 것을 창조하는 것

창조물이 포함되어 이루어지는 상황에서 출발해서 그들의 창조물을 만들어 낸다.

3) 그들은 그들의 창조물들을 나에게 주고, 나는 나대로 이것들이 포함되어 이루어지는 상황에서 출발해서 나의 창조물을 만들게 된다.

4) 이 과정에서 같은 사회에서 살아가는 나와 그들, 즉 우리 모두는 서로가 서로의 창조의 출발점을 형성하며, 또 그 출발점에서 서로가 서로에게 도움을 주고 있다.

5) 호소에는 그 주체와 호소를 받는 자 사이의 자유와 주체성의 인정과

(Dévoiler, c'est créer ce qui est)"으로 여겨진다.(CPM, p.501.) 존재는 그 자체로는 어둠 속에 놓여 있다. 사르트르가 사용하고 있는 "존재의 밤(la Nuit de l'Etre)"(VE, p.19)이라는 표현에 담긴 의미가 그것이다. 그런데 사르트르는 이 존재가 스스로 '호소'하고, 또 대자존재인 인간이 이 호소에 응답하며, 이 응답 행위가 곧 이 존재를 어둠 속에서 꺼내고 드러내는 것이라고 주장한다. 그리고 이 존재를 드러내는 것이 창조이기 때문에, 이제 창조는 이중의 호소와 증여, 너그러움의 구조를 가지고 있다고 본다. 첫 번째 구조는 존재의 호소이다. 존재는 그 자체를 인간에게 주면서 호소한다. 그런데 이처럼 즉자존재가 호소를 한다는 것은 사르트르 사유의 일대 전환에 해당한다는 사실을 지적하자.(Alain Flajoliet, "Ontologie, morale, histoire", op. cit., pp.121-122.) 그리고 인간은 이 호소에 대한 응답으로서 존재를 드러내는 작업, 곧 창조를 한다. 그런데 그의 창조는 증여, 호소와 동의어이기 때문에, 그 결과물은 곧바로 다른 사람(들)에게 주어지는 것으로 이해된다. 물론 그때 그의 증여는 아무런 대가 없이, 무상으로, 이해관계 없이 행해진다. 그리고 타자(들)은 이런 창조물을 통한 호소, 증여를 아무런 변제의 의무 없이 받아들이고, 그것이 포함되어 형성되는 상황으로부터 출발해서 그 자신(들)의 창조 행위를 수행한다. 그리고 그들 역시 그들 자신의 창조물들을 다른 사람(들)에게 주면서 호소를 한다. 물론 이 다른 사람(들)에는 나도 포함되어 있다. 이렇게 해서 우리 모두가 함께 살아가는 사회에서 자유와 주체성의 상호 인정이 이루어지는 것이다. 이것이 바로 사르트르가 꿈꾸고 있는 도덕의 도시, 곧 목적의 도시의 모습에 해당한다. 어쨌든 이런 도시를 건설하는 과정에서 사르트르의 창조관과 타자에 대한 이해가 완전히 달라지고 있다는 사실을 지적하자. 그리고 이것은 나와 같은 공동체에서 사는 다른 사람들에게도 마찬가지로 적용된다. 물론 증여에는 파괴, 즉 타자의 주체성과 자유를 굴종시키고 홀리는 부정적 의미가 포함되어 있는 것은 사실이다. 하지만 모든 인간이 대자-즉자로 있음을 최후 목표로 삼지 않고 함, 곧 창조에만 집중한다면, 그들의 증여는 이제 목적의 도시를 건설할 수 있는 도덕 정립의 유력한 수단이 될 수도 있다는 것이 사르트르의 주장이다. 이런 점을 고려해 한 연구자는 사르트르에게서 증여, 너그러움이 "도전(défi)"이자 "축제(fête)"라는 '애매성'의 의미를 가지고 있다고 평가하고 있다.(Raoul Kirchmayr, op. cit., p.121.) 그리고 이런 애매성이 앞에서 언급한 보부아르의 애매성의 도덕에 포함된 의미와 일맥상통한다는 점을 지적하자.

신뢰가 전제되기 때문에, 다시 말해 순수한 너그러움의 협약 위에서 이루어지기 때문에, 나와 그들 모두는 같은 사회에서 도덕의 주체가 되는 근본적 전회를 단행하게 된다.

6) 이와 같은 우리 모두의 근본적 전회 위에 존재론적 도덕이 정립된다. 하지만 문제는 이런 메커니즘의 끝이 반드시 긍정적일 수만은 없다는 것이다. 인간들이 서로의 경쟁자가 되어 대립하고 투쟁하는 것이 오히려 현실에 더 가깝지 않을까? 이런 상황에서 이제 마지막으로 남은 과제는 과연 방금 살펴본 존재론적 도덕이 사회적, 역사적 차원에서도 유효할 수 있는가의 여부를 알아보는 것이다. 그러니까 미학(특히 문학)과 도덕이 결합되는 작가-독자의 개인적 차원에서 유효하다고 여겨지는 이런 도덕이 과연 폭력을 통해서만 정립되는 것으로 여겨졌던, 역사적 도덕이 정립되는 집단적 차원에서도 과연 그 효력을 발휘할 수 있는가의 문제가 그것이다. 요컨대 폭력이 아닌 비폭력적이고 평화스러운 수단에 의한 존재론적 도덕과 역사적 도덕의 결합, 곧 변증법적 도덕 또는 구체적 도덕의 정립이 가능한가의 문제가 그것이다.

여기에 대해서는 다음과 같은 두 가지 문제만을 지적하기로 하자. 하나는 사르트르에게서 존재론적 도덕의 정립을 가능케 해 주는 개인의 근본적 전회, 증여, 호소, 너그러움이 과연 집단적 차원에서 행해지는 것이 가능할까의 문제이다. 한 사회의 권력을 장악하고 있는 지배 세력, 또 이 세력의 중심에 위치한 유산계급의 구성원들이 자신들의 존재를 반영하고 있는 소유물을 피지배 세력과 무산계급의 구성원들에게 집단적으로, 그것도 그들의 주체성과 자유를 인정하면서 증여하고 호소하고 너그러움을 베푸는 것이 현실적으로 불가능해 보인다고 한다면, 이는 지나치게 비관적인 단정일까?

다른 하나는 설사 집단적인 차원에서 개인의 근본적 전회, 증여, 호소, 너그러움 등과 같은 평화적이고 비폭력적인 방법을 통해 융화집단, 곧 목적의 도시가 건설되는 것이 가능하다 해도, 이 집단 또는 이 도시가 평화적이고 비폭력적인 방식으로 유지되거나 지속되는 것이 과연 가능할지의 문제이다. 사르트르는 『변증법』에서 불행하게도 역사적으로 융화집단의 형성이 폭력에 의해서만 가능하다는 결론을 내리고 있다. 그리고 이렇게 형성된 집단의 유지는 서약이라고 하는 또 다른 하나의 폭력에 의지해 유지되고 지속된다고 보고 있다.

물론 한 사회에서 소집단, 가령 연극 공연,[792] 콘서트, 협동조합,[793] 취미동우회 등과 같은 소집단 차원에서 개인의 근본적 전회, 증여, 호소, 너그러움이 행해질 수도 있을 것이다. 하지만 한 사회 전체의 생산물, 곧 사회적 부를 두고 이해관계가 정면으로 충돌하는 대규모 집단 사이에서 이런 개인의 근본적 전회, 증여, 호소, 너그러움이 자발적으로 또 평화적으로 행해지는 것은 거의 불가능에 가깝다고 할 수 있을 것이다.[794]

또한 사르트르는 이런 평화적이고 비폭력적인 방법을 통해 융화집단, 곧 목적의 도시가 건설되는 것이 가능하다 해도, 이 집단 또는 이 도시가 평화적이고 비폭력적인 방식으로 유지되거나 지속되는 것이 불가능하다고 보고 있다. 그러니까 그는 『변증법』에서 역사적으로 융화집단의 형성이 서약이라는 형태의 또 다른 유형의 폭력에 의해서만 가능하다는 결론을 내리고 있다.

물론 사르트르는 증여와 이를 바탕으로 이루어지는 너그러움이 인간들

---

792 사르트르가 포로수용소에서 『바리오나』를 공연하면서 체험했던 융화집단이 그 좋은 예에 해당한다.

793 모스는 『증여론』에서 증여와 관련된 세 가지 의무 중에서 주는 것이 의무라는 사실에서 출발해 도덕의 정립 가능성에 주목했다는 사실을 앞에서 언급한 바 있다. 그런데 그가 들고 있는 예의 하나가 바로 노동조합이다.

794 Cf. 변광배, 「사르트르, 폭력 또는 글쓰기: 《톱니바퀴》를 중심으로」, 『외국문학연구』, 5, 외국문학연구소, 1999, 137-178쪽.

사이에서 최고의 가치, 곧 "정상에 있는au sommet" 가치를 지닌 관계라는 사실을 강조하고 있기는 하다.[795] 하지만 사르트르 자신이 비판하고 있는 것처럼 문학작품과 예술작품, 나아가 인간의 모든 행위를 창조 행위로 간주하면서 정립하고 있는 도덕, 즉 작가의 도덕, 작가-독자의 도덕, 예술가-감상자의 도덕, 인간들 사이의 순수한 너그러움의 협정 위에 정립되는 도덕은 모두 관념적, 추상적 도덕으로 여겨질 수밖에 없을 것이다.

역사의 차원을 고려하게 되면 이런 존재론적 도덕은 그저 인간들의 희망에 그칠 공산이 큰 것으로 보인다. 물론 이런 희망이 존재한다는 것은 인간관계의 변화에 아무런 가능성이 없는 것보다야 큰 위안이 된다는 사실을 부인할 수는 없을 것이다. 이와 관련해 사르트르는 이렇게 말하고 있다. "이 지옥에 이미 너그러움과 창조가 있다."[796]

이런 사실들을 종합적으로 고려하면 사르트르는 『존재와 무』 이후, 『문학이란 무엇인가』와 『도덕을 위한 노트』를 거쳐 『변증법』에 이르는 과정에서 추상적, 관념적이며, 특히 문학작품에 의거한 존재론적 도덕을 제시하는 데 부분적으로 성공하고 있지만, 궁극적으로 폭력에 의지하는 역사적 도덕의 가능성만을 제시하고 있으며, 이를 존재론적 도덕과 종합해 변증법적 도덕 또는 구체적 도덕을 정립하는 데는 실패하고 있는 것으로 보인다. 어쩌면 이것이 그가 염두에 두었던 도덕을 완성하지 못하고 중간에 포기한 결정적인 원인에 해당하는 것이 아닌가 한다.

---

[795] CPM, p.16.

[796] *Ibid.*, p.515.

4.

사르트르의 연극

4.1. 연극: 중요한 영역

앞에서 사르트르의 문학적 세계를 구성하고 있는 여러 영역 중 소설 『구토』와 참여 문학의 경전으로 여겨지는 『문학이란 무엇인가』를 중심으로 문학을 통한 개인의 구원과 이웃의 구원 문제를 살펴보았다. 또한 곧이어 살펴보겠지만 사르트르는 보들레르, 주네, 말라르메, 플로베르 등에 대해 비평 작업을 하고 있기도 하다. 그런데 그의 문학적 세계에서 다른 영역 못지않게 큰 비중을 차지하고 있는 또 하나의 영역이 존재한다. 연극의 영역이 그것이다.

사르트르가 관여했던 영역 전체를 일별하게 되면 연극의 영역이 철학, 소설, 문학비평 —곧 살펴볼 것이다— 지식인론 등의 영역에 비해 "제2의 열au second rang"[797]로 떨어진다는 인상을 받기 십상이다. 또한 1960년대에 정점을 찍은 후로 프랑스에서조차 사르트르의 극작품에 대한 관심이 현저히 줄어든 것은 부인할 수 없다. 더군다나 사르트르 자신도 한때 연극

---

797 TC, p.XI.

을 다른 문학 장르에 비해 "조금 열등한 장르un genre un peu inférieur"로 여기기도 했다.[798]

하지만 연극은 사르트르의 문학적 세계에서 소설과 문학비평과 거의 맞먹는, 아니 그 이상의 비중과 중요성을 가졌다는 것이 중론이다. 어쩌면 사르트르가 2차 세계대전 후에 프랑스와 세계에서 큰 명성을 얻은 것은 그의 연극에 힘입은 바가 컸다고 할 수 있다.[799] 물론 사르트르의 국내외적 명성은 실존주의에 관련된 강연, 철학과 문학에 관련된 저작 출판 등의 산물임에 틀림없다. 하지만 사르트르 자신의 실존주의 사유를 대중에게 널리 보급하는 데에는 어렵고, 두껍고, 지루한 철학 저서나 소설보다는 연극이 훨씬 더 효율적이었다.

특히 사르트르가 자신의 철학을 보급하고 또 2차 세계대전의 종전을 전후해서 참여의 기치를 높이 들었을 무렵에 연극이 작지 않은 역할을 했다. 급변하는 상황, 곧 "긴급성urgence"을 갖는 주제와 이런 주제에 시의적절하게 대응하면서 사회적 참여를 가능케 해 준 것이 바로 연극이었다.[800] 그가 1958년 『알토나의 유폐자들』 이후로 극작품 집필을 그만둔 데에는 이런 긴급성을 시의적절하게 파악하지 못한 것이 직접적인 원인이었던 것으로 보인다.

사르트르는 생전에 11편의 극작품을 썼다. 『바리오나』,[801] 『파리 떼』,[802]

---

798   LCA, p.237.

799   Jean-Paul Sartre, *Un Théâtre de situations*, Gallimard, coll. Essais, 1992. p. 10.(이하 TS로 약기한다.)

800   LCA, p.243.

801   우리나라에서 행해진 이 작품에 대한 연구로는 다음을 보라. 강충권, 「사르트르의 《바리오나》: 성사극에서 상황극으로」, 『프랑스어문교육』, 36, 한국프랑스어문교육학회, 2011, 261-281쪽.

802   우리나라에서 행해진 이 작품에 대한 연구로는 다음을 보라. 강충권, 「《파리 떼》에서 전개되는 변형의 유희」, 『프랑스어문교육』, 16, 한국프랑스어문교육학회, 2003, 281-299쪽; 윤정임,

『닫힌 방』,[803]『무덤 없는 주검』,『공손한 창부』,『더러운 손』,[804]『악마와 선한 신』,[805]『킨Kean』,[806]『네크라소프Nekrassov』,『알토나의 유폐자들』,[807]『트로이의 여인들Les Troyennes』[808] 등이다. 사르트르는 1959년 『알토나의 유폐자

「《파리 떼》의 신화 연구」,『한국프랑스학논집』, 48, 한국프랑스학회, 2004, 247-268쪽; 박선아,「엘렉트라 신화의 문학적 변용: 사르트르의 《파리 떼(Les Mouches)》와 유르스나르의 《엘렉트라 또는 가면들의 전략(Electre ou la chute des masques)》을 중심으로」,『프랑스학연구』, 47, 프랑스학회, 2009, 79-100쪽; 지영래,「오레스테스 신화의 변용을 통해 본 사르트르의 연극관」,『프랑스어문교육』, 35, 한국프랑스어문교육학회, 2010, 469-494쪽.

803   우리나라에서 행해진 이 작품에 대한 연구로는 다음을 보라. 강충권,「《닫힌 방》의 서사극적 특징에 대한 연구」,『프랑스어문교육』, 18, 한국프랑스어문교육학회, 2004, 345-363쪽.

804   우리나라에서 행해진 이 작품에 대한 연구로는 다음을 보라. 강충권,「《더러운 손》이 지닌 애매성의 문제」,『불어불문학연구』, 46, 한국불어불문학회, 2001, 1-22쪽; 오은하,「《더러운 손(Les Mains sales)》의 여성 문제 독해: 《제2의 성(性)》과의 관계를 중심으로」,『프랑스학연구』, 57, 프랑스학회, 2011, 111-138쪽; 장근상,「Les Mains sales의 메타연극성」,『불어불문학연구』, 91, 한국불어불문학회, 2012, 395-424쪽.

805   우리나라에서 행해진 이 작품에 대한 연구로는 다음을 보라. 김한식,「사르트르와 리쾨르: "악마와 선신"을 통해 살펴본 무신론의 문제」,『프랑스어문교육』, 21, 한국프랑스어문교육학회, 2006, 133-152쪽; 장근상,「《악마와 선신》과 폴 리쾨르」,『불어불문학연구』, 63, 한국불어불문학회, 2005, 217-238쪽; 윤정임,「《악마와 선한 신》에 나타나는 회심의 애매성」,『유럽사회문화』, 28, 인문학연구원, 2022, 5-35쪽; 오은하,「폭력 없는 증여라는 꿈: 사르트르,《악마와 선한 신》의 괴츠와 힐다」,『불어불문학연구』, 125, 한국불어불문학회, 2021, 81-113쪽.

806   우리나라에서 행해진 이 작품에 대한 연구로는 다음을 보라. 강충권,「사르트르의 《킨(Kean)》에서 제시되는 배우 역할의 다중성」,『프랑스어문교육』, 22, 한국프랑스어문교육학회, 2006, 229-243쪽; 윤정임,「사르트르의 《킨》 연구: 배우의 존재론에 관한 시론」,『프랑스학연구』, 60, 프랑스학회, 2012, 155-180쪽.

807   우리나라에서 행해진 이 작품에 대한 연구로는 다음을 보라. 변광배,「사르트르와 '아버지의 법'의 해체」,『불어불문학연구』, 46, 한국불어불문학회, 2001, 309-348쪽; 조영훈,「사르트르의 전쟁의 글쓰기와 미학: 《자유의 길》과 《알토나의 유폐자》를 중심으로」,『프랑스학연구』, 56, 프랑스학회, 2011, 123-154쪽; 「사르트르의 전쟁의 글쓰기와 주변부 인물: 《유예》와 《알토나의 유폐자》를 중심으로」,『프랑스학연구』, 59, 프랑스학회, 2012, 239-268쪽; 「사르트르의 《알토나의 유폐자》에 나타난 시공간과 과거 회상 기법」,『프랑스학연구』, 74, 프랑스학회, 2015, 291-326쪽; 오은하,「《알토나의 유폐자들》의 부재하는 어머니」,『불어불문학연구』, 90, 한국불어불문학회, 2012, 159-195쪽; 「사르트르의 《알토나의 유폐자들》: "하나 더하기 하나는 하나"」,『불어문화권연구』, 25, 불어문화권연구소, 2015, 221-261쪽; 장근상,「사르트르의 서사-드라마극: 《알토나의 유폐자들》을 중심으로」,『불어불문학연구』, 104, 한국불어불문학회, 2015, 337-370쪽.

들』을 끝으로 극작품 집필에서 손을 뗀다. 『킨』은 알렉상드르 뒤마의 작품 『킨 또는 무질서와 천재*Kean ou Désordre et génie*』를, 『트로이의 여인들』은 에우리피데스의 작품을 각각 각색한 것이다. 그럼에도 불구하고 사르트르는 말년에 "내기*Le Pari*"라는 제목의 극작품을 쓰지 못한 것을 못내 아쉬워하고 있다.[809]

여기에서는 이처럼 사르트르의 문학적 세계서 큰 비중을 차지하고 있는 연극과의 조우, 특징, 그리고 11편의 작품 중 『무덤 없는 주검』과 『알토나의 유폐자들』을 통해 이 작품들이 각각 공연될 당시의 긴급한 주제와 그것을 다루는 극작술 등을 살펴보고자 한다. 이런 작업은 사르트르의 다른 극작품들에 대한 감상과 이해를 위한 길라잡이 역할을 할 수 있을 것이다.[810]

4.2. 연극과의 조우

연극은 사르트르에게 어렸을 때부터 아주 친숙한 분야였다고 할 수 있다.[811] 앞에서 보았듯이 그는 어린 시절에 자신의 존재 정당화를 위해 가족 코미디나 유희를 수시로 펼쳤기 때문이다. 물론 일상이 되다시피 한 이런 종류의 코미디나 유희가 참다운 의미에서 연극을 위한 연기演技와는

---

808 우리나라에서 행해진 이 작품에 대한 연구로는 다음을 보라. 강충권, 「사르트르의 《트로이의 여인들》에 나타나는 탈신화적 특성」, 『불어불문학연구』, 64, 한국불어불문학회, 2005, 29-48쪽; 오은하, 「사르트르와 카산드라: 《트로이아 여인들》」, 『불어불문학연구』, 111, 한국불어불문학회, 2017, 33-61쪽.

809 TS, pp.11, 256-257.

810 사르트르의 극세계에 대한 연구, 특히 역사와의 관계에 대해서는 다음을 보라. 장근상, *L'utilisation de l'histoire dans le théâtre de Jean-Paul Sartre*, Université de Paris X-Nanterre, 1990.

811 TS, p.12.

구별되어야 마땅할 것이다. 하지만 그는 어린 시절에 자신을 포함해 주위의 어른들뿐만 아니라 모든 것이 유희를 하고 있다는 생각을 갖는다. 단편집 『벽』의 다섯 번째 작품 「어느 지도자의 어린 시절」의 중심인물인 뤼시앵의 다음과 같은 세계 인식은 그대로 풀루에게도 해당된다.

> 병이 나았을 때 뤼시앵에게는 고아 놀이를 하는 버릇이 생겼다. 그는 잔디밭 가운데 마로니에 나무 아래 앉아 손에 흙을 쥐고 생각했다. '나는 고아야. 이름은 루이고, 6일째 아무것도 못 먹었다.' 하녀 제르멘이 점심 먹으라고 그를 불렀다. 그는 식탁에서도 놀이를 계속했다. 하지만 아빠와 엄마는 아무것도 눈치채지 못했다. 그를 소매치기로 만들려는 도둑들에게 붙잡혔는지도 모를 일이었다. 식사가 끝나면 도망쳐 그들을 고발할 것이다. 뤼시앵은 아주 조금 먹고 마셨다. 『수호천사의 여인숙』이라는 책에서 굶주린 사람의 첫 끼니는 가벼워야 한다는 것을 읽은 적이 있었다. 이런 놀이가 재미있었다. 모든 사람이 연극을 하기 때문이었다. 아빠와 엄마는 아빠와 엄마가 되는 연극을 했다. 엄마는 귀여운 아들이 밥을 아주 적게 먹는다고 걱정하는 척 연극을 했고, 아빠는 신문을 읽으며 가끔 뤼시앵의 얼굴 앞에 손가락을 흔들면서 '그래, 착한 애지!' 하고 말하는 연극을 했다. 그리고 뤼시앵도 연극을 했지만, 더 이상 무슨 연극을 하는지 몰랐다. 고아 연극? 아니면 뤼시앵인 척하는 연극? 그는 물병을 바라보았다. 물병 밑바닥에서 작은 불빛이 있었다. 그것은 마치 아빠의 커다랗고 번쩍이는 손이, 짧고 검은 털이 난 손가락과 함께 물병 속에 있는 것 같았다. 뤼시앵은 갑자기 물병도 물병이 되는 연극을 한다는 인상을 받았다.[812]

---

812 Jean-Paul Sartre, "L'Enfance d'un chef", *Le Mur*, in OR, pp.317-318.

"세계는 극장이다Theatrum mundi."[813] 조금 길게 인용된 이 부분에서 엿볼 수 있는 뤼시앵의 세계 인식은 정확히 이렇게 요약될 수 있을 것이다. 그렇다. 인간은 인간이 되는 연기를 하고, 사물은 사물이 되는 연기를 한다면, 인간과 사물로 구성된 이 세계는 당연히 극장일 것이다. 사르트르는 어린 시절부터 이런 환경 속에서 성장했다. 앞에서 그가 가족 코미디나 유희를 하게 된 것은 샤를을 비롯해 주위 어른들에게 환심을 사기 위해 강요된 것이고, 또 그 목적은 자신의 존재 정당화에 있다는 사실을 지적한 바 있다. 하지만 가족을 벗어나 바깥세상으로 조금씩 나아가면서도 사르트르는 연극의 필요성을 느끼게 된다.

이와 관련해 사르트르의 9세 때 경험은 흥미롭다. 그때까지만 해도 상당히 귀여웠던 풀루[814]는 주위 어른들은 물론이고 또래 여자아이들의 관심을 한 몸에 받았다.[815] 이런 상태를 계속 유지하기 위해 풀루는 인형극 놀이를 하기도 했다. 안마리가 그에게 인형을 사 주었고, 풀루는 돈이 생길 때마다 다른 종류의 인형을 구입했다. 그리고 풀루는 그 시기에 어린이용 책에서 인형극에 대한 장면을 보고 그 장면을 그대로 구현해 보고자 했다. 먼저 집의 화장실에서 그랬다. 그리고 마침내 뤽상부르 공원으로까지 진출했다. 사르트르와 대담을 했던 베르나르 도르는 사르트르의 그때의 경험을 "연극과의 첫 접촉premier contact avec le théâtre"[816]이라고 표현한다. 사르트르의 얘기를 들어보자.

---

813 TC, p.XI.

814 사르트르가 사팔뜨기라는 사실은 앞에서 언급한 바 있다. 안마리는 풀루의 머리를 길게 해서 점차 사시가 되어 가는 아들의 신체적 결함을 감춰 주려고 노력했던 것으로 보인다. 하지만 샤를이 이런 노력에 찬물을 끼얹는다. 샤를이 풀루를 이발소로 데려가 그의 긴 머리를 자르게 했던 것이다. 이렇게 해서 "보물"이었던 풀루가 "두꺼비"가 되어 버렸고, 안마리는 샤를의 행동을 못마땅해하면서 방으로 가서 울기만 했다.(LM, pp.56-57.)

815 CDG, pp. 552.

816 TS, p.239.

점점 나는 대담해졌다. 나는 수건과 마리오네트들을 뤽상부르 공원으로 가져갔다. 나는 '영국 정원'의 한 산책로에 있는 의자를 골랐다. 나는 의자 뒤에 웅크리고 몸을 숨겼다. 가져간 수건으로 의자의 다리를 가렸다. 그리고 나는 들어 올린 손에 연결된 인형들이 의자 등받이 위로 나타나게 했다. 이렇게 해서 의자는 아주 그럴듯한 작은 무대로 변했다. 나는 인형극 놀이를 했고, 소리 높여 말을 했다. 마치 나 혼자를 위해 말하는 것처럼 말이다. 하지만 나는 내가 기대하는 바를 알고 있었다. 첫 공연부터 15분이 지나자 다음과 같은 일이 일어났다. 아이들이 그들의 놀이를 그만두고 얌전하게 의자들 위에 앉아 주의 깊게 이 공짜 구경거리를 주시한 것이다.[817]

사르트르는 이런 방법으로 한 여자아이를 사귀게 되었고, 이 아이가 그의 말대로 "약혼녀"가 되기도 했다.[818] 또한 풀루는 9세 때 배우로서도 무대에 서는 경험을 한다. 샤를이 애국적인 내용의 대본을 쓰고, 이를 바탕으로 10명의 아이가 무대에서 연극을 하게 되었다. 그때 풀루는 관객들의 마음에 들기 위해 열심히 연기를 했다.

하지만 풀루는 과유불급의 행동을 하고 만다. 다른 역할을 맡은 아이에게 어른들의 관심이 집중되자 풀루는 연극이 끝나고 난 뒤에 시기심에 그 아이의 수염을 잡아당기는 행동을 하게 된다. 풀루는 그로 인해 어른들의 빈축을 사고 만다.[819]

사르트르가 9세경에 겪은 이 두 경험이 소기의 성공을 거두었는가의 여부는 중요하지 않다. 여기에서 중요한 것은 오히려 그가 어린 시절에 가족 코미디나 유희가 아닌 연극다운 연극의 세계에 첫발을 내디뎠다는

---

817   CDG, p.553

818   *Idem*.

819   LM, pp.56-57.

것이다. 그가 연극의 여러 요소, 가령 각본, 연출, 무대, 배우, 관객 등의 요소가 모두 갖춰진 연극을 몸소 체험한 것이다. 이런 의미에서 위의 두 경험은 그의 극세계와의 만남의 시원에 해당한다고 할 수 있을 것 같다.

이런 경험에 이어 사르트르의 연극에 대한 관심은 그 뒤로도 간헐적이지만 중단되지 않고 이어진다. 사르트르는 라로셸에서 소가극^{opérette}을 직접 쓰기도 하고, 또 시민회관에서 관람하기도 했다고 회상하고 있다. 그의 연극에 대한 관심은 고등사범학교 시절에도 계속 이어졌다. 이 시기에 그는 다른 친구들과 함께 학교 축제에서 이른바 풍자극을 쓰고, 연출에도 관여하고, 의상을 준비하고, 무대에서 직접 연기를 하기도 했다.[820]

이렇듯 간헐적이지만 계속 이어지던[821] 사르트르의 연극에 대한 관심은 1934년 독일 체류를 마치고 보부아르와 함께 한 여행 중에 관람했던 한 편의 작품을 계기로 좀 더 커지게 된다. 이 작품은 오버아머가우 Oberammergau에서 관람했던 『예수 수난극^{Passion}』이었다. 오버아머가우는 독일의 남쪽 바이에른 알프스 지역에 자리한 조그마한 마을의 이름이다. 1633년 이 마을 주민들이 당시 창궐하던 페스트를 물리치기 위해 신에게 서원했는데, 페스트가 물러나는 기적이 일어났다. 이를 기념하기 위해 이 마을에서는 1634년부터 10년마다 예수 수난극이 공연되었고, 지금도 계속 되고 있다.

그런데 1934년 사르트르와 보부아르는 이 수난극의 공연을 관람하게 되었다. 보부아르는 이 수난극이 "대단한 연극이었다$^{c'était\ du\ grand\ théâtre}$"였

820　Jean-François Sirinelli, *op.cit.*, pp.82-86.

821　사르트르의 회상에 의하면 고등사범학교 재학 시절 또는 군복무 시절에 두 편의 희곡을 썼다. 『나는 멋진 장례식을 치를 것이다(*J'aurai un bel enterrement*)』와 『에피메테우스(*Ephimétée*)』가 그것이다. 또한 학창 시절의 친구의 증언에 의하면 사르트르는 『힘없는 예언(*Vaticiner sans pouvoir*)』이라는 극작품을 썼다고 한다. 하지만 현재 이 세 편의 원고는 분실된 상태이다.(TS, p.241.)

다고 회상한다.[822] 사르트르도 이 『예수 수난극』으로부터 많은 영감을 얻은 것으로 보인다. 사르트르 연구자 중 한 명인 콩타는 그때의 경험이 사르트르의 극작품 전체에 적지 않은 영향을 주었음을 강조하고 있다. 콩타는 특히 그때의 경험이 사르트르의 극작품 전체에 암묵적으로 제시되어 있는 그리스도 '수난'의 주제와도 연결되었음을 지적하고 있다.[823]

하지만 사르트르의 극작가로서의 이력에서 결정적인 사건은 1940년 크리스마스에 포로수용소에서 공연된 『바리오나』이다. 콩타의 표현을 빌리자면 이 작품의 공연은 연극에 대한 사르트르의 '초석적 경험une expérience fondatrice'에 해당한다. 실제로 사르트르는 이 작품의 공연을 거의 주도했다. 대본을 쓰고, 연출을 하고, 의상, 분장 등에 관여하고, 배역을 맡기도 했다. 이 작품을 공연한 의도는 전쟁에서 패하고 포로가 된 동료들을 위로하는 것이었다. 이를 위해 사르트르는 기독교적 색채가 가미된 내용을 무대에 올렸다.

특히 사르트르는 이 작품을 무대에 올리면서 그 이후에 그의 삶과 사상에서 아주 중요한 의미를 부여받는 하나의 체험을 하게 된다. 바로 융화집단, 곧 모든 사람이 하나가 되는 경험이 그것이다. 즉 '우리' 형성의 체험이다. 앞에서 살펴본 것처럼 사르트르의 사유에서 인간들 사이의 관계는 갈등, 대립, 투쟁에 노출되어 있다. 개인적 관계에서도 그렇고 집단적 관계에서도 그렇다. 그런데 사르트르는 포로수용소라는 극한의 상황에서 우리가 형성되는 경험을 한 것이다. 사르트르는 『바리오나』 이후 극작품을 집필하고 공연하면서 『바리오나』가 공연되었던 포로수용소에서 체험한 극작가, 배우, 스탭, 관객 —특히 기독교 신자들과 비신자들— 등이 모두 하나가 된 경험을 되살리고 싶어 했고, 이것이 그를 극세계에 머물

---

822   FA, p.203.

823   TC, pp.XXIII-XXIV.

게 한 가장 중요한 원동력이었다고 할 수 있다.[824]

4.3. 세 가지 특징

이런 시원과 배경하에서 축조된 사르트르의 극세계는 어떤 특징을 가지고 있을까? 바꿔 말해 어떤 점이 '사르트르적' 연극을 만들어 내는가? 크게 다음 네 가지 특징을 지적할 수 있을 것 같다.

첫째, "20세기의 연극théâtre du 20e siècle"[825]이라는 점이다. 이것은 그의 연극이 20세기에서 가장 훌륭하다거나 가장 중요하다는 것을 의미하는 것이 아니다. 이 표현은 레비가 21세기가 시작되는 시점에 출간한 사르트르의 철학적 전기인 "사르트르의 세기"라는 제목을 참고한 것이다.[826] 실제로 사르트르는 20세기의 인물이며, 그런 만큼 그의 극작품에서도 20세기를 특징짓는 여러 요소, 가령 "세기의 병mal du siècle"이라고 지칭할 수 있는 "폭력, 거짓, 강간, 고문, 전쟁, 정치적 암살, 살해, 자살, 이성과 반이성" 등이 주요 관심사가 되고 있다.[827]

물론 사르트르의 연극을 "20세기의 연극"으로 규정하는 것에 대해서는 반론이 제기될 수 있다. 먼저 사르트르가 20세기를 온전히 대표하는 인물은 아니라는 점이다. 사르트르가 세상을 떠난 1980년부터 세기말까지 20년 동안의 변화가 그 이전의 80년 동안의 변화보다 더 급속하고 더 광범위하기 때문이다. 또한 방금 지적한 20세기를 특징짓는 요소들, 즉 폭력, 거짓, 강간, 고문, 전쟁, 정치적 암살, 살해, 자살, 이성과 반이성 등이

---

824 ES, p.148.

825 Cf. TC, p.XII.(콩타는 단순히 "세기의 연극(théâtre du siècle)"이라는 표현을 사용하고 있다.)

826 앞에서 언급한 것처럼 나는 이 책을 『사르트르 평전』이라는 제목으로 바꿔 번역, 출판한 바 있다.

827 *Ibid.*, pp.XII-XIII.

반드시 20세기에만 해당하는 것도 아니다.

하지만 20세기가 극단의 세기, 폭력의 세기 등으로 규정되는 점에 비춰 보면 이런 요소들이 20세기를 특징지으며, 이런 요소들을 극화시키기 위해 노력했던 사르트르의 연극에서 20세기적 색채가 아주 짙게 드러난다는 것은 부인할 수 없다. 셰익스피어가 말한 것처럼 "연극은 시대의 냄새를 풍긴다The Play reeks of the time"[828]는 의미에서 그렇다. 실제로 사르트르는 『알토나의 유폐자들』의 공연 이후 한 대담에서 이렇게 말하고 있다. "나는 20세기가 조금씩 사라져 감에 따라 우리의 시대를 느끼게 하려고 노력할 겁니다…."[829]

사르트르의 연극을 아우르는 두 번째 특징은 이른바 '주제극théâtre à thèse'이라는 점에서 찾아볼 수 있다. 앞에서도 언급한 것처럼 그는 실존주의, 현상학적 존재론, 구조적, 역사적 인간학 등에 관계된 자신의 철학적 사유를 대중에게 보급하기 위해 연극을 이용했다. 이런 이유로 그의 극작품들에는 그에게 익숙한 철학적 개념들, 가령 우연성, 무상성, 존재 정당화, 자유, 자기기만, 시선, 타자, 신체, 사디즘, 마조히즘, 실천적-타성태, 집렬체, 융화집단, 서약 등에 관련된 주제들이 넘쳐난다.

이런 시각에서 사르트르의 연극은 "지적 연극théâtre intellectuel", "사고력을 요구하는 연극théâtre intelligent", "철학적 연극théâtre philosophique", "실존주의 연극théâtre existentiel" 등의 용어로도 지칭될 수 있을 것으로 보인다. 게다가 이런 성향으로 인해 그의 극작품들을 감상하고 이해하기 위해서는 그의 철학에 대한 충분한 숙지가 필요하다. 게다가 그는 "사유할 줄 알고 또 토론할 줄 아는 사람들을 무대에 올리는 것"[830]이 중요하다고 생각한다. 또

---

828   *Ibid.*, p. XII.

829   TS, p. 112.

830   TC, p. XXVII.

한 그렇게 함으로써 무대 위에서 연출되는 장면들을 보는 관객들에게 자신의 삶과 자신의 상황을 반추하고 성찰할 수 있는 기회를 줄 수 있다는 것이 그의 생각이기도 하다.

사르트르의 연극이 가지는 세 번째 특징은 그의 연극이 "상황극théâtre de situations"[831]이라는 점이다. 이 특징을 잘 이해하기 위해서는 상황극의 핵심에 해당하는 '상황' 개념에 대한 이해가 필수적이다. 상황이 사르트르의 전체 철학을 관통하는 개념이라는 점은 그의 철학을 살펴보면서 이미 언급한 바 있다. 인간은 세계-내-존재이고, 그런 만큼 그는 상황 속에 있으며, 이런 상황 속에서 자유롭게 자기 자신을 창조하고, 선택해 나간다는 것이 사르트르의 생각이었다. 사르트르는 『존재와 무』를 위시해 『변증법』, 『도덕을 위한 노트』에서 예외 없이 인간의 존재론적 상황, 사회적, 역사적 상황, 도덕적·윤리적 상황 속에서 인간에 대한 이해를 시도하고 있다.

사르트르가 내세우는 상황극도 이런 시도의 연장선상에 있다. 그의 말을 들어 보자.

> 따라서 극작품의 주요한 자양분은 박식한 '극언어'로 표현되는 성격이 아니고, 우리의 모든 맹세(흥분하기 쉬운 맹세, 비타협적 맹세, 충실한 맹세 등) 이외의 다른 것이 아닌 성격도 아니며, 그것은 바로 상황이다. (…) 하지만 인간이 주어진 상황에서 자유로운 것이 사실이라면, 그리고 인간이 그런 상황 속에서 또 그런 상황에 의해서 자기 자신을 선택하는 것이 사실이라면, 연극에서 인간적이며 단순한 상황들과 그런 상황들에서 선택되는 자유들을

---

831 "상황극"은 사르트르의 연극에 대한 담론, 강연, 대담, 작품 해설 등을 모아 놓은 저서의 제목이기도 하다. 지금까지 TS로 약기한 사르트르의 *Un Théâtre de situations*이 그것이다. 이 저서는 사르트르 연구자 리발카와 콩타에 의해 편찬되었다.

보여 주어야 한다. 성격은 막이 내린 후에 생겨난다. (…) 연극이 보여 줄 수 있는 가장 감동적인 것은 인생 전체와 도덕을 구속하는 자유로운 결정의 순간과 선택의 순간이며 그리고 성격이 형성되는 과정이다. 상황은 호소이고, 상황은 우리를 에워싼다. 상황은 해결책을 우리에게 제시하고, 우리로 하여금 결정하도록 한다. 그 결정이 지극히 인간적이며, 인간의 총체성을 문제 삼을 수 있도록 매번 한계상황들을 무대에서 보여 주어야 한다. 다시 말하면 죽음이 그중 하나인 양자택일을 묘사하는 한계상황들을 보여 주어야 한다. (…) 모든 관객의 동질성이 실현되는 경우에만 연극이 존재할 뿐이기 때문에 상황들이 모든 사람에게 공통적인 것이 될 수 있도록 아주 일반적인 상황들을 찾아야 한다. 인간들에게 단 두 가지 해결책만을 남겨 두는 극단적이고 보편적인 상황 속에 그들을 빠뜨리고, 그들이 출구를 선택하면서 자신을 선택하도록 해 보라. 그러면 당신은 승리하고, 그 극작품은 훌륭한 것이 될 것이다. (…) 내가 보기에 극작가의 임무는 이런 한계상황 중에서 관심사를 가장 잘 표현하는 상황을 선택하는 것, 그리고 몇몇 자유에서 제기되는 질문을 관객에게 제시하는 것이다.[832]

조금 길게 인용된 이 부분에서 잘 드러나 있듯이 사르트르에 의하면 상황극에서 중요한 요소는 크게 다음 세 가지로 요약된다.

첫째, 인간의 심리와 성격을 무대 위에서 직접 보여 주는 대신에 극적 긴장과 감동을 극대화하기 위해 한계상황이지만 보편적인 상황을 제시한다. 둘째, 등장인물들이 각자의 자유와 권리를 가지고 그 상황을 헤쳐 나가는 과정을 보여 준다. 셋째, 이를 통해 관객들이 자신의 위치와 상황을 돌아보고 성찰하는 것을 유도한다. 요컨대 사르트르가 내세우는 상황극에서 연극적 감동은 무엇보다도 극작가가 한계적임과 동시에 보편적

---

832   TS, pp.19-21.

인 상황을 만들어 내는가의 여부에 달려 있다고 할 수 있다.

사르트르의 연극을 지배하는 또 하나의 특징은, 그가 다양한 극작법의 실험, 무대장치의 획기적 변화보다는 오히려 연극의 내용을 더 강조한다는 것이다. 이와 같은 특징은 그에게서 일회적인 무대 공연보다도 어쩌면 장시간 보존이 가능한 연극 대본, 곧 '책'의 존재에 더 큰 의미를 부여하는 것으로 이어지기도 한다. 이와 관련해 다음과 같은 일화는 흥미롭다. 『알토나의 유폐자들』의 공연이 한창이던 중에 사르트르는 갓 출간된 책을 보이면서 "중요한 것은 바로 이 책이에요"라고 말했다는 일화가 그것이다.[833] 이 일화는 사르트르에게서 '문학작품', 곧 '책'의 존재가 어떤 의미를 가지는가를 단적으로 보여 준다고 하겠다.

앞에서 사르트르에게 문학작품은 종교적 구원, 영원성, 불멸성을 보증해 주는 대용물이라는 사실을 지적한 바 있다. 물론 연극의 결과는 직접적, 즉각적이다. 극작가가 자신의 극작품의 공연을 감상하기 위해 극장에 온 관객들의 모습을 직접 볼 수 있고, 또 한눈에 많은 관객의 수를 확인할 수 있는 것은 사실이다. 반면 작가 ―소설가― 는 그의 책 ―소설― 을 읽는 독자를 거의 직접 볼 수 없을 뿐만 아니라 그 수도 서서히 늘어나는 경우가 많다. 하지만 사르트르는 무대에서 시간의 지배를 받으면서 일회적 공연으로 끝나고 마는 공연보다는 더 오래 독자들의 읽기의 대상이 되는 책의 존재에 더 큰 의미를 부여한다.

이렇듯 사르트르의 연극에서는 무대에서의 공연보다는, 따라서 무대 위에서의 여러 실험적 시도보다는 오히려 읽기의 대상으로서의 극작품의 존재와 그 내용에 더 큰 비중을 두는 특징이 두드러진다.[834] 실제로 사르트르의 작품 중 『악마와 선한 신』, 『알토나의 유폐자들』은 각각 공연 시

---

833   *Ibid.*, p.10.

834   *Idem.*

간이 3시간 이상이며, 책도 포켓판으로 350쪽을 상회한다.

　그렇다고 해서 사르트르가 극작법이나 극이론에 대해 전혀 신경을 쓰지 않았다거나 빈약한 지식을 가지고 있었던 것은 결코 아니다. 사르트르는 유명한 배우이자 연출가였던 샤를 뒬랭을 위시해 다른 연출가들에게 연극에 대해 많은 것을 배웠다. 또한 뒬랭에 의해 설립된 연극예술학교에서 사르트르는 1942-1943년 사이에 극작술을 강의하기도 했다.[835]

　사르트르는 또한 그와 동시대에 활동했던 수많은 극작가의 작품과 유행했던 극작법과 극이론에 대해서도 해박한 지식을 가지고 있었다. 라신, 코르네유, 볼테르, 위고 등의 고전극, 알프레드 자리를 위시한 20세기 초 초현실주의자들의 연극, 베케트, 이오네스코 등으로 대표되는 1960년대 부조리극, 브레히트로 대표되는 서사극 등에도 정통했다.

　『상황극』에 들어 있는 각종 대담, 연극에 관련된 담론, 강연 등이 그 중거이다. 하지만 사르트르는 서양 연극사의 오랜 전통 중 하나인 삼위일체의 법칙을 준수하고 있으며, 대사, 문체 등에서도 지나치게 수사적이지 않고 간결하며 명료한 극언어를 사용하고 있다.[836] 이와 같은 노력은 모두 사르트르의 극세계에서 중요한 것은 형식, 곧 극작법보다는 오히려 내용, 곧 그 주제라는 것을 극명하게 보여 준다.

4.4. 연극 읽기(1): 『무덤 없는 주검』

a) 『무덤 없는 주검』의 주변

　『무덤 없는 주검』은 『파리 떼』, 『닫힌 방』에서 이어지는 사르트르의 세 번째 극작품이다. 포로수용소에서 쓴 『바리오나』로부터 따지면 『무덤 없

835　TC, p.XLVIII.

836　이와 같은 취향은 사르트르가 뒬랭으로부터 받은 영향의 결과라고 할 수 있다.(TC, p.XXII.)

는 주검』은 그의 네 번째 극작품이다. 1946년 11월 8일 처음 공연된 이 작품은 4막 21장으로 구성되어 있다. 사르트르는 이 작품을 통해 2차 세계 대전이 끝난 지 채 1년이 안 된 상황에서 벌써 전쟁의 참상, 특히 고문을 잊어버리는 것에 경종을 울리고자 했다.

옛 대독협력자들이 머리를 들기 시작했을 때, 사르트르는 기억을 새롭게 하고자 했다. 4년 동안 그는 고문에 대해 많은 생각을 했다. 혼자 또 친구들과 함께 있을 때도 물었다. 나는 토설할까? 고문을 견디려면 어떻게 해야 할까? 그는 또한 고문관과 희생자 사이의 관계에 대해서도 생각했다. 그는 이 작품에 자신의 모든 환상을 투사했다.[837]

또한 이 작품의 첫 공연 때 실제로 무대에서 자행된 고문 장면으로 인해 관객들이 기절하는 소동이 일어나기도 했다.[838] 앞에서 언급한 것처럼 아롱의 부인도 고문 장면을 견디지 못했고, 그로 인해 극장을 떠날 수밖에 없었으며, 이는 사르트르와 아롱 사이가 점점 더 멀어지는 계기가 되었다.

이런 배경을 지닌 『무덤 없는 주검』에는 앞에서 지적한 사르트르의 연극의 주요 특징들이 그대로 드러나 있다. 이 작품에서는 전쟁, 고문 등과 같은 20세기의 냄새를 풍기는 주제가 극화되어 있다. 또한 이 작품에서는 존재의 우연성, 존재 정당화, 시선, 사디즘 등과 같은 철학적 주제를 담고 있는 주제극적 성격, 긴급하고도 극단적이면서도 보편적인 상황에서의 인간의 행동을 문제 삼고 있는 상황극으로서의 성격, 극작법적인 면에서의 고전극적 성격 등이 두드러지게 드러난다. 여기에서는 이런 특징들을

---

837 FC, p.127.
838 ES, p.133.

염두에 두고 이 작품을 『존재와 무』의 관점, 『변증법』의 관점에서 보고,[839] 특히 고문을 하는 행위의 의미를 간략하게 살펴보고자 한다.

b) 고문: 자유를 위한 투쟁

앞에서 사르트르가 『무덤 없는 주검』을 무대에 올린 의도가, 2차 세계 대전의 종전과 함께 너무 쉽게 프랑스인들의 뇌리에서 잊혀 가는 침략자들과 그들에게 협력했던 자들의 만행, 그중에서도 고문을 상기시키는 데 있었다고 했다. 그런데 그는 『존재와 무』에서 고문을 나와 타자 사이에 맺어지는 구체적 관계들 중 사디즘의 한 형태로 여기고 있다.

앞에서 보았듯이 사르트르는 『존재와 무』에서 나와 타자와의 관계를 크게 두 종류로 구분한다. 근본적 관계와 구체적 관계가 그것이다. 나와 타자와의 근본적 관계는 서로가 시선을 통해 상대방을 대상화하면서 주체성의 자리를 차지하려는 대립, 갈등, 투쟁으로 귀결되었다. 이런 의미에서 타자는 나의 지옥으로 여겨지고, 그 역도 사실이었다.

그런데 타자는 나와 나 자신을 매개하는 필수불가결한 존재라는 또 하나의 존재론적 지위를 가지고 있는 것으로 이해된다. 그로 인해 나는 타자에 대해 두 가지 다른 태도를 취하게 된다. 내가 타자의 주체성을 인정하면서 그에 의해 포착된 나의 이미지를 내 것으로 만들려고 하는 제1태도와 타자에게서 주체성을 빼앗으려는 제2태도가 그것이었다. 이 두 태

---

[839] 『무덤 없는 주검』은 1946년에 처음 공연되었으나, 이 작품에는 첫 공연으로부터 14년 뒤에 출간된 『변증법』의 관점, 특히 융화집단과 서약, 서약집단, 동지애-공포 등과 같은 개념들을 중심으로 읽는 것도 가능하다. 나는 다른 곳(변광배, 『사르트르 vs 카뮈』, 세창출판사, 2020, 92-116쪽)에서 이미 이런 읽기를 시도한 바 있다. 여기에서는 소르비에의 자살과 프랑수아의 죽음과 관련해 서약의 의미를 간략하게만 살펴보고자 한다. 뒤에서 자세히 살펴볼 소르비에의 자살과 프랑수아의 죽음의 의미에 대해서는 다음 글을 참고하라. 변광배, 「Sartre의 *Morts sans sépulture*에 나타난 두 죽음의 해석」, 『불어불문학연구』, 33, 한국불어불문학회, 1996, 473-489쪽.

도는 각각 동화의 태도와 초월의 태도로 명명되었다. 그리고 동화의 태도를 중심으로 사랑, 언어, 마조히즘과 같은 구체적 관계들이, 초월의 태도를 중심으로 성적욕망, 사디즘, 무관심, 증오와 같은 구체적 관계들이 정립된다는 것이 사르트르의 주장이다.

『무덤 없는 주검』에서 주요 주제 중의 하나로 나타나는 고문은 사디즘의 한 형태로 여겨진다. 사디즘의 주체인 사디스트는 자신이 고문하는 희생자의 자유를 포획하는 것을 겨냥한다. 사디스트는 이런 목적을 위해 마치 열쇠공이 자물쇠에 맞는 열쇠를 찾을 때까지 여러 수단을 동원하는 것처럼 희생자를 굴복시키고자 한다.

희생자가 고문으로 인한 고통이 너무 심해 더 이상 참을 수 없는 상태에서 고문관이 원하는 것 —예컨대 중요한 비밀 정보 같은 것— 을 토설할 때, 이 희생자는 자유를 잃고 한낱 사물, 곧 즉자존재의 상태로 떨어지게 된다. 그리고 정확히 이 순간에 사디스트로서의 고문관의 목표가 실현되며, 그때 그는 희생자의 자유를 포획했다는 쾌감을 느끼게 된다는 것이 사르트르의 주장이었다.

『무덤 없는 주검』에는 고문 장면이 여러 차례 등장한다. 고문을 당하는 자들은 조국의 해방을 위해 대독항쟁을 하다 포로로 잡혀 있는 다섯 명의 마키대원들Maquisards[840]이다. 앙리, 카노리,[841] 소르비에, 뤼시, 프랑수아가 그들의 이름이다. 뤼시와 프랑수아는 오누이 사이이다. 프랑수아는 가장 나이가 어리다. 극의 시작과 함께 이들은 친독의용대원들Miliciens[842]에 의

---

[840] 프랑스어 단어 'maquis'는 '잠목 숲', '관목지대' 등의 의미이다. 비밀항독운동대원들을 지칭하는 'maquisards'는 이 단어에서 유래했다. 그 의미는 그들이 잠목 숲지대 등을 은닉처로 이용하면서 비밀리에 항독운동을 했다는 것이다.

[841] 카노리는 그리스 국적을 가졌으며, 자국에서 독재 정권에 저항하다 투옥된 적이 있는 인물로 설정되어 있다. 문제가 되는 독재 정권은 그리스 총리를 지낸 요안니스 메타삭스(Ioannis Metaxas: 1971-1941) 장군 치하의 독재 정권이다.(TC, p.1335.)

해 포로로 붙잡혀 학교 건물의 꼭대기에 있는 광grenier에 갇혀 있다. 모두 수갑을 차고 있다.[843]

다섯 명을 포로로 붙잡고 있는 친독의용대원들은 네 명이며, 클로쉐, 랑드리외, 펠르랭, 코르비에가 그들의 이름이다. 물론 이들을 돕는 헌병들이 있다. 이들 친독의용대원은 마키대원들을 일망타진하기 위해 그들의 대장인 장의 위치를 알고자 한다. 극이 진행됨에 따라 친독의용대원들은 이 목적을 실현하기 위해 다섯 명의 마키대원을 차례로 불러 신문과 고문을 가하게 된다.

제일 먼저 고문을 당하는 마키대원은 소르비에이다. 소르비에는 끌려가기 전에 저항운동을 하면서 체포를 예상했다고 말한다.[844] 소르비에는 "신경이 약하고", "섬세한"[845] 편인 자신이 과연 고문을 당하게 되면 이겨낼 수 있을까를 자문한다.[846] 게다가 소르비에는 고문의 고통을 미리 느끼고, 또 그 과정을 알 수 있다면 고문을 견뎌 낼 수도 있을 것이라고 생각한다.[847] 하지만 고문을 견뎌 낼 것이라는 완벽한 확신은 없다. 이런 상태에 있는 소르비에가 제일 먼저 끌려간다.

소르비에가 첫 번째로 끌려가 고문을 당하는 장면은 무대에서 연출되지 않는다. 하지만 소르비에가 고문을 당하고 있음을 알려 주는 것은 그의 외침이다. 소르비에가 고문을 당하고 있는 중에 장이 불심검문에 걸려

---

842   2차 세계대전 중에 프랑스의 비시(Vichy) 괴뢰(傀儡)정부에 의해 독일을 돕기 위해 조직된 대원들을 가리킨다.

843   Jean-Paul Sartre, *Morts sans sépulture*, in TC, p.147.(이하 이 이 작품은 MSS로 약기하되, 전집은 표기하지 않는다.)

844   *Ibid.*, p.154.

845   *Ibid.*, p.152.

846   *Ibid.*, p.154.

847   *Ibid.*, p.152.

광으로 온다. 장은 수갑을 차지 않은 상태이다.[848] 장의 신분이 아직 들통 나지 않은 상태이다. 그사이에 소르비에가 다시 광으로 돌아온다.

고문을 받고 돌아온 소르비에는 친독의용대원들이 원하는 정보가 장의 위치라는 것을 동지들에게 알려 준다.[849] 이제 마키대원들은 독일의용대 원들에게 숨길 것이 생긴 것이다. 하지만 소르비에는 장이 어디에 있는지 를 알았더라면 그들에게 토설하고 말았을 것이라고 말한다.[850] 그러니까 소르비에는 첫 번째 고문 후에 자신이 어떤 사람인지를 알게 된 것이다. 그리고 소르비에는 친독의용대원들이 그를 "죽여 주었으면 좋겠다"고 말 한다.[851] 소르비에는 자기 "어머니"라도 고자질했을 것이라고 말하면서 자신의 "참다운 모습"을 알게 되었다고 거듭 말한다.[852] 앙리는 이런 소르 비에게 그가 "동지들 중에서 제일 훌륭한 동지"라고 말하지만, 소르비에 는 이 말에 거칠게 대꾸할 뿐이다.[853]

소르비에 다음으로 그리스인 카노리가 끌려간다. 과거에 그리스에서 이미 고문을 당한 경험이 있는 카노리는 끌려가서 고문을 당하는 동안 에 소리조차 지르지 않은 채 견디고 광으로 돌아온다. 친독의용대원들 의 대화로 미루어 보면 카노리는 고문을 당하면서 피를 흘린 것으로 보 인다.[854] 친독의용대원 중 한 명은 이런 카노리를 "동물 같은 놈"으로 여 긴다.[855]

---

848   *Ibid.*, p.160.

849   *Ibid.*, p.162.

850   *Idem.*

851   *Idem.*

852   *Idem.*

853   *Ibid.*, p.163.

854   *Ibid.*, p.166.

855   *Ibid.*, p.168.

그다음은 "30세(실제로는 29세이다)"[856]가량의 "튼튼해" 보이는 앙리의 차례다.[857] 사르트르는 앙리에 대한 취조와 고문에서 고문관과 희생자 사이의 자유와 권리 투쟁의 과정을 적나라하게 보여 준다. 그들의 대화와 고문 장면을 보자.

랑드리외 대장 어디 있어?

앙리 그걸 토설하도록 해 봐.

랑드리외 그걸 원하나? 담배를 뺏어. 클로쉐, 저놈을 해치워.

클로쉐 밧줄에다 몽둥이를 꽂아. (헌병들이 밧줄에다 몽둥이 두 개를 꽂는다) 완벽해. 네놈이 실토할 때까지 이 몽둥이를 돌릴 거다.

앙리 말 안 할 거야.

클로쉐 곧바로 말하지는 않겠지. 먼저 고함을 지를 거야.

앙리 고함을 지르게 해 봐.

클로쉐 겸손하지 않군. 겸손해야 돼. 너무 높은 데서 떨어지면 가루가 돼. 돌려, 천천히! 어때? 아무것도 아니야? 돌려, 돌려! 기다려! 이놈이 괴로워하기 시작하는군. 어때? 말 안 할 거야? 물론 그렇겠지. 너처럼 교육을 받은 놈에겐 고통 따윈 없어. 짜증나는 건 그 고통이 네놈 낯짝에 나타난다는 거야. (부드럽게) 땀을 흘리는군. 난 네놈을 동정해. (자기 손수건으로 앙리 얼굴의 땀을 닦아 준다) 돌려. 고함을 질러. 지르지 않아? 머리를 흔드는군. 네놈이 고함을 안 지르려고 하지만 고개는 흔들지 않고 못 배길걸. 아프지. (그는 손가락으로 앙리의 볼을 찌른다) 이를 꽉 물었군. 무서운가? '잠깐이라도 견딜 수 있다면, 잠깐이라도⋯.' 하지만 잠시 후엔 다른 순간이, 다음엔 또 다른 순간이 오지. 그다음 순간이 닥쳐오면 네놈은 이렇게 생각하겠지.

---

856   *Ibid.*, p.169.

857   *Ibid.*, p.168.

고통이 아주 심하니 자신을 경멸하는 편이 좋지 않을까 하고 말이야. 하지만 우리는 널 놔주지 않아. (그는 앙리의 머리를 양손으로 치켜든다) 두 눈은 벌써 나를 보고 있지 않군. 뭘 보지? (부드럽게) 네놈은 잘생겼어. 돌려. (사이. 의기양양해서) 넌 고함을 지를 거야. 앙리, 곧 고함을 지를 거야. 난 그 고함소리가 네놈의 목구멍에서 부풀어 오르고 있는 것이 눈에 보여. 입술까지 올라왔어. 조금 더 노력해 봐. 돌려. (앙리가 고함을 지른다) 하! (사이) 네놈이 창피하다고 생각하고 있군. 돌려. 멈추지 마. (앙리는 고함을 지른다) 거 봐, 처음 고함 소리가 중요한 거야. 이제 네놈은 선선히, 아주 자연스럽게 토설하게 될 거야.[858]

앙리　네놈들은 나한테서 고함 소리밖에 못 들을걸.

클로쉐　천만에. 앙리. 그렇지 않아. 네놈은 잘난 체할 권리가 없어. '고함을 지르게 해 봐!'라고 했지. 봤지. 오래 걸리지 않았어. 대장 어디 있어? 겸손해야 돼, 앙리, 대장이 어디 있는지 말해. 자, 뭘 기다려? 고함을 지르든가 말하든가 해. 돌려. 빌어먹을, 돌려. 손목을 꺾어 버려. 멈춰. 기절했군. (알코올병과 컵을 가지고 다시 온다. 그것을 앙리에게 부드럽게 먹인다) 마셔. 불쌍한 순교자. 좀 나아졌나? 그럼 시작해 볼까. 고문 도구를 가져와.[859]

　　길게 인용된 이 부분에서 고문관-클로쉐와 희생자-앙리 사이의 자유를 탈취하기 위한, 또 그것을 지키기 위한 긴박한 싸움이 적나라하게 드러나고 있다. 앙리가 고문을 받으면서 점차 땀을 흘리고, 이를 악물고, 고개를 흔들며, 결국 고함을 지르고 마는 행위는 그대로 그의 자유가 클로쉐에 의해 탈취당하는 단계별 과정이라고 할 수 있다. 앞에서 언급한 것

858　앞에서 사르트르의 극작품의 특징 중 하나로 극언어의 문체가 단순함을 지적한 바 있다. 여기에서 인용한 클로쉐와 앙리의 대화에서 사르트르의 그런 극언어와 문체의 특징이 잘 드러나고 있다. 물론 이런 특징은 『무덤 없는 주검』 전체에도 해당한다.

859　*Ibid.*, pp.169-170.

처럼 클로쉐는 열쇠공이 자물쇠에 맞는 열쇠를 찾기 위해 여러 개의 열쇠를 차례로 꼽아 보듯 앙리를 고문하면서 쾌감을 느낀다. 위의 인용문에서 앙리가 기절을 한 것은 그대로 그가 자유를 간직하고 지키고 있는 '인간'에서 정신을 잃은, 곧 즉자존재와 같은 '사물'이 된 것을 의미한다. 물론 앙리는 곧 깨어나고, 클로쉐는 다시 고문을 시작하려 한다.

그런데 위의 장면에 바로 이어지는 장면에서 한 가지 기이한 일이 벌어진다. 랑드리외가 클로쉐의 고문을 막아선 것이다.

> **랑드리외** 안 돼!
>
> **클로쉐** 뭡니까?
>
> (랑드리외가 이마에 손을 댄다)
>
> **랑드리외** 저놈을 옆방으로 데려가. 고문하려면 저쪽에서 해.
>
> **클로쉐** 그쪽은 비좁습니다.
>
> **랑드리외** 명령하는 건 나야. 클로쉐. 주의 주는 게 이번이 두 번째야.
>
> **클로쉐** 하지만…
>
> **랑드리외** (소리치며) 네놈 입을 주먹으로 갈길까?
>
> **클로쉐** 좋습니다. 좋아요. 저쪽 방으로 데려가.[860]

방금 고문관은 희생자를 고문하면서 쾌감을 느낀다고 했다. 랑드리외는 클로쉐보다 계급이 높다. 그렇기 때문에 랑드리외는 앙리를 고문하는 장면에서 주도권을 클로쉐가 쥐고 있는 것을 못마땅하게 생각하는 것으로 보인다. 게다가 『무덤 없는 주검』 전체에서 두 사람의 관계는 좋지 못하다. 예컨대 랑드리외는 클로쉐가 자기 명령을 거부하고 또 자신의 일거수일투족을 상부에 있는 사촌에게 보고하는 클로쉐를 못마땅하게 생각

---

860   *Ibid.*, pp. 170-171.

하고 있다.[861] 어쨌든 앙리는 소리를 쳤지만 장의 위치를 토설하지 않고 고문을 이겨 낸다. 물론 나중에 광으로 돌아와 앙리는 자신이 고문을 당하면서 소리를 친 것에 대해 부끄러움을 느꼈다고 털어놓는다.

c) 소르비에의 타살적 자살, 또는 서약

이제 고문을 받을 사람은 뤼시와 프랑수아이다. 하지만 친독의용대원들은 두 사람을 고문하는 대신 소르비에를 다시 고문하기로 한다. 앞에서 언급한 것처럼 소르비에는 첫 번째 고문을 받기 전부터 또 그 후에 이미 자신이 고문을 견뎌 낼 수 없음을 알고 있었던 것 같다. 또한 친독의용대원들도 그를 조금 더 강하게 밀어붙이면 장의 위치를 토설할 것으로 판단했다.

두 번째 고문에서 친독의용군대원들은 소르비에의 손톱을 뽑는 고문을 한다. 이에 겁을 먹은 소르비에는 장의 위치를 토설하겠다고 한다. 하지만 소르비에는 그 급박한 상황에서도 그들이 방심한 틈을 타서 창문턱으로 뛰어오른다. 그러고 나서 창문 밖으로 몸을 날려 자살하고 만다.

> **클로쉐** (헌병들에게) 집게를 가지고 시작해.
>
> **소르비에** 놔줘요! 놔주란 말이에요! 말할 게요. 원하는 모든 걸 말할게요.
>
> **클로쉐** (헌병들에게) 어쨌든 손톱을 좀 뽑아. 정말 손톱을 뽑는다는 것을 알 수 있도록. (소르비에는 고통을 못 이겨 고함을 지른다) 좋아. 좋아, 대장 어디 있어?
>
> **소르비에** 나를 풀어 줘요. 더 이상 걸상에 앉아 있을 수가 없어요. 더 이상은요! 더 이상은요! (랑드리외가 눈짓을 한다. 헌병들이 밧줄을 풀어 준다. 소르비에는 비틀거리면서 일어나서 테이블 쪽으로 간다) 담배 한 대 줘요.

---

861   *Ibid.*, pp.166-167.

랑드리외　말한 다음에.

소르비에　당신들은 뭘 알려고 하나요? 대장이 어디 있느냐고요? 난 알아요. 하지만 다른 사람들은 몰라요. 난 알아요. 내가 대장의 상담역을 하고 있었으니까. 대장은… (갑자기 뒤쪽을 가리키면서) …저기! (모두 뒤를 돌아본다. 그 사이에 소르비에는 창문가로 달려가서 창문턱에 뛰어오른다) 내가 이겼다! 다가오지 마, 안 그러면 뛰어내릴 거야. 내가 이겼다! 내가 이겼어!

클로쉐　바보짓 하지 마라. 네놈이 말하면 석방해 주지.

소르비에　그 꾀에 넘어갈 줄 아나! (고함을 지르면서) 이봐! 거기 위! 앙리, 카노리, 난 말하지 않았어! (헌병들이 그에게로 달려간다. 그는 창문 밖으로 몸을 내던진다) 안녕![862]

　친독의용대원들이 있는 곳의 창문이 열려 있었던 것은 그들 사이의 의견 불일치 때문이었다. 카노리를 고문하고 앙리를 부르기 전에 펠르랭이 창문을 활짝 열었다. 하지만 클로쉐는 공기가 선선해진 것 같다는 이유로 창문을 닫으려 했다. 하지만 그때 랑드리외가 공기가 찜찜하다는 이유로 창문을 열어 두자고 했다.[863] 이렇게 해서 창문이 열려 있게 되었으며, 소르비에가 그 열린 창문으로 몸을 던져 자살한 것이다.

　소르비에는 왜 자살을 선택했을까? 이 질문에 대한 대답은 개인적 차원과 집단적 차원에서 가능하다. 먼저 소르비에가 자살을 한 것은 친독의용대원들의 고문에 굴복하는 것은 자신의 자유와 주체성의 상실과 동의어이기 때문이다. 사르트르에게서 고문의 목표가 희생자의 자유와 주체성의 탈취에 있다는 것을 상기하자. 그다음으로 소르비에는 자살함으로써 장의 위치를 토설하지 않게 되었고, 그 결과 마키대원들이 조국의 해방을

862　*Ibid.*, p.174.

863　*Ibid.*, pp.168-169.

위한 저항운동을 계속할 수 있는 계기가 될 수 있기 때문이다. 방금 인용된 부분에서 소르비에가 마지막에 광에 있는 앙리, 카노리에게 "이봐, 거기 위! 난 말하지 않았어"라는 말을 큰소리로 전하고 있다는 사실을 지적하자.

특히 이 두 번째 이유로 소르비에의 자살은 집단의 이익, 가깝게는 광에 갇혀 있는 마키단원들의 집단, 멀게는 밖에서 다시 장의 지도하에 저항 운동을 하게 될 수도 있을 다른 마키대원들로 구성된 저항 부대, 더 멀게는 조국 프랑스의 해방이라는 집단적 이익을 위해 이루어진 일종의 '서약'이라고 할 수 있을 것 같다. 그러니까 소르비에는 다른 포로들 앞에서 자살로써 그들을 배신하지 않겠다는 맹세를 한 것이다. 정확히 이런 관점에서 소르비에의 자살은 '타살적 자살'이라고도 할 수 있을 것 같다. 그도 그럴 것이 소르비에의 죽음은 개인의 자유와 주체성을 지키기 위한 것이기도 하지만, 방금 지적한 것처럼 집단의 이름으로 그에게 강요된 측면도 있기 때문이다.

게다가 소르비에가 자살을 통해 한 서약은 다른 마키대원들에 대한 서약의 요구이기도 하다. 앞에서 서약은 상호적이라는 점을 지적한 바 있다. 소르비에는 자신의 목숨을 버림으로써 광에 있는 네 명의 마키대원들과 동지 관계를 끝까지 유지하고자 한 것이다. 그런 만큼 소르비에가 마지막에 광을 향해 큰소리로 전달하고자 했던 "이봐, 거기 위! 앙리, 카노리, 난 말하지 않았어"라는 말에는 그들도 끝까지 장의 위치를 토설하지 말아야 한다는 강한 요구가 포함되어 있다. 물론 이런 요구는 뤼시와 프랑수아에게도 해당한다.

『무덤 없는 주검』에서 소르비에의 자살 이후에도 고문은 계속된다. 소르비에가 죽은 것을 확인한 뒤에 친독의용대원들은 이제 뤼시를 고문하기로 결정한다. 뤼시는 그들로부터 성고문을 당한다.

뤼시 (…) 이놈들이 내 옷을 찢었어. (클로쉐를 가리키며) 이놈은 내 다리 위로 올라탔어. (랑드리외를 가리키며) 이놈은 팔을 붙잡았어. (펠르랭을 가리키며) 그리고 이놈은 강제로 나를 껴안았어. 나는 이제 사실을 말할 수 있어. 나는 그것을 외칠 수 있어. 네놈들이 내 몸을 더럽혔어. 네놈들은 그걸 부끄러워할 거야.[864]

d) 프랑수아의 자살적 타살, 또는 서약

이렇듯 뤼시는 성고문을 당했지만 그것을 이겨 내고 장의 위치를 토설하지 않는다. 이제 프랑수아만 남아 있는 상황이다. 게다가 친독의용대원들은 제일 어린 프랑수아가 마키대원들의 가장 약한 고리라는 것을 알고 있다. 이런 이유로 프랑수아에 대한 심문과 고문을 마지막으로 미룬 것이다. 앙리, 카노리, 뤼시는 프랑수아에게 고문을 반드시 이겨 내야 한다고 설득한다. 하지만 별무신통이다.

방금 소르비에는 자살함으로써 다른 마키대원들에게 고문을 끝까지 견뎌 내면서 장의 위치를 토설하지 말 것을 요구했다는 사실을 지적했다. 과연 프랑수아는 이런 요구에 응했을까? 답을 미리 하자면 프랑수아도 이런 요구를 받아들여 서약을 한다. 하지만 프랑수아는 친독의용대원들에게 고문을 받지 않는다. 프랑수아는 오히려 다른 마키대원들, 즉 앙리, 카노리, 뤼시에 의해 살해당한다. 좀 더 구체적으로 앙리의 손에 의해 목졸려 죽는다. 그렇다면 프랑수아는 왜 살해되는가?

프랑수아가 고문을 이겨내고 장의 위치를 토설하지 않아야 할 이유는 소르비에의 경우와 같다. 그러니까 프랑수아도 개인적, 집단적 차원에서 고문을 이겨 내야 한다. 프랑수아도 자신의 자유와 권리를 지켜내고, 또 장의 위치를 토설하지 않음으로써 소르비에의 서약의 요구에 응함과 동

---

864   *Ibid.*, p. 194.

시에 집단의 이익을 위해 서약을 해야 한다.

하지만 프랑수아의 경우에는 거기에 또 하나의 이유가 더해진다. 프랑수아의 누이 뤼시가 성고문을 당했기 때문이다. 뤼시는 성고문을 당하면서도 그것을 견뎌 냈다. 그 상황에서 뤼시 스스로 '정신적으로' 자기에게 아무 일도 일어나지 않았다고 생각했기 때문이다. 하지만 프랑수아가 고문을 이겨 내지 못한다면 사정이 정반대가 될 수 있다. 그때 그녀는 정말로 자기가 그들에게 육체적으로는 물론 정신적으로 정복당한 것이 된다. 뤼시는 이 사실을 프랑수아에게 주지시키면서 고문을 이겨 낼 것을 강하게 요구한다.

> **뤼시** (격렬하게) 그놈들은 나를 만지지 않았어. 아무도 나를 건드리지 않았어. 난 돌이었고, 그놈들의 손을 느끼지 않았어. 난 그놈들을 똑바로 쳐다보며 생각했어. '아무 일도 일어나지 않는다.' (힘 있게) 아무 일도 없었어. 마지막엔 내가 그놈들에게 겁을 줬어. 프랑수아, 네가 실토하면, 그놈들이 진짜 강간한 것이 돼. 그놈들은 이렇게 말할 거야. '그놈들을 결국 실토시켰다'고 말야. 놈들은 그때의 일을 회상하면서 이렇게 말할 거야. '꼬마를 잘 구슬렸다'고 말이야. 해서 그놈들을 부끄럽게 해야 해. 한 번 더 그놈들을 볼 희망이 없으면 난 차라리 천장 마루에 목을 매어 죽을 거야. 실토하지 않을 거지? (프랑수아는 대답 없이 어깨를 으쓱한다)[865]

프랑수아의 이런 태도는 뤼시를 불안하게 만들기에 충분하다. 하지만 이런 불안은 뤼시만의 것이 아니다. 옆에 있는 앙리와 카노리 역시 불안하다. 이들 세 사람은 프랑수아를 신뢰할 수가 없다. 그들은 프랑수아가 고문을 견디지 못하고 장의 위치를 토설하고야 말 것이라는 데 의견을 같

---

865 *Ibid.*, p.180.

이한다. 세 사람의 태도에서 위협을 느낀 프랑수아는 장의 위치를 토설하지 않겠다고 다짐한다.

> **프랑수아** (뒤로 물러앉으며) 무슨 뜻이에요? 나를 어떻게 하겠다는 거예요?
>
> **앙리** 네가 말해선 안 돼, 프랑수아. 그놈들은 어쨌든 너를 죽일 거야. 알어? 그러니 넌 굴욕 속에서 죽을 거야.
>
> **프랑수아** (무서워하면서) 그럼 난 말 안 하겠어요. 말 안 한다니까요. 나를 가만히 내버려두세요.
>
> **앙리** 우리는 너를 더 이상 믿을 수 없어. 그놈들은 네가 우리의 약점이라는 것을 알아. 그러니 네가 실토할 때까지 너를 족칠 거야. 네가 말하지 못하도록 하는 것이 우리의 일이야.[866]

프랑수아가 앙리에게 살려 달라고 호소하지만 이미 때가 늦었다. 프랑수아는 앙리, 카노리, 뤼시를 증오하면서 살해당한다. 실제로 프랑수아는 앙리의 손에 의해 목이 졸려 죽고 만다.

> **프랑수아** (앙리의 얼굴을 쳐다보고 나서 고함을 지르기 시작한다) 누나! 살려 줘요! 난 이곳에서 오늘 밤에 죽고 싶지 않아요. 앙리, 난 열다섯 살이에요. 살게 해 줘요. 나를 어둠 속에서 죽이지 말아 주세요. (앙리는 프랑수아의 목을 조른다) 누나! (뤼시는 고개를 돌린다) 난 당신들 모두를 증오해요.[867]

이와 같은 프랑수아의 비극적인 죽음과 관련해 특히 눈여겨보아야 할 점은 다음 두 가지다. 하나는 이 과정을 계속 옆에서 지켜본 장의 태도이

---

866 *Ibid.*, p.182.

867 *Idem.*

고, 다른 하나는 뤼시를 위시한 앙리와 카노리의 태도이다. 먼저 장의 태도를 보자. 장은 프랑수아가 살해당할 때 바로 옆에 있었다. 게다가 수갑을 차지 않고 있었기 때문에 프랑수아를 구할 수도 있었다. 실제로 장은 프랑수아의 목숨을 구하려고 노력한다. 하지만 장의 이런 노력은 뤼시의 반대에 부딪힌다. 뤼시는 프랑수아의 누이이기 때문에 동생의 목숨에 대해 최종 결정권을 가졌다고 보아야 할 것이다.

앞에서 장은 아직 포로가 된 것이 아니라고 했다. 단지 불심검문에 걸렸다가 붙잡혀 지금 다른 포로들과 같이 갇혀 있는 것뿐이다. 그러니까 장은 살아서 나갈 수도 있다. 하지만 지금 광에서 장은 다른 마키대원들과는 다른 입장에 있다. 물론 장도 마키대원들의 일원이고, 심지어 대장 역할을 맡고 있다. 하지만 지금 장은 수갑을 차지도 않았고 또 고문을 당하지도 않은 입장에 있다. 이런 이유로 장은 다섯 명의 동료에 의해 형성된 집단 밖에 위치해 있는 것이다. 그런 만큼 장의 개입에는 한계가 있다.

예컨대 장은 고문을 당한 다른 동지들의 고통을 느껴 보기 위해 가까이에 있는 나무토막으로 자기 손을 내리찍는다. 하지만 자상自傷에 의한 고통과 타인으로 인한 고통은 질적으로 다르다는 것이 뤼시의 논리이다.

(주위를 둘러보고 그는 무거운 나무토막을 찾아서 손에 든다. 뤼시는 크게 웃는다)

뤼시 뭘 해요?

장 (바닥에 왼손을 펴고 오른손에 쥔 나무토막으로 내려친다) 난 이제 너희들 말을 듣는 게 지겨워. 자신들의 고통이 마치 자랑거리나 되는 것처럼 으스대는 소리를 말이야. (…)

뤼시 (웃으면서) 안 돼요, 안 돼. 뼈를 부수든, 눈을 빼든, 당신 마음대로 할 수 있어요. 하지만 당신의 고통을 결정하는 건 바로 당신이에요. 우리의 고통 하나하나는 굴욕이에요. 왜냐하면 다른 사람들이 그 고통을 우리에게 안겨 주었기 때문이에요. 그러니 당신은 우리를 따라잡을 수가 없어요.

(사이. 장은 나무토막을 내던지고, 뤼시를 바라본다. 그리고 일어선다)

장 당신 말이 맞아. 난 너희들과 합류할 수 없어. 너희들은 함께 있고, 난 혼자야. 난 더 이상 움직이지도, 말하지도 않겠어. 난 어둠 속에 몸을 숨기겠어. 그러면 너희들은 네가 있다는 것도 잊어버릴 거야. 아마 이것이 이 이야기에서 내가 차지할 수 있는 몫 같아. 너희들이 너희들 몫을 받아들인 것처럼 나도 내 몫을 받아들여야겠지.[868]

실제로 마키대원의 자격으로 저항운동을 할 때 장과 뤼시는 서로 사랑하는 사이였다. 장은 프랑수아를 살해하려는 뤼시, 앙리, 카노리에 의해 형성되고 있던 '우리'와 사랑하는 연인으로서의 뤼시와의 '우리'를 대립시키기도 한다. 하지만 뤼시는 그런 우리는 옛날의 달콤한 추억일 뿐이고, 지금은 고문을 당한 카노리, 앙리, 성고문을 당한 자신, 자살한 소르비에에 의해 형성되는 우리가 더 소중하다는 사실을 강조한다. 이와 같은 뤼시의 주장은 다음과 같은 앙리의 대사에서 확인된다. 앙리는 프랑수아를 목 졸랐을 때 그의 손이 '개인'의 손이 아니라 '우리'의 손이라는 느낌을 가졌다고 말한다.

앙리 …아니, 난 뭐가 뭔지 모르겠어. 모든 것이 너무 빨리 일어났고, 꼬마는 이제 죽었어. (갑자기) 날 버리지 마! 자네들은 나를 버릴 권리가 없어. 내가 꼬마의 목을 조를 때, 이것은 우리의 손이며, 우리 모두가 목을 조르고 있다는 생각이 들었어. 그렇지 않았더라면 난 도저히 할 수가 없었을 거야….[869]

---

868 *Ibid.*, pp. 187-188.

869 *Ibid.*, p. 184.

이와 같은 앙리의 주장은 프랑수아가 죽고 난 다음에 뤼시가 한 행동에서 더욱더 분명하게 드러난다. 프랑수아가 살해되고 난 뒤에 장은 무사히 그곳을 나가게 된다.[870] 장이 광을 떠나고 난 뒤에 뤼시는 카노리와 앙리를 자기 주위로 불러 그들 세 명이 '하나'가 되었음을, 그리고 프랑수아도 죽음으로써 그들과 하나가 되었음을 선언한다. 그러면서 뤼시는 식어 버린 프랑수아의 몸을 만져 줄 것을 부탁한다.

뤼시　(…) 내 옆으로 가까이 와요. (앙리, 카노리가 뤼시 곁으로 간다) 더 가까이요. 지금 우리는 우리끼리예요. (…) 아! (사이) 프랑수아는 죽어야 했어요.

---

[870]　파비스에 의하면 여섯 가지의 연극 공간이 있다.(Patrice Pavis, *Dictionnaire du Théâtre*, Editions Sociales, 1980, pp.151-159.) 첫째, '드라마 공간(espace dramatique)'이다. 텍스트에서 언급되는 공간, 즉 추상적인 공간으로 독자나 관객이 상상해서 구성해야 하는 공간이다. 둘째, '무대 공간(espace scénique)'이다. 연기자들이 활동하는 무대의 실제 공간이다. 셋째, '무대예술 공간(espace scénographique)'이다. 공연이 진행되는 동안 관중과 연기자들이 점유하고 있는 내부 공간이다. 넷째, '놀이나 제스처 공간(espace ludique ou gestuel)'이다. 연기자에 의해, 연기자의 현존과 그의 움직임에 의해, 그룹과의 관계에 의해, 무대상의 배열에 의해 창조되는 공간이다. 다섯째, '텍스트의 공간(espace textuel)'이다. 문자나 음성 또는 수사학적 표현들이 기입되는 공간, 즉 대사와 무대지시문에 기록된 공간이다. 여섯째, '내적 공간(espace intérieur)'이다. 극작가나 등장인물의 환상, 꿈, 비전 등의 재현을 시도할 때의 무대 공간이다. 또한 파비스는 텍스트 공간과 내적 공간을 합쳐 '은유적(métaphorique)' 공간으로 부른다. 이런 구분에서 보면 『무덤 없는 주검』의 극작법상의 공간 구조의 의미는 흥미롭다. 마키대원들과 친독의용대원들은 각기 같은 건물의 '위(Haut)'와 '아래(Bas)'에 있다. '위'는 조국을 위해 투쟁하는 마키대원들의 자긍심을 보여 주고, '아래'는 침략국을 돕는 친독의용대원들의 비굴함을 보여 준다고 하겠다. 또한 이 건물 '안(Dedans)'과 '밖(Dehors)'의 의미도 대립적이다. '안'은 '죽음'을, '밖'은 '삶'을 상징한다. 소르비에와 장을 통해 이 대립의 의미가 잘 드러난다. 또한 이 작품에는 이 제목에 들어 있는 은유적 공간 이외에도 많은 은유적 공간이 나타난다. 소르비에가 "나는 부모님의 마음속에서 죽어 갈 것이다"라고 말할 때의 "마음속(dans leur coeur)"이라는 공간, 앙리가 "나는 이 세상 밖으로 미끄러졌다"라고 말할 때의 "이 세상 밖(hors du monde)"이라는 공간, 카노리가 고문을 당할 때 아무것도 말할 것이 없으면 "안으로부터(de l'intérieur)" 견디기가 더 힘들다고 말할 때의 이 내적 공간 등이 거기에 해당한다. 이 외에도 이 작품에서 다양한 은유적 공간이 있다. 이 작품에서의 공간의 구조에 대해서는 다음을 참고하라. 변광배, 「사르트르의 《무덤 없는 주검》에 나타난 공간의 구조」, 『프랑스학연구』, 23, 프랑스학회, 2002, 135-157쪽.

당신들도 그걸 잘 알아요. 저기 아래층에 있는 놈들이 우리의 손을 빌려 그를 죽인 거예요. 이리 와요. 난 그의 누나예요. 그런 내가 당신들에게 죄가 없다고 하잖아요. 그에게 당신들의 손을 올려놔 주세요. 죽은 후로 그는 우리의 일원이 되었어요. 보세요. 아주 엄숙한 모습을 하고 있어요. 비밀을 지키려고 입을 꽉 다물고 있어요. 그를 만져 주세요.[871]

이렇듯 프랑수아는 동료 마키대원들의 손에 의해 살해당한다. 그렇다면 프랑수아의 죽음은 어떤 의미를 가지는가? 다음과 같은 세 가지 의미를 지적할 수 있을 것으로 보인다.

첫째, 프랑수아의 살해는 '자살적 타살'이라는 점이다. 앞에서 소르비에의 자살을 '타살적 자살'로 해석한 바 있다. 소르비에의 죽음과는 반대로 프랑수아의 죽음은 마키대원들의 자유와 주체성, 그들에 의해 구성된 조직, 나아가 조국의 안위를 위한 자살적 타살로 해석될 수 있을 것이다.

둘째, 프랑수아의 죽음은 일종의 강제로 행해진 서약이라고 할 수 있을 것 같다. 앞에서 서약은 상호적이며, 소르비에의 자살은 다른 남아 있는 마키대원들에게 향한 서약에 대한 요구라고 했다. 프랑수아는 스스로 이 요구에 긍정적으로 응할 수 없었다는 것이 다른 대원들의 판단이었으며, 그로 인해 그는 살해당함으로써 강제로 서약했다고 할 수 있다. 이런 의미에서 프랑수아의 살해 ―소르비에의 자살도 마찬가지다― 는 융화집단, 서약집단의 유지를 위해 자행되는 '동지애-공포'에 해당한다고 하겠다.

셋째, 프랑수아의 살해는 다른 마키대원들에 의해 형성된 '우리', 곧 융화집단과 서약집단의 성격을 띠고 있는 조직에 포함될 수 있는 권리를 얻기 위한 일종의 통과의례라고 할 수 있을 것 같다. 소르비에는 자살함으

---

871   MSS, p.188.

로써, 앙리와 카노리는 고문을 견뎌 냄으로써, 뤼시는 성고문을 이겨 냄으로써 우리의 일원이 되었다. 하지만 프랑수아는 고문을 받지 않았기 때문에 아직은 우리의 완전한 일원이 아니다. 그 경계선상에 서 있는 것이다.

이와 관련해 불심검문에 걸려 광에 있게 된 장의 위치는 많은 것을 시사해 준다. 장은 마키대원들의 대장이기 때문에 그 누구보다도 그들에 의해 형성된 우리의 일원이 될 자격이 있다. 하지만 장은 단지 임무 수행 중에 포로가 되지 않고 불심검문에 걸려 수갑을 차지 않고 광에 갇혀 있다는 점에서 포로가 되어 고문을 당한 다른 마키대원들에 의해 형성된 우리, 곧 융화집단, 서약집단에 소속되지 못한 상태에 있다. 이런 장과는 달리 프랑수아는 이제 죽어서 다른 네 명의 마키대원들에 의해 형성된 우리의 일원으로 받아들여지게 된다.

> **뤼시** 좋아요. 내게 더 가까이 와요. 나는 당신들의 팔과 어깨를 느껴요. 내 무릎 위에 있는 이 녀석이 무겁네요. 오히려 그게 좋아요. 나는 내일 입을 다물 거예요. 아! 말하지 않을 거예요. 나를 위해, 소르비에를 위해. 당신들을 위해. 우리는 하나를 이룰 뿐이에요.[872]

e) 예기치 않은 파국, 또는 승리자들

『무덤 없는 주검』의 결말은 비극적임과 동시에 역설적이다. 이 결말이 비극적인 것은 프랑수아를 살해하면서까지 우리를 지키고자 했던 세 명의 마키대원이 끝내 총살당하기 때문이다. 친독의용대원들 중 한 명인 랑드리외는 이 세 명에게 장의 위치를 토설하게 되면 그들의 목숨을 살려 주겠다는 제안을 한다.[873] 하지만 클로쉐가 이 세 사람을 총살하고 만

---

872   *Ibid.*, p.188-189.

873   *Ibid.*, p.194.

다.[874] 또한 이 작품의 결말이 역설적인 것은 포로가 되었다가 결국 목숨을 잃은 다섯 명의 마키대원들의 이름이 프랑스인들의 마음속에서 영원히 기억될 것이기 때문이다.

물론 소르비에, 앙리, 카노리, 뤼시, 프랑수아는 실존했던 사람들, 실제로 레지스탕스 운동에 참가했던 사람들의 이름은 아니다. 하지만 이들은 프랑스가 독일에 점령당했을 때 조국의 해방을 위해 목숨을 걸고 싸운 모든 저항대원의 이름을 대표한다고 할 수 있다. 그런 만큼 이들은 작품에서는 하나뿐인 목숨을 상실함으로써 개인적으로는 새로운 삶을 영위할 수 있는 기회를 영원히 박탈당했다는 점에서 패배했지만, 프랑스인들의 마음속에 그들의 이름이 깊이 각인되고, 또 그들로부터 영원히 추앙받는 자들이 되었다는 점에서는 역설적으로 승리를 거두었다고 할 수 있을 것이다.

반면, 마지막에 앙리, 카노리, 뤼시를 총살한 친독의용대원들은 전쟁이 끝난 후에 죽을 때까지 조국을 배반했다는 수치심 속에서 괴로워하며 살아가야 할 것이다. 소르비에는 고문을 당하기 전에 고문받은 경험이 있고, 또 배신한 자들[875]을 알고 있는 카노리에게 배신 후의 삶이 어떤 것인지를 물은 적이 있다. 그때 카노리는 두 종류의 삶을 얘기해 준다. 피살, 체포, 구금, 처형의 위험과 비굴한 삶이 그것이다.

> **소르비에** (나지막한 목소리로) 이봐, 카노리 (카노리, 머리를 쳐든다) 자넨 자백을 한 자들을 만난 일이 있나?
> **카노리** 그래, 만난 일이 있네. (…)

---

874   *Ibid.*, p.200.
875   앞에서 언급한 것처럼 그리스의 메타삭스 독재 정부의 통치하에서 카노리와 함께 반정부 운동을 하다가 붙잡혀 배신한 자들을 가리킨다.

소르비에　난 알고 싶네. 그런 자들은 살아갈 수 있을까?

카노리　사람에 따라 달라. 엽총으로 얼굴을 맞은 사람이 있었네. 장님이 된 것뿐이지. 난 종종 피레 거리에서 아르메니아 여자의 손에 이끌려 산보하는 그를 봤어. 대가를 지불했는지 안 했는지의 여부는 각자가 결정하지. 그리고 우리는 다른 한 사람을, 시장에서 로쿰876을 사고 있는 동안에 죽였어. 그는 감옥을 나온 이후 로쿰을 좋아하기 시작했어. 달기 때문이지.877

　물론 카노리가 제시한 예가 그대로 친독의용대원들에게 적용되리라는 법은 없다. 하지만 조국을 배반한 그들 앞에 놓여 있는 운명 역시 피살, 구금, 체포, 처형의 위협과 비굴한 삶이라는 것은 의심의 여지가 없다. 실제로 전쟁 후에 대독협력자들의 운명을 생각해 보자. 어쩌면 세 명의 마키대원을 마지막에 총살한 클로쉐의 머릿속에는 전쟁 후에 자기를 기다리고 있을 이런 운명이 예상되었을 수도 있다. 또한 만일 종전 후에 고문을 했던 클로쉐가 우연이라도 희생자였던 세 명 중 한 명을 만난다면, 그때 느낄 수치심과 비굴함은 측량할 길이 없을 것이다. 어쩌면 이런 이유로 클로쉐는 그들을 처형했던 것으로 보인다.

　사르트르는 『무덤 없는 주검』에 애당초 "승리자들Les Vainqueurs"이라는 제목을 붙이려 했다.878 사르트르의 이런 의도는 결국 클로쉐의 만행으로 희생된 앙리, 카노리, 뤼시를 비롯해, 친독의용대원들의 고문을 받다가 자살한 소르비에, 동지들에게 살해당한 프랑수아의 이름이 영원히 프랑스인들의 가슴속에 새겨질 것이라는 의미와 밀접하게 연결되어 있다고

876　튀르키예와 그리스에서 즐겨 먹는 달콤한 전통 젤리이다.

877　*Ibid.*, p.153.

878　ES, p. 133; DS, p. 332.(『무덤 없는 주검』의 1막의 텍스트가 "승리자들"이라는 제목으로 이미 1946년 1월에 선보인 바 있다. ES, p.132.)

하겠다.

이 모든 점을 고려해 보면『무덤 없는 주검』은 전후 프랑스의 특별하고 도 긴급한 상황,[879] 즉 고문을 포함해 전쟁의 만행이 쉽게 잊혀 가는 상황 에서 다섯 마키대원과 친독의용대원들을 등장시킴으로써 그들의 자유와 선택, 그들에 의해 형성된 집단의 선택 그리고 그 결과에 대한 책임의 문 제 등을 절실하게 제기하고 있는 상황극의 하나의 전형을 보여 주고 있 다고 하겠다. 아울러『무덤 없는 주검』에서는 사르트르 철학의 주요 개념 들, 가령 존재의 우연성, 존재 정당화, 시선, 갈등으로 치닫는 인간관계, 고문, 사디즘, 우리, 융화집단, 서약, 서약집단, 동지애-공포 등이 극적으 로 잘 형상화되어 있어 주제극 또는 철학극으로서의 특징도 잘 드러나고 있는 것으로 보인다.[880] 물론 이 작품에서 20세기의 냄새가 짙게 풍긴다 는 것은 말할 나위가 없을 것이다.

4.5. 연극 읽기(2):『알토나의 유폐자들』

a)『알토나의 유폐자들』의 주변

1959년 9월 23일에 처음 공연된『알토나의 유폐자들』은『바리오나』로 부터 헤아리면 사르트르의 열 번째 극작품이다. 『알토나의 유폐자들』은 사르트르의 극작품 중 "가장 중요한 작품 중의 하나", 아니면 "가장 훌륭 한" 작품으로 꼽힌다.[881] 물론 이 작품이 상업적으로 "가장 성공한" 작품

---

879 사르트르는『무덤 없는 주검』의 상황을 스페인 내전으로 설정하는 것을 고려하기도 했으며, 이런 상황은 중국에서 발생할 수도 있다고 말한다.(TC, p.202.)

880 하지만 사르트르 자신은『무덤 없는 주검』이 "실패한" 작품이며, 여러 등장인물에게 선택의 여지를 주지 않은 점을 그 이유로 꼽고 있다.(Ibid., p.203.)

881 ES, p.324.

은 아니다.[882] 하지만 이 작품은 『닫힌 방』과 『악마와 선한 신』과 더불어 사르트르의 세 편의 주요 극작품으로 평가된다.[883]

또한 앞에서 언급한 것처럼 이 작품은 공연 시간만 3시간 이상이며, 포켓판으로는 375쪽에 달하는 방대한 작품이다. "굉장한 극작품une pièce-monstre"[884]이라는 지칭이 어울리는 작품이라고 할 수 있다." 그런 만큼 사르트르의 극작품 중 "가장 많은 노력"을 요구한 작품으로 평가된다.[885] 사르트르 자신의 말대로 무대에서의 공연도 중요하지만 읽기의 대상으로서의 '책'의 존재가 더 중요하다는 것을 단적으로 보여 주는 작품이다.

『알토나의 유폐자들』에도 사르트르의 극작품의 특징들이 고스란히 드러난다. 먼저 "피와 폭력"[886]의 시대로 규정되는 20세기의 한복판에 발생했던 2차 세계대전을 통해 알제리 전쟁을 겨냥하면서 20세기의 냄새를 짙게 풍기는[887] 시의성과 긴급성을 가진 상황극이라는 점에서 그렇다. 이 작품에서 사르트르는 브레히트가 주창한 '거리두기 효과'를 위해 작품의 배경을 독일로 설정했다.[888]

하지만 사르트르가 실제로 고발하고자 했던 것은 알제리 전쟁에서 자행된 프랑스인들의 고문이었다.[889] 그는 특히 불과 15-20년 전에 고문의

---

882   *Idem.*

883   *Ibid.*, p.325.

884   TC, p.1503.

885   *Ibid.*, p.324.

886   TS, p.384.

887   이와 관련해 『알토나의 유폐자들』에서 사르트르가 자본주의와, 특히 미국과 2차 세계대전 후의 옛 나치들과의 협력의 문제를 제기하고 있다는 견해는 아주 흥미롭다. 전쟁 중에 나치의 지원을 받으며 급성장한 게를라흐가 소유의 조선소가 전쟁 후에 미군의 지원을 받아 계속 번영을 누린다는 설정이 바로 그것이다.(TC, p.1507.)

888   TS, pp.408-409.

889   *Ibid.*, p.385. 이와 관련해 '프란츠(Frantz)'의 이름이 독일어로 '프랑스인(der Franzose; le Français)'과 유사하다는 점은 흥미롭다. 게다가 'Frantz'는 독일어 이름 'Franz'의 프랑스식 표

희생자였던 프랑스인들이 이번에는 알제리에서 고문을 자행하는 당사자로 변한 사실에 주목하고,[890] 이를 통해 자신들의 모습을 반성하고 성찰하는 계기가 되기를 바라면서 이 작품을 집필했다.[891] 이런 의미에서 이 작품은 "고문에 반대하는 투쟁 텍스트texte de combat contre la torture"[892]라고 할 수 있다.

『알토나의 유폐자들』은 분량 면에서나 다루고 있는 주제 면에서나 사르트르의 극작품 전체를 합해 놓은 "극작품 대전大典, une pièce-somme"[893]으로 여겨진다. 이 작품에 『파리 떼』를 위시해 『닫힌 방』, 『무덤 없는 주검』, 『더러운 손』, 『악마와 선한 신』 등에서 다뤄지고 있는 거의 모든 주제가 망라되어 있다는 인상을 받을 정도이다.[894] 특히 『닫힌 방』과 『무덤 없는 주검』과의 유사성이 눈에 띈다. 『닫힌 방』과는 유폐séquestration,[895] 『무덤 없

기이다.(TC, p.1504.)

890 실제로 사르트르는 1958년에 출간된 앙리 알렉(Henri Alleg)의 『심문(La Question)』이라는 제목의 저서에 "승리(Une victoire)"라는 제목의 서문을 붙였다. 알제리 공산당 당원이었던 알렉은 1950년부터 일간지 『알제 레퓌블리캥(Alger républicain)』의 편집장을 지냈으며, 이 신문이 정간되고 잠시 잠적했다가 1957년에 공수부대에게 체포되어 한 달 유폐를 당했다. 이 기간에 그는 고문을 받았고, 그 과정을 자세하게 기술해 출간한 것이 바로 『심문』이다. 사르트르는 이 책의 제목으로 "알제리에서의 고문(Torture en Algérie)", "고문 수사(Investigation sous la torture)" 등을 고려했으나, 최종적으로는 『심문』으로 정했다. 고어(古語) "la question"에는 "심문"의 의미가 있다.(노서경, 『알제리 전쟁 1954-1962: 생각하는 사람들의 식민지 항쟁』, 문학동네, 2017, 169쪽, 주 22.) 이 저서가 출간되기까지의 자세한 과정에 대해서는 ES, pp.316-317를 참고하라.

891 Michel Contat, *Explication des* Séquestrés d'Altona *de Jean-Paul Sartre*, Minard, Archives des Lettres modernes, 1968, nº 89, p.12.

892 TC, p.1504. 사르트르가 이 작품을 집필하면서 1956년에 있었던 구소련의 헝가리 침공 시에 자행된 고문도 염두에 두었다는 견해도 있다. 그런 만큼 이 작품에서 볼 수 있는 상황은 독일, 알제리와 관련된 특별한 상황임과 동시에 '역사' 전체를 아우르는 보편적인 상황이라고도 할 수 있다.(*Ibid.*, p.1505.)

893 *Ibid.*, p.1503.

894 *Ibid.*, p.1520.

895 사르트르의 문학작품에 나타난 유폐에 대해서는 다음을 참고하라. Marie-Denise Boros, *Un*

는 주검』과는 전쟁과 고문[896]이라는 주제 면에서 밀접한 관계가 있다.

하지만 『알토나의 유폐자들』에서 이런 주제들이 제시되는 방식, 과정, 언어, 문체, 의미 등이 다르다는 것은 분명하다. 가령 『닫힌 방』은 3명의 인물이 등장하는 데 비해 『알토나의 유폐자들』에는 5명의 인물이 등장함으로써 극의 구조나 인물들의 관계가 훨씬 더 복잡하다. 그뿐만이 아니라 『닫힌 방』에서는 3명의 인물의 과거가 환기되는 것으로 그치나, 『알토나의 유폐자들』에서는 5명의 과거가 무대에서 연출된다는 차이점이 있다.[897]

또한 『무덤 없는 주검』에서와는 달리 『알토나의 유폐자들』에서는 고문 장면이 무대에서 직접 연출되지는 않는다. 그저 등장인물들의 대사를 통해 환기되는 정도에 그친다. 하지만 『무덤 없는 주검』에서는 제기되지 않았던 고문의 책임 문제가 제기되고 있다. 『무덤 없는 주검』에서는 주로 고문을 이겨 낼 수 있을까의 문제가 관건이었다. 그 반면에 『알토나의 유폐자들』에서는 전쟁 중에 고문을 한 자가 전쟁 후에 갖게 되는 죄의식과 책임 문제가 집중적으로 부각되고 있다.

여기에 더해 전쟁과 고문 등과 같은 주제를 다루고 있는 『무덤 없는 주검』에 비해 『알토나의 유폐자들』의 극적 언어와 문체는 훨씬 더 함축적이고, 생략적이며, 은유적인 것으로 보인다. 아울러 사르트르는 『알토나의 유폐자들』에 브레히트의 거리두기 효과, 과거를 회상하기 위한 플래시백 등과 같은 극작법을 도입하고 있다.

또한 『알토나의 유폐자들』에서는 전통적인 극작법 중 하나인 "분석적

---

séquestré, l'homme sartrien: Etude du thème de la séquestration dans l'oeuvre littéraire de Jean-Paul Sartre, Nizet, 1968.

896   사르트르에게서의 고문에 대해서는 다음을 참고하라. 장근상, 「알제리 전쟁과 고문」, in 사르트르연구회 엮음, 『사르트르와 20세기』, 문학과지성사, 1999, 109-127쪽.

897   ES, pp.325-326.

기법technique analytique"이 효율적으로 사용되고 있다.[898] 그러니까 소포클레스의 『오이디푸스왕』에서 볼 수 있는 것처럼, 수수께끼 같은 질문들이 제기되고, 이 질문들이 극의 진행과 더불어 해결되는 기법이 그것이다.[899] 한 연구자는 이를 "점진적인 폭로révélation graduelle"[900]이라고 규정하고 있기도 하다.

그렇지만 『알토나의 유폐자들』은 『무덤 없는 주검』과 비슷하게 시간과 공간 면에서는 고전극의 틀을 크게 벗어나지 않는다. 이 작품의 모든 사건은 일주일 정도의 기간에 알토나에 있는 게를라흐Gerlach가의 집 1층과 2층에서 발생한다. 하지만 함부르크, 엘베 쇼세, 토이펠스브뤼케강, 라이프니치, 뮌헨, 누렘베르크, 구소련 전선, 스몰렌스크, 워싱턴, 히로시마, 아르헨티나 등과 같은 지명들이 텍스트 속에서 환기됨으로써 공간 확대의 효과가 발생하고 있다.

어쨌든 『알토나의 유폐자들』에서도 『무덤 없는 주검』에서와 마찬가지로 고문을 위시해 『닫힌 방』, 『파리 떼』, 『더러운 손』, 『악마와 선한 신』 등에서 다뤄지고 있는 사르트르의 존재론의 거의 모든 주제 —우연성, 존재정당화, 자유, 선택, 책임, 자기기만, 시선, 타자와의 관계에 더해 사랑,[901] 언어, 불멸성, 사후의 영광, 폭력 등— 가 극화되고 있다. 여기에 더해 『알토나의 유폐자들』은 특히 이 작품보다 일 년 후에 출간되는 『변증법』에서 제시된 여러 주제, 가령 실천적-타성태, 서약, 서약집단, 역사에 대한 책

---

[898]   TC, p.1504.

[899]   아버지를 죽이고 어머니와 동침한 자를 색출한다는 문제의 해결이 『오이디푸스왕』의 주된 주제라는 것은 잘 알려져 있다. 『알토나의 유폐자들』에서는 프란츠는 왜 스스로를 유폐시켰는가, 베르너는 아버지의 뒤를 이을 것인가, 요한나는 프란츠가 고문했다는 사실을 어떻게 받아들일 것인가 등등의 수많은 문제가 제기되고, 이런 문제들이 하나하나 해결되고 있다.

[900]   Robert Lorris, *Sartre dramaturge*, Nizet, 1975, p.260.

[901]   실제로 『알토나의 유폐자들』은 "사랑(L'Amour)"이라는 제목으로 잘못 예고되기도 했다.(ES, pp.324, 329.)

임, 역사의 판결 등이 게를라흐가의 구성원들을 중심으로 광범위하고 깊이 있게 다뤄지고 있다.[902]

여기에서는 이와 같은 특징을 염두에 두면서 『알토나의 유폐자들』의 등장인물 중 가장 중요한 위치에 있는 '아버지Le Père'와 그의 가족과의 관계를 중심으로 이 작품의 의미를 파악해 보고자 한다. 이를 위해 먼저 아버지가 휘둘렀던 무소불위의 힘의 원천을 밝히고자 한다. 그 과정에서 이 힘이 근본적으로 그가 소유하고 있는 조선소에서 발산되는 실천적-타성태에서 비롯된다는 점을 지적하게 될 것이다. 또한 이 작품에서 이 실천적-타성태 개념은 역사에도 적용된다는 사실을 보게 될 것이다. 인간이 역사를 형성하지만 역사 역시 인간을 형성하며, 그런 만큼 인간은 역사의 지배권에서 벗어날 수 없다는 것을 확인하게 될 것이다.

이와 관련해 한 가지 흥미로운 점은, 이 작품에서 이와 같은 실천적-타성태의 지배력은 주로 아버지와 그의 자식들의 관계(특히 장남 프란츠와의 관계)를 통해 드러나고 있다는 것이다. 프란츠의 운명은 아버지의 가업을 잇는 것이다. 차남 베르너는 프란츠에게 유고가 생기는 경우에만 그를 대신하게끔 되어 있다. 집안의 전통에 따라 외동딸 레니는 아무런 권리를 가지고 있지 않다. 외부인이자 여자인 베르너의 아내 요한나에게도 역시 아무런 권리가 없다.

이들 네 명은 아버지의 강력한 힘 앞에 무기력하다. 그들은 아버지가 그들 각자에게 태어나기 전부터 부여한 운명에서 벗어날 수가 없다. 그들 각자는 나름의 방식으로 자신의 삶을 주도적으로 살아가려고 노력한다. 이런 노력에는 아버지에 대한 각자의 저항이 함축되어 있다. 하지만 이런 저항은 모두 실패로 끝난다. 이것은 그대로 인간의 자유가 절대적 자유가 아니라는 점을 여실히 보여 준다. 앞에서 언급한 것처럼 사르트르는 실천

---

902   *Ibid.*, p.325.

적-타성태 개념으로 인간의 의식과 행동을 규제하는 구조 개념을 대신하려고 했다는 점을 상기하자.

그런데 역설적으로 아버지 역시 이들 네 명 앞에서 무기력하다.[903] 그들 각자가 자신의 자유와 창의적인 노력으로 아버지에 의해 확정된 운명과는 다른 운명을 개척한다고 해도, 아버지는 그것을 용인할 수 없다는 의미에서이다. 그와 같은 새로운 운명을 용인하는 것은 자식들에 대한 아버지의 애초의 '기획'이 잘못되었다는 것을 반증해 줄 뿐이다. 그러니까 아버지는 이들에게 내린 판결에서 자유롭지 못하며, 이 판결을 스스로 파기할 수 없다.

이런 아버지와 자식들과의 관계는 방금 지적한 역사와 인간 사이의 관계, 곧 인간이 역사를 만들지만 역사 역시 인간을 만든다는 사실의 한 예에 해당한다고 할 수 있다. 어쩌면 『알토나의 유폐자들』에서 제기되고 있는 가장 중요한 문제는, 역사의 형성 주체인 인간에게 실천적-타성태로 작용하는 바로 그 역사 앞에서 무기력했던 자신에 대한 회고, 성찰, 반성일 수도 있다. 물론 이와 같은 회고, 성찰, 반성은 이 작품의 공연을 감상하는 관객, 또 이 작품을 책으로 읽는 독자의 몫이다. 이제 이 작품을 아버지와 자식들 사이의 관계를 중심으로 읽으면서 사르트르가 이 작품의 재상연 기회에 제시했던 다음과 같은 의도를 염두에 두고 그가 제기한 하나의 문제에 대해 답을 해 보고자 한다.

---

903 사르트르는 니체, 도스토옙스키 등을 따라 신의 부재 또는 신의 죽음을 받아들이면서 무신론적 실존주의를 주창했다. 사르트르의 이런 입장은 '일자(l'Un)'의 해체 또는 중심의 제거와 거기에 수반되는, 주변부로 내쫓겼던 '타자들(les autres)'의 일자에 대한 반격, 그에 따르는 차이와 다양성의 존중을 모토로 내세우는 포스트모더니즘적 사유와도 일맥상통한다고 할 수 있다. 이런 시각에서 '아버지의 법', '아버지의 이름'에 중요한 의미를 부여하고 있는 라캉의 정신분석학적 사유는 사르트르의 이런 사유를 이해하는 데 좋은 참조점이 될 수 있을 것으로 보인다. 이 점에 대해서는 다음 글을 참고하라. 변광배, 「사르트르와 '아버지의 법'의 해체」, 앞의 책, 309-348쪽.

우리가 오늘날 이 작품을 재상연하는 것은, 그리고 내가 바라는 것처럼 어떤 측면에서 이 작품이 여전히 시의적인 것은, 이 작품이 ―모든 비난 과 모든 결론을 차지하더라도― 거의 내 뜻과는 상관없이 다음과 같은 중 요한 문제를 관객에게 제기했으며, 또 여전히 제기하고 있기 때문입니다. '너는 너의 삶을 무엇으로 만들었는가?'[904]

b) 프란츠, 장남의 운명

어린 시절

새 생명의 탄생은 그 자체로 축복받아 마땅한 일이다. 하지만 이 세상 에 태어난 아이가 성장하면서 마주하게 될 세계는 그리 평탄치만은 않다. 사르트르는 이처럼 한 아이의 앞길에 놓인 평탄치 않음을 "어린아이는 여 러 숙명宿命의 교차로에 서 있다"[905]라고 표현한다. 이런 여러 숙명 가운데 우리의 흥미를 끄는 것 중 하나는 이 아이와 주위의 어른들, 그중에서도 이 아이의 부모, 특히 아버지와의 관계이다.

사르트르는 먼저 어른들에게 있어서 어린아이는 한낱 '물건objet'에 불 과하다고 본다. 어른들의 눈에는 어린아이는 그저 아침에는 밖에 내놓 고 저녁에는 안으로 들여놓는 '화분pots de fleurs'에 지나지 않는다.[906] 그로 부터 사르트르는 "우리는 어른이기 전에 어린아이로부터 시작한다"는 말 을 "우리는 물건이 되는 것으로부터 시작한다"는 것을 의미하는 것으로 본다.[907] 이런 시각에서 데카르트를 따라 보부아르가 "인간의 불행"은 "그

---

904 TS, p.410.

905 Jean-Paul Sartre, *L'Idiot de la famille: Gustave Flaubert de 1821 à 1857*, t. I, Gallimard, coll. Bibliothèque de philosophie, 1971, p.53.(이하 IFI로 약기한다.)

906 CPM, p.23.

907 *Idem.*

가 먼저 어린애였었다는 사실에서 기인한다"[908]고 보는 견해를 이해할 수 있다.

어쨌든 한 아이가 커 가면서 만나게 되는 어른들 중 가장 가까운 어른은 그의 부모일 것이다. 부모와 자식들 사이에는 사랑과 애정이 충만해야 마땅하다. 하지만 사르트르는 "부모와 자식들 사이의 관계에는 폭력이 존재한다"[909]라고 단언한다. 그렇다고 사르트르가 자식을 낳는 것에 대해서마저 부정적인 생각을 가지고 있었던 것은 아니다. 다만 부모가 일단 자식을 갖게 되면 필연적으로 억압적이 될 수밖에 없다는 점을 그는 부각하고 있다. "좋은 아버지란 없다"는 것이 사르트르가 내세운 하나의 철칙이라는 사실을 기억하자. 사르트르는 이런 점들을 『알토나의 유폐자들』에서 장남 프란츠를 통해 극명하게 보여 준다.

프란츠는 이 작품이 배경으로 삼고 있는 2차 세계대전 중 유럽에서 제일 큰 조선소를 소유하고 있는[910] 게를라흐가 가장의 장남이다. 이런 아버지에게 있어서 프란츠의 탄생은 중요한 사건이었음에 분명하다. 왜냐하면 프란츠가 태어나기 전부터 아버지는 자기 사업의 후계자로 그를 점찍어 두고 있었기 때문이다.[911] 이렇듯 프란츠의 운명은 그가 태어나기도 전에 "거대한 컴퓨터grand ordinateur"[912]인 아버지에 의해 이미 계획되었고

---

908 Simone de Beauvoir, *Pour une morale de l'ambiguïté* suivi de *Pyrrhus et Cinéas*, *op. cit.*, p.51.

909 CPM, p.197.

910 Jean-Paul Sartre, *Les Séquestrés d'Altona*, in TC, p. 866.(이하 이 작품은 LSA로 약기하고, 전집은 표기하지 않는다.)

911 *Ibid.*, p.886.

912 IFI, p.391. 『알토나의 유폐자들』에 나타난 아버지와 자식들과의 관계를 규명하기 위해 『집안의 천치』에서 사르트르가 다루고 있는 플로베르 집안을 참고할 것이다. 그 까닭은 게를라흐가의 어머니가 죽었다는 것을 제외하면 양가의 가족 관계, 특히 아버지와 자식들 사이의 관계가 상당히 유사하기 때문이다. 이런 사실에 대해서는 다음을 참고하라. Dorothy McCall, *The Theater of Jean-Paul Sartre*, Columbia University Press, 1969, pp.130-131.

선택되어 있었다.[913]

사르트르는 아버지의 기대를 한 몸에 안고 태어난 프란츠의 어린 시절에 대해서는 침묵을 지키고 있다. 그럼에도 불구하고 프란츠의 어린 시절은 아버지의 권위에 의해 완전히 짓밟혔던 것으로 판단된다. 프란츠의 출생 전부터 그의 운명이 아버지에 의해 이미 선택되었다는 사실을 방금 지적했다. 게다가 아버지는 프란츠를 자신의 '이미지'로 키우기 위해 최선을 다한 것으로 보인다.[914]

또한 프란츠도 아버지의 기대에 부응하면서 성장한 것 같다. 왜냐하면 프란츠는 가장에게 "요구되는 모든 자질"[915]을 갖춘 것으로 평가받았으며, 아버지는 그런 그를 "'진짜' 마지막 게를라흐가 사람le dernier des 'vrais' von Gerlach"[916]으로 여겼기 때문이다. 프란츠는 실제로 아버지 앞에서 "당신이 곧 저예요"[917]라고 선언한다.

하지만 이런 사실들은 역으로 프란츠가 진정한 의미에서 자신만의 어린 시절을 보내지 못했다는 것을 짐작게 한다. 물론 어린 프란츠는 아버지 덕택에 자신의 존재를 정당화한다는 실존적 고뇌를 알지 못했을 수도 있다. 왜냐하면 그는 "아버지의 삶을 반복해야 하는 위임장"[918]을 손에 쥔 채 태어났기 때문이다. 프란츠는 태어나기도 전에 이미 아버지의 소명을 받았다. 따라서 아버지가 보장해 주는 확실한 권리와 자리를 차지하기만 하면 프란츠는 이 세상에 태어난 의미를 어렵지 않게 찾을 수 있는 것이다.

---

913   LSA, p.923.

914   *Ibid.*, p.867.

915   *Ibid.*, p.866.

916   *Ibid.*, p.876.

917   *Ibid.*, p.887.

918   IFI, p.119.

하지만 프란츠는 이와 같은 자기 존재의 정당화에 대한 대가를 혹독하게 치르게 된다. 그 대가가 억압적인 아버지의 권위에 대한 철저한 복종, 즉 그가 아버지 밑에서 체험하는 무기력이다. 그런데 사르트르에 의하면 "인생이란 어린 시절에 온갖 소스가 곁들여진 것"[919]으로 규정된다. 프란츠가 어린 시절에 겪었던 아버지의 권위에 대한 철저한 복종은 자신의 미래를 결정하는 중요한 요소가 될 것이라는 불길한 예감이 든다.

무기력의 화신

어려서부터 후계자로 길러진 프란츠는 큰 이변이 없는 한 아버지의 계획대로 게를라흐가의 가장이 되었을 것이다. 하지만 『알토나의 유폐자들』에서 프란츠의 삶은 이와는 거리가 멀다. 먼저 그는 "13년 전부터" 아버지의 집 2층에서 "아픈 상태에서 홀로" 유폐 생활을 하고 있다.[920]

그리고 유폐 생활 이후 계속해서 프란츠를 보고자 했던 아버지의 소원대로 부자父子가 재회하자마자 그들은 레니의 자동차를 타고 엘베강에 빠져 동반 자살을 한다.[921] 바꿔 말해 프란츠는 아버지의 후계자가 되지 못한다. 그 이유는 무엇일까? 아니, 일단 그전에 여러 질문이 한꺼번에 제기된다. 프란츠는 왜 13년 동안 유폐 생활을 했을까? 왜 프란츠는 아버지와 동반 자살을 했을까? 등…. 이 질문들에 답하면서 아버지의 계획으로 인해 자기만의 어린 시절을 갖지 못했던 프란츠가 성인이 되어서까지도 부권의 그늘에서 한 치도 벗어나지 못했다는 사실을 보게 될 것이다.

사르트르는 한 인간이 커 가면서 정상적으로 통과하는 과정인 유년기, 청소년기, 성년기 가운데 청소년기를 부모의 존재론적 힘의 약화 내지는

---

919   *Ibid.*, p.56.

920   *Ibid.*, p.873.

921   *Ibid.*, p.992.

붕괴, 그 인간의 주체성의 발현 등에 의해 특징지어지는 시기로 본다.[922] 이런 견해에 의하면 프란츠가 청소년이 되어 아버지의 권위에 무조건 복종하기를 거부하거나 또는 저항하는 것은 충분히 가능하다. 하지만 프란츠의 경우 문제가 되는 것은 자기의 자유와 의지에 따라 결정한 행동으로부터 자신이 철저히 소외된다는 점, 즉 어린 시절에 그랬던 것처럼 청소년이 되어서도 아버지 곁에서 아버지로 인해 무기력만을 체험하게 된다는 점이다.

사르트르는 먼저 프란츠가 '18세' 되던 해 —1941년이다— 에 저지른 심각한 실수를 통해 그가 아버지 때문에 어느 정도까지 무기력을 겪게 되는가를 보여 준다.[923] 프란츠가 저지른 실수를 보자. 2차 세계대전이 발발하자 '강제 수용소'를 짓기 위한 부지를 찾고 있던 힘믈러 정부는 공장 부지용 공터였던 아버지 소유의 땅을 구입했다.[924] 공사가 끝나고 포로들이 거주하기 시작했다.

그런데 아직은 순결한 영혼을 지닌 "청교도적 소년"에 불과한 프란츠는 포로들의 비인간적인 생활을 못 견뎌 하고, "인간의 존엄성"에 대한 믿음을 가진 채 중대한 실수를 저지르게 된다.[925] 그 실수란 수용소에서 도망친 폴란드 국적의 한 유대인을 자기 방에 숨겨 준 일을 가리킨다. 이런 행동을 통해 프란츠는 나치에 협력한 아버지의 죄를 '대속代贖하고자' 한 것이다.[926]

그런데 문제는 게를라흐가의 운전사이자 이 집을 계속 감시해 오던 진

---

922   CPM, p.23.

923   LSA, p.883.

924   *Idem.*

925   *Ibid.*, p.885.

926   *Ibid.*, p.887.

짜 나치인 프리츠가 프란츠의 행동을 목격한 것이다.[927] 프리츠가 당국에 밀고한다면? 아버지는 후계자로 키워 왔던 프란츠를 잃게 되는 것은 물론 집안도 멸망하게 될 것이라고 판단했다. 아버지는 가능하면 빨리 사태를 정리하고자 한다.

아버지는 함부르크에 되니츠 제독과 함께 와 있던 괴벨스에게 직접 전화를 걸어 프란츠를 용서해 줄 것과 도주한 포로의 목숨을 살려 줄 것을 간청한다.[928] 비밀경찰들이 프란츠와 유대인을 체포하러 온다. 하지만 모든 일이 이미 다 해결되어 있었다. 프란츠는 즉시 군에 입대한다는 조건으로 그 자리에서 석방된다. 다만 도주했던 유대인은 프란츠가 보는 앞에서 비밀경찰들에 의해 교살당한다.[929]

아버지는 이렇듯 프란츠의 석방을 얻어 냈고 기업을 보존하는 데 성공했다. 하지만 아버지는 그 대가로 프란츠를 영원히 잃어버렸다.[930] 왜냐하면 아버지가 구해 낸 프란츠는 자기의 의지가 아니라 아버지의 의지에 따라 행동하는 꼭두각시에 불과했기 때문이다. 프란츠는 자기 양심과 청교도적 원칙에 따라 포로를 숨겨 주었다. 또한 비밀경찰들이 포로를 죽이는 순간에도 저항하려고 했다. 하지만 프란츠는 그들에게 붙잡힌 채 새끼손가락조차 움직일 수가 없었다. 게다가 실수를 저질렀기 때문에 프란츠는 그 책임으로 당연히 벌을 받아야 했다. 하지만 프란츠는 아버지 덕택에 석방되었다. 이것은 아버지가 프란츠에게서 그의 행동의 결과를 모두 빼앗아 갔다는 것을 의미한다. 프란츠는 이처럼 청소년으로 성장한 후에도 권위적인 아버지로부터 전혀 벗어나지 못하고 있는 것이다.

---

927   *Idem.*

928   *Ibid.*, p.889.

929   *Ibid.*, p.982.

930   Michel Contat, *Explication des* Séquestrés d'Altona *de Jean-Paul Sartre, op. cit.*, pp.32-33.

프란츠는 석방의 조건에 따라 러시아 전선에 투입되었으며, 거기에서 세운 무공의 대가로 12개의 훈장을 받았다.[931] 그리고 5년 동안 전쟁을 치른 후 1946년에 ―그도 이제 어른이다― 집으로 돌아와 일 년을 머무른다. 그런데 그는 이 시기에 여동생 레니의 장난기 어린 행동으로 인해 또 실수를 저지르게 된다.

전쟁이 끝나 갈 무렵 아버지는 집에 미군 장교들이 머무는 것을 허용했다. 그들 중 한 명이 레니를 겁탈하려는 사건이 발생한다. 프란츠가 동생을 구하려 달려들었고, 그와 미군 사이에 싸움이 벌어졌다. 프란츠가 미군 밑에 깔리자 레니는 병(甁)을 집어 들어 그 미군의 머리를 후려쳤다. 프란츠가 모든 것을 뒤집어썼다. 하지만 이 사건도 아버지의 개입에 의해 방금 살펴본 유대인 사건과 비슷한 결과를 낳는다.

아버지는 홉킨스 장군에게 부탁해 프란츠의 사면을 얻어 낸다.[932] 프란츠가 아르헨티나행 비자를 받아 독일을 곧장 떠난다는 조건으로이다.[933] 프란츠가 18세 때 저지른 실수와 마찬가지로 이번에도 그는 자기의 잘못 ―그가 자원해서 레니의 잘못을 뒤집어썼다― 에 해당하는 벌을 의당 받아야 했다. 하지만 이번에도 아버지에 의해 모든 일이 깨끗이 해결된다. 다시 말해 프란츠는 자신의 행동에서 또 한번 무기력을 경험한 것이다. 프란츠는 어른이 되었고, 또 자신의 의지에 따라 행동했다. 그럼에도 불구하고 모든 것은 마치 아무 일도 일어나지 않은 것처럼 진행되고 만다. 아버지로 인해 프란츠는 어른이 되고서도 완벽한 무기력을 체험한 것이다.

---

931   LSA, pp.888, 890.

932   *Idem*.

933   *Idem*.

위의 사건 이후 아버지는 프란츠의 아르헨티나행 비자를 받았다.[934] 프란츠는 아르헨티나로 떠났는가? 떠나지 않았다. 아버지는 아르헨티나에서 작성된 프란츠의 '사망 증명서'를 1956년에 받기는 했다.[935] 하지만 프란츠는 아르헨티나로 가지 않았다. 왜냐하면 프란츠의 사망 증명서는 위조되었기 때문이다. 젤버가 급히 이 나라에 다녀왔다. 이것은 프란츠가 살아 있으며 독일을 떠나지 않았다는 것을 보여 준다.

그렇다면 프란츠는 어디에 있는가? 위에서 언급한 것처럼 프란츠는 유폐 생활을 하고 있었다. 왜일까? 이 질문에 직접 답하기 전에 우리는 러시아 전선에서 프란츠가 전우들과 함께 두 명의 러시아 농부에게 가한 고문에 주목하고자 한다. 왜냐하면 이 사건 역시 프란츠가 권위적인 아버지 때문에 얼마나 철저하게 무기력을 겪었는가를 또 한번 여실히 보여 주기 때문이다.

프란츠는 1949년 레니에게 자기가 러시아 전선에서 두 명의 러시아 농부를 고문했다는 사실을 고백한다.[936] 당시의 상황을 보자. 유대인 사건 이후 프란츠는 군에 입대하는 조건으로 당국으로부터 석방되었다는 사실은 위에서 지적한 대로이다. 그런데 러시아 전선에 투입된 프란츠는 스몰렌스크에서 러시아 농부들과의 접전에서 부대장과 상관들을 잃게 된다.[937] 졸지에 클라게스와 하인리히와 함께 지휘를 맡게 된 프란츠는 아군을 기다리며 그곳을 지켜야만 하는 상황에 처하게 된다.[938]

그런데 그때 프란츠는 동료들과 함께 유격대원으로 보이는 두 명의 러

---

934   *Ibid.*, p.892.

935   *Ibid.*, p.872.

936   *Ibid.*, p.977.

937   *Ibid.*, p.967.

938   *Ibid.*, p.981.

시아 농부를 체포한 상태였다. 비밀정보를 얻기 위해 하인리히와 프란츠가 그들을 차례로 고문한다.[939] 앞에서 언급한 것처럼 사르트르는 『알토나의 유폐자들』에서 고문 장면을 전혀 보여 주지 않는다. 여기에서 우리의 관심도 고문 행위 그 자체에 있지 않다. 그보다는 오히려 프란츠가 러시아 농부들을 고문한 후에 겪는 무기력함이 주된 관심의 대상이다.

군에 입대하기 전에 프란츠가 아버지로 인해 어느 정도로까지 무기력했는가를 보았다. 그런 무기력을 만회하기 위함이었을까? 프란츠는 군인다운 군인이 되고자 했다. 입대 전의 순진했던 태도를 버리고 전쟁을 '운명'으로 여기고 모든 일에 책임을 지면서 '행동하기'를 바랐다.[940] 그러니까 프란츠는 자유로이 행동하면서 자기 행동의 주인이 되고자 했다.

군에 입대하기 전에 프란츠는 그 누구도 아니었다. 왜냐하면 헤아릴 수 없을 정도로 많은 행동을 했지만, 끝내 그는 아무것도 하지 않은 것처럼 되었기 때문이다.[941] 하지만 프란츠는 이제 진짜 군인이 됨으로써 아버지로 인해 겪었던 무기력을 떨쳐 버리고자 했다. 프란츠가 받은 12개의 훈장은 그런 각오의 결실이었을 것이다. 어쨌든 프란츠는 두 명의 러시아 농부를 고문하면서 '단 일 분'만이라도 '독립' ―물론 아버지로부터의 독립이다― 을 느끼길 원했다.[942]

하지만 프란츠가 "지고의 힘"[943]으로 전우들을 지휘하고 두 명의 러시아 농부를 고문해 보았자 무슨 소용이 있었겠는가? 그들을 고문할 때 프란츠는 자신의 힘을 실제로 히틀러에게서 퍼 왔다.[944] 그들을 고문하면서

939   *Ibid.*, p.980.

940   *Ibid.*, p.969.

941   *Ibid.*, p.971.

942   *Ibid.*, p.989.

943   *Ibid.*, p.981.

944   *Ibid.*, p.982.

프란츠는 고문이라고 하는 악을 자기만의 행동으로 요구했다. 프란츠는 그렇게 하면서 히틀러가 자기를 왕으로 만들었다고 생각했다.

하지만 아버지 곁에서 늘 무기력한 황태자에 불과했듯이 프란츠는 여전히 왕자일 뿐이었다. 바꿔 말해 그는 무기력의 왕에 불과했다. 왜냐하면 그는 고문을 하면서 몸과 영혼을 다 바쳐 결국 히틀러에게 봉사했을 뿐이기 때문이다. 그러니까 히틀러로 인해 —히틀러는 당시에 독일인들의 국부國父, 즉 또 한 명의 아버지였다는 사실을 지적하자— 프란츠는 아버지 때문에 겪었던 무기력보다 더 큰 무기력을 체험한 것이다.[945]

하지만 프란츠가 겪은 무력함은 거기에서 끝나지 않는다. 프란츠는 1949년에 레니에게 자신이 고문을 했다는 사실을 고백한다. 아버지는 조금 늦었지만 1956년부터 이 사실을 알고 있었다.[946] 그리고 아버지는 이번에도 이 사건을 처리한다. 그렇게 함으로써 아버지는 다시 한번 프란츠로부터 고문이라는 행동의 결과를 빼앗아 버린다.

러시아 전선에서 프란츠의 만행을 알고 있었던 두 명의 생존자 —그들의 이름은 각각 페리스트와 샤이데만이다— 가 아버지를 찾아왔다.[947] 두 사람은 아버지에게 프란츠가 고문을 했다는 사실을 밝히며, 이를 세상에 공표하겠다고 하면서 그를 위협했다. 그렇게 되면 프란츠는 전범戰犯으로 몰려 재판에 회부될 것이다. 이런 상황에서 아버지는 두 사람에게 고문에 대한 보상금을 지불하고 모든 것을 정리한다.[948]

그리고 앞에서 언급했던 것처럼 아버지는 서둘러 젤버를 아르헨티나로 보내 가짜 사망 증명서를 떼어 오게 했다. 또한 함부르크에서 변호사로

---

945   Cf. Michel Contat, *Explication des* Séquestrés d'Altona *de Jean-Paul Sartre, op. cit.*, p.59.

946   LSA, p.985.

947   *Idem.*

948   *Idem.*

일하고 있던 베르너를 알토나로 불렀다. 여태까지 장남인 프란츠에게 예정되어 있던 후계자 자리를 차남인 베르너에게 물려주기 위함이다.

『알토나의 유폐자들』은 이렇게 해서 알토나에 오게 된 베르너 내외, 아버지, ―그는 지금 '후두암'에 걸려 '6개월'의 시한부 인생을 살고 있다[949]― 레니가 함께 모여 후계자 문제를 결정하기 위해 가족회의를 하는 장면으로 시작된다. 어쨌든 프란츠가 두 명의 농부에게 가한 고문과 관련해 지적할 수 있는 것은, 지금까지 늘 그랬던 것처럼 그는 이번에도 아버지 ―히틀러라는 또 하나의 아버지를 포함해서― 로 인해 완벽하게 무기력을 겪었다는 점이다.

프란츠의 유폐

프란츠가 아버지 집의 2층에서 13년 동안 홀로 유폐 생활을 하고 있다는 사실을 반복해서 지적했다. 물론 방금 살펴본 고문 사건의 뒤처리를 아버지가 도맡아 하는 동안에도 프란츠는 여전히 유폐 생활을 하고 있었다. 여기에서 지금까지 답을 하고 있지 않았던 질문으로 돌아가 보자. 이 질문은 프란츠의 유폐 이유에 관계된 것이다. 이 질문은 요한나가 프란츠에게 던진 질문이기도 하다. "당신은 왜 여기에 숨어 있는 거예요?"[950] 대체 프란츠는 왜 13년 동안 유폐 생활을 하고 있는가?

앞에서 보았던 미군과의 다툼 직후 프란츠는 아르헨티나로 떠나기로 예정되었던 '어느 토요일' 하루 전날에 아버지의 집 2층으로 올라가 버렸다.[951] 그리고 13년 동안 거기에서 지내고 있다. 아버지에 의하면 프란츠가 유폐 생활을 하게 된 것은, 그가 전쟁에 패한 국민의 일원이라는 사실

---

949   *Ibid.*, pp.864, 865.

950   *Ibid.*, p.879.

951   *Ibid.*, p.892.

과 독일이 전승국들에 의해 유죄 선고를 받는 것을 견딜 수 없었기 때문이라는 것이다.[952]

먼저 프란츠는 점령자들에 의한 독일 국민의 "철저한 말살"[953]을 결코 보고 싶지 않았다는 것이다. 이런 사실은 요한나에 의해 다시 한번 확인된다. 프란츠가 그녀에게 밝히는 유폐 생활의 유일한 이유는 어떻게 해서든지 점령자들이 조국에 가하는 "역사상 가장 아름다운 살해"인 독일의 말살을 자기 눈으로 직접 보지 않기 위함이라는 것이다.[954]

하지만 이것은 사실이 아니다. 왜냐하면 유폐 생활을 마친 후 아버지와의 13년만의 재회에서 프란츠는 이와 반대되는 증언, 즉 자신이 유폐 생활을 하게 된 것은 독일의 부흥의 증인이 되지 않기 위함이었다는 것, 즉 조국의 패망을 끊임없이 바랐다는 것을 밝히고 있기 때문이다.

> **프란츠**   예. (…) 저는 독일의 종말을 보지 않기 위해 스스로 유폐했다고 주장했어요. 그건 거짓이에요. 저는 조국의 죽음을 바랐어요. 저는 조국의 부활의 증인이 되지 않기 위해 스스로 유폐했던 거예요.[955]

그렇다면 프란츠는 왜 조국의 패망을 바랐을까? 이 물음에 답을 하기 위해서는 앞에서 살펴본 고문 사건으로 다시 거슬러 올라가야 한다. 프란츠가 두 명의 러시아 농부를 고문한 것은 조국의 승리를 위함이었다. 만일 독일이 전쟁에서 승리했더라면 프란츠는 군인으로서 고문을 통해 얻고자 했던 모든 것을 얻었을 수도 있었을 것이다. 가령 자기 행동의 주인

---

952   *Ibid.*, p.941.

953   *Ibid.*, p.882.

954   *Ibid.*, p.924.

955   *Ibid.*, p.983.

이 되는 것, 그렇게 함으로써 아버지 때문에 겪었던 무기력을 단번에 떨쳐 버리는 것, 또 독일이 승리해 고문이라는 비인간적인 수단 사용을 정당화하는 것 등이다.

하지만 독일은 전쟁에서 패했다. 그로 인해 군인 프란츠는 죄의식에 사로잡힐 수밖에 없었다. 프란츠도 전쟁에 참가했으므로 조국의 패전이라는 책임에서 자유로울 수 없다. 실제로 프란츠는 자기가 "독일을 감상感傷에 의해 말살시켰다"[956]고 말하고 있다. 요컨대 독일이 전쟁에서 패했다면, 그것은 프란츠가 "훌륭하지 못한 군인"[957]이었다는 반증인 것이다.

하지만 전쟁은 끝났고 재판의 시대가 왔다. 점령자들은 독일에 대해 유죄 선고를 내렸다. 프란츠는 유폐 생활을 시작하기 전에 누렘베르크 법정에서 있었던 독일에 대해 유죄 선고를 알리는 라디오를 듣지 않으려고 했다. 바로 조국이 유죄라는 사실을 그가 인정하지 않기 때문이었다.

게다가 같은 이유에서 프란츠는 20세기를 대표하는 "세기의 증인"의 자격으로 또 "피고 측 증인"의 자격으로 상상의 법정에서 미래의 사람들, 예컨대 '30세기'의 사람들로 상징되는 '게들Crabes'에게 조국이 무죄라는 사실을 주장한다.[958] 하지만 전쟁이 끝난 지금 프란츠는 더 이상 군인이 아니며 일개 민간인에 불과하다. 그것도 전쟁 중에 고문이라는 잔혹하고도 비인간적인 범죄를 저지른 민간인일 따름이다.

그런데 프란츠가 전쟁 중에 고문을 가했던, 그러니까 비인간적인 죄를 저질렀던 민간인이라는 사실은, 그대로 그가 전후에 당연히 그에 상응하는 벌을 받아야 했다는 것을 의미한다. 만일 독일이 승리했다면 그는 고문을 통해 얻고자 했던 것을 모두 —아버지로 인해 여태까지 겪었던 무기

---

956 *Ibid.*, p.966.

957 *Ibid.*, p.965.

958 *Ibid.*, pp.912, 910, 908, 959.

력을 일순간에 떨쳐 버리는 것까지— 얻었을 수도 있었으리라는 사실을 앞에서 지적한 바 있다. 하지만 독일은 패배했다. 따라서 프란츠는 패전한 조국과 함께 벌을 받은 것이다.

또한 만일 독일이 전쟁의 폐허에서 벗어나지 못했다면, 프란츠 역시 고문이라는 죄를 저질렀다는 사실에 상응하는 벌을 받은 것으로 생각했을 것이다. 하지만 조국 독일 —게를라흐가도 마찬가지다— 은 전후 재건에 성공했다. 이것은 독일이 전쟁을 일으키고도, 다시 말해 죄를 짓고도 처벌받지 않았다는 것과 동의어이다. 이와 마찬가지로 프란츠에게 있어 독일의 부흥은 전쟁 중에 군인의 자격으로 비인간적인 고문이라는 범죄를 저질렀던 민간인으로서 자기가 처벌받지 않았다는 것과 동의어이다.

바로 거기에 프란츠의 갈등이 놓여 있다. 그것은 조국 독일이 "멸망하든가" 아니면 자신이 "공민권을 해친 범죄자"이든가의 둘 중 하나를 선택해야만 하는 갈등이다.[959] 프란츠에게 있어서 조국의 멸망은 견딜 수 없는 일이다. 하지만 그것은 조국이 지은 죄로 인해 의당 치러야만 하는 대가이다.

또한 조국의 멸망에는 전쟁 중에 프란츠가 지은 죄인 고문에 대한 처벌의 의미가 함축되어 있기도 하다. 다시 말해 조국이 멸망해야 민간인으로서 프란츠는 자신의 행동에 대해 책임지며, 그 행동의 주인이 될 수 있다.[960] 이처럼 조국의 멸망은 프란츠가 여태까지 아버지로 인해 겪었던 모든 무기력을 일거에 만회하고 그 스스로 독립된 인격체로 설 수 있는 가능성과 무관하지 않다. 따라서 프란츠는 전쟁에서 패했지만 폐허에서 벗어나 번영을 구가하는 조국, 즉 "그를 부정하는 조국을 그의 편에서 부

959   *Ibid.*, p.987.

960   Bernard Dort, "Frantz, notre prochain?", *Théâtre public*, Seuil, coll. Pierres vives, 1967, p.130.

정하는 것"[961]이다.

이런 사실들을 고려하면 프란츠가 유폐 생활을 하게 된 것은 어린 시절부터 그가 아버지 때문에 겪었던 무기력의 극복이라는 강한 의지의 발현과 밀접하게 연결되어 있다. 다시 말해 프란츠의 유폐 생활은 아버지의 권위에 대항하기 위해 그가 자발적으로 내린 결단에서 비롯된 것이다. 게다가 프란츠의 유폐 생활이 13년이나 지속되었던 것으로 미루어 보아 그의 결단은 아주 확고했던 것 같다. 그럼에도 불구하고 프란츠는 결국 유폐 생활을 더 이상 계속하지 못한다. 그것도 아버지의 계략에 의해서이다.

아버지는 레니와 요한나의 경쟁 관계를 교묘하게 이용하여 프란츠로 하여금 유폐 생활에 종지부를 찍게 한다. 조국의 부흥은 곧 프란츠가 더 이상 유폐 생활을 계속할 이유가 사라졌다는 것을 의미한다. 그런데 프란츠가 13년간 계속했던 유폐 생활을 아버지의 계략 때문에 더 이상 지속할 수 없다는 것은 아버지로 인해 그가 다시 한번 무기력을 겪었음을 의미한다.

프란츠의 자살

13년간 이어진 유폐 생활을 이처럼 다시 한번 무기력을 겪으면서 마감한 프란츠는 이제 무엇을 할 수 있을까? 아버지의 계획대로 사업을 계승하고 게를라흐가의 가장이 될 것인가? 아니면 아버지의 권위에 저항하기 위해, 즉 아버지 옆에서 겪었던 모든 무기력을 일소하고 만회하기 위해 또 다른 노력을 할 것인가? 그런데 유폐 생활을 끝내고 아버지와 13년만에 재회하자마자 프란츠는 아버지가 제의하는 동반 자살을 망설이지 않고 받아들인다.

프란츠는 왜 아버지의 동반 자살 제의를 받아들일까? 답을 미리 하자

---

961   LSA, p.987.

면, 그 이유는 지금까지 아버지로 인해 프란츠가 겪었던 모든 무기력을 단번에 극복하려는 그의 마지막 결단이라고 할 수 있다. 다시 말해 자살이라는 극단적인 선택에는 억압적인 아버지의 권위를 해체하고자 하는 프란츠의 최후 전략이 내포되어 있는 것으로 보인다.

먼저 프란츠와 아버지가 어떤 과정을 거쳐 동반 자살을 하게 되는가를 보자. 유폐 생활에 종지부를 찍고 아버지와 재회하면서 프란츠는 살고자 하는 강한 의지를 표명한다. 아무것도 되지 못한 채 삶을 마감할 수는 없다는 것이다. 하지만 아버지는 자신의 고유한 삶을 건설한다는 프란츠의 생각이 얼마나 터무니없는가를 잘 알고 있다. 하지만 프란츠는 아버지와의 대화에서 아버지는 배를 건조하는 일에 일생을 보냈으며, 비록 아버지가 세상을 떠나더라도 아버지의 이름은 그 배와 함께 남을 것이라는 논리를 편다.

그리고 이런 논리를 바탕으로 프란츠는 자신도 무엇인가를 남기기 위해 좀 더 오래 살기를 원한다.[962] 하지만 아버지의 눈에는 프란츠의 그런 생각이 어리석어 보이기만 한다. 그 까닭은 아버지에 의하면 조선소를 설립하고 경영하는 것은 자신이지만, 실제로 자기에게 그렇게 하도록 명령하는 것은 조선소 그 자체이기 때문이다.[963]

아버지는 또한 프란츠의 과거 실수들을 처리한 것 역시 자기의 사업이 자기에게 내린 명령에 따라 행동했던 것뿐이라고 주장한다.[964] 아버지의 강력한 힘의 원천은 결국 조선소라는 그의 실천의 결과물이 그에게 강요한 명령이었던 것이다. 아버지는 스스로를 조선소가 자기에게 내리는 명

---

962   *Ibid.*, pp.987-988.

963   *Ibid.*, p.988.

964   『알토나의 유폐자들』에서 사르트르가 들고 있는 실천적-타성태의 예는 조선소에 그치지 않는다. 앞에서 언급한 대로 역사와 전쟁 역시 그런 예에 속한다.

령에 복종하는 허수아비, 곧 "장대 끝에 걸려 있는 모자"[965]에 불과했다고
생각해 온 것이다.

바로 거기에 아버지의 강력한 힘의 실체가 자리한다. 그것은 바로 아버
지에 의해 설립된 조선소에서 발산되는 실천적-타성태이다. 이것은 또한
아버지 자신이 무기력의 화신이었다는 사실을 의미하기도 한다. 이를 토
대로 아버지는 자기와 마찬가지로 프란츠가 더 살면서 자기 이름을 걸고
무엇을 하고자 해도 결국 그도 그 무엇에 의해 조종되기 마련이라는 논리
를 편다. 요컨대 아버지에 의하면 프란츠도 자기처럼 영원히 무기력할 수
밖에 없다는 것이다.

그뿐이 아니다. 아버지에 따르면 이와 같은 프란츠의 생각은 또한, 아
버지라는 존재가 수행하는 역할로 인해 터무니없다는 것이다. 아버지는
'아버지들'이란 '얼빠진 작자들'이라고 보고 있다.[966] 왜냐하면 아버지들은
자식들의 '태양'을 멈추게 하면서 그들의 미래를 어둡게 하는 존재들이기
때문이라는 것이다.[967]

또한 아버지들이 자신들의 역할을 잘 수행한다는 것은 자식들에게 운
명이라는 올가미를 씌워 그들의 장래를 무겁게 한다는 것과 동의어라는
것이다. 따라서 프란츠가 좀 더 오래 살게 된다면, 그는 가정을 꾸리게 될
것이고, 그가 낳게 될 자식들 —특히 장남— 에게 아버지가 프란츠에게
그랬던 것과 똑같이 무기력을 안겨 줄 수밖에 없다는 것이 아버지의 생각
이다.[968]

---

965   *Ibid.*, p.868.

966   *Ibid.*, p.988.

967   *Idem.*

968   아버지의 이런 예측은 「어느 지도자의 어린 시절」에서 아버지의 사업을 물려받고 지도자가
       되겠다고 결심한 뤼시앵 플뢰리에의 장래 계획과 아주 흡사하다. 또한 이런 예측은 2차 세
       계대전 당시에 고문을 했던 독일인들과 고문의 희생자가 되었던 프랑스인들의 관계가 알제

한마디로 아버지는, 아들 프란츠의 삶이 자신의 삶의 반복에 불과하게 될 것이라는 결론을 내리고 있다. 게다가 유폐 생활을 막 끝낸 프란츠와의 재회에서, 모든 잘못이 아버지인 자기에게 있다는 사실을 인정한다.[969] 자기가 아버지의 역할을 너무나 잘 수행해 장남인 프란츠를 완벽한 무기력 속에 빠뜨렸으며, 그 결과 그의 미래를 완전히 파괴했다는 것이다. 이처럼 모든 책임이 아버지에게 있다는 인정 직후에 프란츠는 아버지가 제의하는 동반 자살을 '즉시' 실행에 옮기는 것에 동의한다.[970] 그리고 앞에서 언급한 것처럼 두 사람은 레니의 자동차에 몸을 싣고 강에 뛰어들어 자살한다.

아버지와 프란츠는 왜 동반 자살을 할까? 이 물음은 다음과 같은 세 가지 물음을 포함하고 있다. 프란츠가 자살하려는 이유는 무엇인가, 아버지가 자살하려는 이유는 또 무엇인가, 그리고 그들은 왜 하필이면 동반 자살을 하려는가의 물음이 그것이다. 먼저 프란츠의 자살 이유를 보자. 이를 위해 먼저 그의 삶이 무기력의 연속이었다는 사실을 떠올리자.

모든 것은 아버지의 뜻대로 되었고, 따라서 프란츠는 인생을 좀 더 오래 산다고 해도 아버지가 이미 마련해 준 삶에서 사소한 "점 하나"[971]도 바꿀 수 없는 그런 삶을 살아갈 수밖에 없을 것이다. 다시 말해 프란츠는 영원히 아버지의 노예로 남게 될 것이다. 하지만 베르너의 말대로 "반항하는 노예들이 존재한다."[972] 프란츠도 그런 노예들 중의 한 명이다. 이런 노예의 자격으로 프란츠는 아버지에게 저항하기 위한 최후의 수단으로

리 전쟁 당시 고문을 했던 프랑스인들과 고문의 희생자가 되었던 알제리인들의 관계에서 그대로 반복되고 있다는 사실과 무관하지 않다.

969 Ibid., p.989.

970 Idem.

971 IFI, p.403.

972 LSA, p.877.

자살을 선택하는 것으로 보인다. 실제로 프란츠는 유폐 생활 이후 계속해서 자살을 꿈꿨지만 포기했다는 사실을 아버지에게 털어놓는다.[973]

그런데 사르트르는 "자살의 꿈"을 "과격하지만 상상적인 반항"과 동의어로 여긴다.[974] 따라서 프란츠가 자살을 꿈꿨을 때 그의 반항은 아직까지는 그저 실천에 옮겨지지 않은 상상적 차원의 반항에 불과했다. 하지만 프란츠가 13년 동안의 유폐 생활 직후 자살하는 것은 그런 상상적 차원이 현실적 차원으로 바뀐 것을 의미한다.

그렇다면 자살은 어떤 점에서 반항과 연결되는가? 또한 자살하는 자는 그런 반항을 통해 무엇을 얻고자 하는가? 이 물음들에 답을 하기 위해 다시 한번 프란츠의 삶이 아버지로 인한 무기력의 연속이었다는 사실을 상기하자. 이것은 프란츠가 아버지에 의해 구상된 삶 외의 다른 삶을 영위하는 것 자체가 불가능했다는 사실을 의미한다.

아버지의 사업을 이어받고 가장이 되는 것, 이것만이 프란츠의 출생 이전에 아버지에 의해 미리 구상되었던 그의 삶이었다. 그러니까 프란츠는 아버지에 의해 부과된 이런 삶을 끝까지 살도록 예정되어 있었던 셈이다. 그런데 프란츠가 자살하는 것, 즉 아버지가 원하는 삶을 영위해야 하는 의무를 도중에 포기하는 것은 결국 자기에게 그런 삶만을 부과한 아버지의 뜻을 거스른다는 의미에서 아버지에 대한 항거일 수밖에 없다.

프란츠의 자살은 또한 그런 삶만을 자기에게 부과한 것이 전적으로 아버지의 잘못이라는 사실, 즉 아버지에 의해 정립된 "음험한 봉건성"[975]을 드러내는 것이다. 한마디로 프란츠의 자살은 자신을 낳아 준 아버지, 그리고 그가 죽고 난 후에 이 세상에 혼자 남게 될 아버지에 대해 그가 가하

973   *Ibid.*, p.989.
974   IFI, p.402.
975   *Ibid.*, p.400.

는 복수復讐이자 '벌罰'인 것이다.

> 이 끔찍한 노인네에게 이 무슨 끔찍한 벌인가! 그는 다가오는 자신의 죽음
> 을 생각하면서 혼자 남게 될 것이다. 달리 말해 자신의 손으로 준비한 종
> 족의 소멸에 대해 생각하면서 말이다.[976]

이런 관점에서 보면 프란츠의 자살에는 아버지의 권위에 대한 능동적
인 불복종, "죽음을-위한-자유liberté-pour-mourir" 또는 자기 행동의 주인이
되고자 하는 "최종적이고 근본적인 가능성possibilité ultime et fondamentale"이
내포되어 있다[977]고 말할 수 있을 것으로 보인다.

프란츠가 자살을 통해 얻고자 한 것은, "존재의 찬란한 주인brillant
Seigneur de l'être"인 아버지로부터 "모든 권위"를 빼앗으면서 자신이 여태까
지 아무런 '힘'도 가지지 못했던 바로 그곳에 "자신의 왕국"을 건설하는 것
이라고 할 수 있다.[978] 다시 말해 자살을 통해 프란츠는 자기를 이 세상에
오게끔 한 자, 즉 아버지와 동등한 가치를 가지고 있다는 것을 아버지에
게 직접 보여 주고자 하는 것이다.[979]

결국 지금까지 아버지로 인해 무기력만을 겪었던 프란츠는 자살을 통
해 자신의 자유, 의지, 용기, 결단에 의해 자기가 하고자 원하는 것과 자
기가 할 수 있는 것을 실제 행동으로 옮기는 자가 되면서 자기 행동의 주
인이 되고자 한 것이다.[980] 이런 사실들로부터 프란츠에게서는 죽는 것

---

976   *Ibid.*, p.401.

977   *Ibid.*, p.403.

978   *Ibid.*, pp.402-403.

979   *Ibid.*, p.403.

980   Cf. Michel Contat, *Explication des* Séquestrés d'Altona *de Jean-Paul Sartre*, *op. cit.*, p.57.

이 곧 사는 것이라는 결론이 도출될 수 있을 것 같다. 다시 말해 "나는 죽는다, 그러므로 나는 존재한다Je meurs, donc je suis"[981]라는 명제, 바로 이것이 프란츠가 자살을 통해 얻고자 했던 최후의 목표로 보인다.

> 자살을 통한 무화의 정확한 목표는 마지막에 이루어지는 자기 회복이다.[982]

프란츠는 이처럼 아버지로부터의 최후의 독립을 위해 자살을 할 만한 충분한 이유를 가졌다고 할 수 있다. 그렇다면 아버지는 왜 자살할까? 아버지도 프란츠와 마찬가지로 "나는 죽는다, 그러므로 나는 존재한다"라는 명제를 실천에 옮겨야만 할 상황에 처해 있었다고 할 수 있을 것 같다. 그도 그럴 것이 앞에서 본 것처럼 아버지 역시 프란츠처럼 무기력의 화신이었기 때문이다.

물론 아버지가 겪었던 무기력은 역사, 전쟁, 사업 등에서 발산되는 실천적-타성태에서 기인한 것이다. 따라서 프란츠와 마찬가지로 아버지 역시 자살을 통해 그를 완벽한 무기력 속에 떨어뜨린 역사, 전쟁, 사업 등에 저항 ―그의 이런 저항에는 당연히 히틀러, 힘믈러 정부, 미군 등에 대한 복수가 내포되어 있다― 하면서 '마지막에in extremis' 자신만의 고유한 삶을 되찾고자 했던 것으로 판단된다.[983]

981　IFII, p.1288.

982　IFI, p.464.

983　이와 관련해 『알토나의 유폐자들』에 나오는 베르너를 제외한 네 명의 주요 등장인물에게 "패이승(Qui perd gagne)"은 원칙이 예외 없이 적용된다는 사실을 지적하자. 베르너의 경우는 예외가 될 수도 있다. 왜냐하면 베르너가 아버지와 프란츠의 동반 자살 이후 가업을 물려받아 가장의 역할을 수행했는지에 대한 더 이상의 정보가 이 작품에 나타나지 않고 있기 때문이다. 다시 말해 베르너의 미래는 열려 있다고 할 수 있다. 또한 이 원칙과 관련해 사르트르는 이 작품에 "패이승"이라는 제목을 붙이려고 했다는 사실을 지적하자.(TS, p.365.)

하지만 아버지와 프란츠의 최종 선택은 동반 자살이다. 부자가 동반 자살을 도모하는 까닭은 무엇인가? 먼저 아버지 쪽에서 보자. 이를 위해 프란츠가 죽고 난 후 아버지 혼자 남았다고 가정해 보자. 이 경우 아버지는 죽을 때까지 프란츠가 자살하면서 자기에게 가한 벌을 고스란히 감수해야만 할 것이다. 다시 말해 프란츠의 전략대로 아버지는 살아 있는 6개월 동안 깊은 회한 속에서 살게 될 것이다. 하지만 아버지로서는 자기가 낳은 자식으로부터 이처럼 치욕스러운 벌을 받는다는 것은 죽기보다도 더 싫은 일일 것이다.

다른 한편으로 위와 반대되는 경우, 즉 아버지가 죽고 나서도 프란츠가 계속해서 사는 경우를 가정해 보자. 이 경우 프란츠가 어떤 삶을 살아갈 것인가를 어렵지 않게 내다볼 수 있다. 왜냐하면 프란츠는 아버지의 삶을 그대로 반복하도록 태어났기 때문이다. 그러니까 프란츠의 입장에서는 죽는 것이 곧 사는 것이기 때문에 그에게 살아 있는 것은 역으로 죽어 있는 것과 전혀 다를 바가 없다.

이런 이유로 프란츠에게 있어서는 더 이상 계속 산다는 것 자체가 아무 의미가 없는 것이다. 게다가 아버지는 이미 그와의 13년만의 재회에서 모든 잘못이 자기에게 있다고 인정했다. 다시 말해 아버지는 프란츠의 삶 전체를 이미 정화해 주고 복원시켜 준 것이다. 이처럼 프란츠와 아버지는 '같은 살 속에 꿰매어져cousus dans la même peau'[984] 하나가 되어 죽어 갈 충분한 이유를 가지고 있었던 셈이다.

어쨌든 프란츠와 아버지는 이렇게 해서 무기력만으로 점철된 그들 각자의 삶을 마감하게 된다. 다만 문제는 그들 부자가 자살이라는 극단적인 수단을 통해 얻고자 했던 바를 얻는 데 성공했을까 하는 것이다.

먼저 아버지는 실패한 것으로 보인다. 아버지는 자살함으로써 역사의

---

984   IFI, p.464.

흐름에 ―보다 더 정확하게는 역사가 가지고 있는 실천적-타성태라는 특성에― 에 도전한 것인데, 이런 도전은 근본적으로 무모하다. 왜냐하면 아버지가 이 세상에 없어도, 즉 아버지가 역사의 형성에 아무런 기여를 하지 않아도, 역사는 계속 흘러가기 때문이다. 결국 죽은 아버지는 역사에 대해 영원한 대상, 다시 말해 '비존재'일 수밖에 없는데, 이에 반해 자살을 기도하는 마지막 순간에 아버지는 자기 존재의 '절대적인 항구성'을 선택한다. 하지만 이것은 '속임수'에 불과하다.

> 사람은 죽을 수 없다(자살). 이것은 죽음을 통해 자신이 변하지 않는다고 주장하는 것을 의미한다. 이 경우에 자살: 역사에 대한 공격적인 행동. 우리는 존재의 절대적인 영속성을 선택한다. 속임수: 우리는 미래의 역사를 위해 비존재와 존재-대상을 선택한다.[985]

그러면 프란츠의 경우는 어떠한가? 우리의 판단으로는 프란츠의 자살 역시 아버지의 그것과 동일한 결과를 낳는 것으로 여겨진다. 왜냐하면 죽음을 통해 자신의 존재를 회복한다는 프란츠의 최후 결단은 모순임과 동시에 속임수이기 때문이다. 그럼에도 불구하고 한 가지 분명한 것은, 그가 자살을 통해 거의 절대적인 아버지의 권위의 실체를 분명하게 드러냈다는 점이다.

사실 프란츠의 출생 전부터 아버지는 그의 운명을 조탁했다. 이는 아버지 자신을 영속화하기 위해서였고, 자신의 작품을 완성하기 위함이었고, 자신의 이미지를 재판再版하기 위함이었다. 이런 운명을 타고난 프란츠는 이 세상에 태어났음에도 불구하고 태어나지 않은 것과 다를 바가 없는 삶

---

[985] CRDII, 1985, p.408.

을 영위해야만 했다. 즉 프란츠는 '죽은 시계montre morte'[986]에 불과했다.

하지만 프란츠가 13년간의 유폐 생활을 그만두고 나서 바로 자살을 받아들이기로 결정하는 과정에서 아버지는 자신을 평생 짓눌렀던 권위가 애초에 자기의 것이 아니었음을 스스로 폭로하고 만다. 그리고 그런 권위로 프란츠의 운명을 조탁했던 아버지는 자기에게 모든 책임이 있다는 사실을 끝내 인정하기에 이른다.

이런 결과는 결국 프란츠에 의한 억압적인 아버지의 권위의 해체와 밀접하게 연결되어 있다고 할 수 있다. 또한 이런 결과는 아버지로 상징되는 '2차 세계대전 중-프랑스인을 고문한 독일인'이 프란츠로 상징되는 '알제리 독립전쟁 중-알제리인을-고문한-프랑스인'으로 대물림되고 반복되어서는 안 된다는 사르트르의 메시지와도 무관하지 않은 것으로 보인다.

c) 베르너, 차남의 비애

베르너, 집안의 천치

게를라흐가의 차남 베르너는 아버지로부터 장남인 프란츠와는 전혀 다른 운명을 부여받았다. 프란츠가 아버지의 사업과 가장의 자리를 물려받기로 예정되어 있었던 반면, 베르너에게 주어진 것은 오직 "수동적인 복종"[987]뿐이었다. 하지만 프란츠가 유폐 생활을 시작한 후부터, 특히 아버지가 베르너를 알토나에 오게 한 1956년부터 모든 것이 달라졌다. 그 당시 변호사였던 베르너는 함부르크에서 아내인 요한나와 함께 지내고 있었다.

서류상 사망한 것으로 되어 있지만 실제로는 유폐 생활을 하고 있던

---

986   IFI, p.129.

987   *Ibid.*, p.867.

프란츠가 아버지의 재회 요구를 계속 거절하자 6개월의 시한부 삶을 살고 있던 아버지는 이제 차남 베르너를 게를라흐가의 "유일한 남자 상속자"[988]로 여기고 그에게 사업과 가장의 자리를 물려주려 한다. 『알토나의 유폐자들』은 가족회의에서 아버지의 이런 계획을 서약을 통해 구체화하려는 장면으로 시작된다. 가족회의에는 아버지, 베르너와 요한나 그리고 레니가 참석했다. 아버지는 먼저 레니와 베르너에게 서약할 것을 요구한다.

> **아버지** (…) 유산은 분할되지 않은 채로 남아 있어야 한다. 너희들의 몫을 누구에게든 팔거나 양도하는 것은 공식적으로 금지. 이 집을 판매하거나 임대하는 것도 금지. 이 집을 떠나는 것도 금지. 너희들은 죽을 때까지 이 집에서 살아야 한다. 맹세해라.[989]

여자인 레니는 서약할 필요가 없다. 그럼에도 불구하고 모범을 보이기 위해 레니는 아버지의 요구대로 서약한다. 다음은 베르너의 차례이다. 하지만 베르너는 내키지 않는다는 태도를 취한다. 이런 태도는 그의 어린 시절과 무관하지 않다. 앞에서 프란츠의 운명을 다루면서 아버지가 그를 자기의 이미지대로 조탁하기 위해 모든 노력을 경주했다는 사실을 지적했다. 그런 이유에서일까? 수동적인 복종만을 강요받았던 베르너는 지금 다른 사람에게 '명령'을 내리는 것이 불가능하다는 사실,[990] 따라서 지도자로서 결격 사유를 지니고 있다는 사실을 토로한다.

물론 아버지는 그것이 어려운 일이 아니라며 지도자에게 필요한 행동

---

988 *Ibid.*, p.866.

989 *Ibid.*, p.868.

990 *Ibid.*, p.867.

을 베르너에게 가르쳐 준다. 남에게 명령하기를 바란다면 "네 자신을 다른 사람으로 여겨라prends-toi pour un autre'"991라는 충고가 그것이다. 이런 때 늦은 학습이 긍정적인 효과를 낳을지는 미지수이다.

어쨌든 한 가지 분명한 것은, 거대한 컴퓨터인 아버지는 프란츠와 마찬가지로 베르너의 삶에 대해서도 이미 기획을 마쳤다는 점이다. 하지만 두 아들의 삶은 아버지에 의해 정반대 방향으로 정해졌다. 프란츠는 장남이기 때문에 그의 삶은 아버지의 사업을 물려받고 게를라흐가의 가장이 되는 방향, 즉 강자들에 속하는 쪽으로 기획되었다. 반면 베르너는 차남이라는 이유로 복종을 미덕으로 삼는 약자들에 속하는 쪽으로, 다시 말해 열등한 자992가 되는 방향으로 기획되었다.

그 결과 베르너는 줄곧 집안의 '쓰레기',993 곧 "집안의 천치idiot de la famille"994 취급을 당했으며, "과일 속의 한 마리의 벌레un vers dans le fruit" 또는 "다이아몬드의 결점défaut du diamant"995으로 여겨졌다. 달리 말하자면 이런 표현들은 아버지가 베르너에 대해 '영벌永罰, damnation'의 '판결Verdict'을 내렸다는 것을 의미한다.996 한마디로 베르너는 "저주받은 아이enfant maudit"였다.997

어린 아이에게는 "살아가기 위한 위임장mandat de vivre"998이 필요하다는

---

991   *Idem*.

992   베르너는 "옆 사람을 '돋보이게 하는' 사람(un 'faire-valoir')"으로 지칭되기도 한다.(Michel Contat, *Explication des* Séquestrés d'Altona *de Jean-Paul Sartre*, *op. cit.*, p.42.)

993   LSA, p.946.

994   IFI, p.383.

995   *Ibid.*, p.316.

996   *Ibid.*, pp.393, 392.

997   *Ibid.*, p.284.

998   *Ibid.*, p.140.

468   3부. 사르트르의 문학

것이 사르트르의 견해이다. 그런데 게를라흐가에서는 이 위임장은 장남에게만 주어졌을 따름이다. 프란츠에게는 가문의 "모든 영예, 영광, 지위와 위임tous les honneurs, les gloires, les titres et les dignités"[999]이 예약된 반면, 차남인 베르너는 "비자가 없는 어린애enfant sans visa"[1000]에 불과했다. 그러니까 베르너는 어린 시절 내내 게를라흐가와는 "다른 가문의 사람allogène"[1001]으로 여겨졌던 것이다.

베르너의 서약과 희생

베르너가 아버지의 서약 요구에 주춤하는 것은 바로 이와 같은 이유에서인 것으로 보인다. 그럼에도 불구하고 베르너는 아버지의 요구대로 서약을 하려 한다. 하지만 베르너는 혼자가 아니다. 3년 전부터 요한나와 결혼해서 같이 살고 있다. 요한나는 남편의 서약에 반대한다.

요한나가 남편의 서약에 대해 반대 의사를 표명하면서부터 모든 것은 마치 아버지와 요한나가 베르너를 서로 차지하려는 것처럼 진행된다. 아버지는 베르너의 삶이 당연히 자기의 소유라고 생각한다.[1002] 하지만 요한나 역시 베르너가 문제될 경우 '우리'라는 인칭대명사를 사용할 권리는 전적으로 자기에게만 속한다는 사실을 분명히 한다.

> 요한나 (…) 아버님, 저흰nous 의당 그래야 하는 것보다 더 서로를 사랑합니다. 저희와 관련된 모든 것, 저희는 이것을 함께 결정합니다. (…) 그가 강압을 받고 서약한다면, 자신의 서약에 충실하기 위해 이 집에 갇혀 있다

---

999 *Ibid.*, p.313.

1000 *Ibid.*, p.395.

1001 *Ibid.*, p.176.(p. 175의 주 1.)

1002 *Ibid.*, p.869.

면, 그는 저 없이, 저에 반대하는 결정을 내리게 될 겁니다. 아버님은 저희를 영원히 갈라놓는 겁니다.[1003]

하지만 베르너는 누구의 편도 들지 못한다. 특히 아버지의 뜻을 거역하기가 쉽지 않다. 게다가 베르너는 아버지를 사랑한다. 하지만 베르너의 사랑은 "희망이 없는 사랑"[1004]에 불과하다. 바로 여기에 베르너의 실존적 고뇌가 자리 잡고 있다.

그렇다면 요한나는 왜 베르너가 서약하는 것에 반대하는가? 유폐 생활을 하고 있는 프란츠 때문이다. 사실 이들 부부는 지금 아버지의 집 2층 방에서 프란츠가 유폐 생활을 하고 있다는 것을 알고 있다. 또한 서약이란 그 행위의 성격상 서약자의 자유와 미래를 저당 잡히는 것[1005]과 동의어이다.

서약은 또한 서약집단의 구성원들이 "시공간적으로 분리되는 행위에à l'action séparatrice spatio-temporelle" 대한 방어 장치이기도 하다.[1006] 따라서 요한나는, 만일 베르너가 서약을 한다면, 그것은 곧 그들 부부가 유폐 생활을 하고 있는 프란츠의 '노예-간수esclaves-geôliers'[1007]가 된다고 생각한다. 따라서 요한나는 베르너에게 선서를 하지 말 것을 요구한다.

요한나 (…) 그들에게 아니오라고 말해요. 소리도 지르지 말고 웃지도 말

1003 *Idem.*

1004 *Ibid.*, p.870.

1005 CRDI, p.520.

1006 Madeleine Fields, "De la *Critique de la raison dialectique* aux *Séquestrés d'Altona*", *PMLA*, vol, 78, n° 5, December 1963, p.624.

1007 LSA, p.876.

고, 그냥 간단하게, 아니오라고요.[1008]

하지만 베르너는 요한나의 요구를 거절할 만한 충분한 이유를 가지고
있다. 왜냐하면 베르너에게 있어서 서약은 지금까지 그가 프란츠 곁에서
겪었던 열등 콤플렉스를 떨쳐 버릴 좋은 기회가 될 수도 있기 때문이다.
아버지가 그에게 사업과 게를라흐가를 이끄는 가장의 자리를 물려받을
것을 요구한 후부터 베르너는 실제로 형인 프란츠를 '아무나n'importe qui'와
같은 자로 여기고 있으며, 심지어는 자기보다 더 잘생기지도 않았다고 판
단하고 있다.[1009] 그러니까 베르너는, 비록 자기가 서약을 할지라도, 요한
나가 우려하는 것과는 달리 프란츠의 노예가 되지 않을 것이라는 점을 애
써 강조하고 있는 것이다.

그런데 프란츠에 비해 베르너가 열등하다는 판결을 내린 사람은 아버
지였고, 또 그 판결은 '확정적인 것sans appel'[1010]이었다. 따라서 프란츠에
비해 열등하지 않다는 사면grâce을 얻기 위해서 베르너는 오직 한 가지 방
법밖에 가지고 있지 않다. 그것은 베르너에 대한 아버지의 최종적 판결을
파기하는 것이다. 문제는 어떻게 베르너가 이런 파기를 아버지로부터 얻
어 내는가 하는 것이다. 아버지에게 연민의 정을 보이면 될까?

가령 가족회의 중에 아버지가 고통스러워하는 표정을 짓자[1011] 베르너
는 서약하려 한다. 베르너의 서약이 아버지의 고통을 누그러뜨릴 수 있
기를 바라면서이다. 하지만 아버지는 베르너의 동정심을 바라지 않는다.
만일 아버지가 베르너의 동정심을 받아들였다면, 베르너는 이것을 아버

1008 *Idem.*

1009 *Ibid.*, p.877.

1010 IFI, p.393.

1011 아버지가 암에 걸렸다는 사실을 밝힐 때 베르너는 아버지에게 연민의 정을 표하고자 했다.
하지만 아버지의 반응은 냉담했다.(Cf. LSA, p.865.)

지에 의한 사면의 징표로 해석했을 수도 있다. 하지만 아버지에 의해 차남인 베르너는 '아무것도 아닌 것Rien'[1012]이 되도록 운명 지어져 있었다. 또한 앞에서 본 것처럼 프란츠의 우월함을 부정하면서 자기 자신이 그와 동등하다고 베르너는 스스로 몇 번이고 다짐해 보기도 한다. 하지만 아무 소용이 없다. 왜냐하면 베르너에게 정말로 필요한 것은, 바로 그가 프란츠보다 열등하지 않다는 아버지의 확실하고도 결정적인 보증이기 때문이다.

이런 이유로 베르너는 아버지의 요구대로 서약하려 한다. 서약을 해야만 베르너는 아버지의 사업을 물려받고 게를라흐가의 가장이 될 수 있다. 다시 말해 서약을 하고 알토나에 머무는 것, 그것이 아버지의 사면을 얻기 위해 그가 밟아야 하는 첫 번째 단계인 것이다. 물론 그 대가로 베르너는 자신의 자유와 미래를 알토나에 완전히 저당 잡혀야만 한다.

이렇듯 베르너는 프란츠에 비해 열등하지 않다는 아버지의 보증을 얻기 위해서라면 모든 것을 할 준비가 되어 있다.[1013] 거기에는 자기 희생과 프란츠에 대한 노예 생활도 포함된다. 하지만 베르너가 실제로 섬겨야 할 자는 프란츠가 아니라 아버지다. 이런 시각에서 "나는 괴로워한다, 그러므로 나는 존재한다Je souffre, donc je suis"[1014]라는 명제가 결국 아버지의 보증을 얻기 위해 베르너가 기꺼이 선택하고자 하는 길이라고 할 수 있다.

하지만 이와는 반대로 요한나는 베르너와 함께 그런 길을 가야 할 아무런 이유도 가지고 있지 않다. 왜냐하면 요한나는 결혼을 통해 게를라흐가의 일원이 되었기 때문이다. 그녀는 지금까지 아버지와 아무 관계가 없는 삶을 살아왔던 것이다.

1012　IFI, p.394.

1013　Cf. Robert Lorris, *op. cit.*, p.268.

1014　IFII, p.1288.

그럼에도 불구하고 베르너에게 서약을 요구하는 아버지와 레니의 공세 —이런 공세에는 베르너와 결혼한 요한나가 프란츠에게 적당한 배필이라는 아버지의 극언極言, 그것도 남편인 베르너 앞에서의 극언도 포함된다[1015]— 가 거세어지자 요한나는 남편에게 자기를 데리고 알토나를 떠날 것을 부탁한다.

베르너가 이것을 거절하자 요한나는 그의 거절을 그들 부부의 사랑의 '종말mise à mort'[1016]로 간주하고 패배를 선언한다. 이렇게 해서 베르너는 서약을 한다. 베르너는 서약 후에 아버지와 미소를 교환한다. 아버지의 미소는 베르너의 사면을 의미할까? 그렇지 않다. 아버지의 미소는 자신의 권위에 대한 베르너의 복종을 다시 한번 확인했다는 만족감의 표시, 그러니까 베르너에 대한 '경멸'의 뜻을 담고 있는 것으로 보인다.[1017] 가족회의가 끝나자 베르너는 자기가 선서를 한 것에 대해 아버지가 흡족해하는지를 알아보기 위해 아버지 곁으로 다가간다. 하지만 아버지는 불쾌한 표정을 지을 뿐이고, 베르너는 절망적인 마음으로 아버지를 바라볼 뿐이다.

이런 절망은 아직도 베르너가 아버지의 사면을 받지 못했다는 것을 보여 준다. 그 반면에 요한나는 베르너와의 생활, 즉 그들끼리 형성한 우리를 되찾으려고 노력한다. 이 노력은 유폐 생활을 계속하고 있는 프란츠로 하여금 정상적인 생활을 하게끔 하는 것이다. 이를 위해서는 요한나가 프란츠를 만나는 것이 급선무이다. 이렇게 해서 오래전부터 프란츠를 보고자 했던 아버지와 요한나 사이에 공모의 가능성과 필요성이 생긴다. 프란

1015 아버지의 이런 공세에는 베르너가 아무것도 아니라는 인식과 아무것도 가지지 못한 존재라는 인식이 포함되어 있는 것으로 보인다.(Cf. IFI, p.389.)

1016 LSA, p.865.

1017 Jacques Douchin, "Sources et signification du rire dans le théâtre de Jean-Paul Sartre", *Revue des Sciences humaines*, vol. XXXII, n° 130, avril-juin 1968, p.310.

츠를 만나고자 하는 요한나에게 아버지는 "예쁘게 하라Soyez belle"[1018]라는 충고를 하고, 이런 충고를 받아들인 요한나는 마침내 프란츠를 만나는 데 성공한다.

물론 요한나가 이런 노력을 경주하는 것은 베르너와 함께 알토나를 떠나 그들 부부의 독립된 생활을 위함이다. 요한나는 베르너에게 자기가 프란츠를 만났다는 사실을 밝히면서 그의 의사를 묻는다. 하지만 베르너의 답은 여전히 부정적이기만 하다.

베르너는 먼저 요한나에게 그녀가 아버지와 프란츠 사이에서 '연락선'[1019] 역할을 했을 뿐이라고 말한다. 그리고 베르너는, 만일 프란츠가 유폐 생활을 그만두고 세상에 다시 나오게 되면, 아버지가 의견을 바꿔 다시 프란츠에게 후계자 자리를 물려주려고 시도할지도 모른다고 의심한다. 그리고 베르너는 요한나에게 무슨 일이 있더라도 꼭 아버지의 사업을 물려받을 것이라고 말한다. 다시 말해 베르너는 어떤 경우에도 아버지가 프란츠에게 권력을 이양하는 '축제'에는 참석하지 않겠다는 것이다.[1020]

이처럼 각오를 단단히 하고 있는 베르너에게 프란츠에 대한 요한나의 다음과 같은 의견은 베르너의 자존심만을 자극할 뿐이다. 즉 프란츠는 아버지의 사업을 물려받기를 원하지도 않으며 경영할 수 있는 능력도 없다는 의견이 그것이다.[1021] 그리고 베르너는 마침내 요한나가 자기를 해방시켰다고 선언한다. 무엇으로부터의 해방일까? 당연히 프란츠에 대한 열등 콤플렉스로부터의 해방이다.

요한나가 프란츠를 만나고 나서 그가 형편없는 몰골을 하고 있다는 것

1018   LSA, p.899.

1019   *Ibid.*, p.956,

1020   IFI, p.301.

1021   LSA, p.946.

을 가르쳐 준 것은 베르너의 해방에서 결정적 역할을 한다. 실제로 베르너는 그 이후로 모든 면에서 프란츠에 비해 우월하다는 확신을 가진다. 프란츠가 '왜소하고', '무능하며', "반쯤 미쳐 있는 데" 비해, 베르너 자신은 '80kg'이나 나가는 '운동선수' 체격에 정신도 멀쩡하고 정상이라는 것이다.[1022] 이것은 요한나 덕택에 베르너가 그의 운명, 즉 열등 콤플렉스를 지우는 데 성공했다는 것을 의미한다.

그런데 베르너는 이런 해방만으로는 만족할 수 없다. 왜냐하면 베르너는 아직도 가장 중요한 위치에 있는 아버지로부터 사면다운 사면을 받지 못했기 때문이다. 사실 요한나의 반대를 무릅쓰고 알토나에 머물겠다고 한 서약과 프란츠와의 비교에서 기인한 열등 콤플렉스로부터의 해방은 단지 자기에 대한 아버지의 최종 판결을 파기시키기 위해 베르너가 거쳐야만 하는 중간 단계에 불과하다. 따라서 베르너에게는 지금부터가 중요하다. 그도 그럴 것이 아버지는 6개월의 시한부 인생을 살고 있기 때문이다. 이 기간에 아버지로부터 사면을 받지 못한다면 베르너는 프란츠에 비해 영원히 열등한 동생으로 남게 될 것이다.

그렇다면 베르너에게 남아 있는 방법은 무엇인가? 그것은 자기가 "탁월한 가치"를 가졌음을 아버지에게 납득시키는 것convaincre'이다.[1023] 즉 프란츠가 정상적인 생활을 하여 게를라흐가의 가장이 되어 아버지의 사업을 물려받고 경영했다고 가정했을 때보다 훨씬 더 훌륭하게 경영을 해서 자기의 능력이 형보다 더 낫다는 것을, 그것도 6개월이라는 길지 않은 기간 내에 아버지에게 보여 주어야만 한다.[1024] 이런 목적을 염두에 두고 있기 때문에 베르너는 알토나를 떠나자는 요한나의 최후의 요구를 거절하게

1022 *Ibid.*, pp.953, 946.

1023 IFI, p.797(p. 796의 note 1.)

1024 LSA, p.945.

된다. 한마디로 베르너도 프란츠처럼 알토나를 떠나지 못하고 유폐 생활을 해야 하는 사람 중 한 명인 것이다.

베르너는 과연 아버지의 최종 판결을 파기시키는 데 성공했을까? 사르트르는 『알토나의 유폐자들』에서 베르너의 알토나에서의 생활에 대해 침묵을 지키고 있다. 따라서 베르너가 아버지의 사면을 얻는 데 성공했는지를 판단할 수 있는 정보가 부족하다. 하지만 그런 시도 자체가 최종적으로 실패로 귀착될 수밖에 없는 것으로 보인다.

다음과 같은 두 가지 이유에서이다. 먼저 아버지의 죽음 때문이다. 앞에서 본 것처럼 아버지는 프란츠가 유폐 생활을 끝내자마자 그와 동반 자살을 했다. 따라서 베르너는 자기의 능력을 아버지에게 보여 줄 충분한 시간적 여유를 가질 수 없었다고 할 수 있다. 또 하나의 이유는 베르너의 그런 시도 자체가 띠고 있는 성격에서 기인한다. 물론 알토나를 떠나는 것을 포기하고 요한나와의 이별을 각오하며, 그 대가로 아버지의 사업을 물려받고 게를라흐가의 가장이 되기 위해 서약를 하면서 베르너는 겉으로 보기에 자기의 자유와 의지에 따라 행동한 것으로 보인다.

하지만 베르너의 이런 행동의 기저에는 이미 아버지의 마음에 들겠다는, 따라서 아버지로부터 프란츠보다 더 능력 있는 자로 인정을 받고야 말겠다는 강한 필요성에서 비롯된 아버지의 권위에의 복종이 놓여 있다고 할 수 있다. 한마디로 베르너는 끝까지 아버지에 의해 정해진 원칙, 즉 수동적 복종에 따라 행동할 수밖에 없었다고 할 수 있다. 또한 작품에는 나타나 있지 않지만, 베르너가 아버지의 뒤를 이어 조선소를 운영한다 해도 그가 아버지의 길을 걸어갈 수밖에 없을 것은 명약관화하다. 그도 그럴 것이 베르너도 실천적-타성태의 지배력 앞에서는 무기력할 수밖에 없기 때문이다. 이는 베르너의 삶도 실패로 예정되어 있음을 의미한다.

그럼에도 불구하고 베르너의 그런 행동에는 이미 억압적인 아버지의 권위에 대한 저항이 내포되어 있다고 할 수 있다. 프란츠가 그랬던 것처럼 베르너 역시 아버지로 인해 죽은 시계에 불과했다. 다시 말해 베르너 역시 살고 있어도 죽은 것이나 다름없는 삶을 영위해 왔다. 프란츠는 자신을 그런 상태로 빠뜨린 아버지에게 자살이라는 극단적인 방법을 통해 복수하고 벌을 가하고자 했다.

하지만 베르너는 같은 목적을 위해 프란츠와는 반대되는 방법을 선택했다. 어차피 아버지에 의해 그들 각자의 삶 자체가 반대 방향으로 계획되었기 때문에 각자의 저항 방법도 정면으로 대치되는 것은 당연한 것으로 보인다. 그러니까 베르너는 형과는 반대로 죽으면서가 아니라 살면서 아버지에게 저항하는 방법을 택한 것이다. 베르너가 택한 방법은 자기가 프란츠보다 우월하다는 것을 아버지에게 보여 주는 것이다. 이것은 자기에 대한 아버지의 최종 판결이 잘못되었다는 점을 아버지로 하여금 스스로 인정하게 하는 것[1025]을 최종 목표로 삼고 있다. 다시 말해 아버지 손으로 자신의 판결을 파기하고 뒤엎게끔 하는 것을 노린 것이다.

베르너의 전략이 성공해서 아버지가 살아 있는 동안에 자신의 잘못을 인정했다면 어떤 결과가 나타났을까? 말할 것도 없이 아버지는 '회한에 dans le remords'[1026] 잠길 것이다. 또한 아버지는 스스로 자기가 돌팔이 예언자였다는 사실을 인정하며 자기의 예언을 스스로 부정하게 될 것이다.

이처럼 '차남은 열등하다'라는 잘못된 예언을, 그것도 최후의 예언을 자기가 했다는 사실 그 자체로 인해 아버지를 고통과 후회와 번민 속에서 살아가게끔 하는 것, 이를 위해 자신은 살아남아 영광된 삶을 영위하는 것, 이것이 바로 베르너가 아버지에 대해 저항하기 위해 선택했던 방법이었다. "반항하는 노예들이 존재한다"는 베르너의 말을 상기하자.

베르너는 『알토나의 유폐자들』에 등장하는 다섯 명의 인물 중 '가장 약

1025 IFII, pp.1885-1886.

1026 *Ibid.*, p.1884.

한 연결 고리le maillon le plus faible de la chaîne'[1027]임에 틀림없다. 그럼에도 불구하고 베르너는 삶의 길을 택하면서, 자신의 예언이 빗나가지 않을 것이라는 거의 절대적인 확신을 가졌던 아버지에 대해 반항의 기치를 높임으로써 바로 그 확신의 맹목성을 고발하고 있는 것으로 보인다. 그리고 이런 고발이 억압적인 아버지의 권위의 손상으로 이어지는 것은 당연해 보인다. 요컨대 이 작품에서 자유와 자기 창조의 가능성이 미약하지만 남아 있는 유일한 인물이 바로 베르너라고 할 수 있다.

다만 이를 위해서는 베르너가 요한나와 함께 조선소의 경영을 계승하지 않고 떠난다는 조건이 전제되어야만 할 것이다. 이 경우에 비로소 베르너는 그야말로 아버지의 판결에서 벗어난, 아버지의 인정과는 전혀 상관없는 새로운 삶을 자유롭게 영위해 나갈 가능성이 열리게 되기 때문이다.

d) 레니의 상상적 반란

침묵과 존재의 빈곤성

사르트르는 『알토나의 유폐자들』에서 게를라흐가의 외동딸 레니의 어린 시절에 대해 별다른 정보를 주지 않고 있다. 그럼에도 불구하고 이 집안에서 전통적으로 지켜야 하는 다음과 같은 준칙으로 미루어 보아 레니도 두 오빠와 마찬가지로 억압적인 아버지의 권위에 철저하게 복종했던 것으로 보인다. 게를라흐가에서 여자들은 입을 다문다는 준칙이 그것이다.

> **요한나** 베르너! 저는 지금 '우리'를 위해 싸우는 거예요.
> **베르너** 우리를 위해서라고! (…) 게를라흐가에서 여자들은 입을 다무는

1027 TS, p.406.

법이에요.[1028]

이런 면에서 볼 때 레니는 억압적인 아버지의 '가장 완벽한 희생자la plus complète victime'[1029]였던 것으로 보인다. 그런데 레니의 어린 시절과 관련해 한 가지 흥미로운 점은, 어렸을 때 그녀가 집에 '불'을 지르고 싶어 했다는 것이다.

> 레니 (…) 내가 집에 불을 지르길 바라는 거예요? 어릴 때는 그게 내 꿈 중 하나였어요.[1030]

레니의 이런 어렸을 적 꿈은 모든 것이 오직 장남인 프란츠를 지도자로 만들기 위해 바쳐졌던 게를라흐가에서 그녀가 여자의 신분으로 어떤 생활을 영위했는가를 짐작할 수 있는 중요한 단서를 제공해 주는 것으로 보인다.

이런 단서를 우리는 사르트르의 존재론에서 찾아 볼 수 있다. 『존재와 무』에서 '파괴하는 행위'는 '소유하는 행위'에 포함되는 것으로 여겨진다.[1031] 이런 관점에서 보면 집에 불을 지르고 싶다는 레니의 어린 시절의 꿈은 소유하고자 하는 욕구와 밀접하게 관련되어 있다고 할 수 있다.

앞에서 보았듯이 사르트르의 존재론에서 가짐의 범주는 있음의 범주로 환원된다. 따라서 레니가 어렸을 때 아무것도 가지지 못했었다는 것은 그대로 그녀가 아무것도 아니었다는 사실, 즉 그녀의 존재의 빈곤성을 말해

1028   *Ibid.*, p.870.

1029   Michel Contat, *Explication des* Séquestrés d'Altona *de Jean-Paul Sartre, op. cit.*, p.36.

1030   TS, p.871.

1031   EN, p.683.

준다. 이처럼 침묵과 권위적인 아버지에 대한 철저한 복종과 자신의 존재의 곤궁함, 바로 이것이 게를라흐가의 외동딸 레니의 어린 시절의 삶을 지배했던 주요 요소였던 것으로 보인다.

절대적으로 필요한 존재라는 환상

하지만 레니는 성장 과정에서 "인간이 아니다"[1032], "반쯤 여자일 뿐이다"[1033]라고 말할 정도로 바뀌었다. "나는 희생자가 가해자를 존경할 때 그들을 증오한다."[1034] 이것이 성장한 레니가 지키는 새로운 원칙이다. 앞에서 레니가 미군에게 강간당할 뻔했다는 사실을 지적한 바 있다. 또한 가족회의가 열리기 전에 레니는 "나는 오래전부터 아버지가 더 이상 두렵지 않다"[1035]라고 주저하지 않고 말하고 있다.

한마디로 레니는 지금 게를라흐가에서 아버지, 프란츠, 요한나와 함께 강자들의 일원이라는 확신 속에 살고 있다. 무엇이 레니로 하여금 이처럼 변하게 했을까? 답은 간단하다. 레니는 지금 게를라흐가의 가장인 아버지의 운명과 이 아버지의 장남인 프란츠의 운명을 자신의 손안에 쥐고 있다고 여기기 때문이다.

먼저 레니는 13년 전부터 유폐 생활을 하고 있는 프란츠를 보려 하는 아버지에게 자신이 절대 필요한 존재라고 생각한다. 그도 그럴 것이 지금 상황에서 레니만이 유일하게 프란츠의 방을 드나들 수 있기 때문이다. 또한 아버지는 레니를 통해서만 프란츠에게 안부와 그를 만나 보고자 하는 뜻을 전달할 수 있을 뿐이다. 하지만 레니는 아버지에 대한 경계를 늦추

1032 LSA, p.901.

1033 *Ibid.*, p.957.

1034 *Ibid.*, p.862.

1035 *Idem.*

지 않는다. 가능하면 아버지를 프란츠로부터 멀리 떼어 놓으려는 속셈이다. 아버지도 그녀가 "숨 쉬듯이 거짓말을 한다"[1036]는 것을 알고 있다.

가끔 아버지는 레니가 벌써 프란츠에게 자기가 '10년 전에' 죽었다고 거짓말을 하지는 않았는지 의심하기도 한다.[1037] 그럼에도 불구하고 아버지는 자기가 후두암에 걸렸다는 사실을 프란츠에게 알리고, 그가 자기에게 처음이자 마지막으로 한 시간의 면회를 할애해 줄 것을 애원하는 부탁을 레니에게 한다.[1038] 6개월의 시한부 삶을 살고 있는 아버지의 마음은 급하다. 어쨌든 한 가지 분명한 것은 어린 시절 억압적인 아버지의 권위에 짓눌리고 보잘것없는 존재에 불과했던 레니는 지금 그 아버지의 운명을 손에 쥐고 반항의 칼끝을 턱 밑에 들이대고 있다고 생각하는 것이다.

> **아버지**   네가 날 손에 쥐고 있다고 상상하니?
>
> **레니**   (같은 말투, 같은 미소) 조금은 그렇지 않나요?
>
> **아버지**   (아이러니하고 경멸적인 얼굴로) 설마!
>
> **레니**   아버지, 두 사람 중 누가 다른 사람을 필요로 합니까?
>
> **아버지**   (부드럽게) 레니, 우리 둘 중 누가 다른 사람을 무섭게 하지?
>
> **레니**   전 아버지가 두렵지 않아요. (웃음) 굉장한 허풍인데요! (그녀는 그를 도전적으로 바라본다) 무엇이 저를 무적으로 만드는지 아세요? 전 행복해요.[1039]

아버지가 레니에게 겁을 주어도 소용없다. 왜냐하면 레니는 자신의 힘

1036   *Ibid.*, p.894.

1037   *Idem.*

1038   *Ibid.*, p.895.

1039   *Ibid.*, p.896.

에 대해 자신감을 가지고 있기 때문이다. '웃음'이 그 증거이다. 레니의 웃음은 자기 방어를 넘어서 아버지에 대한 그녀의 호전성과 공격성, 따라서 아버지에 대한 도전을 의미한다.[1040] 이런 레니의 도전적인 태도는 또한 아버지를 바라보는 시선에 의해서도 구체화된다. 시선은 그 끝에 와닿는 것을 대상화하는 힘이라는 사실을 기억하자. 어쨌든 이렇게 해서 레니는 스스로 약하지 않다는 것을 아버지에게 애써 강조하고 과시한다. 그리고 레니는 심지어 행복하다고 느낀다.

그 이유는 두 가지로 보인다. 먼저 레니는 프란츠에게 절대적인 영향을 미치고 있다고 생각한다. 어떤 면에서는 이것은 사실이기도 하다. 그런데 아버지에게 있어 프란츠는 모든 것을 의미한다. 따라서 프란츠에 대해 레니가 행사하는 영향력은 곧 아버지에 대한 그녀의 영향력이기도 하다. 레니가 아버지를 프란츠로부터 멀리 떼어 놓으면 놓을수록 그녀의 힘은 더욱더 강해진다. 다시 말해 어렸을 때와는 반대로 지금은 오히려 레니가 아버지의 운명을 손에 쥐고 있는 것처럼 보인다. 이것이 그녀가 행복해하는 두 번째 이유이다.

하지만 레니의 행복은 정상적이지 않다. 그것은 팽이처럼 계속해서 돌아야만 유지될 수 있는 행복이다.

> **레니**　(거의 정신을 잃고) (…) 저는 빙글빙글 돌아요! 멈추면 저는 부서질 거예요. 이게 행복이에요. 미친 행복. (의기양양하고 사악하게) 전 프란츠를 봐요! 저는 원하는 모든 것을 가지고 있어요.[1041]

1040　Jacques Douchin, "Sources et signification du rire dans le théâtre de Jean-Paul Sartre", *op. cit.*, p.309.

1041　LSA, p.896.

먼저 레니의 행복은 프란츠와의 근친상간에서 기인한다.[1042] 사르트르는 이들 오누이를 통해 오래전부터 꿈꿔 왔던 근친상간을 『알토나의 유폐자들』에서 구체화하고 있다.[1043] 어쨌든 레니는 프란츠와의 근친상간을 "가족 관계를 돈독히 하는 방식", 게를라흐가의 식구로 태어난 자긍심을 만족시키는 방식, 자신의 삶의 법칙, 운명으로 여기고 있다.[1044] 그리고 레니의 행복을 비정상적인 것으로 만드는 또 하나의 요소는 바로 이 행복이 거짓 위에 근거하고 있다는 점이다.

레니가 지금 아버지에게 반항의 기치를 높이 들 수 있는 것도 따지고 보면 그녀가 프란츠에게 절대적으로 필요한 정보, 즉 독일의 패망이라는 정보 —프란츠가 조국의 번영을 직접 보지 않기 위해 유폐 생활을 시작했다는 것을 상기하자— 를 가져다줄 수 있는 유일한 존재라는 사실에 바탕을 두고 있다. 하지만 독일은 전후에 번영을 구가하고 있다. 따라서 레니의 행복이 계속될 수 있는가의 여부는 전적으로 그녀가 이런 사실을 프란츠에게 끝까지 숨길 수 있는가에 달려 있는 셈이다.

하지만 레니는 아버지의 반격으로 위기에 직면한다. 그 시발점은 요한나이다. 가족회의가 끝난 후 요한나가 그녀 자신과 베르너를 위해 프란츠를 만나려고 노력할 것이라는 점을 확신한 아버지는 레니를 견제하기 위해 그녀를 이용하기 시작한다. 그리고 그때부터 레니가 프란츠에 대해 행사해 오던 영향력, 따라서 아버지에 대한 그녀의 영향력은 점차 약화되기 시작한다.

실제로 레니는 자기 주위에서 공모共謀가 이루어지고 있음을 느낀다. 그로 인해 레니는 프란츠에게 그가 유폐 생활을 하고 있는 방에 들어가기

1042 *Ibid.*, pp.912-913.

1043 LM, pp.41-42(note 1).

1044 LSA, p.926.

위해 사용하는 '신호'를 바꿀 것을 종용한다.[1045] 그리고 자신과 프란츠와의 관계를 방해하기 위해 아버지가 집 안에 '시한폭탄bombe à retardement'[1046] ―이 시한 폭탄은 요한나의 존재에 다름 아니다― 을 설치해 놓았다고 생각하며 아버지에게 다음과 같이 위협을 하기도 한다.

> 레니   만일 누군가가 프란츠에게 접근을 시도한다면, 당신은 곧장, 혼자 떠나야 할 거예요.[1047]

하지만 이런 위협은 아무 소용이 없다. 왜냐하면 아버지와 요한나는 두 사람만의 협약, 즉 아버지의 메시지를 프란츠에게 전달하는 대가로 베르너의 선서를 없었던 것으로 한다는, 즉 그와 요한나에게 알토나를 떠날 자유를 준다는 최후의 협약을 맺고 있기 때문이다.[1048]

어쨌든 레니는 요한나가 프란츠를 만났다는 사실을 알게 된다. 그 이후로 프란츠가 예전의 모습과는 많이 달라졌다는 것을 발견하고,[1049] 레니는 요한나가 자기에게서 그를 빼앗아 갈 수도 있다는 사실을 우려한다. 이런 상황에서 레니는 요한나에게 마지막 시험을 부과한다.[1050]

요한나가 프란츠를 차지하기 위해서는 이 시험을 반드시 통과해야만 한다. 그 시험이란 바로 레니가 프란츠에 대해 알고 있는 모든 것 ―거기에는 그가 고문을 했다는 사실도 포함된다― 을 요한나에게 가르쳐 주는 것이다. 만일 요한나가 이 시험을 통과하게 되면 레니는 프란츠를 포기할

1045   *Ibid.*, p.907.

1046   *Ibid.*, p.935.

1047   *Idem.*

1048   *Ibid.*, p.941.

1049   *Ibid.*, p.973.

1050   *Ibid.*, p.976.

것이다. 프란츠 곁에는 서로 '쌍둥이 자매soeurs jumelles'[1051]처럼 닮은 레니와 요한나를 위한 자리가 없다. 따라서 두 사람은 '가장 훌륭한 여자가 이기기Que la meilleure gagne'[1052]라는 규칙에 따라 행동하고자 한다.

하지만 요한나는 레니가 부과한 시험을 통과하지 못한다. 요한나는 프란츠가 전쟁 중에 고문을 했다는 사실을 알게 되자마자 그와 맺은 협약을 파기한다. 바로 그 순간 프란츠는 아버지를 만나겠다는 약속을 한다. 프란츠가 더 이상 유폐 생활을 계속할 이유가 사라진 것이다. 그리고 앞에서 보았던 것처럼 프란츠는 최종적으로 아버지와 함께 강에 뛰어들어 자살한다.

레니는 결국 프란츠를, 따라서 모든 것을 잃어버렸다. 프란츠에 대한 영향력과 동시에 아버지에 대한 영향력도 잃어버린 것이다. 어린 시절에 체험했던 자기 존재의 빈곤성을 보상해 주었던, 또한 그런 존재의 빈곤성의 궁극적인 원인이었던 권위적인 아버지에 대해 복수의 기치를 높이 드는 것을 가능케 해 주었던 프란츠를 잃어버린 지금, 레니는 무엇을 할 수 있을까? 레니가 선택한 길은 프란츠의 뒤를 이어 그녀 자신이 유폐 생활을 하는 것이다.

> **레니** (프란츠의 방을 가리키며) 저 위에 한 명의 유폐자가 필요해요. 그건 나일 거예요.[1053]

아마도 이 길이 프란츠, 즉 모든 것을 잃어버린 레니에게는 계속 살아가는 이유를 되찾을 수 있는 유일한 길로 보였을 것이다. 그러니까 레니

1051   *Ibid.*, p.942.

1052   *Ibid.*, p.975.

1053   *Ibid.*, p.992.

도 알토나를 떠나지 못하고 갇혀 지내야만 하는 유폐자들 중 한 명인 것이다. 다만 한 가지 분명한 것은, 레니가 프란츠를 잃게 된 것은 전적으로 아버지의 조종에 의한 것이었다는 사실이다.[1054] 실제로 아버지는 프란츠를 레니에게 빼앗기 위해 계속해서 요한나를 이용했다.

이런 사실은 결국 레니와의 싸움에서 —이것은 며느리인 요한나와의 싸움에도 해당한다— 아버지가 최후의 승자라는 사실을 말해 준다. 결국 레니는 자기가 얻고자 하는 것을 끝내 얻고 마는 아버지에 의해 조종되는 자식들 중의 하나에 불과했던 것이다. 요컨대 레니는 상상의 세계에 머물면서 거짓과 자기기만으로 아버지의 권위에 맞서고자 했다고 할 수 있다.

물론 『알토나의 유폐자들』에서 레니를 억압적인 아버지의 권위에 대해 가장 열악한 상황에서 가장 용기 있게 저항한 인물들 중 한 명이라고 평가하는 것도 가능하다. 이런 평가에는, 레니가 입을 다물어야만 하는 전통을 가진 게를라흐가의 여자로 태어났다는 점, 또 아무것도 가지지 못한 채 극단적인 존재의 빈곤함을 겪었다는 사실 등이 고려되어 있다. 하지만 결국 레니의 반항은 아버지의 노회한 계략에 말려 실패로 끝나고 만다.

그렇다면 레니가 마지막에 프란츠를 대신해서 유폐 생활을 계속하기로 한 결심은 어떻게 이해해야 할까? 아버지가 자기에게 내린 애초의 판단이 잘못된 것이라는 것을 증명해 보이려는 레니의 전략의 결과라고 할 수 있을 것이다. 이런 면에서 레니의 저항은 아버지의 부권, 남성 위주의 게를라흐가의 전통에 대한 맹렬한 저항이라는 긍정적 측면이 없지 않다. 하지만 레니의 저항은 여전히 상상 속에서의 저항에 불과할 뿐이다. 다시 말해 레니가 아버지에게 저항하는 방법을 "나는 상상한다. 그러므로 나는 존재한다j'imagine, donc je suis"일 뿐이다.

게다가 레니의 유폐 생활은 언제 끝날지 전혀 예측할 수 없으며, 나아

[1054] *Ibid.*, pp. 976, 979.

가 아버지와 프란츠가 없는 상황에서 계속될 것이다. 아버지의 강력한 힘에 대한 저항과 그것의 해체라는 점에서 레니는 프란츠와 베르너와 공동보조를 취한다. 하지만 두 오빠와는 다른 이유로 레니의 저항은 현실적인 효과를 거두지 못하고 있다. 레니의 저항이 상상 속의 저항에 머물고 있기 때문이다.

e) 요한나: 말의 힘과 그 한계

요한나: 게를라흐가의 이방인

『알토나의 유폐자들』에 등장하는 레니와 더불어 주목할 만한 또 한 명의 인물은 요한나이다. 존재론적 힘의 시각에서 보면 요한나는 레니보다 더 열악한 상황에서 아버지[1055] 게를라흐의 권위에 도전하고 저항한다. 앞에서 언급한 대로 요한나는 게를라흐가의 며느리이다. 그녀는 차남 베르너와 결혼한 사이이다. 이렇듯 요한나는 아버지와의 관계에서 경계선에 서 있다고 할 수 있다. 그로 인해 요한나는 아버지와의 관계에서 레니보다 더 자유롭게 행동하지만, 이와 동시에 더 무기력하기도 하다. 요한나가 아버지와 대립각을 세우기 위해 어떤 수단을 동원하는지, 그 결과는 어떤지 등을 통해 그녀의 도전과 저항의 유효성과 한계를 간략하게 살펴보고자 한다.

요한나는 게를라흐가의 며느리라는 태생적 특징으로 인해 전통을 중시하는 이 집안에서 존재론적 힘의 빈곤성을 겪는다. 그로 인해 그녀는 이집안 식구들과의 관계에서 가장 약한 고리라고 할 수 있을 것 같다. 하지만 이런 자격에도 불구하고 그녀는 게를라흐가의 전통 위에 세워진 아버

[1055] 요한나의 입장에서 보면 아버지는 '시아버지'이다. 하지만 여기에서는 편의상 아버지로 표기한다.

지의 권위를 흔들어 놓는다. 그리고 이를 위해 그녀가 동원하는 수단은 바로 '말'이다.

이렇게 말할 수 있다면, "나는 말한다. 그러므로 나는 존재한다Je parle, donc je suis"가 그녀의 저항을 위한 캐치프레이즈다. 다만, 뒤에서 보겠지만 이 캐치프레이즈가 유효하려면, 말이 진실을 담고 있어야 하는데, 그녀의 경우에는 그렇지 못하다. 다시 말해 아버지의 권위에 대한 요한나의 도전과 저항은 부분적인 성공을 거둘 뿐이다.

방금 요한나가 게를라흐가의 시각에서 보면 경계인이라고 했다. 이것은 그녀의 몸속에 게를라흐가의 피가 흐르지 않는 사람, 곧 "이방인une étrangère"[1056]이라는 것을 의미한다. 이것은 그녀가 이 집안의 일에 관여할 수가 없다는 것과 동의어이다. 요한나는 결혼을 통해 게를라흐가의 일원이 되었을 뿐이다. 하지만 그녀에게도 이 집안의 전통적인 규칙이 부과된다. 여자는 침묵을 지켜야 한다는 규칙이 그것이다.

그런데 이 집안 식구들에게는 이 규칙 외에도 두 개의 다른 규칙이 있다. 설명을 하지 않는다는 규칙[1057]과 말을 두려워한다는 규칙[1058]이 그것이다. 그런데 경계인으로서 그녀는 이 세 규칙을 모두 어기게 된다. 그러면서 그녀는 결국 게를라흐가의 비밀, 곧 프란츠의 유폐 사실을 백일하에 폭로하기에 이른다.

실제로 요한나는 아버지의 부름을 받고 변호사인 베르너와 함께 알토나로 오기 전까지 함부르크에서 무난한 생활을 영위하고 있었던 것으로 보인다. 그런데 뒤에서 다시 보겠지만, 그녀가 함부르크에서 영위하던 삶이 마냥 무난했다고 할 수는 없을 것 같다. 그도 그럴 것이 그곳에서 배우

1056   LSA, p.873.

1057   *Ibid.*, p.896.

1058   *Ibid.*, p.864.

로서의 쓰라린 경력 좌절을 기억 속에 묻어 둔 채, 하지만 계속 되새김질 하면서 지내고 있었기 때문이었다. 어쨌든 그녀는 극의 시작과 함께 게를라흐가의 후계자를 정하기 위해 열리는 가족회의에 맞춰 베르너와 함께 알토나에 와 있다.

가족회의는 게를라흐가의 전통에 따라 진행된다. 하지만 이방인인 요한나의 규칙 위반으로 인해 예정대로 진행되지 못한다. 이것은 지금껏 무소불위의 상태로 유지되었던 아버지의 권위에 금이 간다는 것을 의미한다. 여태까지 가족회의에서는 모든 것이 아버지가 지키는 전통에 따라, 그가 정한 규칙에 따라, 그가 원하는 방식대로 진행되어 왔다. 하지만 이번에는 요한나의 개입으로 이 장엄한 의식cérémonie은 아버지의 의도대로 흘러가지 않는다. 사실, 아버지는 가족회의를 통해 자기 후계자로 유폐 상태에 있는 장남 프란츠가 아니라 차남 베르너를 지명하고자 한다. 그런데 요한나가 이를 제지하고 나선 것이다.

그때 요한나가 동원하는 수단은 '말'과 '설명'이다. 경계인인 그녀는 말을 두려워하지 않는다. 그녀는 게를라흐가에 감춰진 비밀에 대해 언급하면서 그 진실을 알고자 한다. 그러면서 그녀는 이 비밀에 대해 아버지와 말을 하고자 원하고 또 설명을 요구한다. 하지만 그녀의 이런 태도는 이 집안의 전통, 따라서 아버지의 권위에 대한 불복종, 그러니까 일종의 반란이라고 할 수 있다. 게를라흐가의 구성원들이 지켜야 하는 세 가지 규칙을 상기하자. 어쨌든 『알토나의 유폐자들』은 그녀의 주도로 결국 프란츠가 유폐 상태에 있다는 사실이 드러나는 과정을 따라 진행된다.

그런데 가족회의가 시작되고 난 뒤, 모든 것은 마치 '베르너-요한나'로 구성된 '우리'와 '아버지-베르너'로 구성된 '우리'가 대립하는 것처럼 진행된다. 베르너와 더불어 함부르크에서 계속 살기를 원하는 그녀의 뜻과 베르너가 기업과 집안일을 모두 맡아 그녀와 함께 알토나에서 살기를 원하는 아버지의 뜻이 정면으로 충돌하는 것이다. 그렇지만 그녀는 아버지의 뜻을 따르게 되면 베르너와 자신이 프란츠를 보살피는 "노예-간수가 되고 말 것이라는 사실을 우려한다. 그녀는 베르너와 자신이 이 부조리한 상황을 받아들여야 하는지에 대한 설명을 요구한다. 그녀는 자유를 원하기 때문이다.

하지만 이런 요한나의 뜻은 남편인 베르너의 반대에 부딪힌다. 베르너는 아버지의 뒤를 이어 기업과 집안일을 떠맡고자 한다. 앞에서 살펴본 것처럼, 그 이유는 베르너에게 가장 중요한 것은 바로 자신이 형인 프란츠보다 더 능력이 있는 사람임을 아버지에게 보여 주는 것이기 때문이다. 베르너는 이를 통해 자신에 대한 아버지의 판단이 잘못되었다는 것을 스스로 인정하게 하는 것을 보고 싶은 것이다. 요컨대 베르너는 아버지로부터 자신의 능력을 인정받고 싶은 것이다. 그것도 아버지가 살아 있는 동안에 말이다.

이렇듯 가족회의 이후에 요한나와 아버지 사이에는 베르너를 서로 차지하려는 대립 관계가 형성되게 된다. 하지만 이 대립은 일시적이다. 그도 그럴 것이 아버지에게는 죽기 전에 프란츠를 반드시 보고자 하는 더 긴요한 목표가 있기 때문이다. 앞에서 살펴본 것처럼 아버지는 이 의도를 프란츠에게 전달하기 위해 레니를 계속 설득하고 위협해 왔다. 하지만 레니는 프란츠를 돌보면서 또 아버지의 부탁을 거절하면서 이 집안의 두 강자를 두 손에 쥔 채 그녀 자신이 오히려 강자로 군림하고 있는 상황이다.

이런 상황에서 아버지는 요한나를 이용해 자신의 앞길을 막고 있는 레니의 대항마로 삼고자 한다. 레니는 아버지의 교활한 술책을 알아차린다. 레니는 요한나를 교활한 아버지가 이 집안에 설치해 둔 언제 폭발할지 모르는 시한폭탄으로 여긴다. 레니의 생각은 틀리지 않았다. 실제로 요한나는 호기심에 프란츠가 13년 전부터 유폐 생활을 하고 있는 방으로 들어가는 비밀 신호를 계속 염탐하고 있었다. 그리고 아버지는 그녀에게 프란츠에게 갈 경우 "예쁘게 하라"는 충고를 해 준다. 이렇게 해서 그녀는 프란츠가 있는 방으로 들어가는 데 성공한다. 하지만 이 방에서 그녀는 프란츠와 대화를 나누면서 자신의 기억 깊은 곳에 묻어 두었던 쓰라렸던 과거를 떠올리며 광기 속으로 빠져드는 의외의 결과에 이르게 된다.

요한나: 프란츠와의 광기 어린 협정과 그 덧없음

그렇다면 요한나가 자신의 기억 속에 깊이 묻어 두었던 쓰라렸던 과거의 실체는 무엇일까? 이 질문에 답을 하기 위해 그녀가 한때 상당한 인기를 끌었던 '스타' 여배우였다는 사실을 지적하자. 이와 관련해 스타는 타인들의 시선을 먹고 사는 사람으로 규정될 수 있다는 사실은 흥미롭다. 스타는 자신을 바라보는 시선이 많으면 많을수록, 그 시선이 오래 지속되면 될수록 더욱더 강한 존재론적 힘을 향유하게 된다. 다시 말해 스타는 자신를 바라보는 많은 사람 위에 군림할 수 있는 힘을 소유하게 되는 것이다.

하지만 시간의 흐름에 따라 요한나의 인기는 서서히 식어 갔다. 게다가 그녀는 아주 예쁜 편은 못 되었다. 단지 다른 사람들이 자기더러 예쁘다고 하니까 자신도 예쁘다고 믿기 시작한 것이다. 그녀는 일종의 "미美의 함정piège à beauté"[1059]에 빠진 것이다. 하지만 점차 관객들이 그녀에게 등을 돌리기 시작했다. 스타가 타인들의 시선을 끌지 못한다는 것은 치명적이다. 스타가 인기를 끌지 못하게 되면 그의 존재론적 힘은 그만큼 약화되고, 이는 스타로서의 생명이 끝난다는 것을 의미한다. 요한나의 경우가 정확히 여기에 해당한다. 베르너와 3년 전에 결혼했을 때 그녀는 '스타' 배우로서의 생명이 끝나고 난 뒤에 '죽음'과 '광기' 사이에서 방황하며 절망적인 상태에 있었던 것이다.[1060] 이렇듯 그녀는 "모든 것"이고 싶었지

1059   *Ibid.*, p.921.

1060   *Ibid.*, p.947.

만,[1061] 결혼할 무렵에는 아무것도 아닌 것이 되어 버린 것이다. 요컨대 그녀는 자신의 진짜 모습을 숨기고 광기를 재 속에 묻어 두고 있었으며, 결혼을 "매장enterrement"[1062]으로 생각했다.

그런데 요한나가 간직하고 있는 이런 쓰라린 과거와 관련해 레니가 그녀를 '강자들les forts'의 일원으로 여긴다[1063]는 사실은 흥미롭다. 레니에 의하면 "강자들"은 "아무것도 하지 않으며", "죽음과 더불어 지내며", 그러면서도 "다른 사람들의 운명을 쥐고 있는" 자들이다.[1064] 방금 살펴본 것처럼 요한나 역시 실제로 다른 사람들의 운명을 손에 쥐고 있는 대단한 배우였다.[1065] 하지만 인기가 시들해지면서 죽음을 생각하고, 결국 결혼해서 베르너와 같이 살고 있다. 그러니까 그녀는 과거에 이미 강자의 요건을 갖추고 있었던 것이다.

이런 요한나였기에 유폐 생활을 하고 있는 프란츠를 만나게 되었을 때 과거의 영광과 자긍심에 대한 회상, 곧 강자였을 때의 회상을 되살리면서 과거의 광기 속으로 어렵지 않게 빠져들게 된다. 게다가 프란츠 역시 요한나를 보았을 때 곧바로 그녀가 강자의 일원이었다는 사실을 알아차리게 된다. 또한 아버지 역시 요한나가 프란츠에게 어울리는 여자라고 생각하면서 그녀를 강자의 일원으로 여긴다.

앞에서 언급한 것처럼, 아버지와 요한나는 베르너를 서로 차지하려는 대립 관계에 있다가 점차 우호적인 관계를 넘어 각자의 필요에 따라 협정을 맺게 된다. 각자의 목표가 뚜렷하다. 아버지는 살아 있는 동안에 프란

1061   *Ibid.*, p.921.

1062   *Ibid.*, p.878.

1063   *Idem.*

1064   *Ibid.*, p.877.

1065   *Ibid.*, p.878.

츠를 보고 싶다. 그래서 아버지는 그녀를 레니의 대항마로 삼았던 것이다. 요한나는 프란츠에 대해 궁금해하면서, 그를 만나 설득해 유폐 생활을 그만두게 할 작정이다. 그래야만 그녀는 베르너와 함께 자유로운 삶을 영위할 수 있다. 그런데 문제는 그녀가 프란츠의 방에 들어가 그를 만난 후에 발생한다. 두 사람이 각자의 삶에 대해 얘기를 나누면서 ―그러니까 말을 하면서― 상황이 일변하게 된다. 그녀는 아버지와 맺었던 협정을 무시하고 프란츠와 새로운 협정을 맺게 된다. 대체 프란츠의 방에서 무슨 일이 일어났는가?

이 질문에 답을 미리 하자면, 프란츠와 요한나는 각자의 과거 이야기를 하던 중에 의기투합해 광기 속에서 새로운 협정을 맺게 된다. "내 광기 속으로 들어오세요. 나는 당신의 광기 속으로 들어갈게요."[1066] 프란츠는 그녀에게 자신은 미래를 대변하며, 따라서 그녀의 아름다움을 미래 사람들의 이름으로 영원히 증언해 줄 수 있다고 제안한다. 프란츠의 이런 태도는 이미 광기에 사로잡힌 것이다. 그도 그럴 것이 프란츠가 대변한다고 하는 미래란 그의 상상 속에서만 존재하기 때문이다.

하지만 이런 제안은 요한나에게 유혹적이다. 만일 프란츠의 말을 곧이곧대로 받아들인다면, 그녀는 자신의 과거의 쓰라린 영광, 곧 부족한 미모로 인해 스타 배우로서 겪었던 비운, 곧 인기와 강자의 자리의 상실 등을 모두 미래의 이름으로 보상받을 수 있을 것이기 때문이다. 요컨대 그녀는 프란츠의 중개로, 좀 더 정확하게 말하자면 그의 광기 속으로 들어감으로써 "영원한 아름다움Beauté Eternelle"[1067]을 보장받고 싶은 것이다. 그것이 최소한 프란츠가 유폐 생활을 하는 방이라는 좁은 공간에 국한된다고 하더라도 말이다.

1066　*Ibid.*, p.930.

1067　*Idem.*

하지만 프란츠는 이런 제안에 대한 대가로 요한나에게 다음 사실들을 인정해 줄 것을 요구한다. 첫째, 요한나가 독일의 패망을 증언해 주는 것이다. 실제로 레니는 지금까지 프란츠에게 독일의 패망을 계속 환기해 주었다. 하지만 프란츠는 레니의 말을 믿지 못한다. 이에 프란츠는 요한나라는 제3자의 입을 통해 이 사실을 객관적으로 확인받고자 한다. 요한나는 프란츠에게 거짓말을 하며 독일이 폐허가 되었음을 증언한다. 이로써 프란츠와 요한나 사이에는 이른바 '위대함-광기-아름다움'의 협정이 맺어지기 위한 첫 번째 요구 조건이 충족된다.

두 번째 요구 조건은 프란츠가 위대한 군인이었다는 사실을 요한나가 인정해 주는 것이다. 실제로 프란츠는 독일의 승리를 위해 최선을 다해 싸웠다고 생각한다. 심지어 전선에서 고문까지 하면서 말이다. 하지만 결과는 그 반대였다. 독일이 패한 것이다. 그리고 독일은 종전 후에 재판에서 전범 국가라는 판결을 받아 죄를 지은 국가로 낙인찍힌 상태이다. 이런 상태로 인해 프란츠는 다음과 같은 모순에 봉착하게 된다. 즉 독일이 전쟁에서 패한 것은 프란츠 자신이 전쟁에서 최선을 다하지 않았으며, 따라서 그는 조국에 대해 죄를 지었다는 모순이 그것이다.

만일 프란츠가 독일 당국에 의해 전쟁에서의 패배를 이유로 처벌을 받았다면, 그는 오히려 자기 행동에 대해 책임지는 자로 여겨졌을 것이다. 이것은 프란츠가 평생 바랐던 것이다. 프란츠가 아버지 곁에서 겪었던 수많은 무기력을 상기하자. 그런데 프란츠는 지금 독일의 패배로 인해 자기가 전쟁에서 최선을 다하지 않은 군인, 조국을 승리로 이끌지 못한 위대한 군인, 곧 위대하지 못한 군인이었다는 사실로 괴로워하고 있다. 하지만 요한나는 프란츠에게 조국의 패배에 대한 책임을 면제해 주면서 그가 위대한 군인이었음을 인정해 주고 있다.

이로써 프란츠와 요한나 사이의 협정, 곧 '위대함-광기-아름다움'의 협정의 두 번째 조건이 충족된다. 이제 마지막 조건이 남아 있다. 그런데 이 마지막 조건이 가장 까다롭다. 이 협정의 성공 여부는 이 조건의 충족 여부에 전적으로 달려 있다고 해도 과언이 아니다. 이 조건은 프란츠가 전쟁 중에 했던 고문과 관련된 것이다. 요한나는 과연 프란츠가 고문을 한 사실을 알고서도 그를 위대한 군인으로 인정할 수 있을까? 답을 미리 말하자면 요한나는 그러지 못한다.

그런데 흥미로운 것은 이 조건은 마치 레니가 요한나에게 제시한 일종의 '시험épreuve'처럼 제시된다는 것이다. 실제로 프란츠와 요한나 사이에 맺어진 새로운 협정으로 가장 힘든 상황에 처하게 되는 것은 바로 레니 자신이기 때문이다. 지금까지 요한나가 프란츠를 만나기 전에는 레니가 그의 시중을 들었으며, 그러면서 자신이 그에게 필요한 존재라고 여김과 동시에 이를 통해 아버지와 힘을 겨룰 수 있을 정도로 강한 존재론적 힘을 가진 강자로 군림했다는 사실을 상기하자.

이런 이유로 레니는 프란츠의 곁자리를 요한나에게 빼앗길 수 없는 것이다. 그런데도 만일 요한나가 프란츠의 고문을 받아들이고, 또 프란츠 역시 요한나와의 협정을 계속 유지한다면, 레니는 더 이상 프란츠를 돌볼 이유가 없게 되는 것이다. 아마 이렇게 된다면 레니가 자살을 선택했을지도 모를 일이다. 그도 그럴 것이 레니에게 있어서 프란츠는 자신의 존재 이유와도 같았기 때문이다. 존재 이유를 잃어버린 삶은 죽음과 다를 바 없지 않은가!

어쨌든 요한나는 레니가 제안한 시험을 통과하지 못한다. 요한나는 프란츠가 전쟁 중에 저지른 반인륜 범죄인 고문을 용납하지 못한다. 게다가 레니는 프란츠와 요한나 사이의 협정을 깨기 위해 또 하나의 결정적인 행동을 하게 된다. 그것은 독일의 부흥과 게를라흐가의 재건을 다루는 『프랑크푸르트 자이퉁Frankfurt Zeitung』지를 프란츠에게 가져다주는 것이다.[1068]

1068   *Ibid.*, p.975.

이를 통해 레니는 요한나가 프란츠에게 거짓말을 하고 있다는 것을 폭로한다. 사실 레니는 독일이 패전 이후에 폐허가 되었다고 거짓말을 했고, 프란츠는 이 사실을 굳게 믿어 왔다. 레니가 프란츠에게 거짓말을 한 것은 그를 자기 수중에 두면서 자신의 존재론적 힘을 강화하기 위함이었다. 물론 이것은 아버지에 대한 레니의 도전과 저항의 한 수단이기도 했다.

그리고 프란츠는 전쟁 후에 독일이 재건하고 부흥하는 것을 바라지 않았다. 만일 독일이 전쟁의 폐해를 복구하고 다시 일어선다면, 또 게를라흐가가 재기하게 된다면, 이것은 전범 국가인 독일과 전범 기업이자 전범 가문인 자신의 집안이 처벌을 받지 않는다는 것을 의미하는 것이다. 또한 프란츠는 고문이라는 범죄를 저지르면서까지 싸웠는데, 그 역시 자기의 범죄에 따른 처벌을 받지 않게 되는 것이다. 그런데 이것은 프란츠가 아버지 곁에서 숱하게 무기력을 겪으면서 극구 벗어나고자 했던 또 하나의 상태인 것이다. 요컨대 프란츠는 독일의 폐허를 바랄 이유가 충분했다.

어쨌든 레니가 독일의 재건과 게를라흐가의 재건을 보도하는 신문을 프란츠에게 보여 주자 프란츠의 태도가 달라진다. 프란츠는 이제 요한나가 자기에게 독일의 현상태에 대해 거짓말을 했음을 알아차리게 된 것이다. 요한나가 자신을 배신했다는 것을 알게 된 프란츠는 이제 더 이상 그녀와 협정을 계속 맺을 이유가 없어지게 되는 것이다.

프란츠는 또한 이제 더 이상 유폐 생활을 할 이유도 없어진다. 앞에서 살펴본 것처럼 요한나와의 협정이 파기된 이후에 프란츠는 아버지를 만나 함께 강으로 뛰어드는 자살을 선택한다. 모든 것이 아버지의 뜻대로 진행되었다. 아버지가 최종 승자가 된 것이다. 그리고 레니가 프란츠 대신 유폐 생활을 이어 가게 된다.

이렇듯 요한나는 게를라흐가의 며느리, 곧 이방인이자 경계인으로서 아버지의 권위에 도전하고 저항하면서 부분적인 성공을 거두는 데 그치고 있다고 할 수 있을 것 같다. 그녀의 도전과 저항이 말이라는 수단을 통해 이루어진다고 했다. 그런데 이 수단이 효율적으로 작동하려면 말의 내용이 진실이어야 한다는 조건이 요구된다. 이 요구가 충족되지 못한다면 말은 비효율적인 것이 되면서 그 위력을 상실하게 된다. 실제로 그녀가 프란츠의 유폐 사실을 드러내고자 할 때 그녀의 입에서 나오는 말은 모두 진실이었다. 따라서 그녀는 이 집안의 전통, 곧 여자는 침묵을 지킨다는 전통을 깨면서 아버지의 권위에 손상을 입힐 수 있었다.

하지만 거기까지였다. 그 후에 요한나가 프란츠를 만나 독일의 재건과 게를라흐가의 재건에 대한 거짓말을 통해 '위대함-광기-아름다움'의 협정을 맺으면서 자신의 과거의 쓰라린 기억을 만회하고자 했다. 하지만 이 시도는 실패로 끝나고 만다. 이 협정이 그녀의 거짓말을 전제로 맺어졌기 때문이다. 어쨌든 그녀가 아버지의 권위에 맞서기 위해 동원한 말은, 그 내용이 진실일 때, 굉장한 위력을 가진 무기라는 사실에는 의심의 여지가 없어 보인다.[1069] 물론 그 반대의 경우도 마찬가지다.[1070]

지금까지 『알토나의 유폐자들』에 나타난 아버지와 자식들 사이의 관계를 중심으로 사르트르에게서 억압적인 아버지의 권위가 자식들에 의해

[1069] 『알토나의 유폐자들』에서 사르트르는 아버지와 프란츠의 자살, 레니의 유폐 이후, 베르너와 요한나가 어떤 삶을 영위하는지에 대해서는 침묵을 지키고 있다. 그럼에도 불구하고 이 부부가 시도한 아버지의 권위에 대한 도전과 저항은 결국 실패로 끝났다고 해야 할 것 같다. 앞에서도 언급한 것처럼, 베르너의 경우에는 그가 아버지의 뒤를 이어 집안의 가장이 되고, 사업을 물려받아 훌륭하게 경영했다고 해도 그렇다. 왜냐하면 베르너는 아버지가 살아 있는 동안에 자신의 능력을 인정받지 못했기 때문이다. 요한나의 경우에 실패는 더욱 두드러진다. 그도 그럴 것이 요한나는 과거의 화려했던 배우로서의 삶에 대한 꿈을 완전히 잃어버렸기 때문이다. 그런데 사르트르가 후일 『알토나의 유폐자들』 이후 또 다른 극작품을 쓴다면, 여성의 해방을 부각하면서 부부 사이의 관계를 다루어 보고 싶다는 생각을 피력했다는 사실은 흥미롭다.(TS, pp.178-179.) 물론 이 계획은 실현되지 않았다. 하지만 요한나에게서 이미 이 계획의 싹이 어느 정도 보이기 때문이다.

[1070] 『알토나의 유폐자들』에서 요한나가 무기로 삼은 '말'은 넓게 보면 '쓰기', 곧 '문학'이라고도 할 수 있을 것 같다. 특히 사르트르가 주장한 참여 문학론의 경우, 요한나의 '말'에 적용되는 모든 것은 그대로 '쓰기'에도 적용된다고 할 수 있다.

어떤 과정을 거쳐 전복되고, 또 어떤 이유에서 해체되어야 하는가를 살펴보았다. 사르트르는 "부모가 계획을 가질 때 아이들은 운명을 가진다"[1071]라고 단언한다. 사르트르의 문학적 세계에서 이런 단언은 그 누구보다도 게를라흐가의 가장인 아버지에게 잘 적용된다. 물론 아버지의 강한 존재론적 힘이, 살아가면서 자신들의 잉여 존재를 정당화하려는 위임장을 필요로 하는 자식들에게 있어서 커다란 도움이 될 수도 있다는 사실은 부인할 수 없다.

그런데 이와 같은 아버지의 권위가 대물림되고 반복되어서는 안 된다는 주장은 그대로 고문에도 —나아가 전쟁과 역사에도— 적용된다고 할 수 있다. 프랑스인들은 2차 세계대전 중에 독일군으로부터 고문을 당했다. 하지만 그런 프랑스인들이 이번에는 알제리에서 고문을 하는 자로 변모한 것이다. 이것은 『알토나의 유폐자들』의 시각으로 보면 아버지의 권위가 그대로 특히 프란츠에게 대물림되어 반복되는 것과 하등의 차이가 없다.

사르트르는 이처럼 아버지와 자식들의 관계를 빌려 전쟁과 특히 그 와중에 자행되는 비인간적인 고문이 그대로 반복되어서는 안 된다는 강한 메시지를 전하고 있다고 할 수 있다. 앞에서 언급한 대로 이런 측면에서 『알토나의 유폐자들』은 사르트르의 연극의 특징, 즉 상황극, 주제극, 20세기의 냄새를 강하게 풍기는 극으로서의 모습에 충실한 작품이라고 할 수 있다.

1071   IFI, p.107.

5.

사르트르의 문학비평

5.1. 문학비평: 또 하나의 중요한 영역

소설, 연극, 참여 문학론으로 이어지는 문학이론과 더불어 사르트르의 문학적 세계를 구성하는 또 하나의 주요 영역은 문학비평이다. 사르트르의 전체 사유 체계에서 이 문학비평의 영역은 중요하다. 그것도 이중으로 중요하다. 시간적인 측면과 양적인 측면에서 그렇다.

먼저 시간적인 측면을 보자. 읽기가 수반되는 문학비평은 사르트르의 거의 평생에 걸친 작업이었다고 할 수 있을 것 같다. 『집안의 천치』가 그 증거이다. 플로베르에 대한 그의 관심은 그의 어린 시절로까지 거슬러 올라간다. 그는 일찍부터 플로베르의 『마담 보바리』를 읽었고, 앞부분은 거의 외울 정도였다고 한다. 그는 『집안의 천치』 4권을 이 소설의 분석에 할애할 것이라고 예고했다. 하지만 이 작업은 아쉽게도 이루어지지 않았다. 그 결과 이 저서는 미완으로 남아 있다. 그럼에도 불구하고 『집안의 천치』가 그의 본격적인 마지막 저서라는 사실을 고려하면, 그의 문학비평에 대한 관심은 그의 전 생애에 걸쳐 있다고 해도 무방할 것이다.

그다음으로 양적인 측면을 보자. 사르트르가 문학비평에 할애한 저작의 양은 철학, 소설, 연극에 비해 적지 않다. 오히려 훨씬 더 많은 분량이다. 문학비평에 관련된 주요 저작은 『상황, I』, 『보들레르』, 『성자 주네: 배우와 순교자』, 『집안의 천치』, 『말라르메』 등이며, 이 저작들의 총 쪽수는 대략 4,500여 쪽을 훨씬 상회한다.

여기에 문학비평과 밀접한 관련이 있는 예술비평(음악, 미술, 조각 등)에 관련된 저작까지 합한다면,[1072] 문학비평이 광범위한 영역을 차지하고 있으며, 또 그 양도 방대하다는 것을 알 수 있다. 그런 만큼 사르트르의 문학비평은 그 자체만으로도 훌륭한 연구 대상이 되고 있다.[1073] 또한 그 중요성 역시 강조되고 있다. 실제로 그는 바슐라르, 블랑쇼와 함께 현대 프랑스 비평에 가장 큰 영향을 미친 사람으로 여겨지고 있기도 하다.[1074]

사르트르에게서 문학비평은 크게 네 개의 세부 영역으로 구성되어 있다. 하나는 그의 문학, 예술이론의 근간을 이루는 『상상력』, 『상상계』, 『감동론』 등이다. 이 저서들이 어떤 면에서 그의 문학, 예술이론의 토대를 이

1072 자코메티, 틴토레토, 볼스, 마송, 르베이롤, 레이보비츠 등의 조각, 미술, 음악 등에 관련된 비평이 그것이다. 앞에서 언급한 것처럼 사르트르의 전체 사유에서 '미학'은 "빛나는 하나의 극(極)"으로 간주된다. 그런데 문학비평을 넓은 의미에서 미학의 영역에 포함한다면, 이와 같은 단언은 타당한 것을 넘어 자연스러워 보인다. 사르트르의 미학에 대해서는 다음 연구를 참고하라. 강충권 외 8인, 『사르트르의 미학』, 앞의 책; 박정자, 『잉여의 미학: 사르트르와 플로베르의 미학 이중주』, 앞의 책; Heiner Wittmann, *op. cit.*, George Howard Bauer, *op. cit.*

1073 김현은 『프랑스비평사: 현대편』(문학과지성사, 1981, 50쪽)에서 사르트르의 문학비평에 대해 1981년까지 행해진 연구를 소개하면서 "그의 문학이론"은 그의 철학 사상에 비해 "거의 연구가 되고 있지 아니한 느낌을 줄 정도"라고 말하고 있다. 또한 김붕구, 정명환이 사르트르에 대해 "좋은 논문을 썼으나, 문학비평에 관한 논문은 한국어로 씌어진 것이 거의 없다"고도 말하고 있다.(같은 책, 51쪽.) 세계적으로 보면 사르트르의 문학비평에 대한 연구는 1981년에 비해 획기적인 진척은 없는 듯하다. 오히려 위에서 소개한 것처럼 미학 분야에서의 연구가 활발하게 이루어지고 있다. 하지만 국내 연구에서는 사정이 조금 다르다. 정명환을 위시해 박정자, 심정섭, 강충권, 이재룡, 윤정임, 지영래, 오은하, 이솔, 변광배 등이 문학비평과 미학에 대한 다양한 글을 발표했다. 특히 사르트르 문학론의 근간을 이루는 『상상력』, 『상상계』가 우리말 번역되었고, 사르트르 문학비평의 주요 장(場)을 형성하고 있는 주네와 플로베르에 대해 연구가 계속 이루어지고 있다.

1074 같은 책, 50쪽.

루는가에 대해서는 앞에서 그의 철학, 특히 전 현상학 시기를 다룰 때 개략적으로 언급한 바 있다. 이런 이유로 여기에서는 이 저서들에 대해서는 따로 다루지는 않을 것이다.

두 번째 세부 영역은 『상황, I』에서 볼 수 있는 작가론, 작품론이라고 할 수 있다. 사르트르는 이 저서에서 세 가지 주제를 주로 다루고 있다. 소설의 시간성temporalité, 소설-이야기roman-récit의 구별, 소설 기법technique romanesque과 소설가의 형이상학métaphysique 사이의 관계가 그것이다. 사르트르는 포크너, 더스패서스 등과 같이 그 당시 프랑스에서는 잘 알려지지 않았던 미국 작가들과 그들의 작품을 소개하면서 시간의 문제를 다루고 있다. 사르트르는 더스패서스의 작품에서는 시간이 역사적인 시간이라는 점을 지적하고 있다. 포크너의 경우에는 미래가 없는 세계를 그리고 있다는 것이 사르트르의 주장이다.

또한 사르트르는 『상황, I』에서 카뮈, 블랑쇼, 니장, 르나르, 모리아크, 퐁주, 파랭 등의 작품을 중심으로 소설-이야기의 구별, 소설 기법과 소설가의 형이상학 사이의 관계에 주목하고 있다. 사르트르에 의하면 소설은 현재형, 자유, 생성, 미완성, 행동 등의 특징을 가지고 있는 데 반해, 이야기는 과거형, 인과적 질서, 설명, 완성, 배열 등의 특징을 가지고 있는 것으로 여겨진다.

그리고 이런 시간성, 소설-이야기의 대립의 문제는 『상황, I』에서 제일 중요한 주장, 곧 소설의 기법은 소설가의 형이상학을 가리킨다는 주장으로 이어진다. 이런 주장에서 형이상학은 철학에서 말하는 세계를 움직이는 제1의 원동력과 같은 추상적인 의미를 담고 있는 개념이 아니다. 그보다는 오히려 이 개념은 소설가의 세계에 대한 인식을 함축하고 있는 폭넓은 의미를 가지고 있다.

이런 사실에 입각해 사르트르는 특히 모리아크를 강하게 비판한다. 비판의 주된 이유는 모리아크가 기독교적 세계관에 젖어 있어 그의 소설 속

등장인물들이 예외 없이 신에 의해 확고하게 예정된 삶을 영위하고 있으며, 그런 만큼 그들은 자유롭지 못하다는 것이다.[1075] 하지만 여러 작가와 그들의 작품에 대한 이런 흥미롭고도 날카로운 비평에도 불구하고 사르트르는 문학에 대해 『상황, I』에서 사회적, 역사적 조건을 고려한 논의로까지는 나아가지 못하고 있다. 이를 위해서는 앞에서 살펴본 것처럼 참여 문학의 경전으로 여겨지는 『상황, II』에 포함된 「문학이란 무엇인가」를 기다려야 한다.[1076] 이런 점을 고려하면 『상황, I』를 쓴 사르트르는 여전히 『존재와 무』에 충실한 사르트르라고 할 수 있을 것이다.[1077]

사르트르의 문학비평을 구성하고 있는 세 번째 세부 영역은 '서문préface'의 영역이다. 그는 '서문 집필자préfacier'라는 칭호를 받을 정도로[1078] 서문을 많이 썼다. 실제로 그는 새로 등단하는 작가들의 작품들에 대해 우호적인 서평을 써 주어 그들의 데뷔를 돕는 후원자, 나아가 신인 작가들을 발굴하는 역할도 수행하고 있다.[1079] 그중에서도 가장 유명한 것이 앞에서 한 차례 언급한 주네 전집에 대한 서문일 것이다. 뒤에서 그의 주네에 대한 비평을 살펴볼 때 또다시 거론하겠지만, 692쪽에 달하는 방대한 서문이 바로 주네 전집의 첫 권에 해당한다.

1075 Cf. 김모세, 「모리악과 사르트르: 문학 논쟁의 의미와 전망에 대하여」, 『세계문학비교연구』, 61, 세계문학비교학회, 2017, 149-177쪽.

1076 『상황, II』에서 다뤄지고 있는 참여 문학론과 이 문학론에서 중요한 비중을 차지하고 있는 시와 소설의 구분 역시 사르트르의 문학비평에서 중요한 한 세부 영역을 차지하고 있다. 다시 말해 사르트르의 문학비평 영역은 다섯 개의 세부 분야로 구성되어 있다고 해야 할 것이다. 하지만 참여 문학론과 시와 소설의 구분에 대해서는 사르트르의 참여 문학론을 다루면서 이미 살펴본 바 있다. 이런 이유로 여기에서 이 부분에 대해서는 따로 다루지 않을 것이다.

1077 김현, 『프랑스비평사: 현대편』, 앞의 책, 57쪽.

1078 S19, p.409.

1079 사르트르는 수많은 에세이, 소설 등에 서문을 썼다. 그가 서문을 써 준 작가로는 나탈리 사로트, 로제 니미에, 루이 포벨, 자크 로랑, 베르나르 프랑크 등을 꼽을 수 있다.(*Ibid.*, pp.408-412.)

사르트르의 문학비평을 구성하고 있는 네 번째 세부 영역은 보들레르, 주네, 플로베르, 말라르메 등과 같은 작가와 작품에 대한 이해와 해석이라고 할 수 있다. 사르트르 자신이 정립한 방법, 곧 실존적 정신분석과 전진-후진적 방법을 적용해 풍요로운 성과를 얻고 있다.[1080] 물론 이들 네 작가에게 이 두 방법이 똑같이 적용된 것은 아니다. 그도 그럴 것이 그가 이 두 방법을 정립하는 데 어느 정도의 시차가 있었고, 나아가 그사이에 그의 사유에 전회라고 할 수 있을 정도의 큰 변화가 있었기 때문이다. 또한 이들 네 작가를 다룬 비평서의 출간 사이에도 역시 어느 정도의 시차가 있다.

어쨌든 이들 네 작가에 대한 비평이 사르트르의 문학비평에서 가장 중요한 부분에 해당한다고 할 수 있다.[1081] 앞에서 언급한 것처럼 이 네 작가에 대한 비평이 주로 그들 각자의 삶에 대한 총체적 이해 —그렇다고 그의 관심이 작가들의 삶에만 국한되는 것은 결코 아니라는 사실을 잊지 말자— 를 중심으로 이루어지고 있다는 면에서 그의 문학비평은 전기적 비평에 가까운 것으로 분류되기도 한다.[1082]

여기에서는 이처럼 방대한 사르트르의 문학비평을 모두 살펴보는 대신

1080 물론 사르트르의 실존적 정신분석과 전진-후진적 방법이 그의 문학비평 방법인 것만은 아니다. 이 두 방법은 원래 사르트르가 인간 이해를 위해 고안해 낸 방법이다. 하지만 이 두 방법을 통해 사르트르는 자신의 삶에서 '작가'가 되기로 자신을 선택한 자들, 가령 사르트르 자신을 포함해 보들레르, 주네, 플로베르, 말라르메 등에 대한 이해를 시도하고 있다. 실제로 이 두 방법은 사르트르가 염두에 두고 있는 문학비평, 곧 작가들이 쓴 작품들을 그들 각자의 삶에서의 하나의 행위의 결과물로 여기고, 이를 통해 각자의 삶을 총체적으로 이해하고자 하는 문학비평의 유력한 도구로 소용되고 있다. 이런 의미에서 사르트르의 문학비평은 '전기적 비평(critique biographiqu)'이라고도 할 수 있다.

1081 사르트르의 『말』은 장르로 보면 자서전, 자전적 소설 또는 오토픽션으로 분류되나, 이 작품에서 그는 자신에 대한 실존적 정신분석을 하고 있기도 하다. 이런 면에서 이 작품도 넓게는 사르트르가 문학비평에서 거둔 성과 중 하나로 여겨질 수도 있을 것이다.

1082 Cf. Geneviève Idt, "Les vies illustres de Sartre", *Magazine litéraire*, nº 192, février 1983, p. 26; Collins Douglas, *Sartre as Biographer*, Harvard University Press, 1980.

에 이 영역을 관통하는 비평 방법, 즉 실존적 정신분석과 전진-후진적 방법[1083]을 살펴보고, 이 방법의 적용 사례를 보들레르와 주네에 대한 비평을 중심으로 살펴보며, 말라르메와 플로베르에 대한 비평에 대해서는 핵심 사항을 간략하게 소개하고자 한다.

5.2. 실존적 정신분석과 전진-후진적 방법

a) 실존적 정신분석

사르트르는 1943년 출간된 『존재와 무』 4부 2장에서 실존적 정신분석[1084]을 정립하고,[1085] 또 이를 통해 나중에 「방법의 문제」에서 정립되는 전진-후진적 방법의 주요 얼개를 제시하고 있다. 그는 실존적 정신분석을 정립하면서 프로이트의 정신분석을 원용한다. 하지만 그는 젊은 시절에 프로이트의 정신분석에 대해 일관되게 비판적인 태도를 취했다.

물론 프랑스에서 사르트르만 프로이트의 정신분석에 대해 비판적인 태

1083 전진-후진적 방법에 대해서는 사르트르의 후기 철학, 곧 『변증법』에서 정립되고 있는 역사적, 구조적 인간학을 다루면서 이미 그 윤곽을 제시했다. 또한 이 책 앞부분에서 사르트르의 삶의 몇몇 변곡점을 다루면서 실존적 정신분석의 주요 개념인 원초적 사건과 원초적 선택을 언급하기도 했다. 여기에서는 앞의 설명과의 중첩되는 부분을 최소화하면서 이 두 방법을 살펴볼 것이다.

1084 "실존적 정신분석"이라는 번역어에 대해서는 "실존적 심리 분석"(박종원, 「사르트르의 현실태적 존재론과 실존적 심리분석」, 『철학과현상학연구』, 15, 한국현상학회, 2000, 15-44쪽), "현존적 정신분석"(조광제, 『존재의 충만, 간극의 현존: 장폴 사르트르의 《존재와 무》 강해』, 2권, 그린비, 2013, 582쪽) 등이 있으나, 여기에서는 '실존적 정신분석'이라는 번역어를 사용하기로 한다.

1085 실제로 실존적 정신분석의 윤곽이 개괄적으로 제시되고 있는 것은 『우스꽝스러운 전쟁 수첩』에서부터이다.(CDG, pp.591-603, 606-609.) 다시 말해 『존재와 무』보다 앞서서였다. 사르트르는 『존재와 무』의 4부 1장 1절의 제목을 '실존적 정신분석'이라고 붙이고, 이 부분에서 주로 '경험적 정신분석'으로 규정된 프로이트의 정신분석과 자신의 실존적 정신분석과의 유사점과 차이점을 제시하고 있으며, 2절과 3절에서는 바슐라르의 사물의 정신분석과 자신의 실존적 정신분석을 비교, 분석하고 있다. 여기에서는 사르트르가 정립하고 있는 실존적 정신분석을 주로 프로이트의 정신분석과의 비교를 통해서만 간략하게 다루고자 한다.

도를 취한 것은 아니다. 20세기 첫 15년 동안 프랑스에서는 프로이트가 확립한 정신분석의 이른바 '침투pénétration'에 대한 강한 저항의 분위기가 형성되었다.[1086] 이런 분위기는 1930년대까지 계속 이어졌다.[1087] 데카르트의 합리주의 전통을 계승한다고 자처하는 프랑스 철학자들이 무의식, 리비도 등을 내세우는 프로이트의 이론을 쉽게 수용할 수 없었던 것으로 보인다.

이런 분위기 속에서 사르트르 역시 프로이트의 정신분석에 대한 거부감을 숨기지 않았다. 그는 고등사범학교 시절에 프로이트를 처음 접한 것으로 알려져 있다. 그 시기에 프로이트의 『일상생활의 정신병리학』과 『꿈의 해석』을 읽었다고 술회하고 있다.[1088] 하지만 그는 무의식 개념으로 인해 충격을 받았던 것으로 보인다.[1089] 그가 받은 충격은 프로이트의 정신분석에 대한 "심한 혐오감une répugnance profonde"으로 이어졌다.[1090]

물론 이 혐오감은 차츰 누그러진다. 사르트르는 『존재와 무』의 뒷부분에서는 프로이트의 정신분석에 대해 비판적 태도를 견지하면서도 오히려 그로부터 많은 점을 수용하고 있다.[1091] 나아가 1970년대에 『집안의

1086   Cf. Alain Flajoliet, *La Première philosophie de Sartre*, op. cit., pp.362-364.

1087   1920년대, 1930-1940년대를 거쳐 프랑스 철학계에서 있었던 "무의식이라는 실재(réalité de l'inconscient)"를 둘러싼 폴리체르, 베르그송, 사르트르, 메를로퐁티, 리쾨르 등의 논의에 대해서는 다음을 참고하라. Frédéric Worms, "Le Problème de l'inconscient dans le moment de l'existence", *Les Temps modernes*, n° 674-675, juillet-octobre 2013, pp.4-15; Frédéric Worms, *La Philosophie en France au XXᵉ siècle*, *Moments*, Gallimard, coll. Folio/Essais, 2009, pp.117-130(chap. 4: Bergson et Freud). 또한 프랑스철학과 정신분석과의 관계와 그 전개에 대해서는 다음을 참고하라. 신인섭 엮음, 『프랑스철학과 정신분석』, 그린비, 2022.

1088   Michel Rybalka, "An Interview with Jean-Paul Sartre", in *The Philosophy of Jean-Paul Sartre*, op. cit., p.12.

1089   SIX, p.105.

1090   *Ibid.*, p.104.

1091   사르트르는 스스로 정신분석학의 "가짜 친구(un faux ami)"가 아니라 "비판적 동반자(un compagon de route critique)"라고 말하고 있다.(SIX, p.329.)

천치』를 집필할 무렵에는 무의식 개념을 인정하면서 그것을 "체험된 것 le vécu"이라는 개념으로 지칭하고 있기까지 하다.[1092] 또한 영화 대본으로 700여 쪽에 달하는『시나리오 프로이트』를 쓸 정도로 프로이트에게 큰 관심을 보이기도 했다.[1093]

하지만 고등사범학교 시절만 하더라도 사르트르는 프로이트의 정신분석을 탐탁하게 여기지 않았다. 보부아르는 그 이유를 정신분석이 표방하는 범성주의pan-sexualisme, 무의식에 의한 결정론déterminisme, 사르트르가 표방한 자유의 철학과의 양립 불가능성, 리비도나 콤플렉스 등으로의 환원적인 태도, 정신분석에 대한 공산주의자들의 불신 등을 꼽고 있다.[1094] 사르트르가 프로이트의 정신분석에 대해 가한 비판은 1937년에 집필되고, 1939년에 단편집『벽』에 포함되어 출간된「어느 지도자의 어린 시절」에도 부분적으로 드러나고 있다.[1095]

사르트르가『존재와 무』에서 실존적 정신분석을 프로이트의 정신분석을 참고해서 정립하고 있는 것은 사실이다. 하지만 이 저서에서조차도 프로이트에 대한 그의 입장에는 일관성이 결여되어 있는 것으로 보인다. 그

1092 *Ibid.*, pp.111-112.

1093 1958년 미국 영화감독 존 휴스턴(John Houston)과 협의하에 이 시나리오를 집필했다.(Jean-Paul Sartre, *Scénario Freud*, Gallimard, coll. Connaissance de l'Inconscient, 1984.) 하지만 휴스턴은 이 시나리오가 너무 길다는 이유로 거절했고, 상당 부분을 줄인 대본으로 1962년에 〈프로이트, 비밀스러운 열정(Freud, The Secret Passion)〉이라는 제목의 영화를 촬영했다. 사르트르는 이 대본이 자신의 의도에서 크게 벗어난다고 판단했으며, 그 결과 영화 자막에 자신의 이름을 시나리오 작가로 넣는 것을 거절했다.(DS, pp.450-451; Elisabeth Rudinesco, *Histoire de la psychanalyse en France. La Bataille de cent ans, 2(1925-1985)*, Seuil, 1986, p.180.)

1094 FA, p.27.

1095 보부아르도 사르트르와 함께 프로이트의『꿈의 해석』과『일상생활의 정신병리학』을 읽었다고 술회한다.(*Ibid.*, p. 29.) 이 책은「어느 지도자의 어린 시절」에서 뤼시앵이 읽은 책으로 등장하기도 한다.(Jean-Paul Sartre, "L'Enfance d'un chef", *Le Mur*, in OR, p.339) 사르트르가 읽은 프로이트의 저작 목록에 대해서는 다음을 참고하라. Jean-François Louette, "Du *Scénario Freud* aux *Séquestrés d'Altona*", *Traces de Sartre*, Ellug, 2009, pp.261-263.

도 그럴 것이 이 저서의 앞부분에서 무의식 개념을 부정하면서[1096] 자기 기만 개념으로 그것을 대체하고 있지만, 이와 동시에 뒷부분에서는 실존적 정신분석을 정립하는 과정에서 프로이트의 정신분석을 비판하면서도 그 가치를 인정하고 또 부분적으로 수용하고 있기 때문이다.[1097]

어쨌든 사르트르가 실존적 정신분석을 정립하면서 프로이트의 정신분석에 주목한 것은 인간에 대한 이해[1098]라는 평생의 기획과 무관하지 않다. 사르트르 평생의 목표가 "나는 인간을 이해하려는 정열을 가졌다"라는 문장으로 요약되는 인간에 대한 이해라는 사실을 기억하자. 그런데 사르트르의 현상학적 존재론이 정립되고 있는 『존재와 무』 차원에서 인간은 자유를 바탕으로 미래를 향해 자기를 기투하는 존재, 자기를 만들어 나가는 존재로 규정된다. 그리고 그 최종 목표는 신이 되고자 하는 욕망, 곧 대자-즉자의 융합을 실현하는 것이다. 하지만 이 목표에 이르는 길은 개인마다 다르다.

그로부터 자연스럽게 다음과 같은 문제가 제기된다. 대자-즉자의 융합의 실현이라는 동일한 목표를 향해 가면서 왜 '이' 사람은 '이' 길을 가고, '저' 사람은 왜 '저' 길을 가게 되는가의 문제이다. 이 문제는 왜 '이' 사람은 최종적으로 다른 사람이 아닌 '이' 사람 ―작가의 경우라면 '이런' 작가―

1096 사르트르가 무의식 개념을 부정한 것은, 첫째 그것을 인정함으로써 인간의 정신세계를 사물화시킬 위험성, 둘째, 투명하다고 여긴 인간의 정신세계에 미지의 영역이 있다는 것은 모순이라는 생각, 셋째, 따라서 무의식의 영역을 알 수 없다는 것은 피상적인 가설에 불과할 뿐이라는 이유에서였다.(Cf. Arnaud Tomès, "La critique sartrienne de l'inconscient", *Les Temps modernes*, n° 674-675, *op. cit.*, p.53.)

1097 아롱은 고등사범학교 시절을 회상하면서 사르트르의 자기기만 개념의 창안에 그 나름대로 기여했다는 사실을 밝히고 있다. 그러니까 아롱 자신이 사르트르에게 프로이트의 정신분석에 관련된 저작을 읽어 볼 것을 권유했고, 사르트르는 그것을 취사선택해 부분적으로 수용했다는 것이다.(M50, p.35.)

1098 물론 『존재와 무』 차원에서 사르트르의 인간에 대한 이해는 현상학적 존재론에 의해 더 포괄적으로 이루어진다는 것을 잊지 말자.

이 되었고, '저' 사람은 다른 사람이 아닌 '저' 사람 —작가의 경우라면 '저런' 작가— 이 되었는가의 문제에 다름이 아니다. 사르트르는 실존적 정신분석에 의거해 이 문제에 답을 하고자 한다.

그런데 인간은 미래를 향해 자기를 자유롭게 기투해 나가는 존재이기 때문에, 자신이 평생 했던 기투, 행동의 총합으로 정의될 수 있다. 이런 관점에서 보면 방금 제시한 문제의 답은 결국 그가 살아가면서 했던 모든 행위의 의미에 대한 해독과 탐사를 통해 주어질 수 있을 것이다. 정확히 그로부터 이 인간이 했던 모든 행위의 의미 해독과 탐사를 위한 필요성이 제기된다.

사르트르가 프로이트의 정신분석에 대해 비판적 태도를 견지했음에도 일정 부분을 수용하게 된 것은 정확히 이런 필요성 때문인 것으로 보인다. 그에 의하면 프로이트만이 유일하게 인간의 모든 행위가 유의미하다는 사실을 인정하고,[1099] 또 그 의미를 찾아내는 방법, 곧 정신분석을 고안해 냈다. 프로이트에게서 인간의 모든 행위, 가령 실수, 농담, 반복되는 손동작 등에 의해 무의식이 표출된다는 것은 잘 알려져 있다. 사르트르는 이와 같은 프로이트의 주장을 수용하면서 자신의 실존적 정신분석의 '원리', '출발점', '목표', '방법'을 제시하고 있다. 먼저 원리를 보자.

> 이 [실존적] 정신분석의 '원리'는 인간이란 전체이지 집합이 아니라는 것이다. 따라서 인간은 가장 무의미하고, 가장 피상적인 행위 속에서 완전히 자기를 표현한다. 달리 말하자면 인간에게서 '계시적이지' 않은 취향, 버릇, 행위란 있을 수 없다는 것이다.[1100]

1099 ETE, p.34.
1100 EN, p.656.

그리고 사르트르는 이런 원리에 입각해 정립되는 실존적 정신분석의 출발점은 '경험'이며, 또 그 '목표'는 분석의 대상이 되는 인간에 대한 이해, 곧 이 인간의 모든 행위의 의미의 해독 —이런 의미에서 실존적 정신분석의 본질적 작업은 '해석학'이라고 할 수 있다— 이라고 단언한다.

> 이 정신분석의 '출발점'은 경험이다. 그리고 그 받침대는 인간이 인간적 인격에 대해서 갖는 전前 존재론적이고 근본적인 이해이다.[1101]

> 실존적 정신분석의 '목표'는 인간의 경험적인 행위를 '해독'하는 것이다. 다시 말해 이 경험적인 행위들 하나하나 속에 내포된 계시啓示들을 밝히고, 또 그것들을 개념적으로 정착하는 것이다.[1102]

그리고 사르트르는 실존적 정신분석의 방법을 "비교적인 방법"으로 규정하고 있다.

> 이 정신분석의 '방법'은 비교적인 방법이다. 사실 각개의 인간적인 행위는 밝혀야만 하는 원초적 선택을 그 나름의 방법으로 상징화하고 있기 때문에, 또 이와 동시에 각개의 인간적 행위는 그 우연적 성격과 역사적 기회 밑에 그 근본적인 선택을 가리고 있기 때문에, 우리는 그와 같은 행위들의 비교에 의해 그 행위들이 모두 다른 방법으로 표현하고 있는 유일한 계시를 나타나게 해야 할 것이다.[1103]

1101   *Idem.*

1102   *Idem.*

1103   *Idem.*

이처럼 제시된 실존적 정신분석 목표를 효율적으로 실현하기 위해 사르트르는 서로 반대되는 두 방향에서 이루어지는 분석을 제시한다. 하나는 탐사의 대상이 되는 인간의 '과거'로 거슬러 올라가 그의 원초적 사건을 밝혀내고, 그로부터 시작되는 원초적 선택을 확정하는 분석이다. 다른하나는 이 원초적 선택에서부터 출발해서 다시 그의 미래에로의 기투의과정을 탐사하는 분석이다. 전자가 "소급적 정신분석psychanalyse régressive"—'후진적 분석'이라고 할 수 있다— 의 방향이고, 후자가 "종합적 전진 progression synthétique" —'전진적 분석'이라고 할 수 있다— 의 방향이라고 할수 있다.

먼저 소급적 정신분석을 보자. 사르트르는 인간 행위의 의미를 해독하고, 이를 바탕으로 이 인간을 이해하기 위해 프로이트와 마찬가지로 이인간의 과거로 소급해 가는 필요성을 인정한다. 주지의 사실이지만 프로이트는 정신질환을 앓고 있는 인간을 치유하기 위해 특히 이 인간의 유아기에 주목한다. 사르트르 역시 탐사의 대상이 되는 인간의 과거로 소급해간다는 면에서는 프로이트를 그대로 계승한다. 이것이 소급적 정신분석의 방향이다.

하지만 『존재와 무』에서 이루어진 사르트르의 프로이트의 정신분석 수용은 거기까지이다. 그는 자신의 고유한 정신분석에 '실존적existentielle'이라는 수식어를 붙이고 있다.[1104] 이것은 그의 정신분석이 프로이트의 그것과 차이가 있다는 점을 내다보게 한다. 그렇다면 그 차이는 어디에 있을까?

첫 번째 차이는 그 목표에 있다. 방금 언급한 것처럼 프로이트의 정신

1104 뒤에서 다시 보겠지만 '실존적'이라는 수식어는 『변증법』의 서론에 해당하는 「방법의 문제」에서 정립되고 있는 전진-후진적 방법에서 마르크스주의와 결합되는 실존주의와 밀접하게연결되어 있다.

분석의 주요 목표는 정신질환의 치유이다. 프로이트의 정신분석에서 분석가는 피분석가의 과거로 소급해 가면서 이 피분석가의 비정상적인 정신을 지배하고 있는 어떤 것, 가령 유아기에 받았거나 형성된 상흔이나 콤플렉스 등을 찾아내고 또 그것을 바탕으로 치유를 시도한다. 하지만 사르트르의 실존적 정신분석에서는 프로이트의 정신분석 ―『존재와 무』에서 이 정신분석은 "경험적 정신분석psychanalyse empirique"[1105]으로 불린다― 의 종착역이라고 할 수 있는 지점, 즉 피분석가의 상흔이나 콤플렉스 등이 발견되는 지점이 종착역이 아니다.

사르트르는 탐사 대상이 되는 인간의 과거로 소급해 가면서 이 인간의 전 생애에 걸쳐 결정적 의미를 갖는 사건을 밝혀내고자 한다. 이 사건이 바로 원초적 사건이다. 그리고 사르트르는 이 사건에서 출발해서 이 인간이 자기를 창조해 나가기 위해 하게 되는 선택에 주목한다. 앞에서 언급한 것처럼 사르트르는 이 선택을 원초적 선택이라고 부른다.

> 경험적 정신분석과 실존적 정신분석은 그 어느 편이건 상황에서의 하나의 근본적인 태도를 탐구한다. 그리고 이와 같은 태도는 모든 논리에 앞서기 때문에 단순한 논리적인 정의에 의해 표현될 수 없을 것이다. 그리고 그것은 특수한 종합의 법칙들에 의해 재구성되기를 바란다. 경험적 정신분석은 콤플렉스를 결정하고자 한다. 그런데 그 명칭 자체는 그것과 관계되는 모든 의미의 다가성多價性를 가리킨다. 실존적 정신분석은 '원초적 선택'을 결정하고자 한다.[1106]

얼핏 사르트르의 원초적 선택은 프로이트의 상흔이나 콤플렉스 등과

1105   EN, p.657.

1106   *Idem*.

유사해 보인다. 하지만 이것들은 뚜렷이 구별된다. 프로이트가 중시하는 상흔이나 콤플렉스 등은 피분석가의 무의식에 각인되고 억압되어 있는 반면, 사르트르의 원초적 선택은 의식 차원에서 이루어지는 투명한 행위이다. 또한 앞에서 지적한 것처럼 프로이트에게서 상흔이나 콤플렉스 등은 주로 피분석가의 유년기에 발생하는 것으로 이해되나, 사르트르에게서는 유년기를 포함해 청소년기나 성년기에도 발생할 수 있다. 그리고 프로이트에게서 분석가는 피분석가의 상흔이나 콤플렉스를 확인하게 되면 이것을 바탕으로 치유를 시작할 수 있으며, 또 치유가 끝나면 자신의 임무가 끝난 것으로 생각한다. 사르트르에게서는 원초적 선택을 확인하는 순간이 바로 분석가의 임무가 본격적으로 시작되는 순간에 해당한다.[1107]

두 번째 차이는 '미래' 차원의 유무이다.[1108] 사르트르가 인간을, 미래로 향해 자기를 기투해 나가는 존재로 규정하고 있다는 사실은 앞에서 지적한 대로이다. 따라서 이 인간을 제대로 이해하기 위해서는 이 인간이 원초적 선택에서 시작해서 자기를 미래로 향해 기투하는 과정, 곧 실존의 과정[1109]을 탐사해야 할 필요성이 있다는 것이 사르트르의 주장이다.

1107 사르트르의 실존적 정신분석에는 치유적 성격도 포함된다. 예컨대 보들레르, 주네, 플로베르, 사르트르 등에게서 쓰기는 치유, 해방의 의미를 갖는 것은 분명해 보인다.(Cf. Betty Cannon, *Sartre et la psychanalyse*, PUF, coll. Perspectives critiques, 1993, pp.26, 319; 임지혜, 「실존적 정신분석의 임상철학적 의의」, 『현대유럽철학연구』, 34, 한국하이데거학회, 2014, 175-200쪽.) 또한 이런 치유, 해방에는 도덕 개념이 함축되어 있으며, 그런 만큼 실존적 정신분석은 사르트르의 도덕 정립 시도와도 밀접하다. 이에 대해서는 다음 연구를 참고하라. Jean-Christophe Merle, "La psychanalyse existentielle et morale chez Sartre", *Le Portique*, *op. cit.*, pp.1-15; 오은하, 「사르트르의 실존적 정신분석: 그 미완의 존재 윤리」, 『프랑스학연구』, 78, 프랑스학연구, 2016, 165-187쪽; Arnaud Tomès, "La critique sartrienne de l'inconscient", *Les Temps modernes*, n° 674-675, *op. cit.*, p.53.

1108 EN, p.536; Betty Cannon, *Sartre et la psychanalyse*, *op. cit.*, pp.29-30.

1109 앞에서 언급한 것처럼 사르트르는 실존적 정신분석의 정립을 시도하면서 프로이트의 정신분석과 바슐라르의 사물의 정신분석을 비판적으로 원용하고 있다. 사르트르는 프로이트의 정신분석을 비판적으로 원용하면서 문제가 되는 한 인간의 행위들의 비교, 해석, 탐사를 통

또한 그 당연한 결과로 사르트르는 이 인간이 원초적 선택의 순간에서부터 자신을 미래로 기투해 나가는 과정을 밝히기 위해서는 이 인간의 과거로부터 미래로 다시 거슬러 올라오는 과정을 탐사할 수 있는 방법이 도입되어야 한다고 주장한다. 방금 언급한 것처럼 이 방향이 바로 종합적 전진에 해당한다. 결국 사르트르에 의하면 한 인간을 제대로 이해하기 위해서는 서로 상반되는 전진적 분석과 후진적 분석이 동시에 이루어져야 한다.

> 그리고 이해는 상반되는 두 방향에서 이루어진다. 후진적 정신분석을 통해 우리는 고려된 행위로부터 나의 궁극의 가능까지 거슬러 올라간다. 종합적 전진을 통해 우리는 이와 같은 궁극의 가능으로부터 고려된 그 행위까지 다시 하강하고, 또 전체적 형태 안에서 그 행위의 통합을 포착한다.[1110]

이처럼 사르트르는 방금 살펴본 원리, 목표, 방법에 입각해 실존적 정신분석을 정립하고 있다. 그리고 그때까지 이런 노력이 전혀 없었다는 사

해 각각의 행위가 다르게 표현하고 있는 '유일한 계시', 곧 그의 원초적 사건과 원초적 선택과 관련된 진리를 드러내고자 하고 있다. 여기에 더해 사르트르는 바슐라르의 사물의 정신분석을 비판적으로 수용하면서 문제의 인간이 그의 원초적 사건에서부터 출발해서 원초적 선택을 하는 과정에서 미래를 향해 자기 자신을 기투하면서 이 세계에서 만나게 되는 사물들과의 관계를 분석하고자 한다. 물론 이와 같은 분석은 후일 사르트르의 인식론적 전회, 즉 1939년 2차 세계대전의 발발과 더불어 각성하게 된 인간의 사회성과 역사성을 계기로 더 확장되게 된다. 그러니까 『존재와 무』에서 정립되고 있는 실존적 정신분석은 『변증법』, 더 정확하게는 「방법의 문제」에서 정립될 전진-후진적 방법에서는 복수의 인간들과 그들에 의해 형성되는 집단, 그리고 그들을 에워싸고 있는 물질세계에 속하는 생명 유지를 위해 필수 불가결한 사물들과의 관계에 대한 분석으로까지 확장되어야 한다. 이 점에 대해서는 곧이어 전진-후진적 방법을 다루면서 살펴보게 될 것이다.

1110   EN, p.537.

실을 지적하면서 사르트르는 스스로 곧 실존적 정신분석의 "진정한 창시자un véritable fondateur"[1111]임을 자처한다. 사르트르는 또한 이 실존적 정신분석의 첫 번째 적용 대상으로 플로베르와 도스토옙스키를 거론한다.

> 이와 같은 실존적 정신분석에 의해 연구된 행위들은 단지 꿈, 실패한 행위, 강박관념, 신경증뿐만 아니라, 또 동시에 그리고 특히 잠이 깨어 있을 때의 생각, 성공하고 적응된 행위, 스타일 등등일 것이다. 이와 같은 실존적 정신분석에 있어서는 아직 그 분야의 프로이트와 같은 인물이 없다. 기껏해야 우리는 그 전조前兆를 특히 성공한 약간의 전기傳記 작품을 통해 발견할 수 있을 정도이다. 우리는 또 다른 날에 플로베르와 도스토옙스키에 대해 이 실존적 정신분석의 두 개의 실례를 들 수 있도록 시도할 수 있기를 희망한다.[1112] 하지만 여기에서는 실존적 정신분석이 현실적으로 존재한다는 것은 그다지 중요하지 않다. 우리에게 있어서는 오히려 실존적 정신분석이 가능하다는 것이 더 중요하다.[1113]

사르트르가 이처럼 자신의 실존적 정신분석의 분석 대상으로 플로베르와 도스토옙스키를 거론한 것은 실제로 이 두 작가가 그 누구보다도 자신에 대한 정보와 자료를 많이 남기고 있기 때문이다. 하지만 『존재와 무』에서 시도된 이런 방법의 구축은 전진적 정신분석에 대한 설명 부족으로 한계에 직면하게 된다. 그도 그럴 것이 사르트르의 인간에 대한 이해의 폭과 깊이가 2차 세계대전을 기점으로 큰 변화를 겪기 때문이다.

1111 Philippe Cabestan, "Sartre et la psychanalyse: cécité ou persificacité?", *Cités*(Sartre à l'épreuve), nº 22, PUF, 2005, p.110.

1112 후일 사르트르는 『집안의 천치』에서 플로베르에 대해서는 자세한 분석을 시도하나, 도스토옙스키에 대한 분석은 이루어지지 않았다.

1113 EN, p.663.

b) 전진-후진적 방법

2차 세계대전을 계기로 사르트르의 인간 이해를 위한 시도에 큰 변화가 일어났다는 사실은 앞에서 지적한 바 있다. 사르트르의 삶과 사유를 전쟁의 전후로 양분하는 인식론적 전회가 그것이었다. 이 전회의 내용은 전쟁 전에는 『존재와 무』의 근간을 이루는 의식의 담지자로서의 개인, 이 세계 속에 존재하는 사물 및 타자와 존재 관계를 맺으면서 자신의 삶을 창조해 나가는 개인으로부터, 전쟁 후에는 『변증법』에서 다뤄지고 있는 사회적, 역사적 지평 위에 선 개인들과 그들에 의해 형성되는 집단과 역사에로의 관심의 이동이었다.

그런 만큼 사르트르의 인간 이해라는 목표의 실현을 위한 노력은 이런 내용을 담고 있는 전회를 계기로 그 범위가 확대될 수밖에 없게 된다. 이것은 『존재와 무』에서 정립된 현상학적 존재론과 실존적 정신분석만으로는 『변증법』에서 논의되는 사회적, 역사적 지평에 선 인간들에 대한 총체적 이해에 이를 수 없다는 것을 의미한다. 그로부터 사르트르의 종합적 인간학 또는 "구체적 인간학anthropologie concrète"으로도 명명되는 구조적, 역사적 인간학의 정립 필요성과 이를 위한 방법의 문제가 제기되었다.

사르트르의 생애와 『변증법』으로 대표되는 그의 인간학 시기의 철학을 논의하면서 이미 그의 구조적, 역사적 인간학의 개요와 이를 위한 방법의 문제를 간략하게나마 살펴보았다. 그는 이런 인간학의 정립 과정에서 사회의 형성과 역사 창조에 기여하는 인간들의 실천과, 이 실천과 사회와 역사 사이에 나타나는 변증법적 관계, 곧 실천적-타성태를 고려한 관계를 총체적으로 파악하기 위해 다음과 같은 세 가지 질문을 제기했다. "인간에 대한 하나의 진리가 있는가", "역사는 인지 가능한가", "역사는 하나의 진리를 가지고 있는가"라는 질문이 그것이다. 그리고 이 세 질문에 답을 하기 위해 사르트르는 무엇보다도 먼저 방법의 모색에 나섰다.

그 방법이 바로 『변증법』의 서론에 해당하는 「방법의 문제」에서 정립된 전진-후진적 방법이었다. 방금 살펴본 대로 이 방법은『존재와 무』에서 정립된 실존적 정신분석을 통해 그 얼개가 이미 드러나 있다. 하지만 집단, 역사의 차원이 결여된『존재와 무』에서 한 인간이 원초적 선택 후에 자신을 미래로 향해 기투하는 상황과『변증법』에서 그가 자신의 물질적 욕구를 충족시키면서 집단을 형성함과 동시에 역사의 창조에 기여하는 상황은 판이하다. 이렇게 판이한 상황에서 총체적 이해의 대상이 되는 인간은 고립된 인간이 아니라 자기 안에 사회, 역사와의 관계를 모두 포함하고 있는 이른바 개별적 보편자라는 것이 사르트르의 주장이었다.

사르트르는 이처럼 개별적 보편자로서의 인간과 그가 처해 있는 상황을 고려해 이 인간을 총체적으로 이해하기 위해 특히 마르크스주의의 도움을 받고자 한다.[1114] 그렇게 하면서 사르트르는『존재와 무』에서 정립된 실존적 정신분석의 두 방향 중 특히 전진적 분석의 방향을 보완하고자 한다. 그도 그럴 것이 마르크스주의는 역사 형성의 주체인 계급의 형성, 계급투쟁, 역사의 발전 등을 종합적으로 포착할 수 있는 이론으로 여겨지기 때문이다. 실제로 사르트르는 2차 세계대전 이후에 점차 인간의 사회성과 역사성을 자각하면서 마르크스주의에 주목하게 되고, 「방법의 문제」에서는 이 마르크스주의에 절대적 신뢰를 보낸다.

그 증거는, 앞에서도 지적했듯이, 사르트르가 마르크스주의를 그와 동시대의 뛰어넘을 수 없는 철학으로 규정한 것이다. 다시 말해 그는 자신이 살던 시대에 마르크스주의를 태동시켰던 사회적, 역사적 상황이 아직

[1114] 앞에서 지적한 바와 같이 사르트르가 마르크스를 접한 것은 고등사범학교 시절이나, 그때에는 마르크스의 사상을 제대로 '이해하지' 못했다. 그도 그럴 것이 사르트르에게 '이해한다'는 것은 읽는 사람의 변화까지를 포함하는 개념이기 때문이다. 그러다가 사르트르가 본격적으로 마르크스의 저작을 읽기 시작한 것은 RDR에서의 활동이 실패로 돌아간 때로 보인다.(FC, p.217) 그리고 이런 독서가 1957년 「방법의 문제」의 전신인 「1957년 프랑스에서 실존주의의 상황」과『변증법』에 반영되기에 이른다.

완전히 극복되지 않았다고 판단한 것이다. 어쨌든 그는 마르크스주의의 가치를 인정하면서 「방법의 문제」에서 실존적 정신분석, 그중에서도 전진적 분석 방향의 보완을 위한 첫발을 내딛는다.

그런데 그다음 단계에서 마르크스주의와 관련된 문제가 제기된다. 만일 마르크스주의에 결함이 없다면, 다시 말해 이 주의를 통해 인간들이 계급의 형성에 참여하고, 계급투쟁을 통해 역사의 발전을 이룩해 계급 없는 사회의 형성이라는 이상적인 목표에 이르는 과정을 모두 파악하고 기술할 수 있다면, 이 모든 것을 총체적으로 이해하는 데 마르크스주의만으로도 충분할 것이다. 하지만 사르트르는 마르크스주의, 특히 그와 동시대의 뛰어넘을 수 없는 철학으로 규정했던 마르크스주의가 처음 등장했을 당시에 가졌던 기능을 제대로 발휘하지 못하고 있다고 보았다. 다시 말해 마르크스의 마르크스주의가 의사-마르크스주의자들에 의해 왜곡되고 변질되어 교조화되었으며, 나아가 그 작동이 멈춰 버렸다는 것이다. 그렇다면 그 원인은 무엇일까?

사르트르는 원래의 마르크스주의가 변질되고 경화된 첫 번째 원인으로 집단, 곧 계급의 형성과 역사 창조의 과정에서 개인으로서 인간의 지위가 고려되지 않았다는 점을 꼽고 있다. 『존재와 무』차원에서 인간은 미래를 향해 자신을 기투하는 존재, 자신을 만들어 가는 존재로 여겨진다는 것은 앞에서 지적한 대로이다. 그리고 이 인간의 최종 목표는 우연성의 지배하에 있는 자신의 존재 근거를 확보하고, 또 그것을 바탕으로 대자-즉자의 융합 상태를 실현하는 것, 즉 신이 되고자 하는 욕망의 실현이었다.

그런데 『변증법』의 차원에서 이런 기투의 주체인 인간은 실천의 주체로 여겨진다. 그러니까 사르트르의 인간학 차원에서 인간은 자신의 물질적 욕구를 충족시켜 죽음의 나락으로 떨어지지 않는 한편, 그 과정에서 주위의 물질세계에 있는 물질에 자신의 주체성을 투사하고 가공하면서 지금까지 이 세계에 없었던 존재를 만들어 내는 주체로 여겨진다.

사르트르에 의하면 이 과정이 곧 실천으로 정의된다. 물론 그 과정에서 이 인간은 실천적-타성태의 반목적성의 영향을 벗어날 수 없다. 그럼에도 불구하고 사르트르는 실천의 주체로서 집단의 형성과 역사의 창조에 기여하면서, 역으로 이 집단과 역사로부터 영향을 받고, 또 이 영향을 극복하면서 다시 집단의 형성과 역사 창조에 기여하는 인간의 지위를 전면에 내세운다. 그때의 인간은 당연히 개별적 보편자로서 인간이라는 점을 지적하자. 그런데 이런 인간의 지위는 사르트르 자신의 실존주의, 더 정확하게는 무신론적 실존주의의 연장선에 있는 것으로 이해된다.[1115]

그렇지만 사르트르에 의하면 의사-마르크스주의에는 이런 실천의 주체인 개인으로서의 인간, 곧 개별적 보편자로서의 자리가 없다. 거기에는 단지 집단, 곧 계급을 구성하는 한 부분으로서의 개인만이 있을 뿐이다. 곧 개인보다는 집단이 우선한다. 이런 이유로 사르트르는 경화되고 멈춰서 버린 마르크스주의를 소생시키기 위해 실존주의 ─물론 자신의 무신론적 실존주의이다─ 라는 신선한 피를 주입하길 원한다. 그렇게 되면 실존주의는 마르크스주의 안에서 하나의 독립된 영역을 차지하게 될 것이다. 물론 마르크스주의가 이 독립된 영역을 흡수해 개인으로서의 인간을 고려하게 되면 실존주의라는 이데올로기는 그 시효를 상실하게 된다는 것이 그의 예견이다.

이런 고찰들은 우리가 왜 마르크스주의 철학과 심오한 진리를 표방하면서도 실존주의 이데올로기의 자율성을 잠정적으로 유지할 수 있는지를 이해할 수 있게 한다. 오늘날 유일하게 가능한 역사적이며 동시에 구조적

[1115] 앞에서 언급한 것처럼 사르트르의 『존재와 무』와 『변증법』 사이에 인식론적 단절이 있는가에 대한 논의가 있기는 하다. 하지만 나는 두 저서 사이에 인식론적 단절이 존재하지 않는다는 입장에 있다는 사실을 다시 한번 지적하자.

인 인간학은 마르크스주의라는 사실에는 의심의 여지가 없다. 동시에 마르크스주의는 인간을 총체성 안에서 포착하는, 다시 말해 출발점을 인간 조건의 물질성으로 삼는 유일한 인간학이다. (…) 마르크스주의가 탐색의 질문자를 제거해 질문 대상을 절대 지식의 대상으로 만들려고 함에 따라 우리는 어쩔 수 없이 마르크스주의적 사유 운동 내부에서 어떤 균열을 발견하게 된다. (…) 실존주의는 키르케고르가 헤겔에 대해 그랬던 것처럼, 개인의 비합리적 개별성을 보편적 지식에 대립시키지 않는다. 단지 인간 모험의 초극될 수 없는 개별성을 지식 자체와 개념의 보편성 안에 다시 도입하고자 한다.[1116]

사정이 이렇다면 사르트르가 「방법의 문제」에서 정립을 시도하는 방법은 당연히 '실존적'이라는 성격을 가져야 할 것이다. 실제로 이것이 『존재와 무』에서 사르트르가 정립한 정신분석에 실존적이라는 단어가 포함된 이유이기도 하다.[1117] 이렇게 해서 「방법의 문제」에서 정립이 시도되는 인간 이해를 위한 방법은 전진적 방법에서 주된 역할을 하는 마르크스주의에 개인으로서의 인간을 전면에 내세우는 사르트르 자신의 실존주의가 더해져야 한다.

하지만 사르트르에 의하면 원래의 마르크스주의, 즉 마르크스의 마르크스주의를 변질시킨 또 다른 원인이 존재한다. 이 마르크스주의가 탐사와 이해의 대상이 되는 인간의 '어린 시절'을 등한히 한다는 점이 그것이다. 사르트르의 인간학에서 어린 시절이 갖는 중요성은 다음과 같은 한

1116   CRDI, pp. 128-129.

1117   물론 『존재와 무』와 『변증법』(당연히 「방법의 문제」를 포함해)에서 사용되는 '실존적'이라는 단어의 의미는 엄밀한 의미에서 같은 것은 아니다. 그도 그럴 것이 『존재와 무』에서는 한 인간의 실존이 개인적 차원에 머물고 있으나, 「방법의 문제」와 『변증법』에서는 집단적 차원, 나아가 역사적 차원으로까지 확대되고 있기 때문이다.

문장에 오롯이 들어 있다. "삶은 어린 시절에 온갖 소스가 곁들여진 것이다."[1118] 그리고 사르트르는 인간이 자신의 어린 시절을 보내는 주위 환경, 가령 가정이나 학교 등과 같은 사회적 제도 등과의 관계를 포착하고 기술하는 것이 이 인간을 이해하는 데 반드시 필요한 과정이라는 점을 강조하고 있다.

그런데 사르트르에 의하면 마르크스주의는 "어른들만을" 대상으로 하는 이론으로 여겨진다. 이것은 결국 마르크스주의가 집단 형성이나 역사의 창조에 기여하는 인간들의 총체적인 면모에서 그들 각자의 어린 시절을 사상捨象하는 결과에 이르고 만다는 것을 의미한다. 그로부터 당연히 마르크스주의를 어린 시절을 중요시하는 또 다른 이론으로 보완해야 할 필요성이 제기된다.

실제로 사르트르는 「방법의 문제」에서 이런 필요성을 해소하기 위해 마르크스주의에 프로이트의 정신분석을 가미할 것을 제안한다. 그런데 이 제안은 그대로 마르크스주의에 입각해 시도되는 전진적 분석이 인간 각자의 어린 시절, 곧 과거로 거슬러 올라가는 후진적 분석과의 결합의 필요성에 대한 제안에 다름 아니다. 물론 거기에는 사르트르 자신의 무신론적 실존주의의 매개가 필요하다. 그도 그럴 것이 프로이트의 정신분석에서 문제가 되는 것은 결국 집단의 형성과 역사의 창조에 기여하는 개인, 곧 개별적 보편자이기 때문이다.

이렇게 해서 사르트르가 구상하는 인간학에서 인간을 총체적으로 이해하기 위한 방법에는 다음 세 가지 요소가 결합하게 된다. 개인으로서 인간의 지위를 충분히 고려하는 사르트르 자신의 실존주의, 더 정확하게 말하자면 무신론적 실존주의, 이 인간의 과거로의 소급과 어린 시절을 고려하는 『존재와 무』에서 정립된, 실존적 정신분석의 기저에 놓여 있는 프로

1118 IFI, p.56.

이트의 정신분석,[1119] 이 인간이 다른 인간들과 함께 집단을 형성하고 역사의 창조와 발전에 기여하는 과정과 그 법칙을 포착하는 것을 임무로 삼고 있는 마르크스주의가 그것이다.[1120] 이것이 바로 「방법의 문제」에서 정립된 전진-후진적 방법의 전체적인 구조에 해당한다.

앞에서도 언급했지만 사르트르에 의해 정립된 이와 같은 전진-후진적 방법과 실존적 정신분석은 모두 그의 인간 이해라는 평생의 목표 실현을 위해 고안된 것이다. 하지만 사르트르는 이 두 방법을 자신의 문학비평, 나아가 예술비평을 위한 문제틀로도 유익하게 활용하고 있다.[1121] 사르트르는 특히 어떤 작가의 경우, 이 작가가 살아 있는 현재의 한 시점이나 또는 죽은 뒤 어느 한 시점에서 왜 다른 모습이 아닌 바로 '그' 모습의 작가가 되었는가, 왜 이 작가는 글을 쓰게 되었는가 등을 문제 삼고 있다. 이런 이유로 사르트르의 문학비평은 대개의 경우 전기 비평의 성격을 띠고 있다고 했다. 이제 사르트르가 실존적 정신분석과 전진-후진적 방법을 적용한 구체적인 결과를 살펴볼 차례이다.[1122]

1119 앞에서 언급한 것처럼 여기에 바슐라르의 사물의 정신분석을 더해야 한다는 사실을 잊지 말자.

1120 사르트르는 자신의 무신론적 실존주의를 통해 마르크스주의와 정신분석학을 매개하는 과정에서 미국과 프랑스의 사회학, 가령 레빈, 카디너 등의 이론을 차용하기도 한다. 사르트르가 이 방법을 정립하는 과정에서 특히 프랑스 사회학자 앙리 르페브르(Henri Lefevre)에게 진 빚도 언급해야 할 것이다.(Cf. *Ibid.*, p.50, note.)

1121 DS, p.401.

1122 실존적 정신분석과 전진-후진적 방법을 적용한 사례인 보들레르, 주네, 말라르메에 대한 분석과 해석에 대한 설명과 이해에서 다음 연구에서 많은 도움을 받았다. Natacha Giroux, *De la psychanalyse existentielle*(L'Etre et le néant) *à la méthode progressive-régressive* (Questions de méthode) *ou de Charles Baudelaire à Stéphane Mallarmé: Une tentative pour l'explication d'une vie*, thèse de doctorat, Université de Sherbrooke, 2000.

5.3. 적용 사례(1): 보들레르

a) 원초적 사건

먼저 보들레르의 경우를 보자. 사르트르의 『보들레르』는 원래 1944년 [1123] 출간된 보들레르의 『내밀한 글들 *Ecrits intimes* 』의 서문으로 구상되었다. 사르트르는 1945년과 1946년에 보들레르에 대한 두 편의 글을 썼으며,[1124] 이 두 편의 글이 포함된 서문과 함께 보들레르의 선집 『내밀한 글들』이 1946년에 포욍 뒤 주르 Editions du Point du Jour 출판사에서 출간되었다.[1125] 그리고 이 서문은 1947년에 『보들레르』라는 제목으로 갈리마르 출판사에서 단행본으로 출간되었으며, 또 주네에게 헌정되었다.[1126]

사르트르는 『보들레르』에서 실존적 정신분석을 적용해 보들레르의 문학 세계보다는 오히려 그의 삶을 먼저 이해하고자 한다. 장章, 절節 등의 구분이 없는 이 저서는 크게 세 부분으로 구성되어 있다. 소급적 정신분석을 통해 보들레르의 원초적 사건과 원초적 선택을 포착하고 있는 부분 (pp. 17-124),[1127] 종합적 전진을 통한 보들레르의 미래로의 기투 과정의 결

1123 사르트르 연구자들인 리발카와 콩타는 '1944년'을 강조하고 있다. 그 이유는 사르트르가 그 무렵에 문학의 참여를 강조하면서 작가의 윤리적 책임에 대해 강조하기 시작했기 때문이다. 그렇지만 그 시기에 사르트르는 마르크스주의를 충분히 이해하지 못한 상태에 있었다.(ES, p.143; FA, p.56) 뒤에서 다시 언급하겠지만, 그로 인해 사르트르는 『보들레르』에서 보들레르가 쓰기를 통해 사회적, 집단적 변혁에 이르지는 못했다는 평가를 내리고 있기도 하다. 실제로 사르트르의 마르크스주의에 대한 이해는 『변증법』에서 본격적으로 이루어진다. 물론 마르크스주의는 이 저서 이전에 집필된 『성자 주네』에서는 부분적으로, 그 이후에 집필된 『집안의 천치』에서는 전적으로 반영되고 있다.

1124 이 두 편의 글은 모두 후일 보들레르의 『내밀한 글들』에 대한 서문과 단행본 『보들레르』에 포함된다. 또한 이 두 편의 글 중 한 편은 주네에게 이미 헌정되었다.(ES, pp.116-117, 142.)

1125 *Ibid.*, pp.142-143.

1126 *Ibid.*, p.154.

1127 이 쪽수는 사르트르의 『보들레르(*Baudelaire*)』(Gallimard, coll. Idées, 1947, 이하 B로 약기한다)의 쪽수이다. 이 판본에는 미셸 레리스(Michel Meiris)의 서문(pp.9-15)이 붙어 있다.

과를 바탕으로 '시적 사실le fait poétique'을 밝히고 있는 부분(pp. 124-235), 결론(pp. 235-245)이 그것이다.[1128]

이렇게 구성된 『보들레르』에서 사르트르는 보들레르에 대한 실존적 정신분석을 위해 많은 자료, 예컨대 시인의 속내 이야기, 실패한 행위, 강박관념, 신경증, 사유, 수많은 행위, 저작들(산문, 시), 서간문, 일기, 동시대인들의 증언 등에 의존한다. 사르트르는 이 자료들을 분석하면서 보들레르의 과거로 거슬러 올라가 그의 원초적 사건과 원초적 선택을 자리매김한다. 그리고 그로부터 출발해서 보들레르가 미래를 향해 자신을 기투하는 과정에서 '존재être'와 '실존existence' 사이에서 계속 왕복하면서 자기기만적 삶을 영위했다는 점과 이런 점이 그의 시적 사실의 주요 내용이라는 점을 밝히는 것이 사르트르의 의도이다.

그 첫 단계로 사르트르는 보들레르의 과거로 거슬러 올라가 그의 삶 전체에 결정적 영향을 미치는 원초적 사건과 이 사건에 이어지는 원초적 선택에 주목한다. 보들레르의 어머니의 재혼과 그로 인한 모자母子 관계의 결렬과 이를 계기로 그가 세계와 타인들과 존재 관계를 맺는 방식이 그것이다. 사르트르가 제시하는 보들레르의 원초적 사건부터 살펴보자.

사르트르에 의하면 보들레르는 6세 때 아버지를 잃고 어머니에 대한 숭배와 그녀의 지극한 사랑 속에서 지낸다. 사르트르는 이 모자의 관계를 "근친상간적 부부un couple incestueux"[1129]로 규정한다. 어쨌든 보들레르는 어머니의 보호를 받으면서 자신을 잉여 존재보다는 "신권의 아들fils de droit divin"[1130]로 여겼고,[1131] 이를 통해 자신이 어머니에 의해 "축성祝聖"되었

1128 Benjamin Suhl, *Sartre. Un philosophe*, *critique littéraire*, Editions universitaires, coll. Encyclopédie universitaire, 1971, pp. 125-126.(이하 BS로 약기한다.)

1129 B, p.18.

1130 *Ibid.*, p.19.

1131 뒤에서 다시 보겠지만 보들레르는 '신정정치(théocratie)'를 부정하지 않았으며, 이런 정치에

다고 느꼈고,[1132] 나아가 자신의 존재가 "정당화되었다"고 느꼈다. 요컨대 보들레르는 어머니와 함께 "초록빛 낙원"에서 시간을 보냈다는 것이 사르트르의 주장이다.[1133]

하지만 이처럼 평온하고 행복한 시간, 보들레르의 존재가 정당화되었다고 느낀 시간은 오래 지속되지 못한다. 그가 7세 되던 해인 1928년에 "우상과 친구"[1134]로 여겼던 어머니가 한 군인과 재혼하면서 그가 기숙학교로 보내졌기 때문이다. 사르트르에 의하면 정확히 이때 보들레르는 어머니에 의해 버려졌다고 느꼈고, 그로 인해 자기 내부에서 "균열fêlure"이 발생했다고 느꼈다.[1135]

> 1928년 11월, 그토록 사랑하던 그 여인이 한 군인과 재혼했고, 보들레르는 기숙학교로 보내어진다. 이 시기로부터 그의 유명한 '균열'이 시작된다. (…) 그의 실존에는 견딜 수 없는 하나의 사건이 있었다. 어머니의 재혼이 그것이다. 이 문제에 대해 그는 지칠 줄을 몰랐고, 그의 끔찍한 논리는 항상 이렇게 요약되었다. "나 같은 아이가 있을 때는 ―'나 같은'은 암시되어

서는 신과 부모가 같다고 여겨지기도 한다.

1132 *Idem.*

1133 *Ibid.*, p.64.

1134 *Ibid.*, p.19.

1135 여기에 대해서는 보들레르 연구자들 사이에 견해 차이가 있다.(Cf. 김붕구, 『보들레르』, 문학과지성사, 1988(1977), 24-25쪽.) 다른 한편, 사르트르가 『보들레르』를 집필한 것은 그와 보들레르의 어린 시절의 유사성 때문이라고 보는 견해도 없지 않다.(BS, p.125.) 그러니까 사르트르는 보들레르와의 간접적인 대화를 통해 자기 자신을 이해하고자 했다는 것이다.(Eva Kushner, "Sartre et Baudelaire", *Baudelaire: Actes du colloque de Nice, 25-27 mai 1967*, Minard, 1968, p.113.) 물론 사르트르와 보들레르 사이의 이런 유사점을 지나치게 부각할 필요가 없다는 주장도 있다. 그보다는 오히려 사르트르가 『자유의 길』에서 등장시키고 있는 필립이라는 인물이 보들레르로부터 직접 영감을 받았다는 사실이 더 유의미할 수도 있음을 지적하고 있다.(ES, p.143.) 여기에 대해 사르트르가 비평의 대상으로 삼았던 작가들, 가령 주네와 플로베르에게서도 어느 정도의 유사점이 있다는 점을 지적하자.

있다— 재혼하는 법이 아니야."[1136]

　어머니의 재혼과 그로 인해 발생한 균열, 이것이 바로 사르트르가 보들레르의 과거로 거슬러 올라가면서 행한 소급적 정신분석의 결과 포착한 원초적 사건에 해당한다. 사르트르에 의하면 이 사건은 보들레르의 삶의 방향을 결정짓는 원초적 선택의 주요 동기가 된다. 그렇다면 그 구체적 내용은 무엇인가? 아니 그보다 먼저 어머니의 재혼으로 인해 보들레르의 내부에 발생한 균열은 어떤 양상을 띠고 있는가? 사르트르에 의하면 이 질문에 대한 답은 존재와 실존 사이의 끊임없는 긴장과 길항拮抗이라고 할 수 있다. 사르트르에 의하면 이것이 보들레르의 삶에서 확연히 드러나는 존재와 실존의 드라마에 해당한다. 보들레르에 대한 사르트르의 실존분석 과정을 따라가며 이 드라마의 전체 윤곽을 소묘해 보자.

　보들레르는 어머니의 재혼 후에 다음과 같은 이중의 상반되는 두 개의 길에서 어느 한쪽 길의 끝까지 나아가지 못한 채 중간에서 왔다 갔다 했다는 것이 사르트르의 주장이다. 이 두 길 중 하나는 실존과 미래 쪽으로 향해 있다. 다른 하나의 길은 존재[1137]와 과거 쪽으로 향해 있다.[1138] 이 두

1136 B, pp.19-20.

1137 여기에서 '존재(être)'는 의식을 가지고 있지 않은 사물 존재, 즉자존재와 같은 의미이다. 사르트르에게서 '실존(existence)'은 미래를 향해 끊임없이 자신을 앞으로 기투하는 존재인 인간 존재에게만 적용된다는 점을 기억하자. 이런 관점에서 '존재'는 '실존'과 대립하는 개념이라고 할 수 있다. 사르트르에 의하면 보들레르는 자신의 힘든 실존을 통해 고정되고 안정된, 즉 초월과 기투가 필요하지 않은 존재, 그러니까 즉자존재, 사물 존재가 되고자 했다는 것이다. 보들레르가 영위했던 삶의 여정에서 드러나는 이와 같은 '실존'과 '존재'의 긴장과 길항이 그의 삶과 문학작품의 중핵에 해당한다는 것이 사르트르의 주장이다.

1138 이 두 길은 보들레르의 문학 세계를 특징짓는 이원성(dualité)과도 무관하지 않은 것으로 보인다. 예컨대 하늘과 땅, 천국과 지옥, 신과 사탄, 선과 악 등이 그것이다. 사르트르는 이 두 길을 각각 "상향성 초월(transascendance)"과 "하향성 초월(transdescendance)"로 지칭하기도 한다.(Ibid., p.46.)

길 사이에서 끊임없이 왕복하는 보들레르의 내면 풍경은 주로 다음과 같은 여섯 개의 주제가 변주되는 모습이다. 앞길에서는 주로 고독, 자긍심, 자유, 초월, 고통이, 뒷길에서는 주로 원망, 회한, 굴종, 부동, 향수가 그것이다.

b) 내면 풍경

먼저 실존과 미래를 향해 있는 길에서 포착된 보들레르의 내면 풍경을 보자. 보들레르는 어머니의 재혼으로 인해 발생한 균열 이후에 슬픔과 고독을 느꼈다는 것이 사르트르의 주장이다. 보들레르는 「나심Mon coeur mis à nu」에서 이렇게 쓰고 있다. "내 어린 시절부터 '고독'의 느낌. 가족에도 불구하고 —특히 친구들 사이에서도— 영원히 고독할 운명이라는 느낌."[1139]

앞에서 언급한 것처럼 보들레르는 어머니의 재혼 이전에 비록 짧은 기간이지만 초록빛 낙원에서 행복한 나날을 보냈다. 거기에서는 모든 것이 충만했고 제자리에 있었다. 하지만 이 낙원에서 추방된 이후에 보들레르는 자기에게 운명으로 다가온 고독을 느끼면서 자신의 자유와 의지에 입각해 스스로 미래를 향해 기투해 나가야 하는 상황에 처해 있음을 점차 자각하게 된다. 다시 말해 그는 자신이 처해 있는 상황에 대해 자의식을 갖게 된다.

그런데 이런 자의식을 갖게 된 보들레르는 스스로 대자존재로서의 존재론적 지위를 지키면서 미래를 향해 자신을 자유롭게 기투하면서 유일한 존재, 자신의 존재 이유이고자 한다. 그러면서 그는 이런 실존 방식에 대해 '자부심fierté', 나아가 "자긍심orgeuil"[1140]을 느낀다. 그는 스스로 자유

1139   *Ibid.*, p. 20.

1140   *Ibid.*, p. 25.

롭고, 명석한 의식을 가졌고, 이런 의식을 바탕으로 그가 속해 있는 세계와 특히 그의 주위에 있는 타자들과의 관계에서 주체의 위치에 있고, 또 그런 관계에 대해 책임을 떠맡고자 하는 것이다.

사르트르의 체계, 즉 아무런 초월적 가치도 없는 세계에서 오직 자신의 힘과 능력만으로 실존의 조건을 정면으로 바라보면서 미래를 향해 앞으로 나아가는 인간이 진정한 삶을 영위하는 인간으로 규정된다는 사실을 기억하자. 예컨대 『구토』에서 볼 수 있는 후레자식들과 정반대 모습의 인간이 거기에 해당했다. 보들레르 역시 이런 진정한 인간의 모습으로 살아가고자 한다. 그러면서 그는 자기만의 개별적인 삶, 타인들과 다른 삶, 곧 차별화되는 삶을 영위하고자 한다.

하지만 보들레르가 자신만의 고유한 '개별성singularité'을 형성하고자 하는 노력과 선택에는 '고통douleur'이 수반된다. 그는 자기에게 주어진 실존의 모든 조건에 정면으로 부딪혀야 한다. 하지만 이런 고통은 그가 자기의 삶의 주인이 되기 위해 마땅히 지불해야 하는 수업료라고 할 수 있다. 이런 의미에서 사르트르는 보들레르가 그의 실존의 과정에서 느끼는 고통을 '고귀함noblesse'과 동의어라고 본다.[1141]

이처럼 어머니의 재혼 이후에 초록빛 낙원에서 추방당하고 버림받은 채 고독을 느끼는 보들레르 앞에 펼쳐진 한쪽의 길에서는 자유, 대자, 의식, 초월, 함, 자기 창조, 곧 실존과 미래와 같은 요소들이 우세하다. 이 길을 걸어가면서 그는 현기증을 느낀다. 마치 깊이를 알 수 없는 '심연gouffre'을 들여다볼 때처럼 말이다. 또한 고통도 느낀다. 하지만 이 길을 힘들게 걸어가는 그는 자부심과 자긍심을 느낀다. 그가 앞으로 나아가면서 맞이하는 매 순간이 그의 개별성의 씨줄과 날줄이 되기 때문이다.

하지만 사르트르에 의하면 보들레르 앞에 펼쳐진 또 하나의 길은 방금

1141 *Ibid.*, p.118.

묘사한 길과는 정반대되는 길이다. 이 길은 존재와 과거 쪽으로 향해 있다. 이 길에서는 타자, 타자의 시선, 이 시선에 포착된 보들레르의 즉자존재, 즉 '이타성altérité', 본질, 본성, 곧 존재와 과거와 같은 요소들이 우세하다. 방금 살펴본 것처럼 그에게서 고독은 그의 실존과 미래를 향한 기투에 대한 각성과 거기에 수반되는 자부심과 자긍심의 계기였다.

하지만 이와는 달리 보들레르의 고독은 한때나마 어머니와 심신 일체를 이루면서 행복하게 지냈던 초록빛 낙원에 대해 '향수nostalgie'를 갖게끔 하는 계기이기도 하다. 그도 그럴 것이 그는 이 낙원에서 어머니의 강한 시선을 받으며 자신을 사물, 곧 즉자존재로 여기고, 그 대가로 자신의 존재를 정당화하면서 존재론적으로 안정감을 누릴 수 있었기 때문이다.

사르트르에 의하면 이와 관련해 보들레르의 『악의 꽃Les Fleurs du mal』 중에서 「거녀巨女, La Géante」라는 제목의 시는 의미심장하다. 보들레르는 이 시에서 어머니를 '거녀' 혹은 '여왕'으로, 자기를 그 발치에 있는 '한 마리의 고양이'에 비유하고 있다.

한 젊은 거녀 곁에서 나는 즐겨 살았으리.
여왕의 발치에서 쾌락에 잠겨 있는 한 마리 고양이처럼.[1142]

이 부분에서는 고양이가 여왕, 곧 거녀의 발치에서 쾌락에 잠겨 있다는 사실이 중요하다. 이런 쾌락은 당연히 어머니의 시선 아래에서 보들레르 자신의 존재가 보호되고 정당화되었다는 사실에서 기인한다. 하지만 이런 쾌락은 씁쓸한 것이다. 왜냐하면 거기에는 그의 자유와 주체성의 포기가 수반되기 때문이다. 그가 어머니에 대해 취하는 태도는 자신을 대상, 즉 즉자존재로 여기는 태도이다. 그런데 사르트르에게서 이런 태도는 정

1142   *Ibid.*, p.68.

확히 마조히스트의 태도에 해당한다.

또한 이런 태도는 미래를 향해 자신을 기투하면서 자신의 존재를 정당화하는 데 수반되는 어려움을 모른 척하거나 술책을 써서 회피하려는 태도이기도 하다. 그도 그럴 것이 보들레르는 스스로를 타자의 눈에 비친 즉자존재로 파악하면서 자신이 대자존재임을 부인하고자 하기 때문이다. 다시 말해 그의 이런 태도는 자기기만적인 태도이기도 하다.

이렇듯 보들레르가 어머니 곁에서 느끼는 쾌락은 마조히스트적 쾌락, 자기기만적 쾌락, 곧 씁쓸함이 배어 있는 쾌락이다. 하지만 어머니[1143]와의 관계에서 이런 상태를 유지하는 것은 그에게는 가장 중요한 일이다. 왜냐하면 이런 상태 속에서 그는 자기에 관련된 진리와 본질을 확보하면서 자기 존재가 정당화되었다고 느낄 수 있기 때문이다. 그리고 어머니의 재혼 이후에 고독한 상태에 있었던 그는 항상 어머니의 보호와 심판을 받고자 하며, 그렇게 함으로써 존재론적 안정감을 얻고자 한다는 것이 사르트르의 주장이다. 다시 말해 보들레르는 항상 어머니와 함께 행복했던 초록빛 낙원으로 되돌아가는 것을 꿈꿨다고 할 수 있다.

사르트르는 보들레르의 이와 같은 태도를 나르키소스의 태도와 같은 것으로 여긴다. 물속에 반사된 자기의 모습을 들여다보고 있는 나르키소스 말이다.[1144] 몸을 기울여 물속에서 자기의 모습을 들여다보고 있는 나르키소스의 모습은 타인의 시선에 그려진 자기의 모습을 보고 있는 보들레르의 모습과 같다. 사르트르에 의하면 그는 이처럼 어머니의 강한 시선에 의해 포획되어 즉자화된 자신의 모습으로 있기를 바랐다. 요컨대 그는 평생 자신의 이타성 속에서 머물고자 했다는 것이다. 그러면서 그

1143 사르트르는 앞에서 인용했던 시 「거녀」를 설명하면서 거녀, 여왕에 비교했던 어머니의 존재를 "거인들, '인신(人神)들(hommes-Dieux)'"와 비교하기도 한다.(*Ibid.*, p.69.)

1144 *Ibid.*, p.26.

7세 때의 경험과 선택에서 조금도 벗어나지 못한 채 그 안에서 안주했다는 것이 사르트르의 주장이다.

그렇지만 보들레르는 타자의 시선하에 놓인 자기의 모습을 보면서도 결코 자기 자신을 망각하는 법이 없었다는 것이 사르트르의 이어지는 주장이다. 게다가 보들레르는 자기를 대상화하는 타자도 결코 자신의 시선에서 놓치지 않았다는 것이다. 재혼 후에 자기를 초록빛 낙원에서 추방해 버린 어머니도 예외가 아니다. 그는 강력한 보호자이자 재판관의 시선으로 자기를 대상화하면서도 자기의 존재를 정당화해 주었던 어머니와의 행복했던 시절에 대한 향수를 갖는다.

보들레르가 아쉬워하는 것은 이런 보호자이자 재판관으로서의 어머니의 존재다. 하지만 그는 자기를 초록빛 낙원에서 추방함으로써 고통스러운 실존의 길로 들어서는 선택을 할 수밖에 없도록 만든 어머니에 대한 원망, 비난, 증오의 감정을 숨기지 않는다. "나 같은 아이와 함께 있을 때면 —'나 같은'은 암시되어 있다— 재혼하는 법이 아니야"라는 문장을 떠올리자.

그런데 사르트르에 의하면 보들레르에게서 이런 원망, 비난, 증오는 그만의 개별성 형성을 위한 자기 창조의 길, 곧 어머니로 대표되는 안정되고 질서정연한 '선le Bien'의 세계에 도전하고 또 이 세계를 위협하는 '악le Mal'의 다른 표현이라고 할 수 있다. 그러니까 보들레르는 악을 행하는 과정에서 자부심과 자긍심을 느끼면서 자신을 미래로 향해 기투해 나가는 것이다. 다시 말해 자신을 초록빛 낙원에서 추방한 어머니의 세계에 대해 자기만의 고유한 개별성과 자기만의 고유한 세계를 맞세우면서 대자로서의 독립적인 지위, 자유와 명석한 의식을 지닌 자신을 창조해 나가는 것이다.

하지만 사르트르에 의하면 보들레르는 이런 악의 실현을 끝까지 밀고 나가지 못한다. 아니, 끝까지 밀고 나갈 수가 없다고 말하는 편이 더 정확할 것이다. 사르트르는 이런 악을 끝까지 실현하는 것을 혁명적 태도로 본다. 로트레아몽, 랭보, 반 고흐 등에게서 발견되는 태도가 그것이다. 왜냐하면 이런 태도의 기저에는 기존의 선의 세계를 뒷받침하는 낡은 가치체계의 완전한 전복이 놓여 있기 때문이다.

하지만 보들레르는 그저 "한 명의 반항인un révolte"에 불과하다는 것이 사르트르의 견해이다. 보들레르는 어머니, 나아가 의부義父 오픽Aupick 대령, 곧 부모로 대표되는 선의 세계를 완전히 붕괴시키고 새로운 가치 체계를 다시 세우기를 원치 않는다. 그러기는커녕 보들레르는 기존의 선의 세계를 인정하고 받아들이며, 그 안에 극구 머물고자 한다.

> 보들레르가 그의 개별성을 주장하는 것은 바로 기존 세계의 한복판에서 이다. 그는 우선 반항과 분노의 몸짓 속에서 그의 어머니와 의부에 맞서 이 개별성을 정립했다. 하지만 정확히 문제가 되는 것은 반항이지 혁명적 행위가 아니다. 혁명가는 세계를 변화시키고자 하며, 미래를 향해, 그가 고안해 내는 가치 질서를 향해 이 세계를 초월한다. 그런데 반항인은 자신이 감내하고 있는 악습들을 다치지 않도록 유지하는 데 주의를 기울인다. 이는 그 악습들에 대해 반항할 수 있기 위해서이다. 그의 내부에는 항상 죄의식과 악한 의식이 존재한다. 그는 질서를 파괴하거나 초월하는 것을 원치 않으며, 단지 그것에 저항하기를 바란다. 그가 질서를 공격하면 할수록 그는 암암리에 이 질서를 존중하게 된다.[1145]

사르트르는 보들레르에게서 이른바 신정정치의 뚜렷한 잔재를 발견한다. 사르트르에 의하면 신정정치하에서 "어린애는 그의 부모를 신들

1145 *Ibid.*, p.62.

Dieux"로 간주한다.[1146] 그런 만큼 보들레르는 자신을 초록빛 낙원에서 추방함으로써 고독을 안겨 준 어머니(의부를 포함해), 자신을 강한 시선으로 대상화하고 평가하는 어머니, 그에게 자유와 주체성 포기를 요구하는 어머니를 비난하고 원망하고 증오한다. 그도 그럴 것이 고독하고 끔찍한 자유를 경험한 보들레르에게는 "모든 것이 다시 시작되어야만" 하기 때문이고, 따라서 "그는 고독 속에서, 그리고 무無 속에서" 솟아올라야만 하기 때문이다"[1147]

하지만 사르트르에 의하면 보들레르는 어떤 대가를 치르고서라도 그런 상태를 피하고자 한다. 그러니까 보들레르는 어떤 경우에도 어머니와 의부 —나아가 후견인들—[1148] 에 의해 표상되는 선의 세계를 완전히 무너뜨리는 것을 바라지 않는다. 아니, 그는 기존의 선의 세계를 전복하지 않기 위해 스스로를 조절하고 통제한다. 그도 그럴 것이 어머니는 그에게 신처럼 "영원한 본질의 수호자"이기 때문이다.[1149] 그에게 있어 어머니와 의부는 "가증스러운 우상들"이기는 하지만 그들은 "여전히 우상들"인 것은 사실이다.[1150] 이런 이유로 그는 이와 같은 우상들의 존재가 주인으로 있는 기존의 선의 세계를 인정하며, 나아가 그 세계가 항상 존속하기를 바란다. 요컨대 그는 "타인들에게 —'몇몇' 타인에게— 성화聖化된 성격을

1146　*Ibid.*, p.63.

1147　*Ibid.*, p.65.

1148　어머니와 의부, 후견인들에 의해 대표되는 사회는 '부르주아 사회'라고도 할 수 있다. 이런 관점에서 보들레르의 문학이 갖는 사회적 반항으로서의 기능을 말할 수 있을 것이다. 물론 사르트르는 『보들레르』에서 이런 측면을 부각하지 않고 있다. 그렇기 때문에 이 저서에서 사르트르는 실존적 정신분석을 적용하는 데 그치고 있다. 하지만 보들레르의 문학이 갖는 사회적 반항으로서의 기능이 거론되기도 한다. 뒤에서 보겠지만 부르주아 사회의 공리(公理)라고 할 수 있는 유용성과 생산성에 매몰된 대중에 대한 비판으로서의 댄디즘이 그 좋은 예이다.

1149　*Ibid.*, p.63.

1150　*Ibid.*, p.65.

부여해야" 했던 것이다.[1151]

그런데 보들레르의 "시인으로서의 소명"이 이와 같은 역설[1152]과 무관하지 않다는 것이 사르트르의 주장이다. 사르트르에 의하면 보들레르에게 있어 '시', 곧 '문학'은 "그가 자신에게 금지하고 있는 선의 창조에 대한 대용물"로 여겨진다.[1153] 앞에서 보들레르는 항상 타자, 가령 어머니가 중심이 된 세계를 인정하고, 이 세계에서 세워진 가치 질서, 곧 선을 인정하고 받아들인다는 사실을 지적한 바 있다. 그러니까 그는 기존의 선의 세계를 완전히 무너뜨리고 그 위에 자기만의 선의 세계를 세우는 것이 아니라, 단지 이 세계에 이의를 제기하는 방식으로 자기만의 선의 세계를 세우고자 하는 것이다. 이런 이유로 그가 겨냥하는 선의 세계는 기존의 선의 세계의 대용물에 불과할 뿐이다. 이런 의미에서 그에게 있어서 시를 쓰는 일은 악을 행하는 것과 같은 의미를 갖는다고 할 수 있다. 이와 관련해 그의 시집 제목이 『악의 꽃』이라는 사실은 상징적이다.

보들레르는 이렇듯 스스로를 악을 행하는 '사탄Satan'으로 규정한다. 그런데 이때 사탄은 순수하고 무상적인 악의 기원을 그 근원에서 보증하는 자가 아니라 선의 세계의 주인인 신에게 의존적인 존재라는 사실에 유념해야 한다. 마치 보들레르가 어머니, 의부, 후견인들에게 의존적이었던 것처럼 말이다.

만일 사탄이 자신들의 개별적인 본질 속에서 자신들을 고정시켜 주도록

1151   *Ibid.*, p.68.

1152   보들레르에게서 이런 역설은 그와 이 세계를 창조한 신과의 관계에도 그대로 적용된다고 할 수 있다. 그러니까 '보들레르-인간'은 '창조주-신'의 영원한 시선에 의해 객체화되기를 바라는 한편, 또한 그 시선과 투쟁하고자 한다고 할 수 있다. 이런 시각에서 보면 보들레르의 '시-창작'은 결국 이 세계를 창조한 창조주에 대한 이의제기라고 볼 수도 있을 것이다.

1153   *Ibid.*, p.86.

아버지[1154]의 시선을 요청하고, 또한 선의 틀 안에서 악을 행함으로써 자신들의 개별성을 확인하고 이 개별성을 축성받고자 하는, 순종적이지 않고 뾰로통한 어린애들의 상징이 아니라면, 대체 이 '사탄'이란 무엇인가?[1155]

c) 시적 사실들

사르트르는 이렇듯 보들레르의 과거로 거슬러 올라가면서 어머니의 재혼이라는 원초적 사건에 이어지는 그의 존재와 실존이라는 원초적 선택의 이중적 요소를 드러내고 있다. 그리고 보들레르의 시인으로서의 소명도 또한 이와 같은 이중적 요소와 밀접하게 관련되어 있음을 증명하고 있다. 그런 다음에 사르트르는 이제 보들레르가 미래로 자기 자신을 기투하면서 주위의 사물 및 타자들과 맺는 관계들과, 이 관계들의 문학적 형상화에 배태된 "시적 사실들"에 주목한다. 실존적 정신분석의 또 하나의 분석인 종합적 분석의 시작이다. 이를 위해 사르트르는 보들레르의 과거 지향적 태도, 반자연주의적 태도, 냉혹함frigidité에 대한 숭배, 댄디즘 등을 하나하나 검토하고 있다. 이를 차례로 살펴보도록 하자.

먼저 보들레르의 과거 지향적 태도를 보자. 사르트르는 이 태도가 이미 어머니의 재혼을 계기로 발생한 균열과, 고독을 헤쳐 나가는 과정에서 어머니와 함께 행복했던 초록빛 낙원에 대한 향수에 그 뿌리를 두고 있다고 본다. 사르트르에 의하면 인간의 과거는 그 자신의 본성, 본질과 밀접하게 연결되어 있다. 그리고 특히 타자가 나를 그의 시선을 통해 바라보면서 나를 대상화하는 것은 사실이며, 이런 점에서 나와 시선을 통해 서로

1154   여기에서 아버지는 넓게는 이 세계를 창조한 신을, 좁게는 보들레르의 어머니와 의부, 그를 돌보고 후견하는 부르주아 사회를 의미한다고 할 수 있다.

1155   *Ibid.*, p.124.

를 대상화하고자 하는 갈등의 관계를 맺는 것도 사실이다. 하지만 나에게 있어 타자는 나의 존재를 정당화해 주고, 나에 대한 진리를 알게 해 주는 필수 불가결한 존재이기도 하다. 이런 존재가 신이라면 더 바랄 나위가 없을 것이다.

이 모든 것은 보들레르에게도 해당한다. 앞에서 언급한 것처럼 보들레르는 어머니, 곧 거녀이자 여왕인 어머니 곁에서 한 마리의 고양이가 되길 바랐다. 그로부터 사르트르는 이런 결론을 내리고 있다. "그의 가장 소중한 염원은 마치 돌이나 조상처럼 불변성의 고요한 휴식 속에서 '존재하는 일'이다."[1156] 그런 만큼 보들레르에게서 "가치는 과거"에 속하고,[1157] 현재는 "추락"으로 여겨지며,[1158] 또 '진보'와 연결된 미래는 두려움의 대상이다. 요컨대 "보들레르에게 있어 '심오한' 것이라고는 오직 과거밖에 없다."[1159] 이런 상황에서 그가 평생 어머니 곁에서 행복을 느꼈던 과거로 되돌아가고자 하는 것은 당연한 것으로 보인다.

이와 같은 보들레르의 과거 지향적 태도와 관련해 사르트르는 그의 시를 향기parfum, 의미작용, 영혼, 사고, 비밀 등과 연결해 설명하고 있다. 사르트르는 특히 향기가, 보들레르에 의해 '시적 사실'로 지칭된 "정신적인 것le spirituel"을 잘 표명해 준다고 본다.[1160] 향기는 그 발원체로부터 발산되어 공중으로 퍼져 나간다. 그때 이 향기가 퍼져 나가는 출발점인 발원체는 향기의 과거를 담고 있다. 다시 말해 향기의 존재를 간직하고 있다. 그리고 이 발원체로부터 발산되는 향기의 가벼운 비상 —사르트르는 이를

1156 *Ibid.*, p.184.

1157 *Ibid.*, p.217.

1158 *Ibid.*, p.218.

1159 *Ibid.*, p.233.

1160 *Ibid.*, p.220.

"형이상학적 가벼움"이라고 표현한다ㅡ 은 그대로 "실존 그 자체를 표명" 한다.[1161]

또한 향기의 이 가벼운 형이상학적 비상은 보들레르의 "항구적으로 다른 곳에 있고자 하는 욕망",[1162] 하지만 결코 만족될 수 없는 불만족 insatisfaction과도 연결되어 있다. 향기는 공중으로 퍼지면서 천천히 사라진다. 그렇다고 해서 향기가 완전히 사라지는 것은 아니다. 이렇듯 사르트르에 의하면 향기는 과거-현재-미래, 존재와 실존, 즉자와 대자, 초월과 고정, 현존-부재의 긴장, 길항과 갈등을 잘 보여 준다.

그런데 이런 향기의 특징은, 보들레르가 '정신적인 것'이라 부르고, 사르트르가 시적 사실이라고 부른 것의 특징을 그대로 보여 준다. 사르트르에 의하면 보들레르에 의해 창조된 시 ㅡ'정신적인 것'ㅡ 는 "하나의 존재"로, 존재의 특성인 "객관성, 응집력, 항구성, 자기 동일성"을 갖는다.[1163] 하지만 이와 같은 정신적인 것은 "그 자체 내부에 일종의 조심스러움-retenue 비슷한 것을 감추고 있기 때문에 완벽하게 존재하는 것은 아니다."[1164] 다시 말해 이 정신적인 것은 보통의 사물 존재, 가령 책상이나 조약돌과 같은 방식으로 존재하는 것이 아니다. 일단 이 정신적인 것의 뿌리는 과거 속에 있다. 그러니까 시인의 창작 행위, 즉 그의 정신의 물질화에 그 뿌리를 두고 있다. 이런 의미에서 보들레르에게서 시는 "육체화된 사고들pensées corporifiées"이다.[1165] 이런 이유로 사르트르는 시를 "순전히 어떤 냄새와 흡사한 조심스럽고 덧없는 하나의 실존"으로 여긴다.[1166] 요컨

1161   *Idem.*

1162   *Ibid.*, p. 222.

1163   *Ibid.*, p. 220.

1164   *Idem.*

1165   *Ibid.*, p. 223.

1166   *Ibid.*, p. 224.

대 시, 곧 정신적인 것은 향기와 같은 것으로 여겨진다.

향기가 발원체에서 출발해 그것을 맡는 인간의 감각을 통해 느껴지고, 그 정체가 확인되듯이, 시, 곧 시인에 의해 물질화된 사고도 의미작용을 해야 한다. 물론 이 의미작용은 이 시를 읽는 독자에 의해 파악될 것이다. 하지만 시는 마치 하나의 존재와 마찬가지로 매 순간 완전하지 않은 의미작용, 스스로 만족하지 못하는 의미작용, 가시적이지 않은 의미작용, 현재의 의미작용과는 '다른' 의미작용을 해야만 한다. 이런 관점에서 보면 시의 의미작용의 한끝은 미래와 연결되어 있다. 그러면서도 이 시의 한쪽 끝에는 여전히 존재, 곧 그것의 과거, 그러니까 시인의 물질화된 사고와 연결되어 있다. 마치 향기가 발원체, 곧 그 자체의 과거와 어느 정도 연결되어 있는 것처럼 말이다.

이런 점을 고려해 사르트르는 보들레르에게서 "향기, 사고, 비밀", 그리고 의미작용 등의 단어가 "거의 동의어에 가깝다"고 말한다.[1167] 보들레르에게서 이 단어들이 동의어에 가까운 근본적인 이유는 바로 그것들이 모두 '과거'와 무관하지 않기 때문이다. 향기의 발원체, 사고의 기원, 비밀의 원천, 온전치 못하고 불만족스러운 의미작용의 뿌리 등이 그것이다. 보들레르는 『악의 꽃』의 「유령, II, 향기」에서 이렇게 쓰고 있다. "현재 속에 되살아난 과거가 심오하고 마법적인 매력으로 우리를 취하게 한다."[1168] 요컨대 보들레르에게 있어 "존재의 이상理想은 하나의 추억의 모든 특성과 더불어 현재에 실존하는 하나의 대상일 것이다."[1169]

사르트르는 또한 보들레르의 반자연주의적 태도에도 주목한다. 사르트르에 의하면 자연에 대한 그의 태도는 "양가적"이다.[1170] 자연은 창조주

1167   *Ibid.*, p. 225.

1168   *Ibid.*, p. 235.

1169   *Ibid.*, p. 234.

에 의해 창조된 질서정연한 세계이다. 자연은 창조주의 작품이며, 또한 선의 세계이기도 하다. 자연은 보들레르를 낳았고, 그의 존재를 정당화해 주었고, 그에게 합당한 자리를 마련해 주었으며, 또 그렇게 해서 그에게 초록빛 낙원을 마련해 주었던 어머니의 세계인 것이다.

그렇지만 자연은 또한 생성, 운동, 변화 등으로 가득 찬 불안정하고 무질서한 장소, 곧 두렵고 무서운 장소이기도 하다. 보들레르는 자신을 추방하고, 심판하며 처벌하기도 하는 '어머니-자연'의 세계를 인정하면서도 거기에 상응하는 자기만의 세계를 세우고자 한다. 그로부터 보들레르의 자연 혐오가 기인한다는 것이 사르트르의 주장이다. 그러니까 보들레르의 반자연주의의 기저에는 '어머니-자연-신'의 세계에 대한 이의제기 contestation가 놓여 있다는 것이다.

의심의 여지 없이 자연이란 무엇보다도 순응주의적이다. 하지만 정확히 바로 그 이유 때문에 자연은 신의 작품 ―또는 이런 표현이 좋다면 선의 세계― 이다. 자연은 최초의 운동이고, 자발성이고, 즉각적인 것이며, 직접적이면서 계산이 배제된 덕성이다. 자연은 특히 전면적인 창조이며, 그것의 창조주에게까지 올라가는 찬가이다. (…) 그는 자연을 증오하며, '그것이 신에게서 비롯된 것인 까닭에' 그것을 파괴하고자 한다. 사탄이 창조를 침식시킬 길을 찾는 것처럼 말이다. 고통과 불만과 악덕에 의해 그는 세계에서 별도의 한 위치를 자신을 위해 구축할 길을 찾는다. 그는 저주받은 자, 괴물, '반자연주의'의 고독을 열망한다. 왜냐하면 정확히 자연은 모든 것이며, 모든 곳이기 때문이다.[1171]

1170   *Ibid.*, p.145.
1171   *Ibid.*, p.146.

보들레르의 반자연주의는 이제 자연스럽게 '인공주의artificialisme'에로 기운다는 것이 사르트르의 주장이다. 사르트르는 보들레르의 '인공주의'에 대한 꿈은 "신성모독에의 욕망과 조금도 구별되지 않는다"고 말한다.[1172] 보들레르의 이런 꿈은 그의 시에서도 드러난다. 예컨대 그는 자연으로부터 오는 시적 영감보다는 오히려 그것을 받아들여 변형하는 작업을 더 선호한다. 그는 시를 쓰면서 "자신이 믿는 것은 '인내심을 가진 작업, 훌륭한 프랑스어로 표현된 진리, 그리고 정확한 단어의 마법'뿐이라고 선언"하게 된다.[1173]

이와 같은 신념의 연장선상에서 사르트르는 보들레르의 인공 세계, 곧 이미 만들어진 기성의 세계에 대한 선호를 설명한다. 예컨대 보들레르는 시골보다는 도시를 선호하며 ―"보들레르는 도시인이다. 그에게 '진짜' 물, '진짜' 빛, '진짜' 열기는 도시의 그것이다"[1174]―, "지나치게 자연적인 나신을 가려 줄 것임에 틀림없는" 화장이나 옷차림에 많은 신경을 쓴다는 것이다.[1175] 요컨대 그는 자신을 자연에 내맡기는 것을 싫어하며, 이와는 반대로 '인공 낙원paradis artificiel'을 더 선호한다는 것이 사르트르의 주장이다.

이와 관련해 보들레르가 자연 상태의 물, 곧 자유로운 물을 싫어하며, 이 물이 물병 등에 넣어진 상태, 곧 기하학적으로 안정된 상태의 물을 선호한다는 것은 아주 흥미롭다.[1176] 보들레르는 또한 바다가 갖는 항상 변화무쌍하고 유동적인 모습보다는 바다 전체가 드러내 보이는 하나의 "움

1172 *Idem.*

1173 *Ibid.*, p. 139.

1174 *Ibid.*, p. 132.

1175 *Ibid.*, p. 139.

1176 *Ibid.*, p. 131.

직이는 광물"과도 같은 모습을 좋아한다고 말하고 있다.[1177] 이런 광물성
에 대한 선호 역시 고정되어 변하지 않는 것에 대한 그의 취향을 그대로
보여 준다. 예컨대 보들레르에게는 '강철'은 "그의 일반적인 '사고思考'의 정
확한 객관화"로 보였다.[1178] 곧 그의 '정신esprit'의 상징이었던 것이다.

보들레르의 광물성에 대한 취향은 그의 타인들과 여자들에 대한 차가
운 태도를 잘 이해하게 해 준다는 것이 사르트르의 주장이다. 보들레르
는 냉혹함에 대해 거의 숭배에 가까운 태도를 보인다. 그에게서 냉혹함은
불모성不毛性, 얼음장과 같은 무관심, 생명과는 무관한, 아니 오히려 적대
적인 태도를 상징한다. 사르트르는 이런 냉혹함을 태양과 대조적인 달빛,
비풍요성, 처녀성, 차가움 등을 상징하는 하얀색 빛에 비교한다. 태양이
선을 상징한다면, 달은 오히려 악을 상징한다는 것이다.[1179]

이처럼 냉혹함을 찬양하는 보들레르는 당연히 다른 사람들을 의례적이
고 차갑게 대한다. "친구가 많으면 장갑도 많아야 한다"는 것이 그가 내세
우는 철칙 중 하나이다.[1180] 그리고 그는 주위 사람들의 눈에서 자신의 냉
혹함을 읽어 낸다. 타자의 시선을 통해 자기의 냉혹한 모습을 보고자 하
고 또 그 모습을 확인하고자 한다. 하지만 그가 원하는 시선은 남자들의
시선이 아니다. 그가 원하는 시선은 그를 대상화해 줄 수 있기는 하되, 그
가 반격하고 되돌려줄 수 있는 그런 시선이다. 이를테면 여자들의 시선이
그것이다.[1181] 사르트르에 의하면 보들레르는 "단지 여인들 ―그것도 특

1177 *Ibid*., pp.136-137.

1178 *Ibid*., p.136.

1179 *Ibid*., p.148.

1180 *Ibid*., p.149.

1181 사르트르는 『보들레르』에서 "여자는 저열한 동물이고 '변소(latrine)'에 지나지 않는다. 그녀
　　　들은 '발정하면 정사를 바란다.' 그녀들은 댄디의 반대이다. 보들레르는 위험 부담 없이 여
　　　자를 숭배의 대상으로 삼을 수 있었다. 어떤 경우에도 여자가 그와 대등한 사람이 되지 못
　　　할 것이기 때문이다"(*Ibid*., p.150)라고 말하고 있다. 하지만 이 부분에 대해서는 여성비하라

정한 범주의 여인들— 의 시선"을 원했다.[1182]

보들레르가 선호하는 냉혹한 여자는 접근 불가능한 재판관을 상징하고, 그녀의 냉혹함은 "순결성", "타락 불가능성, 공정성, 객관성"을 상징한다.[1183] 그런데 보들레르는 이런 여자의 강하고도 냉혹한 시선을 원한다. 사르트르는 이런 여자의 시선을 "마치 어리석은 짓을 저지르는 중인 어린 아이를 놀라게 하는 어머니의 얼음장 같은 엄격성"이 겸비된 시선으로 표현하고 있다.[1184] 물론 실제로 이런 시선은 어린 보들레르를 완전히 대상으로 사로잡았던 어머니의 강한 시선이기도 하다. 어쨌든 그는 냉혹한 여자와의 관계에서 이런 시선하에서 대상화된 자기 모습, 곧 그의 이타성을 보고자 한다.

하지만 보들레르의 냉혹한 여자와의 관계는 거기에서 끝나지 않는다. 만일 그들의 관계가 거기에서 끝난다면, 이것은 그가 계속해서 존재, 본성, 본질, 과거의 차원에만 머문다는 것을 의미한다. 이는 또한 그가 냉혹한 여자 앞에서 완전히 대상화되어 마조히즘의 관계에서 벗어날 수 없다는 것을 의미하기도 한다. 그렇지만 그는 자유와 의지를 가지고 자신의

는 비난을 받을 수밖에 없을 것으로 보인다. 쉽게 동의할 수 없는 부분이다. 다만, 사르트르가 이렇게 쓴 것은 정확히 보들레르가 냉혹한 여자를 숭배하는 것은 이 여자의 시선에 의해 자신이 완전히 대상화되는 대신에 이 시선에 의해 포착된 존재, 곧 자신의 본질, 본성으로만 머물지 않고 그것을 바꿀 수 있는 실존의 길로 나아갈 수도 있음을 보여 주기 위함이라고 할 수 있을 것 같다. 다시 말해 사르트르가 『보들레르』에서 일관되게 펼치고 있는 주장, 즉 보들레르에게서 그의 원초적 사건에 이어지는 원초적 선택이 항상 존재와 실존이라는 두 갈래 길에서 왔다 갔다 한다는 주장을 냉혹함과 여성 숭배를 통해 보여 주기 위함인 것으로 보인다.

1182 *Idem.*

1183 *Ibid.*, p.154.

1184 *Idem.* 보들레르의 여인들 중 특히 사바티에 부인(Mme Sabatier)과 마리 도브룅(Marie Daubrun)이 여기에 해당한다고 하겠다. 사바티에 부인은 근접하지 못할 고귀한 정신 혹은 신격화된 절대미를 가진 여인으로 묘사되고, 마리 도브룅은 모성적 사랑을 구현한 여인으로 묘사된다.

실존의 길, 자신의 미래를 향해 나아가는 것을 결코 포기하지 않는다.

이런 이유로 이제 보들레르는 자기를 바라보고 대상화하면서 그 냉혹한 여자에게 반기를 들고자 한다는 것이 사르트르의 주장이다. 마치 초록빛 낙원에서 자기를 내버린 어머니, 선을 상징하는 어머니에 대해 원한, 비난, 증오의 감정을 갖는 것처럼 말이다. 사르트르는 이번에는 이런 감정에 보들레르가 숭배하는 여자 —그를 바라보는 여자, 냉혹한 시선을 가진 여자, 순수하고 접근 불가능한 여자— 에 대해 "우롱하는bafouer" 행위를 덧붙인다.[1185] 이 행위는 그가 어머니에 대해 행한 반항과 마찬가지로 냉혹한 여자들과의 관계에서 선택한 일종의 반항이라고 할 수 있다. 사르트르는 이렇듯 냉혹한 여자들과의 관계에서 보들레르가 취하는 마조히스트적 태도는 이제 그가 그녀들에게 내보이는 권위가 수반되는 "사디즘"으로 이어진다고 본다.

> 우리가 살펴보았듯이 선을 초월할 수 없는 보들레르는 음험하게도 밑에서부터 그 선의 가치를 떨어뜨리고자 궁리한다. 그 결과 냉혹함의 마조히즘에는 사디즘이 동반된다. 냉혹한 여인은 두려운 심판자이지만, 또한 희생자이기도 하다.[1186]

사르트르는 보들레르의 반자연주의, 인공주의, 냉혹함에 대한 숭배에 이어 그의 원초적 선택과 관련해 또 하나의 태도로 '댄디즘dandysme'을 검토한다. 원래 댄디즘은 18세기 말에서 19세기 초에 영국의 상류 계층에서 태동한 삶의 한 방식으로, 주로 몸치장과 세련된 몸가짐에서 귀족적 취미를 추구한다는 특징을 갖는다. 댄디즘에 대한 유혹의 주된 원인은,

---

1185   *Ibid.*, p.160.
1186   *Idem.*

산업혁명으로 인해 경제적 안정을 이룩하고 이를 바탕으로 평등사상에 익숙해진 대중의 속물근성에 대한 멸시라고 할 수 있다. 특히 이런 대중에 대해 일정한 거리를 두고자 했던 예술가들은, 귀족적 취향이 가미된 댄디즘을 통해 자신들의 고고함, 자부심, 우월감 등을 과시하고자 했다. 이런 댄디즘이 19세기 초에 프랑스에 유입되어 유행하게 되었는데, 보들레르도 이런 유행의 물결에 동참하게 된다.

사르트르에 의하면 보들레르에게서 댄디즘은 단지 눈에 띄는 옷차림과 세련된 몸가짐을 넘어서서 자신의 삶을 결정짓는 존재와 실존이라는 두 선택지 사이의 긴장, 길항과 밀접하게 연결되어 있다. 그러니까 보들레르에게서 댄디즘은 한편으로는 타자의 시선하에서 자신의 대상화된 모습을 보고자 하는 태도, 다른 한편으로는 그가 자신의 결단으로 독창적인 개별성을 창조하려는 지고한 이상을 품은 귀족주의적 태도 사이의 절충적 산물이라는 것이다. 물론 보들레르가 댄디즘에 심취한 의도 속에는, 이 두 태도 중 앞의 태도만 보고 뒤의 태도는 알아보지 못한 무지하고 편협한 대중에 대한 멸시와 조롱이 포함되어 있다는 것은 분명하다. 이런 멸시와 조롱은 초록빛 낙원에서 보들레르를 추방한 어머니에 대한 원망, 비난, 증오와 무관하지 않다.

그런데 사르트르는 방금 지적한 두 번째 태도에서 보들레르의 댄디즘의 한계를 지적하고 있기도 하다. 앞에서 보들레르가 악 ―예컨대 문학― 을 택하고 실천하면서도 결코 선의 세계를 완전히 무너뜨리지 않은 채 항상 이 세계의 존재를 인정했다는 사실을 언급했다. 이런 이유로 그는 혁명가가 아니라 반항인에 머물고 만다는 사실도 지적한 바 있다. 그런데 사르트르에 의하면 이런 사실은 보들레르의 댄디즘에도 그대로 적용된다.

댄디로서의 삶을 추구하는 보들레르는 동시대의 기준으로 보면 완전히 무용한 존재이다. 댄디즘이 유행하던 18세기 말에서 19세기 초의 영국은 물론 이를 수입한 프랑스에서는 산업혁명과 더불어 경제적 부를 쌓아 올린 부르주아계급이 권력을 장악한 상황이었다. 이런 사회에서 인간은 사회적 유용성utilité sociale에 따라 평가되기 십상이다. 한 인간이 그가 속한 사회적 부의 창출에 얼마나 기여했는지의 여부가 그를 평가하는 가장 중요한 기준인 셈이다. 이런 시각에서 보면 보들레르의 댄디로서의 생활 방식과 삶의 태도는 대중의 비난을 받아야 마땅하다.

하지만 보들레르의 댄디즘은 그의 자유와 기투의 결단의 산물이기도 하다. 이런 성격을 가진 댄디즘은 그가 주위의 세계에 대해 내보이는 반항의 형태 중 하나이다.[1187] 마치 초록빛 낙원에서 자기를 내버린 어머니에 대해 원한, 증오, 비난의 감정을 지니듯이 말이다. 하지만 그는 자신의 댄디즘이 이 세계와 이 세계에서 통용되는 율법을 완전히 전복시키는 데까지 나아가길 결코 원치 않는다.

보들레르의 댄디즘은 그가 속한 사회에 대해 위험하긴 하지만 위협적이지는 않다. 아니, 그가 그것을 원하고 또 그렇게 되도록 조절한다. 그래야만 자신의 댄디로서의 행동을 대중이 보아주고 용인해 줄 수 있기 때문이다. 다시 말해 대중의 시선하에서 자기의 이타성을 확보할 수 있는 것이다. 그에게는 대중의 시선이 절대적으로 필요하다. 초록빛 낙원에서 어머니의 시선이 절대적으로 필요하듯이 말이다. 이런 이유로 그는 자신의 댄디즘에 대한 대중의 성토, 그것의 무용성에 대한 고발과 비난을 받

1187 이 점에 대해서 카뮈는 『반항하는 인간』에서 이렇게 말하고 있다. "댄디는 미학적 수단으로 자신만의 통일성을 창조해 낸다. 하지만 그것은 개별성과 부정의 미학이다. '거울 앞에서 살고 죽는 것', 보들레르에 따르면 이것이 댄디의 신조다. 과연 일관된 슬로건이다. 댄디의 기능은 본래 반대자가 되는 데 있다. 그는 도전에 의해서만 지탱할 수 있을 뿐이다. (…) 그러므로 댄디는 항상 놀라게 하지 않을 수가 없다. 개별성은 그의 소명이며 한술 더 뜸으로써 완벽해질 수 있다. 항상 단절 상태에 있고 항상 주변부에 있는 그는 다른 사람들이 자신을 창조하도록 강요하면서 그들의 가치를 부정한다. 그는 삶을 살아 낼 수 없기 때문에 자신의 삶을 연기한다."(Albert Camus, *Essais*, *op. cit.*, pp.462-463.)

아들인다. 이것은 대중이 사회를 무너뜨리려 하는 혁명론자보다는 댄디 보들레르를 선호하는 이유이기도 하다.

> 사실상 댄디즘은 전통적인 선의 한계들 속에 머물러 있다. 그것은 분명 무상gratuit이지만, 또한 완전히 무해한 것이기도 하다. 그것은 어떤 기존의 율법도 전복시키지 않는다. 댄디는 자신이 무용하길 바라며, 또한 분명 그는 '봉사하지도' 않는다. 하지만 댄디는 또한 해를 끼치지도 않는다. 그리고 권력층은 항상 혁명가보다는 댄디를 선호한다.[1188]

이렇듯 보들레르의 댄디즘에서 귀족적 우월성의 과시는 그의 기질적 요소와 아무런 관련이 없다. 댄디즘은 그의 치열한 일상생활의 산물이자 존재와 실존의 긴장과 길항 사이에서 개별성을 확보하려는 노력의 결과이다. 그러니까 그는 댄디즘을 통해 자신이 멸시하는 부르주아 사회 외부에서 산다고 생각한다. 그것도 유용성만을 내세우는 그 사회의 주인들인 부르주아지를 무시하는 귀족적 태도를 취하면서 그들에 비해 높은 정신적 우월성을 느끼면서 산다고 말이다.[1189] 하지만 문제는 그러면서도 그가 그들의 존재, 그들의 시선을 절대적으로 필요로 한다는 사실이다. 이는 초록빛 낙원에서 자기를 지켜봐 주던 어머니의 존재, 어머니의 시선이 절대적으로 필요한 것의 반복이자 연장이다.

하지만 보들레르의 댄디즘은 자기기만 속에서만 그 역할을 수행할 수 있다는 사실을 지적하자. 앞에서 사르트르의 『존재와 무』에 제시된, 첫 데이트를 하는 젊은 여성의 예를 통해 자기기만 개념을 설명한 바 있다.

1188 B, p.168.

1189 이와 관련해 보들레르의 『나심』의 다음 부분은 의미심장하다. "유용한 사람이 된다는 것이 나에게는 항상 몹시 추악한 어떤 것처럼 보였다."(*Ibid.*, p.35.)

그때 이 여성은 자기를 대자-즉자, 곧 자유-사물liberté-chose로 여겼었다. 보다 더 정확하게는 이 여성은 자신의 실존의 불안을 회피하기 위해 대자 존재로서의 자유의 행사를 포기하고 스스로를 즉자존재로 여기면서 자신을 속였던 것이다. 하지만 자신을 속였다는 사실을 알 수밖에 없는 입장이었기 때문에 이 여성의 자기기만은 결국 좌절로 끝나고 말았다.

이 젊은 여성의 예에서 볼 수 있는 것처럼 댄디즘 속에서 보들레르는 정확히 자기기만 상태에 빠져 있다. 그는 화려한 옷차림과 세련된 몸짓을 행사하는 자신이 대중의 시선에 의해 대상화되기를 바란다. 하지만 그는 이 대중의 시선이 절대적이고 압도적인 힘을 가지는 것을 원치 않는다. 이와는 달리 그는 명석한 의식과 자유를 통해 자신의 연출되고 조절된 모습, 곧 시뮬라크르simulacre만을 보면서 그 무용성과 비생산성을 질타하는 대중의 경솔함과 무지를 조롱하고 비난하고자 한다. 다시 말해 그는 대자 존재의 모든 지위를 누리고자 한다.

이렇듯 보들레르는 댄디즘을 통해 존재와 실존, 곧 즉자와 대자, '사물-자유'의 이중의 상태에서 미래를 향한 자기 창조와 기투의 고통을 회피하기 위해 자기기만의 상태에 있다는 것이 사르트르의 주장이다. 또한 자기기만이 실패할 수밖에 없는 것처럼 보들레르의 댄디즘 역시 좌절될 수밖에 없다는 것이 사르트르의 계속되는 주장이다. 더군다나 이와 같은 자기기만과 그것의 좌절은 보들레르의 원초적 선택에 이어지는 여러 취향, 가령 반자연주의, 인공주의, 냉혹함에 대한 숭배 등에서도 그대로 적용된다는 사실을 지적하자. 이런 의미에서 사르트르는 보들레르의 생애를 "좌절의 역사"로 규정한다.[1190]

1190   *Ibid.*, p.32.

d) 저주를 선택한 시인

프랑스 문학사에서 보들레르는 '저주받은 시인poète maudit'으로 불린다. 거기에는 여러 요인이 있을 것이다. 나이 차이가 너무 많이 나는 부모로부터 물려받은 유전적 요인, 게으름, 질병, 창녀들과의 빈번한 교류, 후견인의 보호를 받는 한정치산자로서의 성숙하지 못한 삶 등이 그것이다. 하지만 사르트르는 보들레르에 대한 실존적 정신분석을 통해 그의 삶을 추적하고 그의 내면 풍경을 그려 내면서 그가 스스로 저주받은 시인이 되고자 했다고 주장한다. 그러니까 보들레르는 이른바 '액운guignon'의 결과가 아니라 자신의 의식적이고 자유로운 선택choix libre을 통해 저주받은 시인이 되었다는 것이다. 이런 점을 고려해 사르트르는 보들레르에 대해 다음과 같은 종합적인 평가를 내리고 있다.

> 그는 인간으로서 자신의 조건을 가장 깊이 체험하고 그것을 자기에 대해 위장하고자 가장 열정적으로 노력했던 인간이다.[1191]

그리고 사르트르는 이런 평가를 토대로 보들레르가 자신에게 '합당한' 삶을 영위했다는 결론을 내린다.[1192] 요컨대 보들레르에게서도 "인간이 자기 자신에 대해 행하는 원초적 선택은 그가 자신의 운명이라고 부르는 바와 절대적으로 동화되어 버린다는 진리"[1193]가 그대로 적용된다는 것

1191 *Ibid.*, p.50.

1192 사르트르의 『보들레르』는 다음 문장으로 시작한다. "그[보들레르]는 자신에게 합당한 삶을 영위하지 못했다."(*Ibid.*, p.17) 이 문장에는 이 저서 전체를 관통하는 문제의식이 함축되어 있다. 실제로 사르트르가 이 저서에서 다루고 있는 내용은 "인간이란 절대로 자신에게 합당한 삶을 영위할 뿐"(*Ibid.*, p.18)이고, 보들레르도 예외가 아니라는 사실에 대한 증명이라고 할 수 있다.

1193 *Ibid.*, p.245.

이다.

『보들레르』에서 이런 진리를 증명하기 위해 사르트르가 보들레르의 삶에 관련된 자료들을 가능한 한 많이 참고하고 있다는 사실을 지적한 바 있다. 그런데 정확히 이런 이유로 사르트르의 그런 시도는 비판의 대상이 되고 있기도 하다.

먼저 사르트르 자신이 『보들레르』를 "매우 부적절하고 극도로 나쁜 저서"라고 평가하고 있다.[1194] 이 저서의 서문을 쓴 레리스는 사르트르의 그런 시도가 "확실히 무모한 것"임에 틀림없다고 지적하고 있다.[1195] 또한 레리스는 사르트르의 시도는 보들레르의 시와 산문에 포함된 독창적인 요소에 대한 검토가 아닌 그 자신이 시적 사실이라고 명명한 것에 대한 검토이며, 그것도 이 검토의 문턱에서 멈춰 버렸다는 냉정한 평가를 하고 있기도 하다.

이런 냉정한 평가는 레리스만 내리고 있는 것이 아니다. 바타유 역시 사르트르의 저서가 보들레르의 삶에 지나치게 치중된 나머지 보들레르의 문학, 특히 시에 대한 미학적 분석에는 미치지 못하고 있다는 점에 동의한다. 물론 사르트르는 이 저서에서 비교적 자주 보들레르의 시, 산문 등을 참고하고 있기는 하다. 하지만 이런 참고가 주로 사르트르 자신의 주장을 증명하기 위한 용도로 쓰이고 있다는 것이다. 이런 비판에도 불구하고 『보들레르』에 대한 긍정적 평가도 있다. 이 저서에서 드러난 사르트르의 의도를 가리켜 보들레르의 저주받은 시인으로서의 모습이 보들레르의 자유로운 선택의 산물이었다는 점을 제시한 획기적인 연구라고 평가하는 연구자도 있다.[1196]

1194 Jean-Paul Sartre, *Between Existentialism and Marxism*. Pantheon Books, 1975, p.42.

1195 B, p.13.

1196 ES, p.143. 우리나라에서 행해진 사르트르의 보들레르 비평에 대한 연구로는 다음을 보라.

5.4. 적용 사례(2): 주네

a) 『성자 주네』의 주변

사르트르가 실존적 정신분석을 적용한 두 번째 사례는 주네이다. 이 사례의 적용 결과가 『성자 주네: 배우와 순교자』이다. 앞에서 언급했듯이 원래 갈리마르 출판사가 기획한 주네 전집의 서문으로 기획된 이 책은 1952년 단행본으로 출간되었다.[1197] 촘촘한 글자로 빼곡한 692쪽의 서문이기 때문에, 이 서문이 주네 전집의 1권으로 출간되었다.

사르트르는 콕토의 주선으로 1944년 주네를 처음 만났다. 보부아르의 증언에 따르면 주네는 여러 범죄로 감옥을 전전轉轉하고 있었다. 그가 감옥에서 쓴 원고[1198]가 1942년 밖으로 유출되었고, 콕토는 이 원고를 읽고 그를 20세기의 "가장 위대한 작가"라고 판단했다.[1199] 이런 이유로 콕토는 사르트르, 보부아르, 피카소 등과 함께 당시 프랑스 대통령이었던 뱅상 오리올에게 주네의 석방을 위한 청원 편지를 보냈다.[1200] 이렇게 해서 그는 석방되었고, 그 후에 사르트르의 가까운 친구가 되었다.[1201]

주네와 자주 만나 많은 얘기를 나눌 수 있었던 사르트르는 그의 삶과

송태효, 「실존적 선택과 시: 사르트르의 《보들레르》를 바라보는 바타유의 시선」, 『프랑스어문교육』, 25, 한국프랑스어문교육학회, 2007, 293-313쪽.

1197 이 서문은 1949년부터 집필되기 시작했으며(ES, p. 32), 사르트르는 이 글을 1950년 마칠 예정이었다. 사르트르가 주네에 대해 쓴 첫 번째 글은 1946년 출간된 『장미의 기적(Le Miracle de la rose)』의 광고 간지였다.(Ibid., p.146)

1198 소설 『꽃의 노트르담(Notre Dame de Fleurs)』의 원고이다.

1199 FA, p.594.

1200 청원의 편지 전문은 ES, p. 192에서 읽을 수 있다.

1201 S19, p.412. 사르트르는 1946년 미국 방문 중에 했던 한 강연에서 주네를 "문학의 천재"라고 칭찬했고, 1947년에는 『보들레르』를 주네에게 헌정했으며, 주네는 『도둑 일기』의 앞부분에 "사르트르에게, 보부아르에게"라고 인쇄하도록 했다.(Idem.)

문학에 흥미를 갖는다.[1202] 주네에게 매료된[1203] 사르트르는 결국 방금 언급한 대로 갈리마르 출판사에서 기획한 주네 전집의 서문 집필을 맡기에 이른다. 서문 집필자로서의 능력을 잘 발휘한 사르트르는 철학서, 문학비평서, 윤리 지침서, 정신분석적 전기 등이 섞여 있는[1204] "굉장한magistral" 서문[1205]을 쓰게 된다. 이 서문에서 사르트르는 주로 『존재와 무』에서 정립한 실존적 정신분석을 주네에게 적용하고 있다.

앞에서 『성자 주네』가 출간된 1952년은 사르트르 사유의 전개 과정에서 의미 있는 해로 여겨진다는 사실을 지적한 바 있다. 1939년에 시작되어 1948년에 일단락된 그의 도덕적 전회가 이 저서가 출간된 1952년까지 계속 이어지고 있다. 이 시기에 그는 한국전쟁 발발 후에 일련의 사건을 겪으면서 점차 PCF에 가까워지고 있었다. 이 과정에서 마르크스주의에 대한 그의 관심 역시 고조되었다.

이와 같은 사르트르의 지적 여정에서 『성자 주네』는, 인간 이해라는 목표의 관점에서 보아 중간 지점에 위치한다고 할 수 있다. 고립된 개인에 대한 이해에 할애되고 있는 『존재와 무』, 사회성과 역사성을 띤 인간 이해에 할애되고 있는 『변증법』의 중간 지점이 그것이다.[1206] 앞에서 사르트르 철학의 3기, 곧 도덕적 전회 시기의 상한선을 1948년으로 확정했지만,

---

1202 사르트르는 보들레르와 마찬가지로 주네에게서도 자신과 유사한 점을 느꼈던 것으로 보인다. 특히 아버지의 때 이른 죽음으로 인해 자신을 기적의 아들로 여겼고, 또한 아무것도 가지지 못한 채 존재의 빈곤성을 강하게 느꼈으며, 이를 극복하고자 하는 강한 의지가 있었다는 면에서 그렇다. 물론 사르트르, 보들레르, 주네가 각각 이런 의지를 실천에 옮기는 방법은 다르다.

1203 Ronald D. Laing & David G. Cooper, *Raison et violence: Dix ans de la philosophie de Sartre 1950-1960, op. cit.*, p.74.

1204 ES, p.243.

1205 DS, p.441.

1206 *Idem.*

이 상한선을 『성자 주네』가 출간된 1952년으로 잡고 있는 연구자도 있다는 사실을 떠올리자.

출간 당시 『성자 주네』에 대한 반응은 대조적이었다. 클로델과 모리아크 등과 같은 기독교 계열의 작가들은 이 저서를 강한 어조로 비판했다.[1207] 반면 바타유는 비판과 칭찬을 동시에 했다. 그는 '악'의 문제를 다루는 과정에서 결점이 발견되고 또 사르트르의 연구가 "그다지 흥미를 가질 만한 것은 못 된다"고 하면서도, 이 저서가 "이 시대의 가장 풍요로운 저서 중 한 권"이고, 사르트르의 "걸작"이며, 나아가 "철학자가 '악'의 문제에 할애할 수 있는 가장 모험적이고 가장 자유로운 탐구로 여겨지기에 손색없다"라고 평가한 바 있다.[1208] 또한 콕토는 『성자 주네』에서 사르트르가 마치 교황이 하는 것처럼 주네에게 시성식諡聖式을 베풀어 주었다고 평했다.[1209]

주네는 이 저서의 원고를 출간 전에 먼저 읽고 자신을 속속들이 해부해서 조각상처럼 만들어 버렸다고 불평했지만, 이 원고를 불사르지는 않았다.[1210] 사르트르 자신은 이 저서 역시 『보들레르』와 마찬가지로 흡족하지는 않다고 평가했다. 마르크스주의의 시각에서 주네의 삶과 작품에 대한 분석이 충분히 이루어지지 않았다는 것이 그 주된 이유였다.[1211] 이런 부정적인 평가에도 불구하고 이 저서는 주네 연구에서 기념비적인 성과로 여겨지며, 문학비평에서도 "예외적인 성공"을 거둔 경우로 여겨진다.[1212]

1207   S19, pp.414-415.

1208   Georges Bataille, *La Littérature et le mal*, *Œuvres complètes IX*, Gallimard, 1979, pp.288-289.

1209   S19, p.413.

1210   *Ibid.*, p.415.

1211   Jean-Paul Sartre, *Between Existentialism and Marxism*. *op. cit.*, p.43.(이를 위해서는 『말라르메』를 기다려야 했다.)

1212   ES, pp.243, 244; Cf. Serge Doubrovsky, *Pourquoi la nouvelle critique*, Denoël/Gonthier,

어쨌든 사르트르는 『성자 주네』에서 실존적 정신분석을 충실히 적용하면서 주네의 삶과 문학을 그의 개인적인 '해방libération'의 과정으로 보고 있다. 그런데 이 해방은 실제로 주네가 살던 프랑스 사회의 부르주아들에 대한 비판 및 저항과도 무관하지 않아 보인다. 방금 언급한 것처럼 사르트르 자신은 그의 해방이 개인 차원에 그치며, 집단 차원, 가령 계급투쟁으로까지는 나아가지 못하고 있다는 점을 인정한다. 그럼에도 불구하고 주네의 비판과 저항에는 개인적인 성격은 물론 집단적, 사회적인 성격이 어느 정도 가미되어 있음은 부인할 수 없다.[1213] 『성자 주네』가 『존재와 무』와 『변증법』의 중간 위치에 있다는 사실을 상기하자.

이렇듯 사르트르는 『성자 주네』에서 주네의 삶과 문학을 분석하는 과정에서 「방법의 문제」에서 정립되는 전진-후진적 방법 중 전진적 방법을 온전히 적용하지 못하고 있다. 이것은 당연해 보인다. 그도 그럴 것이 『성자 주네』를 출간한 1952년까지 사르트르는 전진-후진적 방법을 완전

---

coll. Médiations, 1972, pp.230, 269. 성소수자. 가령, 동성애, 퀴어(Queer), LGBT+등 인종적 소수집단, 민족적 소수집단 등의 문제에 대한 관심이 고조되면서 재평가되고 있는 주네에 대한 연구에서 사르트르의 『성자 주네』가 그의 전집에서 차지하고 있는 1권의 자리를 '부적절한(indu)' 것으로 보는 견해도 없지 않다. 이런 이유에서인지는 알 수 없지만, 2002년과 2021년 갈리마르 출판사의 '플레이아드' 총서에서 각각 출간된 주네의 『연극 전집(Théâtre complet)』이나 『소설과 시(Romans et poèmes)』에도 사르트르의 『성자 주네』가 '서문'으로 실려 있지 않다. 이것은 파농의 『대지의 저주받은 자들(Les Damnés de la terre)』에 포함된 사르트르의 서문이 이 책보다 더 유명해진 것과 비슷한 상황이라고 할 수 있을 것 같다. 실제로 파농의 부인은 『대지의 저주받은 자들』을 재간하면서 사르트르의 서문을 빼 달라고 요구했다고 한다.

1213 여기에서 '어느 정도'라는 표현은 상대적이다. 그도 그럴 것이 『성자 주네』의 출간 전에도 주네의 작품에서 집단적 성격의 비판과 반항의 싹이 보이고 있기 때문이다. 더군다나 『성자 주네』의 출간 이후에 블랙 팬더스(Black Panthers)나 팔레스타인 문제 등을 다룬 작품에서 볼 수 있는 것처럼 주네는 집단적 저항과 투쟁을 더욱 강화하고 있다. 『성자 주네』에서 볼 수 있는 사회적 양상에 대한 강조에 대해서는 다음 연구를 참고하라. Vincent de Coorebyter, "Prière pour le bon usage du *Saint Genet*: Sartre, biographe de l'aliénation", *Les Temps modernes*, n°s 632-633-634, *op.*, *cit.*, pp.106-139.

히 정립하지 못했기 때문이다. 그 시기까지 사르트르 자신도 마르크스주의를 인간, 사회, 역사를 이해하기 위한 주요 이데올로기로 택하지 않은 상태에 있었다. 이를 위해서는 「방법의 문제」가 집필된 1957년, 나아가 『변증법』이 출간된 1960년을 기다려야 했다는 사실을 다시 한번 지적하자.

b) 원초적 사건

이와 같은 한계에도 불구하고 사르트르는 『성자 주네』에서 『보들레르』에서보다 실존적 정신분석을 더 정치精緻하게 적용하고 있다. 사르트르는 보들레르에 대해서는 부정적이고 불편한 태도를 숨기지 않지만, 주네에 대해서는 긍정적이고 우호적인 태도를 보인다.[1214] 보들레르가 존재와 실존 사이에서 그 어느 쪽으로도 끝까지 나아가지 못하면서 자유로운 선택의 결과와 운명을 동일시한 반면, 주네는 주어진 운명을 극복하고 자기 원인자가 되기 위해[1215] 자신의 실존을 끝까지 밀고 나갔다는 것이 사르트르의 판단이다.[1216] 요컨대 사르트르는 주네를 타인들에 의해 완전히 대상화되고 소외된 가장 암울한 상황에서 자신이 원하던 자기의 모습을

1214 사르트르는 특히 주네의 "윤리적, 미학적 극단주의(extrémisme moral et esthétique)"를 높이 평가하고 있다.(ES, p.244; Chafai Nadia, "*Saint Genet comédien et martyr* ou 'L'Histoire d'une libération'", *Littérature & Sciences humaines*, nᵒˢ 2-3, juillet 2019, p.47.) 실존적 정신분석을 바탕으로 한 사르트르의 비평 결과 중 보들레르와 플로베르의 경우는 "반감의 비평"으로 여겨지는 반면, 주네의 경우에는 "공감의 비평"으로 여겨진다.(Michel Sicard, *La Critique littéraire de J.-P. Sartre*, Minard, 1976, pp.45-46.)

1215 S19, p.413.

1216 앞에서 언급했듯이 사르트르에게서 '전회'와 '진정성' 개념은 그의 도덕 정립에서 아주 중요한 위치를 차지하고 있는 개념이다. 사르트르에 의하면 진정성은 완전한 자포자기와 자기 상실의 상태에서 뭔가가 박살 나야만 다다를 수 있는 것으로 여겨진다. 이것은 전회에도 그대로 해당하는 것으로 보인다. 주네 역시 그의 삶에서 타자(들)에 의한 억압이 극에 달해 더 이상 도피할 수 없는 위기 상황에서 벗어나 삶을 계속 영위하기 위한 출구를 찾는 과정에서 악의 끝, 무상의 악, 절대악, 즉 비천함의 끝까지 추락하게 된다.

실현하기 위해 극단적인 노력을 한 "이 시대의 영웅 중 한 명"[1217]으로 여긴다.

사르트르는 『성자 주네』의 목표를 이렇게 제시하고 있다.[1218]

> 나는 정신분석학적 해석과 마르크스주의적 설명의 한계와 오직 자유만이 인간 전체를 설명할 수 있다는 것을 보여 주고 싶었으며, 그것도 운명과 투쟁하는 자유, 처음에는 숙명에 짓밟히고 이 숙명을 소화하며 조금씩 회복하는 자유를 보여 주고 싶었다. 천재는 선물이 아니라 절박한 상황에서 우리가 고안해 내는 출구임을 증명하는 것, 어떤 작가가 자신과 자신의 삶, 그리고 우주의 의미에서 이미지의 구조와 자신의 취향의 특수성에 이르기까지 우주의 의미에 대해 만드는 길을 재발견하는 것, 해방의 역사를 자세히 추적하는 것, 이것이 바로 내가 원했던 것이다. 독자는 내가 성공했는지를 말해 줄 것이다.[1219]

이와 같은 목표의 성공적인 실현을 위해 사르트르는 실존적 정신분석의 한 방향에 해당하는 후진적 분석을 주네의 삶에 소급적으로 적용하는 것으로부터 시작한다. 그 과정에서 사르트르가 첫 번째로 주목한 것은 바로 주네가 10세 때 집에서 저지른 절도와 그로 인해 주위 사람들로부터 '도둑'으로 낙인찍힌 사건이다. 이 사건의 전모를 보기 전에 주네가 10세

1217 SG, p.661.

1218 사르트르가 전진적 방법을 적용하면서 마르크스주의적 관점에서 비평을 수행한 것은 『성자 주네』로부터라고 할 수 있다.(Philip Knee, *Qui perd gagne. Essai sur Sartre*, Presses de l'Université de Laval, 1993, p.160.) 하지만 실제로 사르트르는 주네의 삶과 작품을 분석하면서 마르크스주의적 시각을 충분히 적용하지 못하고 있다. 이 한계는 그 뒤에 집필된 말라르메와 특히 플로베르에 대한 논의에서 부분적으로 극복되고 있다.

1219 SG, p.645.

이전에 어떤 삶을 영위하고 있었는지를 먼저 보자. 이렇게 함으로써 이 사건이 그의 삶에서 왜 결정적인 중요성을 갖는지, 즉 왜 이 사건이 그의 원초적 사건이 되는지를 더 잘 이해할 수 있을 것이다.

사르트르에 의하면 주네의 10세 이전의 삶은 다음 두 가지에 의해 특징지어진다. 하나는 순진무구한 상태에서 한시적으로 누린 평온함이고, 다른 하나는 그가 종종 했던 '놀이jeu', 보다 더 구체적으로는 '성자聖者 놀이'와 '좀도둑 놀이'이다.

먼저 순진무구한 상태에서 한시적으로 누린 평온함을 보자. 주네의 삶은 최소한 10세까지는 평온했다고 할 수 있다. 물론 1910년에 태어난 그의 삶의 시작은 평범함과는 거리가 멀다. 그는 파리 소재 한 병원에서 태어나자마자 부모에게 버림받아 빈민구제원Assistance publique에 보내졌다. 그 이후에는 프랑스 중부 지역에 있는 모르방Morvan의 한 농부의 가정에 입양된다. 입양된 그는 10세까지 양부모 곁에서 비교적 평온하게 지냈다. 사르트르는 이 시기의 그를 물과 잡초의 애무를 받으며 "세계와 하나가 된 부드러운 삶une douce confusion avec le monde"을 영위한 아이로 묘사한다.[1220] 요컨대 그는 모르방에서 "자기 삶에서 가장 아름다운 시기la plus belle époque de sa vie"[1221]를 보냈다.

하지만 주네의 감미롭고 순진무구한 삶은 오래 지속되지 않는다. 이런 이유로 방금 그의 10세 이전의 삶의 특징 중 하나가 '한시적'인 평온함이라고 했던 것이다. 입양되었고, 다른 아이들에 비해 키가 작았던, 하지만 그들에 비해 더 똑똑했던[1222] 그는, 머지않아 자신이 누리는 평온한 삶이

1220 *Ibid.*, p.13.

1221 *Ibid.*, p.15.

1222 주네는 초등교육 수료를 위한 시험에서 1등을 하기도 했다.(Edmund White, *Jean Genet*, Gallimard, coll. Biographies, 1993, p.659.) 또한 '집(maison)'을 주제로 쓴 글에서 우수상을 받은 것으로 알려져 있다. 뒤에서 다시 언급하겠지만, 이것은 주네가 문학적 소질을 가지고 있다

충만하고 완전무결하지 않다는 것을 자각하게 된다. 그는 자신이 "가짜 아이ｕn faux enfant"[1223]라는 사실, 나아가 자기 존재의 무근거성을 깨닫게 된다. 이로 인해 그가 성자 놀이와 좀도둑 놀이에 빠져들었다는 것이 사르트르의 주장이다.

사르트르에 의하면 두 놀이의 근원에는 주네가 입양아라는 사실, 곧 그의 존재의 무근거성과 아무것도 소유하지 않은 채 존재론적으로 아무것도 아니라는 생각이 깔려 있다. 먼저 그는 양부모가 자신을 낳아 준 진짜 부모가 아니라는 사실로 인해 자기 존재의 뿌리가 뽑혀 있다는 것을 알게 된다. 그는 "사랑받지 못한 자, 불운한 자, 잉여 존재le mal-aimé, l'inopportun, surnuméraire"[1224]인 것이다. 요컨대 그는 자신을 "오물ordure", "쓰레기의 산물 un produit de déchet"[1225]이라고 생각하게 된다.

> 그 누구의 아들도 아닌 그는 아무것도 아니다. 그의 잘못으로 인해 세계의 아름다운 질서 속에 무질서가 유입된 것이다. 존재의 충만 속에 균열이 발생한 것이다.[1226]

이보다 어린 주네의 모습을 더 잘 묘사할 수는 없을 것이다. 게다가 그는 경제적으로 비교적 여유가 있는 양부모 곁에서 살았지만, 그는 주위

는 것을 보여 주는 일화이다. 하지만 이 작문으로 인해 그는 오히려 친구들로부터 소외를 당하는 경험을 했다고 한다. 왜냐하면 그의 친구들은 그가 입양아라는 사실과 실제로 그가 살고 있는 집이 '그의' 집이 아니라는 것을 알고 있었기 때문이었다. 곧이어 보겠지만, 이것은 주네가 아무것도 가지지 못한 것이 그대로 그의 존재 빈곤성으로 이어지는 것임을 여실히 보여 준다고 하겠다.

1223 SG, p.15.

1224 Ibid., p.16.

1225 Idem.

1226 Ibid., p.17.

의 모든 것이 그의 소유가 아니라 그저 주어진 것, 곧 '선물'이라고 생각한다.[1227] 앞에서 보았듯이 사르트르에게서 가짐의 범주는 있음의 범주로 환원된다. 이런 관점에서 보면 자신이 가진 것이 모두 양부모로부터 받은 선물이라는 사실을 자각한 그의 생각이 다음에 미치는 것은 당연해 보인다. 즉 자신이 존재론적으로 아무것도 아니라는 점이 그것이다. 그는 존재의 빈곤성을 느낀 것이다. 또한 그는 항상 양부모에게 감사하는 마음을 표해야 하는 상황에 있게 된다. 사르트르에게서 주는 행위는, 주어진 것을 받는 사람의 주체성과 자유를 사로잡고 굴종시키는 행위로 여겨지기 때문이다.

주네는 또한 자신이 입양아라는 것을 알게 되면서 자신의 존재에 근거가 없다는 사실, 즉 자신의 존재가 정당화되지 않았다는 사실을 느끼게 된다. 사르트르의 체계에서는 부모가 이 어린아이의 존재를 정당화해 주는 가장 확실한 보증인 역할을 수행한다. 보들레르에게 있어서는 어머니가 재혼 이전에 그 역할을 맡았고, 사르트르의 경우에는 아버지의 때 이른 죽음 후에 외할아버지 샤를 슈바이체르가 그 역할을 맡았다. 하지만 주네의 경우에는 그 역할을 맡아 줄 사람이 없다. 그의 양부모가 있긴 하다. 하지만 그는 오히려 자기에게 많은 것을 선물로 준 양부모에 의해 자신의 자유와 주체성이 굴종되는 상황에 처하게 된 것이다.

사르트르는 이렇듯 주네가 10세 이전에 소유와 존재 면에서 "이중의 유배double exil"[1228] 상황에 처했다고 본다. 주네는 거기에서 벗어나기 위해 성자 놀이와 좀도둑 놀이를 하게 된다는 것이 사르트르의 주장이다.

이 추상적인 아이는 어떻게 자기에게 떨어진 이 이중의 유배에 반응하는

1227 *Idem*.

1228 *Ibid*., p.19.

가? 존재와 소유를 흉내 냄으로써, 요컨대 모든 아이처럼 놀이를 통해서이다. 그에게는 두 가지 즐거하는 놀이가 있었다. 성자 놀이와 좀도둑 놀이이다. 존재의 결핍은 성자 놀이를 부추겼고, 가진 것이 없다는 부족감은 좀도둑 놀이를 부추겼다.[1229]

여기에서 주네가 성자 놀이와 좀도둑 놀이를 통해 무엇을 겨냥하는지를 알 수 있다. 먼저 성자 놀이를 보자. 성자는 세속을 떠나 초월적 세계에서 살기를 바라며, 초월적 가치를 추구하길 원한다. 이를 위해 성자는 금욕과 절제를 스스로 부과한다. 자기 학대를 마다하지 않는 경우도 있다. 그러면서 성자는 자신의 자리를 인간적 질서 속에서 찾는 것을 거부하고 신적 질서 속에서 찾고자 한다.[1230] 다시 말해 성자는 신의 보증으로 자신의 존재를 정당화하고자 하는 것이다.

사르트르에 따르면 주네는 이처럼 자신이 입양아라는 사실을 알게 된 후에 양부모를 통해서는 자신의 존재 근거를 확보하는 것이 불가능하다고 판단했던 것으로 보인다. 이런 이유로 진짜 부모에게서 버림받은, 따라서 그 누구에게도 속하지 않은 주네는, 신에게 자기를 바치는 삶의 방식을 선택함으로써 부재하는 친부모를 대신하고자 했다는 것이 사르트르의 주장이다. 요컨대 주네는 성자 놀이를 통해 "자신의 내적 삶의 증인으로 신을 선택하기로" 했으며, 이렇게 해서 자신의 존재를 신의 강한 존재론적 힘에 의지해 정당화하고자 했다고 할 수 있다.

그는 자신의 내적 삶의 증인으로 신을 선택하기로 했다. 신은 부재하는 어머니, 무관심한 사회를 보상해 준다. 무한 존재를 위한 배려의 대상이 됨

1229   *Ibid.*, pp.18-19.

1230   *Ibid.*, p.19.

으로써 주네는 자신에게 결여된 것을 얻어 낼 것이다. 누군가의 자식이 될 수 없기에 그는 성자가 될 것이다.[1231]

그다음으로 좀도둑 놀이를 보자. 주네가 다른 사람의 물건을 훔치는 것은 그 실질적인 유용성 때문이 아니다. 그는 좀도둑 놀이를 통해 그저 자신도 남들처럼 뭔가를 소유하고 있다는 느낌을 맛보고자 한다. 그러니까 그는 좀도둑 놀이를 통해 상상 속에서 훔친 물건을 소유한다고 느끼고자 하는 것이다.

> 다른 아이들은 가짜 물건들, 예컨대 조개껍질을 금화라고 여기며 그것으로 물건을 사고 밥을 먹는 척하는 놀이를 한다. 하지만 어린 주네는 진짜로 먹으려 하고, 진짜 먹는 즐거움을 입속에서 느끼려 한다. 단지 이 진짜 즐거움은 그 자체를 위해 소망되는 것이 아니며, 그는 즐거움 자체를 느끼지도 않는다. 그저 상상 속에서 재산을 소유하고 있다는 느낌을 가지려는 불가능한 시도에 이용할 따름이다.[1232]

사르트르의 사유에서 가짐의 범주는 있음의 범주로 환원된다고 했다. 따라서 비록 주네가 훔친 물건을 소유한다는 느낌을 갖기를 원하지만, 이 느낌은 그대로 자기에게 결핍된 존재감을 획득하려는 노력과 동의어이다. 하지만 이런 존재감을 느끼는 것은 주네의 상상 속에서의 일이고, 비현실적인 일이며, 유희에 불과할 따름이다.

> 주네는 자기 안에 주인의 제스처와 감각을 들어앉혀 정신력으로 그 주인

1231 *Ibid.*, p.20.

1232 *Ibid.*, p.22.

과 자신을 동일시한다. 자기에게 그 물건을 취할 권리가 있다는 것을 스스로 납득하고자 물건을 탐하는 것이다. 그는 연극 속의 배우가 먹는 연기를 하듯이 소유의 연극을 하는 것이다.[1233]

　사르트르에 의하면 주네는 이처럼 10세 이전에 성자 놀이와 좀도둑 놀이를 하면서 가끔 황홀경 상태를 경험했던 것으로 보인다. 그러니까 이 두 놀이는 그를 이중의 유배에서 벗어나게 해 주는 일종의 "푸닥거리 exorcismes"[1234]였던 셈이다. 물론 이런 황홀경의 상태가 상상적이고 비현실적인 것은 사실이다. 그는 훔친 물건을 통해 가짜 소유감과 가짜 존재감을 맛보고, 또 신의 질서에 자리를 잡으면서 성자가 되어 자신의 존재가 정당화되었다는 착각에 빠지는 것이다. 그럼에도 불구하고 이 두 놀이를 하면서 그는 자신을 그 '주체'라고 느낄 수 있는 여지가 있었다.

　그런데 주네가 10세였던 어느 날, 문제의 사건이 발생한다. 이 사건에 특히 주목할 필요가 있다. 이 사건이 바로 사르트르가 주네의 과거로 거슬러 올라가는 후진적 정신분석을 통해 확보하는 원초적 사건에 해당하기 때문이다. 사르트르가 기술하고 있는 사건의 전모를 보자.

　아이는 부엌에서 놀고 있었다. 그는 갑자기 자신의 고독을 감지했고, 평소처럼 고뇌에 사로잡혔다. 그래서 그는 '제정신이 아니었다'. 다시 한번 그는 일종의 황홀경에 빠졌다. 이제 방에는 아무도 없다. 텅 빈 의식에 도구들이 비친다. 서랍이 열린다. 작은 손 하나가 나온다….
　'현장에서 적발됨.' 누군가가 그를 보며 들어왔다. 이 시선 아래에서 아이는 정신이 든다. 그는 여전히 아무도 아니었다. 그는 갑자기 장 주네가 된

1233　*Idem*.

1234　*Ibid*., p. 24.

다. 그는 눈이 멀고 귀가 먹먹함을 느낀다. 그는 등대이며, 결코 울리는 것을 멈추지 않는 비상벨이다. 장 주네는 누구인가? 순식간에 마을 전체가 그가 누구인지를 알게 될 것이다…. 오직 아이만이 그것을 모른다. 그는 두려움과 수치 속에서 알람시계의 소음을 계속 울린다.

갑자기

'…현기증 나는 한 단어가
세계의 바닥으로부터 와 아름다운 질서를 무너뜨린다….'

하나의 목소리가 공개적으로 선언한다. '너는 도둑이야.' 그는 10세였다.[1235]

주네에게 있어 이 사건의 발생 순간[1236]은 그의 삶을 이 사건 이전과 이후로 양분해 버리는 "절단coupure"[1237]의 순간, "운명적 순간instant fatal",[1238] 곧 사르트르가 주장하는 원초적 사건이 발생한 순간에 해당한다. 주네에게는 이 사건이 발생한 순간이 현기증 나는 순간이다. 그도 그럴 것이 그

[1235] *Ibid.*, p.26.

[1236] 주네는 10세 때 처음으로 절도를 저지른 것 같다.(Cf. Edmund White, *op. cit.*, p.659(Chronologie par Albert Dichy.)) 하지만 사르트르의 주장처럼 그때의 절도로 인해 주네가 타인의 눈에 띄어 '도둑'으로 규정되는 것을 실제로 경험했는지는 불분명하다. 사르트르 자신도 이 사건에 대해 "이 사건은 이렇게 또는 다르게 일어났다"(SG, p. 26)고 말하고 있다. 이와 관련해 사르트르가 보들레르, 주네, 플로베르, 말라르메 등에 대한 비평을 하면서 이들 작가가 직접 경험한 사실 외에도 자신이 상상한 내용까지도 이용하고 있다는 점은 주목할 만하다. 그로 인해 이들 작가에 대한 사르트르의 비평서는 "진짜 소설(roman vrai)"로 여겨진다.(Cf. Jean-François Louette, "La dialectique dans la biographie", *Les Temps modernes*, n° 531-533, *op. cit.*, vol. 2, p.738; *Pourquoi et comment Sartre a écrit Les Mots, Genèse d'une autobiographie, op. cit.*, p.10; SIX, p.123.)

[1237] SG, p.9.

[1238] *Idem.*

는 이 순간을 기점으로 얌전한 아이에서 도둑질을 한 아이로 영원히 규정되어 버리기 때문이다. 그는 이 순간에 타자로부터 "영원하고 끔찍한 본질essence éternelle et terrible"[1239]을 부여받게 된 것이다. 게다가 이 순간은 주네가 타자에 의해 사물로, 곧 즉자로 포획되는 추락의 순간이기도 하다. 다시 말해 그의 생의 시곗바늘이 멈춰 버린 순간, 곧 그가 상징적으로 죽어 버린 순간이기도 하다. 이렇듯 그는 한순간에 "벌레vermine"로 변신한 것이다.[1240] 요컨대 그에게 "존재론적 불운malédiction ontologique"[1241]이 엄습한 것이다.

c) 도둑으로의 변신

방금 살펴본 것처럼 이 사건 이전에도 주네는 좀도둑질을 했다. 하지만 그때마다 혼자 상상 속에서 비현실적인 유희, 곧 훔친 물건을 소유하는 연극을 했을 뿐이다. 그렇게 하면서 그는 자기가 이 놀이의 주체라고 생각할 수 있었다. 하지만 이 사건은 타자의 시선하에서 일어났다. 타자의 시선하에서 10세 이전의 주네, 즉 자연과 하나가 되고 순진무구했던 주네가 죽은 대신에 "갑자기 괴물 같고 유죄인 '자아'를 가진pourvu d'un 'moi' monstreux et coupable"[1242] 새로운 주네가 태어난 것이다. '불량배voyou' 주네, 곧 '도둑'이라는 달갑지 않은 선고를 받은 주네가 말이다. 결국 그는 이 사건을 계기로 타자를 통과하면서, 즉 타자의 시선하에서 자기에 관련된 이미지, 곧 '도둑'이라는 이미지를 "객관적으로objectivement"[1243] 부여받은 것

1239 *Ibid.*, p.27.

1240 *Idem.*

1241 *Ibid.*, p.28.

1242 *Ibid.*, p.27.

1243 *Idem.*

이다.

사르트르는 이 사건을 겪고 난 이후의 주네의 삶에 대한 본격적인 탐사에 착수한다. 사르트르에 의하면 그는 이 사건을 계기로 그의 삶 전체에 결정적인 영향을 미치는 놀라운 결단을 내리게 된다. 그는 이 사건이 발생한 순간, 곧 자신이 도둑이 된 순간을 평생 가슴속에 새기며 계속 도둑으로 살겠다는 결단을 내린다. 사르트르는 이 결단을 주네의 '전회'라고 부른다.[1244] 주네는 도둑이 되겠다고 스스로 다짐을 한 것이다. "나는 범죄가 만든 내가 되기로 결정했다."[1245] 달리 말하자면 죽을 때까지 악을 실천하기로 말이다. 이것이 그의 원초적 선택에 해당한다.

그렇다면 이 결단, 이 선택의 동기는 무엇일까? 사르트르는 인간의 삶이 한 지점을 중심으로 점점 복잡해지면서 '나선형en spirale'의 형태로 흘러간다고 본다. "인간의 삶이란 항상 같은 지점을 중심으로 돌아가지만 서로 다른 통합과 복합성을 가지게 된다."[1246] 여기에서 같은 지점이라 함은 사르트르의 실존적 정신분석의 한 방향인 소급적 분석을 통해 밝혀진 원초적 사건과 이를 계기로 이루어진 원초적 선택을 가리킨다. 결국 인간은 그의 삶에 결정적 영향을 준 원초적 사건 주위를 맴돌면서 살아가지만, 매번 그는 이 사건을 그가 있는 현재 상황에서 새롭게 바라보고 또 거기에 지금까지와는 다른 의미를 부여한다는 것이 사르트르의 주장이다.

이것은 주네에게도 해당한다. 그런데 사르트르에 의하면 주네는 도둑이 되겠다고 결심하면서 타자에 의해 도둑으로 포착되는 순간에 대해 '공포horreur'와 '향수nostalgie'를 동시에 갖게 된다.

1244 *Ibid.*, p.64.

1245 *Ibid.*, pp. 63, 74.

1246 CRDI, p.86.

이 원초적 위기는 그에게 변신의 양상으로 나타난다. 그레고르 잠자가 벌레로 변신했듯이 얌전한 아이가 갑자기 불량배로 변신한 것이다. 이 변신 앞에서 주네의 태도는 양가적이다. 그는 이것에 대해 공포와 향수를 가진다.[1247]

어린 나이에 타자에 의해 범죄자로 낙인찍힌 순간은 주네에게 공포의 순간임에 틀림없다. 하지만 그가 절도를 통해 아무것도 아닌 것에서 벗어나는 순간은 달콤한 순간임에 틀림없다. 그는 이 순간에 자신이 행동의 주체라고 생각할 수 있기 때문에, 그는 이 순간을 재차 맛보고 싶어 하는 것이다. 비록 이것이 소유감과 존재감을 느끼기 위한 유희에 불과하다고 해도 그렇다.

이런 이유로 주네는 이 순간과 비슷한 순간을 두려워하면서도 이 순간에 느꼈던 감동[1248]을 기대감을 가지고 다시 체험하고자 하는 것이다. 이렇듯 원초적 사건에 대한 공포와 향수는 그의 양가적인 "내면 풍경climat intérieur"[1249]이 된다. 앞에서 보들레르 역시 어머니 사이의 균열 이후에 그녀와 함께 행복하게 지냈던 초록빛 낙원에서 추방된 이후로 고독과 향수

1247 SG, p.10.

1248 사르트르에게서 '감동'이 의식 작용의 하나라는 점을 상기하자. 앞에서 살펴본 것처럼 사르트르는 인간이 도저히 어쩔 수 없는 긴박한 상황에서 이 세계와 직면했을 때, 그가 이 세계를 파악하고 그것에 의미를 부여하는 것보다는 오히려 그 자신이 기절해 버림으로써, 즉 그 자신이 하나의 사물이 되어 버리는 의식의 추락을 선택하고 결정함으로써, 이 세계를 변형시킨다는 생각을 가진다는 것이다. 이것이 감동의식이었다. 그런데 문제는 이런 감동은 자기기만이고, 결국 변한 것은 인간 자신이며, 이 세계는 그대로 존속한다는 것이다. 주네의 경우에도 도둑으로 지목되어 도저히 그가 속한 사회로의 진출이 막히고 출구가 없는 상태에서 그 사회와 직접 대결하기보다는 오히려 그 자신이 도둑, 즉 즉자존재로 변화하는 선택을 하고 있는 것이다. 이런 의미에서 주네에게서 도둑질을 하면서 매번 느끼게 되는 공포감과 숭고의 감동이 설명될 수 있다. 이에 대해서는 다음을 참고하라. 윤정임, 「《성자 주네》, 감동과 상상의 미학」, 『프랑스학연구』, 46, 2008, 한국프랑스학회. 297-325쪽.

1249 SG, p.10.

를 동시에 느꼈다는 사실을 상기하자.

사르트르는 주네가 원초적 사건에 대한 공포와 향수를 동시에 느끼면서 자신을 "정화적 위기crises cathartiques"[1250] 속으로 내던졌다는 표현을 사용한다. 그리고 주네가 미래를 향해 자기 자신을 기투하면서 이처럼 공포와 기대감을 가지고 부딪히게 되는 정화적 위기들이 곧 그의 삶의 주요 변곡점에 해당한다. 그는 이런 변곡점에서 도둑, 동성애자, 작가 등이 되고자 노력하고, 그 과정에서 10세 때 경험한 원초적 사건 주위를 다시 지나면서 —이런 의미에서 그는 "반복의 인간un homme de répétition"이고, 그의 삶은 "영원회귀un Eternel Retour"[1251]이며, 그는 결국 "회고주의자passéiste"[1252]라는 것이 사르트르의 견해이다— 더 확대되고 더 복잡한 삶을 영위해 나가게 된다.

그렇다면 주네는 원초적 사건을 확대 재생산하고, 정화적 위기 중 하나인 도둑이 되기로 결심하면서 대체 무엇을 겨냥했는가? 이 질문에 대한 답은 이미 부분적으로나마 제시되었다. 앞에서 10세 이전의 그의 삶에 대한 사르트르의 소묘를 따라가면서 성자 놀이와 좀도둑 놀이를 통해 그의 존재 결핍을 메꾸면서 그의 존재를 정당화하고자 했다는 사실도 지적한 바 있다.

이것은 '너는 도둑이다'라는 타인들의 가차 없는 선고를 '나는 도둑으로 살기로 했다'라는 결심을 한 주네에게도 해당한다. 자기 소유라고는 하나도 없는 상태, 모든 것이 양부모로부터 선물로 주어진 상태, 그 결과 자신이 아무것도 아닌 상태, 곧 자신의 존재론적 빈곤성을 자각한 상태에서 주네는, 남의 물건을 훔쳐 이 물건을 통해 소유감과 존재감을 느껴 보고

1250 *Ibid.*, p.12.

1251 *Ibid.*, p.13.

1252 *Ibid.*, p.10.

자 한 것이다. 물론 여기에서 중요한 것은 그에게는 남에게서 훔친 물건에 역점이 주어진 것이 아니라는 사실이다.[1253]

하지만 주네가 도둑이 되겠다는 결심 이후에 저지르는 절도와 10세 이전의 좀도둑 놀이 사이에는 근본적인 차이가 있어 보인다. 어떤 차이일까? 이 질문에 답을 하기 위해 다음 두 가지 사실을 지적하자. 하나는 그의 훔치는 행위가 고발, 복수復讐, 저항의 성격을 띤 '악le Mal'에 속한다는 사실이다. 다른 하나는 그는 이 악이 '무상의 악le Mal gratuit', '악을 위한 악le Mal pour le Mal', 곧 '절대악le Mal absolu'이 되기를 원한다는 사실이다.

특히 이 두 번째 사실은 의미심장하다. 이 사실을 통해 다음 두 가지를 엿볼 수 있기 때문이다. 주네가 스스로 도둑이 되겠다는 결단을 내리고 이를 끝까지 실천하고자 한 것은 궁극적으로 자신의 존재에 스스로 근거를 부여하는 존재, 곧 자기 원인자가 되겠다는 결단임과 동시에 후일 그가 선택하는 '시적 행위acte poétique', 곧 문학 창작과도 무관하지 않다는 점이 그것이다. 또한 이 두 번째 사실은 금욕, 절제, 때로는 자기 학대 속에서 초월적 가치를 추구하는 성자의 모습과도 무관하지 않다. 위의 두 사실을 차례대로 보자.

먼저 타인들로부터 도둑이라는 선고를 받고 도둑이 되기로 결심한 후에 주네가 하는 절도가 악의 일종이라는 것은 분명하다. 그런데 그가 행하는 악은 단순한 절도가 아니다. 그것은 오히려 그를 도둑으로 규정한 선한 사람들hommes de Bien —그의 양부모를 위시해 17세기 프랑스의 '교양

[1253] 하나의 예를 들어보자. 주네는 『하녀들(Les Bonnes)』에서 자매인 솔랑주와 클레르가 주인 마님의 물건을 훔치는 장면을 보여 준다. 그런데 그때 솔랑주와 클레르에게 중요한 것은 주인 마님의 물건 자체가 아니다. 그보다는 오히려 솔랑주와 클레르는 주인 마님의 물건을 훔치면서 자신들에게 부족함 소유감과 존재감을 느끼고자 한다. 따라서 솔랑주와 클레르의 훔치는 행위는 비현실적인 유희, 비현실의 연극에 불과할 따름이다. 주네의 도둑이 되겠다는 결단의 기저에도 자신의 존재의 결핍과 빈곤성을 극복하겠다는 목표가 놓여 있다.

인들honnêtes gens'의 후예이자 18세기 이후로 프랑스를 지배하고 있는 부르주아들, 정상인들― 이 자행한 악에 대한 고발, 복수, 저항의 의미를 담고 있는 것으로 보인다. 어떤 면에서 그럴까? 이 질문에 답을 하기 위해 사르트르가 악에 대해 내리고 있는 정의를 보자.

사르트르는 악을 '타자'Autre'[1254], '투사'Projection'[1255]와 연계시키면서 타자에게서 구체화되는 나의 의식의 부정적인 측면으로 규정한다. 사르트르는 악을 규정하기 위해 인간의 정신(또는 의식, 자유)에서 출발한다. 사르트르는 정신을 "불안inquiétude"[1256]으로 보는 헤겔에 주목하고, 인간이 자신을 두렵게 하는 이 불안한 정신에서 벗어나기 위한 길을 모색한다고 본다. 그 길이 바로 인간의 정신 속에서 불안을 야기하는 요소, 즉 부정적인 충동을 제거하고 그 작동을 멈추게 하는 것이다. 이를 위해 인간은 자기 안의 부정적인 부분을 "스스로 거세해se châtre"[1257] 자신의 외부로 내던져 버린다는 것이 사르트르의 주장이다. 이렇게 해서 인간의 정신은 두 부분으로 분열되고 각기 제 갈 길을 가게 된다.

사르트르는 이렇게 분열된 인간의 정신이 각각 나아가는 길을 제시하면서 선악의 정립을 설명함과 동시에 그 상대성과 상호성을 지적한다. 먼

1254   *Ibid.*, pp. 36, 47.

1255   *Ibid.*, p.40. 사르트르는 이 사실을 설명하기 위해 하나의 예를 제시하고 있다. 그가 제시하는 예는 영어를 사용하는 나라에서 얼마 동안 살다가 온 친구의 예이다. 사르트르는 이 친구가 귀국한 후에 자주 만나면서 여러 주제에 대해 토의하곤 했다. 그런데 이 친구는 궁지에 몰릴 때 영어가 섞인 프랑스어를 구사하곤 했다. 하지만 이 친구는 그때마다 이렇게 말하면서 되레 역정을 내더라는 것이다. "대체 왜 넌 이렇게 짜증나는 실수를 하지?" 사르트르는 그때 이 친구가 그의 실수를 자신에게 '투사'한 것으로 본다. 또한 사르트르는 이 '투사'와 관련해 선한 인간임을 알고 싶으면 이 인간이 다른 사람들에게서 가장 미워하는 것을 찾아보면 된다고 말하고 있기도 하다.(*Idem.*) 그 연장선상에서 사르트르는 주네에게서 동성애를 비판하는 선한 인간들은 결국 자신들의 내부에 뿌리를 틀고 있는 동성애 성향을 비판하는 것, 곧 자신들을 비판하는 것으로 본다.(*Idem.*)

1256   *Ibid.*, p.34.

1257   *Idem.*

저 사르트르는 분열된 정신의 두 부분 중 인간 안에 남아 있는 부분은 자신을 항상 선, 존재, 이미 있는 것에 일치시키고, 또 이것들을 완벽한 상태로 끌고 가고자 한다고 본다.[1258] 그 결과, 선한 사람들이나 부르주아들[1259]은 이미 있는 것, 즉 관습과 전통을 선호하고 또 집단을 선호하며, 나아가 이를 통해 자신들의 정신의 부정적인 부분을 잠재우고 불안으로부터 도피하고자 한다는 것이다. 이렇게 해서 그들에게 있어서는 "혼자라는 것과 틀렸다는 것은 하나이다c'est tout un que d'être seul et d'avoir tort"[1260]라는 말이 성립한다.

그렇다면 인간의 정신에서 바깥으로 내던져진 부정적인 부분은 어떤 길을 갈까? 이 부분은 자기를 바깥으로 내던진 인간들, 즉 선한 사람들을 편안하게 놔두지 않는다. 그들은 안정된 공동체 속에서 조용히 과거, 존재, 소유물을 음미하고 선의 세계를 구축한 채 살고자 한다. 하지만 거기에는 비싼 대가가 따른다. 그도 그럴 것이 이런 삶의 형태가 변화와 발전과는 거리가 멀기 때문이다. 그런데 한 공동체에서 변화와 발전은 긍정적 가치에 속한다. 다만 문제는 이런 긍정적 가치는 부정과 파괴가 없이는 불가능하다는 데 있다.

그 결과, 선한 사람들은 자신들이 속한 공동체의 변화와 발전을 위해서는 밖으로 내던진 부정적인 정신 부분을 몸소 떠맡고 감내해야 한다. 또 그것에 대해 응당 책임을 져야 한다. 하지만 그들은 이 부분 —사르트르는 "살아 움직이고 모호하게 꿈틀대는" 이 부분을 "유혹tentation"[1261]이라고

1258 *Idem*.

1259 사르트르와 주네가 살던 시대는 분명 부르주아계급이 지배권을 행사하고 있는 시대이다. 하늘로부터 권력을 양도받았다고 생각하는 귀족계급과는 달리 주로 경제력에 바탕을 두고 권력을 장악한 부르주아계급에게는 '소유'가 곧 자신의 힘의 근원이고, 따라서 소유가 '선'으로 여겨지는 것이다. 그로 인해 선한 사람들과 부르주아들이 동일하게 여겨질 수 있다.

1260 *Idem*.

부른다— 에 대해 눈을 감아 버리고 귀를 막아 버린다. 선한 사람들은 역사가 멈추기를 바라고, 그저 과거, 전통, 습관, 존재, 곧 선[1262]에 의지해 행복한 시간이 반복되고 지속되기만을 바랄 뿐이다. 요컨대 그들은 익숙한 것과 결별하지 않기를 바라는 것이다.

그렇다면 인간 정신의 부정적인 부분은 어떻게 될까? 사르트르에 의하면 변화와 발전의 싹을 포함하고 있는 "순수 부정négation pure"에 해당하는 이 부분은 모든 긍정적인 의도, 모든 긍정적인 가치와 멀어진 채 그저 "추상적 부정négation abstraite", 즉 "부정의 부정la négation de la négation"이 되고 만다.[1263] 또한 순수 부정은 파괴를 위한 순수한 분노가 되어 맴돌면서 끊임없이 선한 사람들에게 유혹으로 작용한다는 것이 사르트르의 계속되는 주장이다.[1264] 사르트르는 이것을 '악'으로 규정한다. 이런 관점에서 보면 악은 "절름발이 개념un concept boiteux"[1265]이다. 어쨌든 악은 선한 사람들의 입장에서 보면 비난하고, 단죄하고 거부해야 할 "모든 충동의 통합체l'unité de toutes (les) pulsions"이다.[1266]

이런 상태에서 선한 사람들은 가능하면 악과 충분한 거리를 유지하고자 할 것이다. 악이 출현하게 되면, 그들은 그 원인을 자신들의 외부로 돌린다. 그러니까 그들의 입장에서 보면 악은 바깥에서 그들에게 다가오는 불안을 일으키는 충동에 불과한 것이다. 하지만 이 악은 실제로 그들이 자신들의 정신의 일부분을 거세해 타자에게 투사한 그들 자신의 불안, 근

1261 *Ibid.*, p.35.

1262 사르트르에 의하면 "선은 존재, 긍정성, 질서, 절대적인 충만함이다(Le Bien c'est l'Etre, la Positivité, l'Ordre, la Plénitude absolue)."(*Ibid.*, p.178.)

1263 *Ibid.*, p.35.

1264 *Idem.*

1265 *Ibid.*, p.173.

1266 *Ibid.*, p.35.

본적인 불신 또는 기이함에 불과할 따름이다.[1267]

　이런 이유로 선한 사람들은 자신들이 지배하고 있는 공동체를 유지하기 위해서는 일정량의 악과 이 악을 행하는 소수의 악인의 존재가 필수적이라고 생각하게 된다. 아니, 그들이 일정량의 악이나 적당한 수의 악인을 직접 만들어 낸다고 하는 편이 더 정확할 것이다. 그도 그럴 것이 이 공동체에 적당량의 악과 악인이 존재해야만 그것들을 일소하면서 선한 사람들은 자신들이 선의 세계에 속한다는 믿음을 가질 수 있기 때문이다. 이 선에 의지해 그들이 안정과 평화를 지킬 수 있다고 생각하는 것은 말할 나위가 없다.

　이와 같은 선악의 정립 과정에서 보면, 선한 사람들의 물건을 훔치는 주네와 같은 자들 ─예컨대 불량배, 범법자, 소외된 자, 버림받은 자, 파리아pariah 등─ 은 자신들이 주인인 당시의 프랑스 사회를 불안하게 만들수 있는 악의 담지자들이다. 이런 이유로 선한 사람들은 주네와 같은 자들을 끊임없이 감시하고 통제할 것이며, 그들이 악을 행하는 경우 그들을 처벌하고, 교화하고, 순치하려 할 것이다. 하지만 실제로는 그들 스스로가 주네와 같은 이들을 끊임없이 만들어 내며, 또 그들이 활동할 수 있는 최소한의 영역을 마련해 주는 것이다.

　이렇듯 주네와 같은 이들은 선한 사람들의 사회를 위협하는 존재임과 동시에 유용하고 필요한 존재,[1268] 곧 '필요의 악' 또는 "희생양bouc émissaire"[1269]으로 여겨진다. 이것은 그대로 사르트르에게서 선과 악은 상

1267　*Idem.*

1268　*Ibid.*, p.33.

1269　또한 사르트르는 "고정 농양(abcès de fixation)"(SG, p.41)이라는 표현도 사용하고 있다. 이 용어는 의학 용어로, 몸에 염증이 생겨 고름이 생겨난 부위를 치료하기 위해 테레빈유 또는 항산균을 주사하여 국소화시켜 인위적으로 얻은 농양을 뜻한다. 이 농양을 제거하면 몸에 생겨난 염증이 사라진다. 이와 관련해 지라르가 『폭력과 성스러움(*La Violence et le sacré*)』(1972)

대적이고 상호적이라는 것을 의미한다. 정확히 이런 이유로 악이 존재하고 또 악인이라는 희생양이 있는 한, 선한 사람들은 두 다리를 쭉 뻗고 편하게 잠을 잘 수 있게 된다. 아침에 쓰레기를 치우는 사람들이 있기 때문에 많은 사람이 저녁에 마음 놓고 쓰레기를 만들고 버리는 것과 같은 이치로 말이다.

그렇다면 주네와 같은 희생양들, 즉 자신들의 의도와는 상관없이 소유, 긍정, 안정, 선 등에서 소외되고, 본의 아니게 비소유, 부정, 변화, 악을 떠안게 된 악의 담지자들은 어떻게 행동할까? 대부분의 경우 그들은 자신들에게 부여된 악의 담지자라는 꼬리표를 떼어 내기 위해 노력할 것이다. 그렇지 않은가? 인간이라면 누구나 타인으로부터 좋은 이미지를 얻고자 하지 않겠는가? 불량배, 도둑, 범법자 등과 같은 꼬리표를 평생 달고 사는 것을 바라는 사람은 아마 없을 것이다.

또한 악의 담지자들은 선의 세계로 진입하는 길이 좁고 험하다고 해도

에서 폭력을 퇴치하는 방법으로 제시하고 있는 '희생양' 메커니즘과의 비교는 아주 흥미롭다. 지라르는 이 저서에서 욕망의 모방적 특징에서 기인하는 폭력으로 인해 한 집단이 위기에 봉착했을 때, 이 폭력을 어떤 동물이나 어떤 사람에게 집중시켜 그것을 또는 그를 이 공동체 밖으로 축출하든가 아니면 제거하는 방법으로 폭력을 퇴치하는 예를 보여 주고 있다. 그때 이 동물이나 이 사람에게로의 폭력의 집중과 투사 과정이 '고정 농양'과 유사하며, 또한 이 동물이나 이 사람을 희생양으로 규정하고 있다. 그런데 사르트르가 『폭력과 성스러움』보다 20년 먼저 출간된 『성자 주네』에서 고정 농양, 희생양 등의 용어를 사용하고 있다는 사실은 주목의 대상이 되기에 충분하다. 실제로 사르트르는 『성자 주네』에서 한 사회의 악의 담지자로서 희생양이 되는 자들의 조건으로 힘이 없는 자, 범법자, 외국 노동자, 즉 주체로서 '상호성(réciprocité)'을 형성할 수 없는 자 등을 제시하고 있다. 또한 사르트르는 이런 자들의 해방을 위한 행동, 자기 회복을 위한 노력으로부터 '성스러움(Sainteté)' 개념을 도출해 내고 있다. 그런데 지라르 역시 『폭력과 성스러움』, 『희생양(Le Bouc émissaire)』(1982) 등에서 희생양이 구비해야 하는 몇몇 조건, 가령 전쟁 포로나 여자, 동물 등과 같이 복수할 수 있는 힘이 없는 자, 범죄자, 왕 등과 같이 표식이 있는 자 등과 같은 조건과 이런 조건을 갖춘 희생양이 결국 '성화(聖化)'되어 '성스러움'의 자격을 획득하는 과정을 잘 보여 주고 있다. 사르트르와 지라르의 폭력, 악, 악의 극복 등에 대한 사유의 유사점과 차이점 등을 비교한다면 흥미로우면서도 유익한 결과에 도달할 수 있을 것으로 보인다.

거기에 안착하려 하는 것이 인지상정일 것이다. 그래야만 그들이 비존재, 무소유, 불안, 변화, 곧 악에서 벗어날 수 있을 것이기 때문이다. 다시 말해 그들은 자신들을 배제한 공동체에 다시 통합되기 위해 노력할 것이다. 그래야만 그들은 자신들이 본의 아니게 처해 있는 '고독solitude'의 상태에서 벗어날 수 있을 것이다. 요컨대 그들은 자신들을 내친 자들과 '소통communication'의 채널을 복구하고자 할 것이다.

하지만 주네는 이런 길을 택하지 않는다. 그는 선한 사람들이 스스로 거세해 자기에게 투사한 부정적인 부분, 곧 악을 피하고자 하지 않는다. 그는 자기에게 부여된 도둑이라는 이미지, 곧 악의 담지자라는 나쁜 이미지를 좋은 이미지로 애써 바꾸려고 하지 않는다. 앞에서 언급한 대로 주네는 원초적 사건 이후 평생 도둑으로 살기로 결심했다. 사르트르의 눈에는 그가 이런 삶을 끝까지 밀어붙여, 한편으로는 타자에 의해 도둑으로 규정되고 대상화된 상태를 극복해 자기 행동의 주체가 되면서 자기를 회복하고, 다른 한편으로는 자기를 도둑으로 규정한 선을 표방한 사람들이 축조한 선의 세계의 위선을 폭로, 고발하면서 그들에게 반성을 촉구하는 저항하는 인물로 비친 것이다. 그 과정을 좀 더 구체적으로 보자.

앞에서 주네가 좀도둑 놀이를 하게 된 것은 훔친 물건을 직접 이용하기보다는 오히려 그것의 소유를 통해 자신의 존재감을 느끼고 싶어 하기 위함이었다고 했다. 그런 만큼 그의 좀도둑 놀이는 양부모의 사회, 곧 선한 사람들의 사회에 위협적이지 않았다. 그 시절의 좀도둑 놀이는 그저 그의 자기 만족적 행위, 곧 수음手淫과도 같은 행위에 불과했다. 그는 상상 속에서 비현실적으로 도둑질한 물건을 통해 소유감과 존재감을 느끼고자 했던 것이 전부였다. 다시 말해 그는 일시적으로나마 자기를 좀도둑질의 주체로 여기면서 자신의 존재를 정당화하는 유희에 몰두했던 것뿐이다.

하지만 주네가 10세 때 저질렀던 절도는 그 이전의 좀도둑 놀이와는 질적으로 다르다. 물론 두 절도 사이에 외관상의 차이는 없다. 두 절도는

'주네가 남의 물건을 훔친 행위'로 요약할 수 있다. 하지만 주네의 원초적 사건이 된 10세 때의 절도는 타자 —선한 사람들과 부르주아계급을 대표하는 개념으로 이해해야 한다— 에 의해 발각되었다는 점에서 그 이전의 절도와는 근본적으로 다르다. 그의 절도가 타자에 의해 발각되었을 때, 이 타자의 시선이 그의 의식 내부로 파고든 것이다. 이렇듯 선한 사람들이 그에게 도둑이라는 결정적인 선고를 내린 것은, 정확히 그들이 스스로 거세한 자신들의 내부에 있는, 하지만 그들을 불안하게 만들고 괴롭히는 부정적인 충동 —물론 여기에서는 훔치고자 하는 충동이다. 뒤에서 다시 보겠지만 이 충동은 동성애로 나타나기도 한다—, 즉 무소유, 비존재, 변화 등을 '주네-타자'에게 투사한 것과 동의어이다.

하지만 주네는 선한 사람들이 자기에게 투사한 이런 악을 비껴가지 않는다. 바꿔 말해 그는 자기에게 주어진 도둑이라는 좋지 않은 이미지를 다른 좋은 이미지로 바꾸려 하지 않는다. 그가 이 사건 이후 평생 오히려 도둑으로 살기로 결심했다는 것은 이미 여러 차례 지적한 대로이다. 그는 이 사건을 통해서도 이전의 좀도둑 놀이에서와 같이 일시적이지만 소유감과 존재감을 느끼고자 했을 것이다. 그는 상상 속에서라도 자신이 절도의 주체이고자 했을 것이다. 하지만 이번에는 이런 바람은 달성되지 않는다. 왜 그럴까?

이 질문에 대한 답을 하기 위해 다음 두 가지 사실을 지적하자. 도둑이 되고자 하는 주네의 결단이 타자 의존적이라는 사실과 그의 절도는 모두 '제스처geste' —사르트르는 이것을 "사람이 '존재'하기 위해 행하는 행동acte qu'on accomplit pour être"으로 규정한다[1270] —에 불과하다는 사실이 그것이다. 먼저 원초적 사건 이후에 도둑이 되고자 하는 그의 결심이 타자 의존적이라는 사실은 분명하다. 그도 그럴 것이 그가 도둑이 되겠다는 결심의 바

1270   *Ibid.*, pp.87-88.

탕에 놓여 있는 도둑이라는 본질은 타자로부터 주어진 것이기 때문이다. 도둑이라는 존재 규정, 이 단어의 의미, 그 이미지 등이 모두 타자의 손에 달려 있다. 이렇듯 주네가 자신을 미래로 기투하면서 저지르게 될 절도, 곧 악은 그의 양부모를 포함한 선한 사람들, 곧 부르주아들의 시선에 전적으로 의존적이다. 요컨대 그가 선한 사람들을 통해 부여된 도둑이 되고자 하는 것은 제스처에 불과하다. 또한 이 제스처를 계속해야 하는 그는 한낱 그들의 "노리개jouet"[1271]에 불과할 따름이다.

주네는 이에 만족할 수 있을까? 그렇지 못할 것이다. 왜냐하면 그는 절도를 통해 자신의 본질을 직접 창조하고, 이를 바탕으로 자신의 존재를 근거 짓고자 하기 때문이다. 한마디로 그는 절도를 계속하면서 완전히 자기 주도적인 행위를 하는 주체이고자 한다. 다시 말해 그는 도둑이라는 이미지를 스스로 고안해 내고자 한다. 물론 그가 존재론적으로 아무것도 아닌 상태에서 벗어나고, 나아가 '모든 것le tout'의 상태에 이르고자 하는 것이 최종 목표이다. 요컨대 그는 자신의 '주권souveraineté'을 단언하면서 무에서 출발해ex nihilo 자기 원인자가 되기를 바라는 것이다.

이와 관련해 주네가 10세 이전에 좀도둑 놀이와 더불어 성자 놀이에 빠져들었다는 사실을 상기하자. 그러니까 그는 절도를 —절도는 '함'의 범주에 속한다— 통해 마치 신이 있어 그의 존재를 완벽히 보증해 주고 정당화해 주는 상태, 스스로 완벽한 존재 근거를 창출하면서 완벽한 존재가 되는 상태 —이런 상태는 '있음'의 범주에 속한다[1272]— 의 실현을 원했던

1271 *Ibid.*, p.81.

1272 앞에서 본 것처럼 사르트르의 『존재와 무』에서 인간은 신(神)이 되고자 하는 욕망으로 규정되며, 이 신은 대자-즉자의 방식으로 존재한다. 또한 이 대자-즉자의 융합에서 즉자는 대자의 존재 근거이자 존재 이유여야 한다. 그래야만 인간은 신처럼 자신의 존재의 근거를 자기 것으로 삼는(s'approprier) 자기 원인자, 즉 완전한 존재가 되는 것이다. 주네의 경우, 그는 타자가 자신에게 부여한 도둑이라는 즉자를 자기의 것으로 삼으면서 대자-즉자의 상태를 맛보고자 한다.

것이다. 이렇듯 그가 원초적 사건 이후에 절도를 계속하면서 겨냥하는 것은 타자 의존적인 절도 행위가 아니라, 자신이 이 절도를 그 기원에서부터 보증하는 그런 완벽한 행위를 하고자 하는 것이다.

앞에서 사르트르에게서 선과 악이 상대적 개념이라고 했다. 따라서 보통의 경우라면 악을 행하는 것은 선한 사람들의 세계, 곧 그들의 전통, 관습, 가치 체계 등을 배반하는 것이다. 하지만 이런 악은 여전히 타자 의존적이다. 이와는 달리 주네가 원하는 악은 그 자체로 자족적自足的인 악이다. 또한 그 끝을 알 수 없는 악이기도 하다. 이렇듯 그가 절도를 통해 실현하고자 하는 것은 악을 위한 악, 무상의 악, 곧 절대악이다.

이런 악을 실현하는 경우에만 주네는 마치 신이 보증해 주는 것과 같은 자신의 존재 근거를 소유하면서 선한 사람들에게 의존적인 도둑의 모습에서 벗어날 수 있을 것이다. 따라서 그는 절도를 중단할 수가 없다. 그는 절도를 계속 저지르면서 스스로 도둑의 모습을 만들어 가고자 ─창조하고자─ 하는 한편, 그것도 가장 완벽한 모습을 실현하고자 하는 것이다.

타자들에 의해 부여된 도둑이라는 본질, 즉 대상-이미지를 털어 버리는 것과 동시에 자기만의 고유한 주체-도둑의 모습을 창안해 내는 것, 그것도 가장 완벽한 모습을 창안해 내는 것, 이것이 주네가 절도라는 악을 통해 바라는 것이다. 이렇듯 주네는 악을 행하면서 "나는 나의 고유한 이유이다Je suis ma propre cause"[1273]를 실현하기를 바란다고 할 수 있다. 요컨대 주네에게서 "악에 대한 요구revendication du mal"[1274]는 그의 "존엄dignité"[1275]에 해당하며, 이는 그가 추구하는 "흑색의 윤리une éthique noire"[1276]의 핵심에

1273 *Ibid.*, p.183.

1274 *Ibid.*, p.70.

1275 *Idem.* 사르트르는 '위엄'을 "반항의 윤리적 단계(stade éthique de la révolte)"(*Ibid.*, p.69)라고 여기기도 한다.

1276 *Ibid.*, p.64.

해당한다.

게다가 이처럼 그 끝을 모르면서 무한정 악을 행한다는 것은 결코 쉬운 일이 아니다. 이것은 선을 행하는 것보다 훨씬 더 어렵다. 선은 선한 사람들이 자신들의 이익을 위해 세워 놓은 전통, 관습, 규칙 등을 수동적으로 따르고 지키기만 하면 된다. 하지만 끝을 알 수 없는 악을 무한정 행한다는 것은 결코 쉬운 일이 아니다. 아니, 이런 시도는 거의 불가능하다고 할 수 있다.[1277] 바로 거기에 주네가 추구하는 "불가능한 무가치l'impossible nullité"[1278] 개념이 자리한다. 주네의 절도는 악을 위한 악이라는 의미에서 무가치하며, 또한 그것이 끝을 알 수 없는 상태를 향해 나아간다는 의미에서는 불가능하다. 이런 이유로 사르트르는 주네가 무한정 악을 행하는 것을 "일상의, 장기간의, 실망스러운 작업un travail quotidien, long et décevant"[1279] 이라고 규정하고 있다.

이렇듯 주네는 절대악을 향해 한없이 추락하고자 한다. 이것은 그가 점점 더 '비천한abject' 자가 되어야 한다는 것을 의미한다. 실제로 그는 의도적으로 비천함의 구렁텅이로 더 깊숙이 빠지는 것을 마다하지 않는다. 그래야만 그는 자신만의 가장 완벽한 존재 근거를 확보할 가능성을 갖게 되는 것이다. 이 길은 성자들이 초월적 가치를 추구하면서 나아가는 고행의 길과도 유사하다.

[1277] 주네가 자초한 이런 상황은 사르트르의 극작품 중 하나인 『악마와 선한 신』에서 괴츠가 자초한 상황과 아주 유사하다. 하지만 정반대로이다. 이 작품에서 괴츠는 수많은 전쟁을 치르면서 많은 사람을 죽인 악의 화신으로 등장한다. 하지만 이 세상에서 악은 이미 행해졌고, 진정한 선이 행해지지 않았다는 사실을 알게 된 괴츠는 절대선을 행하기로 작정한다. 하지만 괴츠의 이런 노력은 실패로 돌아가고 종국에는 다시 전쟁에 가담해 사람을 죽이는 악을 행할 결심을 하게 된다. 그때 괴츠도, 주네가 절대악을 행하는 것이 아주 어려운 일이라는 것을 자각하게 되는 것과 마찬가지로 절대선을 행하는 것 역시 아주 어려운 일이라는 것을 알게 된다.

[1278] *Ibid.*, p.271.

[1279] *Ibid.*, p.179.

또한 뒤에서 다시 보겠지만 이런 이유로 주네에게서 절대악을 실현하는 것은 예술 창조나 시적 행위와 같은 것으로 여겨진다. 그도 그럴 것이 예술가나 작가는 자신의 작품을 끊임없이 타자, 곧 감상자나 독자에게, 좀 더 정확하게는 그들의 시선에 노출해야 하기 때문이다. 그들이 이 작품에 어떤 의미를 부여하는가를 알지도 못한 상태에서 말이다.[1280]

어쨌든 주네가 절도를 하면서 비천함의 구렁텅이에 더 깊이 빠지면 빠질수록 그가 모든 것이 될 가능성, 곧 자신의 주권적 의지volonté souveraine를 실현하면서 자기 원인자가 될 수 있는 가능성은 그만큼 더 커진다. 또한 그 과정에서 자신만의 완벽한 존재 근거를 자기 것으로 만들면서 이른바 '성스러움sainteté'을 맛볼 수 있을 것이다. 지나가면서 『성자 주네』에서 사르트르가 주네를 '성자'로 규정한 것은 정확히 이런 이유 때문이라는 사실과 그가 'sainteté'를 프랑스어 단어 중 가장 아름다운 단어로 생각했다는 사실을 지적하자.[1281] 요컨대 그의 삶을 가로지르는 하나의 행동 준칙은 바로 패이승[1282]이라고 할 수 있다. 더 비참해지면 비참해질수록, 악을 행하면 행할수록 더 강한 존재 근거를 소유할 수 있고, 이를 바탕으로 존재를 더 강하게 정당화할 수 있는 것이다.

하지만 주네는 결코 자신이 겨냥하는 목표, 즉 모든 것이 되는 것, 자기 원인자가 되는 목표에 도달할 수가 없다. 그도 그럴 것이 그의 절도는 참다운 의미에서 '행위Faire'가 아니라 도둑이 되기 위한 행위, 그것도 타자들

[1280] 이런 의미에서 주네에게서 쓰기는 그의 절도와 동성애 선택과 마찬가지로 패이승 전략과 밀접하게 연결되어 있다. 그러니까 작가의 작품은 독자에 의해 읽히면 읽힐수록, 또 더 많은 독자에 의해 읽힐수록 더 강한 즉자적인 측면을 갖게 된다. 그런데 이 즉자적 측면은 이 작품의 의미와 연결되기도 하고, 또 독자가 작가에게 부여하는 존재 근거와도 연결되어 있다. 이에 대해서는 앞에서 사르트르의 문학론을 다룰 때 이미 살펴보았고, 또 주네가 독자를 찾아가야 하는 필연성을 논의할 때 다시 살펴볼 것이다.

[1281] *Ibid.*, pp. 19, 626.

[1282] *Ibid.*, pp. 83, 209.

에 의해 자기에게 부여된 도둑이 되기 위한 행위, 좀 더 정확하게 말하자면 이 도둑의 모습에 가까워지기 위한 제스처가 되고 말기 때문이다.

사르트르의 존재론적 시각에서 보면, 나는 타자의 출현을 나에게 알리는 그의 시선의 배후를 알 수 없다. 타자의 시선의 배후는 나의 자유의 한계, 나의 가능성의 한계를 가리킨다. 나는 타자의 시선에 의해 포착되는 나의 모습을 결코 알 수가 없다. 이런 이유로 내가 그 모습을 구현하는 것은 불가능하며, 또 그것을 내 것으로 하는 것m'approprier도 불가능하다. 결국 내가 타자의 시선에 의해 포착된 모습을 구현코자 하는 모든 노력은 제스처일 수밖에 없다. 이것은 주네에게도 그대로 해당한다. 그도 역시 타자들의 시선에 의해 포착된 자기의 도둑으로서의 모습을 알 수 없기 때문에, 그가 자신의 결심에 따라 계속 절도를 하면서 도둑이 되고자 하는 것은 결국 제스처에 불과할 뿐이다.[1283]

그런데 사르트르는 도둑이 되고자 하는 주네의 이런 제스처에 대해 오히려 그가 선한 사람들의 위선과 허위를 폭로하고 또 그들의 선의 세계를 부식腐蝕시킨다는 적극적인 의미를 부여한다. 다시 말해 사르트르는 주네의 도둑이 되고자 하는 결단과 이 결단의 실현 과정이 곧 선한 사람들, 부르주아들에 대한 비판과 저항이라고 본다. 왜 그럴까? 이 질문에 답을 하기 위해 사르트르가 제시한 선악의 상대성과 상호성에 다시 한번 주목해 보자.

앞에서 사르트르가 악을, 선한 사람들이 자신의 손으로 거세한 자신의

1283 이와 관련해 사르트르가 주네의 이런 행동을 '회전문(tourniquet)'(Ibid., p. 286)에 비교하는 것은 흥미롭다. 그러니까 주네는 절도를 계속하면서 타인들이 규정한 도둑이 되고자 노력하지만, 그는 멈추지 않고 계속 도는 회전문과 같이 결코 이 도둑과 일치할 수 없다.(Cf. Ibid., pp.369-371.) 한 연구자는 이를 위해 '종합'이 없는 '변증법', 곧 "참수된 변증법(dialectique décapitée)"이라는 표현을 사용하고 있다.(Jean-François Louette, "La dialectique dans la biographie", op. cit., p.733.)

일부를 타자에게 투사한 부정적인 충동과 같은 것으로 여긴다는 사실을 보았다. 이 사실을 고려하면 다음과 같은 논리가 성립한다. 주네가 악, 곧 절도를 하는 행위는 결국 그가 살던 시대의 선한 사람들의 내부에 자리 잡고 있는 부정적인 충동이 그와 같은 악인들을 통해 발현된다는 논리가 그것이다. 그러니까 선한 사람들이 그와 같은 악의 담지자들을 비난하고 단죄하는 것은 그대로 자신들이 원래 악의 진원지라는 사실을 은폐하는 것과 동의어이다. 하지만 선한 사람들은 그와 같은 악인들을 만들어 내고, 그들과 거리를 유지하고, 그들이 행하는 악을 비난하고 단죄하며, 또 자신들의 공동체에서 악인으로 이름으로 그들을 배척하면서 자신들은 악과는 무관하다고 주장하게 된다는 것이다.

이와 관련해 '배반trahison' 개념은 흥미롭다. 사르트르는 이 개념을 어떤 사람이 그가 속한 집단에서 배제되는 것으로 이해한다. 앞에서 언급한 것처럼 "혼자라는 것과 틀렸다는 것은 하나이다"라는 것이 선한 사람들의 행동 준칙의 하나라는 사실을 상기하자. 그런데 주네는 그들과의 관계에서 자신을 배척한 그들에게로 되돌아가는 대신, 그들로부터 좀 더 멀어지면서, 즉 그들을 계속 배반하는 것을 선택한다. 그러니까 그는 악을 계속 행하면서 혼자 있기를 선택한다. 이런 시각에서 '배반'은 "가장 위대한 악le plus grand Mal"이고,[1284] 이 악을 행하는 것이 "주네의 코기토cogito de Genet",[1285] 즉 그의 '방법적 회의doute méthodique'에 해당한다는 사르트르의 주장을 이해할 수 있다.[1286]

1284 SG, p.262.

1285 "나는 악을 행한다. 그러므로 나는 존재한다. 나는 악을 행하는 하나의 실체이다(Je fais le Mal, donc je suis; je suis une substance malfaisante)."(*Ibid.*, p.273.)

1286 주네가 배반을 하기 위해서는 계속 '비천함(abjection)'을 실천해야 하는데, 이런 의미에서 사르트르는 이 비천함을 "방법적 전회(conversion méthodique)", "데카르트적 회의(doute cartésien)", "후설적 판단중지(épochè husserlienne)"로 규정하고 있다.(*Ibid.*, p.145.) 또한 이런

하지만 주네에게서 악을 행하는 것은 제스처에 불과하다. 그런 만큼 주네는 계속 악을 행하고, 계속 비천해지고, 더욱 고립되어 혼자가 되면서, 곧 자신이 틀렸음을 계속 보여 주면서, 자신은 틀렸기 때문에 옳은 반면, 그를 틀렸다고 규정하면서 자신들이 옳다고 생각한 선한 사람들이 오히려 틀렸다는 것을 보여 주고자 한다고 할 수 있다. 게다가 그가 살던 시대에 선한 사람들, 곧 부르주아계급이 지키고자 하는 선의 세계는 프롤레타리아계급에 대한 착취와 무관하지 않다는 것은 부인할 수 없다.

이런 이유로 주네는 원초적 사건 이후 도둑이 되겠다는 결심을 실천에 옮기면서, 이 실천을 통해 결국 자신에게 부정적인 충동, 곧 악을 투사한 선한 사람들, 즉 부르주아계급의 위선과 거짓을 폭로하고 비난하고 있는 것이다. 이렇듯 주네는 자신의 끝없는 배반, 곧 악을 통해 선한 사람들이 취하는 이런 태도가 위선적이고 자기기만적이라는 것을 폭로하면서, 그들로 하여금 자신들의 그런 모습을 되돌아보는 기회를 제공해 준다고 하겠다.

요컨대 주네는 자신의 악을 통해 선한 사람들-부르주아들에게 반성의 "거울-miroir"[1287]을 내밀고 있다고 하겠다. 다만, 그의 이런 행위가 그들이 지배하는 사회, 그들이 공들여 세운 선의 세계를 완전히 무너뜨리고 새로운 가치 체계 위에 새로운 사회를 건설하는 것을 겨냥하는 집단적 투쟁의 성격을 띠는 것은 결코 아니라는 사실을 지적하자.

d) 동성애자로의 변신

절도라는 정화적 위기 속으로 자신을 기투하고, 그 결과 자신의 존재 결핍을 메우는 것을 넘어 자기 원인자가 되고자 했던 주네는 이번에는 동

규정은 주네의 동성애와 쓰기에서의 배반에도 적용되는 것으로 보인다.

1287   *Ibid.*, p.662.

성애자가 된다. 그런데 동성애자로 변신하는 그의 태도는 절도를 하는 태도와 거의 같다. 앞에서 그는 절도를 하면서 타자의 시선하에서 자신이 도둑으로 대상화되는 순간을 두렵지만 다시 맛보고자 한다고 했다. 이와 마찬가지로 동성애에서도 그는 상대방의 '대상objet'이 되고자 한다는 것이 사르트르의 주장이다. 그러니까 주네는 동성애에서 여성의 수동적인 역할을 맡으면서[1288] 자기를 대상화하면서 상대방의 주체성과 자유 속에 함몰되고자 한다는 것이다. 하지만 주네의 의도가 거기에서 그칠까?

이 질문에 미리 답을 하자면, 주네는 절도에서와 마찬가지로 동성애를 통해 선한 사람들, 부르주아들의 힘과 권위에 대한 비판과 고발, 복수와 반항으로까지 나아가고 있는 것으로 보인다. 도둑이 되고자 하면서 겨냥했던 것들을 그는 이번에는 자신의 동성애 남성 파트너의 힘과 권위를 조롱하고, 나아가 그에 의해 상징되는 선한 사람들, 부르주아들의 위선과 거짓을 고발하려 함으로써 했다고 할 수 있다. 또한 그는 남성 파트너를 통해 느끼는 흥분과 쾌감을 제스처로 만들어 버리는 한편, 그 스스로 흥분과 쾌감의 원천이자 주체가 되고자 하면서 ―곧 보겠지만 그는 동성애 관계 후에 혼자 수음을 한다― 자기 원인자가 되고자 하는 것으로 보인다. 이것이 어떻게 가능한가? 과연 그는 이런 시도에서 성공하는가? 이를 차례로 살펴보자.

두 번째 질문부터 살펴보자. 이 질문에 답을 미리 하자면 주네의 동성애 시도는 실패로 끝나고 만다. 그 주된 이유는, 인간은 현실 속에서 주체로서의 자신을 망각하고 타자 속에서 온전히 하나의 대상이 될 수 없기 때문이다. 앞에서 본 것처럼 인간이 타자와의 관계에서 스스로 먼저 대상이 되는 것은 마조히즘에서일 뿐이다. 그런데 사르트르는 마조히즘이 궁극적으로는 실패로 귀착된다고 보고 있다. 그러니까 인간은 의식과 자유

1288 *Ibid.*, p.48.

의 주체, 곧 대자존재으로서의 지위를 버릴 수 없다. 이런 지위를 버릴 수 있는 것은 오직 죽음을 통해서일 뿐이다. 하지만 주네는 이런 동성애를 자신의 상상 속에서 실현하고자 한다. 그리고 주네의 상상 속에서는 그가 원하는 대로 모든 것이 진행되는 것처럼 보인다.

주네의 동성애는 감옥이라는 실제 공간에서 이루어지기는 한다. 하지만 그가 동성애자로 변신하면서 겨냥하는 것은 모두 그의 상상 속에서이다. 그렇다면 주네의 상상 속에서 동성애는 어떤 형태를 띨까? 특히 주네가 동성애에서 여성의 수동적인 역할을 떠맡는 이유는 무엇일까?

이와 관련해 다음 두 가지 사실을 지적하자. 먼저 주네의 동성애는 그의 선천적 기질, 곧 본성 때문이 아니라는 사실이다. 사르트르에 의하면 주네의 동성애는 감옥 속의 강자들과의 질식할 것 같은 투쟁에서 벗어나는 '출구issue'를 찾기 위한 자유로운 선택의 결과이다.[1289] 그다음으로 그가 10세 때 타자의 시선에 의해 도둑이라는 선고를 받으면서 이미 '전前 동성애pré-pédérastique' 상태를 경험했다는 사실이다.[1290] 사르트르는 전 동성애적 상태를 자신에 대한 진리를 자신의 대타존재, 곧 타자의 시선에 비친 자신의 모습 속에서 발견하는 사람의 상황이라고 규정한다.[1291] 주네의 경우가 정확히 여기에 해당한다. 특히 그의 경우에는 그가 절도 행위를 할 때, 그를 뒤에서 바라본 타자의 시선은 그의 몸속으로 '파고든pénétré' 시선이다. 다시 말해 그는 그때 이미 타자의 시선에 의해 "침범을 당한 아이enfant violé"[1292]였다는 것이다.

이런 측면에서 보면 주네의 '등dos' ─엉덩이를 포함해─ 은 중요한 의미

1289 *Ibid.*, p.94.

1290 *Ibid.*, p.95.

1291 *Ibid.*, p.98.

1292 *Ibid.*, p.96.

를 갖는다.[1293] 10세 때 훔치는 행위가 발각되었을 때 타자의 시선이 떨어져 그의 신체 속으로 파고든 곳이 바로 그의 등이었다. 그는 "뒤에서par-derrière"[1294] 기습당한 것이다. 등은 그의 몸에서 가장 취약한 부분이다. 하지만 반대로 그의 등은 타자의 시선으로부터 그를 방어해 주는 가장 강한 부분이기도 하다. 이렇듯 동성애에서도 그의 등은 이중의 의미를 갖는 것으로 보인다. 한편으로 그의 등은 상대방의 몸과 직접 맞닿는 부분으로, 상대방의 움직임을 제일 먼저 느끼는 몸의 일부이다. 다른 한편으로 그의 등은 상대방으로부터 자신을 보호하는 몸의 일부이기도 하다.

그렇다면 주네가 동성애를 선택한 이유는 무엇일까? 이 질문과 관련해 그는 어린 시절부터 '사랑받고자 했다être aimé'는 사실을 지적하자. 어쩌면 그의 존재 결핍의 가장 근본적인 이유는 부모의 부재였다고 할 수 있다. 그가 태어났을 때 그를 버린 부모 말이다. 만일 아버지의 보호는 차치하고서라도 어머니의 사랑이라도 받았더라면, 그는 성자 놀이를 통해 자신을 신의 아들로 여기면서 자신의 존재를 정당화할 필요는 없었을지도 모를 일이다.

주네의 존재의 무근거성의 직접적 원인인 이런 어머니의 부재, 특히 어머니로부터의 사랑의 부재는 감옥 속에서도 그대로 재현된다. 그는 10세 때 도둑이 되겠다고 결단을 내린 후에 절도를 포함해 여러 차례 범죄를 저지르고 감옥 속에서 많은 시간을 보내게 된다. 그런데 감옥이 어떤 세계인가? 그곳은 남성들만의 세계이다. 여성들만을 수용하는 감옥도 있다. 하지만 남녀는 따로 수감된다. 남성들만이 있는 감옥에서도 그는 사랑받고 싶어 했다는 것이 사르트르의 주장이다.

그렇다면 남성들만 있는 감옥에서 사랑받을 수 있는 방법은 무엇일까?

1293 *Idem.*

1294 *Idem.*

동성애일 것이다. 아니, 동성애밖에 없을 것이다. 이런 의미로 주네에게 있어서 감옥은 어머니 또는 여성과 같은 역할을 수행했다고 할 수 있다.[1295] 이렇듯 동성애를 통해 상대방으로부터 사랑받으면서 자신의 존재 근거를 마련하고 정당화하는 것, 이것이 그가 동성애를 통해 겨냥했던 것으로 보인다. 그리고 이를 위해 그는 동성애에서 여성의 수동적인 역할을 자처했다.

하지만 여기에는 주네의 무서운 전략이 담겨 있다. 그와의 동성애에서 남성 역할을 맡는 상대방은 자신의 강한 남성성과 권위를 과시하고 싶어 한다. 이 상대방은 자신의 강한 힘과 공격성으로 그를 흥분시키고 만족시킨다고 생각한다. 이 상대방은 여성 역할을 하는 그의 눈에서 자신의 무한한 자유와 초월을 찾고자 한다. 그러니까 이 상대방은 그와의 동성애에서 주도권을 쥐고 주체로 인정받고 싶어 한다. 이 상대방에게 있어서 "성행위acte sexuel"는 일종의 "복종의 축제fête de soumission", "일상적인 복종의 무한", 곧 "종교적인 의식cérémonie religieuse"인 셈이다.[1296] 물론 이 종교적인 의식은 "흑미사messe noire"[1297]이지만 말이다. 그리고 이런 복종에서 주네는 동성애의 대상이 되면서 사랑받고 있다고 생각할 것이다.

다만, 그때 다음의 두 가지 사실을 잊어서는 안 될 것이다. 첫째, 감옥에서 주네와 동성애를 하는 상대방의 위상[1298]은 바깥 사회의 선한 사람들-부르주아들의 그것에 해당하며, 그 결과 이 상대방이 속한 감옥 속의 강

[1295] "감화원은 그에게 여성들에게만 속하는 모든 것을 가진 것으로 보였다. 부드러움, 살짝 열린 구토 유발성 악취, 파도에 의해 드러나는 젖가슴, 마지막으로 엄마가 엄마이게끔 하는 모든 것을 말이다."(*Ibid.*, p.16.)

[1296] *Ibid.*, p.127.

[1297] *Idem.*

[1298] 사르트르는 감옥 속의 '강자들(les durs)'과 '약자들(les mous)'의 관계는 '봉신 관계(vasselage)'에 가깝다고 말하기도 한다.(*Ibid.*, p.134.)

자들의 부류가 구축한 세계가 곧 선의 세계라는 사실이다. 둘째, 주네는 동성애에서 이 상대방이 자기에게 투사하는 악의 희생자가 된다는 사실이다.

첫 번째 사실에 대해서는 별다른 설명이 필요하지 않아 보인다. 뒤에서 다시 보겠지만 감옥에서 주네가 맡은 여성의 수동적 역할을 하는 이른바 약자들은 남성 역할을 하는 강자들이 사용하는 언어조차도 마음대로 사용하지 못한다. 다시 말해 감옥 안의 위계질서가 분명하며, 강자들이 내세우는 관습, 가치 등이 곧 그곳을 지배하는 규칙이자, 나아가 그들의 선의 세계를 지탱하는 주요 요소가 된다.

두 번째 사실에 대해서는 동성애에서 남성 역할을 하는 상대방의 성기를 자기 몸 안에 받아들이는 주네는 이미 이 상대방, 곧 타자에 의해 육화 incarné된다는 점을 지적하자. 게다가 사르트르에게서 의식과 신체는 동일하게 여겨지기도 한다.[1299] 따라서 주네가 동성애에서 상대방의 몸을 자기 안에 받아들이는 것은 곧 이 상대방의 의식이 자신의 '신체-의식'의 내부로 파고들어, 다시 말해 투사되어 부정적인 효과를 낳는다는 것과 같은 의미라고 할 수 있다.

이런 관점에서 보면 주네와의 동성애에서 상대방은 그에게 악을 행한다는 것은 분명하다. 사르트르에게서 악이, 타자가 가진 부정적인 요소의 나에게로의 투사라는 점을 떠올리자. 주네는 동성애 중에 당연히 자기 몸속에서 상대방의 성기가 발기되고 팽창함에 따라 흥분하고 쾌감을 느낄 것이다. 즉 그는 사랑받고 있다고 느낄 것이다. 하지만 그는 여성의 수동적인 역할 속에서 이처럼 흥분하고 쾌감을 느끼며[1300] 사랑받고 있다고

1299 앞에서 보았듯이 사르트르는 『존재와 무』에서 신체를 세 가지 차원에서 다루고 있다는 점을 상기하자. 여기에서 의식이 신체와 동일하다는 것은 바로 신체의 1차원에 해당한다.

1300 여기에는 "보호(protection)"가 포함된다.(*Ibid.*, p.135.) 그도 그럴 것이 감옥 속에서 강자(남성

느끼면서도 이미 그다음 행동을 준비하고 있다. 그것은 바로 이 모든 것을 주도한다고 생각하는 상대방을 배반하고, 그에게 복수하고 반항하는 것이다. 이렇듯 그의 동성애는 다분히 전략적이다.

물론 이런 전략은 주네의 상상의 산물이다. 그는 자신의 상상 속에서는 이 상대방과 동성애를 하는 중에 전혀 흥분하지 않는다. 그가 흥분하고 쾌감을 느낀다는 것을 상대방에게 전하는 것은 외관상으로만 그렇다. 다시 말해 그것은 그의 제스처에 불과하다. 그는 상대방의 발기하고 팽창한 페니스에 의해 육화되지 않는다. 아니, 육화되기를 극구 거부한다. 상대방이 절정에서 사정을 하고 그의 성기가 축 처지게 되면 —사르트르는 "바람 빠지기dégonflage"[1301]라는 표현을 사용한다—, 주네[1302]는 혼자 세면대로 가서 수음을 하거나, 상대방의 등 뒤에서 수음하는 것이 그 단적인 증거이다.[1303]

이것은 주네가 동성애를 하면서 상대방의 동작에 대해 아무런 반응도 하지 않는다는 것을 의미한다. 상대방은 자신의 강한 남성적인 힘과 애무로 그의 주체성과 자유를 그의 신체 속에 육화했다고 주장할 것이다. 다시 말해 이 상대방은 자기의 주도하에 그의 신체를 육화해서 "여성적이고 경멸할 수 있는 대상objet femelle et méprisable"[1304]으로 변모시켰다고 생각할 것이다. 다시 말해 이 상대방은 그의 신체를 자신의 정액을 받는 하나

역할을 하는 자)와 약자(여성 역할을 하는 자) 사이의 관계는 일종의 "봉신 관계"이기 때문이다. 강자는 약자의 "하늘(ciel)"로 여겨진다.(*Idem.*) 사르트르에 의하면 이 관계는 중세의 영주와 그의 보호를 받는 수직적이고 봉건적인 가신의 관계와 유사하다. 따라서 이들 사이에는 "상호성"이 "엄격하게" 배제되어 있다.(*Ibid.*, p.136.)

1301 *Ibid.*, p.152.

1302 이 문장의 주어를 주네로 썼으나, 실제로 이 장면의 주체는 그의 작품에 등장하는 인물들이라는 사실을 지적하자.

1303 Cf. *Ibid.*, p.130.

1304 *Ibid.*, p.129.

의 용기勇氣 정도로 생각할 것이다. 그렇게 하면서 이 상대방은 자신이 그의 흥분과 쾌감을 촉진한 장본인이라고 뻐기게 될 것이다.

하지만 설령 주네가 동성애에서 흥분하고 쾌감을 느꼈다고 해도, 그것은 한갓 그의 제스처일 뿐이다.[1305] 그의 상상 속에서 그 자신의 신체는 상대방의 모든 동작에 아무런 반응도 하지 않으며, 그런 만큼 그는 상대방에 대해서 완전히 무관심하다.[1306] 그리고 그때 그의 등은 오로지 방어적 기능을 수행한다고 할 수 있다. 이렇듯 그가 상대방의 자극에 흥분하고 쾌감을 느끼는 순간, 그는 정확히 상대방을 그림자로 환원시켜 버림과 동시에 그를 자신을 통해서만 존재할 뿐인 외관으로 축소해 버리는 것이다.[1307] 사르트르에 의하면 주네의 이런 태도는 "그가 나중에 배반이라고 명명하게 될 것의 주요 원천la source principale qu'il nommera plus tard ses trahisons"으로 규정한다.[1308] 이렇듯 그에게 있어서 "모욕감의 바다l'abîme de l'humilité"이 "자존심의 정점la cime de l'orgeuil"인 셈이다.[1309]

바로 거기에 주네의 철저한 배반이 자리한다. 그도 그럴 것이 그는 상대방과의 관계에서 이 상대방이 자기에게 흥분과 쾌감을 주었다고 생각하는 순간, 자기를 복종시켰다고 생각하는 순간, 바로 이 상대방에게서 멀어진다. 주네는 더욱더 혼자가 되는 것이다. 그리고 오히려 이 상대방을 흥분시켜 사정케 함으로써 그를 추락시켰다고 생각한다. 이것은 그대로 그가 동성애에서 상대방의 힘, 공격성, 남성성, 주도권을 무력화시켰

1305 동성애에서 여성 역할을 하는 주네의 흥분과 쾌감은 상대방에 의해 "촉발된(provoqué)" 것이지만, 또한 암묵적으로 주네의 "동의를 받아(consenti)"를 이루어진 것이라는 점을 지적하자.(*Ibid.*, p.130.)

1306 사르트르에게서 무관심은 그 주체가 상대방에 대해 맹목의 상태, 곧 이 상대방의 존재를 완전히 무시하면서 그를 없는 존재로 취급하는 관계라는 것을 기억하자.

1307 *Ibid.*, p.145.

1308 *Idem.*

1309 *Ibid.*, p.132.

다고 하는 것과 동의어이다.

또한 주네는 이 상대방과의 소통을 거부함과 동시에 그를 조롱한다고 여긴다. 게다가 이런 그의 행동은 "복수revanche"[1310]이기도 하다. 그리고 그는 혼자 수음을 하면서 자신의 흥분과 쾌감의 근본적인 원인이 되고자 한다. 그는 이렇게 해서 자신의 행위를 그 근원에서 보증하고, 이를 통해 자기 원인자가 되고자 하는 것이다. 마치 계속 절도를 저지르면서 절대악을 실현하고자 하는 것처럼 말이다. 결국 그는 동성애를 통해서도 패이승의 유희를 계속한다.[1311] 남성 역할을 하는 상대방으로 인해 그가 느끼는 모욕, 분노, 고통, 증오[1312] 등이 크면 클수록 그의 승리의 기쁨은 더욱더 커지는 것이다.

그런데 이와 같은 주네의 동성애에서의 배반은 그대로 감옥에서 위계질서의 상부 자리를 차지하고 있으면서 자신들만의 선의 세계를 세우고 있는, 남성 역할을 하는 강자들의 힘과 권위에 내포된 위선과 거짓을 폭로하고 고발하는 복수와 반항의 성격을 띠고 있기도 하다. 비록 이런 폭로와 고발이 상상 속에서, 비현실적으로 이루어지고 있음에도 그렇다. 이와 관련해 사르트르가 인용하고 있는 지드의 다음과 같은 말은 의미심장하다. "지도자는 타인들의 복종을 필요로 하는 사람이다Le chef est un homme qui a besoin de la soumission des autres."[1313]

1310   *Ibid.*, p.149.

1311   *Ibid.*, p.128.

1312   '증오'는 중요하다. 그도 그럴 것이 사르트르에게서 이 증오는 '타자 살해'의 시도로 여겨지기 때문이다. 그러니까 나와 타자와의 구체적 관계 맺기에서 나의 부끄러운 존재론적 비밀을 알고 있는 타자를 내가 살해하려고 할 수도 있다는 것이다. 주네의 경우, 그의 문학작품에서는(따라서 그의 상상의 세계 속에서는) 실질적인 살해로까지 나아가고 있으나, 현실에서는 그렇지 못하다.(*Ibid.*, p147.) 이것 역시 주네의 동성애자로서 내보이는 반항에 한계가 있다는 것을 보여 준다고 하겠다.

1313   *Ibid.*, p.154.

이와 같은 지드의 단언으로 미루어 보아, 감옥 속의 강자들은 주네와 같은 약자들의 복종이 없다면 강자가 될 수 없을 것이다. 바꿔 말하면 그들은 결국 주네와 같은 약자들의 자발적인 복종soumission volontaire이 있을 경우에만 강자일 수 있을 뿐이다. 이는 정확히 강자들과 그와 같은 약자들의 위치가 바뀌게 된다는 것 ―헤겔에게서 그 유명한 주인-노예 관계가 나중에 노예의 노동에 의해 역전되는 것처럼 말이다― 을 의미한다. 물론 주네의 자발적인 복종은 배반에 해당하고, 그런 만큼 그것은 강자들의 세계, 곧 선의 세계를 무너뜨리는 유력한 전략이라고 할 수 있다.

이렇듯 주네가 강자들에 의해 흥분되거나 쾌감을 느끼는 것은 제스처에 불과할 뿐이며, 그는 이런 제스처를 통해 결국 그들의 무기력을 드러내고 있다고 할 수 있다. 이는 강자들의 힘과 권위, 곧 그들이 감옥에 세운 선의 세계가 결국 위선과 거짓 위에 구축된 것임을 여실히 보여 주는 것이다. 또한 그가 선택한 동성애는, 그가 살고 있는 사회의 강자들, 곧 선한 사람들-부르주아들의 동성애 충동의 드러냄에 다름 아니다. 앞에서 보았듯이 주네가 행하는 악으로서의 동성애는 그들이 자신들의 동성애 충동을 외부로 내던진 것이다. 이런 시각에서 보면 주네의 동성애는 그들의 분신이 행하는 악에 불과할 따름이다.[1314]

이렇듯 주네의 동성애는 앞에서 살펴본 절도와 유사한 동기, 과정, 결과를 낳는 정화적 위기의 하나임에 분명하다. 또한 동성애를 통한 이런 배반, 고발, 반항도 절도와 마찬가지로 개인적 차원에 그치는 것으로 보인다.[1315] 그가 동성애를 통해 겨냥하는 것은 감옥 속에서 강자들이 세운

[1314] 사르트르는 동성애자 주네를 싫어하는 자들은 자신들 내부에 동성애적 성향을 가진 자들이라고 본다. 이는 그들이 자신에게 던질 시선을 주네에게 던지는 것과 동의어이다. 결국 선한 사람들이 동성애자 주네에게서 미워하는 것은 바로 자신들이 극구 거부하는 자신들의 절반의 모습, 곧 자신들의 분신에 불과할 뿐이다.

[1315] 사르트르에 의하면 감옥 속에는 강자들과 약자들이 있고, 특히 강자들 주위에는 수평적이

선의 세계를 완전히 무너뜨리는 것이 아니다. 자기를 개인적으로 사랑한다고 하는 동성애의 남성 파트너의 힘, 공격성, 권위가 위선적, 자기기만적이라는 것을 폭로하고자 하는 것이다.[1316] 특히 감옥 안에서 주네와 같이 여성 역할을 하는 자들이 한데 힘을 모아 행동하는 경우는 없다. 이런 관점에서 보면 그의 동성애는 결코 감옥 안의 강자들은 물론, 감옥 바깥세상의 강자들, 즉 선한 사람들-부르주아들의 선의 세계를 무너뜨리는 집단적인 저항과 투쟁으로까지 나아가고 있는 것은 아니라고 할 수 있다.

e) 작가로의 변신

주네에게서 도둑이 되고자 하는 결단에 따라 무상의 악, 절대악을 정초하기 위해 무한정 이어지는 절도가 예술 창작 또는 시적 행위와 유사하다는 것이 사르트르의 주장이었다. 실제로 주네는 감옥에서 자신의 정화적 위기에서 벗어나기 위한 하나의 방법으로 작가로의 변신을 꾀한다.

> 살아남고자 하는 아주 강한 의지, 아주 순수한 용기, 절망 속에서 그처럼 강력한 신념은 그 결실을 맺는다. 이와 같은 부조리한 결심으로부터 20년 후에 시인 장 주네가 탄생하게 될 것이다.[1317]

고 병렬적인 관계를 유지하는 자들(예컨대 젊은 강자들)이 있다. 하지만 약자들(여성 역할의 동성애자들)은 그 사이에서 사랑에서나 배신에서 단결하지 못하고 홀로 있다고 말하고 있다.(*Ibid.*, p.138.) 이는 약자들의 고발이나 반항이 집단적 차원으로 고양되지 못하고 개인적 차원에 머문다는 것을 우회적으로 보여 준다고 하겠다.

1316 이런 의미에서 주네가 동성애에서 여성 역할을 하는 약자들의 위상을 감내하면서 남성 역할을 하는 강자들에게 복종하는 것은 그들과의 "소통(communication)"을 도모하는 것이라고 할 수 있다.(*Ibid.*, p.157.) 다만, 실패로 끝나는 이런 소통을 통해 감옥이라는 공간, 이 공간에 의해 상징되는 주네가 살던 시대의 프랑스 사회의 모순, 위선 등이 드러나고 폭로된다고 할 수 있다.

1317 *Ibid.*, p.63.

사르트르는 주네의 문학적 천재성이 타고난 재주, 곧 그의 본성의 결과가 아니라 감옥이라는 극단적인 상황에서 돌파구를 찾고자 하는 힘겨운 노력의 결과로 본다. 사르트르의 안내를 따라 주네가 문학을 통해 자신의 해방을 위해 출구를 찾아가는 여정을 따라가 보자. 그 과정에서 주네는 쓰기를 통해 자기 원인자가 되고자 하는 욕망을 충족하기 위해 반드시 타자들, 곧 독자들을 찾아 나서야만 한다는 사실과 선한 사람들-부르주아들이 지배하는 사회에 대한 비판과 고발을 겨냥하고 있다는 사실을 드러내게 될 것이다.

이를 위해 무엇보다 먼저 주네의 문학에의 입문에 대한 하나의 궁금증부터 풀어 보자. 대체 그는 언제부터 글을 쓰기 시작했는가? 그가 모르방에서 초등학교에 다닐 무렵 작문에서 상을 받을 정도로 똑똑했다는 사실을 앞에 언급한 바 있다. 하지만 그는 정상적인 교육 과정을 밟지 못했다. 청소년 시절에 이런저런 범법 행위로 감화원 등을 드나들던 주네는 1925년 범법 청소년 교육 프로그램의 일환으로 맹인 작곡가를 돕게 된다.

이 작곡가의 이름은 르네 드 빅쇠유René de Bixeuil —본명은 장바티스트 슈브리에Jean-Baptiste Chevrier이다[1318]— 이고, 파리에서 살고 있었다. 그때 주네는 16세였다. 이 작곡가의 집에 머물면서 그는 노래를 짓기도 하고, 운율법, 운의 법칙 등과 같은 시작법을 접했다.[1319] 이 작곡가의 증언에 따르면 그는 나중에 "회상록"을 쓰겠다는 야심을 가지고 있었으며, "나노 플로란Nano Florane"이라는 이름으로 서명한 작은 공책을 채워 나갔다고 한다.[1320]

이런 과정을 거쳐 주네는 우연히 감옥에서 시를 쓰는 기회를 갖는다.

1318   Edmund White, *op. cit.*, p.61.

1319   SG, p.474.

1320   Edmund White, *op. cit.*, p.60.

사르트르에 의하면 그가 시를 쓴 것은 감옥에서 다른 수감자들의 도전에 대한 응전이었다. 사르트르가 전하는 주네의 얘기를 들어 보자.

> 그런데 그들 수감자 중에 자기 누이에게 시를 쓰곤 했던 한 수감자가 있었어요. 수감자들이 찬탄했지만, 엉터리 같고 눈물을 질질 짜게 하는 시 나부랭이에 불과했어요. 결국 나는 짜증이 나서 그런 시쯤은 나도 쓸 수 있다고 선언해 버렸습니다. 그들은 나에게 도전했고, 나는 「사형수Condamné à mort」라는 시를 썼어요. 나는 어느 날 그들에게 이 시를 읽어 주었는데, 그들은 나를 더 무시할 뿐이었어요. 나는 욕설과 조롱 속에서 낭독을 마쳤어요. 한 수감자가 나에게 이렇게 말했어요. "그딴 시, 난 아침마다 써." 감옥에서 나왔을 때 나는 이 시를 특별한 주의를 기울여 완성했어요. 나에게 멸시를 안겨 준 만큼 더욱더 나에게 소중했던 이 시를 말입니다.[1321]

여기에서 확인할 수 있는 주네의 시를 쓰는 행위를 통한 도전은 일차적으로 존재론적 힘과 무관해 보이지 않는다. 주네는 자신의 쓰기가 "지적 우월성supériorité intellectuelle"의 확보에 목적이 있다는 사실을 숨기지 않는다.[1322] 이 우월성은 감옥에 형성된 위계질서에서 가장 아래에 있는 그가 쓰기를 통해 자기보다 위에 있는 자들과의 경쟁에서 승리를 거두는 것을 겨냥한다. 그렇다면 그가 겨냥하는 이 지적 우월성은 어디에서 오는가? 이 질문은 주네가 쓰기를 선택한 이유, 곧 그의 작가로의 변신의 이유와도 밀접하게 연결되어 있다.

방금 주네가 한 수감자의 도전에 응해 시를 썼다고 했다. 그런데 주네의 글쓰기에서 중요한 것은 그 내용보다는 오히려 그가 구사하는 '언어'

1321 SG, p.475.

1322 *Idem*.

로 보인다. 언어는 그것을 사용하는 이들의 정체성과 무관하지 않다. 사르트르에 따르면 주네에게는 세 종류의 언어가 있다. "보통의 언어langue commune", "은어argot", "여성 역할을 하는 이들의 방언dialecte des tantes"이 그 것이다.[1323] 첫 번째 언어는 주네가 감옥 밖에서 사용하고 소통하는 언어[1324]이다. 두 번째 언어는 감옥에서 수감자들, 특히 강자들-남성 역할을 하는 동성애자들이 사용하는 언어이다. 세 번째 언어는 감옥에서 약자들-여성 역할을 하는 동성애자들이 사용하는 언어이다.

그런데 이 세 종류의 언어와 관련해 흥미로운 것은, 주네와 같은 약자들-여성 역할의 동성애자들은 감옥에서 강자들-남성 역할의 동성애자들이 사용하는 언어를 사용할 권리가 없다는 점이다.[1325] 그와 같은 처지에 있는 약자들은 강자들의 언어, 곧 은어를 부분적으로 이해할 수는 있으나, 그것을 사용하는 것은 금지되어 있다. 또한 강자들은 그와 같은 약자들의 언어에는 무관심하다. 이로 미루어 보아 동성애에서 여성의 수동적 역할을 하는 약자들 —감옥 안의 '소수minorité'이다[1326]— 의 일원인 주네와

[1323] *Ibid.*, p.329.

[1324] 물론 어린 나이에 선한 사람들-부르주아들의 세계에서 추방당한 주네의 경우, 그들이 사용하는 "보통의 언어"에서도 소외된 것은 분명하다. 하지만 그가 그들의 언어를 사용하는 것도 여전한 사실이다. 그렇다고 해서 주네가 그들과의 소통에서 편안함을 느끼는 것은 아니다. 곧이어 살펴보겠지만, 주네의 작품에는 감옥에서 배웠던 은어나 동성애에서 여성 역할을 하는 이들이 사용하는 언어 등이 섞여 있다. 이런 언어를 통해 주네는 결국 선한 자들-부르주아들을 불편하게 만들며, 그만의 고유한 문학 세계를 구축하면서 자기 원인자가 되고자 하는 바람을 실현하고 있다고 하겠다. 여기에 대해서는 곧이어 좀 더 자세히 살펴볼 것이다.

[1325] *Ibid.*, p.312.

[1326] 그때 소수는 '다수(majorité)'에 반대되는 개념이다. 들뢰즈, 과타리에 의하면 한 사회에서 다수와 소수를 구분하는 기준은 그 구성원들의 수가 아니라, 이들 구성원이 이 사회의 담론(discours)을 생산해 내는 권력을 가졌는가의 여부이다. "다수는 스스로를 평가하는 기준인 도량형 원기, 즉 표현이나 내용의 상수를 포함하고 있다. (…) 다수는 권력 상태 또는 지배 상태를 전제로 한다. 결코 그 역이 아니다. 다수는 도량형의 원기를 전제로 한다. 결코 그 역이 아니다."(Gilles Deleuze & Félix Guattari, *Mille Plateaux: Capitalisme et schizophrénie 2*, Minuit, coll. Critique, 1980, p.133.)

강자들, 즉 남성 역할을 하는 자들 사이의 소통은 쉽지 않으며, 심지어 거의 불가능하다고 할 수 있다.

주네가 수감자들의 도전을 받아들이고 쓰기를 통해 지적으로 우월한 위치를 점하기 위해서 어떻게 해야 할까? 그에게 가장 필요한 것은 감옥의 위계질서에서 상층부를 차지하고 있는 자들, 곧 강자들-남성 역할의 동성애자들이 사용하는 은어 ―'다수 언어langue majoritaire'[1327]이다― 를 구사하는 일이 될 것이다. 그래야만 그들이 그의 시를 듣고, 읽고 이해할 수 있을 것이다. 또한 그래야만 그는 다른 수감자들, 특히 강자들의 비호하에 도전을 감행했던 수감자보다 더 훌륭한 작품을 썼다는 평가와 인정을 받을 수 있을 것이다.

그렇다면 이를 위해 주네는 무엇을 어떻게 해야 할까? 방법은 단 하나이다. 그가 강자들의 언어를 빌리거나 훔치는 것이다. 주네와 같은 약자들은 강자들의 은어를 사용할 수 있는 권리도 없고, 또 그런 사용이 금지되어 있다는 것을 상기하자. 강자들이 자신들의 은어를 사용할 권리를 주네에게 허락해 준다면 그들은 별다른 문제 없이 그의 시를 듣고, 읽고 이해할 수 있을 것이다. 하지만 그들이 이를 허락해 줄 리 만무하다. 주네가 그들의 언어를 차용하거나 또는 훔치는 것밖에 다른 방법이 없다.[1328]

하지만 주네는 쓰기를 하면서 단지 강자들의 언어를 차용하고 훔치는

[1327] 다수 언어의 특징에 대해서는 다음을 참고하라. Gilles Deleuze & Félix Guattari, *Superpositions*, Minuit, 1979, p.99; Catarino Pombo Nabais, *Gilles Deleuze: philosophie et littérature*, L'Harmattan, 2013, p.217.

[1328] 사르트르는 "언어는 타인이다(Le Verbe, c'est l'Autre)"(SG, p.320), "말하는 것, 그것은 말을 훔치는 것이다(Parler, c'est voler les mots)"(*Ibid.*, p.314)라고 주장한다. 이런 주장은 주네에게 그대로 해당한다. 또한 사르트르는 이처럼 주네가 강자들의 은어를 훔치는 것은 '악'을 행하는 것으로 이해한다. "은어를 말하는 것, 그것은 악을 선택하는 것이다(Parler l'argot, c'est choisir le Mal)."(*Ibid.*, p.322.) 이렇듯 주네에게서 쓰기는 벌써 절도, 동성애와 같은 악으로서의 의미를 지닌다고 할 수 있다.

것에만 그치지 않는다. 거기에 그친다면 그는 여전히 강자들의 지배하에 있게 될 것이다. 그리고 글을 쓰면서도 그의 내부는 여전히 강자들의 정체성이 배어 있는 그들 언어의 지배하에 있게 될 것이다. 그가 그들 언어의 지배하에 있다는 것은 그대로 그가 그들의 사상과 정신의 지배하에 있다는 것을 의미한다.

주네가 이런 상태를 용인할까? 그렇지 않을 것이다. 그는 오히려 그 반대로 이런 지배로부터 극구 벗어나고자 한다. 더군다나 그는 다른 수감자들 —강자들-남성 역할의 동성애자들도 포함된다— 에 비해 지적 우월성을 느끼기 위해 글을 쓴다고 하지 않았던가! 따라서 그는 강자들의 언어를 차용하거나 또는 훔치는 것을 넘어서 또 다른 전략을 구사하게 된다. 그들을 배반하는 전략이 그것이다.

실제로 주네는 강자들의 언어를 빌리거나 훔쳐서 글을 쓰지만, 그들이 전혀 이해할 수 없을 정도의 고급 문장 —고급 어휘, 복잡한 구문, 화려한 문체 등— 을 구사한다. 뒤에서 보겠지만 그가 구사하는 고급 문장은 감옥 밖에서 익힌 보통의 언어로, 선한 사람들-부르주아들에게서 빌리거나 훔친 것이다. 정확히 이런 이유로 감옥 속의 강자들은 자신들의 언어, 즉 은어에 보통의 언어가 가미되고 고급 문장으로 구성된 그의 시를 듣지도, 읽지도 이해하지도 못한 것이다.

게다가 감옥 안의 강자들은 주네의 시를 조롱하고, 그런 시를 쓰는 그에게 욕설을 퍼붓는다. 왜 그럴까? 그 까닭은 그가 구사한 언어로 인해 그들의 언어가 "더럽혀진다souillé"고, 즉 오염된다고 생각하기 때문이다.[1329]

[1329] Cf. *Ibid.*, p.312. 이것은 옛날에 몇몇 부족에서 남자들만이 언어를 사용하고, 여자들은 몸짓으로 의사를 표현해야 한다고 했던 것과 같은 논리이다. 사르트르는, 주네가 감옥에서 나와 작가로 활동할 때, 선한 사람들-부르주아들은 자신들이 지배하는 사회에서 도둑으로 낙인찍혀 유죄를 선고받은 그가 그들의 언어를 사용하는 것을 꺼린다고 주장한다. 왜냐하면 그들은 주네가 자신들만의 언어를 사용함으로써 그것을 더럽히고 오염시키는 것을 경계하기

여기에는 다음과 같은 두 가지 중요한 사실이 함축되어 있다. 하나는 그들이 그를 자기들과는 다른 부류에 속하는 인간, 즉 '타자'로 여긴다는 사실이다. 다른 하나는 그의 언어 사용에 의해 그들의 정체성이 퇴색될 수 있다고 생각한다는 사실이다. 이런 이유로 그들은 그의 시를 조롱하고, 그런 시를 쓰고 낭독한 그를 싫어하며, 그에게 욕설을 퍼부을 수밖에 없는 것이다.[1330]

그뿐이 아니다. 사르트르에 의하면 언어의 변화는 곧 존재의 변화, 세계의 변화와 동의어이다. "언어[1331]를 바꾸는 것, 그것은 존재를 바꾸는 것이다Changer les mots c'est changer l'être."[1332] 따라서 주네가 보통의 언어를 가미해 쓰기를 하는 것은 감옥 안에서 강자들에 의해 축조된 기존의 위계질서, 가치 체계 등을 뿌리째 뒤흔드는 일이기도 하다. 이와 관련해 사르트르는 주네가 언어로 "명명하는 것nommer"은 "지시하기désigner" 위함이 아니라 "변화시키기transformer" 위함으로 본다고 주장한다.[1333]

그런데 이 단계에서 특히 주목해야 할 것은 바로 주네가 감옥에서 쓴

때문이다. 곧이어 보겠지만 그들은 주네가 이런 언어를 사용함으로써 그들의 세계를 변화시키고 붕괴시키는 것을 두려워하고 경계한다는 것이 사르트르의 주장이다.

[1330] 이와 관련해 다음과 같은 일화는 흥미롭다. 주네는 청소년 시절에 자신이 지은 죄로 교정 당국에 호출된 적이 있었는데, 그때 교정 당국의 실수로 죄수복을 입게 되었다. 반면, 다른 사람들은 평상복을 입고 있었다. 물론 주네는 교정 당국에 이 사실을 말하면서 평상복을 요구했다. 하지만 그의 요구는 받아들여지지 않았다.(*Ibid.*, p.475.) 문제는 그때 주네가 다른 수감자들의 눈에는 자신들에게 곧 닥쳐올지도 모를 "그들의 운명의 이미지(l'image de leur destin)", 곧 "부정적인 것(le négatif)"(*Ibid.*, p.476), 미래의 범법자 모습을 보여 주는 "불길한 징조(mauvais augure)"(*Ibid.*, p.475)로 비쳤던 것이다. 다시 말해 주네는 그들에게 과일 상자 속의 하나의 썩은 과일(un fruit pourri), 양의 무리에서 한 마리의 옴 오른 양(une brebis galeuse)이었던 것이다.

[1331] 원문의 'les mots'의 번역어이다. '단어', '말'이라고 옮길 수도 있겠으나, '언어'라고 하는 편이 더 이해하기 쉬울 것이다.

[1332] *Ibid.*, p.314.

[1333] *Idem.*

시를 수감자들에게 읽어 주었을 때, 그 누구도 이 시를 읽지도, 이해하지도 못했다는 사실이다. 이것은 그가 강자들을 배신하기 위해 동원했던 전략의 성공으로 해석될 수 있다. 그는 그들에게서 훔친 은어에다 감옥 밖에서 사용되는 보통의 언어가 가미된 언어로 쓴 작품을 수감자들에게 읽어 주었고, 이렇게 함으로써 그는 자신이 그들과 다르다는 것을 여지없이 보여 주었다고 할 수 있다. 그리고 그가 사용하는 언어의 수준이 높아지면 높아질수록 그 효과는 비례해서 더 커진다. 또한 이에 비례해 그가 다른 수감자들에 비해 지적으로 우월하다는 확신도 더 커지게 된다.

게다가 다른 수감자들이 이해하지 못하는 수준 높은 시를 씀으로써 주네가 그들에 비해 지적 우월감을 느낀다는 것은 그에게서 또 하나의 중요한 의미를 갖는다고 할 수 있다. 그것은 그가 지금까지 절도와 동성애를 통해 실현하고자 했던 자기 원인자의 지위에 도달했다는 판단이다. 그렇지 않은가? 「사형수」라는 시를 쓴 것은 바로 그 자신이다. 이 시는 그가 그것을 쓰기 전에는 이 세계에 존재하지 않았다.

앞에서 사르트르의 문학이론을 통해 보았듯이, 주네는 이 시를 그 기원에서부터 근거 짓는다. 주네는 이 시의 모든 것에 관여한다. 시어, 운율, 통사, 문채 등등…. 한마디로 그의 존재는 이 시의 출현에 필요불가결하다. 이런 의미에서 이 시와의 관계에서 그는 자신의 무한한 힘을 향유하며, '조물주', 곧 자기 원인자의 위치에 있다고 할 수 있다. 얼핏 보면 그는 시의 창작을 통해, 절도와 동성애로써 끝까지 원했던 자기 모습을 실현한 것처럼 보인다.

하지만 문제는 다른 수감자들이 주네의 시를 읽지도, 이해하지도 못했다는 점에 있다. 방금 그는 손수 지은 시와의 관계에서 조물주의 위상을 확보했다고 생각할 수 있다. 하지만 이것은 그의 환상에 불과하다. 만일 그가 계속 이런 환상에 빠져 있다면, 그는 한 명의 '정신이상자fou'일 것이다. 왜 그런가? 이 질문에 답을 미리 하자면 불가능한 것을 가능하다고 생각하는 자가 정신이상자이기 때문이다. 그렇다면 그가 가능하다고 생각한 불가능한 것은 무엇이었을까? 이 질문에 답을 하기 위해서는 사르트르의 문학이론에서 중요한 의미를 갖는 작가-독자의 관계로 되돌아갈 필요가 있다.

앞에서 『구토』와 『문학이란 무엇인가』를 통해 사르트르의 문학이론을 일별할 때 다음과 같은 사실을 확인한 바 있다. 즉 문학작품은 쓰기와 읽기의 결합, 즉 작가와 독자의 협력에 의해 완성된다는 사실이 그것이다. 이 사실을 고려하면 감옥에서 주네가 쓴 「사형수」라는 시는 시가 될 수 없다. 왜냐하면 이 시를 읽고 이해할 수 있는 수감자가 없다는 것은 그대로 이 시의 독자가 없다는 것과 동의어이기 때문이다. 요컨대 그의 시는 시가 될 수 있는 요건을 충족하지 못한 상태에 있는 것이다.

그렇다면 감옥 안에서 이 시를 읽고 완성시켜 줄 독자는 누구인가? 주네 자신일 수밖에 없다. 실제로 그만이 이 시를 이해할 수 있다. 그것도 완벽하게 말이다. 이런 의미에서 그는 자기가 쓴 시의 '이상적인 독자 lecteur idéal'라고 할 수 있다.[1334] 그리고 이런 자격으로 자신의 시를 읽고 완벽하게 이해하는 '주네-독자'의 협력을 얻어 시를 쓴 '주네-시인(작가)'은 자기 원인자가 될 수 있다고 여긴 것이다. 이런 점을 감안해 사르트르는 "주네가 다른 사람들을 위해 쓰지 않는다Genet n'écrit pas pour les autres"[1335]라고 말하고 있다.

어쨌든 이렇듯 자신이 쓴 시를 읽는 '주네-독자'에 의해 자기 원인자가 되었다고 생각하는 '주네-시인(작가)'을 사르트르는 "꿈속에서 신이 된 주네Genet devenu Dieu en rêve"[1336]로 간주한다. 또한 사르트르는 이것이 주네로

[1334] 작가가 자신의 작품에 투사한 의도(intention)에 일치하는 의미를 끌어내는 독자가 바로 이상적인 독자이다.

[1335] *Ibid.*, p.480.

하여금 감옥에서 혼자 쓰기를 계속 이어 나가게 했던 주된 원동력으로 간주한다. 하지만 그때 그는 함정에 빠져 있는 것으로 보인다.

어떤 함정인가? 바로 주네 자신이 작가로서 자신의 작품을 읽을 수 있다는 함정이다. 이 함정은 유혹적이다. 왜냐하면 사르트르의 문학이론에서 작가가 자기 작품을 읽는 것은 불가능한데도 불구하고[1337] 이것이 가능하다고 여길 수 있기 때문이다. 따라서 이 유혹적인 함정에 빠진 주네는 꿈속에서 자신을 신으로 여길 수 있으며, 그런 만큼 그는 유아론자이거나 아니면 정신이상자일 수밖에 없는 것이다.

그런데 앞에서 살펴보았듯이 사르트르의 문학이론에서 작가는 자기의 작품을 읽으면서 자신의 주체성, 자신의 모습, 곧 자신의 분신만을 재발견할 뿐이다. 그러니까 작가는 자기의 작품에 대상성을 부여할 수 있는 거리를 펼칠 수가 없다. 앞에서 우리는 자신이 창작한 작품을 소유하면서 작가는 오직 '대자-대자'의 결합만을 실현하게 될 뿐이라고 말한 바 있다. 하지만 작가에게 필요한 것은 자신의 작품을 통한 '대자-즉자'의 결합을 실현하는 것이다. 이것이 진정한 의미에서 자신의 작품과의 관계에서 '신'이 되는 길이라는 것이 사르트르의 주장이었다.

사르트르의 사유에서 신은, 만일 존재한다면, 대자-즉자의 결합 방식으로 존재한다는 것을 상기하자. 또한 작가가 자신의 작품을 소유하면서 대자-즉자의 결합을 실현하는 것이 그의 개인적인 구원에 해당한다는 것도 상기하자. 그런데 작가가 자기 작품을 통해 이 대자-즉자의 결합을 실현하기 위해서는 당연히 이 작품을 대상화해 즉자를 확보해야 한다. 그런데 이 즉자는 어디에서 오는가? 우리는 앞에서 작가가 쓴 작품의 즉자적 측면은 쓰기의 주체인 작가와는 다른 주체, 곧 읽기의 주체인 독자에 의

1336   *Ibid.*, p.533.

1337   작가로의 변신을 꾀하는 주네의 경우도 마찬가지다. Cf. *Ibid.*, p.534.

해 주어질 뿐이라는 사르트르의 주장을 보았다. 그로부터 주네는 자기가 쓴 작품을 읽고, 거기에 즉자적인 측면을 부여해 줄 독자(들)을 확보해야 하는 필요성 앞에 서게 된다.

정확히 이 지점에서 주네의 작가로의 변신은 도둑, 동성애자로의 변신 과는 다른 양상을 띠는 것으로 보인다. 그의 정화적 위기에 관련된 절도, 동성애, 쓰기는 전체적인 구조 면에서 동일하다. 특히 이 세 경우에 주네 가 타자를 필요로 한다는 점에서 그렇다. 그가 도둑이 되기로 한 결단과 그가 선택한 동성애가 그 기능을 제대로 발휘하려면 그에게 타자가 필요 하다.

쓰기의 경우에도 사정은 마찬가지다. 그렇지 않은가? 방금 살펴본 것처 럼 작가가 손수 창작한 작품을 통해 자기 원인자가 되기 위해서는 타자, 즉 독자에 의해 반드시 읽혀야만 한다. 또한 주네가 절도와 동성애에서와 마찬가지로 쓰기라는 악의 실천에서도 상상의 세계에 의존한다는 것은 동일하다.[1338]

하지만 절도와 동성애의 경우에 주네는 타자의 존재론적 힘에 의해 대 상화되고, 또 그 힘에 복종해야 하는 수동적인 존재에 불과한 데 비해, 쓰 기에서는 자신이 오히려 타자들, 즉 독자들을 향해 나아가는 능동적인 존 재로 변신하고 있는 것으로 보인다. 그러니까 그는 자기의 작품을 읽어 줄 독자를 적극적으로 찾아 나서야 하는 처지이다.[1339]

쓰기를 시작할 때 주네는 홀로 자기만의 쾌락을 맛보기 위해 글을 쓴다고 생각했다. 그런데 점차 "쓰는 것은 소통하는 것이다écrire, c'est

---

1338 악과 상상계의 구조적 동일성에 대해서는 다음을 참고하라. 윤정임, 「《성자 주네》: 감동과 상상의 미학」, 앞의 책, 318-320쪽.

1339 Cf. SG, pp.493-494, pp.500, 507, 509.

communiquer"[1340]를 받아들이고, 결국 '소통'의 필요성을 인정하며, 그 결과 몸소 독자를 찾아 나설 수밖에 없게 된 것이다. 바로 거기에 그의 절도와 동성애와 구별되는 작가로의 변신의 특징이 자리하는 것으로 보인다.

소통 불가능한 자신의 특이성에 대한 몽상들을 오로지 자신의 즐거움을 위해 쓰면서 주네는 이 몽상들을 소통의 요구로 변화시켰다. (⋯) 처음에 주네는 자신의 고독을 확인하기 위해, 스스로 만족하기 위해 글을 썼다. 그런데 주네는 쓰기 자체에 의해 부지불식간에 독자들을 찾도록 유도되었다. 말이 지닌 위력과 부족함이 이 수음자를 작가로 변모하게 만들었던 것이다. 하지만 그의 예술은 언제나 자기 기원의 흔적을 간직할 것이며, 그가 제안하는 '소통'은 아주 특별한 방식을 띠게 될 것이다.[1341]

이런 관점에서 비로소 주네에 대한 사르트르의 다음과 같은 비의적인 주장을 이해할 수 있다. "예술가는 인간들을 필요로 하는 신이다l'artiste est Dieu qui a besoin des hommes."[1342] 방금 살펴본 것처럼 예술가, 곧 작가는 자신이 창작한 작품과의 관계에서 그 모든 것을 근거 짓는 신의 위치, 곧 자기원인자의 위치에 있다. 하지만 작가는 손수 창작한 작품을 읽고, 거기에 대상성을 부여할 수 없다. 그로 인해 작가는 자기 작품을 읽어 줄 사람들, 곧 독자들을 절대적으로 필요로 한다.

사르트르는 "주네는 신임과 동시에 인간일 수 없다Genet ne peut être Dieu et homme à la fois"[1343]라고 말한다. 주네가 자신이 창작한 작품과의 관계에서

1340 *Ibid.*, p.470.

1341 *Ibid.*, pp.534-535.

1342 *Ibid.*, p.534.

1343 *Idem.*

신이라면, 이것은 그의 완전한 고독, 상상, 나아가 환상 속에서만 가능할 것이다. 하지만 작가로 변신한 주네는 인간이다. 따라서 주네는 자신이 창작한 작품을 읽어 줄 독자들을 적극적으로 찾아 나서야 하는 "정언명령 l'impératif catégorique" 앞에 서 있게 되는 것이다.[1344]

하지만 독자들은 까다롭다. 앞에서 살펴본 것과 같이 감옥 안에서 주네가 쓴 시는 강자들-동성애에서 남성 역할을 하는 자들의 조롱과 욕설의 대상이었다. 그들 중 누구도 이 시를 읽을 수 있는 독자의 자격을 갖추지 못했음에도 그랬다. 주네가 시에서 보통의 언어를 은어에 가미하고, 또 고급 문장을 구사함으로써 —이것이 그의 쓰기를 통한 배신이라는 것을 잊지 말자— 그들의 언어, 곧 은어를 더럽히고, 자신들의 정체성을 퇴색시키는 것을 우려했기 때문이었다. 게다가 언어를 바꾸는 것은 변화와 동의어인데, 그가 시에서 사용한 언어로 인해 강자들이 감옥 안에 세운 세계의 질서가 와해되는 것을 경계했기 때문이다.

게다가 주네가 쓰기를 통해 실현하는 배신은 그대로 감옥 안의 강자들이 자기에게 가한 악에 대한 복수와 반항이라고도 할 수 있을 것이다. 그러니까 그는 그들의 언어를 빌리거나 훔쳐서 그들이 읽을 수 없고, 이해할 수 없는 작품을 쓰는 것은 그대로 그들의 무지에 대한 조롱과 경멸을 드러내는 것이라고 할 수 있다. 비록 이 강자들이 감옥에서 권력의 주체이고, 남성성을 과시하며, 이를 바탕으로 자신들이 지배하는 세계를 구축하고 있다고 해도 그렇다. 그도 그럴 것이 그의 그런 조롱과 경멸에는 그들이 행사하고 있는 권력과 지배, 또 그들이 구축한 세계가 위선적이며, 그 토대가 매우 허약하다는 것을 가감 없이 보여 주기 때문이다. 그가 시를 낭독하면서 느낀 지적 우월성을 상기하자. 어쨌든 그는 이런 복합적인 이유로 감옥에서 홀로 개인적인 즐거움만을 위해 글을 썼다고 할 수

1344 *Idem*.

있다.

그런데 주네는 감옥에서 나와 작가로 활동하면서도 여전히 까다로운 독자들을 상대하게 된다. 그가 상대해야 하는 독자들은 경제적인 여유를 가진 선한 사람들-부르주아들이다. 말하자면 그들은 주네의 작품을 읽어 주는 현실 독자에 해당한다. 하지만 그의 쓰기는 그들이 행하는 악에 대한 복수, 반항의 성격을 띤다.[1345] 이것은 감옥 안에서 그의 쓰기가 강자들-남성 역할의 동성애자들에 대한 복수와 반항의 성격을 띠고 있는 것과 마찬가지다. 또한 그의 쓰기는 선한 사람들-부르주아들에게 자신들의 모습을 보고 반성할 수 있는 기회를 제공해 주기도 한다. 그 과정을 보자.

주네는 감옥에서 나온 이후에 작품 활동을 하면서 감옥 안에서와는 달리 이제 선한 사람들-부르주아들의 언어, 다수의 언어, 곧 보통의 언어를 차용하거나 훔쳐야 한다. 하지만 그의 쓰기 전략은 감옥 안에서와는 정반대이다. 그는 당연히 그들을 대상으로 보통의 언어를 구사해야 할 것이다. 그래야만 그들이 그의 작품을 읽고 이해할 수 있는 독자가 될 수 있을 것이다.

하지만 주네는 범법자, 동성애자의 전력을 가지고 있기도 하다. 그런 만큼 그는 작품을 쓰면서 자신의 이런 정체성을 드러내는 언어, 곧 소수의 언어 ―불량배, 절도범, 동성애자 등의 언어, 즉 은어와 여성 역할의 동성애자들의 방언― 를 보통의 언어와 함께 구사하게 된다.[1346] 그가 구사하는 이런 언어가 보통의 언어를 사용하는 선한 사람들-부르주아들에

[1345] *Ibid.*, p.549. 실제로 사르트르는 이런 복수를 "탈리오 법칙(la peine du Talion)"에 비교한다. 주지하다시피 이 법칙은 피해자가 입은 피해와 같은 정도의 손해를 가해자에게 가하는 보복의 법칙이다. 흔히 '눈에는 눈, 이에는 이'라는 말로 표현되며, 동해보복법(同害報復法) 또는 반좌법(反坐法)이라고도 한다.

[1346] 사르트르에 의하면 주네가 이처럼 사용하는 '은어'는 "시적 언어(langue poétique)"이다.(*Ibid.*, p.322.) 왜냐하면 주네는 이 은어를 선한 사람들-부르주아들과 소통하기 위한 도구적 언어로 사용하지 않기 때문이다.(*Ibid.*, p.323.)

게 낯설고 이질적으로 보일 수밖에 없을 것이다.[1347]

주네가 이처럼 선한 사람들-부르주아들의 언어를 빌리거나 훔쳐서 거기에 사회에서 소외된 자들, 배제된 자들이 언어를 가미해 작품을 창작하는 것은 그들의 문학과는 다른 문학littérature différente, 이질적인 문학 littérature hétérogène, 스캔들이 되는 문학littérature scandaleuse을 만들어 내는 것과 동의어이다.[1348] 앞에서의 지적처럼 언어가 그것을 사용하는 이들의 정체성을 보여 준다면, 그의 이런 쓰기 전략은 선한 사람들-부르주아들에게 자신과 같이 그들에 의해 그들의 사회에서 배제된 자들, 타자가 된 자들, 곧 소수들의 정체성을 보여 주기 위함이라고 할 수 있다.

게다가 언어를 변화시키는 것은 존재를, 세계를 변화시키는 것과 동의어라는 사실, 또 주네에게 있어서 명명하는 것은 변화시키는 것과 동의어라는 사실을 상기하자. 이런 이유로 그의 쓰기에는 선한 사람들-부르주아들의 세계를 변화시키려는 의도가 배어 있다고 할 수 있다. 물론 이런 의도는 사르트르의 참여 문학론에서의 쓰기가 갖는 드러내기, 폭로하기, 변화시키기와 밀접하다. 요컨대 주네의 쓰기는 그와 동시대의 프랑스 사회를 지배하는 세력인 선한 사람들-부르주아들이 자행한 악에 대한 비난과 폭로, 그에 대한 복수와 반항, 나아가 그 변화에 대한 촉구라는 의미를 가지고 있다.[1349]

1347 '소수문학(littérature mineure)'을 주창하는 들뢰즈와 과타리에 따르면, 이것은 주네가 보통의 언어, 다수의 언어를 '탈영토화(déterritorialisation)'하는 것으로 이해될 수 있다. 언어의 탈영토화에 대해서는 다음을 참조하라. Gilles Deleuze & Félix Guattari, *Kafka: Pour une littérature mineure*, Minuit, coll. Critique, 1975, p.33.

1348 들뢰즈와 과타리라면 이것을 '소수문학'으로 규정했을 것이다. 두 사람이라면 주네의 이와 같은 언어 사용을 선한 사람들-부르주아들, 곧 다수의 언어에 "구멍을 뚫고", 이 언어를 "그 관습의 밭고랑 밖으로 끌고 가 정신없게 만든다"라고 말할 것이다.(Gilles Deleuze & Félix Guattari, *Critique et clinique*, Minuit, 1993, p.9.)

1349 주네의 이런 시도는 소수문학을 통해 소수집단의 해방을 겨냥하는 혁명적 조건 ―물론 이 혁명은 '몰적 혁명(révolution molaire)'이 아니라 '분자적 혁명(révolution moléculaire)'이다―

하지만 선한 사람들-부르주아들은 까다로운 현실 독자들이다. 그들은 주네의 언어 사용에 거북함을 느낄 수 있다. 그들은 감옥 안에서 강자들이 주네의 시에 대해 느꼈던 불편함, 낯섦, 이질감, 위협 등을 고스란히 느낄 것이다. 그들은 감옥 안에서 강자들이 그랬듯이 주네의 작품을 읽지 못하고 이해하지 못할 수도 있다. 그로 인해 그들은 그를 조롱하고 그에게 욕설을 퍼부을 수도 있다. 주네가 사용하는 언어에 의해 그들의 언어가 더럽혀지고, 오염되고, 그 결과 그들의 정체성이 퇴색하고, 그들의 선의 세계가 위협을 받고 붕괴의 위험에 빠질 수 있다고 생각한다. 이런 상황에서 그들은 자신들의 이해관계에 반하고 또 그것을 해치는 그의 작품을 읽어 주는 현실 독자가 되는 것을 언제든지 거부할 수 있다.

그런데 주네의 입장에서는 이런 거부가 있게 되면 자신의 작가로의 변신은 실패로 돌아가게 되고, 궁극적으로는 독자가 없는 세계에서 혼자 수음을 하는 것과 같은 상황에 처하게 된다. 게다가 주네와 같은 자들, 즉 범법자, 동성애자 등을 포함해 파리아들은 여전히 잠재 독자의 상태에 머물러 있다. 다시 말해 그들은 경제적 여유가 없어 충분한 교육을 받지 못해 아직 그의 작품을 읽어 줄 만한 위치에 있지 못하다. 이런 상황에서 그는 어떻게 할 것인가?

바로 이 지점에서 사르트르는 주네의 쓰기가 나아가는 두 갈래의 방향을 지적한다. 하나는 주네가 선한 사람들-부르주아들의 언어를 빌리거나 훔쳐서 문학성이 높은 작품을 쓰는 것이다. "그의 작품들이 아름다울 것, 이것이 그에게 독자를 얻게 해 주는 필요충분조건이다Que ses œuvres soient belles: voilà la condition nécessaire et suffisante pour lui procurer des lecteurs."[1350]

을 제시하고 있는 들뢰즈와 과타리의 시도와도 무관하지 않아 보인다. 주네의 문학이 갖는 이런 소수문학적 특징에 대해서는 다음을 참고하라. Didier Eribond, *Une Morale du minoritaire: Variations sur un thème de Genet*, Fayard, 2001.

1350 SG, p.557.

이렇게 함으로써 주네는 선한 사람들-부르주아들에 비해 지적 우월성을 확보할 수 있을 것이다. 그리고 이것은 그들의 교양인으로서의 위선과 허위를 드러내고 고발하는 계기가 될 것이다. 그도 그럴 것이 그들은 그와 같은 파리아들과는 달리 자신들의 세계를 지탱하는 모든 것, 특히 진선미의 모든 체계가 자신들에 의해서만 이루어질 수 있고, 또 자신들만이 그것을 향유할 수 있다고 생각하기 때문이다. 그런데 그와 같은 범법자, 동성애자가 그들보다 더 고급 언어, 고급 문장을 구사하면서 문학적으로 아주 훌륭한 작품을 쓸 수 있다는 것은 결국 그들의 교양 수준이 형편없이 낮다는 것에 대한 반증이라는 것은 말할 나위가 없다.

다른 하나의 방향은 주네가 선한 사람들-부르주아들이 알지 못하는 언어, 곧 감옥 속에서 사용되는 은어와 속어 등을 사용하면서 계속 작품을 쓰는 것이다. 이렇게 함으로써 그는 선한 사람들-부르주아들의 위선과 거짓을 드러내고 고발할 수 있다. 앞에서 사르트르의 악에 대한 정의를 살펴보면서 선한 자들-부르주아들이 자신들 정신의 부정적인 충동을 자신들의 외부로 내던지고, 타자에게 투사한다는 사실을 보았다. 그러면서 주네가 선택한 절도와 동성애가 악인만의 것이 아니고 원래 선한 사람들-부르주아들의 것이라는 사실을 지적한 바 있다.

이런 사실들을 고려하면, 주네가 감옥 속에서 사용되는 은어와 속어 등을 보통의 언어에 가미함으로써, 즉 악을 선택함으로써 ―은어를 사용하는 것은 악을 행하는 것이라는 주장을 상기하자―, 실제로 악인은 그가 아니라 오히려 그를 악인으로 규정한 선한 사람들-부르주아들이라는 사실을 그들에게 역으로 보여 준다고 할 수 있다. 그러니까 주네는 그들에게 자신들을 비춰 볼 수 있는 '반성을 위한 "거울"'을 내밀고 있는 것이다.

그런데 주네의 작품을 읽어야 할 선한 사람들-부르주아들은 여전히 까다롭다. 그가 자신의 작품 속에서, 그들을 그린 모습을 볼 수 있는 반성의 거울을 내밀었을 때 선한 사람들-부르주아들은 당연히 고개를 돌려 버릴 것이다. 그러니까 그들은 주네의 작품 읽기를 당장 중단할 것이다. 이 단계에서 그에게 다음과 같은 아주 어려운 문제가 제기된다. 그들을 제외하면 지금, 여기에서 그의 작품을 읽어 줄 수 있는 독자들이 없다는 문제가 그것이다. 앞에서 경제적 능력이 부족하고 교육을 제대로 받지 못한 그와 같은 파리아들은 그의 작품을 읽을 수 있는 현실 독자가 못 된다는 사실을 언급한 바 있다.

사정이 이렇다면 주네는 선한 사람들-부르주아들을 자신의 독자들로 붙잡아 두기 위해서 문학성이 높은 작품을 쓰는 것으로는 충분하지 않을 수도 있다. 문학성도 높아야 하지만, 거기에 더해 그들이 그 '내용'에 만족할 수 있어야 할 것이다. 이것은 주네의 쓰기가 단지 언어만의 문제가 아니라는 것을 보여 준다. 그가 선택한 언어에 의해 전달되는 내용이, 선한 사람들-부르주아들이 그의 작품을 읽는 현실 독자가 될 수 있는지의 여부를 결정하는 중요한 요소일 수도 있다.

그렇다고 해서 주네가 무턱대고 선한 사람들-부르주아들의 편을 들고, 그들이 건설한 선의 세계, 이 세계를 지배하는 모든 것을 찬미할 수는 없는 노릇이다. 게다가 그에게 있어서는 명명하는 것은 지시하기 위함이 아니라 변화시키기 위함이라는 사실을 기억하자. 또한 작가가 성실한 태도로 쓰기에 임한다면, 그의 쓰기는 그가 몸담고 있는 사회의 지배 세력과는 항상 적대 관계, 불편한 관계에 있게 된다는 사르트르의 말도 기억하자. 이것은 주네의 경우에도 그대로 해당하는 것으로 보인다.

그런데 주네가 선한 사람들-부르주아들을 자신의 독자들로 만들기 위해 구사하는 전략은 도둑과 동성애에서와 마찬가지다. 패이승 전략이 그것이다. 또한 이를 구체화하는 전략 역시 도둑과 동성애에서와 마찬가지다. 비천해지는 것, 더 비천해지는 것, 무한히 악을 행하는 전략이 그것이다. 실제로 주네는 작가로 변신하면서 쓰기라는 악을 행하는 악인을 자처한다. 이렇게 하면서 그는 자신이 항상 '틀리다avoir tort'라는 것을 보여 준다. 게다가 틀리다는 것은 혼자 있는 것과 동의이기 때문에, 그는 항상 혼자라는 사실, 고립되어 있는 사실, 자기 편이 없다는 사실을 가감 없이 보여 준다.

그렇다면 주네의 작품 속에서 그의 이런 모습을 보고 읽는 선한 사람들-부르주아들은 어떤 생각을 갖게 될까? 그들은 자신들이 주네-악인에 비해 항상 '옳다avoir raison'고 생각할 것이다. 그런데 그들이 주네의 작품을 읽고 자신들이 옳다고 생각하는 순간, 부지불식간에 주네의 '공모자들complices'이 된다는 것이 사르트르의 주장이다.[1351] 왜 그럴까?

사르트르에 의하면 주네가 쓰기를 통해 노리는 것은 다음 두 가지이다. 하나는 선한 사람들-부르주아들이 옳기 때문에 그들이 틀리다는 것을 보여 주는 것이다ils ont tort d'avoir raison.[1352] 다른 하나는 역으로 주네 자신이 틀리기 때문에 옳다il a raison d'avoir tort[1353]는 것을 보여 주는 것이다. 그러니까 그가 손수 자신의 마스크를 벗고 또 자신의 악인으로서의 모습을 만천하에 공개하면서 자신을 비난하고 악인으로 여기는 자들, 곧 선한 자들-부르주아들의 악인으로서의 마스크를 벗기고자 하는 것이다.[1354]

사르트르는 실존적 정신분석을 적용해 드러낸 이런 주네의 전략이 어느 정도 정확한지에 대해서는 확신하지 못하고 있다.[1355] 다만, 한 가지 분

1351 사르트르는 이것을 주네가 '언어'로 선한 사람들-부르주아들, 곧 현실 독자들에게 "함정(embûches)"(*Ibid.*, p.549)을 판다고 말한다.

1352 Cf. *Ibid.*, p.656.

1353 Cf. *Ibid.*, p.658.

1354 Cf. *Ibid.*, p.557.

1355 Cf. *Ibid.*, p.645. 사르트르의 이런 확신의 옳고 그름에 대한 판단은 결국 연구자들의 몫일 것이다. 우리나라에서 사르트르의 주네 비평에 대한 연구는 윤정임에 의해 주도되고 있다. 주네 비평에 관련된 윤정임의 연구로는 다음과 같은 것들이 있다. 윤정임, 「《성자 주네》, 감동과 상상의 미학」, 앞의 책, 297-325쪽; 「사르트르와 바타이유: 주네를 중심으로」, 『불어불문학연구』, 64, 한국불어불문학회, 2005, 277-294쪽; 「진정성 개념과 《성자 주네》의 회심」, 앞의 책, 43-70쪽.

명한 것은 사르트르의 이런 분석이 악에 대한 그의 정의에 함축되어 있다는 사실이다. 앞에서 악은 선한 사람들-부르주아들이 자신들 정신의 일부 중 불안한 충동을 일으킬 수 있는 부분을 바깥으로 내던진 부분에 해당한다는 사실을 지적했다. 또한 이런 이유로 주네가 되기로 선택한 도둑과 동성애자 등의 모습, 곧 악인의 모습에서 그들 자신들에게서는 보고 싶지 않은, 감추고 싶은 모습을 보게 된다는 사실도 지적한 바 있다.

사정이 이렇다면 주네가 자기의 작품에서 자신을 악인으로 그리면 그릴수록, 그들이 이 악인의 모습에서 자신들의 모습과 마주하게 되는 것은 당연한 일이다. 마치 거울 속을 들여다보듯이 말이다. 그로부터 주네가 정화적 위기에서 벗어나기 위해 뛰어든 절도, 동성애와 마찬가지로 쓰기에서도 악인이 되면 될수록, 비천한 자가 되면 될수록 그는 비례해 더욱더 "성자Saint"가 된다고 할 수 있다.[1356] 이것이 바로 패이승[1357] 전략에 함축된 비밀이다.[1358]

1356 주네의 작품을 위시해 모든 문학작품은 독자들에게 주어져야 하며, 이런 의미에서 사르트르는 "창조는 수난이다(la création est passion)"(SG, p.618)라고 주장한다. 그러니까 문학작품은 독자들에 의해 읽히는 빈도수가 많으면 많을수록 그만큼 더 강한 대상성을 갖게 되고, 따라서 그 창작자가 실현하고자 하는 '대자-즉자'의 결합에 필요한 더 강한 즉자를 확보하게 된다.

1357 사르트르의 사유 체계에서 패이승 전략이 갖는 중요성은 아무리 강조해도 지나치지 않을 것이다. 『존재와 무』에서 사르트르는 인간을 가리켜, 대자-즉자의 융합의 방식으로 존재하는 신이 되고자 하지만, 결국 실패하고 마는 "무용한 정열"로 규정된다. 『문학이란 무엇인가』에서도 쓰기는 읽기에 의해 그 존재 이유를 가질 뿐이기 때문에, 작가는 자신의 작품을 끊임없이 독자에게 노출해서 이 작품의 대상성을 확보해야 한다. 이것 역시 패이승 전략의 일환이다. 그리고 사르트르는 보들레르, 주네, 말라르메, 플로베르 등에 대해 비평하면서 이들이 정도의 차이는 있지만 모두 패이승 전략을 구사하고 있다고 본다. 현실에서의 낙오자, 소외된 자, 패배주의자, 실패자인 이들은 각자의 존재 회복을 위해 "사람이 '모든' 것을 잃으면 글을 쓴다. (…) 세계에서 죽는 것, 그것은 예술가 재탄생하는 것이다(quand on est tout perdu. on écrit. (…) Mourir au monde, c'est renaître artiste)"(IFII, p.1996)를 좌우명으로 삼고 있다는 것이다.

1358 이와 관련해 사르트르가 주네의 쓰기를 '증여' 또는 '너그러움'으로 이해하고 있다는 사실은 흥미롭다. 앞에서 보았듯이, 사르트르는 『문학이란 무엇인가』에서 "예술"을 "증여의 의

앞에서 주네는 감옥 안에서 이른바 약자들, 즉 여성 역할의 동성애자들이 한데 뭉쳐 강자들, 즉 남성 역할의 동성애자들과 투쟁하는 데까지는 나아가지 못했다는 사실을 지적한 바 있다. 이와 마찬가지로 그는 작가로 변신하면서 언어와 내용 면에서 파리아들의 정체성과 상황을 드러내 보이면서 그들의 의식이 깨어나기를 독려하고, 또 선한 사람들-부르주아들에게 반성의 거울을 내밀면서도, 한데 뭉쳐 사회 변혁을 위한 집단 투쟁으로까지는 나아가지 못하고 있는 듯하다. 바로 거기에 그의 작가로서의 변신의 한계가 자리한다. 그의 쓰기가 개인적 행위일 수밖에 없다는 한계가 그것이다.

이런 한계는 주네의 절도와 동성애에서도 발견되었다. 물론 그의 쓰기가 절도와 동성애보다 훨씬 더 광범위한 불특정 다수를 겨냥할 수 있다는 것은 사실이다. 하지만 사르트르는 이런 주네의 시도가 사회 변혁을 위

___

식(cérémonie du don)"(Cf. SG, p.103)으로 규정하고 있으며, 주네가 쓰기를 "독자에 대한 작가의 예의"로 규정하고 있다는 점에 주목한다. 그리고 읽기를 "너그러움의 연습"으로 규정하고, 결국 작가와 독자의 협력을 "읽기와 쓰기의 너그러움의 협정"으로 보고 있다. 또한 너그러움은 서로의 자유에 대한 인정과 신뢰를 전제하며, 따라서 너그러움의 협정은 결국 자유의 상호성에 대한 인정으로 귀착된다. 그런데 『성자 주네』에서도 사르트르는 주네의 쓰기를 증여와 너그러움과 연결지어 논의하고 있다. (Cf. *Ibid.*, pp.641-644.) 사르트르에 의하면 주네가 쓰기를 계속하면서 악인이 되면 될수록, 그는 자신의 작품을 통해 자신의 모든 것(자신의 주체성, 사상, 언어 등등…)을 선한 사람들-부르주아들, 곧 자신의 현실 독자들에게 더 많이 주게 된다. 물론 선한 사람들-부르주아들이 이런 주네의 작품을 거절할 수도 있다. 하지만 그들이 그의 작품을 읽는 순간 이들 사이에는 너그러움의 협정이 체결된다. 증여, 너그러움으로서의 주네의 쓰기에는 독성이 배어 있다는 것을 잊어서는 안 된다. 그도 그럴 것이 사르트르에게서 증여, 너그러움은 그 주체가 그것을 받는 자의 주체성과 자유를 홀리고 굴종시키는 의미를 지니고 있기 때문이다. 그런 만큼 선한 사람들-부르주아들이 주네의 작품을 읽는 순간, 그들은 그의 독자들이 됨과 동시에, 자신들의 자유와 주체성이 홀리고 굴종되는 것을 겪게 된다. 그럼에도 불구하고 선한 사람들-부르주아들이 주네의 작품을 읽고 거기에 대상성을 부여해 주는 것은 그들이 '언어', 문학성이 뛰어난 작품이라는 '매복' 장치에 걸려들었기 때문이라고 할 수 있다. 어쨌든 주네의 작품은 선한 사람들-부르주아들의 자유와 주체성을 홀리고 굴복시킨다는 점에서 그들에 대한 복수라고도 할 수 있다. 실제로 주네가 어린 시절에 그들로부터 모든 것을 선물로 받았다는 사실, 그 결과 그의 자유와 주체성이 그들에 의해 홀리고 또 굴종당했다는 사실을 기억하자.

한 마크르스적 계급투쟁으로까지 나아가지 못하고 있다고 본다. 그럼에도 불구하고 작가로 변신한 주네가 악인을 자처하면서 선한 사람들-부르주아들의 악을 고발하고, 또 그들이 극구 감추고자 하는 자신들이 오히려 악인들이라는 사실을 극명하게 드러내고자 한다는 것 또한 여전한 사실이다. 바로 거기에 그의 작가로의 변신의 의의가 있다고 하겠다.

실제로 주네는 자신을 완전히 발가벗겨 낱낱이 해부하고 있는『성자 주네』가 1952년 출간되고 난 뒤, 그 충격으로 인해 한동안 글을 쓰지 못했다. 하지만 이 충격을 이겨 내고 다시 펜을 잡은 그는 1952년 이전보다 훨씬 더 현실 참여적 성격이 강한 작품을 쓰고 있다. 팔레스타인 문제, 블랙 팬서 등과 같은 흑인 단체 등에 관심을 보이면서 말이다. 이런 사실은 그가 변화된 독서 환경, 즉 과거의 잠재 독자에 불과했던 범법자, 동성애자를 위시해 파리아들 —그들 모두는 아니라 할지라도— 이 현실 독자가 된 환경에서 그들에게 좀 더 적극적으로 다가서고자 노력한다는 하나의 방증이 될 수 있을 것이다. 요컨대 이것은 주네가 작가로의 변신에 따르는 독자들을 찾아 나서야 한다는 정언명령을 더 충실히 이행하게 되었음을 보여 준다고 하겠다.

5.5.『성자 주네』이후의 문학비평

『성자 주네』이후에도 사르트르의 문학비평은 계속된다. 그 예가 말라르메에 대한 비평인『말라르메』와 플로베르 —귀스타브 플로베르를 가리킨다— 에 대한 비평인『집안의 천치』이다.[1359] 이 두 작가에 대한 비평 역

1359 여기에 사르트르의 자서전『말』을 더해야 할 것이다. 이 작품은 그의 자전적 소설이라고도 할 수 있다. 하지만 이 작품을 집필하는 과정에서 사르트르는 '나는 현재 왜 다른 작가가 아니고 이런 작가가 되었는가?'라는 질문을 자신에게 던지고, 이 질문에 대해 답을 구하는 과정에서 자신이 정립한 인간 이해의 방법이자 문학비평 방법인 전진-후진적 방법의 선행 단

시 앞에서 다룬 전진-후진적 방법에 입각해 이루어진다. 하지만 사르트르는 보들레르와 주네에 대한 비평에서보다 말라르메와 플로베르에 대한 비판에서 마르크스주의적 시각을 좀 더 강하게 부각하고 있는 것으로 보인다.

다만, 말라르메와 귀스타브 플로베르에 대한 사르트르의 비평은 온전한 모습을 보여 주지 못하고 있다. 『말라르메』의 경우에는 꽤 많은 분량의 원고가 분실되었기 때문이고,[1360] 『집안의 천치』의 경우에는 미완성의 상태로 출간되었기 때문이다. 하지만 한 연구자의 말을 빌리자면 "언어로 된 히말라야 산맥"[1361]으로 여겨지는 『집안의 천치』의 경우에는 3권에, 그 분량도 거의 3000쪽에 가까운 대저이다. 특히 『집안의 천치』는 그 내용을 요약하는 것은 고사하고 이해하는 것조차도 힘들다. 여기에서는 이 두 비평을 가로지르는 전진-후진적 방법 적용의 핵심 요점을 간략하게

계에 해당하는 실존적 정신분석을 적용하고 있는 것으로 보인다. 사르트르는 이 작품에서 어머니의 재혼 전까지의 삶을 문학적으로 형상화하고 있다. 하지만 사르트르는 자신의 어린 시절을 돌아보며 소급적 분석을 적용해 어떤 이유에서 자신이 작가가 되었는가를 탐사하고 있다. 이 작품의 내용과 『보들레르』, 『성자 주네』, 『말라르메』, 『집안의 천치』에서 다루어진 내용이 부분적으로 겹친다. 특히 『말』과 『집안의 천치』와의 유사성에 대해서는 다음을 참고하라. 지영래, 『집안의 천치, 사르트르의 플로베르론』, 고려대학교출판부, 2009, 161-199쪽(IV. 소설과 자서전 사이에서); Nao Sawada, "Biographe malgré lui. *L'Idiot de la famille* dans le miroir des *Mots*", *Recherches & Travaux*, nº 71, (*L'Idiot de la famille* de Jean-Paul Sartre), Université Stendhal-Grenoble 3, 2007, pp.65-77.

1360 사르트르는 『말라르메』를 1947-1948년에 집필하기 시작했다. 이 시기에 약 500여 쪽을 집필했으나, 많은 부분이 분실되었다. 『오블리크(*Obliques*)』(nº 18-19, 1979, pp.169-194)에 실린 「말라르메의 참여(L'engagement de Mallarmé)」는, 사르트르가 1952년에 쓴 미완성의 글(원래 약 130여 쪽)의 일부가 아닌가 한다. 사르트르의 양녀 엘카임사르트르는 이 글을 포함해 「말라르메(Mallarmé)」(1953년에 사르트르가 크노의 감수에 "유명한 작가들(Ecrivains célèbres)" 8권에 포함할 목적으로 쓴 글이며, 『상황, IV(*Situations, IV*)』에 재수록되어 있다)를 더해 1986년에 『말라르메』를 유고집으로 출간하게 된다. 사르트르는 1952년 출간된 『성자 주네』에 집중하기 위해 말라르메에 대한 집필을 포기하게 된다. 사르트르는 1960년에도 『말라르메』를 계속 집필할 의향을 가지고 있었으나 결국 포기하고 만다.(DS, pp.300-301; ES, p.262.)

1361 Claude Burgelin, "Lire *L'Idiot de la famille*?", *Littérature*, nº 6, 1972, p.111.

일별하는 것으로 그치고자 한다.[1362]

먼저 『말라르메』를 보자. 이 저서는 사르트르의 인간 이해의 방법이자 문학비평에도 원용되는 방법인 전진-후진적 방법이 본격적으로 시도된 저서라고 할 수 있다. 곧이어 보겠지만 사르트르는 이 방법을 『집안의 천치』에서 더 정치하게 적용하고 있기는 하다. 따라서 방금 사용한 '본격적으로'라는 표현을 상대적으로 이해해야 할 것이다. 여기에서 이 표현을 사용한 것은 사르트르가 앞서 수행한 보들레르와 주네에 대한 비평[1363]에서보다 좀 더 정치하게 이 방법을 적용하고 있다는 의미에서이다.

또한 이 방법이 프로이트의 정신분석과 마르크스주의가 결합된 산물이기 때문에, 『말라르메』에서 사르트르가 이 방법을 '본격적으로' 적용하고 있다는 것은 마르크스주의 시각에서 시인의 삶과 작품에 대한 분석이 좀 더 상세하게 이루어지고 있음을 의미한다. 이와 관련해 사르트르는 말라르메라는 "구체적인 경우에서 정신분석적 해석과 마르크스주의적 해석을 대비시킬 수 있는 특권적인 기회"라고 말하고 있다.[1364]

사르트르가 마르크주의적 해석을 한층 강화하면서 전진-후진적 방법을 적용해 말라르메의 삶과 작품과 그가 살던 시대의 상황을 연결시킨 『말라르메』의 주요 내용을 간략하게 살펴보도록 하자. 우선 사르트르가 후진적 방법을 통해 드러내고 있는 말라르메의 원초적 사건을 보자. 사르

1362 『보들레르』와 『성자 주네』에 적용된 방법론이 『말라르메』와 『집안의 천치』에도 적용되고 있다. 또한 사르트르가 『성자 주네』는 물론이거니와 『집안의 천치』에서도 말라르메를 자주 언급하고 있다. 그런 만큼 앞에서 다룬 보들레르와 주네에 대한 비평을 통해 말라르메와 플로베르에 대한 비평의 최소한의 윤곽을 그려 볼 수는 있을 것이다.

1363 앞에서 지적한 바와 같이 사르트르의 주네에 대한 비평에서도 마르크스주의적 해석이 가미된 것은 사실이다. 하지만 사르트르 자신이 인정하고 있듯이 주네가 살던 시대의 사회적·역사적 상황과 이 상황을 관통하는 시대정신과 그의 삶과 작품 사이의 관계를 충분히 드러내지 못했다는 한계가 있는 것도 여전한 사실이다.

1364 Jean-Paul Sartre, *Mallarmé: La lucidité et sa face d'ombre*, Gallimard, coll. Arcades, 1986, p.92.

트르가 주목하는 원초적 사건은 말라르메가 6세 때 겪은 어머니의 죽음이다. 물론 여기에 말라르메의 아버지의 재혼, 누이의 죽음이 더해질 수 있다. 하지만 어머니의 죽음이 가장 중요한 사건이다.

자신의 모든 것이자 세계와 하나라고 여겼던 어머니[1365]의 죽음을 겪은 뒤 말라르메의 그 이후의 모든 기투, 모든 선택은 이 결정적 부재, 무와의 관련 속에서 이루어진다. 자신의 존재 이유이자 "진리Vérité"[1366]였던 어머니를 앗아 간 세계, 곧 그녀의 존재가 사라진 이 우주를 완전히 무화하고 부정하고,[1367] 나아가 어머니와 자신이 존재해야 하는 세계를 직접 재창조하는 것이다. "이 고아는 덫에 걸렸다. 그는 하나의 부재[1368]에 대한 숭배 이외의 다른 것이 아니다. 그의 어머니는 그의 유일한 의무가 되었다."[1369]

문제는 이 의무를 어떻게 이행하느냐에 있다. 말라르메가 선택한 방법은 바로 시를 쓰는 것이다. 거기에 그의 시에 대한 본질적인 의미가 자리한다. 그는 시를 통해 어머니와 자신을 부정한 세계를 부정하고, 또 '어머니-부재'를 자기 안에 창조하며, 자신을 이 '어머니-부재'와 동일시하고자 한다.[1370] 다시 말해 그는 새로운 세계를 창조하고자 하는 것이다. 물론 그 과정에서 무능력을 체험하고 자살을 생각하기도 한다. 하지만 그는

1365 *Ibid.*, p.97.

1366 *Ibid.*, p.99.

1367 말라르메 시의 특징 중 하나는 "순수 부정(Négation pure)"(*Ibid.*, p.141)이며, 나아가 그는 "시를 파괴의 작업(travail de destruction)"(*Ibid.*, p.157)으로 여기면서, "나는 한 권의 책 이외의 다른 폭탄을 알지 못한다(je ne connais pas d'autre bombe qu'un livre.)"(*Idem.*)라고 말하고 있기도 하다.

1368 세상을 떠난 어머니를 상징한다.

1369 *Ibid.*, p.107.

1370 *Ibid.*, p.115.

궁극적으로 시를 통해 신의 죽음[1371]이 선언된 19세기에[1372] 스스로 신의 자리에 있고자 하며, 자신의 시를 신에 의해 창조된 작품, 곧 대문자로 쓴 'ŒUVRE'와 동일시하게 된다. 하지만 그의 영광을 보증해 주는 이런 작업은 그의 자기기만 속에서만 가능할 뿐이다.[1373]

어쨌든 이런 특징을 가진 말라르메의 시를 제대로 이해하기 위해서는 우선 그의 어린 시절로의 소급을 통해 원초적 사건을 드러내고, 그다음으로 이 사건으로부터 출발해서 신의 죽음이 선언되고 부르주아계급의 불안이 고조된 그와 동시대의 사회적, 역사적 맥락 속에서 이루어진 풍족하

1371 여기에서 '아버지'는 '신'의 상징으로 이해해야 한다. 말라르메에게 있어서 어머니의 죽음 이후에 재혼을 선택한 아버지는 원한과 증오의 대상이다. 따라서 말라르메는 이런 아버지를 부정하고 무화하며 —이런 의미에서 말라르메의 '친부 살해'를 말할 수 있을 것이다—, 그의 자리에서 새로운 세계를 재창조하고 있는 것이다. 물론 이는 시를 통해서 이루어진다. 사르트르는 이렇게 말하고 있다. 말라르메의 "정언명령은 시를 통해 하나의 자아를 재창조하는 의무를 자기에게 부과하는 것이다."(*Ibid.*, p.126.)

1372 『말라르메』를 편찬한 엘카임사르트르는 '신의 죽음'이 말라르메가 활동하던 19세기를 관통하는 객관적인 시대정신이라는 사실을 고려해 이 책에 포함된 「말라르메의 참여」의 첫 부분에 "무신론의 후계자들"이라는 제목을 붙이고 있다.(Cf. *Ibid.*, p.15.) 사르트르는 이 부분에서 신을 잃은 19세기 작가들의 상실감, 절망, 방황 등과 과거 탄탄했던 지배력의 약화와 프롤레타리아계급의 성장으로 위협받는 부르주아계급의 불안을 연결해 말라르메의 원초적 사건 이후의 미래를 향한 기투에서 사회적·역사적 상황의 중요성을 제시하고 있다. 또한 사르트르는 이를 바탕으로 그의 시적 자아의 형성 과정에 대한 분석과 이해에서 마르크스적 시각이 필요하다는 점을 부각하고 있다.

1373 *Ibid.*, p.144. 이런 의미에서 말라르메의 참여는 현실적으로는 실패일 수밖에 없다. 그럼에도 불구하고 사르트르는 말라르메의 참여가 단순한 사회의 변혁이 아니라 근본적으로 '존재'의 무화, 부정을 겨냥하는 참여로 보고 있는 듯하다. 사르트르는 말라르메의 이런 참여를 "깊은 참여(un engagement profond)"로 보고 있다. 사르트르에 의하면 "깊은 참여"는 다음과 같이 정의된다. "세계를, 그리고 세계 속의 인간을 전체로 대하고, 그것을 무의 관점에서 밝히는 것, 그것이 깊은 참여이다. (…) 플로베르의 손자격인 말라르메의 경우에도 그렇지만, 바로 여기에는 성서적 의미에서의 진정한 수난이 있다."(SX, pp.112-113.) (이와 같은 말라르메의 참여에 대해서는 다음을 참고하라. 정명환, 『문학을 찾아서』, 민음사, 1994(1부 3장, "말라르메의 깊은 참여", 81-129쪽). 정명환의 이 글은 지금까지 우리나라에서 나온 사르트르의 말라르메론에 대한 거의 유일한 연구라고 할 수 있다.)

지 않고 절망에 사로잡힌 그의 '부르주아-공무원-시인'[1374]으로서의 삶 속에서 행한 여러 선택에 대한 전진적 분석의 결과가 종합되어야 한다는 것이 사르트르의 계속되는 주장이다.

그다음으로 『집안의 천치』를 보자. 사르트르는 이 저서의 '서문Préface'에서 주제를 이렇게 밝히고 있다. "오늘날 한 인간에 대해 무엇을 알 수 있는가?"[1375] 그런데 이 질문은 사르트르 자신이 정한 "인간에 대한 이해"라는 최종 목표와 맞닿아 있다. 『상상계』의 속편[1376]이자 「방법의 문제」의 후속편으로 여겨지는[1377] 『집안의 천치』는 사르트르의 "마지막 저작"[1378]이자 그의 인간학의 최고봉으로 여겨진다. 물론 플로베르 연구자들은 이 저서에서 사르트르의 상상, 추측 등에 입각한 논리의 비약, 정확한 자료와 정보의 이용에서 발견되는 빈약한 객관성 등을 이유로 하나의 예외적이고 문제적인 연구로 여기고 있는 실정이다. 어쨌든 사르트르 자신이 "진짜 소설"[1379]이라고 규정한 『집안의 천치』는 사르트르의 모든 것이 총망라된 백과사전적 저서라고 할 수 있다.

1374 말라르메의 집안은 대대로 공무원 집안이었으며, 그는 자신에게 주어진 운명이 공무원이 되는 것이라는 생각("너는 공무원이 될 거야. 네 아빠처럼."(*Ibid.*, p.104))과 현실 생활의 어려움으로 인해 이 운명 —주네의 경우처럼, 이 운명은 말라르메가 손수 선택한 것이 아니고 외부에서 주어진 것이다. 따라서 말라르메의 자아는 타자에 의해 주조된 자아일 뿐이다— 에서 벗어나지 못함에 절망했다. 실제로 말라르메는 여러 학교에서 영어를 가르쳤다. 결국 말라르메는 이런 자아를 부정하고 그 나름의 고유한 '시적 자아'를 창조하길 바랐으며, 이런 의미에서 그는 보들레르, 주네, 플로베르, 사르트르 자신 등과 '형제'라는 것이 사르트르의 주장이다.

1375 IFI, p.7.

1376 SIX, p.128.

1377 IFI, p.7.

1378 Michel Contat, "Le continent Sartre", propos recueillis par Farnçois Ewald, *Magazine littéraire*, n° 282, novembre 1990(Sartre dans tous ses écrits), p.24.

1379 SX, p.94; "플로베르에 대한 작업은 소설로 간주될 수도 있어요. 저는 사람들이 그건 진짜 소설이야라고 말해 주길 바라기까지 합니다."(SIX, p.123)

앞에서 언급한 것처럼 총 3권, 3000쪽의 분량에도 불구하고 미완의 상태로 있는 『집안의 천치』를 이해하기 위해서는 이 저서만을 따로 다루는 꽤 많은 분량의 해설서가 필요할 것이다. 하지만 여기에서는 우리나라에서 이미 행해진 연구들을 참조하면서[1380] 이 저서에서 "한 명의 천치가 천재가 된"[1381] 과정을 사르트르가 적용하고 있는 전진-후진적 방법의 적용과 그 결과를 통해 간략하게 살펴보고자 한다.

사르트르의 극작품 『알토나의 유폐자들』을 분석하면서 우리는 여러 차례 『집안의 천치』를 참조한 바 있다. 특히 게를라흐가의 차남 베르너와 아버지의 관계와 플로베르가의 차남 귀스타브와 아버지 아실클레오파 플로베르Achille-Cléophas Flaubert의 관계 사이에 유사점이 적지 않았음을 보았다. 아버지로부터 과일 속의 벌레 취급을 받았던 베르너와 마찬가지로 귀스타브 역시 차남의 지위에서 기인한 마음의 상처로 많은 괴로움을 겪었다. 권위적인 부권의 상징인 아버지, 두 명의 아들, 한 명의 딸로 구성된 게를라흐가와 의사이자 강한 부권을 행사했던 아버지, 두 명의 아들,[1382] 한 명의 딸로 구성된 플로베르가는 식구들의 구성 면에서 비슷하

1380 우리나라에서는 1994년부터 GCES가 결성되어 지금도 활동하고 있다. 이 모임에서 활동한 연구자들 중 『집안의 천치』를 중심으로 박사학위 논문을 쓴 연구자의 수가 네 명으로 가장 많다. 박정자, 강충권, 이재룡, 지영래가 그들이다. 이들 각자의 박사학위 논문은 다음과 같다. 박정자, 『非現實의 美學으로의 回歸: L'Idiot de la famille를 中心으로』, *op. cit.*; 강충권, "L'idiot de la famille" *de Jean-Paul Sartre, de la critique littéraire à l'autocritique*, Université Paul Valéry(Montpellier III), 1988; 이재룡, *Sartre commentateur de texte dans* L'idiot de la famille, Université de Franche-Comte, 1988; 지영래, L'Idiot de la famille *et l'esthétique de l'imaginaire de Jean-Paul Sartre*, Université Marc Bloc(Strasbourg II), 2006. 영어권에서는 다음 해설서가 무난하다. Hazel Barnes, *Sartre & Flaubert*, The University of Chicago Press, 1981. 그리고 『집안의 천치』에 대한 자세한 연구 목록은 *Recherches & Travaux*, n° 71, *op. cit.*, pp.181-186을 참고하라.

1381 IFI, p.51.

1382 플로베르의 형제는 원래 6명이었으나, 3명이 3세 이전에 죽었다. 플로베르는 다섯째로 태어났다.

다. 다만, 게를라흐가에는 어머니가 등장하지 않는 데 비해 플로베르가에는 어머니 카롤린 플뢰리오Caroline Fleuriot가 있다는 점에서 차이가 있다.

19세기 부르주아 출신 의사인 아실클레오파는 장남인 아실[1383]이 의사가 되어 자신의 뒤를 이었으면 하는 바람을 가지고 있었고, 또 실제로 그렇게 되었다. 아실클레오파는 차남 귀스타브 역시 의사나 변호사가 되기를 바랐다. 하지만 귀스타브는 종국에 우리가 알고 있는 모습의 작가, 곧 프랑스어를 가장 정확하게 구사하는 작가가 된다. 『집안의 천치』에서 사르트르는 아버지로부터 삶의 위임장을 받지 못한 귀스타브가 왜, 어떻게 이런 작가가 되었는가를 밝히고자 한다.

또한 사르트르는 이 저서에서 특히 귀스타브의 작품, 특히 『보바리 부인』이 어떤 이유에서 그의 동시대, 곧 제2제정기의 사회적, 역사적 상황에 대한 객관적 정신에 부응하는지를 탐사하고자 한다. 그 과정에서 사르트르는 전진-후진적 방법을 적용해 귀스타브의 과거로 거슬러 올라가 그에게 원초적 사건에 해당한다고 할 수 있는 두 개의 사건을 드러내고, 이 두 개의 사건으로부터 출발해 그가 자신의 삶을 미래를 행해 어떻게 기투하고자 계획 ―사르트르는 '계획planning'이라는 용어를 사용한다[1384]― 했는가를 밝히고자 한다.

사르트르가 후진적 방법을 적용해 밝히고 있는 두 개의 원초적 사건을 보자. 하나는 귀스타브가 어려서 집에서 '천치'라는 선고를 받은 것이고, 다른 하나는 그가 22세 되던 해인 1844년에 신경중적 발작을 일으킨 사건이다. 먼저 천치라는 판결[1385]을 받은 사건을 보자. 그가 어려서 천치라는

1383 아버지의 이름을 물려받은 것이다.

1384 플로베르는 두 개의 축을 따라 살아가는데, 하나는 부모에 의한 "가족계획(planning familial)"(*Ibid.*, p.131)이고, 다른 하나는 1844년에 발생한 발작으로 나타나는 "신경중 계획(planning névrotique)"(*Ibid.*, p.187)이다.

1385 특히 아실클레오파는 귀스타브를 "괴물(monstre)", "집안의 천치"라고 판결하면서(*Ibid.*, p.32)

판결을 받은 것은 글을 늦게 깨우쳤기 때문이다. 그는 7세[1386] 때까지도 읽는 법을 제대로 깨우치지 못했다. 『집안의 천치』라는 저서의 제목이 거기에서 유래했다. 형 아실은 의사가 되어 아버지의 "성스러운 아우라aura sacrée"[1387]를 계승할 정도로 똑똑했다.[1388] 여동생 카롤린Caroline[1389]도 말문이 일찍 트였고, 귀스타브보다 말을 더 잘했다. 이렇게 해서 읽는 법을 늦게 깨우친 귀스타브는 형과 여동생 사이에 끼여 부모로부터 홀대를 받게 된다.[1390] 귀스타브는 "폭력"의 희생자가 된 것이다.[1391]

이렇듯 귀스타브에게는 평화스러웠어야 했던 집이 일종의 "지옥pandémonium"[1392]이 되었던 것이다. 하지만 그가 말을 늦게 깨우쳐 집안의 천치로 규정된 것은 단지 언어의 차원에만 국한되지 않는다. 그의 이런 상태에는 또한 능률과 경제적 이익과 경쟁이 지배하는 부르주아 사회에

그를 낙원에서 추방해 버린다. 그때부터 귀스타브에게는 "황금시대(l'âge d'or)"가 "철기시대(l'âge de fer)"로 대체된다.(*Ibid.*, p.726.)

1386 사르트르는 플로베르에게서 '7세' 때 모든 것이 결정되었다고 본다.(Cf. *Ibid.*, p.337.) 자기 어머니의 재혼 이후에 보들레르에게서 "균열"이 일어난 것과 마찬가지로, 플로베르에게서도 7세에 "균열(fêlure)"(*Ibid.*, p.411.)이 일어났다는 것이 사르트르의 이어지는 주장이다. 플로베르에게서 7세 이전은 '황금시대'이고, 그 이후는 '추락'의 시대였다는 것이다.

1387 *Ibid.*, p.79.

1388 『알토나의 유폐자들』에서 프란츠는 아버지의 분신이 되어야 할 운명으로 태어나 결국 무기력의 화신이 되고 말았다는 사실을 앞에서 지적한 바 있다. 이와 마찬가지로 아실클레오파의 뜻대로 의사가 된 아실 역시 그의 뒤를 이어 의사가 되었지만, 이 역시 아버지로부터 운명을 부여받았으며, 따라서 그의 삶 역시 아버지의 삶의 반복에 불과하며, 그의 삶은 이미 멈춰서 버린 시계와 같은 삶이라는 것, 곧 실패라는 것이 사르트르의 해석이다.

1389 어머니와 이름이 같다.

1390 *Ibid.*, p.15.

1391 *Ibid.*, p.14.

1392 *Ibid.*, p.222. 좀 더 정확하게 말하자면 사르트르는 귀스타브가 천치로 여겨지는 '이타성'을 부여받은 것, 곧 귀스타브가 자신이 되지 못하고 타인이 된 상태를 지옥으로 규정하고 있다. "이 세계가 지옥이라면 ―귀스타브가 평생 간직한 생각―, 그것은 내가 타자이기 때문이다 (si le monde est l'Enfer ―idée que Gustave conserve toute sa vie― c'est que Je est un Autre)."(*Ibid.*, p.330.)

서 그가 잘 적응하지 못할 것이라는 부모의 판단이 함축되어 있다.

그런데 사르트르는 귀스타브가 이처럼 말을 깨우치는 과정에서 어려움을 겪은 이유를 그의 가족 구성원 모두에게서 찾고 있다. 의사로서 자연과학을 신봉하면서도 봉건적 습관을 완전히 버리지 못한 강력한 부권을 행사하는 아버지 —"pater familias"[1393]—, 이런 남편에 순종하면서 독실한 신앙심 속에서 애정 없이 아이들을 키운 어머니, 9살 위의 똑똑한 형, 글을 일찍 깨우친 3살 아래의 여동생 사이에서 귀스타브는 고독, 무능력, 순종 등을 내면화하면서 수동적 기질을 형성하게 되었다는 것이 사르트르의 진단이다.

귀스타브는 나선형처럼 진행되는 자신의 삶에서 이 사건을 여러 층위에서 반복적으로 되새김질하게 된다. 사르트르는 귀스타브의 작가로서의 삶이 언어를 능동적으로 지배하고 장악하지 못하는 그의 무능력에서부터 시작되었다고 본다. 그리고 그가 단어 하나, 문장 하나를 선택하고 쓸 때 최선을 다하는 작가로 변신하게 되는 것은 결국 자신이 어려서 받았던 평가, 곧 천치라는 아버지로부터의 판결에서 벗어나고자 하는 시도와 무관하지 않다는 것이다. 이런 판결은 실제로 그가 아버지라는 타자에 의해 영원히 대상화되고, 영원히 변하지 않을 본질을 부여받은 것과 동의어이다. 마치 주네가 어렸을 때 도둑으로 낙인찍혔던 것처럼 말이다.

그때부터 귀스타브의 미래로의 모든 기투는 아버지의 이 판결이 최종 판결이 아니라는 것을 증명하는 데 집중된다는 것이 사르트르의 주장이다. 요컨대 귀스타브는 무오류로 여겨지는 아버지의 자신에 대한 판결이 오류임을 밝히고, 자신을 그렇게 만든 모든 것은 아버지의 책임이라

1393 *Ibid.*, p.69. 사르트르는 귀스타브에게 있어 아실클레오파는 "절대(l'Absolu)"를 표상했으며 (*Ibid.*, p.103), 부자 관계는 중세 시대의 '영주-가신(Seigneur-Vassal)'의 관계로도 이해할 수 있다고 말하고 있다.

는 사실을 드러내고자 한다.[1394] 또한 귀스타브는 어렸을 때 잃어버린 아버지의 '은총Grâce'를 다시 얻고자 했다는 것이 사르트르의 이어지는 주장이다.

『알토나의 유폐자』에서 베르너는 귀스타브와 같은 상황에서 "나는 산다. 그러므로 나는 존재한다"를 삶의 좌우명으로 삼고, 아버지가 물려주고자 하는 조선업과 게를라흐가를 잘 경영하고 추슬러 자신의 능력을 증명해 보이고자 했었다. 그 목적은 당연히 베르너 자신이 집안의 천치가 아니라는 사실, 형 프란츠보다 더 능력 있다는 사실을 아버지에게 보여주는 것이었다. 그리고 이를 통해 베르너 자신에 대한 아버지의 판결, 자신이 태어나기도 전에 내린 판결이 잘못되었다는 것을 아버지에게 알리고, 그의 잘못과 책임을 만천하에 드러내고자 하는 것이다. 귀스타브 역시 베르너와 유사한 삶을 살게 된다. 다만, 그가 동원하는 방법이 베르너의 방법과 다를 뿐이다.

아실클레오파를 비롯해 가족들로부터 천치, 괴물, 지진아 등으로 여겨졌던, 따라서 "존재의 어려움difculté d'être"[1395]을 겪는 아무것도 아니었던 귀스타브는 "열세 살에서 열네 살 사이"인 1834-35년경에 "문학"으로 돌아선다.[1396] 그는 자신을 괴롭힌 현실을 무화하고 부정하기 위해 상상계를 선택하면서[1397] 이른바 "조물주적 유혹tentation démiurgique"에 사로잡힌다.

1394 *Ibid.*, p.274.

1395 *Ibid.*, p.57.

1396 *Ibid.*, p.966. 사르트르는 귀스타브가 글을 쓰기로 결정한 것은 9세였다고 말하고 있다. "9세 때 귀스타브는 쓰기를 시작했다. 왜냐하면 그는 7세 때 읽을 줄 몰랐기 때문이다."(*Ibid.*, p.40); "7세 때 그는 위대한 작가가 되고자 한다."(*Ibid.*, p.661.)

1397 사르트르에 의하면 상상계의 선택, 비실재성(irréalité), 비실재화(irréalisation)는 "현실 전체의 부재(absence de toute réalité)"를 의미하는 것이 아니라 이 현실에 대한 "이의제기(contestation)", 그것의 무화와 부정을 의미한다. 이것은 플로베르는 물론 보들레르, 주네, 말라르메, 사르트르 자신에게 해당한다.(*Ibid.*, p.595.)

주네, 말라르메와 마찬가지로 귀스타브는 "모든 것tout"이 되고자 하며, 또 "모든 것"을 소유하고자 한다.[1398] 물론 그 종착역은 자신의 존재론적 힘의 강화일 것이다. 아실클레오파와 같은 힘을 가진 존재, 조물주와 같은 힘을 가진 존재가 그것이다.

이를 위해 귀스타브는 당연히 그를 어렸을 때 천치로 규정하게 했던 언어, 곧 프랑스어를 그 누구보다도 더 잘 장악하고 지배해야 할 것이다. 인간에게 있어서 '말한다'는 것은 주체적, 능동적, 자발적, 직접적 행동이다.[1399] 따라서 귀스타브가 적재적소의 단어를 선택하고 아름답고 완벽한 문장을 만들어 낸다는 것은 스스로 주권적 존재가 된다는 것을 의미한다. 이런 의미에서 귀스타브에게 있어서 쓰기는 집안에서 소외되었던 자아에 대한 "보상compensation"이자, 이런 소외된 자아를 탄생시킨 모든 요소, 특히 아버지에 대한 "복수vengeance"가 될 것이다.[1400] 요컨대 귀스타브에게는 쓰기가 "상상적 반항révolte imaginaire"[1401]이 될 것이다.[1402]

이처럼 한편으로는 아버지에 대한 원한과 증오의 감정을 마음속에 품고 살아가고, 또 다른 한편으로는 문학에 대한 조물주적 유혹과 상상적인 것의 복수를 위해 문학을 선택한 귀스타브에게 22세 되던 해에 또 하나의 결정적 사건이 발생한다. 이 사건은 귀스타브 플로베르를 우리가 알고 있는 '작가' '귀스타브 플로베르'로 완전히 탈바꿈시켜 주는 사건이다.

1398   *Ibid.*, p.964.

1399   *Ibid.*, p.38; "말하는 것은 행동하는 것이다(Parler c'est agir.)"(*Ibid.*, p.151.)

1400   *Ibid.*, p.969.

1401   *Idem.*

1402   이런 상상적 반항을 통해 귀스타브는 아실클레오파가 자기에게 내린 저주를 그에게 되돌려 준다. 그러니까 "귀스타브는 아버지를 저주한다. 아버지가 그를 저주했기 때문이다."(*Ibid.*, p.216.) 이는 상징적으로 귀스타브의 "친부 살해(parricide)"로도 해석될 수 있다는 것이 사르트르의 주장이다.(*Ibid.*, p.207.) 실제로 사르트르는 1844년에 플로베르에게 일어난 신경증적 발작을 "친부 살해(meurtre du père)"로 본다.(IFII, p.1882.)

일찍부터 이렇듯 작가의 꿈을 키우고 있던 귀스타브는 아버지의 뜻에 따라 파리에서 법학을 공부하고 있었다. 귀스타브는 형 아실과 함께 마차를 타고 가족의 여름 별장 용지로 마련된 도빌Deauville 인근의 땅을 둘러보고 집이 있는 루앙Rouen으로 돌아오던 길에 퐁레베크Pont l'Evêque 부근에서 발작을 일으켰다.[1403] 이때 그의 나이 22세였다.

귀스타브의 발작이 간질 발작이라는 설도 유력하다. 하지만 사르트르는 이 사건을 다르게 해석한다. 귀스타브에게는 아버지가 있는 루앙으로 돌아오는 것이 "힘겨운 고난calvaire"[1404]이었고 —사르트르는 1843년까지의 귀스타브의 삶을 "그의 아버지에 대한 죽음 투쟁lutte à mort contre son père"[1405]으로 여긴다—, 그로 인한 긴장, 불안, 초조, 스트레스 등의 상태에서 그에게 신경증적 발작이 일어났다는 것이다.

사르트르는 이 발작에서 특히 귀스타브의 자유로운 결단을 중요시한다.[1406] 그러니까 아버지의 기대에 미치지 못하고, 따라서 그로부터 인정받지 못하는 불안하고 초조한 상태에서 집에 가면 그와 대면해야 한다는 지속적인 강박관념을 이겨 내지 못하고 귀스타브가 기절하기로 스스로 결단을 내렸다는 것이다.[1407] 그리고 이 결단을 통해 그는 사용가치보다

1403 이 사건의 경위에 대해서는 *Ibid.*, pp.1771-1785를 보라.

1404 *Ibid.*, p.1819.

1405 *Ibid.*, p.1895.

1406 *Ibid.*, p.2136.

1407 이와 관련해 플로베르의 발작을 '감동'의 일환으로 볼 수도 있을 것 같다. 앞에서 사르트르가 『감동론』에서 '감동'을 위험한 세계에서 출구가 없을 때, 이 세계를 변형하고자 하는 마법적 의식으로 규정하고 있다는 사실을 보았다. 하지만 그때 변형되는 것은 세계가 아니고 의식 그 자체라는 사실도 보았다. 또한 감동은 신체를 통해 발현된다는 사실도 보았다. 이런 사실을 고려하면 귀스타브가 마차 위에서 발작을 일으킨 것은 아버지가 중심인 출구 없는 세계에서 벗어날 길이 없자 이 세계를 변형시키기 위해 자신의 신체를 통해 스스로를 '기절한-신체'로 변형시켜 이 세계에서 도피하고자 벌인 행동이었다고 할 수 있다. 흔히 사르트르의 관점에서 볼 때 귀스타브는 상상계를 선택하면서 이 세계를 비실재화하고 무화하는 전략을 구

는 교환가치가 지배하고, 점차 출세를 위한 경쟁이 심화되며, 과학주의와 공리주의[1408]가 만연한 부르주아 사회에서 벗어나고, 현실과 거리를 두고 —사르트르는 "반¾유폐sémi-séquestration"[1409]라고 표현한다—, 마치 "시체cadavre"처럼 지내며 아무것에도 책임을 지지 않고자 하면서,[1410] 또 "간호를 받는 대상objet de soins"[1411]이 되면서, 곧 무기력한 삶을 영위하면서[1412] 여성적이고 수동적인 쓰기를 통한 창작 활동을 할 수 있는 권리를 확보하고자 했다는 것이 사르트르의 해석이다. 이것이 『집안의 천치』 1, 2권의 내용에 대한 아주 거친 요약이다.

이런 주장에 이어 사르트르는 『집안의 천치』 3권에서 귀스타브가 살았던 제2제정기의 객관적인 시대정신에 주목한다. 이렇게 하면서 사르트르는 귀스타브의 개인적 상황과 그가 살던 동시대의 역사적, 사회적 상황 사이의 관계를 탐사한다. 그러니까 사르트르는 방금 언급한 귀스타브의 집안의 천치, 무능력, 수동적 기질 등이 집약된 그의 개인적 신경증과

사한 것으로 여겨진다. 이런 주장이 설득력이 강한 것은 부인할 수 없다. 하지만 퐁레베크에서의 발작만을 고려하면, 이것이 귀스타브의 '감동의식'이 작동한 결과이며, 특히 '기절한-신체'를 통해 아버지의 세계를 부정하고, 잊고, 무화하려는 시도였다고 보는 것도 충분히 설득력이 있는 것으로 보인다.

1408 사르트르는 여러 차례에 걸쳐 귀스타브의 말을 인용한다. "나는 유용한 것보다는 아름다운 것을 더 좋아한다.", "예술은 산업보다 더 유용하다, 미는 선보다 더 유용하다.", "모든 것보다 더 우월한 것은 예술이다. 한 권의 시집은 철도보다 더 가치가 있다."(*Ibid.*, p.1486.)

1409 *Ibid.*, p.1860.

1410 *Ibid.*, p.1867.

1411 *Ibid.*, p.1864. 사르트르는 귀스타브의 이런 태도를 마조히즘의 일환으로 본다.(*Ibid.*, p.1867.)

1412 "나는 괴로워한다. 그러므로 나는 존재한다!", "나는 죽는다. 그러므로 나는 존재한다!"(*Ibid.*, p.1288)가 귀스타브가 선택한 삶의 태도라고 할 수 있다. 하지만 이런 귀스타브의 태도가 역으로 자신을 부정하고 배제하고 축출한 현실에 대한 가장 강한 비판이자 이의제기라는 것, 다시 말해 그의 비참여가 가장 적극적인 참여라는 것이 사르트르의 주장이다. 또한 이것이 귀스타브가 자기 원인자가 되어 어렸을 때 상실한 자신의 존재와 위엄을 회복하는 수단이라는 것이 사르트르의 계속되는 주장이다. "나는 이 세상 사람들을 경멸한다. 그러므로 나는 그들보다 더 위대하다."(*Idem.*)

그가 살았던 동시대의 신경증, 특히 점차 위기 의식을 느껴 가던 부르주아계급의 신경증과 객관적이고 분석적인 정신에 입각한 실증주의 예술(문학)과 예술(문학)을 위한 예술(문학) 사이의 높아 가는 긴장에서 기인하는 예술(문학) 신경증 사이의 친연성에 주목한다.

사르트르는 전진적 방법을 적용하면서 귀스타브의 개인적 추락과 신의 존재에 대한 회의, 이성에 대한 불신, 프롤레타리아계급의 부상, 지나친 물질 숭배 등으로 인해 제2제정기의 지배 세력으로 군림하던 부르주아계급의 정치적 쇠락과 위기, 이 계급의 예술적 타락 등을 '귀스타브 플로베르'라고 하는 "개별적 보편자"[1413]를 통해 '총체적으로totalement' 보여 주고자 한다. 그리고 특히 구상만 되고 미완으로 끝난 『집안의 천치』4권에서 사르트르는 귀스타브 개인의 신경증, 부르주아 사회의 신경증, 예술의 신경증이 어떤 모습으로 작품 —『보바리 부인』이다— 에서 문학적으로 형상화되고 있는지를 보여 주고자 하는 계획을 세우고 있었다.[1414]

거칠게 보아 『말라르메』와 『집안의 천치』는 각각 이런 내용을 담고 있다. 하지만 『말라르메』에 대해서는 우리나라의 경우—다른 나라의 경우

1413 IFI, p.7; IFII, p.1503; IFIII, 1988(nouvelle édition), p.33. 이 개념은 사르트르가 키르케고르를 분석하면서 사용한 개념으로, 한 개인 속에 그가 살던 사회의 모든 것이 함축되어 있다는 개념이다. 귀스타브의 경우, 그가 남긴 자료들이 많다면, 또 이 자료들을 면밀히 분석한다면, '귀스타브'라고 하는 개인 속에 함축된 그와 동시대의 총체적인 모습을 파악할 수 있다는 것이다. 앞에서 살펴본 것처럼 사르트르는 『변증법』 2권에서 한 나라의 한 지방 도시에서 벌어지는 권투 경기를 예로 들고 있다. 비록 이 경기가 작은 규모의 경기이지만, 이 경기 속에 그 지방과 그 나라의 권투에 관련된 모든 것, 나아가 세계 권투에 관련된 모든 것이 함축되어 있다는 것이다.(Cf. CRDII, pp.26-60.) 이 개념에 대해서는 다음 연구를 참고하라. 심정섭, 「사르트르의 실존적 상상력과 "개별적 보편성(l'universel singulier)": Les Mots를 중심으로」, 『한국프랑스학논집』, 26, 한국프랑스학회, 1999, 243-262쪽.

1414 『집안의 천치』는 1971년에 1, 2권이, 1972년에 3권이 출간되었다. 그리고 1988년에 인명 색인과 저작 색인과 특히 3권의 부록으로 「보바리 부인론」이 덧붙여져 신판이 출간되었다.(IFIII, nouvelle édition, 1988, pp.661-812.) 이 부록을 통해 사르트르의 「보바리 부인」에 대한 분석의 일부를 볼 수 있다.

도 비슷하다— 아직까지 활발한 연구가 거의 이루어지지 않고 있는 실정이다.[1415] 반면,『집안의 천치』에 대해서는 비교적 연구가 활발하게 진행되고 있다.[1416] 향후 사르트르에 관심 있는 젊은 연구자들에 의해 더욱 활발한 연구가 진행되기를 고대해 본다.[1417]

[1415] 정명환의 다음 연구가 유일하다고 할 수 있다. 정명환, "문학을 찾아서", 앞의 책, 81-129쪽 (1부, 3장 "말라르메의 깊은 참여.")

[1416] 앞에서 언급한『집안의 천치』에 대한 박사학위 논문 외에도 우리나라에서 이 저서에 대해 꽤 많은 연구가 이루어지고 있다. 다만 박정자, 강충권, 이재룡은 연구 일선에서 물러나 있으며, 현재 이 저서에 대한 연구는 주로 지영래가 주도하고 있다. 지영래의 연구로는 다음과 같은 것들이 있다. 지영래, 「사르트르의 《집안의 천치》의 소설적 구조 분석」,『프랑스학연구』, 49, 프랑스학회, 2009, 205-226쪽; 「《집안의 천치》와 사르트르의 "전진-후진적 방법"」, 『프랑스학연구』, 58, 프랑스학회, 2011, 549-576쪽; 「사르트르 상상력 이론의 후기 변천과정 연구 (I): 《상상계》에서 《집안의 천치》로」, 앞의 책, 513-541쪽; 「사르트르의 문학비평과 신비주의」,『외국문학연구』, 45, 한국외국어대학교 외국문학연구소, 2012, 325-346쪽;『집안의 천치, 사르트르의 플로베르론』, 앞의 책. 그중에서도 마지막 저서는『집안의 천치』에 대한 쉬우면서도 알찬 해설서이다.『집안의 천치』의 전체적인 내용, 집필 배경, 저자의 의도 등을 자세하고 이해하기 쉽게 다루고 있다. 특히 이 책말미에 붙어 있는 신, 구판의 쪽수 대비는 아주 유용하다.

[1417] 특히『말라르메』,『성자 주네』,『집안의 천치』의 번역이 가장 긴요한 것으로 보인다.

6.

사르트르의 지식인론

6.1. 지식인론을 왜 문학론에 포함했는가

사르트르가 가지고 있는 여러 직함 중 '지식인'이라는 직함 역시 중요하다. 그 중요성은 철학자나 작가라는 직함이 갖는 중요성과도 거의 맞먹는다고 할 수 있을 정도이다. 아니, 지식인 개념에 철학자나 작가가 포함된다고 할 수도 있다. 이런 이유로 이 책에서 한 장章을 따로 마련해 사르트르의 지식인론을 다루는 것이 좋겠다고 생각했다. 나는 사르트르의 지식인론을 그의 문학론을 다루는 이 장에서 다루기로 했다. 앞에서도 짧게 언급했지만 다음과 같은 두 가지 이유에서이다.

첫 번째 이유는 이 책에서 사르트르의 철학과 문학에 할애된 분량과의 균형 문제 때문이다. 우리는 이 책에서 사르트르의 철학을 살펴보면서 거기에 그의 문학론보다 더 많은 분량을 할애했다. 물론 그의 장·단편소설, 극작품, 시나리오 등과 같은 작품을 하나하나 분석하고 해설했다면 그 분량은 거꾸로 철학에 할애된 분량보다 더 많을 수도 있다. 하지만 작가의 문학을 통한 개인적 구원과 이웃의 구원이라는 주제만을 다루면서 그 분량이 철학 부분에 비해 상대적으로 적어 불균형을 이루는 상황이 발생했다. 이를 어느 정도 시정하기 위해 사르트르의 지식인론을 여기에서 문학론과 같이 다루고자 한 것이다.

두 번째 이유는 첫 번째 이유보다 더 본질적이라고 할 수 있다. 사르트르는 실제로 자신의 지식인론의 전체적인 모습을 담고 있는 『지식인을 위한 변명』의 세 번째 강연에 "작가는 지식인인가L'écrvian est-il un intellectuel?"라는 제목을 붙이고, 다른 지식인들이 "우연히par accident" 지식인인 것과는 달리 작가는 "본질적으로par essence" 지식인이라고 규정하고 있다.[1418] 곧이어 보겠지만 사르트르는 지식인을 부르주아계급이 내거는 '보편성l'universalité'과 지식인 자신이 내거는 '특수성la particularité' 사이의 "모순"을 깨달은 자로 정의하고 있다.[1419] 그런데 작가는 "그의 직업 자체에서" 이런 모순에 연루된 것으로 여겨진다.[1420] 여기에서는 이런 사실을 고려해 사르트르의 지식인론을 그의 문학을 다루는 장에 포함해 논의하고자 했다.

6.2. '고전적 지식인'과 '새로운 지식인'

방금 언급한 것처럼 사르트르의 화려한 이력서의 한 자리에는 항상 지식인이라는 직함이 찍혀 있다. 그가 이처럼 평생 지식인으로 폭넓게 활동했음에도 지식인에 대해 자신의 견해를 소상히 밝힌 것은 비교적 늦은 1966년의 일이다. 물론 그전에도 기회가 있을 때마다 지식인에 대해 간헐적으로 언급하긴 했다. 하지만 지식인에 대한 견해를 본격적으로 밝힌 것은 1966년 9-10월에 일본을 방문해 가진 세 차례의 강연을 통해서

1418 SVIII, p.455.

1419 *Ibid.*, pp.391-392.

1420 *Ibid.*, p.454.

였다.

이 강연문 전체는 『상황, VIII』(1972)에 "지식인을 위한 변명"이라는 제목으로 수록되어 있다.[1421] 첫 번째 강연의 제목은 "지식인이란 무엇인가 Qu'est-ce qu'un intellectuel?"이고, 두 번째 강연의 제목은 "지식인의 기능Fonction de l'intellectuel"이며, 세 번째 강연의 제목은 "작가는 지식인인가"이다. 세 번째 강연의 주요 내용은, 앞에서 언급한 것처럼, 작가란 다른 지식인들과 달리 본질적으로 지식인이라는 사실을 강조하면서, 특히 작가의 사회 참여를 독려하고 있다. 그리고 사르트르의 지식인에 대한 정의와 기능은 첫 번째, 두 번째 강연에서 다루어지고 있다. 여기에서는 이 두 강연을 중심으로 그의 지식인 개념을 간략하게 살펴볼 것이다.

그전에 다음과 같은 사실을 먼저 지적하자. 즉 사르트르는 일본에서 세 차례에 걸쳐 진행했던 강연의 전체 내용을 『상황, VIII』에 수록하면서 일종의 '서문'을 썼는데, 그가 이 서문에서 1968년 5월 혁명이 자신의 지식인관에 큰 변화를 가져왔다는 점을 지적하고 있다[1422]는 사실이다.[1423] 그의 지적에 의하면 일본에서의 강연에서 제시된 지식인 개념은 고전적 지식인에게 해당하며, 5월 혁명 이후에는 이 개념이 더 이상 유효하지 않다는 것이다. 따라서 여기에서는 먼저 『지식인을 위한 변명』에 실려 있는 강연 내용을 토대로 그의 고전적 지식인에 대한 개념을 먼저 살펴보고, 이어서 변화된 지식인 개념을 살펴보기로 한다.

사르트르는 1966년 일본 방문 중에 있었던 첫 번째 강연에서 지식인이란 무엇인가라는 물음에 대해 답을 하는 작업, 곧 지식인에 대해 정의 내

1421 이 세 강연은 같은 제목의 단행본으로도 출간되었다.

1422 *Ibid.*, pp.373-374.

1423 일본에서의 강연 내용과 『상황, VIII』에 수록된 내용 사이에도 약간의 차이가 있다. 하지만 그 차이는 미미한 것이어서 여기에서는 이 점에 대해서는 다루지 않기로 한다.

리는 작업을 하고 있다.[1424] 그는 이 작업에서 다음과 같은 두 가지를 지적한다. 하나는 지식인이 지배계급(부르주아지, 유산계급)과 피지배계급(프롤레타리아트, 무산계급)의 중간계급(프티부르주아지) 출신이라는 점이다. 다른 하나는 이런 출신 계급의 문제로 인해 지식인은 두 계급으로부터 아무런 위임도 받지 못한 채 "자신과 무관한 일에 쓸데없이 참견하는 사람quelqu'un qui se mêle de ce qui ne le concerne pas"이 된다는 것이다.

> 그 자체의 모순점들에도 불구하고 지식인에 대한 이 모든 비판에 공통되는 의미를 찾아내는 것이 가능할까요? 예, 가능합니다. 이 모든 비판에는 말하자면 '지식인은 자신과 무관한 일에 참견하는 사람'이며, 사람들이 옳다고 수용한 진리와 이 진리에서 영감을 받은 행위 전체를, 인간과 사회라는 보편적 개념 ─사회가 발전하고, 그에 따라 생활양식과 사회적 기능 및 구체적 문제점들의 고도한 다양화가 그 특징이 되어 가는 오늘날에는 불가능한 개념, 따라서 추상적이고 그릇된 개념─ 의 이름으로 부정하려는 자들이라는 근본적인 비난이 깔려 있다는 의미가 그것입니다. (…) 그런데 지식인이 자신과 무관한 일에 참견하는 사람이라는 이 비난은 사실 '맞는 말'입니다.[1425]

사르트르는 이런 지적에서 출발해서 자신의 지식인 개념을 구체적으로 제시하기 위해 '지식인'과 '실천적 지식 기술자technicien du savoir pratique'(이하 TSP)를 구별한다. TSP는 자기 분야에서 전문 지식과 실용 지식을 쌓은 자이다. 과학자, 의사, 교수, 언론인, 법조인 등이 그 예이다. 물론 모든 TSP

1424 사르트르의 지식인 개념의 밑바탕에는 그 무엇보다도 마르크스주의가 놓여 있다는 사실을 지적하자.

1425 *Ibid.*, p.377.

가 지식인인 것은 아니다. 하지만 사르트르는 지식인이 이들 TSP에서 생겨난다고 본다. TSP는 일종의 "잠재적 지식인"[1426]인 셈이다. 대부분의 경우 프티부르주아 출신인 TSP들은 전문 지식을 습득하고 익히는 과정, 또그것을 이용하고 응용하는 과정에서 자신들이 속한 사회에 심각한 모순이 있다는 것을 자각하게 된다는 것이 사르트르의 주장이다. 그렇다면 그들이 느끼는 모순은 대체 어떤 모순인가?

문제가 되는 모순은 보편성과 특수성 사이의 모순이다. 사르트르의 설명을 들어 보자. 먼저 TSP들은 자신들이 성장하는 과정에서 배우고 익힌전문 지식과 기술이 가지고 있는 보편성에 익숙해져 있다. 그러니까 그들은 자신들의 전문 지식과 기술이 인류 전체와 그들이 소속된 사회 전체에유용하다는 생각, 곧 휴머니즘적 사유에 익숙하다.

가령 의사가 전문 의료 지식과 기술을 습득한 경우, 이 의사는 이 지식과 기술을 누구에게나 평등하게 적용해야 할 것이다. 전문 의료 지식과기술 자체는 사람의 귀천을 가리지 않기 때문이다. 또한 무기 전문기술자가 위험한 무기를 개발해 낸 경우에도, 이 무기가 애초에는 인류 전체의평화에 기여할 목적으로 개발된 것일 수도 있다.

하지만 문제는 방금 예로 든 의사나 무기 전문기술자는, 자신들의 본래의도와는 달리 각자 습득하고 개발해 낸 의료 기술과 지식, 무기가 그들을 키워 주고 교육해 준 계급, 곧 그들이 속한 사회의 지배계급의 개별적이익과 특권에 주로 봉사를 하는 결과를 낳게 한다는 점을 자각하게 된다는 것이 사르트르의 주장이다. 그리고 이런 자각으로 인해 이들은 다음과 같은 모순에 부딪히게 된다. 즉 보편성을 띤 지식과 기술을 가지고 있으면서도 실제로는 그들 각자가 속해 있는 지배계급의 이익, 곧 특수성에알게 모르게 봉사하고 이용당하고 있다는 모순이 그것이다.

1426   *Ibid.*, p.397.

또한 이런 모순은 TSP들 각자가 자신을 키워 주고 교육해 준 지배계급과 이 계급의 지배를 받고 있는 피지배계급과의 관계로 인해 갖게 되는 "불행한 의식conscience malheureuse"[1427]으로 이어지게 된다.[1428] 인류 전체를 위한다는 보편적 지식을 가졌음에도 불구하고 지배계급의 특수한 이익과 특권을 위해 일을 하게 된 TSP가 느끼게 되는 '나는 누구인가, 나는 지배계급과 피지배계급과의 관계 설정을 어떻게 해야 하는가' 등의 고민이 그것이다.

이런 모순을 느끼고 불행한 의식을 갖게 된 TSP는 이른바 '탈脫계급 déclassement'을 단행하게 된다는 것이 사르트르의 주장이다. 이런 탈계급은 다음의 두 가지 양상으로 이루어지는 것으로 이해된다. '상향 탈계급 déclassement par en haut'과 '하향 탈계급déclassement par en bas'이 그것이다. 상향 탈계급은 중간계급(프티부르주아) 출신 TSP가 위에서 지적한 모순을 자각하고 불행한 의식을 가졌음에도,[1429] 그것으로 괴로워하는 대신 지배계급의 이데올로기를 받아들이고 인정하며, 자신의 전문 지식과 기술을 계속 이 계급의 특수성을 위해 동원하고 봉사하기로 마음먹게 되는 것을 뜻한다. 사르트르의 절친 중 한 명이었던 니장의 표현대로 이런 TSP는 스스로 "집 지키는 개"가 되고자 결심하는 것이다. 물론 이런 TSP는 참다운 의미의 지식인이 될 수는 없으며,[1430] 그는 그저 "사이비 지식인faux intellectuel"

1427   *Ibid.*, p.396.

1428   Cf. "L'ami du peuple", Interview publié par *L'Idiot International*, n° 10, septembre 1970, in Jean-Paul Sartre, Bernard Pingaud, Dionys Mascolo, *Du Rôle de l'intelllectuel dans le mouvement révolutionnaire*, Le Terrain vague, 1971, p.10.

1429   모든 TSP가 이런 모순과 불행한 의식을 느끼는 것은 아니며, 이런 상태에서 TSP가 지식인이 될 수 없다는 것은 말할 나위가 없다.

1430   그람시에 따르면 이런 TSP는 '상부구조의 하급 기능인(fonctionnaires subalternes des suprastructures)' 또는 '헤게모니의 봉사자(serviteur de l'hégémonie)'로 여겨진다.

에 불과할 뿐이다.[1431]

> 지식인의 가장 직접적인 적은 내가 '사이비 지식인'이라고 부르려 하는 자, 니장이 집 지키는 개라고 명명했던 자, 즉 지배계급의 사주를 받아 자칭 엄격한 논증 —다시 말해 엄밀한 방법의 산물인 것처럼 제시되는 논증— 을 통해 특수주의 이데올로기를 옹호하려 드는 자입니다.[1432]

하향 탈계급은 모든 면에서 상향 탈계급과 반대된다. 하향 탈계급을 시도하는 TSP는 방금 지적한 모순과 불행한 의식을 온몸으로 끌어안고서 자신을 키워 주고 교육해 준 지배계급이 자행하는 억압과 폭력을 드러내고 폭로한다. 즉 거기에 이의를 제기하고자 한다. 또한 그는 자신의 전문 지식과 기술을 보편성에 맞게 사용하려고 노력하는 것, 다시 말해 지배계급만이 아니라 피지배계급을 위해서도 그의 지식과 기술을 이용하는 실천적 작업을 하기로 마음먹는다. 이런 하향 탈계급의 경우에만 비로소 TSP는 참다운 의미에서 지식인으로 변모한다는 것이 사르트르의 주장이다.

그런데 여기에서 한 가지 유의해야 할 점은, 사르트르가 이렇게 규정한 지식인이 고전적 지식인에 해당한다는 것이다. 1966년 일본 방문 중에 있었던 강연을 통해 사르트르는 지식인을 가리켜 하향 탈계급을 시도하는 TSP, 곧 자기 내부에 있는 부르주아 근성에 대해 비판적 태도를 취하고자 노력함과 동시에 계급 없는 사회를 위한 투쟁에 뛰어들 준비를 하고 있는 TSP 정도로 규정하고 있다. 이렇게 말할 수 있다면 사르트르는 TSP가 지식인으로 변모할 수 있는 요건을 최소화시키고 있는 것으로 보인다.

1431 SVIII, p.408.

1432 *Idem.*

그렇기 때문에 지식인, 즉 고전적 지식인은, 자신이 속한 사회에 대한 전문적 지식을 가지고 동일한 사회에 속해 있으면서도 이 사회에서 나타나는 여러 문제를 인식하지 못하거나 인식하는 데 어려움을 겪는 피지배계급에 속한 자들을 돕거나 또는 그들을 어느 정도 안내하고 돕는 것이 용인된다.[1433] 다시 말해 피지배계급에 속하는 자들에 대한 고전적 지식인의 우월성이 어느 정도 인정되게 된다. 하지만 5월 혁명을 거치면서 사르트르의 이와 같은 고전적 지식인에 대한 개념은 커다란 도전에 직면하게 된다.

6.3. '새로운 지식인'

5월 혁명이 진행되는 과정과 관련해 한 노동자의 다음과 같은 증언은 사르트르의 새로운 지식인 개념을 살펴보는 데 유익할 것으로 보인다.

> 우리와 그들[학생들]의 관계는 매우 우호적이었지만 그들의 주장은 명료하지 않았다. 우리가 그런 사람들을 만난 것이 처음이었다는 사실을 고려해야 한다. 우리는 그들이 말하는 방식에 익숙하지 않았고 우리가 보기에 그들은 낯선 세계에서 온 이상한 동물 같았다.[1434]

5월 혁명 당시 학생들과 노동자들 사이의 목표, 관심사, 이해관계가 현저하게 달랐다고 할 수 있다. 하지만 위의 인용문에는 오히려 노동자들이

1433 사르트르의 이런 생각과 그람시에 의해 규정된 '유기적 지식인(l'intellectuel organique)' 양성의 어려움 내지 불가능성과 무관하지 않다. 피지배계급은 자기 계급을 대변하는 지식인을 양성하고 배출하는 것이 어렵고 또 불가능하다.

1434 Lucien Rioux & René Backmann, *L'Explosion de Mai*, 1968, p.281.(크리스 허먼, 『세계를 뒤흔든 1968』, 책갈피, 이수현 옮김, 2004, 155쪽에서 재인용.)

학생들, 그것도 자신들을 엘리트로 여기면서 스스로 지식인임을 자처하는 학생들이 시도한 하향 탈계급에 대해 불신하고 있음이 잘 나타나 있는 것으로 보인다.

피지배계급에 속하는 노동자들은 프티부르주아계급 출신 '학생-지식인들'이 마치 신발 끈을 매면서 허리를 굽혀 자신들을 내려다보는 듯한 행동을 하는 것을 결코 원치 않았다. 이것은 지배계급에 속하는 자들이 지식인들에 대해 자신들을 배반하지 않을까 하는 의심의 눈초리를 보내는 것과 정반대되는 것이다. 어쨌든 학생들, 학생-지식인들, 지식인들이 노동자들과 연대를 도모하면서 5월 혁명을 주도했음에도, 그들 사이에는 서로에 대한 불신, 특히 노동자들 측에서 발견되는 불신이 늘 존재했었다는 것은 분명해 보인다. 이런 시각에서 사르트르는 지식인을 어느 계급에도 "동화가 불가능한" 존재, 심지어는 "여분의 존재"로 여기기도 한다.

> 지식인은 특권 계급으로부터 추방당하고, 혜택받지 못한 계급으로부터 (그가 이 계급에게 제공하는 문화 때문에) 의심을 받아 가면서 자신의 일을 시작할 수 있게 되는 것입니다.[1435]

하지만 이렇게 정의된다고 해도 지식인이 그 누구에 의해서도 위임장을 받은 적이 없다는 것은 여전히 사실입니다. 노동계급으로부터는 의심을 받고, 지배계급에게는 배신자이며, 자기가 속한 계급을 거부하지만 이 계급으로부터 결코 해방될 리 없는 지식인은, 바뀌고 심화된 자기의 모순들이 민중 정당 속에서까지 존재하는 것을 발견하게 됩니다. 지식인이 민중 정당에 가입하는 경우, 그는 이 정당 속에서까지 유대감과 소외감을 동시에 느끼게 됩니다. 왜냐하면 그가 정당의 정치권력과 잠재적인 분쟁 상태

1435 SVIII, p.423.

에 있기 때문입니다. 결국 그는 모든 곳에서 '동화될 수 없습니다.' (…) 그때부터 지식인의 '기능'에 대해 어떻게 말할 수 있을까요? 차라리 지식인이란 자신의 불완전함으로 인해 혜택받지 못한 계급의 주변에서 살고자 애쓰지만 결코 이 계급에 합류하지 못하는, 중간계급이 '실수로' 만들어 낸 '여분의 인간'이 아닐까요?[1436]

그렇다면 지식인이 프롤레타리아트로부터 받는 이런 불신, 의심의 본질은 무엇인가? 그것은 학생-지식인들의 자기기만이라는 것이 사르트르의 주장이다. TSP에서 지식인으로 변모한 자는 대략 다음과 같은 생각을 하게 된다. 1) TSP인 나는 지배계급과 피지배계급 사이에서 불행한 의식을 느낀다. 2) 이런 면에서 나는 불행한 의식을 느끼지 못하는 다른 TSP들보다 도덕적으로 우월하다. 3) 나는 불행한 의식을 느낀 후에 상향 탈계급이 아니라 하향 탈계급을 한다. 4) 피지배계급에 속한 자들이 나를 불신할 수도 있지만, 그래도 나는 집 지키는 개들에 비해 도덕적으로 우월하고, 따라서 떳떳하다. 5) 게다가 나는 전문 지식과 기술, 그리고 명석한 정신으로 사회의 여러 문제점을 꿰뚫어 보지 못하는 피지배계급에 속하는 자들을 안내하면서 그들에게 실천적 도움을 주는 것도 가능하다.

지식인들의 머릿속에 똬리를 틀고 있는 이런 일련의 생각이 그들의 자기기만의 소산이라는 것, 사르트르는 5월 혁명을 거치는 과정에서 정확히 이 사실을 깨달았던 것으로 보인다. 그러니까 지식인, 더 정확히 말해 고전적 지식인은 자신의 전문 지식과 기술이 갖는 보편성과 이 지식과 기술이 봉사하는 지배계급의 특수성 사이에서 모순과 불행한 의식을 느끼는 것에 만족하는 반면, 이제 5월 혁명을 거치면서 새로이 나타난 지식인 —'새로운 지식인'이다— 은 이런 모순과 불행한 의식을 넘어서서 피지배

1436 *Ibid.*, p.426.

계급에 속하는 자들 —'민중peuple'이다— 속으로 직접 뛰어들어 그들의 동반자가 되어야 한다는 것이다.

한 가지 흥미로운 점은, 사르트르가 이런 사실을 깨우치게 된 것은 5월 혁명을 거치면서 주로 만났던 마오주의자들[1437]의 영향 때문이라는 사실이다.[1438] 그러니까 이들 마오주의자[1439]에 의하면 사르트르가 규정하고 있는 고전적 지식인은 민중과 '함께avec' 있기는 하지만, 참다운 의미에서 그들과 하나가 되기는커녕 그들 위에 군림하고, 또 그들에게 지식과 기술을 주면서 안내하고 도움을 주는 엘리트다. 이와는 달리 사르트르는 이제 새로운 지식인을 모든 전문 지식과 기술을 부르주아적 특수성으로 규정하고, 또 문자 그대로 민중 '속에dans' 들어가 그들과 하나가 되어 생활하고 활동하는 자로 규정한다.[1440]

[1437] 일반적으로 프랑스에서 마오주의자들의 이미지는 부정적이다. "중국의 문화혁명이 낳은 비극적인 현실을 모르고, 권력을 장악하기 위한 마오쩌둥의 정치적 음모에 이용된 중산층 이상의 집안 출신들로 고등사범학교까지 입학한 어리석은 엘리트 청년들이라는 클리셰를 떠올린다. 유토피아적 환상에 취해, 독재이며 대량 학살자인 마오쩌둥을 찬양하기에 급급했던 어리석은 자들이라는 마오주의자들에게 부여된 클리셰는 68운동을 폄훼하고 조롱하는 근거로 빈번하게 활용되었다."(문종현, 「68운동과 마오주의: 프랑스 마오주의 운동의 기원」, 『프랑스사연구』, 39, 한국프랑스사학회, 2018, p. 35.)

[1438] 사르트르의 지식인 개념의 변화에서 5월 혁명 이후의 마오주의자들과의 교류가 아주 중요한 역할을 했다는 것은 잘 알려져 있다. 다만, 여기에서는 이런 영향 관계를 확인하고 그 긴밀성만을 지적하고, 그 구체적 관계에 대해서는 다루지 않기로 한다. 이들의 관계의 양상, 범위, 복잡함, 의의 등에 대해서는 다음을 참고하라. 변광배, 「사르트르와 68혁명 (II): 마오주의자들과의 교류와 지식인관의 변모」, 『프랑스문화예술연구』, 73, 프랑스문화예술학회, 2020, 54-85쪽.

[1439] 프랑스 마오주의자들은 '마오스퐁텍스(Mao-spontex; Maoïstes spontanéistes)'로 지칭된다. 'spontex'는 '자발적'을 의미하는 'spontanéiste'이다. 이들은 중국 문화혁명 당시 자발적으로 홍위병(Gardes rouges)에 가담해 인민의 적을 비판하고 소탕하는 데 앞장섰던 청년들을 모델로 삼고 있다.

[1440] 이 두 단어는 사르트르와 5월 혁명 사이의 관계에 대한 총체적 평가, 곧 그의 참여의 의의와 한계와 연결되어 있다. 실제로 5월 혁명 당시 63세였던 사르트르는 학생들의 열렬한 "지지자(supporter)"(Denis Berthlot, *Sartre*, Perrin, coll. Tempus, 2000, p.500)이자 그들의 "영웅(héros)"(Michel Winock, *op. cit.*, p.704)으로 대접을 받으면서 그들과 '함께'였지만, 결코 그가

가령 학생이 공장에 들어가 노동자들과 함께 몇 년씩 노동을 하면서 그들의 언어를 익히고, 그들의 언어로 말하고, 그렇게 함으로써 그들과 완전히 동등한 관계를 맺게 된다. 한마디로 '민중의 친구ami du peuple'가 되는 것이다. 이런 위치에 있는 지식인이 바로 '학출 노동자établi'로 정의된다. 이 단어는 원래 '학생'이 공장으로 들어가 '노동자'와 함께 먹고, 자고, 일하고 생활하면서 완전한 일체가 된다 —이것을 가리키는 프랑스어 단어가 's'établir'이다[1441]— 는 의미를 가지고 있다.

앞에서 5월 혁명에 참가했던 한 노동자의 말을 인용하면서 그의 눈에 비친 학생들이 낯선 언어를 사용하는 낯선 세계에서 온 이상한 동물처럼 보였다는 사실을 지적한 바 있다. 사르트르는 정확히 5월 혁명 이후에 이런 고전적 지식인 개념을 완전히 일소하면서 새로운 지식인 개념을 정립하고 있다.

실제로 사르트르가 5월 혁명에 관여하면서 행동가, 투사로서의 모습을 보여 준 것은 결코 아니다. 오히려 그가 이 혁명에 참여한 방식은 '말mots'이었다고 할 수 있다. 그는 주로 신문, 방송, 잡지 등과의 인터뷰, 또 소르본대학 강당에서 학생들에게 했던 강연 등을 통해 5월 혁명에 참여했다.[1442] 물론 그가 이런 방식을 택한 것은 그 당시 그가 63세로 학생들과 같이 바리케이드를 치고 길거리에서 싸우면서 혁명에 직접 참여하기에는 나이가 너무 많았던 탓도 있었을 것이다.

그들 '속으로' 녹아들지는 못했던 것으로 보인다.(*Ibid.*, pp.702-703.) 그런데 이런 평가는 5월 혁명 이후에 볼 수 있는 사르트르의 지식인관의 변모와 밀접하게 연결되어 있는 것으로 보인다.

1441 Jean-Pierre Barou, *Sartre, le temps des révoltes*, Stock, 2006, p.19.

1442 Cf. 변광배, 「사르트르와 68혁명 (I): 두 가지 형태의 참여」, 『프랑스학연구』, 85, 프랑스학회, 2018. 31-60쪽(이 글은 『철학, 혁명을 말하다: 68혁명 50주년』(한국프랑스철학회엮음, 이학사, 2018, 59-132쪽)에 "사르트르와 68혁명: 사르트르의 반격"이라는 제목으로 재수록되었다.)

하지만 5월 혁명의 영향으로 새로이 정립된 지식인 개념에서 보면, 사르트르의 이런 참여는 전형적인 고전적 지식인의 참여 방식이었다고 할 수 있다. 그러니까 5월 혁명이 한창 진행 중일 때 그는 그저 "자신의 명성의 무게le poids de sa notoriété"[1443]만을 학생들에게 실어 주었다고 할 수 있으며, 그런 만큼 "프롤레타리아트에게 '말하는'parler' au prolétariat"[1444] 사람일 뿐이었다.

하지만 5월 혁명 이후의 새로운 지식인 개념에서 보면 말, 즉 고전적 지식인의 전문 지식과 기술의 표현을 가능케 해 주는 수단으로서의 말을 지배계급에게서 배우고 익히는 행위 및 방식 자체가 이미 특수적이라고 할 수 있다. "1950년의 고전적 지식인은 수학이 완전히 보편적 지식이라고 믿었던 사람이다. 그는 수학을 배우고 그것을 적용하는 방법이 보편적일 수 있지만, 그것을 배우는 방식 자체가 이미 특수라는 것을 알지 못했다."[1445]

이처럼 사르트르는 5월 혁명을 통해 다음과 같은 사실을 알게 된다. 고전적 지식인은 자신의 말을 통해 불행한 의식을 표현하고, 또 그렇게 함으로써 이 불행한 의식을 떨쳐 내고 "편안한 의식"[1446]을 갖게 된다는 사실이 그것이다. 그는 이렇듯 5월 혁명을 거치면서 고전적 지식인이 가지고 있는 이런 위선, 곧 자기기만을 일소하고 새로운 지식인 개념을 정립하기에 이른다. "이런 이유로, 만약 지식인이 민중을 선택한다면, 그는 서명, 시위, 저항을 위한 조용한 모임, '개혁적' 신문에 게재되는 기사들의 시대

1443 ES, p.465.

1444 "L'ami du peuple", *op. cit.*, p.19.

1445 *Ibid.*, pp.15-16.

1446 *Ibid.*, p.15.

는 끝났다는 것을 알아야 한다."[1447]

보부아르에 의하면 사르트르는 "자기 자신을 의문에 부치는se remettre en question"[1448] 노력을 결코 중단하지 않았다. 게다가 이런 노력은 그의 나이 63세에 발발했던 5월 혁명 이후에 마오주의자들과의 교류를 통해서도 계속되었다고 말하고 있다. 그가 이 혁명으로부터 큰 영향을 받았고, 또 그로 인해 자신의 사유와 행동에서도 큰 변화가 발생했다는 것이다. "그 자신이 개입했고 또 깊은 영향을 받기도 했던 68혁명은 그에게 또 다른 궤도 수정의 기회였던 것이다."[1449]

보부아르의 이런 증언은 그대로 사르트르의 지식인 개념에도 적용된다고 할 수 있다. 5월 혁명 이전에 행동, 실천보다 말을 중심으로 한 참여를 택했던 고전적 지식인 개념에서 민중, 노동자들과 구별이 되지 않는, 그들 속에 완전히 용해되어 그들과 하나가 되는 새로운 지식인 개념으로의 변화가 그것이다.

그런데 역설적으로 사르트르의 이런 지식인 개념의 변화에는 지식인 개념 자체의 소멸이 전제되어 있는 것은 아닌가 하는 생각을 하게 된다.[1450] 민중과 노동자 계급과의 관계에서 고전적 지식인이 어쩔 수 없이 가지게 되는 위선성, 자기기만을 분쇄하기 위해, 그리고 효율적인 사회 투쟁, 이의제기를 하기 위해 필요한 것은 결국 고전적 지식인의 위에서 아래로의 안내와 리드가 아니라 노동자 계급에 속하는 이들과 하나가 되는 태도, 곧 그들에게 군림하는 것이 아니라 낮은 자세로 그들과 하나가 되는 태도가 필요하다는 것에 대한 자각이 그것이다.

1447   Jean-Paul Sartre, "Justice et Etat", in SX, p.55.

1448   LCA, p.15.

1449   *Idem.*

1450   Cf. Jean-Paul Sartre, "L'ami du peuple", *op. cit.*, p.467.

사르트르가 5월 혁명 이후에 이와 같은 태도로 마오이스트들과 활발한 사회 투쟁을 전개한 것은 잘 알려져 있다. 또한 그 과정에서 그가 젊음을 연장시켰던 것도 어느 정도 사실이다.[1451] 하지만 이런 실천 과정에 심취해 그 당시 이른바 '68세대les soixante-huitards'로 지칭되는 프랑스 철학의 황금 세대의 사유[1452]에 대한 반성과 성찰은 뒷전으로 물러난 것이 아닌가 한다.

어쩌면 이런 이유로 사르트르가 1945년 해방을 전후해 들뢰즈를 포함한 새로운 세대에게 "신선한 바람le courant d'air"[1453]의 역할을 하기는 했지만, 그로부터 20년이 지난 후에는 초기의 신선함을 잃어버리게 되는 결과에 이른 것이 아닌가 싶다. 사르트르에 의하면 인간에게서 죽음은 더 이상 자신을 변화시킬 수 없는 상태로 규정된다. 정확히 이런 의미에서 그는, 비록 5월 혁명 후에 새로운 지식인 개념을 제시하고 있다고 해도, 그 대가로 그의 사유의 '혁신적 변화'라는 측면에서는 오히려 죽음을 맞이했다고 할 수 있을 것 같다.

물론 사르트르가 마오주의자들과 함께 행동했지만 플로베르론을 집필하는 데 많은 시간과 노력을 아끼지 않은 것은 사실이다. 하지만 그의 플

1451 Cf. 사르트르는 마오주의자들에게서 일종의 혁명적 전투의 부활을 보고 그 자신의 젊은 시절의 급진적 정치에 대한 꿈을 회상하고 또 재학습했을 수도 있다. 이 점에 대해서는 다음을 참고하라. Ian H. Birchall, *Sartre et l'extrême gauche française. Cinquante ans de relations tumultueuses*, La Fabrique, 2004, p.331. 한편, 사르트르 자신은 그들과의 관계에 대해 이렇게 말한다. "마오주의자들은 그들의 요구로 나를 젊게 해 주었네." "난, 내가 자네들에게 유용한 경우에만 존재할 뿐이네. 이건 당연하네. 완전히 동의해."(Philippe Gavi, Jean-Paul Sartre, Pierre Victor, *On a raison de se révolter*, Gallimard, coll. La France sauvage, 1974, p.77. 이 책은 일간지 『리베라시옹』의 창간을 위한 재원 마련을 위해 기획된 사르트르와 마오주의자들 사이의 대담집이다. 이 책의 제목은 문화혁명의 슬로건 중 하나인 '조반유리(造反有理)'라는 의미를 가지고 있다.)

1452 Cf. Luc Ferry & Alain Renaut, *La Pensée 68: Essai sur l'anti-humanisme contemporain*, Gallimard, coll. Le monde actuel, 1985.

1453 Gilles Deleuze & Claire Parnet, *Dialogues*, Flammarion, *op. cit.*, pp.18-19.

로베르론이 5월 혁명 이후 새로운 사유의 동향을 충분히 반영하고 있다고는 볼 수 없는 것이 아닌가 하는 생각을 해 본다.[1454]

1454 5월 혁명 이후, 사르트르가 마오주의자들과 밀접한 관계를 맺으면서도 플로베르론 『집안의
      천치』를 집필하는 데 노력을 집중했다는 사실은 잘 알려져 있다. 그가 이 저서를 집필하면서
      다양한 인문적 사유, 연구 방법 등을 실험 적용한 것은 사실이다. 하지만 이와 같은 그의 노
      력 속에 그 당시 프랑스에서 많은 사람의 관심의 대상이었던 5월 혁명 이후 세대에 속한 철
      학자들, 특히 이른바 후기구조주의자들의 사유에 대한 성찰, 비판 등이 뚜렷하게 나타나고
      있지는 않은 것으로 보인다. 물론 이 저서에 나타난 그의 사유와 새로운 세대 철학자들의 사
      유 사이의 관련성은 향후 흥미 있는 연구 주제가 될 수 있을 것으로 보인다.

　사르트르는 1977-1978년 한 대담에서 자신의 저작들에 대한 종합적인 검토 작업, 곧 전체적인 모습을 파악하는 작업이 "어렵지만 해 볼 만하다difficile mais faisable"고 말했다.[1455] "사르트르 평전"이라는 제목이 붙은 이 책의 집필에 마침표를 찍는 지금, 내 생각은 이런 작업이 해 볼 만하다기보다는 오히려 어렵다는 쪽으로 기운다. 그것도 몹시 어렵다는 쪽으로이다.

　이 책을 시작하면서 내세운 원칙은 크게 다음 세 가지였다. 첫째 어렵지 않은 입문서의 성격을 가진 책일 것, 둘째 그럼에도 불구하고 피상적이지도 전문적이지도 않은 책일 것, 셋째 사르트르가 활동했던 한두 분야에 치우치지 않는 책일 것 등이다. 이 책을 마치면서 이런 원칙들이 어느 정도까지 지켜졌는지 우려되는 마음이 작지 않다.

　이와 관련해 이 책이 입문서 성격을 띠었다는 이유로, 때로는 다뤘어야 할 영역을 그냥 지나친 경우도 없지 않고, 또 때로는 좀 더 가볍게 다뤄도 되었을 영역을 너무 무겁게 다룬 경우도 없지 않은 것 같다. 사르트르

[1455]　*Obliques, op. cit.*, p.29.

가 관여했던 여러 영역 중 큰 비중을 차지하고 있는 문학에서 사르트르의 젊은 시절의 작품들,[1456] 『벽』, 『자유의 길』 등과 같은 장·단편소설 작품의 분석, 자서전 『말』의 분석, 극세계에서 『무덤 없는 주검』과 『알토나의 유폐자들』 이외의 다른 극작품들의 분석, 문학비평에서 말라르메론과 플로베르론을 위시한 『상황』을 통해 제시된 여러 작가에 대한 평론과 미술, 음악, 조각 등에 대한 평론 등의 분야를 아예 다루지 못한 것, 충분히 다루지 못한 것, 또 부분적으로만 다룬 것에 대해서는 아쉬움이 작지 않다.

이 점은 이 책의 두드러지는 한계라고 할 수 있다. 이 영역들에 대한 논의의 누락과 소홀로 인해 사르트르의 진정한 모습을 그리고자 했던 처음의 계획이 제대로 실현되었는지 염려되는 마음 역시 없지 않다. 이 부분들에 대해서는 앞으로 기회가 닿는 대로 보완해 나갈 것이다.

하지만 이 책만의 고유한 장점과 특징이 없는 것은 아니다. 특히 사르트르 철학을 네 시기로 나눠 설명한 것은 우리나라에서 지금까지 출간된 그에 대한 입문서나 연구서에서 처음 시도된 것이 아닌가 한다. 여러 차례 지적했지만 사르트르의 삶과 사유는 2차 세계대전에 동원된 1939년을 기점으로 크게 두 부분으로 나뉜다는 것이 지금까지의 통념이었다. 『존재와 무』(1943)로 대표되는 전기와 『변증법』(1960)으로 대표되는 후기가 그것이다. 게다가 사르트르 자신이 이런 구분을 하고 있기도 하다. 이런 관점에서 1939년은 그의 전회 ―대전회 또는 인식론적 전회― 가 발생한 해로 간주된다.

하지만 이 책에서는 이 두 시기를 더 세분해 네 시기로 나눠 살펴보았다. 『존재와 무』 이전의 전 현상학 시기, 『존재와 무』로 대표되는 현상학적 존재론 시기, 1939-1948년의 도덕적 전회 시기, 『변증법』으로 대표되는 인간학 시기가 그것이다. 이렇게 네 시기로 구분함으로써 특히 도덕적

[1456] 이 작품들은 콩타와 리발카가 공동으로 편찬한 사르트르의 『젊은 시절의 글들』에 실려 있다.

전회 시기를 통해 그동안 우리나라에서 거의 논의되지 않았던 그의 도덕 정립을 위한 성찰과 노력, 그 윤곽, 나아가 그가 도덕 정립을 중도에서 포기할 수밖에 없었던 이유 등을 부족하게나마 엿볼 수 있었다.

아울러 도덕적 전회 시기에 대한 논의를 통해 사르트르에게서 미학(특히 문학)이 도덕과 어떻게 결합될 수 있는지, 또 번역은커녕 아직 충분한 연구가 이루어지지 않고 있는 『도덕을 위한 노트』를 통해 인간들이 자신들의 모든 행동을 창조로 여기며 어떻게 공존, 협력, 화해의 길, 곧 함께-있는-존재가 되는 길을 열어 가는지를 살펴보았다.

이런 시도는 그동안 사르트르의 사유에서 인간관계가 지나치게 갈등, 대립, 투쟁의 비극적인 모습으로 기술되고 있는 것에 대한 반론의 성격을 띤다고 할 수도 있다. 그러니까 사르트르가 도덕 문제에 큰 관심을 가지면서 추구했던 그의 철학의 지향점은 오히려 인간들 사이의 공존과 화해였다는 사실을 확인할 수 있었다.[1457]

하지만 사르트르는 폭력을 통한 도덕 정립의 가능성과 비폭력적이고 평화로운 수단을 통한 도덕 정립의 가능성 중에서 여전히 앞의 가능성에

[1457] 사르트르의 사유 역시 거시적 관점에서 보면 그와 동시대를 살아간 이들의 염원이었던 공존, 그것도 평화스러운 공존으로 수렴한다고 할 수 있다. 가령, '혼자(solitaire)'에서 '연대(solidaire)'로, 즉 '나(Je)'에서 '우리(Nous)'로의 이행을 내세운 카뮈, 국가 간의 전쟁보다는 평화를 강조한 아롱, 선험적인 상호주체성을 내세운 메를로퐁티, 타자 의식의 죽음보다는 그 것과의 화해와 공존을 강조한 보부아르, 그리고 "정의로운 제도에서 타자와 더불어, 타자를 위해 좋은 삶을 살기(Vivre une vie bonne, avec et pour autrui, dans des institutions justes)"로 요약되는 "작은 윤리(petite éthique)"를 내세운 리쾨르 등의 사유에서 명백히 드러나는 그런 공존으로 말이다. 게다가 사르트르에 대한 최근의 연구는 놀랍게도 사르트르가 인간중심주의적 사고에 매몰되어 있다는 기존의 주장에 이의제기를 하고 있기도 하다. 이런 이의제기의 주된 내용은 그가 『변증법』에서 인간과 그의 주위 환경과의 관계 문제에 대한 놀랄 만한 통찰력을 보여 주고 있으며, 더 나아가 『존재와 무』의 뒷부분에서 볼 수 있는 "존재를 계시하는 것으로서의 성질에 대하여"를 통해서는 인간과의 관계에서 물질과 자연의 능동적 역할을 강조하는 '신유물론적 사유'와도 밀접한 연결고리를 찾을 수도 있지 않을까 한다. 앞으로 우리나라에서도 이런 방향의 연구가 활발하게 이루어지길 고대해 본다.

방점을 찍고 있는 것으로 드러났다. 인류의 삶의 터전인 이 세계가 희소성과 다수의 인간이라는 우연적이고 필연적인 사실성에 의해 지배되는 한, 그리고 인류의 역사가 끝나지 않고 계속해서 탈총체화하는 총체성인 한, 그들 모두를 공존과 화해로 이끄는 도덕을 평화적이고 비폭력적인 수단을 통해 정립하는 것은 불가능하다는 점도 확인할 수 있었다. 폭력적인 수단을 통해서라도 도덕의 정립 가능성이 있다는 희망이 그런 가능성이 전혀 없는 것보다야 오히려 나을 수도 있는 것일까?

하지만 사르트르에게서 평화적이고 비폭력적인 수단을 통한 도덕 정립의 불가능성에 대한 확인이 비극적이라는 것 역시 부인할 수 없다. 어쨌든 사르트르의 이와 같은 도덕 정립에 대한 성찰, 노력에 대한 탐색과 그것을 그의 철학과 문학과의 연관 속에서 자리매김을 시도한 것, 어쩌면 이것이 이 책의 가장 큰 특징 중 하나가 아닐까 한다.

나는 이 책을 시작하면서 사르트르의 사상과 문학의 현대성 문제에 대해 생각해 보겠다고 했다. 이 문제는 나 스스로 항상 마음속에 품어 오던 문제, 즉 사르트르 연구자의 한 사람으로서 다음 세대에 속하는 이들에게 그의 저작을 왜 읽어야 하는가라는 질문에 대한 답을 시도하는 것과 맞물려 있다. 이 질문에 대한 답으로 나는 다음 한 가지만을 제시하고자 한다. 나는 이것만으로도 젊은 세대에 속한 이들이 사르트르의 사상과 문학에 관심을 가져야 할 충분한 동기가 될 수 있다고 생각한다.

흔히 지난 과거를 돌아보며 19세기부터 20세기 중반까지는 생산과 저축의 시대, 20세기 후반은 소비와 향유의 시대라고들 한다. 다시 말해 앞의 시기에는 생산과 저축이 미덕이었고, 뒤의 시대에는 소비와 향유가 미덕이었다고 할 수 있다. 그렇다면 21세기는 어떨까? 새로운 밀레니엄으로 접어들고 난 뒤로 24년이 흘렀다. 새로운 밀레니엄도 거의 1/4이 흐른 것이다. 21세기는 흔히 '미학'의 시대 —또는 '문화'의 시대— 라고 지칭된다. 그때 미학은 미나 미적 감수성을 탐구하는 학문의 의미보다는 '창조'

의 의미가 훨씬 더 강하다. 그러니까 미학의 시대에는 뭐든지 새로이, 다르게 만드는 것, 더 나아가 각자의 고유성을 살리는 개성 있는 삶을 영위하는 것이 미덕으로 여겨진다고 할 수 있다.

이런 관점에서 보면 20세기에 태어나고 죽었지만 사르트르만큼 이런 미학의 시대에 잘 어울리는 인물도 드물다고 할 수 있을 것 같다. 이것은 특히 그가 그토록 강조하고 있는 '실존' 개념 때문이다. 앞에서도 지적했지만 실존의 주된 의미는 '있는 곳에서 벗어나기'이다. 이와 관련해 다음과 같은 샹송의 제목은 흥미롭다. "Bouge de là!"가 그것이다. 세네갈 출신으로 프랑스에서 활동하는 가수 엠시 솔랄MC Solaar이 1990년 발매한 이 곡은 진정한 프랑스풍 랩의 효시로 여겨진다. 'bouger'라는 프랑스어 동사의 의미는 '움직이다'이다. 따라서 이 샹송 제목의 의미는 "거기로부터 움직여라!"이다.

물론 이 노래의 제목에 여러 의미가 포함되었을 수 있다. 하지만 그중 하나가 '있는 곳에서 벗어나다'라는 뜻의 '실존'과 의미가 일맥상통한다는 것은 분명하다. 신의 부재를 가정으로 내세우고, 인간에게는 "실존이 본질에 앞선다"고 주장하면서 사르트르는 실존이라는 단어를 통해 부정négation, 이의제기contestation, '전체가 아님pas-toute' 등을 강조하고 있다고 할 수 있다.

사르트르에 의하면 대자의 존재 방식으로 존재하는 인간은 지금 있는 것으로 있지 않고, 지금 있지 않은 것으로 있는 존재로 규정된다. 이에 반해 즉자의 방식으로 존재하는 사물은 지금 있는 것으로 존재할 뿐이다. 인간에 대한 존재 규정에 함축되어 있는 의미가 바로 현재 상태에 대한 부정과 이의제기, 곧 현재에 있는 것이 전부가 아니라는 뜻이다. 앞에서도 언급했지만 사르트르에게서 이런 생각은 다음 두 단어로도 요약된다. "예. 하지만!"이 그것이다. 이 두 단어에는 기존의 모든 것을 인정하면서도, 그것을 부정함과 동시에 새로운 것을 추구하는 태도가 오롯이 포함되어 있다.

　이런 태도는 사르트르가 그의 외할머니로부터 물려받은 '항상 부정하는 정신'과도 무관하지 않다. 그런데 이런 정신이 바로 진정한 의미에서의 실존의 정신으로 보인다. 이런 정신은 주어진 상황에 대한 인정과 인식에서 출발해서 미래를 향해 자기 자신을 기투하고, 자기 자신을 만들어가는 정신이기도 하다. 이런 정신이 바로 창조의 정신 그 자체이다.

　앞에서 21세기가 미학의 시대 또는 문화의 시대로 불린다고 했다. 이시대를 지배하는 정신, 이 시대를 떠받치는 정신, 이 시대를 관통하는 정신이 바로 부정하는 정신, 창조하는 정신이 아닐까 한다. 특히 문화의 창달을 위해서는 그 무엇보다도 창조의 정신이 요구된다는 것은 더 말할 나위가 없다.

　이런 정신의 화신이라고 할 수 있는 사르트르가 21세기를 사는 우리에게 큰 영감을 줄 수 있으리라고 확신한다. 흔히 21세기의 전형적인 인물로 스티브 잡스를 꼽는다. 잡스가 내세우는 정신 역시 창조의 정신, 혁신의 정신, 곧 자기 쇄신의 정신이 아니던가! 그리고 이런 정신이 사르트르가 강조하고 있는 정신의 요체가 아니던가!

　나는 미학의 시대 또는 문화의 시대로 지칭되는 21세기에 들어서서도 여전히 사르트르의 저작들을 읽어야 하는 가장 큰 이유가 정확히 거기에 있다고 생각한다. 물론 이런 이유 외에도 여러 다른 이유가 있을 것이다. 항상 인간을 이 세계와 역사의 중심에 놓고자 하는, 그러면서도 항상 주위 현실과 상황을 고려하는 균형 잡힌 인간중심주의, 이성과 견줄 만한 상상력에 대한 강조, 자유, 증여, 너그러움, 진정성 등을 강조하는 도덕·윤리적 태도, 불의에 대해서는 폭력조차도 불사하는 정의로운 태도, 무산계급과 제3세계 등을 위하는 탈계급적 태도 등등….

　하지만 방금 지적한 창조 정신을 끝없이 고취하고자 했다는 이유만으로도 사르트르의 사상과 문학이 지닌 현대성은 지금도 여전히, 그리고 앞으로도 계속 유효할 것이다. 이런 측면에서 이 책이 사르트르의 철학과 문학에 대한 많은 젊은이들의 관심이 촉발되는 하나의 작은 기회가 되길 고대해 본다.

1946년부터 1957년까지 사르트르의 비서를 지냈던 장 코는 그를 이렇게 묘사한 적이 있다. "한창나이일 때 그의 내부에는 황소가 들어 있었다. 아니 건장한 수소가 들어 있었다. 그는 걷지 않는다. 돌진한다. 쩍 벌어진 어깨, 넓은 가슴을 앞으로 내밀고 간다. 하지만 거기에는 춤을 추는 것 같은 동작이 있다. 그가 걷는 모습은 몸을 앞으로 숙임의 연속이다. 하지만 끈을 매고 푸는 데 시간을 들이지 않기 위해 항상 신고 다니는 가죽 신발 속의 작은 발로 아주 가벼운 동작으로 춤추듯 앞으로 나아간다."[1458]

이런 증언은 방금 언급한 실존의 정신, 곧 끊임없이 움직이고 변화하는 정신, 곧 부정, 이의제기, 창조의 정신을 사르트르가 자신의 삶에서 지행합일의 태도로 온전히 구현하고자 했음을 단적으로 보여 준다고 하겠다. 살아가면서 '지금의 나와는 다른 나'를 창조하려는 일보다 더 진취적인 일, 하지만 실천에 옮기기 힘든 일이 또 있을까? 내가 여태까지 붙들고 껴안고 있는 사르트르는 자기 부정과 자기 쇄신을 끝까지 실천에 옮기고자 했던 인물이라고 할 수 있다.

그렇다고 해서 나는 사르트르를 우상화하고자 하지 않는다. 그를 우상화하는 것은 그 자신이 제일 먼저 거부했을 것이다. 실제로 그는 허물이 많은 사람이었다. 계약 결혼을 구실로 한 지나친 우연적 사랑의 추구와 그로 인한 성적 방종, 냉전 시대가 한창일 때 행했던 이데올로기적 일탈 등은 그의 약점이자 허물이자 실수로 여겨진다.

또한 사르트르는 지나치게 많은 영역에 발을 들이려 했다는 비난에서도 자유롭지 않다. 그는 세계를 소유하고자 했고, 또 학창 시절에 가장 많

[1458] Jean Cau, *Croquis de mémoire*, Julliard, 1985, p.229.

은 것을 아는 사람이 되고 싶다[1459]고 말하곤 했다. 이런 그에게 여러 방면에서의 활동은 당연한 것으로 여겨졌을 수도 있다. 어쨌든 이런 여러 활동에 힘입어 그는 1964년 『말』의 출간과 더불어 노벨문학상 수상자로 선정되었다. 그가 이 상의 수상을 거절했지만 말이다. 또한 그는 이런 활동으로 20세기를 자신의 세기로 만들었다는 평을 듣고 있기도 하다. 실제로 레비가 쓴 사르트르 평전의 제목은 "사르트르의 세기"이다.[1460]

하지만 사르트르가 광범위한 활동을 바탕으로 시도했던 인간과 사회에 대한 "지식의 체계적 총체화totalisation systématique du savoir"[1461]라는 거대담론의 정립은 무모하다는 비판을 받는 것도 사실이다. 그에 대한 푸코의 비판은 잘 알려져 있다. 푸코에 의하면 사르트르는 "삶, 죽음, 성은 무엇인가, 만일 신이 존재한다면 또는 존재하지 않는다면, 자유는 무엇인가"에 대한 답을 하고자 했다.[1462] 르노는 이런 질문들을 "형이상학적"으로 규정한다.[1463] 르노는 이런 질문에 답하고자 했던 사르트르를 "마지막 철학자le dernier philosophe"[1464]라고 부르고 있다.

르노는 '해체'의 시대로 명명된 시기에 이루어진 사르트르의 이런 시도를 "순진하고" "과대망상적"이라고 여긴다.[1465] 실제로 사르트르는 '과대망상증 환자'로 불리기도 했다. 프랑스 국영 텔레비전 방송 중 하나인 'France 2' ─1992년까지 'A2(Antenne 2)'였다─ 에서 주 1회 방송되었던 '부

1459   S19, p.108.

1460   베르나르앙리 레비의 *Le Siècle de Sartre*를 가리킨다.

1461   Alain Renaut, *Sartre, le dernier philosophe*, *op. cit.*, p.12.

1462   *Ibid.*, pp.7-8.

1463   Alain Renaut, "Sartre et Heidegger", *Raison présente*, n° 117, *op. cit.*, p.28.

1464   Alain Renaut, *Sartre, le dernier philosophe*, *op. cit.*, p.7.

1465   *Ibid.*, p.8.

이용 드 퀼튀르Bouillon de Culture'¹⁴⁶⁶에서였다. 1991년부터 2001년까지 이어졌던 이 프로그램의 사회자는 사르트르 특집 방송에서 그를 과대망상증 환자라고 지칭한 적이 있다.

또한 인간은 무용한 정열이라는 사르트르의 주장, 따라서 인간의 역사는 실패의 역사라는 그의 주장은 지나치게 비극적으로 보이는 것이 사실이다. 그럼에도 불구하고 인간은 필멸적 존재이기 때문에 오히려 우리 각자에게 주어진 유일한 삶의 기회, 곧 유일한 실존의 기회 ─'YOLO', 즉 "인생은 오직 한 번뿐You Only Live Once"이라는 표현의 의미일 것이다─ 가 더없이 소중하다는 역설적인 의미의 반향이 그만큼 더 강할 수도 있을 것이다.

이렇듯 인간은 누구나 자신만의 삶을 선택하고 가질 수 있다는 점에서 개별성과 주체성을 담지하고 있는 존재이며, 여기에 더해 개별성과 주체성의 함양과 고양은 자신에게 주어진 권리이자 의무라고 할 수 있다. 이와 같은 권리와 의무, 특히 타인들과의 관계에서 발생하는 권리와 의무의 긴장 관계 속에서 인간은 홀로 또는 여럿이서 각자의 삶을 가꿔 나가는 것이다. 그 끝이 자기 변화의 가능성이 전혀 없는 죽음이라는 비극에 의해 막혀 있다고 해도 그렇다. 죽음까지의 거리가 곧 각자의 삶, 기투, 결단, 선택, 실천의 흔적인 것이다.

결국 사르트르의 인간중심주의적 사고의 바탕에는 이와 같은 인간과 삶에 대한 드높은 찬미가 놓여 있다고 하겠다. 인간으로서 자신을 사랑하고, 타인을 사랑하고, 우리 모두를 사랑하는 사람이라면 누구라도 사르트르의 곁을 그냥 스쳐 지나갈 수 없을 것이다.

1466 'bouillon'의 의미는 '비등', '끓음' 등이다. '부이용 드 퀼튀르(Bouillon de Culture)'에는 '문화 현상의 비등'이라는 의미가 포함되어 있다.

참고문헌

가드너, 세바스찬, 『사르트르의 《존재와 무》 입문』, 강경덕 옮김, 서광사, 2019.

강미라, 『사르트르 vs 메를로퐁티』, 세창출판사, 2008.

_____, 「현상학에서의 상상: 후설, 사르트르, 메를로-퐁티의 상상이론 비교」, 『철학논총』, 75, 새한철학회, 2014.

강충권, "L'idiot de la famille" de Jean-Paul Sartre, de la critique littéraire à l'autocritique, Université Paul Valéry(Montpellier III), 1988.

_____, 「《더러운 손》이 지닌 애매성의 문제」, 『불어불문학연구』, 46, 한국불어불문학회, 2001.

_____, 「사르트르의 《도덕에 관한 노트》: '도덕적 전환'의 존재론」, 『프랑스학연구』, 22, 프랑스학회, 2002

_____, 「《파리 떼》에서 전개되는 변형의 유희」, 『프랑스어문교육』, 16, 한국프랑스어문교육학회, 2003.

_____, 「《닫힌 방》의 서사극적 특징에 대한 연구」, 『프랑스어문교육』, 18, 한국프랑스어문교육학회, 2004.

_____, 「사르트르의 《트로이의 여인들》에 나타나는 탈신화적 특성」, 『불어불문학연구』, 64, 한국불어불문학회, 2005.

_____, 「사르트르의 《킨(Kean)》에서 제시되는 배우 역할의 다중성」, 『프랑스어문교육』, 22, 한국프랑스어문교육학회, 2006.

_____, 「사르트르의 변증법에 대한 고찰」, 『불어불문학연구』, 75, 한국불어불문학회, 2008.

_____, 「사르트르의 《바리오나》: 성사극에서 상황극으로」, 『프랑스어문교육』, 36, 한국프랑스어문교육학회, 2011.

_____ 외 6인, 『실존과 참여: 한국의 사르트르 수용(1948-2007)』, 문학과지성사, 2012.

_____ 외 8인, 『사르트르의 미학』, 기파랑, 2017.

김남준, 「사르트르의 실존주의와 윤리의 문제」, 『倫理硏究』, 142, 한국윤리학회, 2023.

김모세, 「모리악과 사르트르: 문학 논쟁의 의미와 전망에 대하여」, 『세계문학비교연구』, 61, 세계문학비교학회, 2017.

김붕구, 『보들레르』, 문학과지성사, 1988(1977).

김선영, 「사르트르 철학에서 도덕 주체에 대한 탐구」, 『헤겔연구』, 38, 한국헤겔학회, 2015.

김선하, 「의식과 자아의 문제: 사르트르의 《자아의 초월성》을 중심으로」, 『철학연구』, 168, 대한철학회, 2023.

김치수·김현 공편, 『사르트르의 문학적 세계』, 문학과지성사, 1989.

김태희, 「사르트르의 영화적 취향」, 『프랑스학연구』, 55, 프랑스학회, 2011.

김한식, 「사르트르와 리쾨르: "악마와 선신"을 통해 살펴본 무신론의 문제」, 『프랑스어문교육』, 21, 한국프랑스어문교육학회, 2006.

김화영 엮음, 『사르트르』, 고려대학교출판부, 1990.

김 현, 『프랑스비평사-현대편』, 문학과지성사, 1981.

김희봉, 「사르트르의 철학과 폭력의 문제」, 『철학논총』, 35, 새한철학회, 2004.

_____, 「이미지에 관한 현상학적 연구: 후설, 사르트르와 메를로-퐁티를 중심으로」, 『현상학과 현대철학』, 64, 한국현상학회, 2015.

단토, 아더, 『사르트르의 철학』, 신오현 옮김, 민음사, 1985.

뒤랑, 질베르, 『상상계의 인류학적 구조들』, 진형준 옮김, 문학동네, 2007.

무라카미 요시타카(村上嘉隆), 『사르트르의 실존주의 철학』, 정돈영 옮김, 문조사, 1988.

문종현, 「68운동과 마오주의: 프랑스 마오주의 운동의 기원」, 『프랑스사연구』, 39, 한국프랑스사학회, 2018.

라빌 주니어, 알버트, 『메를로-뽕띠: 사회철학과 예술철학』, 김성동 옮김, 철학과현실사, 1996.

박선아, 「엘렉트라 신화의 문학적 변용: 사르트르의 《파리 떼(Les Mouches)》와 유르스나르의 《엘렉트라 또는 가면들의 전략(Electre ou la chute des masques)》을 중심으로」, 『프랑스학연구』, 47, 프랑스학회, 2009.

박이문, 『인식과 실존』, 문학과지성사, 1982.

_____, 『현상학』, 고려원, 1992.

_____, 『자비의 윤리학』, 철학과현실사, 1994.

_____, 『문학과 철학』, 민음사, 1995.

_____, 『현상학과 분석철학』, 지와사랑, 2007.

_____, 『문학 속의 철학』, 일조각, 2011.

박정자, 「Sartre 실존주의의 인간비하적 요소」, 『불어불문학연구』, 19, 한국불어불문학회, 1984.

_____, 「사르트르의 부르주아 혐오」, 『상명대학교 논문집』, 17, 상명여자사범대학, 1986.

_____, 「부르조아적 부자관계: 사르트르의 L' Idiot de la famile 를 중심으로」, 『상명대학교논문집』, 19, 상명여자사범대학, 1987.

_____, 「非現實의 美學으로의 回歸: L'Idiot de la famille를 中心으로」, 서울대학교, 1988(『잉여의 미학: 사르트르와 플로베르의 미학 이중주』(기파랑, 에크리 총서, 2014)로 출간).

_____, 「비현실의 미학: Sartre와 Flaubert의 유사성」, 『상명대학교 논문집』, 21, 상명여자사범대학, 1988.

_____, 『사르트르의 실존주의』, 상명여자대학교출판부, 1991.

_____,「사르트르와 루카치에 있어서 Qui perd gagne의 개념 차이」,『불어불문
학연구』, 33, 한국불어불문학회, 1996.

박정태,「사르트르의 실존주의 도덕: 자기기만의 극복과 가치를 창조하는 삶」,
『동서철학연구』, 49, 한국동서철학회, 2008.

박종원,「사르트르의 현실태적 존재론과 실존적 심리분석」,『철학과현상학연
구』, 15, 한국현상학회, 2000.

박홍규,『카페의 아나키스트, 사르트르: 자유를 위해 반항하라』, 열린시선,
2008.

베르나스코니, 로버트,『HOW TO READ 사르트르』, 변광배 옮김, 웅진지식하
우스, 2008.

베어, 데어드르,『시몬 드 보부아르: 보부아르 전기』, 김석희 옮김, 웅진문화,
1991.

비멜, 발터,『사르트르』, 구연상 옮김, 한길사, 1999.

변광배,「Sartre의 *Morts sans sépulture*에 나타난 두 죽음의 해석」,『불어불문학
연구』, 33, 한국불어불문학회, 1996.

_____,「사르트르, 폭력 또는 글쓰기: 《톱니바퀴》를 중심으로」,『외국문학연구』,
5, 외국문학연구소, 1999.

_____,「〈마지막 기회〉를 통해 본 마티외의 변신」,『현대문학』, 545, 현대문학,
2000.

_____,「사르트르와 '아버지의 법'의 해체」,『불어불문학연구』, 46, 한국불어불
문학회, 2001.

_____,「사르트르의 《무덤 없는 주검》에 나타난 공간의 구조」,『프랑스학연
구』, 23, 프랑스학회, 2002.

_____,『장 폴 사르트르: 시선과 타자』, 살림, 2004.

_____,『《존재와 무》: 자유를 향한 실존적 탐색』, 살림, 2005.

_____,「기부문화의 이론적 토대: 모스, 바타이유, 데리다, 사르트르의 증여 개

넘을 중심으로」,『프랑스학연구』, 44, 프랑스학회, 2008.

_____,『나눔은 어떻게 인간을 행복하게 하는가: 모스에서 사르트르까지 기부에 대한 철학적 탐구』, 프로네시스, 2011.

_____,「서약이란 무엇인가」,『인문학연구』, 15, 인문학연구소, 2011.

_____,『사르트르의《문학이란 무엇인가》읽기』, 세창미디어, 2016.

_____,「사르트르, 마르크스와 프로이트 사이: ʻ종합적 인간학ʼ을 위한 ʻ방법ʼ의 문제를 중심으로」,『현대유럽철학연구』, 42, 한국하이데거학회, 2016.

_____,「사르트르와 68혁명 (I): 두 가지 형태의 참여」,『프랑스학연구』, 85, 프랑스학회, 2018.

_____,「사르트르와 수동성의 암초: 초기 현상학적 저작을 중심으로」,『현상학과 현대철학』, 82, 한국현상학회, 2019.

_____,『사르트르와 폭력: 사르트르의 철학과 문학에 나타난 폭력의 얼굴들』, 그린비, 2020.

_____,「사르트르와 68혁명 (II): 마오주의자들과의 교류와 지식인관의 변모」,『프랑스문화예술연구』, 73, 프랑스문화예술학회, 2020.

_____,『사르트르 vs 카뮈』, 세창출판사, 2020.

_____,「20세기의 마지막 거대담론 주창자」, in『이성과 반이성의 계보학』, 철학아카데미 엮음, 동녘, 2021.

_____,『사르트르 vs 보부아르』, 세창출판사, 2023.

_____,『내 삶의 주인이 된다는 것: 자유의 철학자 사르트르가 말하다』, 동녘, 2023.

보름스, 프레데릭,『현대 프랑스 철학』, 주재형 옮김, 길, 2014.

사르트르, 장폴,『시대의 초상: 사르트르가 만난 전환기의 사람들』, 윤정임 옮김, 생각의 나무, 2009.

서동욱,『차이와 타자: 현대 철학과 비표상적 사유의 모험』, 문학과지성사, 2000.

_____, 「사르트르에서 병리적 의식과 자기기만」, 『현상학과 현대철학』, 57, 한국현상학회, 2013.

_____, 『타자철학: 현대 사상과 함께 타자를 생각하기』, 반비, 2022.

설 민, 「본래성의 윤리학으로서 사르트르와 칸트의 윤리학」, 『철학연구』, 120, 철학연구회, 2018.

_____, 「사르트르와 레비나스에게서 절대적 타자로서 타인」, 『동서철학연구』, 109, 한국동서철학회, 2023.

_____, 「사르트르와 타자 존재의 문제」, 『철학』, 155, 한국철학회, 2023.

_____, 「사르트르의 타자론에서 소외와 갈등」, 『철학연구』, 166, 대한철학회, 2023.

『세계철학대사전』, 학원출판사, 1983.

소광희 외, 『하이데거와 철학자들』, 철학과현실사, 1999.

송태효, 「실존적 선택과 시: 사르트르의 《보들레르》를 바라보는 바타유의 시선」, 『프랑스어문교육』, 25, 한국프랑스어문교육학회, 2007.

신오현, 『자유와 비극: 사르트르의 인간존재론』, 문학과지성사, 1999(1975).

신인섭 엮음, 『프랑스철학과 정신분석』, 그린비, 2022.

심정섭, 「사르트르의 실존적 상상력과 "개별적 보편성(l'universel singulier)": *Les Mots*를 중심으로」, 『한국프랑스학논집』, 26, 한국프랑스학회, 1999.

아렌트, 한나, 『정신의 삶』, 홍원표 옮김, 푸른숲, 2019.

오은하, 「사르트르 문학작품 속 '여성적 유폐'의 형태: 《철들 나이》의 '조가비 방'을 중심으로」, 『불어문화권연구』, 19, 서울대 불어문화권연구소, 2009.

_____, 「〈어느 지도자의 어린 시절〉에 나타난 사르트르의 파시즘 비판」, 『불어불문학연구』, 86, 한국불어불문학회, 2011.

_____, 「《더러운 손(Les Mains sales)》의 여성 문제 독해: 《제2의 성(性)》과의 관계를 중심으로」, 『프랑스학연구』, 57, 프랑스학회, 2011.

_____, 「《알토나의 유폐자들》의 부재하는 어머니」, 『불어불문학연구』, 90, 한

국불어불문학회, 2012.

_____, 「사르트르의 시선과 관계의 윤리: 《구토》에서 《자유의 길》로」, 『불어불문학연구』, 94, 한국불어불문학회, 2013.

_____, 「《구토》의 재즈음악: 음악이라는 미학적 해결책」, 『불어불문학연구』, 102, 한국불어불문학회, 2015.

_____, 「사르트르의 《알토나의 유폐자들》: "하나 더하기 하나는 하나"」, 『불어문화권연구』, 25, 불어문화권연구소, 2015.

_____, 「사르트르의 실존적 정신분석: 그 미완의 존재 윤리」, 『프랑스학연구』, 78, 프랑스학연구, 2016.

_____, 「불안과 공포의 감정으로 읽는 사르트르의 〈벽〉」, 『불어불문학연구』, 118, 한국불어불문학회, 2019.

_____, 「되살아난 죽은 자의 폭소: 사르트르, 〈벽〉에서 '웃음'의 중첩적 의미」, 『불어불문학연구』, 127, 한국불어불문학회, 2021.

_____, 「폭력 없는 증여라는 꿈: 사르트르, 《악마와 선한 신》의 괴츠와 힐다」, 『불어불문학연구』, 125, 한국불어불문학회, 2021.

「우리는 왜 헤어질 수밖에 없는가: 1953년 사르트르와 메를로퐁티의 결별의 편지들」, 고종석 옮김, 『문학과 사회』, 26, 1994.

우정민, 「하이데거와 사르트르의 현상학적 신체론: 《졸리콘 세미나》와 《존재와 무》를 중심으로」, 『현상학과 현대철학』, 99, 한국현상학회, 2023.

윤정임, 「《파리 떼》의 신화 연구」, 『한국프랑스학논집』, 48, 한국프랑스학회, 2004.

_____, 「사르트르와 바타이유: 주네를 중심으로」, 『불어불문학연구』, 64, 한국불어불문학회, 2005.

_____, 「《성자 주네》, 감동과 상상의 미학」, 『프랑스학연구』, 46, 한국프랑스학회, 2008.

_____, 「카뮈-사르트르 논쟁사」, 『유럽사회문화』, 6, 인문학연구원, 2011.

_____, 「사르트르와 영화: 필연성의 매혹」, 『유럽사회문화』, 1, 인문학연구원, 2012.

_____, 「사르트르의 《킨》 연구: 배우의 존재론에 관한 시론」, 『프랑스학연구』, 60, 프랑스학회, 2012.

_____, 「사르트르와 메를로퐁티: 《현대(Les Temps Modernes)》를 중심으로」, 『인문과학』, 98, 연세대학교 인문학연구원, 2013.

_____, 「사르트르의 이미지론 ― 사르트르 비실재 미학의 이론적 토대: 후설의 수용과 비판」, 『유럽사회문화』, 13, 인문학연구원, 2014.

_____, 「사르트르와 회화: 틴토레토를 중심으로」, 『프랑스문화예술연구』, 57, 프랑스문화예술학회, 2016.

_____, 「진정성 개념과 《성자 주네》의 회심」, 『프랑스학연구』, 80, 프랑스학연구, 2017.

_____, 「《이방인》 해설과 사르트르의 소설론」, 『유럽사회문화』, 20, 인문학연구원, 2018.

_____, 「《악마와 선한 신》에 나타나는 회심의 애매성」, 『유럽사회문화』, 28, 인문학연구원, 2022.

이기언, 『지성인 알베르 카뮈: 진실과 정의를 위한 투쟁』, 율력, 2015.

이성환, 「몸인 세계, 세계인 몸: 사르트르의 몸의 존재론」, 『철학논총』, 54, 새한철학회, 2008.

_____, 「사르트르 속의 헤겔: 사르트르의 대타존재론」, 『철학논총』, 78, 새한철학회, 2014.

_____, 「소유의 존재론: 사르트르를 중심으로」, 『철학논총』, 92, 새한철학회, 2018.

이 솔, 「사르트르의 이미지 이론에서 아날로공(Analogon) 개념의 의미」, 『철학논집』, 35, 철학연구소, 2013.

_____, 「근대 철학의 이미지 개념에 대한 사르트르의 비판」, 『철학논총』, 77, 새

한철학회, 2014.

_____, 「사르트르의 상상력 이론에서 예술작품의 문제: 주관성을 넘어선 상상의 가능성」, 『미학예술학연구』, 71, 한국미학예술학회, 2014.

_____, 「칸트의 상상력 이론에 관한 사르트르와 하이데거의 비판: 표상 이론과의 충돌로부터 비표상적 상상력 개념의 창조로」, 『현상학과 현대철학』, 64, 한국현상학회, 2015.

_____, 「사르트르와 유아론(solipsisme)의 문제」, 『철학논총』, 84, 새한철학회, 2016.

_____, 「사르트르와 윤리의 문제: 자아를 넘어선 초월의 가능성」, 『현상학과 현대철학』, 76, 한국현상학회, 2018.

_____, 「사르트르와 들뢰즈에게서의 상상(imagination)의 의미: 흄의 이미지 이론에 관한 해석을 중심으로」, 『인간연구』, 44, 인간학연구소, 2021.

이재룡, *Sartre commentateur de texte dans* L'idiot de la famille, Université de Franche-Comte, 1988.

_____, 「《구토》와 《요한시집》의 비교」, 『프랑스학연구』, 55, 프랑스학회, 2011.

임지혜, 「실존적 정신분석의 임상철학적 의의」, 『현대유럽철학연구』, 34, 한국하이데거학회, 2014.

_____, 「공동체의 존립근거에 관한 탐구: 사르트르의 《변증법적 이성비판》을 중심으로」, 『현대유럽철학연구』, 53, 한국하이데거학회, 2019.

_____, 「사르트르의 "서약" 개념에 대한 사회존재론적 연구」, 『현대유럽철학연구』, 62, 한국하이데거학회, 2021.

자너, 리차드 M., 『신체의 현상학: 실존에 바탕을 둔 현상학』, 최경호 옮김, 인간사랑, 1993.

장근상, *L'utilisation de l'histoire dans le théâtre de Jean-Paul Sartre*, Université de Paris X-Nanterre, 1990.

_____, 『사르트르의 《구토》 읽기』, 세창미디어, 2005.

_____, 「《악마와 선신》과 폴 리쾨르」, 『불어불문학연구』, 63, 한국불어불문학회, 2005.

_____, 「《구토》의 관념, 이야기 그리고 모험」, 『불어불문학연구』, 75, 한국불어불문학회, 2008.

_____, 「사르트르의 '진실 같음'」, 『불어불문학연구』, 86, 한국불어불문학회, 2011.

_____, 「*Les Mains sales*의 메타연극성」, 『불어불문학연구』, 91, 한국불어불문학회, 2012.

_____, 「《구토》와 부르주아지」, 『불어불문학연구』, 100, 한국불어불문학회, 2014.

_____, 「사르트르의 서사-드라마극: 《알토나의 유폐자들》을 중심으로」, 『불어불문학연구』, 104, 한국불어불문학회, 2015.

_____, 「《구토》와 '진실 같지 않음'」, 『불어불문학연구』, 107, 한국불어불문학회, 2016.

전신화, 「History/Story and the Question of Temporality in Sartre's Nausea」, 『인문학연구』, 41, 인문학연구소, 2024.

정경위, 「사르트르 《구토》에 드러난 "아니"와 "로캉탱"의 관계: 교류분석이론을 중심으로」, 『불어불문학연구』, 47, 한국불어불문학회, 2001.

_____, 「사르트르의 《파리 떼》에 나타난 인물들과 '자기기만'」, 『불어불문학연구』, 64, 한국불어불문학회, 2005.

정명환, 『문학을 찾아서』, 민음사, 1994.

_____, 『문학을 생각하다』, 문학과지성사, 2003.

_____, 『이성의 언어를 위하여』, 현대문학, 2003.

_____, 『현대의 위기와 인간』, 민음사, 2006.

_____, *Entre littérature et philosophie*, 서울대학교출판문화원, 2012.

_____ 외 4인, 『프랑스 지식인들과 한국전쟁』, 민음사, 2004.

조광제, 『존재의 충만, 간극의 현존: 장 폴 사르트르의 《존재와 무》 강해』, 전 2권, 그린비, 2013.

조영훈, 「De la lecture à l'écriture de la guerre chez Sartre」, 『한국프랑스학논집』, 48, 한국프랑스학회, 2004.

_____, 「L'écriture de la guerre et les femmes chez Sartre」, 『불어불문학연구』, 85, 한국불어불문학회, 2011.

_____, 「사르트르의 전쟁의 글쓰기와 미학: 《자유의 길》과 《알토나의 유폐자》를 중심으로」, 『프랑스학연구』, 56, 프랑스학회, 2011.

_____, 「사르트르의 전쟁의 글쓰기와 주변부 인물: 《유예》와 《알토나의 유폐자》를 중심으로」, 『프랑스학연구』, 59, 프랑스학회, 2012.

_____, 「사르트르의 《알토나의 유폐자》에 나타난 시공간과 과거 회상 기법」, 『프랑스학연구』, 74, 프랑스학회, 2015.

지영래, L'Idiot de la famille et l'esthétique de l'imaginaire de Jean-Paul Sartre, Université Marc Bloc(Strasbourg II), 2006.

_____, 「사르트르의 상상력 이론과 미술 비평: 자코메티의 경우」, 『프랑스문화예술연구』, 21, 프랑스문화예술학회, 2007.

_____, 「우리는 왜 이미지의 세계에 빠져드는가?: 사르트르의 이미지론에 대한 재고」, 『기호학 연구』, 22, 한국기호학회, 2007.

_____, 「사르트르의 《집안의 천치》의 소설적 구조 분석」, 『프랑스학연구』, 49, 프랑스학회, 2009.

_____, 『집안의 천치, 사르트르의 플로베르론』, 고려대학교출판부, 2009.

_____, 「오레스테스 신화의 변용을 통해 본 사르트르의 연극관」, 『프랑스어문교육』, 35, 한국프랑스어문교육학회, 2010.

_____, 「《집안의 천치》와 사르트르의 "전진-후진적 방법"」, 『프랑스학연구』, 58, 프랑스학회, 2011.

_____, 「사르트르 상상력 이론의 후기 변천과정 연구 (I): 《상상계》에서 《집안

의 천치》로」, 『불어불문학연구』, 92, 한국불어불문학회, 2012.

_____, 「사르트르의 문학비평과 신비주의」, 『외국문학연구』, 45, 한국외국어대학교 외국문학연구소, 2012.

_____, 「사르트르의 상상력 이론과 도피로서의 문학」, 『프랑스어문교육』, 39, 한국프랑스어문교육학회, 2012.

_____, 「시간의 관점에서 본 사르트르 《구토》의 미학」, 『불어불문학연구』, 106, 한국불어불문학회, 2016.

_____, 「사르트르의 상상력 이론과 뒤프렌의 미학 이론의 접점: 아날로공 개념을 중심으로」, 『영상문화』, 35, 한국영상문화학회, 2019.

『철학대사전』, 동녘, 1989.

『철학사전』, 중원문화, 1987.

최애영, 「아버지의 이름 혹은 육체 구현으로서의 문학: 사르트르의 《말(Les Mots)》에 대한 정신분석적 독서」, 『불어불문학연구』, 71, 한국불어불문학회, 2007.

카뮈, 알베르, 『반항하는 인간』, 김화영 옮김, 책세상, 2003.

하이데거, 마르틴, 「휴머니즘에 관하여」, in 『철학이란 무엇인가, 형이상학이란 무엇인가』, 최동희 외 옮김(하이데거), 황문수 외 옮김(야스퍼스), 삼성출판사, 1983.

_____, 『존재와 시간』, 이기상 옮김, 까치, 1998.

하피터, 「하이데거와 사르트르의 "무" 개념」, 『철학연구』, 46, 대한철학회, 2012.

한국사르트르연구회 엮음, 『사르트르와 20세기』, 문학과지성사, 1999.

한상연, 「사르트르의 《존재와 무》에 나타난 윤리학적 문제의식에 관한 소고」, 『현대유럽철학연구』, 19, 한국하이데거학회, 2009.

_____, 「자유의 절대성과 현존재」, 『현대유럽철학연구』, 55, 한국하이데거학회, 2019.

허먼, 크리스, 『세계를 뒤흔든 1968』, 이수현 옮김, 책갈피, 2004.

홍사중, 「西歐文學의 受容段階-韓國文學에 대한 西歐文學의 影響」, 『세대』, 7월호, 1972.

휴즈, H., 『현대 프랑스 지성사: 차단된 통로, 절망의 시대에 있어서의 사회사상』, 김병익 옮김, 문학과지성사, 1981.

Adloff, Jean Gabriel, *Sartre. Index du corpus philosophique*, *I*, L'Etre et le néant, Critique de la raison dialectique, Klincksieck, 1981.

Albérès, R.-M., *Jean-Paul Sartre*, Editions universitaires, coll. Classiques du XXᵉ siècle, 1964.(『싸르트르의 思想과 文學』, 정명환 옮김, 신양사, 1965.)

Anderson, Thomas G., *Sartre's two Ethics*, Open Court, 1993.

Antoine Burnier, Michel, *Les Existentialistes et la politique*, Gallimard, coll. Idées, 1966.

Aron, Raymond, *Histoire et dialectique de la violence*, Gallimard, coll. Les Essais, CLXXXI, 1973.

_____, *L'Opium des intellectuels*, Calmann-Lévy, coll. Esprit de la liberté, 1983(1955).(『지식인의 아편』, 변광배 옮김, 세창출판사, 2022.)

_____, *Mémoires: 50 ans de la pensée politique*, Julliard, 1983.(『권력과 지성: 레이몽 아롱 회고록』, 이준오, 이유경 옮김, 어문각, 1987.)

_____, *Le Spectateur engagé*, Presses Pocket, 1983.(『자유주의자 레이몽 아롱』, 박정자 옮김, 기파랑, 2021.)

Aronson, Ronald, *Camus & Sartre*, *Amitié et combat*, Alvik Editions, 2005.(『사르트르와 카뮈: 우정과 투쟁』, 변광배, 김용석 옮김, 연암서가, 2011.)

Astier-Vezon, Sophie, *Sartre et la peinture: Pour une redéfinition de l'analogon pictural*, L'Harmattan, coll. Ouverture philosophique, 2013.

Bard, Xavier, *Pour une lecture critique de LA TRANSCENDANCE DE l'EGO: Contribution à l'examen des consciences non-thétiques*, L'Harmattan, coll.

Ouverture philosophique, 2002.

Barlier, Etienne, *Les Petits camarades*, Julliard, 1987.

Barnes, Hazel, *Sartre & Flaubert*, The University of Chicago Press, 1981.

Bataille, Georges, *La Littérature et le mal, Œuvres complètes IX*, Gallimard, 1979.(『문학과 악』, 최윤정 옮김, 민음사, 1995.)

Barou, Jean-Pierre, *Sartre, le temps des révoltes*, Stock, 2006.

Bauer, George Howard, *Sartre and Artist*, The University of Chicago University, 1969.

Baverez, Nicolas, *Raymond Aron: Un moraliste du temps des idéologies*, Flammarion, 1993.

_____, "L'effort pour comprendre, la passion d'agir: Raymond Aron face à mai 1968", *Le Figaro*, 14 mai 1998.

Beauvoir & Sartre. The Riddle of influence, edited by Christine Daigle & Jacob Golomb, Indiana University Press, 2009.

Beauvoir, Simone de, *Mémoires d'une jeune fille rangée*, Gallimard, coll. Folio, 1958.

_____, *La Force de l'âge*, Gallimard, 1960.

_____, *La Force des choses*, Gallimard, 1963.

_____, *Pour une morale de l'ambiguïté* suivi de *Pyrrhus et Cinéas*, Gallimard. coll. Idées, 1974(1947).(『모든 사람은 혼자다』, 박정자 옮김, 꾸리에, 2016; 『그러나 혼자만은 아니다』, 한길석 옮김, 꾸리에, 2016.)

_____, *La Cérémonie des adieux* suivi de *Entretiens avec Jean-Paul Sartre, août-septmebre 1974*, Gallimard, 1981.(『작별의 의식』, 함정임 옮김, 현암사, 2021.)

_____, *Lettres à Sartre*, 2 vols., Gallimard, 1990.(『시몬 드 보부아르의 연애편지』, 전 2권, 이정순 옮김, 열림원, 1999.)

Berthlot, Denis, *Sartre*, Perrin, coll. Tempus, 2000.

Cannon, Betty, *Sartre et la psychanalyse*, PUF, coll. Perspectives critiques, 1993.

Bianco, Jean-François, La Nausée, *Sartre*, Bertrand-Lacoste, coll. Parcours de lecture, 1997.

Bilemdijian, Sophie, *Premières leçons sur* L'Existentialisme est un humanisme, PUF, coll. Bibliothèque Major, 2000.

Birault, Henri, "Le Problème de la mort dans la philosophie de Sartre", in *Autour de Jean-Paul Sartre: Littérature et philosophie*, Gallimard, coll. Idées, 1981.

_____, *Heidegger et l'expérience de la pensée*, Gallimard, 1978.

Birchall, Ian H., *Sartre et l'extrême gauche française. Cinquante ans de relations tumultueuses*, La Fabrique, 2004.

Bochetti, A., *Sartre et* "Les Temps modernes", Minuit, 1985.

Boros, Marie-Denise, *Un séquestré, l'homme sartrien: Etude du thème de la séquestration dans l'oeuvre littéraire de Jean-Paul Sartre*, Nizet, 1968.

Burgelin, Claude, "Lire *L'Idiot de la famille?*", *Littérature*, n° 6, 1972.

_____, Les Mots *de Jean-Paul Sartre*, Gallimard, coll. Foliothèque, 1994.

Cabestan, Phillipe, *L'Etre et la conscience: Recherches sur la psychologie et l'ontophénoménologie sartriennes*, Ousia, 2004.

_____, "Sartre et la psychanalyse: cécité ou persificacité?", *Cités*(Sartre à l'épreuve), n° 22, PUF, 2005,

_____, *Dictionnaire Sartre*, Ellipses, 2009.

Caltalano, Joseph, *A Commentary on Jean-Paul Sartre's* "Being and Nothingness", The University of Chicago Press, 1974.

_____, *A Commentary on Jean-Paul Sartre's* Critique of Dialectical

Reason, vol. I: *Theory of Practical Ensembles*, The University of Chicago Press, 1986.

Camus, Albert, *Essais*, Gallimard, coll. Bibliothèque de la Pléiade, 1965.

Cau, Jean, *Croquis de mémoire*, Julliard, 1985.

Caute, David, *Le Communisme et les intellectuels français, 1914-1966*, Gallimard, 1967.

Chabot, Alexis, *Sartre et le père*, Honoré Champion, 2012.

Château, Dominique, *Sartre et le cinéma*, Séguier, 2005.

Chebel d'Appolonia, Ariane, *Histoire politique des intellectuels en France, 1944-1954*, 2 vols., Complexe, coll. Questions au XXᵉ siècle, 1991.

Clément, Elisabeth, Chantal Demonque, Laurence Hassen-Love & Pierre Kahn, *La Pratique de la Philosophie de A à Z*, Hatier, 2000.

Cohen-Solal, Annie, *Paul Nizan, communiste impossible*, Grasset, 1980.

_____, *Sartre, 1905-1980*, Gallimard, 1984. (『사르트르』, 전 3권, 우종길 옮김, 도서출판 창, 1993.)

_____, "Camus, Sartre et la guerre d'Algérie", in *Camus et la politique*, Actes du colloque de Nanterre 5-7 juin 1985(sous la direction de Jeanyves Guérin), L'Harmattan, 1986.

Contat, Michel & Michel Rybalka, *Les Ecrits de Sartre*, Gallimard, 1970.

Coorebyter, Vincent de, "*L'espoir maintenant*, ou le mythe d'une rupture", *Les Temps modernes*, nᵒ 627, 2004.

_____, "Le corps et l'aporie du cynisme dans *L'Esquisse d'une théorie des émotions*", *Bulletin d'analyse phénoménologique*, vol. VIII, nᵒ 1, 2012.

Cormann, Grégory, "Emotion et réalité chez Sartre. Remarques à propos d'une anthropologie philosophique originale", *Bulletin d'analyse phénoménologique*, vol. VIII, nᵒ 1, Actes 5, 2012.

Daniel, Jean, *Avec le temps*, in *Œuvres autobiographiques*, Grasset, 2002.

Deguy, Jacques, La Nausée *de Jean-Paul Sartre*, Gallimard, coll. Foliothèque, 1993.

Deleuze, Gilles, *L'Ile déserte et autres textes*, (Textes et entretiens 1953-1974), Minuit, coll. Paradoxe, 2002.

———— & Claire Parnet, *Dialogues*, Flammarion, 1977(1996).(『디알로그』, 허희정 옮김, 동문선, 2021.)

———— & Félix Guattari, *Kafka: Pour une littérature mineure*, Minuit, coll. Critique, 1975.(『카프카: 소수적인 문학을 위하여』, 이진경 옮김, 동문선, 2001.)

———— & Félix Guattari, *Superpositions*, Minuit, 1979.(『중첩』, 허희정 옮김, 동문선, 2005.)

———— & Félix Guattari, *Mille Plateaux: Capitalisme et schizophrénie 2*, Minuit, coll. Critique, 1980.(『천개의 고원』, 전 2권, 김재인 옮김, 새물결, 2003.)

———— & Félix Guattari, *Qu'est-ce que la philosophie?*, Minuit, coll. Critique, 1991.(『철학이란 무엇인가』, 이정임, 윤정임 옮김, 현대미학사, 1999(1995)).

———— & Félix Guattari, *Critique et clinique*, Minuit, 1993.(『비평과 진단』, 김현수 옮김, 인간사랑, 2000.)

Desan, Alfred, *The Marxism of Jean-Paul Sartre*, Anchor Books, 1965.

Desanti, Dominique, *Les Staliniens: Une expérience politique*, Fayard, 1975.

Dictionnaire Sartre, (sous la direction de François Noudelmann & Gilles Philippe), Honoré Champion, 2004.

Dort, Bernard, "Frantz, notre prochain?", *Théâtre public*, Seuil, coll. Pierres vives, 1967.

Dosse, François, *La Saga des intellectuels français 1944-1989*, t. I. *A l'épreuve de l'histoire(1944-1968)*, Gallimard, 2018.

Douchin, Jacques, "Sources et signification du rire dans le théâtre de Jean-

Paul Sartre", *Revue des Sciences humaines*, vol. XXXII, n° 130, avril-juin 1968.

Douglas, Collins, *Sartre as Biographer*, Harvard University Press, 1980.

Doubrovsky, Serge, *Pourquoi la nouvelle critique*, Denoël/Gonthier, coll. Médiations, 1972.

Ecrits posthumes de Sartre, *II*, (Annales de l'Instritut de Philosophie de l'Université de Bruxellles), Vrin, 2001.

Eribond, Didier, *Une Morale du minoritaire: Variations sur un thème de Genet*, Fayard, 2001.

Etudes sartriennes, n° IV, Cahiers de Sémiotique Textuelle 18, Université Paris X, 1990; n° VII, Centre de Recherches Interdisciplinaires sur les Textes Modernes, Université Paris X, 2001; n° 19(Sartre inédit. Les racines de l'éthique), Ousia, 2015.

Fell, Joseph P., *Emotion in the thought of Sartre*, Columbia University Press, 1965.

___, *Heidegger and Sartre*: *An Essay on Beaing and Place*, Columbia University Press, 1979.

Ferry, Luc & Alain Renaut, *La Pensée* 68: *Essai sur l'anti-humanisme contemporain*, Gallimard, coll. Le monde actuel, 1985.(『68사상과 현대 프랑스 철학』, 주형일 옮김, 인간사랑, 1995.)

Fields, Madeleine, "De la *Critique de la raison dialectique* aux *Séquestrés d'Altona*", *PMLA*, vol. 78, n° 5, December 1963.

Flajoliet, Alain, *La Première philosophie de Sartre*, Honoré Champion, 2008.

Flynn, Thomas R., *Sartre and Marxist Existentialism*, The University of Chicago Press, 1984.

Francis, Claude, *Les Ecrits de Simone de Beauvoir*, Gallimard, 1979.

Gavi, Philippe, Jean-Paul Sartre & Pierre Victor, *On a raison de se révolter*, Gallimard, coll. La France sauvage, 1974.

Gerassi, John, *Entretiens avec Sartre*, Grasset, 2011.

Giroux, Natacha, *De la psychanalyse existentielle*(L'Etre et le néant) *à la méthode progressive-régressive* (Questions de méthode) *ou de Charles Baudelaire à Stéphane Mallarmé: Une tentative pour l'explication d'une vie*, thèse de doctorat, Université de Sherbrooke, 2000.

Golomb, Jacob, *In Search of Authenticity: From Kierkegaard to Camus*, Routledge, 1995.

Gorz, André, *Le Traître*, Seuil, coll. Points, 1958.

Guenancia, Pierre, *La Voie de la conscience. Husserl, Sartre, Merleau-Ponty, Ricœur*, PUF, coll. Une histoire personnelle de la philosophie, 2018.

Haarscher, Guy, "Sartre et Heidegger: à propos d'un malentendu", *Revue internationale de philosophie*, vol. 39, n° 152-153, 1985.

Harvey, Robert, *Search for a Father: Sartre, Paternity and Questions of Ethics*, The University of Michigan Press, 1991.

Hodard, Ph., *Sartre entre Marx et Freud*, Jean-Pierre Delarge, 1979.

Idt, Geneviève, "Les vies illustres de Sartre", *Magazine litéraire*, n° 192, février 1983.

___, La Nausée: *analyse critique*, Hachette, coll. Profil d'une oeuvre, 1993.

Jaoula Mohamed, *Phénoménologie et ontologie dans la première philosophie de Sartre*, L'Harmattan, coll. Commentaires philosophiques, 2011.

Jean-Paul Sartre. Contemporary Approches to his Philosophy, edited by Hugh J. Silverman and Frederick A. Elliston, Duquesne University Press, 1980.

Jeanson, Francis, *Le Problème moral et la pensée de Sartre*, Seuil, 1965.

_____, *Sartre dans sa vie*, Seuil, 1974.(『사르트르 평전』, 서정철 옮김, 서문당, 1977.)

Knee, Philip, *Qui perd gagne. Essai sur Sartre*, Presses de l'Université de Laval, 1993.

Kushner, Eva, "Sartre et Baudelaire", *Baudelaire: Actes du colloque de Nice, 25-27 mai 1967*, Minard, 1968.

Laing, Ronald D. & David G. Cooper, *Raison et violence: Dix ans de la philosophie de Sartre 1950-1960*, Payot, coll. PBP, n° 202, 1971(1964).

Lalande, André, *Vocabulaire technique et critique de la philosophie*, 2 vols., PUF, coll. Quadrige, 1991.

"L'ami du peuple", Interview publié par *L'Idiot International*, n° 10, septembre 1970, *in* Jean-Paul Sartre, Bernard Pingaud, Dionys Mascolo, *Du Rôle de l'intelllectuel dans le mouvement révolutionnaire*, Le Terrain vague, 1971.

La Naissance du "Phénomène Sartre": Raisons d'un succès 1938-1945, (sous la direction de Ingrid Galster), Seuil, 2001.

Landgrebe, Ludwig, "Husserl, Heidegger, Sartre. Trois aspects de la Phénoménologie", *Revue de Métaphysique et de Morale*, 69(4), 1964.

_____, "Sartre et Heidegger", *Raison présente*, n° 117, 1996.

Le Portique, n° 16, 2ᵉ semestre 2005.

Les Notions philosophiques, Dictionnaire, 2 vols., PUF, coll. Encyclopédie philosophique universelle, Volume dirigée par Sylvain Auroux, 1990.

Les Temps modernes, n°ˢ 531-533(Témoins de Sartre), 2 vols, décembre 1990; n°ˢ 632-633-634(Notre Sartre. Sartre inédit), juillet-octobre, 2005; n° 674-675(Sartre avec Freud), juillet-octobre 2013.

Lévi-Strauss, Claude, *La Pensée sauvage*, Presses Pocket, 1990.(『야생의 사고』, 안정남 옮김, 한길사, 1996.)

Lévy, Bernard-Henri, *Le Siècle de Sartre: Enquête philosophique*, Grasset, 2000.

(『사르트르 평전』, 변광배 옮김, 을유문화사, 2005.)

L'Herne, *Martin Heidegger*, Cahiers de l'Herne, 1983.

Lire L'Etre et le néant *de Sartre*, (sous la direction de Y. Malinge & O. D'Jeranian), Vrin, coll. Etudes & Commentaires, 2023.

Lorris, Robert, *Sartre dramaturge*, Nizet, 1975.

Lottman, Hebert, *Albert Camus*, Seuil, 1978.(『카뮈, 지상의 인간』, 전 2권, 한기찬 옮김, 한길사, 2007.)

Louette, Jean-François, "Du *Scénario Freud* aux *Séquestrés d'Altona*", *Traces de Sartre*, Ellug, 2009.

Magazine littéraire, n° 282, novembre 1990; n° 320, avril 1994.

Martin, Jean-Pierre, "Sartre et les garçons. Entre l'amitié fédératrice et l'art de la brouille", *Revue des Sciences humaines*, Textes réunis par Jean-François Louette, n° 308, (Autour des écrits autobiographiques de Sartre), Presses universitaires Septentrion, 2012.

McCall, Dorothy, *The Theater of Jean-Paul Sartre*, Columbia University Press, 1969.

McCarthy, Patrick, "Sartre, Nizan and the Dilemas of Political Commitment", *Yale French Studies*, n° 68(Sartre after Sartre), 1985.

Mearleau-Ponty, Maurice, *Humanisme et terreur*, Gallimard, coll. Idées, 1948. (『휴머니즘과 폭력: 공산주의 문제에 대한 에세이』, 박현모, 유영산, 이병택 옮김, 문학과지성사, 2004.)

_____, *Les Aventures de la dialectique*, Gallimard, coll. Idées, 1955.

_____, *Signes*, Gallimard, 1960.

_____, *Sens et non-sens*, Nagel, coll. Pensées, 1966.(『의미와 무의미』, 권혁면 옮김, 서광사, 1990.)

Méthode du texte: Introduction aux études littéraires, (Ouvrage dirigé par Maurice

Delacroix et Fernand Hallyn), Duclot, 1987.

Monteil, Claudine, *Les Amants de la liberté*: *L'Aventure de Jean-Paul Sartre et Simone de Beauvoir dans le siècle*, Editions I, 1999.

Münster, Arno, *Sartre et la morale*, L'Harmattan, coll. Ouverture philosophique, 2007.

Nabais, Catarino Pombo, *Gilles Deleuze*: *philosophie et littérature*, L'Harmattan, 2013.

Nadia, Chafai, "*Saint Genet comédien et martyr* ou 'L'Histoire d'une libération'", *Littérature & Sciences humaines*, n°s 2-3, juillet 2019.

Nizan, Paul, *La Conspiration*, Gallimard, coll. Folio, 1990(1938).

Obliques, n° 18-19, 1979.

Ory, Pascal, *Nizan. Destin d'un révolté*, Complexe, 2005.

Pavis, Patrice, *Dictionnaire du Théâtre*, Editions Sociales, 1980.

Perrin, Marius, *Avec Sartre au stalag 12D*, Jean-Pierre Delarge, 1980.

Poisson, Catherine, *Sartre et Beauvoir*: *Du je au nous*, Rodopi, coll. Faux titre 225, 2002.

Pourquoi et comment Sartre a écrit Les Mots: *Genèse d'une autobiographie*, (sous la direction de Michel Contat), PUF, coll. Perspectives critiques, 1996.

Raillard, Georges, La Nausée *de Jean-Paul Sartre*, Hachette, coll. Poche critique, 1972.

Rampnoux, René, *Sartre pas à pas*, Ellipses, 2011.

Renaut, Alain, *Sartre, le dernier philosophe*, Grasset, coll. Le collège de philosophie, 1993.

_____, "Sartre et Heidegger: Sur l'éthique de la finitude", *Raison présente*, n° 117(Sartre), 1996.

Repaire, Sébastien, *Sartre et Benny Lévy*: *Une amitié intellectuelle, du maoïsme triomphant au crépuscule de la révolution*, L'Harmattan, coll. Questions contemporaines, 2013.

Rudinesco, Elisabeth, *Histoire de la psychanalyse en France. La Bataille de cent ans*, 2 vols., Seuil, 1986.

Salzmann, Yvan, *Sartre et l'authenticité: Vers une éthique de la bienveillance réciproque*, Labor et Fides, coll. Le champ éthique, n° 33, 2000.

Sartre et la phénoménologie, Textes réunis par Jean-Marc Mouillié, ENS éditions, coll. Theoria, 2000.

Sartre, un film réalisé par Alexandre Astruc et Michel Contat, texte intégral, Gallimard, 1977.

Sartre, La Transcendance de l'ego *et autres textes phénoménologiques*, Textes introduits et annotés par Vincent de Coorebyter, Vrin, coll. Textes et commentaires, 2003.

Sartre, Jean-Paul, *L'Imagination*, PUF, coll. Quadrige, 1983(1936). (『사르트르의 상상력』, 지영래 옮김, 기파랑, 2008.)

_____, *L'Imaginaire: Psychologie phénoménologique de l'imagination*, Gallimard, coll. Idées, 1940. (『사르트르의 상상계』, 윤정임 옮김, 기파랑, 2010.)

_____, *L'Etre et le néant: Essai d'ontologie phénoménologique*, Gallimard, coll. Bibliothèque des idées, 1943. (『존재와 무: 현상학적 존재론 시론』, 변광배 옮김, 민음사, 2024.)

_____, *L'Existentialisme est un humanisme*, Nagel, coll. Pensées, 1946. (『실존주의는 휴머니즘이다』, 박정태 옮김, 이학사, 2008.)

_____, *Baudelaire*, Gallimard, coll. Idées, 1947. (『시인의 운명과 선택』, 박익재 옮김, 문학과지성사, 1985.)

_____, *Situations, I*, Gallimard, 1947.

_____, *Situations, II*, Gallimard, 1948. (『문학이란 무엇인가』, 정명환 옮김, 민음사, 1998.)

_____, *Situations*, *III*, Gallimard, 1949.

_____, *Saint Genet*: *Comédien et martyr*, (*Œuvres complètes* de Jean Genet, t. I), Gallimard, 1952.

_____, *The Transcendance of the ego*, *An Existentialist Theory of Consciousness*, translated and annotated with an Introduction by Forrest William and Robert Kirkpatrick, Hill and Wang, 1960.

_____, *Situations*, *IV*, Gallimard, 1964.

_____, *Esquisse d'une théorie des émotions*, Hermann, 1965.

_____, *Situations*, *VIII*, Gallimard, 1972.

_____, *Situations*, *IX*, Gallimard, 1972.

_____, *Between Existentialism and Marxism*, Pantheon Books, 1975.

_____, *Situations*, *X*, Gallimard, 1976.

_____, *Œuvres romanesques*, Gallimard, coll. Bibliothèque de la Pléiade, 1981. (『벽』, 김희영 옮김, 문학과지성사, 2005; 『구토』, 임호경 옮김, 문예출판사, 2020; 『자유의 길』, 전 4권, 최석기 옮김, 고려원, 1991-1996.)

_____, *Cahiers pour une morale*, Gallimard, coll. Bibliothèque des idées, 1983.

_____, *Lettres au Castor et à quelques autres*, t. I 1926-1939; t. II 1940-1963, Gallimard, 1983.

_____, *Scénario Freud*, Gallimard, coll. Connaissance de l'Inconscient, 1984.

_____, *Critique de la raison dialectique*, (précédé de *Questions de méthode*), t. I: *Théorie des ensembles pratiques*, 1960; t. II: *L'Intelligibilté de l'Histoire*, Gallimard, coll. Bibliothèque de philosophie, 1985. (『변증법적 이성 비판』, 전 2권, 박정자, 변광배, 윤정임, 장근상 옮김, 민음사, 2024.)

_____, *La Transcendance de l'ego*, (Introduction, notes et appendices par Sylvie Le Bon), Vrin, coll. Bibliothèque des textes philosophiques, 1985. (『자아의 초월성』, 현대유럽사상연구회 옮김, 민음사, 2017.)

_____, *Mallarmé: La lucidité et sa face d'ombre*, Gallimard, coll. Arcades, 1986.

_____, *L'Idiot de la famille: Gustave Flaubert de 1821 à 1857*, t. I, t. II, Gallimard, coll. Bibliothèque de philosophie, 1971; t. III, 1988(nouvelle édition).

_____, *Vérité et existence*, Gallimard, coll. NRF essais, 1989.

_____, *Ecrits de jeunesse*, Gallimard, 1990.

_____, *Un Théâtre de situations*, Gallimard, coll. Essais, 1992. (『상황극』, 박형범 옮김, 영남대학교출판부, 2008.)

_____, *Théâtre complet*, Gallimard, coll. Bibliothèque de la Pléiade, 2005.

_____, Les Mots *et autres écrits autobiographiques*, Gallimard, coll. Bibliothèque de la Pléiade, 2010.

Sawada, Nao, "Biographe malgré lui. *L'Idiot de la famille* dans le miroir des *Mots*", *Recherches & Travaux*, nº 71, (*L'Idiot de la famille* de Jean-Paul Sartre), Université Stendhal-Grenoble 3, 2007.

Scanzio, Fabrizio, *Sartre et la morale*: *La réflexion sartrienne sur la morale de 1939 à 1952*, Vivarium, coll. Saggi e Ricerche, 2000.

_____, "Pourquoi Sartre n'a-t-il pas terminé sa morale?", *Revista de Filosophia*, nº 35, 2005.

Schwarzer, Alice, *Simone de Beauvoir aujourd'hui*: *Six entretiens*, Mercure de France, 1984.

Seel, Gerhard, *La Dialectique de Sartre*, L'Age d'homme, 1995.

Sicard, Michel, *La Critique littéraire de J.-P. Sartre*, Minard, 1976.

_____, *Essais sur Sartre*: *Entretiens avec Sartre(1975-1979)*, Galillée, 1989.

Simone de Beauvoir, un film de Josée Dayan et Malka Riwoska, réalisé par Josée Dayan, texte intégral, Gallimard, 1979.

Sirinelli, Jean-François, *Deux intellectuels dans le siècle, Sartre et Aron*, Fayard, coll. Pour une histoire du XXe siècle, 1995. (『세기의 두 지식인, 사르트르와 아

롱』, 변광배 옮김, 세창출판사, 2023.)

Stal, Isabelle, *La Philosophie de Sartre. Essai d'analyse critique*, PUF, coll. Thémis Philosophie, 2006.

Suhl, Benjamin, *Sartre. Un philosophe, critique littéraire*, Editions universitaires, coll. Encyclopédie universitaire, 1971.

Sur les écrits posthumes de Sartre, (Annales de l'Instritut de Philosophie et de Sciences morales), Eidtions de l'Université de Bruxelles, 1987.

The Cambridge Companion to Sartre, edited by Christina Howells, Cambridge University Press, 1992.

The Debate between Sartre and Merleau-Ponty, edited by John Stewar, Northwestern University Press, 1998.

The Philosophy of Jean-Paul Sartre, edited by Paul Arthur Schlipp, Open Court, coll. The Library of Living Philosophers, vol. XVI, 1981.

Todd, Olivier, *Un fils rebelle*, Grasset, 1981.

＿＿＿, *Albert Camus. Une vie*, Gallimard, coll. Folio, 1999.(『카뮈』, 전 2권, 김진석 옮김, 책세상, 2000.)

Tomès, Arnaud, "La critique sartrienne de l'inconscient", *Les Temps modernes*, n° 674-675, juillet-octobre 2013.

Tournier, Michel, *Le Vent paraclet*, Gallimard, coll. Folio, 1977.

Vautrelle, Hervé, *Sartre et la question de la violence: Figures et systèmes de la violence dans l'oeuvre de Sartre*, Presses Académiques Francophones, 2014.

Védrine, Hélène, "La pathétique de l'histoire: brèves remarques sur Heidegger et Sartre", *Etudes sartriennes*, n° IV, Cahiers de sémiotique textuelle 18, Université Paris X, 1990.

＿＿＿＿, "Sartre et la drôle de guerre", in *La Guerre et les philosophes*, textes réunis et présentés pat Philippe Soulez, Presses universitaires de Vincennes, 1992.

Verstraeten, Pierre, *Ethique et violence: Esquisse d'une critique de la morale dialectique à partir du théâtre politique de Sartre*, Gallimard, coll. Les Essais, CLXV, 1972.

Vocabulaire européen des philosophies, Dictionnaire des Intraduisibles, (sous la direction de Barbara Cassin), 3 vols., Le Robert/Seuil, 2004.

Waelens, A. de, "Heidegger et Sartre", *Deucalion*, n° 1, Editions de la Revue Fontaine, 1946.

Werner, Eric, *De la violence au totalitarisme: Essai sur la pensée de Camus et de Sartre*, Calmann-Lévy, coll. Liberté de l'esprit, 1972.(『폭력에서 전체주의로: 카뮈와 사르트르의 정치사상』, 변광배 옮김, 그린비, 2012.)

White, Edmund, *Jean Genet*, Gallimard, coll. Biographies, 1993.

Winock, Michel, *Les Siècles des intellectuels*, Seuil, coll. Points, 1999.(『지식인의 세기』, 전 2권, 우무상 옮김, 경북대학교출판부, 2008.)

Wittmann, Heiner, *L'Esthétique de Sartre: Artistes et intellectuels*, L'Hatmattan, coll. Ouverture philosophique, 2001.

Worms, Frédéric, *La Philosophie en France au XXe siècle*, *Moments*, Gallimard, coll. Folio/Essais, 2009.(『현대 프랑스 철학』, 주재형 옮김, 길, 2014.)

Zheng, Yiwei, *Ontology and ethics in Sartre's Early Philosophy*, Lesxington Books, 2005.

저자 후기

1995년 12월 프랑스 몽펠리에 3대학에서 "사르트르의 극작품과 소설에 나타난 폭력의 문제"라는 제목의 박사학위 논문 심사 때, 5명의 심사위원들 앞에서 "나는 사르트르를 거의 독학했다"고 말한 것으로 기억한다.

실제로 나는 학부 과정과 대학원 과정에서 직접 사르트르와 관련된 강의, 특히 철학 강의를 들은 적이 없다. 물론 프랑스 문학사, 20세기 프랑스 문학 등의 강의에서 사르트르라는 이름과 그의 사상의 기본 개념들, 가령 실존, 본질, 자유 등을 접하긴 했다. 하지만 그의 철학과 문학작품에 대해서는 거의 문외한이었다고 해도 과언이 아니다.

내가 사르트르를 접하고 본격적으로 연구를 시작한 것은 대학원 과정에서 석사논문을 준비하면서부터였다. 처음에는 그 당시 우리나라를 휩쓸었던 민주화의 열기로 인해 그의 참여 문학론, 곧 앙가주망 문학론에 관심을 가졌다. 문학도 사회 변혁에 일조할 수 있다는 낭만적인 생각에 그의 『문학이란 무엇인가』를 통해 참여 문학론에 매력을 느낀 것이다. 하지만 내가 그를 좀 더 차분하게 연구하게 된 것은 석사논문을 쓰면서였다.

석사논문에서 나는 사르트르의 단편집 『벽』에 포함된 다섯 단편의 내적 구조를 드러내고자 했다. 이를 위해 이 다섯 단편에서 '시선'과 이 시선에 관련된 표현들이 빈번하게 사용되고 있다는 점에 주목했다. 그런데 시선은 사르트르의 존재론에서 타자의 출현을 보여 주는 개념이며, 또 나와 타자 사이의 관계를 갈등과 투쟁으로 유도하는 개념이기도 하다. 이런 내용을 이해하기 위해 『존재와 무』를 읽고 이해해야 했다. 혼자서 말이다.

이런 독학의 과정은 박사학위 논문을 준비하는 과정에서도 계속 이어졌다. 사르트르의 소설과 극작품에 나타난 다양한 폭력 현상을 주제로 정했다. 그리고 폭력의 기원, 폭력의 정의, 폭력 현상의 분석, 폭력의 극복을 위한 해결책 제시를 주된 하부 주제로 삼았다. 그런데 이 네 개의 하부 주제를 제대로 다루기 위해서는 그의 사상을 집대성하고 있는 『존재와 무』와 『변증법적 이성 비판』은 물론이거니와 1983년 유고집으로 출간된 『도덕을 위한 노트』에 대한 읽기와 이해가 반드시 필요했다. 물론 이 모든 과정 역시 독학으로 이루어졌다.

그런데 사르트르에 대한 나의 연구가 독학으로 이루어졌다는 사실에는 대략 다음과 같은 두 가지 의미가 내포되어 있다. 하나는 사르트르의 사유에 대한 잘못된 이해와 해석의 가능성이다. 이런 이유로 박사학위 논문 심사 때 내가 5명의 심사위원에게 앞으로의 연구를 위해 합당한 비판과 기탄없는 지적을 해 달라고 요청했던 것으로 기억한다. 어쨌든 나는 그 뒤로도 사르트르의 사유에 대한 잘못된 이해와 해석 가능성을 불식시키기 위해 많은 노력을 경주했다. 그럼에도 불구하고 이 책에서조차도 여전히 잘못된 이해와 해석이 없지 않을 것이라고 생각한다. 이 점에 대해서는 독자들의 따뜻하면서도 따끔한 질정을 부탁드린다.

사르트르에 대한 나의 연구가 독학으로 이루어졌다는 사실에 내포된 또 하나의 의미는 바로 사르트르 연구에서 내가 끊임없이 다른 사람들로부터 큰 도움을 받았다는 사실이다. 제일 먼저 석사논문을 지도해 주신 김희영 교수님, 기초 박사과정(DEA) 논문을 지도해 주셨지만 작고하신 장

랑사르 교수님, 박사학위 논문을 지도해 주신 로베르 베세드 교수님이 계신다. 세 분의 세심한 배려와 엄격한 지도가 없었다면 나의 사르트르 연구는 훨씬 느리게 진행되었을 것이고, 그 결과도 지금보다 훨씬 더 초라한 모습이었을 것이다. 이 자리를 빌려 세 분 교수님께 감사의 말씀을 전해 드린다.

그다음으로 GCES, 즉 한국사르트르연구회에 소속되었고 또 소속된 여러 선생님의 도움이다. 한마디로 이 연구 단체의 존재는 그 자체로 나의 사르트르 연구에 결정적 영향을 주었다. 지금은 작고하신 정명환 선생님의 정년 퇴임을 계기로 1994년 조직된 이 연구 단체에 내가 참여하기 시작한 것은 귀국 직후인 1996년 2월부터였다. 이미 조직된 지 2년이 된 이 단체에는 정명환 선생님을 위시해 박정자, 정경위, 심정섭, 강충권, 장근상, 조영훈, 이재룡, 윤정임 선생님이 참여하고 있었다.

이 단체는 여기에 소속된 개인 연구자에게는 자신의 사르트르 연구 역량을 심화하고 강화할 수 있는 더할 나위 없이 치열한 경연장이었다고 할 수 있으며, 집단적으로는 사르트르에 관련된 다양한 주제를 중심으로 집단 지성을 발휘할 수 있는 콘서트장이었다고 할 수 있다. 이 단체가 없었다면, 단언컨대, 나의 사르트르 연구는 결코 지금의 모습으로 독자들에게 제시될 수 없었을 것이다.

이 책의 경우도 마찬가지다. 이 책을 구상하고 집필하면서 제일 부담이 된 부분이 사르트르의 문학비평 부분이었다. 그도 그럴 것이 이 영역을 제대로 다루기 위해서는 두 가지 요소가 충족되어야 하기 때문이다. 하나는 사르트르가 정립하고 적용한 문학비평 이론과 방법에 대한 정확한 숙지이다. 다른 하나는 그가 자신의 이론과 방법을 적용해 분석하고 있는 작가들, 가령 보들레르, 주네, 말라르메, 플로베르 등의 문학 세계에 대한 정확한 이해가 그것이다.

이런 이유로 나는 특히 사르트르의 주네에 대한 비평 부분을 집필하면서 윤정임 선생님에게 큰 도움을 받았다. 주네에 대한 귀하고 드문 자료를 빌려준 것은 물론이거니와 사르트르의 『성자 주네』에 대한 나의 이해의 부족함과 불확실성을 줄이기 위한 끊임없는 질문 공세에도 선생님께서는 항상 진지하고 너그러운 태도로 도움을 주셨다. 게다가 주네 부분은 물론 보들레르, 말라르메, 플로베르 부분을 모두 읽고 적절한 비판과 충고를 해 주셨다. 선생님의 도움이 없었다면 이번 사르트르 평전 집필에서 문학비평 부분이 지금보다 빈약한 모습이었을 것이다. 거듭 선생님께 감사의 말씀을 전해 드린다.

GCES는 지금도 활발하게 활동하고 있다. 인문학의 위기가 간단없이 운위되는 상황에서 사르트르 연구자의 부족으로 지금 그 외연이 확장되어 주로 20세기 문학, 철학(보부아르, 바타유, 프루스트, 바르트, 푸코), 프랑스사 전공자, 나아가서는 플로베르 전공자 등이 함께 활동하고 있다. 이 단체의 외연 확장에서 기인하는 애로사항, 즉 사르트르 연구만을 깊이 수행할 수 없다는 애로사항이 있는 것은 사실이다. 하지만 이와는 달리 같은 세기에 활동했던 작가, 철학자, 사학자, 또 사르트르가 관심을 가졌던 작가 등에 대한 상호 교차 연구를 통해 사르트르의 사상과 문학은 물론, 그들의 사상과 문학에 대한 이해를 도모할 수 있는 흔치 않은 귀중한 기회가 되고 있음 역시 부인할 수 없다.

여기에 더해 내가 사르트르를 붙들고 있었던 40여 년의 과정에서 반드시 언급되어야 사람들이 또 있다. 먼저 도서관 사서님들이다. 나뿐만 아니라 모든 연구자의 마음속에는 이분들의 도움에 대한 감사의 마음이 항상 도사리고 있을 것이다. 그다음으로 나의 부족한 강의를 들어 준 학생들이 있다. 이들의 존재는 항상 내가 연구를 되돌아보고 학문적 긴장을 늦추지 않게 하는 데 선한 영향력을 행사하는 감시자들이었음에 틀림없다. 그리고 내가 공부할 수 있는 기회를 마련해 주신 부모님, 힘든 상황을 버텨 준 아내 익수와 딸 윤지가 있다. 이 자리를 빌려 모두에게 감사와 고 마음을 전해 드린다.

    또 있다. 어려운 출판 여건 속에서도 이 책의 출간을 결정해 주신 세창출판사 이방원 대표님, 책을 사랑하는 마음으로 늘 도와주시는 김명희, 김준, 박준성 선생님, 한땀 한땀 정성을 다해서 책다운 책을 만들어 주신 조성규 편집자님께도 심심한 감사의 말씀을 전해 드린다.

2025. 10.

시지프 연구실에서

변광배 씀

582

ㄹ